U1009794

儿童青少年发展心理学

周宗奎　主编

华中师范大学出版社

新出图证(鄂)字 10 号

图书在版编目(CIP)数据

儿童青少年发展心理学/周宗奎主编.
—武汉:华中师范大学出版社,2011.6(2023.7 重印)
ISBN 978-7-5622-5113-2

Ⅰ.①儿… Ⅱ.①周… Ⅲ.①儿童心理学:发展心理学 ②青少年心理学:发展心理学 Ⅳ.①B844

中国版本图书馆 CIP 数据核字(2011)第 116230 号

儿童青少年发展心理学

©周宗奎 主编

选题策划:张红梅
责任编辑:张红梅
责任校对:王 炜
封面设计:新视点
编 辑 室:高校教材分社
封面制作:胡 灿
出版发行:华中师范大学出版社有限责任公司
社址:湖北省武汉市珞喻路 152 号
电话:027—67861549(发行部)
传真:027—67863291
网址:http://press.ccnu.edu.cn
电子信箱:press@mail.ccnu.edu.cn
印刷:湖北新华印务有限公司
督印:刘 敏
字数:530 千字
开本:787mm×960mm 1/16
印张:29.5
版/印次:2023 年 7 月第 1 版第 7 次印刷
印数:15002—18001
定价:52.00 元

欢迎上网查询、购书

敬告读者:欢迎举报盗版,请打举报电话 027—67867353

目　录

第一章　导　论……………………………………………………… 1

第一节　发展心理学概述………………………………………… 2

第二节　心理发展的概念和基本性质 ……………………… 15

第三节　遗传、环境、教育与发展 ………………………… 19

第四节　发展心理学的研究方法 …………………………… 24

第二章　关于发展的理论 ……………………………………… 41

第一节　精神分析理论 ……………………………………… 42

第二节　人格的毕生发展理论 ……………………………… 48

第三节　学习理论 …………………………………………… 50

第四节　认知发展理论 ……………………………………… 57

第五节　习性学理论 ………………………………………… 65

第六节　生态系统论 ………………………………………… 68

第七节　中国的发展心理学理论 …………………………… 70

第三章　发展的生物学基础 …………………………………… 78

第一节　遗传对发展的影响 ………………………………… 80

第二节　产前的发展与出生 ………………………………… 88

第三节　神经系统与动作的发展………………………… 104

第四章　早期发展………………………………………………… 116

第一节　新生儿的特点…………………………………… 117

第二节　婴儿的感知觉和动作发展……………………… 125

第三节　婴儿期的学习…………………………………… 133

第四节　婴儿的气质……………………………………… 141

第五章　语言与沟通技能………………………………………… 149

第一节　关于言语发展的理论…………………………… 150

第二节　儿童言语的发展………………………………… 156

第三节　非言语交流和第二语言的学习………………… 176

第六章　认知发展：皮亚杰、维果斯基的理论和信息加工论……… 184

第一节 皮亚杰的认知发展理论 …… 185
第二节 维果斯基的社会文化理论 …… 199
第三节 信息加工论 …… 204
第七章 认知发展：智力与创造力 …… 227
第一节 智力发展概述 …… 228
第二节 影响智力发展的因素 …… 235
第三节 创造力的发展 …… 246
第八章 情绪与依恋的发展 …… 262
第一节 早期情绪的发生和发展 …… 263
第二节 基本情绪、情感的发展 …… 268
第三节 依恋的发展 …… 278
第九章 自我与社会认知的发展 …… 298
第一节 自我的发展 …… 299
第二节 社会认知的发展 …… 314
第十章 道德的发展 …… 335
第一节 道德认知、道德情感和道德行为的发展 …… 337
第二节 攻击及其发展 …… 346
第三节 利他与亲社会行为及其发展 …… 353
第十一章 性别差异与性别角色的发展 …… 368
第一节 心理发展的性别差异 …… 369
第二节 性别角色的发展 …… 378
第三节 性别角色发展的理论 …… 385
第四节 性别差异和性别角色发展的影响因素 …… 392
第十二章 发展的生态系统 …… 405
第一节 家庭与个体发展 …… 406
第二节 学校与个体发展 …… 417
第三节 同伴关系与个体发展 …… 424
第四节 电视、计算机与个体发展 …… 432
第十三章 整合的发展 …… 444
第一节 心理发展的整合观 …… 445
第二节 心理发展的年龄特征与毕生发展 …… 448
第三节 老年期的发展与适应 …… 453
后记 …… 467

第一章　导　论

【教学目标】

通过本章的学习，应达到以下教学目标：

1. 理解和掌握发展心理学的学科界定和性质。

2. 了解发展心理学简史，包括儿童心理学的演变历史和现状、从儿童心理学到发展心理学的演变历史、中国的发展心理学历史等，识记、理解和掌握科学儿童心理学诞生的标志性事件、发展心理学的发展趋势。

3. 理解和掌握发展心理学的研究内容和主题，掌握心理发展的年龄分期。

4. 理解和掌握发展的概念、基本性质。

5. 结合实例，分析遗传、环境、教育与发展的关系，辨析有关的观点。

6. 结合具体的研究，识记、理解和掌握发展心理学研究的类型和研究设计方式。

7. 结合具体的研究，识记、理解和掌握发展心理学的具体研究方法，包括自我报告法、行为测量法、观察法、心理生理学方法以及综合性的研究方法，理解不同研究方法的优缺点。

8. 理解和掌握发展心理学研究的伦理学原则。

【本章结构】

本章在结构上主要包括三个部分：第一部分概括介绍发展心理学学科的基本特点，包括学科性质、发展简史、研究内容和年龄分期；第二部分分析发展的基本概念和理论问题，包括发展的内涵、基本性质和发展趋势以及遗传、环境、教育与发展的关系；第三部分简要介绍发展心理学的研究方法，包括发展心理学研究的类型和设计方式、发展心理学的具体研究方法，同时分析发展心理学研究的伦理问题。本章的基本结构如下图：

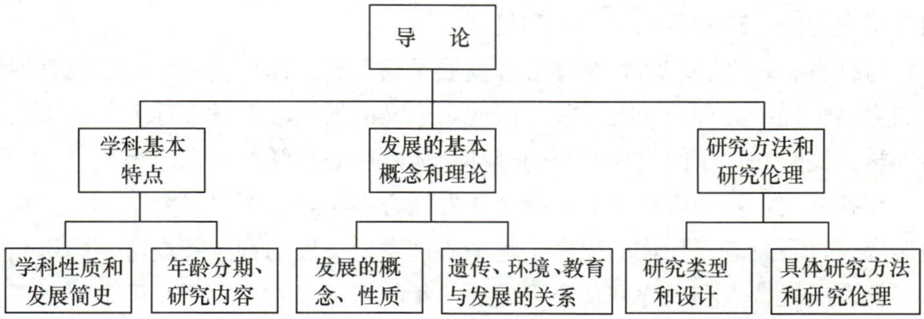

每一个人都是一个生存之谜。同样源衍于人类祖先，同样度过了从无到有的十月孕育，同样经历了从稚嫩到成熟的发育过程，可为什么有人成为机智过人的时代精英，有人却成为因循呆板的平常人？在同一条街道长大的孩子，为什么有人成为国家的栋梁，有人却成为阶下囚？同样是天真无邪的年龄，为什么有的孩子浑身洋溢着轻松和欢快，有的孩子却常常流露出捉摸不定的忧郁？要解开千差万别的人性之谜，要找到培养儿童的有效途径，就需要从形形色色的儿童身上去寻觅共同的发展规律和变化轨迹。

第一节　发展心理学概述

发展心理学是心理学的一个分支学科，因而具有心理学的一般性质，也承担着心理科学研究的基本任务。另一方面，作为从心理发展角度研究人的心理活动规律的学科，它又具有某些特殊之处。

一、发展心理学的学科界定

发展心理学是心理学的分支学科。在广义上，它是研究种系心理发展和个体心理发展的科学。种系心理发展是指从动物到人类的心理演变过程，包括动物心理的演变过程和人类心理的演变过程。一般而言，动物心理的发展是沿着这样一种顺序发展的：刺激感应性阶段（如变形虫、草履虫）——感觉阶段（如蜜蜂等昆虫）——知觉阶段（如鸟类）——思维萌芽阶段（如高等哺乳动物）。这是动物心理学的研究内容，它旨在查清从低级动物到类人猿为止的心理是怎样发生的，又是怎样在适应自然的情况下逐步从低级形态（感应性）向高级形态（思维的萌芽）发展的。人类心理的发生和发展过程主要是民族心理学（主要是原始人类心理学）的研究内容，它主要研究原始人类，即从类人猿到文明人类的心理和意识的发生和发展。

与种系心理发展相对，个体心理发展是指人类个体从受精卵的形成直到死亡的生命全程中心理的演变过程。因此，广义的发展心理学实际上包括了动物心理学、民族心理学的主要研究内容和个体发展心理学的研究内容。

在狭义上，发展心理学就是指个体发展心理学，它主要研究个体从受精卵的形成一直到衰老、死亡的生命全程中心理发生发展的特点和规律，即研究毕生心理发展的特点和规律。从心理发展的年龄特征来看，发展心理学主要考察认知的发展与人格、社会性的发展两大方面。其中，认知的发展包括感觉、知觉、记忆、想象、思维等方面的发展，而人格和社会性发展主要包括兴趣、动机、情感、价值观、自我意识、气质、能力、性格等方面的发展。在此意义上，发展心理学主要从动态意义上剖析心理的各个侧面的变化规律。我们通常所说的发展心理学就是狭义的发展心理学。

二、发展心理学简史

美国心理学家凯恩斯等人（Cairns & Cairns，2009）将发展心理学的发展划分为三个大的时期：诞生期（1882 年—1912 年）、中期（1913 年—1946 年）、现代（1947 年—至今）。在诞生期，心理学研究涉及知识与意识、思想与行为的关系、个体发生与种系发生、天性与教养、发展的终点、道德发展、社会应用等主题；在中期，行为主义等理论流派崛起，占据相对主导地位，研究范围涉及学习、社会性与人格发展、语言与认知发展、道德发展等方面；进入现代以后，社会学习理论经历了兴起、衰落和发展的过程，认知理论兴起，而且，发展心理学呈现出明显的交叉性科学的趋向。可以说，发展心理学是从儿童心理学逐渐演化过来的，而科学的儿童心理学又有着一个发展的过程。关于儿童心理发展的思想由来已久，但是，真正科学的儿童心理学是在 19 世纪后期诞生的。

（一）科学的儿童心理学的诞生

与心理学这门科学一样，儿童心理学具有一个悠久的过去，但却具有一个短暂的历史。说它具有一个悠久的过去，是指儿童心理学思想古已有之；说它具有一个短暂的历史，是指科学的儿童心理学的诞生并不太久，距今才一百多年（谷传华，2010）。

19 世纪之前，已经产生了一系列儿童心理学思想。这可以追溯到古希腊和古罗马时期，柏拉图、亚里士多德等思想家提出了按照年龄划分儿童的受教育阶段的观点。“文艺复兴”和启蒙运动时期，曾出现了夸美纽斯、约翰·洛克和让·雅克·卢梭等杰出的思想家，他们提出了有价值的教育思想。但是，它们缺乏科学规范的方法论基础，因而，还不能说是形成了科学的儿童心理学。

到了 19 世纪，物种进化论的奠基人、英国博物学家达尔文，从进化论的角度开展了一系列研究，探讨了心理的发展或进化问题。他在晚年出版了《人类的由来与选择》、《人和动物的表情》两部著作，探讨了动物心理与人的心理的连续性，探讨了心理的种系发展问题。他还对自己的孩子进行长期的观察，在1876年发表了《一个婴儿的传略》，这是最早采用日记法对儿童进行观察研究的报告之一。达尔文因此也被人们看成科学地研究儿童的先驱（方富熹，方格，2005）。

1882年，德国的普莱尔（W. Preyer）出版的《儿童心理》一书被看做是科学的儿童心理学诞生的标志。普莱尔出生在英国的曼彻斯特，先是在巴黎大学学习生理学和哲学，在获得生理学哲学博士学位之后，回到德国，在波恩大学教了一段时间的动物化学和动物构造学之后，转攻医学，并很快获得医学博士学位。自1866年起，他先后在耶拿大学和柏林大学任教，并于1888年至1893年在柏林大学教授生理学和心理学。《儿童心理》是普莱尔根据对他的儿子的系统观察写成的。在儿子出生之后一直到三岁，他每天都进行系统的观察，写观察日记（儿童传记），同时进行实验研究。相对于其他的儿童心理学著作，这本书的出版还是较早的。而且，这本书着眼于研究儿童心理发展的特点，系统探讨了儿童感知觉和情感的发展、动作和意志的发展、理智和言语的发展等方面，构成了一个比较完整的儿童心理学体系。因此，无论是从出版时间、写作目的和内容来看，还是从研究方法和出版后的影响来看，它都超过了在此之前的儿童心理学著作。这也是它被奉为儿童心理学诞生标志的重要原因。这本书出版后，先后被翻译成十几种文字出版，激起了人们对儿童心理的研究兴趣，大大促进了儿童心理学本身的发展，对当前早期儿童的心理研究仍然具有重要的启示。

（二）儿童心理学的演变和现状

1882年以后，直到20世纪早期，西方儿童心理学逐渐成形。在此期间，涌现了一批著名的儿童心理学家，其中包括美国的霍尔（G. S. Hall）和他的学生格塞尔（A. Gesell）、卡特尔（J. M. Cattall）等。其中，霍尔的贡献尤其值得一提。

霍尔是美国儿童心理学的奠基人和开拓者，他是美国第一个获得心理学专业博士学位的人，也是美国心理学会第一任主席，他建立了美国第一个心理学实验室，创办了美国第一个心理学杂志——《美国心理学杂志》，撰写了世界上第一部青少年心理学著作——《青少年心理学》（又翻译为《青春期：青春期心理学以及青春期与生理学、人类学、社会学、性、犯罪、宗教和教育的关系》或《青年期的心理与教育》）。而且，他还曾留学德国，成为"心理学之父"冯特的第一个美国学生。因此，他被誉为"美国儿童心理学之父"。

除了这些贡献之外，他还提出了个体心理发展的"复演说"，认为儿童心理的发展复演了种系发展的过程，产前的发展复演了动物进化的过程，在出生之后个体心理的发展则复演了人类进化的过程。例如，胎儿有一个阶段有腮裂，这是重复了鱼类阶段。婴幼儿重演了人类远古时代的心理：儿童喜欢相互追逐，实际上是复演了原始社会的狩猎活动；少年期喜欢玩打猎、捕鱼、游泳、争斗、爱好动物，则复演了人类祖先的野外生活。尽管人们对这种观点存在争议，但它提出了个体心理发展与种系心理发展的关系问题，将这两个方面联系起来。此外，他还广泛地采用问卷法，收集儿童心理发展的资料，推动了心理学研究方法的发展。

法国心理学家比纳（A. Binet）也是这一时期的代表人物。他是智力测验的奠基人。1904 年，法国公共教育部成立一个特别委员会，专门研究针对那些有缺陷的儿童应该采取的教育措施。比纳是这个委员会的成员之一。在 1905 年，他与西蒙（T. Simon）联合编制了最初的智力量表，并于 1908 年进行了首次修订，1911 年再次修订，形成了比较系统的智力测验，这就是著名的比纳—西蒙智力量表，也是世界上第一个智力量表，该量表为测定儿童智力的发展提供了十分重要的工具。

从 20 世纪初期至中期，儿童心理学经历了一个不断分化和蓬勃发展的时期。在这一时期，出现了各种心理学理论或流派，包括精神分析、行为主义、格式塔（完形）学派等。精神分析学派的奠基人是奥地利心理学家弗洛伊德（S. Freud）。这个学派主要从性本能揭示人的心理和行为的本质，认为性本能是人们心理与行为的根本动力。它的主要研究内容在于人格、情绪或动机方面。行为主义的奠基人是美国心理学家华生（J. B. Watson）。这个学派强调，心理学应研究客观的、可观测的行为而不是意识、观念等，儿童心理的发展主要是行为的变化。格式塔学派的奠基人是维特海默（M. Wertheimer）、考夫卡（K. Koffka）、苛勒（W. Kohler）等人。这个学派强调研究整体的心理现象，认为人的心理是一个不可分割的整体，强调学习和思维的顿悟，他们的研究涉及知觉、思维和学习、个性等方面。

进入 20 世纪中期以后，西方儿童心理学进一步发展。原有的心理学理论不断演变和分化，一些新的心理学理论和思潮也应运而生。在原来的精神分析理论的基础上，产生了新精神分析理论，在原来的行为主义理论的基础上形成了新行为主义理论和社会学习理论。皮亚杰（J. Piaget）的认知发展理论的影响迅速增强。此外，还有侧重研究认知过程的信息加工思潮。他们分别从不同的角度探讨了儿童的心理发展问题。

专栏

西方国家与儿童心理学有关的职业

（1）学前、幼儿园教师（preschool/kindergarten teacher）。学前教师的工作对象一般是进入幼儿园前的4岁幼儿。主要指导幼儿活动，发展适合幼儿年龄的活动课程，使他们在良好的氛围中身体、认知和适应性都得到发展。此类活动一周几天、一天几小时均按活动计划灵活而定。幼儿园教师的工作对象是已接受过学前教育活动将来要上小学一年级的幼儿，他们主要是发展并实施适合于5岁儿童的活动和课程。二者通常均要求有四年本科学历，主修教育专业尤其是那些与儿童早期教育有关的课程，通常要求获得州/省一级的执教资格证书。

（2）中小学教师（elementary and secondary school teacher）。他们教一门或多门课程，需要做好备课、测量、评定等工作，把握学生发展和进步的情况，与家长、学校管理人员沟通交流，参加与课程计划有关或有助于解决特定问题的讲座、研讨会，指导学生课外活动计划的进行。中小学教师要求至少有四年的本科学历教育，主修任教的学科专业及教育专业，涉及课程范围常常较为宽广。

（3）特教教师（exceptional children teacher/special education teacher）。他们以教育残障儿童即心智迟滞者、身体残障者、学习失能者、行为异常者，以及天才儿童为工作对象。根据这些特殊儿童的需要发展相应的特别课程，帮助这些特殊儿童适应自身的特殊环境，并与学校其他成员及家长一起共同提高特殊儿童的调适能力。特教教师要求至少经过四年的本科教育，主修教育领域尤其是特殊教育方面的课程。有的州/省要求修业时间更长，或要求获硕士学位，或通过标准考试具有从事特殊教育的资格证书。

（4）日托（托儿）所督导（day-care supervisor）。他们对日托所的学前教育计划进行指导，并对计划在日托所内的执行负责。通常要求他们对日托所的工作定位和课程性质作出决定。他们自己也可能在所内任教，做些家长工作和为家长提供咨询，并为全所工作人员或家长举办讲座和研讨会。日托所督导在教育和学历上的要求，各州/省之间会有一定的差异。对此，很多州/省的"公共福利部"出版了对日托所督导必要要求的小册子。

（5）早期教育工作者（early childhood educator）。他们通常在社区学院从事教学，这些学院在早期教育专业的日托方向上具有授予学士或准学士学位的资格。他们负责对那些在日托领域求职的人们进行训练。早期教育工作者一般要求有硕士学位，或至少有2年的研究生学习经历，主修早期教育领域的课程，并在日托所或早期教育中心接受过有督导的实习训练。

（6）儿童福利工作者（child welfare worker）。他们受各州/省儿童保护服务机构所聘用，主要是为保护儿童的合法权益做好有关的服务工作，尤为关注那些被处置不当的和受虐待的儿童个案。为保护这样的儿童不遭到进一步的伤害并帮助他们能有效地应对当前的处境，儿童福利工作者常就必须采取的行动作出决定并予以实施。儿童福利工作者要求至少有四年本科教育的经历，主修社会工作和人类服务方面的课程并接受有关训练。

（7）辅导咨询师（guidance counselor）。他们的主要工作对象是中学生，对中学生在教育和生活方面的计划给予帮助。他们常对学生进行能力测验并评定其兴趣和智力。他们还需要关注那些有情绪问题的学生，关注那些在接受学校教育方面出现问题的学生。如有必要，则须及时地把这样的学生转交给学校心理学家或临床心理学家之类的其他专业人员予以处理。辅导咨询师要求至少经过四年本科教育，许多州/省还要求有2年的研究生课程的学习经历或硕士学位，他们主修教育方面的和学校教育咨询方面的课程，并进行过咨询训练和实践。

（8）学校心理学家（school psychologist）。他们的工作对象是各种正常的和特殊的儿童，但这样的儿童又存在着与学校教育有关的问题。他们在学校系统中从事工作，接待来自不同学校的上述儿童，并进行评定和处理。具体来说是主持对儿童的测试、访谈、观察和诊断，并在与教师、家长、学校管理人员讨论后，最后拟定减少儿童问题行为的各种计划。学校心理学家要求有硕士或博士学位，即2年研究生学习和硕士学位或5～6年的研究生学习和博士学位。

（9）儿科护士（pediatric nurse）。他们在各种医疗单位中工作，工作目的是促进婴幼儿和儿童的健康。具体地说：预防婴幼儿和儿童患病或意外受伤，帮助残障的或有健康问题的儿童尽可能处于有益于健康的最佳状况，对健康异常的儿童给予特别的照顾和处理。有些儿科护士所要求的特定工作领域是非常专业的，如有的擅长于在新生儿特护病房工作、有的擅长于教育新生儿父母如何当好父母。儿科护士一般要求学习2～5年，在护理学院主修生物科学、护理学、儿科学方面的课程，有的要求在医疗机构接受过有督导的临床经历，并且已成为注册护士。

（10）精神科护士（psychiatric nurse）。他们的工作是促进人的心理健康，其中有些精神科护士擅长于帮助有心理健康问题的儿童，并紧密配合儿科精神医生的工作来改善这些儿童的调适状况。精神科护士一般在护理学校学习2～5年，主修生物科学、护理学和心理健康诸方面的课程，并在儿童精神治疗机构中接受过有督导的临床训练。

（11）儿童生活专家（child life specialist）。他们受医院的聘请，工作对象是那些被允许住院之前的和被允许离院之后的儿童及其家长。他们常常为那些需要住院的或已经住过院的儿童开展各种适合其发展水平的活动，并关注活动的进行，还帮助住院儿童适应其医疗经历和住院生活。他们把自己的努力与医生、护士的工作相协调以求得对有关儿童的最佳疗效。儿童生活专家要求有4年的大学本科学习经历，许多人曾接受过儿童发展或教育方面的训练，还接受过儿童生活计划方面的训练，其中包括对儿童的发展性评定、对儿童家长的教育以及有关的督导工作。

（12）儿科医生（pediatrician）。他们关注婴儿、幼儿和儿童的健康并处理他们的各种疾患，还要就婴幼儿童的发展及如何适当地予以处理向父母提出各种建议。儿科医生的教育要求是经过7～9年的医学院学习，具有医学博士学位。

(13) 儿童临床心理学家/咨询心理学家（child clinical psychologist or counseling psychologist）。他们的工作是对儿童的各种问题和异常作出判断，进行各种心理测验，实施一次次的心理治疗。有些工作他们在高等院校进行，以便能使教学、治疗、研究三者之间有某种程度的结合。儿童临床心理学家/咨询心理学家要求在大学学习 5 年以上，或获博士学位，并在精神病医院或心理卫生机构有过一年的实习医生职务的经历，包括临床的和研究方面的训练。

(14) 儿童精神科医生（child psychiatrist）。其作用与儿童临床心理学家相似。但是，精神科医生能从事生物医学方面的治疗，比如他们可以使用药物来治疗儿童患者，而儿童临床心理学家或咨询心理学家则无此资格而不予允许。儿童精神科医生要求在大学学习 7～9 年，有医学博士学位，期间除 4 年医学院学习外，还要求在医院的儿童精神科接受过实习训练和有过当实习医生的经历。

(15) 儿童发展、教育、家庭发展、护理、社会工作方面的高校教授（college/university professor in child development，education，family development，nursing，social work）。他们教授儿童发展、家庭发展、教育、护理、社会工作诸方面的课程，从事研究，撰写研究报告、学术论文和专著，并对那些有志于在这些领域求职的本科学生和研究生进行训练。这些高校教授要求有博士或硕士学位，有 5～6 年的研究生学历，主修相关领域的研究生课程，学会并能独立从事特定领域的研究工作，具有为出席专业会议撰写报告和论文、并与学术界同行进行交流的能力。

需要指出两点：一是上述诸多职业工作之所以都与儿童发展心理学有密切联系，是由于这些职业工作的对象都是成长发展中的个体，包括在心理和行为的某些方面一时处于失调状态的儿童，学习儿童发展心理学的知识、掌握儿童发展心理学的原理，无疑是从事上述职业工作的一个必要条件。儿童发展心理学自然应该是这些专业的“主、必修课”，当然，它对其中有的来说是“专业基础”性的、对有的来说则是“专业方向”性的。二是上述职业工作的简介告诉我们，今天以儿童为对象的职业工作涉及面甚广，除了传统的教师岗位，还有许多近期发展形成的新的工作岗位。他们共同的宗旨是围绕着儿童的成长和发展做好各种各样的服务工作。

需要指出的是，苏联的儿童心理学也是世界儿童心理学的重要组成部分。从整体上看，在 1917 年十月革命之前，俄国的心理学与西方心理学传统是一致的；从十月革命到第二次世界大战之前，是苏联儿童心理学独立形成的阶段；从第二次世界大战到 20 世纪 50 年代末，是苏联儿童心理学的全面发展时期，这一时期，研究队伍壮大，研究领域宽泛，研究方法多样，研究结果被广泛应用于实践；20 世纪 60 年代以后，是苏联儿童心理学的进一步蓬勃发展时期，不同的学派纷纷建立，理论和实证的研究都得到进一步加强，并且批判地继承了西方的儿童心理学。苏联儿童心理学以马列主义作为指导思想，因而具有不同于西方儿童心理学的特点。十月革命前后，俄国和苏联出现了很多杰出的心理学家，其中，包括谢切诺夫、乌申斯基、维果斯基、鲁利亚、鲁宾斯坦、赞可夫、列昂节夫等，其中维果斯基是苏联儿童心理学的奠基人，也是著名的“维列鲁学派”的重要代表人物，他提出的思想至今仍具有深刻的影响。

（三）从儿童心理学到发展心理学的演变

从具体的研究来看，儿童心理学的研究范围也在不断扩展，不但涉及早期儿童的心理发展问题，而且在20世纪六七十年代以后逐渐扩展到人的一生的发展。相应地，儿童发展心理学逐渐演变为发展心理学或毕生发展心理学。

20世纪初，美国心理学家霍尔将儿童心理学研究的年龄范围扩大到青少年期，并且开始正式研究老年心理。1904年，霍尔出版了《青少年心理学》。1922年，他又出版了《衰老：人的后半生》。

精神分析学派率先对人的一生的发展进行了研究。20世纪二三十年代，荣格（C. G. Jung）最早研究了成年后心理的发展。他提出了前半生和后半生分期的观点，还重点研究了中年危机和老年心理。在此基础上，埃里克森进一步将心理发展的年龄范围扩展为人的一生，提出人格发展的八个阶段：信任感对怀疑感（0～1岁）、自主性对羞怯或疑虑（1～3岁）、主动对内疚（3～6岁）、勤奋对自卑（6～12岁）、同一感对同一感混乱（12～18岁）、亲密感对孤独感（18～25岁）、繁殖感对停滞感（25～50岁）、自我完善感对失望（50岁以后）。

1927年，美国心理学家霍林沃思（H. L. Hollingworth）出版了世界上第一本发展心理学著作《发展心理学概论》。他主张研究人的心理的全貌。1935年，另一位美国心理学家古迪纳夫（F. L. Goodenough）出版了《发展心理学》，这本书在科学性和系统性上都要高于《发展心理学概论》，曾经再版，并畅销欧美。古迪纳夫强调要研究人的一生中各个时期的心理发展。从1957年开始，美国《心理学年鉴》以“发展心理学”代替“儿童心理学”作为章名。发展心理学的学科概念逐渐确立。在此后的半个世纪中，人们对成人心理发展进行了系统而深入的研究。

由于老年人口的增多和追踪研究的深入等原因，毕生发展问题逐渐提上议事日程。20世纪六七十年代，以德国的巴尔特斯（P. B. Baltes）等人为代表的一批心理学家提出了毕生发展的思想，认为人的心理和行为的发展是持续终生的，因而应注重对生命全程或毕生发展的研究。

在毕生发展观的推动下，发展心理学家开展了广泛的研究，其内容涉及发展心理学的历史和理论、方法论、认知的毕生发展、人格和社会性的毕生发展、不同时期的干预问题、心理咨询和治疗问题、毕生发展的病理学问题、文化的影响、终身教育、非常规环境的毕生发展、代际关系的毕生发展等。可以说，毕生发展研究呈现出欣欣向荣的局面。

链 接

参看朱智贤、林崇德：《儿童心理学史》，北京：北京师范大学出版社 2002 年版，第 371～482 页。

（四）中国的发展心理学

我国的发展心理学思想由来已久。早在春秋、战国时期，一些思想家就有了朴素的发展心理方面的思想，其中最著名的就是孔子关于心理发展的年龄特征的思想。他说，“吾十有五，而志于学，三十而立，四十而不惑，五十而知天命，六十而耳顺，七十而从心所欲，不逾矩”（《论语·为政》）。

20 世纪初，也就是五四运动前后，科学心理学著作逐渐被翻译介绍到中国。早期的儿童心理学研究是比较凌乱的，没有形成清晰的体系。这一时期，出版了我国最早的一些心理学翻译著作，产生了我国早期的一批心理学家，如陈鹤琴（1892—1982）、黄翼（1903—1944）、孙国华（1902—1958）、艾伟（1890—1955）、肖孝嵘（1897—1963）、陆志韦（1894—1970）、潘菽（1897—1988）、左任侠（1901—1997）、陈立（1902—2004）、朱智贤（1908—1991）、刘范（1918—1988）、李伯黍（1914－2010）等，他们都是中国儿童心理学的奠基者、带头人，其中，陈鹤琴可以说是我国最早的儿童心理学家。

新中国成立后，我国儿童心理学经历了一个曲折的发展历程。1949 年—1958 年这十年间，我国主要学习苏联的经验，结合中国的实际开展了一些儿童心理研究。随后，由于“左”的思想的影响，心理学遭到批判。1959 年—1965 年，出现了中国儿童心理学的第一个繁荣期。这一时期，儿童心理学研究的范围包括从儿童早期到青少年期的各个年龄阶段，研究问题涉及心理发展的理论以及生理机制、心理过程、年龄特征等多个方面。1962 年朱智贤还出版了新中国第一部儿童心理学教材——《儿童心理学》。此外，人们还不断介绍西方儿童心理学思想，其中包括皮亚杰（J. Piaget）、瓦龙（H. Wallon）的理论。在“文革”期间（1966 年—1976 年），我国儿童心理学遭到了空前浩劫，心理学作为“伪科学”被“打倒”。

“文革”结束后，我国儿童心理学迎来了一个空前的蓬勃发展时期。无论是从儿童心理学研究成果在整个心理学领域中所占的比例来看，还是从有关的组织机构、研究人员、研究期刊和研究领域来看，儿童心理学都在我国心理学体系中占有极为重要的地位。

20 世纪 80 年代，中国的发展心理学研究逐渐增多。可以说，1978 年中国共产党十一届三中全会之后，是我国改革开放的 30 年，也是中国发展心理学“空前活跃”的 30 年，又是发展心理学中国化的 30 年。30 年来，中国的发展心理学在科研队伍、学术活动、科研论文和书籍出版方面取得了长足进展；在研究体制上发生了巨大的变化，这突出表现在横向化和纵向化两个方面：横向化的趋势主要涉及发展心理学研究的广度或范围问题，特别是新的交叉学科不断出现，纵向化的趋势是指发展心理学研究重点的变化，包括人脑研究、环境与人的发展、计算机辅助教学等；研究的年龄范围则从儿童心理研究拓展到毕生发展研究，在认知发展、社会性发展、超常儿童、心理理论和弱势群体等方面取得了一批重大的代表性成果（林崇德，陈英和，2009）。

目前，国内与发展心理学有关的主要学术组织是中国心理学会下属的发展心理学分会。发展心理学分会的前身为 20 世纪 60 年代成立的儿童与教育心理学专业委员会。国内发表发展心理学研究的心理学专业学术期刊主要有《心理学报》、《心理发展与教育》、《心理科学》（1990 年之前名为《心理科学通讯》）、《心理科学进展》（2002 年之前为《心理学动态》）、《应用心理学》、《心理学探新》、《中国心理卫生杂志》、《中国临床心理学杂志》等。另一方面，发展心理学的研究队伍也日益壮大，在许多大学的心理学系都设有儿童或发展心理学专业，都有相应的研究人员。

目前，我国发展心理学的研究领域十分广泛，涉及心理发展理论、感知觉与动作、认知（包括语言、智力、社会认知、元认知等）、个性与社会化（包括情绪、自我意识、道德、社会关系、独生子女的个性特点等）、特殊儿童心理和心理发展的文化差异等方面。在年龄阶段上，横跨婴幼儿期、学龄初期、青少年期以及成年初期、中期和晚期。近年来，有关的教材、著作以及翻译著作如雨后春笋般涌现。此外，国内外学术交流也日益频繁，发展心理学专业委员会每两年召开一次学术会议，中国发展心理学家还与国外的学术组织（如国际行为发展研究会，简称 ISSBD，即 International Society for the Study of Behavioral Development）密切合作，频繁参加国外召开的学术会议，进行学术访问，还积极在国外学术期刊（Child Development，Journal of Developmental Psychology，Journal of Personality and Social Development 等）上发表论文和研究报告，扩大了中国发展心理学在世界的影响。中国的发展心理学呈现出一派欣欣向荣的局面。

链　接

下列文献讨论了中国发展心理学的概况，可以作为拓展性读物：

[1] 缪小春：《近二十年来的中国发展心理学》，载《心理科学》2001年24卷第1期，第71～77页。

[2] 申继亮、辛自强：《迈进中的发展心理学事业》，载《北京师范大学学报》（人文社科版）2002年第5期，第158～167页。

[3] 邓赐平、席居哲：《中国发展心理学概况》，儿童研究网（Child Research Net），2004，参见网址：http：//www. crn. net. cn/index. html。

（五）发展心理学的发展趋势

科学的儿童心理学自1882年以来已经经历了一百多年的发展。近年来，发展心理学呈现出一派生机勃勃的发展迹象，而且出现了一些明显的发展趋势，这主要表现在以下几个方面：

在研究取向上，一方面发展心理学与其他学科相互交叉，出现了不少新的分支学科。例如，发展心理学与语言学交叉，产生了发展心理语言学，主要研究儿童早期言语的内容和背景、儿童早期言语的社会化等问题；发展心理学与生物学交叉，产生了发展心理生物学，主要研究幼儿的能力、智力的遗传性、气质的生物学基础、非人类种系的智力水平等问题。另外，还有发展心理病理学、发展心理社会学等分支学科。有人甚至主张建立融上述学科于一体的宏观的"发展科学"。相应地，发展心理学日益强调采用跨学科或多学科合作的方式进行研究。另一方面跨文化研究也日益频繁，它的目的在于，在不同的文化背景中对相同的问题进行研究，以考察不同的文化背景对心理发展的影响，考察不同文化中个体心理发展的相似性和特殊性。近年来进行的跨文化研究包括东方文化与西方文化背景下的比较、不同国家和地区文化背景下的比较，也包括不同民族或种族文化背景下的比较。跨文化的比较研究已成为一种重要趋势。

在研究范围上，发展心理学研究的年龄范围不断拓展，不仅重视研究个体早期阶段的心理发展规律，而且注重研究成年期包括中老年期的心理发展规律。20世纪六七十年代以后，这种趋势就表现得比较明显了。发展心理学的研究日益重视实践领域，强调用发展心理学解决生活中存在的具体问题。近年来，主要研究问题包括胎儿发育和优生问题、早期心理的发展、儿童社会性的发展、青少年的心理适应、儿童性别角色的发展、电视与个体发展的关系、计算机辅助教学对儿童发展的影响等。所有这些，都是儿童青少年生活中比较突出的问题。从目前国际（特别是美国）发展心理学的基本走向来看，人们更强调以问题为导向的跨学科研究，在侧重研究基本理论问题的同时，比以往更加关注教育、临床、社会层面的重大现实问题，突出强调应用研究，从而形成了跨学科的发展科学、应用发展科学的思想（林崇德，辛自强，2010）。

在研究方法上，发展心理学研究呈现出生态化特点。多年来，发展心理学强调采用实验室研究，在实验室内研究个体的心理和行为的发展特点。这种研究虽然控制严格，但实验条件不自然，人为性较强，所观察到的个体的心理、行为与他们在自然条件下的心理、行为差别较大。20 世纪七八十年代以来，发展心理学日益强调研究的生态化，要求研究者在人们的实际生活环境中，考察他们在自然条件下的心理与行为，从而揭示其心理发展的规律。这突出地表现于准实验研究设计的使用。它不像真实验设计那样严格，而是强调在人们生活的真实情境中，适当地控制或改变某些条件，观察人们行为的变化。

此外，发展心理学的研究方法还呈现出综合化、复杂化的特点，强调采用多种方法，综合考察某个具体的问题，以达到优势互补的目的；强调采用包括多个变量的研究设计，以揭示心理发展的多个方面、多种影响因素及其相互作用。在研究过程中，现代化的录音、摄像设备以及行为观察室等专门的研究手段应用日益广泛，电子计算机和各种专门的统计分析软件（如 SPSS，SAS，LISREL，AMOS）也促进了研究的数量化。

在总体上，发展心理学研究日益重视解决实际问题，研究范围、研究方法则趋于综合化、整体化。人们日益认识到，心理本质上是一个不可分割的、多层次、多侧面的整体，因此，要揭示心理发展的实质，必须采用相应的跨学科的、跨领域的、综合化的方法。

链　接

下列文献反映了发展心理学的发展趋势，可以作为拓展性读物：

［1］［美］U. Bronfenbrenner，P. A. Morris：《人类发展的生物生态学模型》，见 W. Damon 和 R. M. Lerner 主编，林崇德、李其维、董奇主译：《儿童心理学手册》，上海：华东师范大学出版社 2009 年版，第 907～950 页。

［2］朱皕：《近 50 年来发展心理学生态化研究的回顾与前瞻》，载《心理科学》2005 年 28 卷第 4 期，第 922～925 页。

三、发展心理学的研究内容

发展心理学的研究内容主要包括两个方面：一是心理发展的基本原理或规律，二是生命全程心理发展的年龄特征。

（一）心理发展的基本原理或规律

关于人类心理发展的基本原理或规律，突出地反映在以下四个问题上：心理发展是先天的还是后天的？人类对待环境的关系是主动的还是被动的？心理发展是分阶段的还是连续的？心理发展是开放的（发展变化能持续下去）还是具有最终目标的？这四个问题也是不同的心理学理论争论的焦点所在。

上述几个问题又可以概括为以下三个方面（林崇德，2009）：第一，关于遗传与环境对心理发展的作用问题；第二，关于心理发展的内因和外因问题；第三，关于心理连续发展与分阶段发展的关系问题。对这些问题的深入分析，可以揭示心理发展的基本原理或规律。

（二）生命全程心理发展的年龄特征

所谓心理发展的年龄特征，是指心理发展的各个阶段具有的一般特征、典型特征或本质特征。一般特征是指那些带有普遍性的特征，典型特征是那些具有代表性的特征，本质特征是指某个阶段所特有而其他阶段所没有的特征。例如，幼儿思维发展的突出特点是以具体形象思维为主，具体形象思维在幼儿期具有普遍性、代表性，以具体形象思维为主是这一时期相较于其他时期的特殊之处，因此，这一特征就是幼儿期最突出的年龄特征之一。发展心理学研究的一个重要内容就是从各个年龄阶段的大量个别的心理特征中，概括出心理发展的一般的、典型的或本质的特征，揭示各个年龄阶段心理发展的整体特征。

四、发展心理学的年龄分期

如何划分心理发展的年龄阶段，至今还没有一个十分统一的意见。由于所依据的标准不同，学者们划分的年龄分段并不完全相同。根据心理发展的总体情况，我们把一个人一生的发展划分为以下八个阶段：

阶段 1：产前期或孕期（从怀孕到出生）。这一时期是一个人生命的开端，个体主要在母体环境中发展。怀孕或受精卵的形成是最为关键的事件。从受精卵的形成一直到发育成一个完整的人，个体先后经历了胚种期、胚胎期和胎儿期。在这一阶段，一个新生命的各个器官和基本的身体结构逐渐形成，身体成长最迅速，也很容易受环境的影响。优生是这一阶段最重要的任务。

阶段 2：婴儿期（从出生到 3 岁）。这一时期，儿童经历了从母体环境到母体外的自然和社会环境的转变，感觉、知觉等心理活动迅速发展起来，身体成长和动作技能发展迅速。而且，在最初的几周内就已表现出学习和记忆能力，运用各种符号和解决问题的能力开始发展起来，言语理解和运用能力也迅速发展。在这一时期，儿童与父母或其他养育者的依恋构成儿童早期最重要的社会关系。这一时期是早期教育的关键期。

阶段 3：童年早期（3 岁到 6～7 岁）。又称为幼儿期或学前期。在这一时期，儿童开始进入幼儿园，接受系统的学校教育。这一时期是系统的学校教育的开端，同时也是接受学龄期的系统教育的准备期。

阶段 4：童年中期（6～7 岁到 10～11 岁）。这一时期又称为学龄初期，是儿童开始接受系统的学校教育、学习系统的知识和技能的时期。这一时期是道德发展的重要时期。

阶段 5：青少年期（11～12 岁到 17～18 岁）。这一时期是儿童向成人过渡的时期。儿童在生理上日益成熟，产生成人感。这一时期还是自我认同感形成的重要时期，形成明确的理想和积极的价值观并为之奋斗是这一阶段的主要任务。

阶段 6：成年早期（18 岁到 35 岁左右）。这一时期，个体生理机能的发展达到顶峰，要恋爱、结婚，并为人父母，要形成亲密的人际关系和自己的生活方式。立业、成家是这一时期的主要任务。

阶段 7：成年中期（35 岁到 55～60 岁）。这一时期又称中年期。感觉能力出现某些衰退，健康、耐力和爆发力开始下降。中年期是事业发展的高峰期，承担多种社会责任是中年期的主要任务，也是这一时期最突出的特点。

阶段 8：成年晚期（60 岁到死亡）。这一时期又称为晚年期或老年期。个体的生理机能不断下降，健康和“社会贡献感”的丧失是成年晚期的突出特点，而适应老年期的变化和死亡，寻找生活的意义，是老年人最重要的任务。

从广义上看，在上面的八个阶段中，成年之前的五个阶段都属于儿童期。也就是说，从受精卵的形成一直到 18 岁的人，都可以称为儿童。这个群体是儿童发展心理学的研究对象。在狭义上，通常将个体出生后一直到 18 岁这段时间称为儿童期。显然，儿童期心理发展是发展心理学研究的重要内容，更是我们本书论述的重点。换言之，发展心理学包括儿童心理学在内。

第二节 心理发展的概念和基本性质

发展的内涵是什么？心理发展具有哪些基本的性质？这是发展心理学研究首先需要回答的问题。

一、发展的概念

这里所说的发展主要是指个体的发展。简单地说，发展是从受精卵的形成一直到个体生命的终结在生理和心理上发生的系统的及连续的变化（Sheffer，2004）。在这里，“系统的”是指生理和心理上的变化是有序的，表现为特定的模式，而且是相对持久的，而不是瞬间即逝的或不可预测的；“连续的”是指我们在生理或心理上保持稳定，或者仍然反映着我们的过去。也就是说，发展过程包括变化与相对稳定性两个方面。

变化包括量的变化与质的变化。量的变化也就是在生理和心理上发生的数量或程度的变化，如身高、体重或词汇量的变化。质的变化也就是在性质、结构或组织上的变化，如从非言语性的交流到言语性的交流（Papalia，Olds，& Feldman，2004）。量变是质变的基础，质变是量变的结果，二者是不可分割的。需要指出的是，发展既包括生命各个阶段中的积极变化或获得，如词汇量的增长、能力的提高，也包括消极的变化或丧失，如言语学习敏感性的降低。但是，并不是所有的心理变化都可以叫做发展，例如，由于疾病、疲劳、药物等原因所导致的心理变化就不属于发展，因为这类变化只是一种暂时性的变化，可以通过休息或治疗而得到恢复。这也是发展概念中“系统”的含义。

相对稳定性是发展的另一方面。就思维的发展来说，儿童的思维是按照直观行动思维（婴儿期）、具体形象思维（幼儿期）、由具体形象思维向抽象逻辑思维过渡（童年期）、抽象逻辑思维（青少年期）的顺序逐渐发展的。每种思维都具有某种突出的特点，如具体形象思维的特点是思维必须借助于实际的物体或具体的形象进行，抽象逻辑思维的特点是能够对形式化的符号进行操作，能够进行假设——演绎思维，在每一个时期，思维发展的特点都是相对稳定的。

发展可分为三大领域，它们分别是：生理的发展、认知的发展、个性和社会性的发展，后两个方面的发展属于心理的发展。生理的发展包括身高和体重的增加、各个器官的成长、身体系统功能的增强、衰老迹象的出现、运动能力的变化等。认知的发展包括知觉、言语、学习、记忆、问题解决和其他心理过程的变化和持续性。个性和社会性的发展包括动机、情绪、人格特质、人际交往技能和人际关系、在家庭内外所承担的社会角色等方面的变化和持续性。上述三个方面相互影响，成为一个整体。事实上，每个人都是一个整体的人，某个方面的发展必然影响着别的方面的发展。

二、发展的基本性质

人的心理发展的过程是复杂多样的，但这一过程并不是不可捉摸的。心理发展的过程表现出一些基本的性质。

（一）连续性与阶段性

心理发展到底是连续的还是分阶段的？对此，心理学家们的看法并不一致。有的研究者更多地看到发展的连续性、渐进性的一面，认为儿童心理的发展似乎只是数量上的变化；另一些研究者则更多地强调阶段性、间断性的一面。从辩证唯物主义观点来看，儿童心理的发展是一个从量变到质变的过程，心理发展过程中既有连续性又有阶段性。在一定时期内，相对平稳的、细微的变化属于量的积累，体现了发展的连续性；当某些代表新质要素的量积累到一定程度时就取代旧质要素而占据优势的主导地位，这时量变的过程就发生了质的“飞跃”，表现为发展中的间断或跳跃现象，即阶段性。例如，从儿童的动作发展来看，婴儿一般从出生半年以后开始爬行。刚开始时他们腹部着地慢慢地移动，然后靠手和膝爬行，逐渐能够摇摇晃晃地站立住，最后能够东倒西歪地前进了。随着时间的推移，他们爬得比较快了，动作也更协调，这些技能上的变化是逐渐的、连续的。但是，双足站立和行走需要一组完全不同的动作，从爬行到行走的变化，不只是爬行技能的简单扩展，而是出现了本质不同的行为模式，即进入了一个新的阶段。

连续性是指一定时期的发展变化总是在前一时期积累的基础上逐渐发生，后一阶段的发展也总是以前一阶段的发展变化为基础。先前的发展为以后的发展打下基础，是以后发展的前提；后一阶段既包含前一阶段的因素又萌发着下一阶段的新质。但某一阶段占优势地位的主要因素体现着这一阶段的本质特征。发展过程是连续起伏而不是台阶式的，阶段之间也不是突然的中断和全新的开始，而是在继承上一阶段特性的基础上萌发下一阶段的新质。因而，我们有时会在处于特定阶段的儿童身上，发现在某些时候或某些问题上出现较低一个阶段心理特征的“倒退现象”；或者相反，“超前地”表现一些较高阶段的特征的萌芽。例如，从爬行到行走的变化就表明当发展达到一个较先进的阶段时，儿童仍然保留或表现出前一阶段的功能或特点。最初开始行走时，儿童还有些困难，他们如果想要移动得快些或疲劳了，就会回复到爬行。当行走得较为熟练时，他们爬行的可能性就小了。一旦需要，甚至成人也会使用爬行技能。

（二）发展的定向性与顺序性

儿童身心的发展在正常的条件下总是指向一定的方向并遵循一定的先后顺序，而且这种顺序是不可逆的，也不可逾越。例如，儿童身体和运动机能的发展是按照从上至下法则（头尾法则）和从中心到边缘法则（近远法则）进行的。从上至下法则是指儿童的动作发展从头部开始依次向身体的下部发展。不同的儿童学会某一动作的具体时间可能各不相同，但任何一个儿童的动作发展一定遵循着抬头→翻身→坐→爬→站→行走的方向和顺序。从中心到边缘法则是指以人体直立的中轴线为起点，动作的发展从身体的中部开始，越接近躯干的部位动作的发展就越早，而远离身体中心的肢端动作发展则较晚。其他心理机能的发展也有顺序性。发展的速度可以有个别差异，可以加速或延缓，但发展的顺序一般不能改变。

（三）发展的不平衡性

发展的不平衡性主要表现为，在不同的发展阶段，不同的方面在发展速度、达到某一水平的时间以及最终达到的高度等方面，都表现出多样化的发展模式。

从发展的不同阶段来看，不同阶段的发展速率会有很大的差别。就总体发展而言，整个发展并不是等速上升，而是呈波浪形地向前推进。大约幼儿前期出现第一个加速发展期，然后是童年期的平稳发展，到了青春发育期又出现第二个加速期，然后再是平稳地发展，到了老年期则开始各方面的下降趋势。

从发展的不同方面来看，个体内部不同的组织系统、不同的机能特性的发展也各不相同，神经系统的发展和生殖系统的发展就是很好的例子。神经系统的发展是先快后慢，人类个体在幼儿期以前大脑的重量就已发展到成年期的80%，在9岁左右就接近成人水平；而生殖系统则先慢后快，在青春期以前进展很小，一到了青春发育期（女性在11～12岁，男性在13～14岁）则大幅度增长。

（四）发展的差异性

发展既有共同规律，又表现出个别差异，即共同性中包含着特殊性，共性是从特殊性中概括出来的。一般来说，一个正常儿童的发展总是要经历一些共同的基本阶段。但同属正常范围内的个体，在发展速度、最终达到的水平、发展的优势领域、发展的类型及时间上往往是千差万别的。如有的"神童"早慧，有的大器晚成；有的儿童对音乐听觉特别敏感，有的儿童对艺术形象有深刻的记忆表象。在性格方面也是如此，有的好动、善于与人交往、能说会道；有的喜欢安静、独处、沉默寡言，即有平常所谓的外向、内向之别。当然处于中间状态的儿童也是各具特色、千人千面的。

对儿童来说，发展是指生物行为、社会行为、认知行为和情感行为的成长变化。关于发展，所有的儿童心理学家都关心两个核心问题：第一，儿童在发展时怎样变化？第二，这些发展变化的决定因素是什么？早期儿童心理学家对儿童的发展变化的描述和解释，仅仅停留于说明年龄较大的儿童解决逻辑问题比低龄儿童强，只能描述孩子理解客体的能力怎样提高，或只能描述孩子理解他人情绪的技能在增强。这些在今天看来已经远远不够。当代儿童心理学家更加关注的是构成这些发展变化的原理和过程。他们力图阐释这些发展变化的过程：详述各个方面心理机能的发展变化与进步，探究心理发展的影响因素和相互关系，寻找对于心理发展不良的干预措施。

第三节　遗传、环境、教育与发展

心理发展的影响因素问题，是各派心理学家争论的核心问题之一。长期以来，心理学家往往从遗传、环境、教育等因素对儿童心理发展的作用上来探讨心理发展过程的实质和规律。

关于发展的影响因素，曾经产生过多种观点，比较典型的观点有遗传决定论、环境决定论、二因素论和相互作用论等。它们或者认为儿童心理发展是由先天的、不变的遗传所决定的，与外界影响、教育无关；或者片面地强调环境或教育的作用，认为儿童心理的发展完全是由环境决定的；或者主张儿童心理的发展是由遗传和环境两个相互孤立的因素决定的；或者认为儿童心理的发展是遗传与环境两大因素相互作用的结果，遗传对心理发展作用的大小依赖于环境的变化，而环境作用的发挥也受到遗传限度的制约。相互作用论是目前影响最大的一种观点，代表人物有瑞士的皮亚杰（J. Piaget）、法国的瓦龙（H. Wallon）等。目前，发展心理学家早已走出了极端的环境决定论和遗传决定论的误区，也不再执迷于环境和遗传的作用孰大孰小的疑惑，而是更深入、更细致地关注环境和遗传到底以什么样的方式影响着儿童发展的内在机制问题。

客观地说，遗传、成熟、环境、教育都是儿童心理发展的必要的客观条件，它们之间是错综复杂的相互影响、相互制约的关系。

（一）遗传和生理成熟是儿童心理发展必要的物质前提和基础

遗传是一种生理现象，是指双亲的身体结构和功能的各种特征通过遗传基因传递给下一代的现象。人类通过遗传将祖先在长期生活过程中形成和固定下来的生物特征传递给下一代。遗传的生物特征，或称遗传素质，主要是指那些与生俱来的有机体的构造、形态、感官和神经系统等方面的解剖生理特征。那么，对儿童心理的发展来说，遗传和生理成熟到底起什么作用呢？

1. 遗传是儿童心理发展必要的物质前提

正是遗传素质，使儿童在社会生活条件下可能发展成为一个具有高度心理发展水平的人。我们知道，最高等的动物，即使长期与人接触而且受人们对它的专门训练，也不可能具有人的心理发展水平；生下来有缺陷的没有大脑半球皮质的婴儿，也不能发展成为一个正常的人，不会有正常人的心理活动。许多智力落后的儿童，特别是比较严重的，常常是有遗传上的缺陷。如先天愚型患者，就是因染色体遗传不正常，其中有一对多了一条染色体，故又称三体病。由此可见，没有正常人的遗传素质，就没有正常人的心理；遗传是儿童心理发展的物质前提。

2. 遗传素质的个别差异为儿童发展的个别差异提供了最初的可能性

儿童的遗传素质有一定的个别差异。它制约着儿童最初反应的差异，而且也能影响成人对他们的不同态度。这种个别差异为儿童以后发展的个别差异打下了基础、提供了最初的可能性。据李其维等对双生子（同卵67对，异卵34对）智力相关的调查报告，每对双生子间智力的相关，同卵为0.76，异卵为0.38；每对间智力的平均差和标准差，同卵是9和6.9，异卵则是15.04和14.01，差异十分显著。他们认为：同卵双生子和异卵双生子在环境的差异上可以说相同，而在遗传的差异上则不同；因此，上述数字主要是反映遗传的差异，说明遗传差异在个体心理发展差异中的作用。

3. 生理成熟在一定程度上制约儿童的心理发展，是心理发展的物质基础

生理成熟是指机体生长发育的程度或水平，也称为生理发展。儿童的生理发展有一定的次序和规律，这影响到儿童心理发展的次序和规律。

可以说，生理成熟为儿童心理发展提供了自然物质前提。成熟对儿童心理发展的具体作用是使心理活动的出现或发展处于准备状态。如果在某种生理结构和机能达到一定成熟程度时，适时地给予适当的刺激，就会使相应的心理活动有效地出现或发展。如果机体尚未成熟，那么，即使给予某种刺激，也难以取得预期的结果。美国心理学家格赛尔（A. Gesell）的双生子爬梯实验有力地说明了生理成熟对学习技能的前提作用。格赛尔让双生子T和C在不同年龄开始学习爬楼梯。T从出生后第48周起接受爬梯训练，每日练习10分钟，连续6周；C则从出生后第53周开始，仅训练2周，就赶上了T的水平。格赛尔等人根据这一事实，形成了儿童心理发展的“成熟论”观点。认为在没有达到生理成熟水平之前，训练儿童去学习和掌握某种技能，只会事倍功半。学习依赖于成熟所提供的准备状态。

（二）在遗传和生理成熟所提供的可能范围内，环境和教育对儿童心理发展的现实水平起决定作用

儿童所处的环境是指个体体外一切能影响其身心发展的因素。环境可以分为自然环境和社会环境。自然环境提供儿童生存所需要的物质条件，如空气、阳光、水分、养料等。儿童出生前所处的胎内环境，也可以说是一种自然环

境，又叫做产前环境。人的自然环境带有程度不同的社会性，是人类化的自然。社会环境指儿童的社会生活条件，包括社会的生产发展水平、社会制度、儿童所在家庭的社会经济地位、家庭状况、周围的社会气氛、受教育状况等。所谓环境对儿童心理发展的作用，主要指社会生活条件和教育的作用。

1. 环境和教育使遗传所提供的心理发展的可能性变为现实

社会环境，首先是指人类生活的环境，它不同于动物生活的环境，人的后代如果不生活在社会环境里，那么虽然遗传提供了发展儿童心理的可能性，这种可能性也不会变成现实。野兽抚养大的孩子，虽然具有人类的遗传素质，却不具备儿童的心理。典型的例子如印度狼孩卡玛拉和阿玛拉，法国的阿崴龙野男孩，以及近年来发现的印度10岁男狼孩巴斯卡尔等，他们都不会直立行走，不能学会说话，没有人类的动作和情感。

早期隔离或称剥夺实验，是研究环境对心理发展的方法之一。所谓早期隔离（剥夺）实验，是使幼小动物失去或部分失去正常的生活环境，然后比较在正常与非正常环境下长大的动物的行为差异，从而发现环境对行为发展的影响。在这类实验研究中，美国心理学家哈洛（Harrow，1970）关于恒河猴行为发展的研究很有影响。哈洛发现，在实验室孤独长大的猴子和野生猴子（有母亲和伙伴）的行为有很大不同。实验室中长大的猴子（失去母爱）常常呆呆地坐着，两眼直视，在生人接近时，不会像野猴子那样对生人作出恐吓或攻击行为，而只是自己打自己，甚至撕咬自己，社交行为的发展受到极大损害。

2. 社会生活条件和教育是制约儿童心理发展的水平和方向的最重要因素

儿童的心理，从一开始就是社会的产物。社会生产力的发展水平，影响国民经济生活，影响科学文化和教育水平，从而影响到儿童心理的发展水平。近百年来特别是近几十年来，人类在改变自然界方面的极大发展，使新一代的智力活动也受到很大影响。现代儿童生活环境的多样化和复杂化，是前辈在儿时望尘莫及的。另外，整个社会的生活方式以及儿童所处的社会地位，对儿童心理的发展也有极其重要的作用。

具体的社会生活条件和教育条件是形成儿童个性差异的最重要因素。在同一社会里，儿童所处的环境是千差万别的。如果说，世界上除了同卵双生子外，没有任何两个儿童具有相同的遗传模式，那么可以毫不夸张地说，环境模式的多样性更超过遗传模式的多样性。即使是一起长大的同卵双生子，各自的环境也有所不同，如在胎内所处的位置、出生的顺序以及由此引起的成人的不同要求等，尽管这些差别与其他儿童相比要小得多，但也会产生某些影响。据加拿大的布莱兹（E. Blatz）报告，一家同卵生5姐妹的性格、能力有很大差别：老大严肃自信，最得姐妹喜爱；老二表现出一定的社交领导才能；老三似乎很自得；老四有点反复无常，不可捉摸；老五则需要别人照顾，依赖性极大。造成这些差别的原因，主要是外界（父母）对每个在五姐妹中处于不同地位的孩子有不同的要求。

3. 教育作为一种特殊的环境，对儿童心理发展起主导作用

教育是培养人的一种社会活动，是有目的地增进人的知识技能，影响人的思想品德，增强人的体质的活动。因而是一种带有人为性的、特殊的社会环境。教育条件是儿童社会生活条件中最重要的部分，是有目的、有方向、有组织地引导儿童发展的环境，因而在影响儿童心理发展的诸多因素中起主导作用。社会生产力越发达，教育对儿童心理发展的作用越是明显。因为儿童的心理发展主要依靠掌握前人的经验，而不能仅仅依靠自己的直接经验。社会生产方式越是复杂，需要掌握的间接知识越多。教育正是通过组织和选择信息，指引并促进儿童通过学习而得到心理发展。

（三）儿童心理发展是遗传与环境相互作用的产物

首先，环境会影响遗传物质因素的变化和生理成熟。在种系发展中，由于具备了特殊的自然环境条件，有了劳动，人才逐渐形成了高度发达的手和脑。在个体发展中，环境对生理成熟也有相当有力的影响。现代科学研究也证明了胎内环境对胎儿的生长发育及出生后的发展有重大影响，如母亲缺乏营养，尤其是严重缺乏蛋白质会影响胎儿脑细胞的数量。儿童出生过程中以及出生之后，营养不良或一些意外的因素（如产伤、疾病、事故等）也可能影响儿童的生理，继而影响后来的发育。

其次，遗传素质及其后的生理发展制约着环境对儿童心理的影响。环境可以对遗传起一定的影响作用，但是环境不能从根本上改变遗传因素及儿童的生理成熟过程。反过来，遗传的特征对儿童接受环境的影响起着制约作用，最常见的是儿童的性别、最初的气质特征、某些特殊才能的发展等。这些遗传特征使儿童从出生时起即已对外界刺激发生不同倾向的选择性反应，从而影响到外界刺激的作用，并进一步影响到成人的抚养方式，即儿童心理发展的具体社会性因素。

第三，遗传与环境、成熟与学习对儿童心理发展的相对作用不是始终固定不变的，在不同的发展阶段、不同水平、不同性质的心理机能上是有所不同的，所以它们的相对作用是动态的。在发展的低级阶段，一些较简单的初级心理机能（感知、动作以及初级言语等），遗传、成熟的制约性较大；而在一些较复杂的高级心理机能（抽象思维能力、高级情感等）则更多地受环境与教育

所制约。

拿早期动作的发展来看，即使没有专门的学习训练，对于一个健全的正常儿童来说，并不影响这些动作的自然成熟。如印第安人的婴孩一出生就捆在大人背上，很少有练习站、走的腿部动作，但到了一定年龄（大约一岁左右），放下来就能站走。另外，从早期口头言语发展也可以说明受生物遗传因素的制约性比后期言语的发展较显著，如儿童口头言语发展过程中的“双词句”阶段，不管是哪个语种的儿童，几乎全部要经历这一“必经途径”，而且它的出现总是与会跑动作同步发展（约在 2 岁左右）。这种现象在生物学上称为“发育稳态”。这说明这些早期的动作和说话机能更多地受人类共同的生物因素所制约。当然，这并不是说发展早期，环境因素不如遗传重要，或者说发展后期遗传因素的作用不重要。

总之，儿童心理是以遗传和生理发展为物质基础，在一定环境和教育的影响下，通过自己的活动而积极能动地发展起来的。遗传与生理发展是心理发展的物质前提，它们规定了发展的可能范围。遗传与环境对心理发展的相互作用可以看做是可能性与现实性之间的辩证关系。在一般情况下，占绝大多数的正常健康的儿童发展的可能性是相当广阔的。从这个意义上讲，环境条件的有利与否对个体发展的现实水平起决定作用。教育作为一种特殊的环境，对儿童的心理发展起主导作用。但教育的主导作用是有条件的，其中一个重要条件就是遵循儿童身心发展的规律。作为教育工作者，只有辩证地看待遗传、环境和教育对儿童发展的作用，才能通过自己的工作，有效地促进儿童身心的健康发展。

专栏

“野人”能学会说话吗

1920 年 10 月，人们在印度加尔各答西部米德纳波尔附近发现了两个女孩，在人们营救她们时，两个女孩正处于多只狼的包围之中。在一位英国传教士的带领下，村民们成功地射杀了母狼，他们将两位女孩命名为卡马拉和阿马拉。人们估计她们当时的年龄分别为 8 岁和 2 岁。依据这位英国传教士描述，这两个狼女长着畸形下颚，牙齿变得很长，她们的眼睛在黑暗里像猫和狗一样释放出野性的光，阿马拉在被营救后的第二年就死了。然而，卡马拉却一直活到了 1929 年，到那时她已不再吃腐烂的肉，能够直立行走，并学会说 50 个单词。

其实，行为古怪、颇具动物习性的野人或兽孩屡见不鲜。这些兽孩往往难以学会人类的语言，尽管后期被人类收养，但他们仍保留着一些动物的本性。从他们身上，我们不难看到遗传、环境、教育等因素的综合影响。

第四节 发展心理学的研究方法

在生活中，人们可能提出各种各样的心理发展方面的问题，如营养对儿童的智力发展具有什么影响？父母的情绪对婴儿的情绪具有怎样的影响？父母的智力与孩子的智力之间是一种什么样的关系？青少年的逆反行为与同伴接纳之间具有怎样的关系？创造力发展的趋势是怎样的？父母的养育方式对青少年的创造性具有怎样的影响？如果我们对某些问题感兴趣，希望得到这些问题的答案，就要通过科学的方法进行研究。发展心理学常用的研究方法主要包括自我报告、行为测量与观察三类。下面，我们将简要地介绍发展心理学的研究设计、常用的研究方法以及发展心理学研究的基本要求。

一、发展心理学研究的类型和设计

从总体上看，发展心理学的研究可以分为两大类：一类是相关研究，另一类是实验研究。相关研究的目的主要是确定两个或多个变量之间是否存在关联或相关。例如，我们可以通过相关研究，确定儿童观看暴力电视节目的数量与他们的攻击行为之间是否存在显著的相关。但是，在相关研究中，即使两个变量之间存在显著的相关，我们也不能确定两个变量之间是否存在因果关系，或者不能确定哪个是因，哪个是果。我们只能说，其中一个变量随着另一个变量的变化而呈现出有规律的变化。这是相关研究的特点，也是它的缺点。例如，在上述例子中，如果儿童观看电视节目的数量与他们的攻击行为呈显著的正相关，那么，我们只能说，随着儿童观看电视节目的增多（减少），其攻击行为也相应地增多（减少）。至少有三种可能导致了这种相关：观看暴力电视节目导致了儿童的攻击性行为；儿童的攻击行为导致了他们观看暴力电视节目的行为；第三个变量或因素（如儿童所处的社会经济地位）同时导致了儿童的攻击性行为和观看暴力电视节目的行为。

与此相对，实验研究的目的则是确定变量之间的因果关系。在实验研究中，研究者通过操纵或呈现特定的刺激（自变量），在控制那些无关变量的情况下，考察自变量的变化是否引起了因变量（被观测变量）的变化。一般要设立实验组和对照组。例如，我们要考察儿童观看暴力电视片对他们的攻击行为的影响，那么，自变量就是是否看暴力电视片，因变量就是儿童的攻击行为的数量或程度。我们可以将儿童分成条件（如年龄、智力、健康状况、攻击性状况）对等的两组，然后随机把他们进行分配，一个作为实验组，一个作为对照组，对他们给予不同的处理：实验组儿童观看暴力电视片，对照组不看，随后分别将两组儿童领进一个玩具室，观察他们的攻击行为。如果实验组儿童的攻击行为显著多于对照组儿童，那么，我们就可以说，两组攻击行为的差异是由观看暴力电视片导致的，观看暴力电视片导致了儿童攻击行为的增多，换句话说，观看暴力电视片与攻击行为增多是因果关系。但是，在实验研究中，研究者很难控制所有的无关变量以保证实验组与控制组被试在各个方面都对等或相同，也不能保证在实验过程中被试不受到身体、情绪、认知状态等因素的影响，因此，实验研究的结果可能不符合个体的实际情况，也就是缺乏外部效度。这也是实验研究经常遭到批评的一个缺点。

案例分析

班杜拉的观察学习实验

1965 年，社会学习理论的代表人物班杜拉（A. Bandura）发表了他关于观察学习的著名实验研究。在这项研究中，让幼儿园的孩子观看一个电视节目。在节目中，一个成年人对一个塑料充气人表现出攻击行为，然后，将这些孩子分成三组：第一组孩子看到另一个成年人用饮料、糖果等奖励这个人，并表扬他；第二组孩子看到这个人挨了打，并受到警告；第三组孩子看到这个人的行为没有任何结果。接下来，让这些孩子到一个活动场所自由活动 10 分钟，里面有充气娃娃和各种可以表现攻击的器具。结果表明，看到成人榜样受到奖励的孩子表现的攻击行为最多，看到榜样受到惩罚的孩子攻击行为最少。

这是一项典型的实验研究，电视节目的类型或榜样的性质是其中主要的自变量，攻击行为是其中的因变量，研究者试图考察榜样性质对儿童攻击行为的影响。

在发展心理学中，有多种具体的研究设计方式。通常，我们可以把发展心理学研究设计分为横断研究设计、纵向研究设计，此外，还有一种将纵向研究与横断研究相结合的研究设计，又叫系列交叉研究设计。

横断研究设计是指在相同或大约相同的时间内，考察多组不同年龄的人在某个或某些方面的心理发展状况，并对他们进行比较，以描绘这些方面的心理随年龄增长而发生的变化。例如，在创造性研究中，可以在某个时间运用发散性思维测验同时（或几乎同时）测量 9 岁、12 岁、15 岁三个年龄组的儿童，通过比较他们的发散性思维测验成绩，可以看到儿童发散性思维能力的发展趋势。这种研究设计可以用图 1-1 表示：

相同的时间：	评价	评价	评价	评价	…
不同的样本：	组 1	组 2	组 3	组 4	…

图 1-1　横断研究设计

这种研究设计的优点是，省时，省力，效率较高，研究者在短时间内可以收集大量的数据。它的缺点是，不能看到被研究者的个别差异，只能看到他们的总体的发展状况；不能看到被研究者自身心理发展的连续变化过程，研究结果还可能受到年代效应或区组效应的影响。例如，如果一项研究分别以 5 岁、15 岁、25 岁的人为研究对象进行横断研究，考察他们的智力发展特点，那么，最后所得出的智力变化可能并不真正代表智力随年龄而变化的趋势，因为三个年龄组的人出生的年代不同，他们的生活条件、社会环境都有明显的差异，可能是这些因素引起了他们智力的变化。换句话说，智力的这种发展趋势更可能反映了智力随不同时代而发生的变化。

纵向研究，又叫追踪研究，它是指在比较长的时间内，或者每隔一定的时间，运用相同的评价方法或工具，考察同一组人心理的连续变化特点。这种研究设计被看做真正意义上的发展心理研究设计。例如，我们可以选取一组儿童，运用发散性思维测验，分别在他们 9 岁、12 岁、15 岁时进行相同的测量或评价，然后比较不同年龄的发散性思维能力，确定这段时间内他们在发散性思维能力上的变化。这种设计可以用图 1-2 表示：

不同的时间：	第一次评价	第二次评价	第三次评价	第四次评价	…
相同的样本：	组 1	组 1	组 1	组 1	…

图 1-2　纵向研究设计

历史上许多研究都是纵向（追踪）研究。例如，普莱尔、达尔文对他们孩子的追踪观察就是典型的追踪研究。这种研究设计的优点是，可以系统地看到同一组人心理和行为的连续变化，可以考察心理发展的个别差异，而且还可以查明这一群体共同的发展模式。但是，它也有某些局限性。首先，它需要耗费较多的时间、人力和财力，效率较低，尽管追踪研究的时间可长可短；其次，在研究过程中，研究对象容易流失，如有的儿童会搬家、转学、生病，不再参与研究，这会影响到研究结果的统计分析；再次，多次测查或评价可能带来一定的负面影响，一些人可能会厌倦，或者对测查程序变得越来越熟悉，从而使结果在一定程度上失实。这些方面也是纵向研究设计用得较少的重要原因。尽管如此，纵向研究仍可以克服横断研究的很多不足。近年来，纵向研究日益引起人们的重视。

为了取长补短，心理学家发展了一些新的研究设计，其中，系列交叉研究设计是比较典型的一种。它将横断研究与纵向研究结合起来，同时对几个年龄组的人进行多次测查或评价。其具体设计方式可以用图 1-3 表示：

纵向比较

第一年	第二年	第三年
7 岁组	8 岁组	9 岁组
8 岁组	9 岁组	10 岁组
9 岁组	10 岁组	11 岁组

横断比较

第一年与第二年的 8 岁，第一、第二、第三年的 9 岁，第二年与第三年的 10 岁，都可以进行比较，以确定“年代效应”。

图 1-3 系列交叉研究设计

这种研究设计同时吸收了纵向研究与横断研究的优点，而避免了它们的缺点。例如，对 7 岁组、8 岁组、9 岁组三组儿童，连续进行三年的追踪研究，每隔一年，对他们的数学运算能力进行一次测查，这不仅可以比较 7 岁组儿童的数学运算能力在三年中的连续变化及其个别差异（这实际上是纵向研究设计），而且可以比较三组儿童的三次测查结果（这实际上是横断研究设计），另外，还可以区分年代效应或区组效应，将儿童在 8 岁、9 岁、10 岁时的测查结果进行比较，看不同时间出生的儿童在相同的年龄数学运算能力是否存在差异。

二、自我报告：日记、访谈和问卷

自我报告法是指让被研究者用言语表达他们的内心活动。在采用自我报告法进行研究时，研究者首先提出问题或具体的要求，由被研究者说出他们对某个问题的认知、信念和态度。自我报告包括书面的自我报告与口头的自我报告，书面的自我报告又包括日记、问卷等形式，口头的自我报告主要是访谈。

（一）日记法

采用日记法进行研究，主要是根据被研究者所写的日记，搜集他们每天的活动情况和对某些问题的认知、感受和态度。日记通常是被研究者对个人经历的记录，通常比较真实、可信。而且，在日记中，人们通常会记录那些对个人影响较大的事件，通过对这些重要的生活经验或体验的分析，可以更好地分析人们认知、情绪乃至人格的变化。在青少年时期，日记常常成为青少年倾诉苦恼、表达自我的天地，日记分析往往发挥着独特的作用。但是，日记法通常只用于那些能写日记的人，不适用于年龄较小的儿童。

（二）访谈法

访谈法又称谈话法，是研究者以口头形式提出问题，要求被访谈者回答，然后对这些回答进行分析以了解心理活动的研究方法。采用访谈法时，需要事先与被访谈者建立相互信任的关系，以保证被访谈者配合并提供真实的信息；需要根据研究目的和被访谈者的实际情况，制定详细的访谈提纲，列出详细的访谈问题。在访谈过程中，访谈者需要避免不恰当的语气、表情、态度等，以防影响被访谈者的回答；需要运用某些访谈技巧（如回应），保证被访谈者袒露自己的看法或态度。访谈法的主要优点是能够了解人们深层的心理活动，包括对某些问题的看法、感受或态度，获得人们真实的信息。它的主要缺点是比较费时、费力，效率较低；不容易对访谈结果进行处理，对访谈者的要求较高；被访谈者的回答可能会受到多种因素（如访谈时间、访谈者的回应）的影响。

皮亚杰在研究儿童思维的过程中，就采用了访谈法，即所谓的临床访谈法（又称为临床法）。它的基本特点是将合理灵活的交谈、生动有趣的实验和直接观察相结合。研究者以实物操作为主，辅以口头交谈，了解儿童对问题的思维过程。具体来说，它主要包括实验、谈话、自然观察等部分。这种访谈从总体上看是一种非结构访谈。它的主要优点是，允许研究者灵活地提问，而且获得的结果比较真实，符合儿童的实际生活状况。但是，它对访谈者的要求比较高，对儿童言语能力的要求也比较高。而且，对同样的问题采取不同的提问方式，也可能会导致结果的差异。

（三）问卷法

问卷法实际上是一种结构式的访谈法。它主要通过书面提问的方式获得所需的信息。研究者首先从一定的理论或研究目的出发，围绕某个主题，编制一些问题，并把这些问题打印或书写到纸上，做成问卷，要求被研究者回答。按照问题的严谨程度和研究目的，可以把问卷分为测验式问卷和调查式问卷。许多公司所做的市场调查经常采用调查式问卷，其中的问题比较松散，不需要进行严格的测量学分析。例如：

你的性别是：（1）男　（2）女

你的工作类型：（1）教师　（2）工程师　（3）公司管理者

你是否购买了本公司的产品？（1）没有　（2）购买了

你是否喜欢本公司的产品？（1）喜欢　（2）不喜欢

测验式问卷在测量学方面的要求较高，需要在信度、效度、区分度、难度等方面达到一定的要求才能使用。其中的问题及其回答方式一般比较统一，结果的分析比较客观，而且有常模参照标准，可以作为衡量每个人的人格、智力等特征的“量尺”。下面是人格问卷中的部分题目。

（1）你的情绪是否时起时落？ 是 否

（2）你是个容易被激怒的人吗？是 否

（3）你是个生气勃勃的人吗？ 是 否

（4）在结交新朋友时，你经常是积极主动的吗？是 否

问卷法的主要优点是，可以在短时间内收集大样本的信息，效率较高；比较客观，结果容易量化。但是，它也有一定的局限性，如问卷中的问题是固定的，不能根据情境进行灵活的调整；要求人们有一定的阅读能力，只适用于年龄较大的人；在回答问题时容易出现“社会期望效应”，即倾向于按照社会所赞许的标准而不是个人的实际情况回答问题，从而使结果不可靠。尽管如此，问卷法仍然使用较广。

三、行为测量：测验或其他行为测量法

测量法主要是运用心理测量学的基本原理，编制心理测验或其他测量工具，考察心理与行为的方法。上面提到，心理测验是问卷的一种形式。作为测量人的能力、人格等方面的量尺，它们经常被称作“量表”。

根据不同的标准，可以把心理测验分为不同的类型。根据测验的功能，可以分为能力测验、人格测验和学绩测验；根据测验的方式，可以分为个别测验和团体测验；根据测验的材料，可以分为文字测验与非文字测验。著名的斯坦福—比奈智力测验是能力测验，同时也是个别测验、文字测验；艾森克个性问卷（EPQ）、卡特尔十六种人格因素问卷（16PF）则是文字测验、人格测验；瑞文推理测验则是非文字测验。这些测验都经过了严格的心理测量学分析，测量结果比较客观，但是，由于测验的编制者所依据的理论和文化背景不同，这些测验的结果也可能不具有普遍性。美国一些心理学家曾经运用智力测验，测量了美国白人和黑人的智力，发现美国白人的智商比黑人要高，这个结果曾经加重了种族歧视。真的是这样吗？其实不然。因为智力测验是在白人文化背景下编制的，并没有充分反映黑人社会的文化，因而容易导致测量结果的偏颇。

另外，还有一种社会测量法。它是运用心理测量学的技术，考察人们的社会行为特点。例如，同伴提名和同伴评定，就是比较流行的社会测量方法。同伴提名要求儿童根据研究者提出的某种要求，提出一些同伴的名字。同伴评定

则是要求儿童在某些具体的方面对同伴进行评定。它们经常被用来评价儿童在同伴中的受欢迎程度或社交地位。

下面是同伴提名的例题：

（1）请写出你们班里最受欢迎的同学的名字：__________

（2）请写出你们班里最不受欢迎的同学的名字：__________

下面是同伴评定的例题：

请你评价小明在班里的情况

（1）受别人欺负	总是	经常	很少	从不
（2）欺负别人	总是	经常	很少	从不
（3）害羞	总是	经常	很少	从不
（4）大胆	总是	经常	很少	从不

社会测量法比较客观，数据处理程序也比较统一。但是它也有一定的局限性，如测验的编制比较繁琐，费时、费力，而且对编制者专业能力的要求比较高，还会出现上述“文化偏差”。另外，社会测量还可能引起个体对社会评价的焦虑，从而对个体心理发展带来消极影响。

四、观察：自然观察法与实验室观察法

观察法是根据一定的研究目的，对被研究者的某个或某些方面的行为进行记录、分析，以考察其心理发展规律的方法。其实，广义的观察几乎包括了上面提到的任何一种研究方法，科学研究本身就是一种系统的观察。这里的观察是狭义上的观察。

根据观察实施的场所和环境控制的程度，可以把观察法分为自然观察法与实验室观察法。自然观察是在日常生活场景中观察人们的行为，研究者可以在家里、学校里、游戏场所等人们平时活动的地方，对他们的学习、游戏和社会交往等行为进行观察。例如，研究者可以在操场上，观察儿童与同伴在一起时表现出来的攻击行为和合作行为。这种观察的最大优点是人们的行为比较自然、真实。但是，它的缺点也是比较明显的。首先，研究者想要观察的行为可能很少出现，不容易观察到，一些反社会行为（如偷窃）和亲社会行为（如抢救病人）就是如此。其次，在观察过程中，可能出现“观察者效应”，即由于被观察者可能意识到观察者的存在，从而感到不自在而使行为发生变化，如有的孩子会故意表现自己，有的孩子则避免表现出社会不赞许的行为。另外，被观察的行为不容易解释，因为人们行为的背后可能有多种因素起作用。为了消除“观察者效应”，研究者可以在隐蔽的地方，运用录像机进行观察；观察者

可以在观察之前与被观察者相处一段时间，让他们习惯于观察者的在场之后，再进行观察。

与自然观察法相比，实验室观察法对环境的控制程度较高。研究者在实验室里创设特定的情境或刺激，观察被试的反应。它经常被用于观察那些不常发生或不被社会接纳的行为。而且，在实验室环境中，所有被试接受的刺激都是统一的，行为便于解释。上面提到的班杜拉的观察学习实验实际上就是一种实验室观察研究。

现在，这种观察经常通过行为观察系统进行。行为观察系统是专门用于行为观察、记录和分析的系统，一般包括行为观察室、（儿童）活动室和活动监控室等部分。其中，行为观察室是供观察者通过单向玻璃观察被试活动的场所，活动室是被试进行活动的场所，活动监控室是通过仪器来监控被试活动的场所。行为观察系统一般都配备有现代化的图像编辑系统、数字摄像记录系统等，这为研究（儿童）被试的行为创造了优越的条件。但是，实验室环境与被试实际的生活场景可能有很大的差异，因而被试的行为可能变得不自然，甚至会变得不真实。这是它最大的缺点。

五、心理生理学方法

心理生理学方法主要采用某些精密的生理学仪器或手段，研究人们的生理反应与心理活动的关系，探讨心理和行为的生理机制。它实际上是一种通过仪器设备进行的间接观察。目前采用的心理生理学方法主要有电生理测量法、脑功能成像法、经颅磁刺激和生化指标测量技术（林崇德，2009）。

电生理测量方法主要是在体表或神经元上记录神经电信号，据此推测心理活动的生理机制。脑电图、脑磁图及生理多导仪是记录生理信号的常用技术。脑电图是通过在头皮表面记录大脑内部的电生理活动情况而获得的神经电信号活动模式。特别是当外加一种刺激（如给被试呈现一个图片或声音刺激）时，会引起脑区的电位变化，即诱发电位，也叫事件相关电位（event-related potentials，简称 ERP）。目前，脑电技术已经广泛应用于认知神经科学研究的各个领域。

通过生理多导仪，可以记录心电、体温、肌张力、呼吸波、呼吸流速等多通道的生理信号，可以研究人们的睡眠、呼吸和心脏等方面的生理活动特点。目前，它已经广泛应用于神经电生理研究、心理生理学研究等方面。

脑功能成像方法主要包括磁共振成像、正电子放射断层扫描等方法或技术。其中，磁共振成像（magnetic resonance imaging，简称 MRI）是利用氢原子在强磁场内受到脉冲激发后产生的核磁共振现象，通过空间编码技术，接收在核磁共振过程中散发的电磁波以及有关的质子密度、流动效应等参数并进行转换，经过电脑处理形成图像。它经常用于个体在进行特定的活动时大脑功能的变化，称作“功能磁共振成像（fMRI）”。正电子放射断层扫描（positron emission tomograph，简称 PET）是利用放射性同位素结合示踪剂成像的生物影像技术，它经常用于精神疾病的检测。

另外，经颅磁刺激（transcranial magnetic stimulation，简称 TMS）是通过高强度快速变化的磁场在皮层上产生局部感应电流，来兴奋或抑制皮层神经元的活动，形成暂时的、可逆的“虚拟性损毁”。它常用于研究视觉、躯体感觉、语言、情绪等方面的心理特点。生化指标测量技术包括脑电流图技术、神经递质的染色标定技术等，用于收集神经生物化学指标，探测心理活动的脑机制。

在早期儿童研究中，心理生理学方法经常用于研究言语能力缺乏的婴儿或学步儿的知觉、思维和情绪等心理活动。例如，研究者可以呈现某些刺激，观察儿童的生理反应，如脑电波的变化，通过这种变化，确定儿童是否识别了这些刺激。但是，进行这种推测也可能是冒险的，因为儿童的生理反应可能是多种因素导致的，而不是这种刺激引起的。这也是心理生理学方法的缺点。尽管如此，它仍然是研究心理发展的重要方法。

六、综合性的研究方法

除了上述研究方法之外，还有一些综合性的研究方法，其中包括个案研究法、民族志研究法等。之所以说它们是综合性的研究方法，是因为它们往往综合运用了观察、访谈、测量或问卷调查等方法。

个案研究法是指对某一个或少数几个个体（也可以是学校、工厂、家庭等单位）进行深入、细致的研究方法。在发展心理学研究过程中，研究者可以广泛地运用访谈、观察、测量以及其他方法或手段，收集某一个或少数几个人的多方面的资料，集中探讨某个问题。精神分析理论的奠基人弗洛伊德就曾运用个案法研究他的病人，并在此基础上进行总结，提出了精神分析学说的基本观点。还有一些研究者（Lane，1976；Cohen & Cashon，2003），对那些在某个方面表现出超常天赋的儿童和在特殊环境中长大的儿童进行了个案研究，为后来的研究提出了假设。

在发展心理学中，个案研究的对象往往是那些在某些方面具有突出特点的人，如学习成绩十分优秀的学生或差生、具有某种突出的行为问题的儿童、

“天才”儿童等。研究者对这些人进行深入的探索，可以找出这些行为的原因，为开展下一步的研究提出假设、指明方向。个案研究的主要优点在于不仅可以深入、全面地探讨个体的心理发展状况，还可以提出与研究问题有关的理论假设，如提出关于“天才”儿童产生过程的假设，以便于未来研究的验证。但是，由于研究对象的数量较少，研究结论不具有代表性，因此，在做出结论的时候，需要特别小心，不能随意地扩展到研究对象（如个别的学习优秀生）所在的群体（所有的学习优秀生）。

民族志（ethnography）研究是从人类学借鉴过来的研究方法。它主要用来研究某个人群或种族、民族的文化。它不同于个别的访谈或观察，在这种研究中，研究者会通过长期细致的参与观察、与群体成员的深入访谈等方式，深入地理解这个群体的生活方式、价值观和态度。它通常持续较长的时间，研究者几个星期、几个月甚至几年生活在某个群体之中，与这些群体的成员一起活动，观察他们的行为，与他们交谈，从而真正地理解他们的文化。显然，由于研究对象往往限于某个群体中的一部分人，研究结果很难推广到其他的文化中去，而且，研究者的存在也可能影响群体成员的行为。另外，这种研究的主观性是十分明显的，研究者还可能对某种文化做出错误的解释。尽管如此，如果在一个多种文化并存的社会中，研究某些少数民族的信仰、价值观及其文化冲突，这种方法仍然是十分有用的。

当然，除了上述各种方法之外，还有其他的研究方法，可以研究人们的心理发展，如作品分析法。作品分析主要是通过收集人们的各种作品，包括作文、绘画、音乐作品等，分析人们的心理发展特点。

七、各种研究方法的综合应用

几乎没有一种研究方法是“十全十美”的，每种研究方法都有自己的优点和缺点，它们分别适用于不同的研究对象、不同的研究问题和研究目的。因此，在发展心理学研究中，选择合适的研究方法十分重要。

另一方面，在可能的情况下，研究者应针对某一个研究问题，综合运用多种研究方法，以达到优势互补、相互验证的目的。例如，在研究中小学儿童的学习动机的特点时，研究者可以采用自然观察法，记录他们在学习过程中的具体行为；采用访谈法，收集他们对学习的看法或认知、影响学习动机的因素等方面的信息；采用问卷或测量法，测量他们的学习动机水平；还可以通过日记分析和个案研究等方法，分析他们的日常生活和深层的心理活动对学习动机的影响。

显然，多种方法的综合运用，一方面扩大了信息收集的范围，使研究资料更全面，研究结论更客观，另一方面则相互印证，保证了研究的质量。

八、发展心理学研究的伦理学原则

发展心理学研究必须遵守某些基本的伦理学原则，否则，将与科学研究的基本宗旨相违背。特别是在儿童心理学研究中，研究对象是儿童和青少年。他们在生理和心理上都处于旺盛的发展阶段。在研究过程中，如果处理不当，很容易对他们的身心造成伤害，给他们的发展带来不利的影响。其实，在早期的心理学研究中是有这种先例的。因此，必须在遵守一定的伦理学原则的前提下开展心理学研究，以确保不对儿童的身心发展造成消极影响。

为此，美国心理学会和儿童发展研究会分别于 1992 年和 1993 年制定了研究者必须遵守的伦理规范，具体内容包括：保证儿童不受伤害，具有知情权，恰当地运用欺骗，保护儿童隐私。

研究者必须确保不让儿童受到身体或心理上的伤害，尊重和保护他们的权利。如果一项研究可能对儿童产生明显的伤害，或者从长期来看会产生潜在的不利影响，研究者应寻找其他的研究方式，或者放弃这项研究。

研究者应在研究开始前征求儿童的同意。7 岁以上的儿童应自愿参与研究，对于年龄在 18 岁以下的被试，研究者还应征得他们的家长或其他监护人的同意。研究者应当告诉儿童及其监护人研究的基本事项及其可能产生的影响，尽管这样做可能会让他们拒绝参加研究。而且，儿童也有权中途退出研究。

研究者在获取儿童的有关资料时，应当恰当地运用欺骗手段。在研究中，为了掩饰研究的真实目的，允许采用欺骗手段，否则，研究者就无法获取有效的信息。例如，为了研究儿童对成功与失败的反应，研究者创设了两种实验情境：成功情境与失败情境。研究者事先告诉儿童要做个游戏，而实验的真正目的是观察他们在成功或失败后的反应。但是，在研究结束之后，研究者应告知儿童研究的真正目的，让他们知道为什么要欺骗他们以及不告知其研究目的的原因，同时，还应当让儿童知道他们所参与的研究的结果。

此外，对于所获取的有关儿童的任何信息，研究者都要保密。无论是文字资料还是非文字资料（如录像、录音资料），研究者都要保证保密，在发表时隐匿儿童的身份信息。

上述原则不仅适用于儿童青少年，也适用于各个年龄阶段的研究对象。

案例分析

华生的条件反射实验

行为主义的早期奠基人华生曾经以小阿尔伯特（G. W. Allport）为被试，研究了条件反射的形成规律。小阿尔伯特生下来以后就在医院抚养，在 7 个月大的时候被华生选为实验对象。

在第一、二次试验时，华生给小阿尔伯特一只白鼠，阿尔伯特没有惧怕反应。就在他伸手去摸白鼠的时候，身后响起一个钢棒敲击的尖锐声音，他显得非常害怕，将脸埋进被褥里。在实验停止一周后，当白鼠再次出现时，阿尔伯特只是盯着白鼠，而不去接近它，在将白鼠放在他的面前时，他却缩回了手。在将白鼠与钢棒的声音多次匹配出现之后，阿尔伯特一看到白鼠就哭起来，急忙躲开。随后，在他面前呈现兔子和白色面具的时候，他也显示出惧怕的反应。显然，阿尔伯特的恐惧反应已经发生“泛化”。

通过这个实验，华生发现了条件反射形成的规律。但是，这项实验却对小阿尔伯特的心理发展造成了现实的或潜在的消极影响。儿童心理研究的基本伦理规范告诉我们，在研究中，如果事先意识到研究可能对儿童造成的伤害，无论是心理上的还是生理上的，都应禁止。

链　接

在下列文献中，作者系统地总结了心理学特别是发展心理学的理论进展和研究方法，可以作为参考读物：

[1] R. B. Burns (2000). Introduction to research methods (4th edition). London: Sage Publications International Edition, 3-9.

[2] L. A. Sroufe, M. Rutter (1984). The domain of developmental psychology. Child Development, 55, 17-29.

[3] J. R. Harris (1995). Where is the child's environment? A group socialization theory of development. Psychological Review, 102, 3, 458-489.

[4] S. E. Hornuth (1990). The ecology of the self: Relocation and self-concept change. European monographs in social psychology, US: Cambridge University Press.

[5] 陈向明：《质的研究方法与社会科学研究》，北京：教育科学出版社 2000 年版，第 5～9 页。

[6] 中国心理学会主编：《心理学学科发展报告》，北京：中国科学技术出版社 2007 年版，第 18～22 页。

[7] 朱智贤、林崇德：《儿童心理学史》，北京：北京师范大学出版社 2002 年版。

[8] 林崇德：《发展心理学》，杭州：浙江教育出版社 2002 年版。

[9] ［美］罗伯特·费尔德曼著，苏彦捷等译：《发展心理学——人的毕生发展》，北京：世界图书出版公司北京公司 2007 年版。

[10] 方富熹、方格：《儿童发展心理学》，北京：人民教育出版社 2005 年版。

本章小结

广义的发展心理学是研究种系心理发展和个体心理发展的科学。狭义的发展心理学就是指个体发展心理学，它主要研究个体从受精卵的形成一直到衰老、死亡的生命全程中心理发生发展的特点和规律，即研究毕生心理发展的特点和规律。

发展心理学的研究内容主要包括两个方面：一是心理发展的基本原理或规律，二是生命全程心理发展的年龄特征。发展心理学研究的主题包括早期经验与晚期经验、生物影响与环境影响、稳定性与可变性、被动的儿童与主动的儿童、行为描述与内在过程、情境影响与个体特点、文化的普遍性与相对性、基础研究与应用研究等。发展心理学研究的任务在于，揭示心理发生、发展的基本原理和年龄特征，对不同时期的人们心理的发展进行有效的控制或干预，促进人们心理的健康发展。

由于所依据的标准不同，人们对于心理发展的年龄阶段的划分有着不同的意见。根据心理发展的总体情况，可以把一个人一生的发展划分为产前期或孕期（从怀孕到出生）、婴儿期（从出生到 3 岁）、童年早期（3 岁至 6～7 岁）、童年中期（6～7 岁到 10～11 岁）、青少年期（11～12 岁到 17～18 岁）、成年早期（18 岁到 35 岁左右）、成年中期（35 岁到 55～60 岁）、成年晚期（60 岁到死亡）八个年龄阶段。

发展是个体从受精卵的形成一直到死亡在生理和心理上发生的系统的变化及连续性，发展过程包括变化与相对稳定性两个方面：发展可分为三大领域，即生理的发展、认知的发展、个性和社会性的发展。

对于遗传、环境、教育等因素对心理发展的作用存在着不同的观点，包括遗传决定论、环境决定论、折衷的“二因素论”、相互作用论等。其实，遗传、成熟、环境、教育都是心理发展的必要的客观条件，它们之间存在着错综复杂的相互影响、相互制约的关系。心理发展是遗传与环境相互作用的产物。其中，遗传和生理成熟是心理发展必要的物质前提和基础，在遗传和生理成熟所提供的可能范围内，环境和教育对心理发展的现实水平起着决定作用。

西方儿童心理学的思想可以追溯到古希腊和古罗马时期。1882 年，德国的普莱尔（W. Preyer）出版的《儿童心理》一书，被看做是科学的儿童心理学诞生的标志。1882 年以后，直到 20 世纪早期，西方儿童心理学逐渐成形。从 20 世纪初期至中期，儿童心理学经历了一个不断分化和蓬勃发展的时期。在这一时期，出现了各种心理学理论或流派，包括精神分析、行为主义、格式塔(完形)学派等。20 世纪中期以后，西方儿童心理学进一步发展。原有的心理学理论不断演变和分化，一些新的心理学理论和思潮也应运而生，儿童心理学的研究范围也在不断扩展。20 世纪六七十年代以后，逐渐扩展到人的一生的发展。相应地，儿童发展心理学逐渐演变为发展心理学。毕生发展观的出现大大推动了发展心理学研究(毕生发展观的基本思想参见本书最后一章的内容)。

中国的发展心理学思想由来已久。早在春秋、战国时期，一些思想家就有了朴素的心理发展的思想。20 世纪初，也就是五四运动前后，科学心理学著作逐渐被翻译介绍到中国，中国的儿童心理学开始发展起来。然而，在相当长的一段时间内，我国的儿童心理学研究都在学习和模仿苏联和西方国家。直到近年来，才有所改观，形成了自己的发展心理学体系。自 20 世纪 80 年代以来，中国的发展心理学研究取得长足进展，目前国内的发展心理学研究蓬勃发展，呈现出欣欣向荣的局面。

就发展趋势来看，发展心理学的研究体制相互交叉，研究范围不断拓展，研究方法呈现生态化、综合化的特点，同时，跨文化研究以及重视现实生活中的实际问题和应用，也成为发展心理学的重要发展趋势。

从总体上看，发展心理学的研究可以分为两大类。一类是相关研究，另一类是实验研究。相关研究的目的主要是确定两个或多个变量之间是否存在关联或相关，实验研究的目的则是确定变量之间的因果关系。

通常可以把发展心理学研究设计分为横断研究设计、纵向研究设计，此外，还有一种将纵向研究与横断研究相结合的研究设计，又叫系列交叉研究设计。各种研究设计都有自己的优点和缺点。

常用的心理学研究方法有自我报告法（日记、访谈或问卷等）、行为测量法（测验或其他行为测量法）、观察法（自然观察法与实验室观察法）、心理生理学方法以及一些综合性的研究方法（个案研究法、民族志研究法等）。其中，自我报告法是让被研究者用言语表达他们内心活动的方法；测量法主要是运用心理测量学的基本原理，编制心理测验或其他测量工具，考察心理与行为的方法；观察法是根据一定的研究目的，对被研究者的某个或某些方面的行为进行记录、分析，以考察其心理发展规律的方法；心理生理学方法主要是运用生理学手段或技术考察心理和行为的发展及其生理机制；综合性的研究方法通常会综合运用观察、访谈、测量或问卷调查等多种方法。各种研究方法都有利有弊，在有条件的情况下，应综合运用，以扬长避短。

发展心理学研究应遵守基本的伦理学原则，其中包括保证被试不受伤害，让被试具有知情权，恰当地运用欺骗，保护被试隐私。

本章注释

[1]方富熹、方格:《儿童发展心理学》,北京:人民教育出版社 2005 年版,第 33~87 页。

[2]谷传华:《儿童心理学》,北京:中国轻工业出版社 2010 年版,第 15~24 页。

[3]林崇德、陈英和:《中国发展心理学 30 年的进展》,载《北京师范大学学报》(社会科学版)2009 年第 1 期,第 38~46 页。

[4]林崇德、辛自强:《发展心理学的现实转向》,载《心理发展与教育》2010 年第 1 期,第 1~8 页。

[5]林崇德主编:《发展心理学》,北京:人民教育出版社 2009 年版,第 1~11 页。

[6]林崇德主编:《发展心理学》,北京:人民教育出版社 2009 年版,第 61~90 页。

[7][美] R. B. Cairns 和 B. D. Cairns 著,林崇德、李其维、董奇主译:《发展心理学的历史》,见 W. Damon 和 R. M. Lerner 主编《儿童心理学手册》(第 1 卷),上海:华东师范大学出版社 2009 年版,第 102~195 页。

[8]Papalia, D. E., Olds, S. W., & Feldman, R. D. (2004). Human Development(9th edition). McGraw Hill Education Co. and Posts & Telecom Press, 1-23.

[9]Shaffer, D. R. (2004). Developmental Psychology: Childhood and Adolescence (sixth edition). Thomson Learning and China Light Industry Press, 1-34.

习　题　一

一、填空题

1. 种系心理发展是指从动物到人类的心理演变过程，包括动物心理和________的演变过程。
2. 个体心理发展是指人类的个体从________的形成直到死亡的生命全程中心理的演变过程。
3. 狭义的发展心理学就是指________发展心理学，它主要研究个体从受精卵的形成一直到衰老、死亡的生命全程中心理发生发展的特点和规律，即研究毕生心理发展的特点和规律。
4. 物种进化论的奠基人达尔文从进化论的角度开展了一系列研究，他在 1876 年发表了《________》，这是最早采用日记法对儿童进行观察研究的报告之一。达尔文因此也被人们看成科学地研究儿童的先驱。
5. 1882 年，德国的普莱尔（W. Preyer）出版了《________》一书，这被看做科学的儿童心理学诞生的标志。
6. 美国发展心理学家________，曾最早系统地研究了青少年心理，出版了《青少年心理学》，被誉为“美国儿童心理学之父”。
7. 1927 年，美国心理学家霍林沃思（H. L. Hollingworth）出版世界上第一本发展心理学著作《________》。
8. 1935 年，另一位美国心理学家古迪纳夫（F. L. Goodenough）出版了《________》，强调要研究人的一生中各个时期的心理发展。
9. 1962 年，朱智贤出版了中国第一部儿童心理学教材——《________》。
10. 发展可分为生理的发展、________的发展、________的发展三大领域，后两个方面的发展属于心理的发展。
11. 广义上，发展心理学是研究________和个体心理发展的科学。

二、单项选择题

1. 下列哪个方面不属于访谈法的缺点？
   A. 比较费时　　B. 费力，效率较低
   C. 不容易对访谈结果进行处理　　D. 不容易探测深层心理活动
2. 下面关于问卷法或测验法的说法中，哪种是不恰当的？
   A. 比较客观
   B. 主要通过书面提问的方式获得所需的信息
   C. 可以在短时间内收集大样本的信息，效率较高
   D. 结果不容易量化

3. 相对而言，下面哪种方法往往能更客观地了解儿童外部的行为？

A. 观察法　B. 实验法　C. 心理生理学方法　D. 问卷法

4. 下面关于个案研究法的说法中，哪种是不恰当的？

A. 可以对某一个或少数几个个体（也可以是学校、工厂、家庭等单位）进行深入、细致的研究

B. 研究者可以广泛地运用访谈、观察、测量以及其他方法或手段集中探讨某个问题

C. 可以在短时间内收集大样本的信息，效率较高

D. 可以提出与研究问题有关的理论假设

5. 下面关于民族志研究法的说法中，哪种是不恰当的？

A. 主要用来研究某个人群或种族、民族的文化

B. 通常持续较长的时间

C. 研究者的存在也可能影响群体成员的行为

D. 研究结果完全可以避免主观性

6. 日记法通常不适用于哪个年龄群体？

A. 中年人　B. 老年人　C. 年龄较小的儿童　D. 青年人

三、简答题

1. 发展心理学通常将人的一生划分为哪几个阶段？
2. 发展具有哪些基本性质？
3. 发展心理学研究具有哪些基本的类型？各自具有怎样的特点？
4. 横断研究设计具有什么特点，包括优点和缺点？
5. 纵向研究具有什么特点，包括优点和缺点？
6. 系列交叉研究设计具有什么特点？
7. 发展心理学研究需要遵循哪些伦理学原则？
8. 发展心理学的研究内容是什么？

四、论述题

1. 结合心理发展的实际和有关的事实，辩证地分析遗传、环境、教育与发展的关系。
2. 试结合具体的现象，分析发展心理学的发展趋势。

第二章　关于发展的理论

【教学目标】

通过本章的学习，应达到以下教学目标：

1. 理解和掌握精神分析理论、学习理论、认知发展理论、习性学理论、人格的毕生发展理论（特别是埃里克森、莱文森等人的理论）以及生态系统论的基本观点，能根据有关的资料进行独立思考，把握它们各自的特点，对它们的合理之处和局限性进行适当的评价。

2. 理解和掌握中国的发展心理学理论，能结合实际的心理发展现象，理解这些理论的特点。

3. 理解生态系统论的方法论意义，学会运用这种观点分析身边的各种心理发展现象，切实掌握全面地分析问题的方法。

【本章结构】

本章总体上包括两个部分：第一部分概括介绍和讨论国外关于心理发展的理论，包括精神分析理论和人格的毕生发展理论、学习理论、认知发展理论、习性学理论和生态系统论的基本观点；第二部分概括介绍中国的发展心理学理论。本章的基本结构如下图：

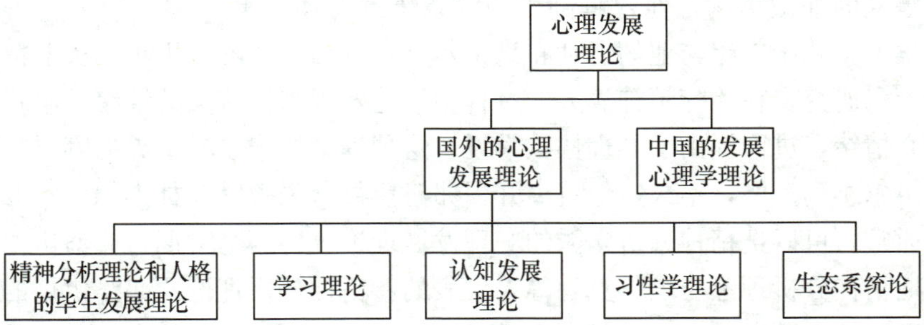

心理发展的过程是怎样的？一个人的性格是怎样形成的？一个人的智力是怎样逐渐发展起来的？为什么一些孩子更愿意帮助别人，表现出更多的友善行为，而另一些孩子更喜欢攻击别人？在一个人心理和行为发展的过程中，遗传因素与环境因素各自起着怎样的影响？心理的发展是连续的还是分阶段的？个体在这个过程中是主动的还是被动的？自 20 世纪初以来，心理学家们围绕这些问题进行了深入的探索，提出了不同的看法，形成了各种关于心理发展的理论。如果由各派心理学家们组成一个俱乐部，那么，他们就可能在上述问题上争论不休。下面，我们将对精神分析理论、认知发展理论、习性学和进化理论、生态系统论等主要的理论进行分析和讨论。

第一节　精神分析理论

精神分析理论又译为心理分析理论（theory of psychoanalysis），是 20 世纪初产生的重要心理学流派之一。弗洛伊德（S. Freud）是它的奠基人。弗洛伊德（1856—1939）出生于犹太人家庭，父亲是一个商人，在 4 岁那年，移居维也纳。弗洛伊德自幼聪明好学，兴趣十分广泛，他的家庭克服了种种困难，供他读书。17 岁时，他考入维也纳大学医学系，由于他的兴趣与医学训练没有直接关系，8 年以后他才完成学业。在大学里，他专注于性的研究，为了弄清楚睾丸的细微结构，他曾解剖了 400 条雄鳝。1881 年，弗洛伊德获得医学博士学位，并于次年与他的老师布洛伊尔（J. Breuer）联合开业，从事精神病的治疗和研究。在治疗精神病人的过程中，他发现与性有关的情绪是阻止意识的核心情绪，进而提出了心理性欲学说。这种理论招来了科学界的嘲弄，也让布洛伊尔感到羞辱，不久，他就离开了弗洛伊德（朱智贤，林崇德，2002）。

通常，可以把精神分析学派的心理发展理论分为两个时期：弗洛伊德代表的早期精神分析理论与埃里克森等人代表的新精神分析理论。弗洛伊德的心理发展理论的主要贡献在于，注重无意识的研究以及早期经验对人格发展的影响。埃里克森则进一步拓展了研究的范围，提出了人格的毕生发展阶段论。

一、弗洛伊德的心理发展观

弗洛伊德对人格的结构及其发展进行了系统的论述，提出了人格的结构论和发展阶段论。

（一）人格的结构

弗洛伊德认为，一个人的人格由三个层次的成分构成，即本我、自我、

弗洛伊德（1856—1939）

超我，个人行为是三种成分相互制约、相互作用的结果。

本我由人的先天本能和基本欲望组成，它是人格中最原始、最难接近的、最基本的部分，它像“一团混沌、一锅沸腾的兴奋物”，不断发出盲目的、强有力的冲动。本我由快乐原则支配，按快乐原则活动，它的目的在于最大限度地获得快乐并减少痛苦。本我是无意识的、非道德的，它可以看做是人格中的生物成分。在儿童发展过程中，年龄越小，本我的作用越重要，婴儿几乎全部处于本我状态，他们无忧无虑，只追求基本需要的满足。

自我则介于本我与现实之间，它的作用是既要满足本我的基本需要，又要控制和压抑本我的过分冲动。自我只能获得为外界和现实所许可的快乐，也保护个体不因本我的盲目冲动外泄而遭到伤害。自我是遵循现实原则活动的，它是有意识的、理智的。儿童随着年龄的增长逐步学会控制自己的冲动，懂得考虑行为的现实后果，这就是自我增强的表现。自我不能脱离本我而单独存在，自我消耗的能量是由本我提供的。自我与本我的关系正如骑士与马的关系。马不断地提供能量，骑士则指导马沿着可行的方向朝目标前进。

超我是人格中的良心、理想方面，它代表社会的伦理道德，代表一个力求完美的维护者，来监督自我的行动。超我遵循的是理想原则，当本我突破了自我的控制而违背某些规范时，超我的良心作用就使人产生一种内疚感、犯罪感来惩罚自己。超我在儿童身上的发展是一个逐步接受文化教育、宗教要求和道德规范的过程。这三种人格成分是逐步形成和发展的。本我是起点，生来就有，个体为了与外界现实发生作用，又从本我中发展出了自我，充当本我与现实世界之间的调节者。超我又是从自我中分化而来的，它使个体把握社会标准，自己评价自己的行为。

（二）人格发展的阶段

弗洛伊德认为，人格发展的基本动力是人的本能，尤其是性本能。但弗洛伊德的性概念是广义的，不仅包括两性关系，也包括使身体产生快感的一切事情，如吸吮、排泄和滞留、皮肤接触、身体运动等。性本能表现为一种力量，即人们的普遍性精力，这种精力和能量被称作“力比多”。力比多集中的某些身体部位就是机体获得快感的重要区域，弗洛伊德称之为“性感带”。在儿童时期，口腔、肛门和生殖器是三个最重要的性感带。力比多以特有的阶段次序投射到这些区域，使它们依次成为儿童的兴奋中心，这就促成了相应的人格发展阶段。

1. 口唇期

口唇期指从出生到1岁左右这个时期。这个时期的婴儿主要通过吸吮、咀嚼、吞咽和咬等口腔的动作来获得快感。弗洛伊德认为，“如果幼儿能表白的话，无疑会说吸吮母亲的乳头是生活中最重要的事情”。吸吮是生存必需的，同时它也产生快感，因此，婴儿在不饿时也吸吮自己的大拇指或其他东西。在这一时期的早期阶段，儿童的世界是“无对象”的，还不能意识到他人与自己的区别，只是笼统地渴求快感。在口唇期的后期阶段，才开始发展起关于他人的概念。这一阶段快乐的满足状况对以后的人格会产生长远的影响。

2. 肛门期

约在1岁到3岁之间，肛门区域成为儿童性兴趣的集中点。排便导致肛门区的快感，儿童以排泄为乐，从玩弄粪便中获得满足。正是在这个时期，儿童第一次被要求放弃他们的本能快感，成人开始对孩子进行排便训练，儿童行为受到外界的要求。由于儿童获取快感的行为受到干涉，他可能与父母发生冲突。这一时期强烈的冲突可能导致日后人格的异常，形成所谓的肛门期人格，表现为邋遢、浪费、无条理、放肆，或者过分讲究干净、注重小节、固执、小气。因此，弗洛伊德特别提醒，对孩子的排便训练不宜太早、太严。

3. 生殖器期

约在3岁到6岁，儿童进入生殖器期。力比多这时集中到生殖器区域，性器官成为儿童获得性满足的主要来源，具体表现为，这一时期的儿童喜欢抚弄生殖器，并且产生性幻想。儿童在行为上也开始有了性别差异。弗洛伊德认为，这个时期的男孩十分爱恋自己的母亲，而忌恨自己的父亲，但又害怕父亲的惩罚，就转而模仿父亲的行为，企图以此来获得母亲的爱，这就是所谓的“恋母情结”。女孩刚好相反，眷恋父亲而忌恨母亲，形成“恋父情结”。这两种情结对于个体以后的精神健康起着重要的作用，与道德规范、社会价值观的内化以及性别角色的认同也有着密切的联系。生殖器期冲突的顺利解决对人格的长期健康发展具有重要意义。

4. 潜伏期

约在5～6岁到12岁左右，儿童进入潜伏期。这时，儿童的性冲动减缓甚至暂停。儿童的典型特征是对性缺乏兴趣，男女之间界限分明，儿童主要与同性别的伙伴一起游戏，这种状态一直持续到青春期。

5. 生殖期

这一时期约为12岁到20岁左右。儿童进入青春期以后，在前一阶段平静下来的冲动和能量又重新活跃起来，对性的兴趣剧增。这一时期个体最重要的任务是摆脱父母的控制，进行自己的独立生活，寻求同龄伙伴之间的友谊，试图建立长期稳定的性关系。

（三）简评

弗洛伊德的精神分析学说自问世以后引起巨大反响，人们对这种理论褒贬不一。他的人格发展理论侧重人的情绪和动机的发展，强调了儿童早期经验和父母的教养态度在人格形成中的作用。他把人格结构分成三个部分，通过描述各部分之间的矛盾，把人格发展的过程看做是动态的、变化的过程，这些都对人格发展研究产生了积极影响。但是，他的理论主要是基于对病人的研究提出来的，缺乏实证研究依据；而且，他对性本能的过分强调也是不恰当的。尽管如此，精神分析理论至今仍对儿童发展研究具有深刻的影响。

二、埃里克森的心理社会发展阶段理论

埃里克森（E. H. Erikson）1902 年生于德国法兰克福，3 岁前由母亲单独抚养，之后由继父抚养成人。他只受过大学预科教育，二十多岁时漫游中欧。25 岁那年，他开始跟随弗洛伊德的女儿安娜·弗洛伊德学习儿童精神分析，这成为他一生的转折点。1933 年，迫于希特勒的专权统治，他离开欧洲，移居美国，成为波士顿的第一位儿童精神分析医生。1905 年，他出版《儿童期与社会》，提出了“人生八阶段”理论。随后，他还出版了《同一性：青少年和危机》、《甘地的真理》等一系列著作。他接受了弗洛伊德的人格结构说，也认为力比多是人格形成的根源，但他更强调自我的作用，强调社会环境因素对人格发展的影响。

埃里克森（1902—1994）

（一）埃里克森的基本观点

与弗洛伊德相比，埃里克森更强调广阔的社会背景、自我和理智的力量对人格发展的作用。他不像弗洛伊德那样认为人的本性是恶的，而是认为儿童出生后本性既不是善的，也不是恶的，有向任何一个方向发展的可能。他对良好人格的形成和发展抱有乐观的态度。

埃里克森把人格的发展看作一个渐进的过程，人格的发展持续一生，要依次经历八个阶段，每个阶段都有一个特定的发展任务。这些任务是由个体的生理成熟与社会文化的要求之间的冲突产生的，如果儿童解决了每个阶段的冲

突，完成了这个阶段的发展任务，就会获得积极的品质，进入下一个阶段，否则，就会形成消极的品质。儿童的发展水平通常处于积极与消极这两端之间，健康的人格倾向于积极的一端，不健康的人格倾向于消极的一端。埃里克森认为，上一阶段任务的完成有助于下一阶段任务的顺利完成，但是，若前面某个阶段的任务没有很好地完成，在以后的阶段中仍有机会继续完成。

（二）埃里克森划分的“人生八阶段”

下面是埃里克森描述的人生发展的八个阶段。每个阶段面临的冲突、危机和发展任务都是不同的。

1. 基本的信任感对基本的不信任感

这一阶段从出生至 2 岁左右，儿童处于婴儿期。婴儿的发展任务是培养信任感，克服不信任感。婴儿出生后，在成人的照料下有吃、有喝、有人逗他说话，这些需要的满足能够使婴儿产生安全感，他们会感到周围的世界是稳定的、可靠的，在自己具有某种基本的需要时，母亲总能及时满足自己，因而发展起对母亲的信任。对周围世界的这种基本信任感是形成健康人格的基础，如果这一时期儿童的基本需要得不到满足，缺乏成人的照料，那么，他就可能对周围的环境产生一种不信任感和不安全感。这种怀疑还会延续到以后的阶段。埃里克森认为，为了顺利形成基本的信任感，应使儿童的生活有规律、有保障，要让儿童的期望能够实现。父母与孩子的关系尤其重要，要使婴儿信任父母，父母必须相信“我们的办事方式对孩子是有益的”，因为婴儿能感受到母亲的情绪状态，父母对儿童、对生活、对自己的不信任有可能传递给孩子。

2. 基本的自主感对羞怯和疑虑

这个阶段相当于儿童早期，大约为 2～4 岁。这一阶段的基本任务是发展自主性，克服羞怯和疑虑。这个阶段的儿童已经不满足于狭窄的活动范围，渴求探索新世界，他们学会了说话和走路，不再像以前那样强烈地依赖成人。他们一开始独立活动，就想摆脱外部世界的控制，处处想显示自己的力量，他们爱讲“我自己来”，对成人的帮助总是回答“不”，他们自己吃饭、穿衣、走路，这些活动扩展了儿童的生活范围，让儿童感受到自己的力量，从而发展了独立自主的能力。但儿童还必须在很多方面依赖于成人，因此感到疑虑。要使儿童获得自主感，就要让他有一定的行动自由，允许儿童去干力所能及的事。如果成人对儿童限制过严，批评太多，惩罚过分，就容易使儿童对自己的能力产生怀疑，感到自己无能，并产生羞耻感。例如，对儿童尿湿裤子进行过分批评，就会让他产生羞耻感。另一方面，对儿童的行为也应该有一定的限制，这样才能使儿童学会在一定规范内独立生活，学会服从社会秩序。

3. 基本的主动感对内疚感

这一阶段为学前期或游戏期，约4～7岁左右。这一阶段的发展任务主要是形成主动感，获得良心和性别角色。以前获得的信任感和自主感使儿童不断扩大自己的活动范围，这时，儿童必须发展起"良心"，使自己在摆脱父母控制时由良心来指导自己的行为。这样，就产生了主动性。儿童在扩展自己的活动范围时往往闯入别人的范围，与别人的主动性发生冲突，从而产生内疚感。如果父母嘲笑儿童，认为儿童的活动笨拙，儿童也会对自己的活动产生内疚感。如果成人能够热情地鼓励和肯定儿童的活动，则有利于他们主动感的发展。在这一时期，儿童已经开始意识到男女有别，并担负了适当的性别角色。埃里克森认为，儿童虽然对异性的父母产生了浪漫的爱慕之情，但也逐渐认识到这种情绪或愿望是不现实的，因而产生了对同性父母的自居作用，认为自己与同性父母有着相同的特征，并按照他们的行为模式去行动，由此形成了自己适当的性别角色。此后，儿童会逐渐把对异性父母的爱转移到异性同伴上。如果不能实现这种转移，不能建立适当的性别角色，就会产生内疚感。在这一阶段，游戏也发挥着重要的功能，儿童在游戏中超越时空和现实的自我，又与现实保持一致，由此获得了新的自我控制能力。同时，游戏又具有自我教育和自我治疗的作用。埃里克森认为，个人未来的成熟与儿童本阶段主动性发展的程度有关。

4. 基本的勤奋感对自卑感

这一阶段为学龄期，约为7～12岁。这时，儿童的发展任务是获得勤奋感，克服自卑感。为了完成学习任务，儿童必须勤奋努力，但同时又害怕失败，这种勤奋与自卑的矛盾构成了这一阶段的危机。如果儿童在学习上不断成功、常受奖励，就会越来越勤奋；如果学习中屡遭败绩、常受批评，就容易形成自卑感。这一阶段影响儿童的主要因素已经不是父母，而是同伴、学校和其他的社会机构。

5. 基本的自我同一感对同一感混乱

这一阶段约为12～18岁，发展任务是建立同一感，而防止同一感混乱。所谓自我同一感，就是一种关于自己是谁、在社会上有何地位、将来会怎样等稳定的自我形象和自我历程的体验。青年期是新的自我同一感形成的关键时期。

6. 亲密对孤独

这一阶段对应于成年早期，在18～30岁左右。这时，个体开始进入亲密的恋爱关系，正式进入婚姻，开始真正地承担社会义务。这一阶段发展的任务是要建立人际关系的亲密感，避免过分孤独。

7. 繁殖对停滞

这一阶段相当于成年期，繁殖不仅指生育和照料孩子，而且指在工作中创造出新的事物，产生新的思想。这一阶段的主要发展任务是形成创造力感或繁殖感，而避免自我专注和停滞不前。

8. 自我完善感对失望

这一阶段相当于老年期，主要发展任务是形成对整个人生的自我满意和完善感，而避免绝望和对人生的厌弃感。

（三）简评

埃里克森的理论包含着辩证法的思想，他把儿童看作一个整体，从社会的、情绪的和道德的整体发展来研究人格的发展。他抛弃了弗洛伊德的性本能中心的观点，强调社会环境和教育对儿童成长的影响。这些都推动了儿童研究的进展。但是，埃里克森的理论仍有本能论的色彩，每一阶段的社会要求与自我的冲突是否具有普遍性？各个阶段之间的关系是不是确定不变的？这些问题都有待进一步研究。

链 接

精神分析学家的著作很多，请参阅：

[1][奥]西格蒙德·弗洛伊德著，高觉敷译:《精神分析引论》，北京:商务印书馆 1984 年版。

[2][奥]西格蒙德·弗洛伊德著，孙名之译:《释梦》，北京:商务印书馆 1996 年版。

[3][美]埃里克·H·埃里克森著，孙名之译:《同一性:青少年与危机》，杭州:浙江教育出版社 2000 年版。

[4]从百度、Google 等网络引擎搜索和下载并观看电影《爱德华大夫》，加深对精神分析理论的理解。这部影片涉及人们的无意识心理和精神分析学派的治疗方法。参考网址：

http://movie.video.sina.com.cn/movie/adhdf/001.html.

http://v.youku.com/v_show/id_XMTYwMjU2OTc2.html.

第二节 人格的毕生发展理论

一些心理学家特别是具有精神分析倾向的心理学家，逐渐从人的整个生命历程分析人格的发展，提出了人格的毕生发展阶段论。除了前面讲过的埃里克森的人格发展阶段理论之外，比较典型的、关于人格的毕生发展理论还有苏利文（H. S. Sullivan）的发展时期论、古尔德（R. Gould）的转变理论和莱文森（D. Levinson）的人生四季说。它们是基于不同的研究提出来的，从不同的角度描绘和分析了儿童青少年时期和成年期的人格发展。

一、苏利文的发展时期论

在苏利文看来，人格是一个人在人际关系情境中经常表现出来的生活方式，是相对稳定的人际关系模式，应放在人际关系背景中研究人格的发展。人际关系包括现实的人际关系和想象的人际关系。

苏利文认为，根据在不同年龄与他人建立的人际关系特点，可以将人格的发展划分为七个阶段（郭永玉，2005）：（1）婴儿期（0～1岁）：通过吃奶形成"好母亲"与"坏母亲"、"好我"与"坏我"的概念；（2）童年期（1～5岁）：从言语能力成熟到寻求玩伴，能运用语言进行思维和交往，并需要玩伴，可能升华某些欲望；（3）少年期（6～8岁）：从寻求玩伴到亲近同性伙伴，生活范围扩大到学校和社会，较多地参与群体活动，并懂得竞争和合作；（4）前青年期（9～12岁）：从同性朋友的亲密关系到性成熟，能结交同性密友，否则会陷入孤独；（5）青年早期（13～17岁）：从性成熟到异性间的亲密关系；（6）青年后期（18～20岁）：开始形成适合于自己的生殖行为方式，与特定异性建立稳定的亲密关系。关心职业、婚姻、家庭生活，自我趋于稳定；（7）成年期：发展自己的职业，建立稳定的友谊和长期的性关系，成为一个成熟的人。

显然，这种理论更强调人际关系的重要性以及人格的可塑性，将精神分析研究的重心从个体之内转移到个体之间，具有社会学取向。人格的发展实质上是适应不同时期人际关系的过程。

二、古尔德的转变理论

古尔德（R. Gould，1975；1980）根据他的精神病临床治疗，提出了成年期转变阶段论，认为成年后会依次通过以下七个阶段：（1）16～18岁，希望摆脱父母的控制；（2）18～22岁，离开家庭，趋近同伴群体；（3）22～28岁，发展独立性，专心于事业和孩子；（4）29～34岁，自我质问，角色困扰，容易对婚姻、职业状况感到不满；（5）35～43岁，急于找到生活的目标，意识到时间的有限性，重新安排生活目标；（6）43～53岁，安定下来，接受现实；（7）53～60岁，更宽容，接受过去，较少消极，成熟老练。

但是，这种理论具有明显的精神分析倾向，而且是基于小样本的分析得出的，在具体研究中也较少得到验证。

三、莱文森的人生四季说

莱文森（D. Levinson，1986；1992）根据对40位男性的全面研究，认为生命周期就像一年四季的循环，成年期的发展是由一系列交替出现的稳定期和过渡期（或转折期）构成的。成年期的发展分为三个主要的时期（成年早期、成年中期、成年晚期），每个时期大约需要20年甚至更长的时间，不同时期之间存在过渡期，每个时期又可以分为不同的阶段，每个阶段都有特定的生活结构。

以下是成年期所包括的各个阶段及其生活结构：（1）向成年早期的过渡期（17～22岁）：个体探索各种可能的成长道路，并尝试规划自己的人生；（2）进入成年早期（22～28岁）：第一次构建生活结构，可能包括婚姻和家庭；（3）30岁过渡期（28～33岁）：对第一次构建的生活结构进行评估和调整；（4）稳定期（33～40岁）：第二次构建生活结构，包括家庭、工作、朋友和社区服务等；（5）中年过渡期（40～45岁）：对自己的过去提出疑问，进行自我评估，可能产生心理危机；（6）进入中年期（45～50岁）：形成新的生活结构，可能找到新的工作或婚姻；（7）50岁过渡期（50～55岁）：同30岁过渡期相似，评估和调整自己的生活结构；（8）成年中期的顶峰阶段（55～60岁）：可能成功地建立了另一个生活结构，如果适应成功，就能感到满意；（9）成年晚期的过渡期（60～65岁）：准备过退休生活；（10）成年晚期（65岁以后）：建立新的生活结构，以适应退休生活和健康状况。

这种观点较好地分析了成年期不同阶段的基本任务，特别是强调了中年危机，较好地反映了成年期人格发展的基本特点。但是，这种理论有待于不同文化背景下的研究的支持。

从总体上看，古尔德和莱文森的人格发展理论都把成年期人格的发展作为分析和研究的重点，苏利文的理论则把儿童青少年时期的人格发展作为重点。尽管它们论述的侧重点不同，但它们都指出了包括成年期在内的各个时期人格发展的基本任务或问题。这有助于深入地理解人格的毕生发展规律。

第三节　学习理论

精神分析理论强调人格、情绪和动机的发展，而行为主义理论注重研究行为的学习和改变，而不太注重内在的认知、动机和情绪的发展，因此，也被称为学习理论。行为主义心理学的代表人物有华生、斯金纳，他们分别被看做经典行为主义与新行为主义的代表人物。班杜拉进一步提出社会学习理论，他也经常被看做是新行为主义的代表人物。

一、华生的行为主义理论

华生（J. B. Watson）出生于美国南卡罗莱纳州的一个农场里，在农场读完小学，12 岁进入公立学校读书，16 岁进入大学学习，5 年后获得硕士学位。随后，他进入芝加哥大学，先是跟从美国著名哲学家、教育家杜威学习哲学，但是，杜威对他的影响不大。他曾回忆说，我始终不明白杜威在说些什么，甚至至今我都不明白他说了些什么。杜威的教学消灭了他对哲学的兴趣。后来，他又跟从安吉尔学习心理学，并对心理学产生了浓厚的兴趣。在 1903 年获得哲学博士学位后，先在芝加哥大学当讲师，随后受聘到霍普金斯大学任心理学教授。1914 年，他出版了行为主义的代表作《行为：比较心理学导言》，在心理学界产生了深刻的影响。1915 年，他当选为美国心理学会主席，当时他年仅 37 岁。1919 年，他出版了《行为主义心理学》，完整地陈述了他的观点。

华生（1878—1958）

华生认为，心理学应当是一门自然科学。它应当抛弃意识、心理状态、心灵、内省、想象等名词，而研究可以观察、预测和控制的行为。心理、意识，包括高级的思维活动、情绪、人格，都可以被归结为行为。例如，思维是人类对于自己的言语，是全身肌肉特别是喉头肌肉的内隐的活动，人格则是一个人的行为系统或一切动作的总和。他提出了刺激与反应之间的直接关系，提出了著名的刺激—反应公式（S—R），即环境的刺激，包括体内的和体外的各种刺激，可以直接引起有机体的各种反应，其中包括明显的和不明显的反应，一个人的行为或反应是由周围的环境刺激决定的。

基于这种理论，华生成为典型的环境决定论者，认为环境和教育决定了儿童一切行为的发展。他提出了教育万能论。他有一段著名的话，特别能说明这种观点："给我一些健康的婴儿，让我在我可以控制的环境中抚养，我可以保证，我可以把任何一个婴儿——无论他具有怎样的能力、嗜好、趋向、才能、职业和种族——训练成任何一种人，包括医生、律师、艺术家、商界领袖乃至乞丐和盗贼。"（朱智贤，林崇德，2002）

华生认为，无论多么复杂的行为，都可以通过控制外部刺激而形成和改变。学习的本质是建立条件反射。

专栏

后天习得的条件反射

条件反射是指在刺激与机体的反应之间建立的联结。华生曾经以一名叫阿尔伯特的孤儿为被试，研究了情绪反应的学习。小阿尔伯特最初不害怕白色的东西，但后来却很害怕，这种恐惧是怎样习得的呢？在实验过程中，每当呈现白色的刺激（兔子等）时，都会有一个让人恐惧的声音（能够引起恐惧反应的无条件刺激）响起，这样多次重复，原来的中性刺激或无关刺激（白色的事物）就具有信号意义，预示着恐惧声音的到来，被试在白色刺激与恐惧反应之间建立了条件反射，小阿尔伯特的这种学习让他一见到白色刺激就很害怕。

华生认为，在教育过程中，教育者应重视对儿童进行早期的行为训练，培养儿童各种良好的行为习惯，而不应采用体罚。这些思想具有一定的科学性。

二、斯金纳的新行为主义

斯金纳（B. F. Skinner，1904—1990）被西方心理学界誉为当代最有影响的心理学家。他出生于美国宾夕法尼亚州东北部的一个小镇。他从小对人类和动物的行为、学校生活和手工制造十分感兴趣，曾经用马铃薯等材料做成炮弹，发射到邻居家的屋顶上，还花了好几年的时间造一台“永动机”，但没有成功。他曾梦想成为一名作家，后来因感到“没有什么可写”而到哈佛大学学习心理学。1931 年获得哲学博士学位，成为哈佛大学心理学系的终身教授。他的观点不仅在心理学界有很大影响，在教育学界也产生了很大影响。

斯金纳（1904—1990）

他根据动物实验的结果，提出操作条件反射理论，认为某一种行为的后果可以增加或减少这种行为的发生，如果一种行为得到了满意的结果，这种结果就可以提高这种行为在以后发生的概率，在以后它就更可能发生。通过施加一种个体想要的刺激，或者撤除一种个体不想要的刺激，以增加行为发生概率的过程，叫做强化，个体想要的刺激或者不想要的刺激都是强化物。强化物既可以是物质的刺激，如好吃的食品、好看的奖品，又可以是口头的或精神的刺激，如夸奖、微笑。如果一个孩子因努力学习而受到老师的表扬，这种表扬就会成为一种强化物，强化他的这种努力学习的行为，他以后会更加努力地学习；如果一个不爱学习的孩子偶尔专心学习，老师因此不再责备他，责备行为的撤除也可以强化这种专心学习的行为。显然，操作条件反射理论强调行为结果对后来行为的影响，强调强化对学习的作用，这也是操作条件反射与华生的条件反射的不同之处。斯金纳的理论已被广泛应用于教育、教学中，成为儿童行为塑造和行为矫正的理论基础。

专栏

强化与惩罚的区别

强化有两种形式：给一个人他想要的某个东西（施加喜欢的刺激），或者拿走一个他不想要的东西（撤除厌恶刺激）。无论哪一种强化，都会让这个人的某一种行为在以后更可能发生（提高它发生的概率）。但是，惩罚是通过给一个人他不想要的东西（施加厌恶刺激），而让这个人的某一种行为在以后不再发生或发生的概率降低，它与强化正好相反。例如，一个孩子因跟别人打架而受到了老师的斥责，斥责就构成了一种惩罚，这个孩子的打架行为以后就可能减少。强化和惩罚都可以用来形成和改变儿童的行为，但斯金纳的理论更注重强化的作用。

三、班杜拉的社会学习理论

班杜拉（A. Bandura，1925—　）是社会学习理论的代表人物。他出生于加拿大的阿尔伯特省，曾就读于加拿大境内的英国哥伦比亚大学和美国的伊阿华大学，学习心理学。1953 年开始在斯坦福大学任教，1974 年当选为美国心理学会主席。他主要以观察学习理论及其实验研究而著名。社会学习理论主要解释儿童的社会行为和态度是怎样习得的。1977 年出版的《社会学习理论》是他的代表作，其中系统地陈述了他的观点。

班杜拉（1925—　）

（一）观察学习及其过程

观察学习是社会学习理论的一个基本概念。所谓观察学习，就是通过观察榜样所表现的行为及其结果而进行的学习，它不同于刺激反应学习。刺激反应学习是通过对学习者的直接反应给予直接强化而完成的学习。观察学习的学习者可以不必直接地做出反应，也不需亲自体验强化，而只要通过观察他人在一定环境中的行为及其所受到的强化，就能完成学习。在他人受强化的同时，观察者也受到“替代强化”。替代强化既是一种认知过程，又是观察学习的动机过程。

在班杜拉看来，从动作的模拟到语言的掌握，从态度的习得到人格的形成，都可以通过观察学习来完成。也就是说，凡依据直接经验进行的学习都可以通过对他人的行为及其结果的观察而完成，通过观察学习，不仅可以使习得过程缩短，迅速地掌握大量的整合的行为模式，而且可以避免由于直接尝试的错误和失败而可能带来的危害。

班杜拉认为，观察学习的过程包括注意过程、保持过程、运动复现过程和动机过程等四个组成部分。（1）注意过程：学习者置身于大量示范的影响之下，从中深入观察什么、知觉什么、汲取什么，都是由注意过程决定的。制约注意过程的因素很多，如观察者的特征、榜样的活动特征、人际关系的结构特征等。（2）保持过程：学习者通过注意过程，汲取了榜样的示范行为模式后，就必须采用符号的形式记住动作的某些方面。这种符号可以是头脑中的视觉表象，也可以是言语编码。（3）运动复现过程：要把榜样示范转换为相应的行为，就必须具有一定的运动技能。在观察学习中，人们首先是通过榜样示范掌握新的行为的概貌，然后进行实际的尝试，但最初的尝试由于技能还未形成或不熟练，很少不发生错误。只有不断地进行精心的练习，并进行自我调整，才能形成熟练的运动技能，从而达到同示范一致的正确的反应。（4）动机过程：班杜拉把新反应的观察和对新反应的操作区别开来，认为人们能够观察新的反应模式而获得新知识，他们可能实际地表现出这种反应或行为，也可能不表现出这种反应或行为，这取决于人们是否具有表现这种行为的动机，而这种动机主要是由强化引起的。

班杜拉认为，强化可以是直接强化，即通过外界因素对学习者的行为直接进行干预，也可以是“替代强化”，即学习者看到他人成功或受赞扬，而产生同样行为的倾向。例如，如果一个儿童看见邻居因骂人而受到赞扬，这个儿童就可能去模仿他。

班杜拉认为，强化还可以是自我强化，即行为达到自己设定的标准时，以自己能支配的报酬来增强、维持自己的行为的过程。自我强化依赖自我评价的个人标准。这种自我评价的个人标准是儿童依自己的行为是否比得上为他人设立的标准，用自我肯定和自我批判的方法对自己的行为做出反应。在这个过程中，成人对儿童达到或超过为其提供的标准的行为表示喜悦，而对未达到标准的行为表示失望。这样，儿童就逐渐形成了自我评价的标准，获得了自我评价的能力，调节着自己对榜样示范行为的学习，正是在这种自我调节的作用下，形成了观念、能力和人格，改变着自己的行为。

（二）社会学习在儿童发展中的作用

班杜拉特别重视社会学习在儿童发展中的作用。为此，他专门研究了攻击性、性别角色、自我强化和亲社会行为等方面的发展。

1. 攻击性

班杜拉将攻击性的发展看作是一种操作条件反射。例如，当儿童用合乎社会规范的方式表现攻击性时（如打球赛或打猎），父母就奖励儿童；当他们以不合乎社会规范的方式表现攻击性时（如欺负弱小儿童），父母就惩罚他们。儿童在观察这些攻击性的行为时，就会注意在什么情况下攻击行为被强化，对于那些被强化的行为模式，更容易去模仿。

专栏

幼儿攻击性行为的社会学习实验

班杜拉曾让4岁儿童单独观看一部电影，在电影中，一个男孩坐在充气玩偶身上，并用拳头不停地打这个玩偶。这个男孩的行为有三种后果或结果：第一种为奖赏，即榜样受表扬，并被给予款待，称赞他为“勇敢的胜利者”，给他巧克力糖、汽水等物品；第二种为惩罚，榜样被称为“大暴徒”，打他，在电影的末尾，他畏缩着逃走；第三种结果是榜样既未得到奖赏，也未受到惩罚。每个儿童被试只能看到其中的一种结果。看完电影后，每个儿童即被安置在有充气玩偶和其他玩具的房间里，研究者观察了他们是如何模仿攻击性榜样的。

结果表明，看到榜样被惩罚的被试组几乎没有什么模仿行为，而看到奖赏结果和无结果的两组的行为没有差别。之后，主试回到房间告诉儿童，凡能再度模仿榜样的反应者，可得到果汁和一张美丽的贴图，于是，包括看到榜样被惩罚的儿童在内的所有儿童都模仿了他们看到的榜样行为，他们的模仿行为是类似的。可见，“替代惩罚”阻碍了儿童新反应的实际表现或操作，而没有阻碍他们对行为的习得。

2. 性别角色

班杜拉认为，儿童的性别角色主要是通过社会学习或模仿获得的。儿童常常通过观察学习两性的行为，在外部强化下他们通常表现出那些符合自己性别的行为。有时，这种外部的社会强化还会影响观察过程本身，儿童甚至会停止对异性榜样的细致观察，而只观察与自己同性别的榜样。

3. 自我强化

在班杜拉看来，自我强化也是社会学习榜样影响的结果。他曾用实验证明了这一点。让7～9岁的儿童观看滚木球比赛的榜样，这个榜样只在自己得到高分数时用糖果来奖励自己，否则，榜样就会自我批评。随后，让看过榜样比赛和未看过榜样比赛的儿童分别玩滚木球比赛游戏，结果表明，看过榜样比赛的儿童采用了榜样式的自我报酬的自我强化方式，即只在自己得高分时才奖励自己，而未看过榜样比赛的儿童总是随心所欲地进行自我奖励。可见，在儿童自我评价的行为上，即自我强化的社会化方面，榜样具有明显的影响。

4. 亲社会行为

班杜拉认为，通过呈现适当的榜样，可以对儿童的亲社会行为（如分享、帮助、合作和利他主义行为）施加影响。例如，让7～11岁的儿童观看成人榜样玩耍滚木球游戏，并将所得的部分奖品捐赠给“贫苦儿童基金会”，随后，立即让这些儿童单独玩这种游戏，结果，他们的捐献行为远比没有看过成人榜样行为的儿童多。班杜拉认为，亲社会行为靠训诫是没有什么效果的，有时强制的命令可能一时奏效，但容易反复，只有榜样的影响才更明显、更持久。

专栏

榜样的力量是无穷的吗?

人们经常说，榜样的力量是无穷的。这句话有没有道理呢？班杜拉的研究和他提出的社会学习理论给出了明确的答案：榜样的确具有很大的力量，可以塑造和改变一个人的态度和行为。在人类历史上，各行各业都有一些光辉的榜样人物，中国的孔子、孟子、朱熹、诸葛亮，外国的华盛顿、林肯、爱因斯坦，诸如此类的历史名人不胜枚举，这些名人实际上已成为后人的榜样，他们的事迹激励着后人向他们学习。在现实生活中，我们的社会也经常会在各行各业树立榜样人物，其中包括雷锋、焦裕禄、王进喜、赖宁等名人榜样，也包括各个部门每年评选的“先进人物”，其实都是人们行动的榜样。他们的智慧和高尚品德为人们的观察学习提供了充足的机会。

班杜拉提出人、行为、环境的交互决定论（reciprocal determinism），认为三者之间是相互影响、相互作用的，人的发展是由三种因素的交互作用所决定的。环境可以影响一个人的人格和行为，人的人格和行为又会反作用于环境，个人的人格、生理特征与个人的行为之间也是双向作用的（如图2-1所示）。例如，一个孩子帮助了他的伙伴（行为），受到了家长的表扬（环境），这位儿童由此认为助人行为是可以受到表扬的、好的行为（信念）；在这种信念的影响下，以后他会更多地表现出这种助人行为，因而周围的人，包括家长和朋友，更加赞赏这种信念、态度和行为。

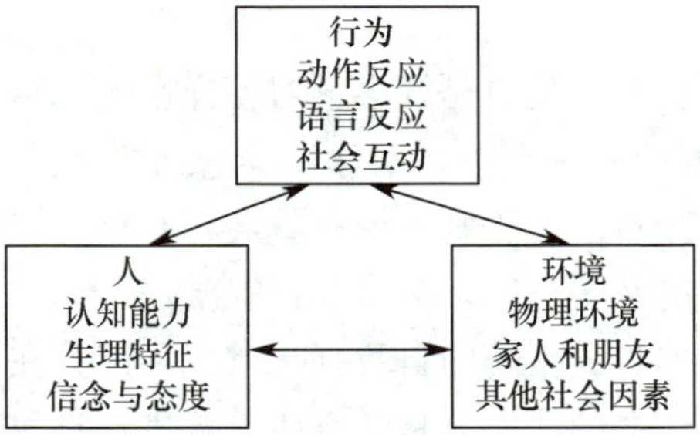

图2-1 人、行为、环境之间的交互作用

四、简评

不难看出，学习理论十分注重行为的学习，无论在理论上还是在现实中，都产生了深远的影响。华生的行为主义理论及研究将心理学从哲学中彻底独立出来，使之成为一门真正的实验科学和行为科学，而且，它否定了以往强调内省的心理学研究，提高了心理学研究的客观性，将心理学推进了一大步。斯金纳提出的操作条件反射学说进一步拓展了华生的理论，建立了关于行为塑造和改变的完整的理论体系。班杜拉的社会学习理论更进一步，它直接有效地说明了儿童社会行为的学习问题，试图从认知过程解释儿童行为的获得。在儿童的品德和态度教育中，它所总结的榜样和观察学习规律具有广泛的应用。这在很大程度上反映了人类学习和社会化的特点，具有一定的理论和实际价值。但是，行为主义特别是华生、斯金纳的行为主义理论过分强调行为，而忽略了内部心理活动的作用，班杜拉的社会学习理论虽然考虑了认知因素的影响，对认知作用的分析仍然不够深入，因而仍然属于行为主义的观点。而且，这些理论十分强调环境的影响，低估了儿童对自身发展的贡献，没有看到儿童在自身发展中的主动性，这使得它们不能全面地解释儿童心理的发展。

链 接

下列著作有助于深入了解行为主义理论或学习理论：

[1]高峰强、秦金亮:《行为奥秘透视》,武汉:湖北教育出版社 2000 年版。

[2][美]A·班杜拉著,林颖译:《思想和行为的社会基础:社会认知论》(上、下),上海:华东师范大学出版社 2003 年版。

[3][美]A·班杜拉著,廖小春等译:《自我效能:控制的实施》,上海:华东师范大学出版社 2001 年版。

[4]乐国安:《从行为研究到社会改造:斯金纳的新行为主义》,武汉:湖北教育出版社 1999 年版。

第四节　认知发展理论

精神分析理论侧重分析人的情绪和动机，而行为主义更注重行为的改变。与此不同，认知发展理论则十分重视研究认知的发展。皮亚杰的认知发展理论是其典型代表，它考察了不同年龄阶段智力的结构和功能，因此，也可以说是认知的结构——功能理论的典型代表。信息加工理论是认知发展研究的另一种观点，它深受行为主义的影响，不强调智力结构随年龄的增长而发生的变化，而注重揭示信息加工过程中认知操作的作用。信息加工论者在描述儿童接受、注意、识别、编译、分类和回忆信息的过程时，常常采用实验室实验的方式，将人与计算机的信息处理过程做类比，对这些过程给出了相应的解释和分析。

一、皮亚杰和他的研究

皮亚杰（1896—1980）

皮亚杰（J. Piaget）是当代最著名的儿童心理学家之一，他1896年出生于瑞士，自幼聪明好学。十岁的时候，他在杂志上发表了自己的第一篇研究论文。四年后，他又撰写了一些关于软体动物的文章。这时，他萌生了在日内瓦自然历史博物馆收藏软体动物的部门供职的愿望，但是，博物馆主任在得知这位富有创造性的年轻的生物学家只是一位中学生后，拒绝了他的要求。皮亚杰对生物学研究一直有着浓厚的兴趣。22岁时，他以“阿尔卑斯山的软体动物”为题写出了自己的博士论文，并获得了自然科学博士学位。1920年，他开始注意到生物学与心理学之间的关系。在随后的二十年中，他发表了一系列有关儿童智力发展的著作。特别值得一提的是，在1925—1931年，他的两个女孩和一个男孩相继出生，成为他的研究对象。他在夫人的协助下，运用临床法研究了儿童出生头几年的心理发展，提出了有关儿童智力起源和发展的重要理论。到84岁逝世那年，皮亚杰已出版40多部著作，发表了200多篇论文。

皮亚杰之所以对认知发展具有特殊的兴趣，是因为他认为儿童的认知发展是沟通生物学与认识论的桥梁。在他看来，通过对儿童认知发展的了解，可以揭示整个人类认识发生的规律，从而建构他的“发生认识论”学说。在过去的几十年中，他一直是儿童发展领域最杰出的代表人物之一。从理论内容的广延性和对实际研究的启发来看，皮亚杰理论在认知发展领域的地位是不可替代的。尽管心理学家们对皮亚杰的观点具有不同的评价，但是，他的理论却受到了普遍的重视和广泛的研究。在皮亚杰逝世时，他的影响力实际上左右了整个认知发展领域的研究。当代认知心理学家中尽管很少有人自称是皮亚杰主义，但他们中的很多人却继承或扩展了皮亚杰理论，或在皮亚杰理论和信息加工理论相结合的基础上形成了自己的发展观。

皮亚杰早年曾经在巴黎的比奈实验室与智力测验的最初的编制者之一西蒙一起工作过。与实验室的其他心理学家不同的是，皮亚杰感兴趣的不是智力测验的标准化或测量儿童正确回答问题的能力，而是同龄儿童在回答问题时所犯错误的相似性，以及他们所犯的错误与年龄较大和较小的儿童所犯的错误的差异。不同年龄的儿童回答的本质差异似乎表明，思维的发展存在着不同的策略或过程。皮亚杰研究的中心目标就是揭示这些思维发展的差异。在他看来，核心问题是弄清不同年龄的儿童是如何进行思维的。

皮亚杰采用了独特的临床法，即通过对儿童的观察、谈话和实物操作等手段，多方面收集儿童心理活动的有关材料，进行分析、综合，以了解儿童思维发展的规律。这种研究方法直接指向儿童的反应，要求研究者有丰富的知识和经验，能根据儿童的反应灵活地提出后续的问题或操作要求，因而这种方法也被称作“研究的艺术”。皮亚杰的很多结论都是在他对自己的三个孩子（即劳伦特、吕西安娜和杰奎琳）的细致观察和系列谈话的基础上得出的。但是，这种方法也有自身的局限性。他早期的方法论上的不足常常遭到心理学家们的批评，尽管皮亚杰也曾试图通过更多的控制实验验证他的推论和假设。

二、认知结构

皮亚杰认知发展理论试图揭示儿童是如何适应周围世界和解释各种事物的。皮亚杰认为，儿童是建构自己认知结构的主人，他们能够主动地接受和解释从经验中获得的信息，并使其适应于已有的知识和概念。智力是儿童适应环境的机能和生命过程，儿童借助智力或认知结构适应环境的要求，如婴儿用嘴含住奶嘴与青少年旅行时会看地图，这都是以智力适应环境的表现。随着年龄的增长，儿童会形成日渐复杂的认知结构。

认知结构是指个人在感知及理解客观事物的基础上形成的一种内在的心理结构。皮亚杰认为，它是主体认知活动的产物，是不同发展水平的儿童对外界事物做出反应的组织方式。认知结构在大脑中没有相应的生理结构，它是记忆、思维、动作和策略相互渗透的结果，是一种有组织的统一体，儿童借此认识和理解周围的世界。即使在婴儿身上，也可以明显地看到某些有组织的行为模式。然而，这又不同于较大的儿童或成人“了解”世界的过程，后者是通过内化了的心理表象或语言一类的符号来认识和适应周围世界的。

皮亚杰认为，认知结构组织的最基本单元称为“图式”。图式是指动作的结构或组织，这些动作在相同或类似的环境中由于不断重复而得到迁移或概括。如婴儿就有一种吸吮图式，这种动作图式经过多次重复，可以用来吸吮手指、玩具等。但是，儿童关于不同对象的图式之间存在着本质的差别。

新生儿时期的大部分图式是先天就有的反应模式或反射活动。新生儿具有一种吸吮图式，他们对碰到嘴边的任何物品都会做出吸吮的反应。在适应环境的过程中，他们开始只对可吸吮的物品做出反应。这一时期，他们还具有很多其他的有组织的感觉运动活动的图式，如抓、踢、看和打等。这些早期的图式随着婴儿与外部世界的不断接触而迅速发展起来。尽管年幼儿童的这些图式主要依赖于感觉输入和身体活动的相互作用，但婴儿在对各种物体进行适应性反应时，是以合理的方式进行的，表现出一定的智力。

随着年龄的增大和经验的增加，儿童的认知结构日益复杂，简单的图式逐渐结合为日益复杂的图式，从外化的动作图式逐渐演化为内化的符号表象图式，相应地，认知活动也经历了一个从外到内的转化过程，从外部的智力活动逐步变成通过符号表象图式进行的内部的智力活动。年龄较大的儿童的图式更趋于内化，他们形成了与成人日趋接近的内化的认知结构，而年幼儿童的智力操作多局限于感觉运动。

三、认知过程

皮亚杰认为，对经验的组织和适应是促使图式不断完善的最重要的功能性原则。组织是通过整合和协调生理或心理结构，最终形成较复杂系统的心理倾向。在前面举过的吸吮图式的例子中，婴儿起初可做出吸吮、看和抓这类反应，但其功能是各自独立的，通过组织，这些彼此独立的简单行为可形成一种由各种行为协调一致的高级系统，如婴儿后来能够在看到奶瓶之后，用手抓住它，然后吸吮奶头。

第二个功能性原则是适应原则，它包括两个过程：同化和顺应。同化是指儿童将外界元素整合到自己正在形成或已经形成的认知结构中。当儿童获得新经验时，他总是试图使这一经验符合已有的图式，也就是同化这一经验。通过同化，儿童当前的认知结构和理解水平会改变他对周围环境的反应方式。皮亚杰把儿童脱离现实的想象性游戏看作完全的同化过程。一个儿童一边在屋子四周做着飞扑动作，一边说，“我是正在飞越山顶的老鹰”。此时，他的反应与现实情境几乎没有什么联系。不过，儿童大部分同化的事例都是与他们周围的事物密切相联的。例如，一个儿童可能叫一位陌生的男子“爸爸”；生活在原始文化中的儿童在第一次看到飞机时也许叫它“大白鸟”，这是因为他们把飞机同化到自己所熟悉的概念系统中。

顺应与同化是互补的过程。顺应是机体根据环境的要求调整自己的认知结构的过程。通过顺应，儿童原有的图式得以完善。儿童可能最终校正了“爸爸”的图式，形成了对“爸爸”这一角色的正确认识，它只包括一个人，而同时形成了“男人”的新图式，它包括了其他的成年男性。皮亚杰把儿童对他人的模仿行为看成最典型的顺应形式。

儿童对环境的大部分适应行为既包括同化，又包括顺应。婴儿将吸吮图式用于多种物品和对象。他们吸吮奶嘴、自己的拇指、橡皮奶头、玩具熊的耳朵或吊在床头的塑料小鸟。在这些被吸吮的对象中，有些更容易吸吮，如拇指和橡皮奶头，对这些对象的适应包括了更多的同化过程，而在对塑料小鸟这类对象，常常不能很好地吸吮，不能得到满意的“回报”，因为塑料小鸟的翅膀尖利，且带有塑料气味，也很难放入嘴中。这时，儿童必须校正或形成一个适合于鸟的新的动作模式。他们在遇到小鸟一类的对象时，可能会干脆放弃吸吮的图式，而采用打或踢这类动作，让小鸟移动或飞翔。

认知的发展是以智力结构的变化为基础的，这种变化经历了从先天的心理倾向到以一定方式组织和适应新经验的过程。儿童的图式和认知结构是不断变化的。

四、认知发展阶段

皮亚杰根据认知结构的渐进变化，把儿童认知或智力的发展过程划分为四个主要阶段：感觉运动阶段、前运算阶段、具体运算阶段和形式运算阶段（见表 2-1）。也就是说，儿童智力的发展会依次经历这四个阶段，阶段的顺序是固定的，前一阶段总是达到后一阶段的前提，儿童只能先经过前一个阶段，才能进入下一个阶段，而不能跨越某个阶段进入更高的发展阶段，阶段的发展不是间断性的跳跃，而是逐渐的、持续的变化。而且，每个阶段都有自身独特的认知结构。当然，儿童进入或达到某个阶段的年龄具有个别差异，有的儿童要早一些，有的则晚一些，并不是所有儿童都在同一年龄完成相同的阶段。

链 接

下列著作有助于深入了解皮亚杰的认知发展理论：

[1][瑞士]皮亚杰著，王宪钿等译：《发生认识论原理》，北京：商务印书馆 1996 年版。

[2][瑞士]皮亚杰著，倪连生、王琳译：《结构主义》，北京：商务印书馆 1984 年版。

表 2-1 皮亚杰的认知发展阶段（引自 Shaffer，2005）

大致年龄	阶段	主要图式或表征经验的方法	主要发展
出生至 2 岁	感知运动阶段	婴儿运用感觉和动作探索来获取对环境的基本理解。出生时，他们仅有对环境的先天条件反射；在本阶段末，他们有了复杂的感知动作协调能力。	婴儿获得对“自我”和“他人”的初步理解，建立了客体永久性，并开始把行为图式内化，生成意象和心理图式。
2 至 7 岁	前运算阶段	儿童利用符号系统表征和理解环境信息，他们按照客体和事物外在的表现来反应。思维是自我中心的，认为别人理解事物的方式与自己是一样的。	儿童通过活动增强想象力，逐渐认识到别人对事物的反应不总是与自己相同。
7 至 11 岁	具体运算阶段	儿童获得并运用认知运算（这种心理活动是逻辑思维的成分）。	儿童不再被事物的表象所蒙蔽。他们通过认知运算，能够理解客体的基本属性和联系；通过观察他人的行为和情境，推断他人动机的能力增强。
11 岁及以上	形式运算阶段	通过对运算的操作（对思维本身的思维），青少年的认知运算得到了重组，此时的思维是系统的和抽象的。	逻辑思维不再局限于具体的和可观察的事物。青少年喜欢做假想推断，因此变得相当理想主义。这种系统的、演绎的思维可以使他们考虑问题的各种解决方案，并正确作答。

概括地说，在感觉运动阶段，婴儿逐渐能够把自己从周围的客体中区分出来，会寻找刺激物，延长对有趣的景象的注意时间，获得客体永久性，对因果关系、时间和空间能进行简单的推理，认识到手段—目的关系，开始模仿不在眼前的复杂行为（延迟模仿），能进行想象游戏和符号思维。到了前运算阶段，儿童能用符号（包括语言符号和某些事物）表征事物，特别是逐渐掌握语言符号，符号功能发展起来；思维具有不可逆性和自我中心性，还不会从别人的观点分析问题；他们开始获得数目守恒概念，并开始学会分类，进行类别思维和找出事物之间的类别关系。此后，儿童进入具体运算阶段，在这一时期，儿童能完成质量守恒、长度守恒、重量守恒和体积守恒任务，思维具有可逆性，自我中心性减弱或消失，能够进行分类和排序（使物体成为有序的系列），对具体形象性的材料进行逻辑思维。在形式运算阶段，儿童进入青少年时期，他们的思维更加灵活、抽象，会验证假设，能进行复杂推理，在问题解决过程中能

考虑多种可能性。

案例分析

婴幼儿为什么学不了高等数学

让孩子尽可能早地接受教育，获得系统的知识和技能，这是许多父母的梦想。但是，在婴幼儿时期，一个孩子能接受那些高深的知识吗？从皮亚杰的研究和他提出的认知发展阶段论，我们不难看到，婴幼儿很难做到这一点。为什么呢？因为尚未达到相应的思维或智力水平。婴幼儿主要处于感知运动阶段和前运算阶段，这时儿童主要是通过直接感知到的事物或事物在头脑中的形象进行思维的，还不能在头脑中对抽象的或形式化的符号进行思维活动，而高等数学（如微积分）恰恰需要这样一种思维能力。尽管美国教育家布鲁纳认为，只要把知识变成儿童可以接受的形式，就可以把一切知识教给一切儿童，但这个论断的前提是，教授给儿童的知识必须适合于儿童的心理发展水平。否则，将难以收到预期的教育、教学效果。

五、信息加工观

20 世纪 90 年代，许多发展心理学家看到了行为主义研究的偏颇和皮亚杰研究中的局限性，开始采用精确的实验和数据分析方法，探测人们具体的信息加工过程，由此兴起了一种新的思潮，即信息加工观。这种观点把人与计算机进行类比，认为脑和中枢神经系统是人的“硬件”，注意、知觉、记忆、问题解决策略等认知过程则是人的“软件”，人就像计算机一样，从外界输入刺激信息，并进行储存和加工，然后，输出相应的反应或行为，在不同的年龄，人们信息加工的能力是不同的。

从总体上看，尽管信息加工研究者也开始关注人们在日常生活情境中的信息加工过程，但他们更喜欢在实验室内进行精确的实验，探查人们信息加工的微观过程。他们强调心理发展是连续的量变的过程，而不太看重心理发展的阶段性或质变过程。信息加工研究弥补了皮亚杰早期理论的不足，对儿童认知能力的发展提出了很多新的见解，对教育、教学具有重要的启示。但是，这类研究也存在一些局限。目前，人们对信息加工观点的批评主要集中在以下几个方面：将人比作计算机，忽视了人的心理的丰富性和复杂性，如人会做梦和创造而计算机则不能；在实验室取得的研究结果很难解释人们在真实生活中的行为；没有很好地揭示生理与心理之间的关系。

六、对认知发展理论的评价

皮亚杰的认知发展理论详尽地描述和解释了儿童思维的发展过程，成为认知发展领域最有影响的理论之一。皮亚杰理论对当代发展心理学产生了巨大影响。当前发展心理学中与认知因素有关的研究以及很多认知心理研究机构的建立应主要归因于皮亚杰的影响。皮亚杰有关智力发展的理论是绝无仅有的。虽然在方法论上有很多缺陷,不够客观,但他以独特、新颖的方式提出并回答了一些重要问题。而且,他富有挑战性的理论激起了同行们进行研究和提出新理论的兴趣。正是由于皮亚杰的杰出贡献,儿童智力发展的研究才达到了空前的水平。

然而,随着研究的进展,皮亚杰的理论和有关的研究结果也遭到了多方面的批评。首先,皮亚杰的研究可能低估了儿童的认知能力。很多儿童的认知发展超出了皮亚杰所谓的特定年龄阶段的水平,他们在适当的教育和环境条件下能够解决皮亚杰认为不可能解决的问题。关于婴儿期条件作用和感觉能力的研究也表明,婴儿所知的比皮亚杰所报告的要多(Flavell,1985)。皮亚杰有关婴儿认知发展的许多推论是在观察婴儿运动的基础上建立起来的,然而,婴儿的运动技能不一定能够反映其认知的发展水平。当然,皮亚杰也低估了前运算阶段和具体运算阶段儿童的认知能力(Gelman & Baillargeon,1983)。

其次,皮亚杰提出的认知发展阶段顺序不变的观点也遭到了质疑。鲍尔(1976)证据确凿地指出,皮亚杰列举的很多用来说明智力渐进发展的行为并不是以累积渐进的方式出现的,而是出现后又消失了。例如,婴儿出生几周后,便有行走和够取物体的动作,但这些动作接着就消失了,而在以后的发展中又重新表现出来。即使像模仿和重量守恒这类较复杂的行为也会在早期出现,并随后消失。新生儿第一周就能模仿成人的伸舌动作,但很快就消失了,到第一年结束时重新出现。皮亚杰理论是不能理解这种重现循环现象的。而且,儿童解决不同范畴的类似问题的速度也有很大的差别。认知发展的这种不规整性与认知发展阶段理论是不一致的。

再次,皮亚杰的理论更强调儿童的生物学潜能,而相对忽视经验和教育、教学的作用。跨文化研究结果表明,智力成长的序列不像皮亚杰所描述的那样一成不变,它是一个因文化、经验、问题解决策略训练不同而有所不同的发展序列。俄国发展心理学家维果斯基(L. Vygotsky)提出的社会文化理论(sociocultural theory)认为,社会文化和教育、教学对于儿童认知的发展具有极为重要的影响,儿童在成年人的指导下,或者通过与知识、能力水平较高的同伴合作,可以发展起较高的认知能力,而且,并非所有的儿童都要经过相同的认知发展阶段,他们常常受到文化的影响,而形成与文化背景相应的认知技能,而不是共通的认知结构。

此外,在皮亚杰的理论中,对同化、顺应或平衡这类基本的概念缺乏严格的操作定义，这也遭到了一些人的批评。而且，随后兴起的新皮亚杰主义者提出，形式运算思维并非最高的思维发展阶段，成年后还会出现“后形式思维”(postformal thought)，思维的辩证性更强。这种思维能够根据现实情境进行严格的推理，在推理与现实的思考之间转换，能意识到问题可能有多种原因和解决方案，在选择方案时更注重实用性，能意识到潜在的矛盾和冲突(Papaha，Olds，& Feldman，2005)。面对一个问题，发展起后形式思维的成年人会说，这样做现实吗？是否合情合理？而不是像青少年那样，严格地按照形式逻辑进行推理、较少考虑现实。尽管如此，皮亚杰在发展心理学史上的地位仍是不可替代的。

专栏

后形式思维的特点

后形式思维是形式运算阶段之后（青少年时期以后）出现的一种更高层次的思维能力。这种思维更为辩证，切合实际，而不是严格地按照形式逻辑思考问题。它具有以下几个特点：1. 现实性，看问题避免极端化、绝对化，具有相对性，更符合实际情况；2. 变通性，能在抽象的推理与实际的、现实的考虑之间来回转换。例如：“这在理论上讲得通，但在现实生活中行不通。”3. 多重原因、多重方案，意识到大部分问题都有不止一种原因，也有不止一种解决方案，一些方案可能比另一些方案更有效。例如：“我们按照你的办法试一试，如果不行，我们再按我的办法试一试。”4. 实用性，从多种方案中选择最佳的解决方案，并确定选择的标准。例如：“如果你想最实用，就这样做；如果你想最快，就那样做。”5. 矛盾意识，认识到一个问题常常包含了潜在的矛盾或冲突。例如：“这样做会让他实现自己的想法，但它最终只能让他不愉快。”

链接

下列著作有助于深入了解维果斯基的理论和新皮亚杰主义的研究情况：

[1][俄]列夫·谢苗诺维奇·维果斯基著，李维译：《思维与语言》，杭州：浙江教育出版社1997年版。

[2]朱智贤、林崇德：《儿童心理学史》，北京：北京师范大学出版社2002年版。

[3]桑标：《当代儿童发展心理学》，上海：上海教育出版社2003年版，第1～45页。

第五节　习性学理论

前面提到的行为主义心理学家在实验室实验中，经常以动物做被试，研究有机体在特定的刺激情境下的反应。在他们看来，动物学习的基本法则对不同的物种都是相同的。因此，他们可能会用白鼠实验中得到的结论或原理分析人类的复杂行为。但是，一些研究者发现，在同样的刺激情境下，不同物种的反应可能完全不同。例如，在实验箱里，白鼠为了获得一点食物而不辞辛苦地做出各种反应，不停地压杠杆，以得到想要的食物；而猫喜欢耐心地注视和等待，越是饥饿，这种反应越是明显。习性学家正是基于这样一种基本假设开展研究的。

习性学（ethology），也称为动物行为学，是 20 世纪 30 年代以后逐渐形成的一门学科。人们常把奥地利学者洛仑兹（K. Lorenz）称为习性学之父。1935 年，他发表了关于动物行为研究的论文，奠定了习性学的基础。与行为主义心理学家不同，习性学家喜欢通过细致的观察特别是在自然栖息地的观察，研究动物的行为，特别是动物本能的行为模式。简言之，习性学家的研究就是要发现不同的物种特有的适应性的行为模式，分析动物行为的进化基础。

一、习性学的基本观点

习性学家认为，几乎所有的行为都是适应性的。每个物种的成员都有这个物种特有的固定行为模式，松鼠的收藏坚果的行为、猫等待和注视猎物的行为、青蛙捕捉飞虫时的弹舌行为、鸭子或鸡在出壳后追随移动物体的行为（即印刻）等，都是这些物种特有的行为模式。这些固定的行为模式通常因某些特殊的刺激而被释放或表现出来。几乎所有的行为模式都具有适应功能，它们是进化的结果，有助于物种更好地适应环境，提高自身的生存能力。几乎所有的行为都有助于解决某种问题，如寻找安全的栖息地、获取食物。习性学家还认为，这些固定的行为模式很少是后天学会的，在环境没有发生剧变的情况下，这些行为也不会发生太大的变化。在动物身上，只有很少一部分行为是学会的，但这种习得的行为必定具有适应意义，有助于动物更好地生存。

类似地，人类也有一些适应性的行为模式。婴儿的哭有助于表达他们对食物、水和安全的基本需要，唤起抚养者的注意和身体的接触，有利于与抚养者形成依恋关系。英国心理学家鲍贝（Bowlby，1973）系统研究了婴儿与抚养者特别是母亲之间的依恋，认为婴儿的依恋行为有助于他们获得足够的关爱和保护，从而存活下来。这是物种进化的结果。他还试图揭示婴儿依恋的阶段性发展规律（见本书第八章第三节的内容）。

习性学家认为，动物的许多行为模式的形成可能有关键期，它是指在动物成长的某个时期（特别是早期），特别容易形成某种行为或反应（如鸭子的印刻行为），如果错过了这一时期，就难以形成了。具有习性学倾向的心理学家也十分重视人类早期的经验，认为人类早期的发展也存在一些关键的时期，更恰当地说是敏感期（sensitive period）。在这一时期，人类对某一类刺激（如人类的言语刺激）或环境影响非常敏感，更容易形成某种能力或行为（如言语能力），而错过了这一时期，对这类刺激的敏感性就会大大下降，特定的能力或行为也就难以形成了。鲍贝认为，出生后的最初三年是形成依恋的关键期。这一时期，他们在形成亲密的情感方面十分敏感。如果错过了这一时期，儿童在以后的生活中就难以与别人建立亲密的关系，结交亲密的朋友。

二、习性学理论的贡献和局限性

习性学理论试图揭示动物和人类行为的进化基础，从进化论的角度理解人类的行为和动机，它告诉我们，不同物种（包括人类）的学习能力和行为模式都是不同的，是具体的，动物和人类的学习受到生物学因素的限制，单凭遗传或经验都不足以促成身心的正常发展。在研究方法上，它强调在自然的生活环境中研究物种的行为，这对于促进发展心理学研究的生态化，避免实验室研究的缺点，具有重要的意义。另外，它所提出的关键期、敏感期等概念也加深了人们对学习规律的认识，对儿童教育具有重要的启发。

但是，习性学理论也遭到一些批评。首先，它的许多观点主要是基于进化论提出来的，缺乏实证研究证据，这也是前面提到的精神分析理论的局限性。其次，习性学家很难确定人类的许多复杂的行为和动机到底是出自本能或遗传，还是出自后天的学习和经验。学习理论者认为，即使那些具有生物学基础的行为也会受到学习的影响，为后天的经验所修正。例如，有研究表明（Gottlieb，1991），如果让小野鸭在孵化之前只听鸡的叫声，而不让它听到野鸭的叫声，那么，它在出生后更偏爱鸡的叫声而不是野鸭的叫声。

专栏

家禽的“印刻”

印刻（imprinting），是指家禽在孵化出来之后的一段时间内表现出来的、追随移动物体的倾向。1872年，D. Spalding在有关研究的基础上，首先提出了印刻的一些基本原理。他发现，如果小鸡在出生后的三天内被蒙住眼睛，剥夺它的视觉经验，那么，当把蒙布揭开时，小鸡第一眼看到的是他的手，随后就会跟着他的手移动。但是，如果在小鸡出生后第四天才把蒙布揭开，小鸡看到他的手就会惊恐地逃走。德国的O. Heinroth（1910）和洛仑兹（Lorenz，1935）在其他的家禽身上也发现了类似的现象。洛仑兹概括了印刻的四个特点：（1）印刻不依赖于任何一种强化，不是因为被印刻的客体（如走动的人）与食物相联系，才出现跟随行为；（2）印刻是不可逆的，家禽一旦印刻在某个客体上，就会一直跟着它，以后甚至可能对这个客体表现出性行为，而不会对其他家禽形成印刻；（3）印刻形成很快，有时只需要一次尝试即可；（4）印刻只在早期的某个关键期发生。但是，后来的研究发现，印刻并不是像洛仑兹所设想的那样简单，而是受多种因素影响的。通常，本能行为与习得行为之间并没有十分明确的界限，而是相互影响的（施良方，1994）。

第六节　生态系统论

20 世纪 70 年代末，美国心理学家布朗芬布伦纳（U. Bronfenbrenner）提出了生态系统理论，又称为生物生态学理论。他发现，行为主义把环境看作有机体行为的决定因素，片面地强调环境对个体行为的影响，班杜拉代表的社会学习理论虽然强调环境与人的相互影响，但他并没有清晰地描述个体发展的环境。鉴于此，他细致地分析了各类环境对心理的影响。

一、生态系统论的基本观点

生态系统论认为，人们日常生活的环境或自然生态环境是一种具有嵌套式结构的系统，具有层次性、动态性、整体性。这种环境系统包括直接影响人们心理发展的环境子系统和间接影响人们心理发展的环境子系统，它们层层嵌套，进行着动态的相互影响，由此构成了人们生活于其中的整体的生态环境。受生物学因素制约的、发展中的个体正是通过与这种环境系统的相互作用获得各种心理特征的（Bronfenbrenner & Morris，2009）。

布朗芬布伦纳（1917—2005）

布朗芬布伦纳认为，个体发展的生态环境从内到外可以分为四个层次：微系统（microsystem）、中间系统（mesosystem）、外层系统（exosystem）、宏系统（macrosystem）（见图 2-2）。

其中，微系统处于这个嵌套结构的最里层，是个体直接参与其中的环境。微系统可能是家庭、学校、托儿所、幼儿园，也可能是个体直接活动于其中的其他场所（如社区的活动场所）和同伴团体。它直接与发展中的个体相互影响，一方面个体受到这种环境中的他人的影响，另一方面个体的气质、性格和具体的行为也在影响着他人。例如，在家庭中，父母的养育方式影响着一个婴儿的性格，而婴儿自身的气质和生理特征也会影响着父母的抚养态度，容易抚养的、长相可

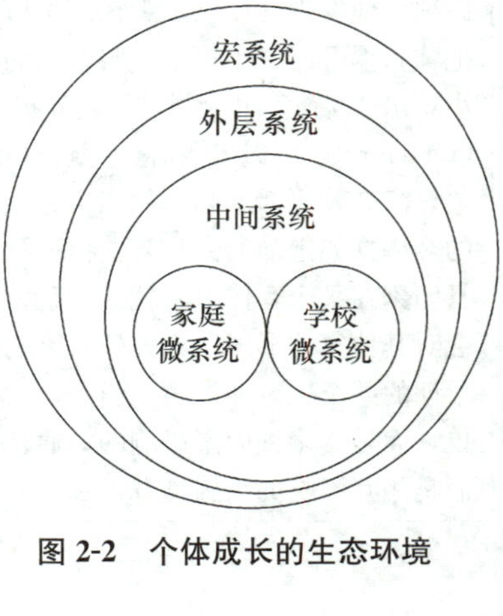

图 2-2　个体成长的生态环境

爱的婴儿往往更受家长的喜爱，家长对他们的积极情绪也更多。

中间系统是指家庭、学校、同伴团体等微系统之间的相互联系。如果微系统之间相互支持，发展就能实现最优化。家长与学校之间的协作、父母对孩子在学校的学习成绩的重视程度，都在很大程度上影响着儿童的学习能力的发展和学习成绩。

外层系统是个体未直接参与但却对他们的发展产生影响的环境，是个体生活的外围环境，如一个儿童的父母的工作环境、邻居、社区、儿童的医疗保险等。这些环境通过影响儿童生活的微系统和中间系统，间接地影响儿童的心理发展。例如，父母的工作是否顺利会影响到他们的情绪，这又影响到亲子关系和儿童情绪的发展。

宏系统处于生态系统的最外层，包括宏观的社会文化、价值观、风俗、法律、社会福利制度或其他政治制度等。它们影响着儿童生活的外层系统、中间系统和微系统，对儿童心理发展的影响也是间接的。例如，不同的文化背景、价值观影响着父母和教师的生活方式、价值观和教育方式，这又会影响儿童的行为和价值观。

另外，还存在一个时序系统，其中包括历史事件（如 2001 年美国的恐怖袭击事件）和渐进的社会发展（如妇女就业人数的不断增多）等方面。显然，它反映了时代变革或特定时代发生的变化对儿童发展的影响。

一个人（儿童）不是被动地顺应环境，而是主动地与环境发生相互作用。一方面，他们会主动地选择适合自己的环境，改变不适合自己或自己不喜欢的环境，建构和创造适合自己的新环境。例如，一个外向的儿童会寻找各种社交场合，主动地与别人建立各种社会关系。人既是环境的产物，又是环境的创造者和建构者。另一方面，随着年龄的增长，个体生活的微系统也是不断拓展和变化的，他们会从家庭拓展到学校和其他社会场所。在生命全程尤其是早期阶段，人类的发展通过日渐复杂的相互作用过程而发生。发展的过程实际上是他不断拓展和适应环境的过程。其中，生活中的重大转折对儿童的心理发展具有重要的影响，这些转折包括入学或升学、毕业、就业等。这些转折会成为儿童心理发展的新起点，促进他们心理的发展。

布朗芬布伦纳还认为，发展（如性格的发展）是特定时间历程中人与环境的联合函数，每个具有连续性的发展时期都取决于前面所有的发展时期，是在此之前的各个时期发展共同促成的，因此，发展心理学的研究设计应当考虑时间维度和发展的过程。这种观点强调了各个时期心理发展之间的关系。

二、生态系统论的贡献和局限性

在总体上，生态系统论从系统论的观点细致地分析了影响人心理发展的多重生态环境及其相互作用，试图揭示环境与人之间复杂的相互影响，而且提出了发展心理学研究设计的方向。因此，它既可以作为分析问题的方法论，使人们对环境影响的分析更全面，又可以作为发展心理学研究的较好的理论基础。

但是，这种理论也有其自身的局限性。虽然它声称生物生态系统论，认为在发展过程中生物学因素与环境因素是相互作用的，但是，它并未深刻地揭示生物学因素的作用。而且，它还不能全面地说明人类的发展，无法取代其他的理论。

第七节　中国的发展心理学理论

中国的心理发展思想古已有之。春秋时期著名的思想家、教育家孔子就提出了“性相近、习相远”的观点，强调后天环境对心理发展的影响，分析了道德的发展问题。他还提出了中国最早的心理发展阶段思想，认为“少之时，血气未定，戒之在色；及其壮也，血气方刚，戒之在斗；及其老也，血气既衰，戒之在得。”（《论语·季开》）。他将自己一生的心理发展分为六个阶段：“吾十有五，而志于学，三十而立，四十而不惑，五十而知天命，六十而耳顺，七十而从心所欲，不逾矩。”（《论语·为政》）。孟子、荀子、墨子等人也非常重视环境因素的影响，提出了一些相应的观点。

不仅如此，早在西汉时期，一些思想家就提出了关于胎儿发展和胎教的认识。在青藏高原上建立的吐蕃王朝时代（公元 581—842 年）的一些医学家甚至详细描绘了人体在母腹中发育的过程（蔡景峰，2002）。可以说，中国历代思想家都在不同程度上论及了人的心理发展尤其是道德发展的问题。

1879 年科学心理学诞生之后，很快被中国的学者们引入国内。中国现代心理学的发展历程大致可以分为两个阶段：1949 年之前和 1949 年之后。

一、1949 年之前的发展心理学思想

早在 20 世纪初，陈鹤琴、黄翼等就研究了儿童的心理发展问题，提出了心理发展理论。概括地说，他们都非常强调后天的教育和环境对儿童心理发展的影响。从总体上看，在 1949 年之前，中国的心理学家主要是学习西方心理学，自己独立开展的研究并不多。

陈鹤琴（1892—1982）是中国儿童心理学的开拓者。他出生于浙江省上虞

县。1917—1919 年在美国哥伦比亚大学深造，获得硕士学位。回国后，先后任南京高等师范学校教授、东南大学教授兼教务主任，讲授儿童心理学课程。1923 年，他创办南京鼓楼幼儿园，进行儿童心理和教育方面的研究。1925 年，他写成《儿童心理之研究》一书。这是中国儿童心理学的开拓性和奠基性著作，总结了自己的研究成果。他对自己的儿子进行的研究成为中国儿童心理学追踪研究的典范。他概括了早期儿童的心理特点：好游戏、好模仿、好奇、喜欢成功、喜欢野外生活、喜欢合群、喜欢被称赞，认为必须依据儿童的心理特点施行教育，这样才能收到好的效果。

黄翼（1903—1944），出生于福建厦门，1925 年赴美留学，专攻心理学，后来成为著名心理学家格塞尔的及门弟子。1930 年，获耶鲁大学哲学博士学位，回国后任浙江大学心理学教授。在心理发展问题上，他强调环境和教育的作用，也肯定遗传的作用。在心理学应用方面，他强调儿童的全面发展，包括智力发展、身体健康和良好习惯的培养；注重儿童的自由活动，主张在自由活动中对儿童进行教育。这些思想推动了当时的家庭教育。

除此之外，艾伟（1890—1955）、肖孝嵘（1897—1963）、孙国华（1902—1958）、陆志韦（1894—1970）等人也是 1949 年之前儿童心理学领域比较活跃的人物。他们的儿童心理学思想也对新中国成立后儿童心理学的发展产生了重要的影响。

二、1949 年之后的发展心理学思想

1949 年新中国成立以后，潘菽（1897—1988）、朱智贤（1908—1991）等在马克思主义哲学思想的指导下，批判地看待国外的发展理论，提出了辩证的发展观。

朱智贤（1908—1991）

潘菽认为，儿童的心理发展是他们积极反映现实的结果，是通过量变逐渐达到质变的过程；儿童心理的发展具有一定的阶段性和顺序性；心理发展的各个方面是相互联系、相互制约的；心理的发展具有个别差异。他还非常强调心理学理论与教育实际的结合。

朱智贤的儿童心理发展思想最有代表性。他系统地论述了先天与后天的关系、内因与外因的关系、教育与发展的关系、年龄特征与个别特征的关系等基本理论问题，还指出了中国儿童心理学的基本发展方向。

他认为，遗传素质、生理成熟都是心理发展的生物前提，提供了心理发展的可能性，而环境和教育将这种可能性变成现实性，决定了儿童发展的方向和内容；作为儿童心理发展的外因，环境和教育是通过儿童心理发展的内部矛盾或内因起作用的，环境和教育会不断地对儿童现有的心理发展水平提出挑战，它们向儿童提出的新的要求与儿童已有的发展水平之间的这种矛盾，不断推动着儿童的心理发展。

他指出，儿童的心理发展不是由外因或内因单独决定的。只有适合儿童已有发展水平的教育才能促进他们心理的发展，也就是说，只有那种高于儿童原有的水平，经过他们的努力能够达到的要求，才最适合他们。在教育过程中，儿童不断领会和掌握各种知识，经过一系列的从量变到质变的过程，他们的心理不断地向前发展。儿童心理的发展既有年龄特征，又有个别差异或个体特点，年龄特征反映了儿童心理发展中的质变，它既是稳定的，又是可变的。在同一年龄阶段，不同的儿童既具有一般的、典型的特征，又可能具有自身的个别的特点。

朱智贤还主张用系统的观点指导心理学研究，主张将心理看作一个开放的组织系统，系统地分析各种研究类型，如纵向研究与横断研究等，系统地处理研究结果，将定量分析与定性分析结合起来。另外，他还强调心理发展研究的中国化，主张在教育实践中研究心理的发展，而且主张整合多学科的力量，促进心理发展的研究。从总体上看，1949 年之后中国的发展心理学理论更为辩证或“折衷”。

链 接

朱智贤、林崇德等人曾系统地总结了中国的儿童心理学观点，这些观点突出地反映在以下著作中：

［1］朱智贤：《儿童心理学》，北京：人民教育出版社 1993 年版。

［2］朱智贤、林崇德：《儿童心理学史》，北京：北京师范大学出版社 2002 年版。

本章小结

弗洛伊德的心理发展理论注重无意识的研究以及早期经验对人格发展的影响。弗洛伊德认为，一个人的人格结构由本我、自我、超我构成，人格的发展可以分为口唇期、肛门期、生殖器期、潜伏期、生殖期五个阶段。弗洛伊德的精神分析学说自问世以后引起巨大反响，但是，他的理论主要是基于对病人的研究提出来的，缺乏实证研究依据，而且他对性本能的过分强调也是不恰当的。

埃里克森提出了人格的毕生发展阶段理论。他更强调自我的作用，强调社会环境因素对人格发展的影响。他把人格的发展看作一个渐进的过程，认为它要依次经历八个阶段，每个阶段都有一个特定的发展任务。这八个阶段依次是：基本的信任感对基本的不信任感；基本的自主感对羞怯和疑虑；基本的主动感对内疚感；基本的勤奋感对自卑感；基本的自我同一感对同一感混乱；亲密对孤独；繁殖对停滞；自我完善感对失望。埃里克森的理论包含着辩证法思想，他把儿童看作一个整体，从社会的、情绪的和道德的整体发展来研究人格的发展。但是，他的理论仍有本能论的色彩。

行为主义理论（学习理论）注重研究行为的学习和改变，而不太注重内在的认知、动机和情绪的发展。华生的行为主义理论强调心理学应当是一门研究客观行为的自然科学。他提出了著名的刺激—反应公式（S—R），成为典型的环境决定论者和教育万能论者，认为环境和教育决定了儿童一切行为的发展。斯金纳则提出了操作条件反射理论，强调强化对学习的作用。班杜拉的社会学习理论强调观察学习在行为和态度习得过程中的作用，认为个人、行为与环境三者是交互决定的关系。他还认为，观察学习的过程包括注意过程、保持过程、运动复现过程和动机过程四个部分，直接强化、替代强化、自我强化都会影响行为的习得。行为主义理论过分强调行为，而相对忽略了内部心理活动的作用，低估了儿童对自身发展的贡献。

认知发展理论重视研究认知的发展。皮亚杰的认知发展理论是其典型代表，它考察了不同年龄阶段智力的结构和功能。皮亚杰认为，儿童是建构自己认知结构的主人，智力是儿童适应环境的机能和生命过程。随着年龄的增长，儿童会形成日渐复杂的认知结构，而认知结构组织的最基本单元称为“图式”。他认为，对经验的组织和适应是促使图式不断完善的最重要的功能性原则。适应原则包括两个过程：同化和顺应。他根据认知结构的渐进变化，把儿童认知或智力的发展过程划分为四个主要阶段：感觉运动阶段、前运算阶段、具体运算阶段和形式运算阶段。皮亚杰的认知发展理论是认知发展领域最有影响的理论之一。

信息加工观则代表了另一种认知发展的观点，它把人与计算机进行了类比，强调心理发展是连续的量变的过程，而不太看重心理发展的阶段性或质变过程。它的研究弥补了皮亚杰早期理论的不足，但这类研究也存在一些局限。

习性学（动物行为学）理论强调物种行为的适应功能和进化基础，认为人类具有一些适应性的行为模式，行为特征的形成和发展可能有关键期。它还强调在自然的生活环境中研究物种（包括人类）的行为，这对于促进发展心理学研究的生态化方向，避免实验室研究的缺点，具有重要的意义。它提出的关键期、敏感期等概念对早期教育具有重要的启发。但是，习性学理论缺乏实证研究的证据，而且习性学家也很难确定人类的许多复杂的行为和动机到底是出自本能或遗传，还是出自后天的学习和经验。

布朗芬布伦纳提出的生态系统理论（生物生态学理论）从系统论的观点细致地分析了影响人心理发展的多重生态环境及其相互作用，试图揭示环境与人之间复杂的相互影响，它认为，人们日常生活的环境或自然生态环境是一种具有嵌套式结构的系统，具有层次性、动态性、整体性。受生物学因素制约的、发展中的个体通过与这种环境系统的相互作用，形成各种心理特征。这种理论把个体发展的生态环境从内到外分为四个层次：微系统、中间系统、外层系统、宏系统。但是，这种理论并未详细地揭示生物学因素的作用，不能全面地说明人类的发展。

人格的毕生发展理论除了埃里克森的人格发展阶段理论之外，比较典型的、关于人格的毕生发展理论还有苏利文的发展时期论、古尔德的转变理论和莱文森的人生四季说，它们从不同的角度描绘和分析了成年期的人格发展。

中国古代就具有丰富的发展心理学思想。中国现代的发展心理学思想或理论可以1949年为界分为两个阶段。在1949年之前，中国的心理学家主要是学习西方心理学，自己独立开展的研究、独立提出的思想并不多。这一时期的发展心理学思想以陈鹤琴、黄翼等人为代表，他们较早地研究了儿童的心理发展问题，提出了中国最初的心理发展观点。1949年新中国成立以后，潘菽、朱智贤等人（尤其是朱智贤）提出了辩证的儿童发展观，对先天与后天的关系、内因与外因的关系、教育与发展的关系、年龄特征与个别特征的关系等基本理论问题进行了分析，提出了一系列自己的观点。从总体上看，中国的发展心理学理论更为辩证。

本章注释

[1]蔡景峰：《藏医学通史》，西宁：青海人民出版社2002年版，第54～57页。

[2]郭永玉：《人格心理学》，北京：中国社会科学出版社2005年版，第247～249页。

[3]施良方：《学习论：学习心理学的理论与原理》，北京：人民教育出版社1994年版，第425～445页。

[4]朱智贤、林崇德:《儿童心理学史》,北京:北京师范大学出版社 2002 年版,第 40 页。

[5]朱智贤、林崇德:《儿童心理学史》,北京:北京师范大学出版社 2002 年版,第 485～539 页。

[6]朱智贤、林崇德:《儿童心理学史》,北京:北京师范大学出版社 2002 年版,第 93～113 页。

[7]朱智贤:《儿童心理学》,北京:人民教育出版社 2003 年版,第 62～70 页。

[8][美]D. R. Shaffer 著,邹泓等译:《发展心理学——儿童与青少年》,北京:中国轻工业出版社 2005 年版。

[9][美]U. Bronfenbrenner 和 P. A. Morris 著,林崇德、李其维、董奇主译:《人类发展的生物生态学模型》,见 W. Damon 和 R. M. Lerner 主编《儿童心理学手册》(第 1 卷),上海:华东师范大学出版社 2009 年版,第 907～950 页。

[10]Papalia, D. E., Olds, S. W., & Feldman, R. D. (2005). Human development. Beijing: Posts & Telecom Press, 472-474.

[11]Feldman, R. S. (2006). Development across the life span. Pearson Education Asia Limited and Peking University Press, 518-581.

习 题 二

一、单项选择题

1. 下面哪种理论更可能支持“榜样的力量是无穷的”这种说法？

A. 生态系统论　B. 精神分析理论　C. 社会学习理论　D. 认知发展理论

2. 按照皮亚杰的认知发展阶段理论，下面哪种说法是准确的？

A. 婴儿期的思维已经能够实现守恒

B. 幼儿期的思维已经能够实现守恒

C. 一般到了学龄初期，儿童才能实现守恒

D. 只要具备特定的环境条件，在任何年龄都可以实现守恒

3. 一位妈妈的工作环境得到了改善，她的心情变好了，在家里更关怀和理解孩子。根据生态系统论，这反映了哪种环境系统对儿童发展的影响？

A. 微系统　B. 中间系统　C. 外层系统　D. 宏系统

4. 一个幼儿今天把碗里的饭吃完了，老师奖励他（或她）一朵小红花，这更可能是哪种理论的应用？

A. 生态系统论　B. 精神分析理论　C. 学习理论　D. 认知发展理论

5. 一个孩子不能学习高等数学，但可以看着眼前的物体算算术，下面的哪种理论可以更好地解释这一现象？

A. 生态系统论　B. 精神分析理论　C. 学习理论　D. 认知发展理论

6. 下面哪种理论更注重研究动机与情绪？（　）

A. 精神分析理论　B. 学习理论

C. 认知发展理论　D. 社会文化—历史理论

二、名词（概念）解释

1. 自我
2. 超我
3. 观察学习
4. 自我强化
5. 替代强化
6. 本我
7. 顺应
8. 微系统
9. 中间系统
10. 外层系统
11. 宏系统
12. 守恒
13. 客体永久性
14. 组织
15. 同化

三、论述题

1. 人们经常说：“每个人在每个阶段都要做好自己主要的事情。”按照埃里克森的理论，应该如何理解这句话？

2. 教师经常在课堂上表扬一些学生，而批评一些表现较差的学生，请根据社会学习理

论分析这种做法的作用。

3. 按照皮亚杰的观点，一个人思维的发展从出生到成人要依次经历哪几个阶段？应该怎样看待这种观点？
4. 习性学的观点对于目前的发展心理研究具有怎样的启示？
5. 根据生态系统论，一个孩子成绩优秀可能受到哪些环境因素的影响？
6. 有人说，中国的发展心理学没有自己的理论。这种说法对吗？为什么？
7. 苏利文的发展时期论的基本观点是什么？它将人格的发展划分为哪几个阶段？
8. 古尔德的转变理论将成年期人格的发展划分为哪几个阶段？
9. 莱文森的人生四季说的基本观点是什么？它将成年期人格的发展划分为哪几个阶段？
10. 有人说，弗洛伊德从性本能解释人的心理发展，没有什么价值。你认同这种观点吗？为什么？

第三章　发展的生物学基础

【教学目标】

通过本章学习，应达到以下教学目标：

1. 正确简述遗传对发展是如何产生影响的。
2. 举例说明基因的五种表现型态。
3. 简述遗传对智力及人格的影响。
4. 分析遗传与环境的关系及其对发展的影响。
5. 能正确简述胚胎的发展阶段。
6. 简述影响产前发展及出生过程的环境物质因素。
7. 陈述母亲的特点对产前发展及出生结果的影响。
8. 分析早产儿及低体重出生儿的发展问题及补偿办法。
9. 了解儿童大脑的发展表现在哪些方面。
10. 掌握儿童动作发展的特点。
11. 分析早期动作发展的心理意义。
12. 说明影响身体发育的因素。

【本章结构】

本章侧重探讨发展的生物学基础，可以分为三个主要部分：遗传对发展的影响；产前的发展与出生；脑、体格与动作的发展。本章的基本结构如下图：

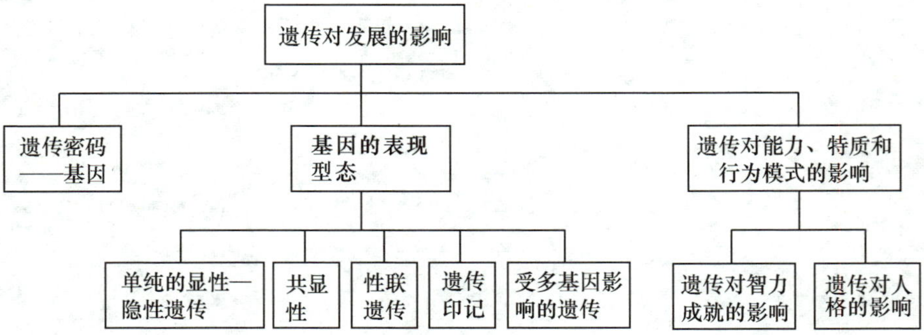

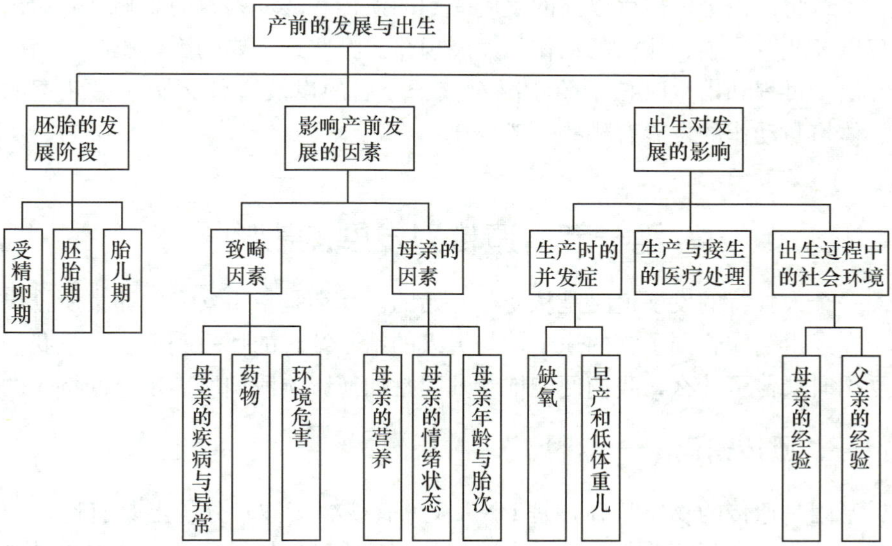
产前的发展与出生
胚胎的发展阶段
影响产前发展的因素
出生对发展的影响
受精卵期
胚胎期
胎儿期
致畸因素
母亲的因素
生产时的并发症
生产与接生的医疗处理
出生过程中的社会环境
母亲的疾病与异常
药物
环境危害
母亲的营养
母亲的情绪状态
母亲年龄与胎次
缺氧
早产和低体重儿
母亲的经验
父亲的经验

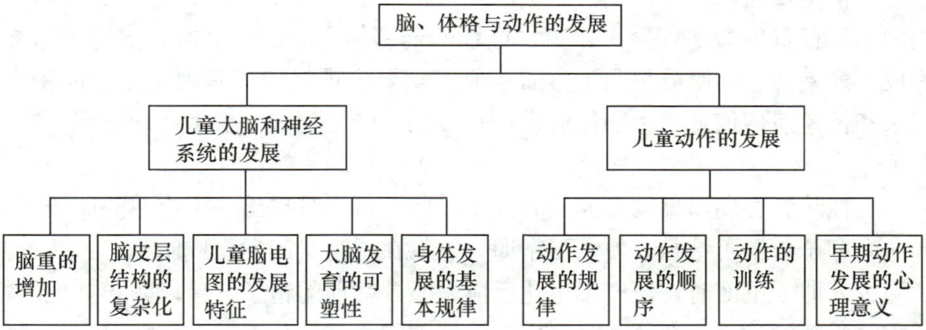
脑、体格与动作的发展
儿童大脑和神经系统的发展
儿童动作的发展
脑重的增加
脑皮层结构的复杂化
儿童脑电图的发展特征
大脑发育的可塑性
身体发展的基本规律
动作发展的规律
动作发展的顺序
动作的训练
早期动作发展的心理意义

本章将讨论个体出生以前的发展受到的遗传和环境因素的影响，介绍出生过程以及儿童大脑、体格与动作的发展规律。哪些最重要的因素影响产前的发展？出生过程和出生时孩子的状况对孩子今后的发展有什么影响？儿童的大脑、体格与动作的发展有哪些一般规律？

第一节 遗传对发展的影响

一个人独特的发展道路是从受孕开始的。受孕是指由女人的卵巢所排出的卵子在经由输卵管到子宫的途中，与男人的精子结合的那一刹那。一旦我们知道受孕时遗传了什么，我们便能推断基因是如何影响我们所表现出的特质的。

一、遗传密码——基因

基因是遗传的物质基础，是 DNA（脱氧核糖核酸）分子上具有遗传信息的特定核苷酸序列的总称，是具有遗传效应的 DNA 分子片段。基因通过复制把遗传信息传递给下一代，使后代出现与亲代相似的性状。人类大约有几万个基因，储存着生命孕育生长、凋亡过程的全部信息，通过复制、表达、修复，完成生命繁衍、细胞分裂和蛋白质合成等重要生理过程。基因是生命的密码，记录和传递遗传信息。生物体的生、长、病、老、死等一切生命现象都与基因有关。

女性从青春期卵巢发育成熟时开始排卵，每个月排出一个成熟的卵子。如果这个卵子与精子结合，便是受精卵，它将在子宫着床发育成胎儿。当一个精细胞进入卵子里面时，便产生生化反应来驱开其他的精子，借以防止其他的精子重复受精的过程。在几小时之内，精子细胞便开始分裂，并释放出它的遗传物质；卵子也释放出它的遗传物质，于是一个带有父（精子）母（卵子）双方之遗传讯息的新细胞核便形成了。这个新细胞叫做结合子（zygote），即受精卵。

受精卵有 23 对染色体，每一对染色体中，一个得自母亲的卵子，另一个来自父亲的精细胞：也就是说父母双方各给了他们的下一代 23 个染色体。每个染色体含有数千个基因——基因是遗传的基本单位。23 对染色体上总共遗传了大约 100 000 个基因。这些基因中一部分负责引导和控制新细胞成为大脑与中枢神经系统、循环系统、骨骼与皮肤等等。还有些基因负责调节发展的速度与时机。

在发展的过程中，基因不但影响周围的生化环境，也被该生化环境所影响。

例如，一个特定的细胞到底是成为眼球的一部分，或者是手肘的一部分，依赖于胚胎前期的发展过程中是哪一种细胞在它周围。不过，到目前为止，我们还没有完全弄清楚一个单细胞的结合子是如何成长为一个复杂的人类个体的。

出生前或出生后的环境因素都可以影响基因内的讯息密码如何实现。例如，一个具有高身材遗传基因的孩子长大成人时，他的身材可能高，也可能不高。如果他小时候长期营养不良，尽管他有高身材的遗传潜能，长大后也只是一般身高或者比一般人还要矮。也就是说，环境和遗传的影响共同决定了基因型如何转变成一个特定遗传表现型。

二、基因的表现型态

对生物个体而言存在遗传因子组成和性状表现两方面特征。基因型（genotype）指生物个体基因组合；表现型（phenotype）指生物个体的性状表现。基因型是生物性状表现的内在决定因素，表现型是基因型与环境条件共同作用下的外在表现。基因表现的型态有五种：单纯的显性——隐性遗传、共显性、性联遗传、遗传印记和受多基因影响的（或多元基因）遗传。

（一）单纯的显性——隐性遗传

许多人类的特质只受一对基因（对偶基因）所影响，其中一个来自母亲，另一个得自父亲。比如：孩子从父亲的基因里继承了卷发，又从母亲的基因里继承了直发，但是他最后却长了一头直发，这是因为与直发有关的基因是一个显性的对偶基因（dominant allele），而与卷发有关的那个基因被称为隐性的对偶基因（recessive allele）。然而，在这个孩子的染色体中仍存在卷发的隐性基因，在他长大成人后，如果他的妻子也有卷发的隐性基因，他们的孩子可能会有一头卷发。

我们用一个大写的N来代表直发的基因，而以n来表示卷发的基因。那么，头发的这种特质可能有三种遗传表型：（1）两个直发的对偶基因（NN），（2）两个卷发的对偶基因（nn），（3）直发的对偶基因与卷发的对偶基因各一个（Nn）。人们某一特质的遗传表现型如果含有两个同类的对偶基因，我们便称该特质是同质结合子型（homozygous），而含有Nn的个体是异质结合子型（heterozygous）。

（二）共显性

一些常染色体上的等位基因，彼此间没有显性和隐性的关系，在杂合状态时，两种基因的作用同样得以表现，分别独立地产生基因产物，这种遗传方式称为共显性或等显性（codominant）。共显性有两种形式：一种情况是，两个对偶基因的表现是平等的，例如人类血型中 A 和 B 的对偶基因的表现力不相上下；另一种是“不完全显性”，异质结合子的两个对偶细胞中的一个比另一个更有力，但却无法完全掩盖另一个的影响。

比如，镰刀型细胞便是“不完全显性”的例子。具有这种特质的异质结合子携带了一个隐性镰刀型细胞的对偶基因。镰刀型细胞基因会使人的某些红细胞（红细胞有输送氧气的功能）呈不寻常的弦月或镰刀状；镰刀型细胞有聚集在一起的倾向，失去运输氧气的能力，因此容易出现关节肿胀与疲劳等的症状。镰刀型细胞“携带者”一般很少出现这类症状，但当这些人处于氧气相对缺乏的条件下可能出现上述症状。这种疾病就称为镰刀型细胞贫血症（sickle-cell anemia）。

（三）性联遗传

身体上的某些性特征遗传上与性别发生直接关联。比如，英国女皇维多利亚家族曾经统治大半个欧洲达三个世纪，有人对她的家谱进行分析，发现在这个家谱中得血友病的都是男性，而且可以由外祖父传给外孙，这种形式的遗传因与性别有关，所以称为性联遗传。

有些特质是由位于性染色体上的基因所决定的，称为性联遗传特质（sex-linked characteristics）。实际上，性联遗传特质的大多数都是由隐性基因所致，而且这些隐性基因仅出现在 X 染色体上。男性更有可能遗传这些隐性的与 X 染色体相关联的特质。

色盲基因是隐性基因，位于与性别有关的 X 染色体上，一般与所在的染色体连在一起或锁在一起同时传递到下代，这叫连锁。X 染色体上的基因随 X 染色体一起传递，叫 X 连锁或性连锁。红绿色盲基因不但位于 X 染色体上，而且为隐性，所以性连锁隐性基因的遗传，随不同性别的情况而不同。在女性中，X 染色体成对存在，必须两条 X 染色体都具有隐性致病基因，才会患病。男性的 X 染色体是成单的（另一条性染色体为 Y 染色体），所以，只要 X 染色体上带有隐性致病基因，就会患病。但是，两条带致病基因的 X 染色体结合在一起的机会很小，所以患 X 连锁隐性遗传病的男性要比女性多得多。红绿色盲男性远多于女性。在基因库中，色盲基因与正常视力基因的比例大约是 1∶12。那么，一名男性遗传色盲基因可能的几率就是 1/12；而一名女性遗传两个色盲基因的可能性是 1/12×1/12，即 1/144。

除了色盲之外，还有许多其他的性联遗传的特质，包括血友病、视神经退化，以及某些形式的耳聋和夜盲等。因为这些疾病是由位于 X 染色体上的隐性基因所决定，所以男人比女人更可能患这类疾病。

（四）遗传印记

虽然某些特质是受单一的对偶基因对所影响，但这些特质的出现却未依循我们前面所讨论过的遗传型态而发展。例如，父亲患有糖尿病时，他的孩子更有可能患糖尿病；安吉尔曼症候群（Angelman syndrome）是由母亲而非由父亲所传递的疾病。这种由双亲性别决定的基因功能上的差异被称之为遗传印记（genetic imprinting）或亲代印记（parental imprinting，PI）。遗传印记是一种历程，在这一过程中特殊的基因对被做上生化记号，所以父母之中只有其中一位的对偶基因（父亲或母亲的任何一个）被表现出来。只有少数的对偶基因受制于遗传印记，而且不是所有个体都出现遗传印记。对遗传印记成因及进化上的意义目前还不太清楚。

（五）受多基因（或多元基因）影响的遗传

俗话说“娘矮矮一个，爹矮矮一窝”，有些妻高夫矮的夫妇婚后提心吊胆，担心生了孩子像父亲，但往往出乎预料地生了个中等身材的孩子。相反，也有一些夫妻两个很般配，都是中等身材，可想不到却生了高个子的孩子。怎么解释这一遗传现象呢？遗传学家们认为，这属于多基因遗传。

一种遗传性状的表达受两对或两对以上基因的控制，每对基因彼此间没有显性和隐性的关系，每对基因对表型的效应都很小，但是各对基因的作用有积累效应，这种遗传方式称为多基因遗传。多基因遗传特质包括：身高、体重、智力、肤色、气质、高致癌危险，以及许多其他的特质等。比如，身高受三对基因所影响：如果其对偶基因是 AA、BB 和 CC 时，可能会产生巨人，而基因型如果是 aa、bb 和 cc 时，则倾向于生出侏儒。如果我们以一对中等身高夫妇所生的孩子来看的话，他们生的小孩所有可能的基因型有 27 种。后代中等身高的基因组合的可能性大于身材极高或极矮的基因组合的可能性。当多个基因影响某一特质时，群体中能出现多种遗传表现型，多数人的特质可能接近平均值，只有少数人表现出极端的特质（Shaffer，2002）。

三、遗传对能力、特质和行为模式的影响

对我们的身体外观和各种特质，基因扮演着重要的角色。那么，遗传在多大程度上影响智力和人格这一类特质呢？

（一）遗传对智力成就的影响

心理学是这样给智力下定义的：智力是有目的地行动、理性地思维和有效地应对环境的整体能力，它包括推理、问题解决、获得知识和记忆以及对环境的适应。从信息加工的角度看，智力体现为注意认识对象的能力、存贮和提取

信息的能力以及解决问题的能力。这些能力和我们的遗传基因有没有关系？如果有，遗传基因在多大程度上影响人的智力呢？

行为遗传学家找到了两种途径来考察这些问题：一个途径是双生子研究，另一个途径是收养儿研究。双生子有两种：一种是同卵双生子，他们的基因完全相同，在生物学意义上，他们就是几乎同样的一个人；另一种是异卵双生子，他们是由两个受精卵发育而成的，他们的基因大约有一半相同。如果遗传对智力起作用，那么，在行为上，比如智力测验的结果，同卵双生子就应该比异卵双生子更相像；如果两类双生子在智力测验方面没有什么差别，就说明基因对智力不起作用。

研究发现，同卵双生子智力测验的分数相关值平均为0.86，而异卵双生子之间智力测验分数的相关值平均为0.60，这首先就说明了，人的智力肯定受到遗传基因的影响。智力的遗传力（即人与人之间智力的差异由遗传基因来解释的百分比）有多大呢？通过计算得出，智力测验分数的遗传力为52%，也就是说，人的智力，大约有一半由遗传决定，另外的一半由环境决定。这里所说的一半，是平均值的意思，具体到某个人可能情况不一样，对有些人来讲，遗传起的作用更大，对另一些人来讲，环境起的作用可能更大。

遗传对智力的影响在人的一生中是保持恒定的吗？我们可能会认为，小时候遗传起的作用比较大，随着年龄增长，遗传所起的作用应该越来越小。我们这样想的根据是，随着年龄增长，人经历的环境越来越复杂，所以人的行为受环境的影响程度就越来越大，遗传力必然随着年龄逐渐减弱。但是，已有的多项研究发现，这种看法是不正确的。实际情况是，从婴儿期到青少年期，遗传对智力的影响缓慢增大；成年期以后，遗传的影响增大得更快；老年期，遗传对人智力的影响力，比遗传对身高的影响力还要大一倍(Plomin et al.,1997)。

我们还可以通过研究收养关系考察遗传与环境对智力的相对影响。如果一个家庭有两个孩子，其中一个在很小的时候就被别人领养了，另一个跟着其亲生父母长大。等他们长大以后，那个被领养的孩子，其智力是与他的养父母更相像，还是与他的亲生父母更相像？这两个孩子的智力，哪个与亲生父母更相像？那个被领养的孩子，随着年龄增长，他的智力越来越像其亲生父母，还是越来越像其养父母？

研究人员通过十几年的追踪考察发现：（1）被领养的孩子，经过多年之后，他们的智力仍然很像自己的亲生父母，而不是像其养父母；（2）一直与亲生父母生活在一起的孩子，与很小就被领养的孩子，经过多年在不同家庭和不同环境中生活之后，他们的智力仍然很相似；(3)那些被别人领养的孩子，随着年龄增长,与他们自己亲生父母的智力的相似性越来越强,而不是越来越弱(陈会昌,2008)。这些研究结果表明,遗传基因对人的智力起着非常重要的作用。

在正常人群中，遗传对智力的影响是十分明显的。古今中外不少超智力的人有家族聚集趋势，遗传因素是个体间智力差异的主要原因，遗传结构完全相同的同卵双生子，即使在不同的环境中长大，其智商仍极为一致。历史上出现过许多高智能结构的家族，如音乐家巴赫家族的8代136人中，有50个男人是著名的音乐家；莫扎特和韦伯家族的几代人中都有著名的音乐家。这种现象一度被认为是遗传决定智力的例证。然而，家庭也是智力发展最基本的环境因素，家庭提供了定向教育培养的优势条件。智力的家族聚集性现象，恰恰说明了先天和后天因素对智力发展的共同作用。

智力受遗传因素所控制，但并不否认后天的环境和教育的作用，后天环境决定了遗传潜力的表现，应该认为遗传和环境的关系，是内因和外因的关系。

专栏

遗传与环境的关系

根据人类遗传学原理，人的智力在一定程度上是可以遗传的。但是，一个人的智力是否能够充分发挥出来，仅仅依靠天生的高智商是不行的。世界著名的大科学家居里夫人两次获得诺贝尔奖，第一次是物理奖，第二次是化学奖。而她的聪明的女儿伊雷娜·居里后来也获得了她母亲曾经得到的诺贝尔化学奖。于是，人们便产生疑问：母亲获得了诺贝尔奖，女儿也得到了诺贝尔奖，诺贝尔奖是否也可以“遗传”？请看下面的故事：

罗杰·科恩伯格睁开迷糊的双眼，他看到父亲异常兴奋。他12岁的头脑一片混乱，因为自己很少在半夜被叫醒。父亲阿瑟是个内敛而深沉的人，科恩伯格经常看到他在洛杉矶家里的书房中深夜研读。但这一次父亲没有保持一贯的严肃，他刚刚得到来自瑞典的通知，告知他获得了1959年的诺贝尔生理学和医学奖。科恩伯格回去继续睡觉，心想这是大人的事情，但父亲为此表现出的兴奋之情令他无法入眠。数十年之后，当他接到同样的电话，事实上是在同一天：10月4日，几乎在同一时间：凌晨两点。

是纯粹的偶然吗？科恩伯格是否天生就能获得诺贝尔奖？

父亲获得诺贝尔奖的那一刻改变了他。在学校中科恩伯格是个出色的孩子，尽管有点羞涩，但在社交上并无障碍。阿瑟带他来到斯德哥尔摩，让他发现了一个全新的科学世界。科恩伯格耳边经常听到的一句话是：“你和你爸爸太像了……你太像他了。”外貌上的相似却让科恩伯格理解成应该追寻父亲的脚步。而当他获得诺贝尔奖时，也像他父亲一样，正是斯坦福大学医学院的教授。但父子俩并不只在这一点上相同。

这纯粹是偶然吗？科恩伯格是否天生就能获得诺贝尔奖？马斯德乌说：“不能这么说。诺贝尔奖并不只是无与伦比的天才的结果，它更是努力、学习和技巧，尤其是坚持的成果。”坚持比外界刺激更为重要。

（二）遗传对人格的影响

一些研究都指出：遗传影响人格中的许多重要方面。例如：内向—外向（introversion-extroversion）、同理性关怀（empathic concern）等。同理性关怀指一个人能体会他人的需要，并且会关心他人。新生儿可以通过让自己变得苦恼，来回应其他婴儿的烦恼。同理的能力可能是天生的，也就是说，生物性基础是造成同理性关怀个别差异的重要原因。研究发现，在14～24个月时，同卵双胞胎婴儿对于有苦恼的同伴之关怀程度，就已经比异卵双胞胎的婴儿更为相似了。到了中年时，多年离家并未居住在一起的同卵双胞胎，彼此在同理性关怀的测验上仍然很相像；然而，异卵双胞胎则不是这样。由此可推论出：同理性关怀是一种可遗传的特质。此外，还有一些研究发现，基因还与攻击性、抑郁、精神分裂症、孤独症和情绪调节能力等方面密切相关，而且，基因往往是与环境事件一起发挥作用的。

遗传对许多人格特质的影响程度是中等的。这同时意味着，环境因素也对人格具有相当大的影响。那么，环境到底是如何影响人格的呢？

案例分析

双胞胎的行为有多相似

鲍彻德（T. Bouchard）与他的同事已经研究过30多对分处不同环境的同卵双胞胎，其中一对同卵双胞胎是奥斯卡史特和杰克耶夫。奥斯卡由他的母亲抚养，是一位天主教徒，成长于由纳粹统治的欧洲，第二次世界大战期间他加入希特勒青年运动，后在德国受雇为工厂管理者。杰克则成长于地球另一面的加勒比海的一个国家，拥有一家商店，是一位犹太教信徒，憎恶纳粹党。杰克是一位政治的自由主义者，而奥斯卡则是保守主义者。

杰克耶夫(左)与奥斯卡史特(右)

就像鲍彻德所研究的每一对分离的同卵双胞胎一样，奥斯卡和杰克在某些非常显著的特质上是不同的；双胞胎中的其中一位通常较另一位更为自信、外向，或者具有攻击性，或者具有不同的宗教或政治信仰(正如杰克与奥斯卡一样)。然而，也许更引人注目的发现是：所有这些成对的双胞胎一样也有许多令人印象深刻的相似处。例如：在年轻时，奥斯卡与杰克两人都擅长运动，且在数学的学习上都有困难：他们有相似的怪癖，而且两人都有心不在焉的倾向。另外，有一些小地方也相像：他们喜欢香辣的食物与餐后甜酒，他们有搜集戴在手腕上的橡胶箍环的习惯，以及他们有如厕前与如厕后按冲水钮的偏好。

显然，杰克和奥斯卡的这种相似性在很大程度上决定于他们基因的相似性，但他们的差异又只能归因于环境的影响。因此，基因与环境在很大程度上影响着个体的人格和行为。

根据行为遗传学者罗威等人（Rowe，1994；Plomin，1990）的观点：对人格有最重大影响的是非共享环境方面的影响——就是这个影响而造成个体彼此间的差异。在一个典型的家庭中也存在许多非共享经验的来源，比如：父母对待男孩与女孩的方式通常是不一样的，或者，父母在教养长子女与较晚出生之子女的方法也不同。兄弟姊妹们虽然同住于一个屋檐下，但由于他们和父母的相处方式及相处程度上的差异；因此，他们便体验了不同的环境，而这样的环境将会提高兄弟姊妹间人格的差异性。而兄弟姊妹间互动的方式，便是另一个非共享环境影响的来源。例如：一般而言，一位在习惯于指使年幼弟妹的家庭中成长的兄姊，可能变得专断且独裁。但对年幼的弟妹而言，在这种独裁的环境中成长，可能会使他们发展出被动、有耐性和合作等人格特质（Plomin & Nesselroade，1990）。

（三）遗传与环境的相关性

通常把遗传与环境分开来叙述，好像它们是各自独立的。这样的观点可能太过于简单。现在有许多行为遗传学者相信：实际上，我们遗传到的基因也能影响我们将要体验到的环境的种类。如何产生影响的呢？父母提供给孩子的家庭环境的种类至少以下列三种方式发生作用。

1．被动的遗传与环境的相关性(passive genotype/environment correlations)

有一部分是受到父母自己的基因型所影响。而且，由于父母也会把基因遗传给他们的孩子，因此，孩子们所生长的环境便会与孩子他们自己的基因型相关（且可能是适合他们自己的基因型）。比如说，具有运动遗传倾向的父母，可能会借由鼓励自己的孩子玩激烈性的游戏与喜欢运动，来创造出一个极具运动性的家庭环境。孩子们除了生长于一个充满运动的环境中之外，他们也可能遗传了父母的运动基因，而这些遗传也可能使孩子们对有关运动的环境特别有反应。所以，具有运动性父母的孩子们，由于遗传与环境这两者的缘故，可能因此而喜欢运动。

2．引发的遗传与环境的相关性(evocative genotype/environment correlations)

前面提到过，造成环境对人格的许多层面有重大影响力的是那些个体彼此之间不同的非共享的经验。而孩子们所经验的不同环境，有一部分是因为他们遗传了不同的基因，而引起外界的不同反应，这就是引发的遗传与环境的相关性。即个体受遗传影响的某些特质，影响了其他人对他或她的行为。例如：笑口常开、主动的婴儿，可能比愁容满面和被动的婴儿受到更多的注意与社会刺激；而教师们可能对外貌较吸引人的学生，比对外貌较不吸引人的同学，表现出更多喜欢的态度。

3. 主动的遗传与环境的相关性(active genotype/environment correlations)

儿童们所喜欢与寻求的环境，常常是那种最符合他们遗传倾向的。例如：一名遗传倾向是外向的孩子，可能会邀请朋友到家中来做客，会是一个渴望参加聚会的人，而且通常喜欢具有社会性刺激的活动。相反地，一名遗传倾向是害羞与内向的孩子，可能会主动地避免大型的社交性聚会，而选择诸如搜集钱币等可以独自完成的一些活动。这就是主动的遗传与环境的相关性，即拥有不同遗传倾向的人，为他们自己在不同的环境中选择恰当的位置以后，这些恰当的位置可能强而有力地影响着他们日后在社会、情绪与智能上的发展。

主动、被动以及引发的遗传影响，在整个儿童时期各有其相对的重要性。在生命的头几年，婴儿和学步儿无法自由地到处闲逛、选择友伴与建立自己在环境中的恰当位置，他们大部分的时间都待在父母为他们架构好的家庭环境之中。因此，被动的遗传与环境的相关性在生命的早期便显得特别重要。当孩子到了上学年龄、每天都有机会远离家门时，他们在选择他们自己的兴趣、活动、朋友与聚会处所上，突然变得更为自由了。所以，当孩子成熟时，主动的遗传与环境的相关性对发展应该会发挥较大的影响。而引发的遗传与环境的相关性一直是重要的，也就是说：一个人终其一生受遗传影响的特质与行为模式，可能会影响其他人对他或她的回应方式。

总而言之，遗传与环境的交互作用带来了发展的改变和发展结果的变异性。遗传影响我们如何经历环境；我们所处的特别环境，也限制了我们由一个独特基因型转变为遗传表现型的可能性。

三十多年前，发展心理学者还陷于先天特质/后天教养的争论之中：到底是遗传还是环境才是决定人类潜能的主要因素呢？今天，学者们不再以先天特质或后天教养的角度来思考这类问题；取而代之的是，他们试图思考遗传与环境这两个重要的影响因素可能以怎样的结合或互动方式来影响发展。

环境到底是如何影响人们的各种能力、行为与特质的呢？哪种环境影响以及在什么阶段是特别重要的呢？下一节将考察孩子出生前各种重要的环境事件如何与先天的遗传相结合，进而影响产前发展与新生儿的各种特质。

第二节　产前的发展与出生

在胚胎发展期，在温暖的母体子宫内发育生长的小生命是否真的不受外界的干扰？外界因素和母亲的经历是否会改变子宫内迅速成长的幼小生命？出生以前，胎内有机体的发展易受多种因素的影响。其中有些因素来自遗传机制，有些来自母亲生理和情绪状态所引起的胎内环境的变化。对出生前的个体产生不良影响的因素很多，诸如母亲患病、X 射线、各种药物、饮食缺陷等都会导致发展障碍。甚至有些原以为无害的因素也能产生悲剧性的后果，如一些对孕妇无害的普通药物也能导致胎儿畸形。

一、胚胎的发展阶段

从受孕开始一个细胞变成大约 200 兆个细胞的胎儿以准备出生，将近需要 266 天。这一时期，新生命表现出许多复杂的变化。这些变化发生在细胞组织和机体系统的类型、数目、位置、大小和形状等方面。机体系统和结构通常在形态和复杂性上不断发展，而有些胚胎组织会转化或消失。例如，在第三周末就出现了鳃弓，但到第二个月中期它们已经转变成部分的内耳、颈和喉软骨；尾巴则会在第二和第四个月之间由出现到逐渐消失。

个体产前的发展过程可分为三个时期：受精卵期、胚胎期和胎儿期。这些时期构成连续的发展阶段。从精子进入卵子的瞬间起，有机体的发展就开始经历一系列有规律的连续变化，这些变化使有机体不断分化并日益复杂起来。由表 3-1 可见，尽管许多组织系统在胚胎发育头三个月中就已出现，但有许多仍在继续演变。直至出生以后，神经系统和大脑还在继续发展和不断分化。

（一）受精卵期

受精卵期有时也叫胚芽期，大约在生命孕育的头两周，也就是从受精到受精卵即合子从输卵管进入子宫并在子宫内膜着床的时期。

当受精卵由输卵管移向子宫，借着减数分裂而成两个细胞时，这两个细胞及他们的子细胞持续分裂形成球形结构或胚胞，包含 60 到 80 个细胞，在受精的 4 天，细胞分化开始，胚胞的内层或胚胎层变成胚胎（embryo），外层细胞发育成保护及滋养胚胎的组织。受孕后当胚胞到达子宫 6 到 10 天，在外层会形成细小、粗糙的蜷须状物。当到达子宫壁，这些蜷须状物会向内钻掘，取得母亲的血液供给，这是着床（implantation ）。胚胞着床是在受孕 10 到 14 天，看起来像小而半透明水泡在子宫壁上。一旦着床，胚胞的外层很快形成四个主要的支持结构以保护及滋养发育中的器官。羊膜（amnion）是一个水囊，充满了母亲组织的液体。羊膜及羊水的作用是缓和发育中器官的撞击、调节温度，及提供无压力的环境，使得胚胎容易移动。在水中浮动的是球形的卵黄囊，能产生红血球，直到胚胎有能力制造为止。卵黄囊附着在第三层膜——绒毛膜（chorion），围绕住羊膜，最后变成胎盘（placenta），第四层膜——尿囊，形成胚胎的脐带（umbilical cord）。

（二）胚胎期

这一时期胚胎处于迅速成长的状态，从第三周一直持续到第八周末。各种重要器官的分化和生理系统的产生在这个时期出现。到这个期末，就可以辨认出胚胎是一个小小的人的雏形了。从受精开始到这一时期末，胎儿的大小增加了 2 万倍。由于有机体在迅速发展和分化时最易受到不利环境的危害，因此，在胚胎期，诸如母亲患病、营养不良和使用药物等因素引起的干扰都可能破坏胚胎的发展，导致无可挽回的发展异常。

在胚胎期，受精卵内部组织分化成三层："外胚层"，"中胚层"和"内胚层"。外胚层发展成头发、指甲和部分牙齿、表皮和皮脂腺、感觉细胞和神经系统；中胚层发展成肌肉、骨骼、泌尿系统、循环系统和内皮层；内胚层发展成胃肠道、气管、细支气管、咽鼓管、腺体以及肺、胰腺、肝脏等重要的内脏器官。

另外，在这个阶段，三个重要的辅助结构也在发展，这就是"羊膜囊"、"胎盘"和"脐带"。羊膜囊含有羊水，正在发育的胚胎漂浮在羊水中，羊水起缓冲作用以抵抗物理振动和体温变化。卷须使胚胎贴在子宫壁上，增加了胚胎的大小和复杂性，从而形成新的圆盘，叫做胎盘。在腹内，胚胎通过第三个附属装置——"脐带"与胎盘相连。脐带全长比胎儿略长，这使胎儿的活动性很大。尽管脐带是由血管组成的，血管把血液输送给胎儿和胎盘，或从胎儿和胎盘输回，但母体和胚胎的血流并不直接相通。母亲和孩子的血液在胎盘内被能够传递微分子结构化学物质的半透膜分开。这样，胎盘把营养成分运送给胚胎，同时排出孩子的排泄物。怀孕早期母体血液中营养物超过胚胎的需求，于是就由胎盘储存，以便日后使用。有可能对胎儿产生破坏作用的某些药物、各种激素、病毒以及源于母亲的抗体都可能通过胎盘屏障传给胎儿。这一时期新器官和系统的迅速出现和发展使胚胎尤其易受环境的干扰，因此，这一时期最易出现严重的先天性异常。

神经皱褶大约在十九天时出现；未来的眼球的晶体在二十八天时就可以辨认。肢芽在第五周出现。手在第三十天时能被分辨出来；手指和脚趾大约在三十五天出现。未来的嘴唇和腭的侧部在第五和第六周时正在融合。同时，心脏和大血管正在发展。

在第七周及第八周，胚胎的性发育开始，生殖器般的隆起出现，叫做未分化性腺，假如胚胎是男性，Y 染色体的基因会驱动未分化性腺产生睾丸，假如胚胎是女性，未分化性腺会产生卵巢。

到胚胎期末，面部以及面部特征已出现了轮廓，手指、脚趾和外生殖器已出现。在六个星期时，尽管奇形怪状的头部与身体一样大，但已能认出人的形状。据研究，在这一阶段后期，心脏、肝脏和肠胃蠕动的原始功能已经出现。

大多数自发性流产都是在这个阶段发生的，胚胎从子宫壁上分离开来并被排出。据估计，自发性流产的比率高达怀胎的四分之一，而且还有许多流产未被发现，因为这些流产发生在怀孕的头几周内。这样高的流产率对人类可能是有利的，因为绝大多数流掉的胚胎有严重的遗传疾病。这样，受危害最严重的胚胎就被自发性地流掉了，如表 3-1。

表 3-1 产前发展的总结（Fischer & Lazerson，1984）

	38	正常出生	
	36		
第三季度	34	器官系统的活动增加，如肾脏、心脏。有可能在子宫外生存。	
	32	体重开始迅速增加。	
	30	皮下脂肪层形成，对各种声音产生敏感。	
	28	大脑分工，有在子宫外生存的可能。	胎儿期
—	26	眼能睁闭。男性睾丸降入阴囊。不规则的呼吸。明显的身体活动。	
	24	出现睫毛和眉毛，粗糙的、成人样的皮肤、指甲、汗腺发育。	
	22	吮吸、吞咽、打嗝、巴彬斯基反射、抓握反射。	
第二季度	20	胎毛和毛发形成，出现薄、皱的透明的皮肤。	
	18		
	16	母亲感到胎动，性器官可辨认。	
	14	（母亲腹部明显膨胀），X 照射可见骨骼。	
—	12	重要器官基本形成，循环系统发挥功能。	
	10	对刺激有反应；可辨别出人形，性腺分化成卵巢或睾丸。	
	8	（形态上可以发现妊娠）	
	6	性腺形成、腭部、唇部融合。	胚胎期
	5	耳、眼、上肢、下肢形成。	
第一季度	4	心脏形成。	
	3	中枢神经系统形成。胎盘、脐带形成。	
	2	（首次没来月经）受精卵输入。细胞分化开始。	
	1		—
	0	受孕。	胚芽期
	－2	（最末一次月经）	—
	周		

（三）胎儿期

产前发展的最后阶段是胎儿期，从第三个月开始到出生。在这个时期，器官的进一步分化有待于完成。然而，肌肉的发展是迅速的，外生殖器继续分化。尽管中枢神经系统的发育要持续到出生后几年才能完成，但在这个阶段也迅速地发育起来。到第四个月末，母亲们就可感到胎动。到五个月时，吮吸、吞咽和打呃等反射通常已出现了。另外，巴彬斯基反射也出现了。第五个月后，胎儿长出了指甲、汗腺、粗糙的类似成人的皮肤和覆盖身体的软毛。在20周汗腺有功能，胎儿的心跳强而有力，将耳朵放在妈妈腹部上就可听到，胎儿被白色乳酪状物覆盖，称做胎儿皮脂（vernix），以及一层薄的体毛称做胎毛（lanugo）。胎儿皮脂能保护胎儿皮肤，避免长期暴露在羊水中而龟裂，胎毛帮助胎儿皮脂黏在皮肤上。

大多数胎儿在子宫内脱去这种胎毛，但有些在出生后继续脱落。到了六个月时眼睛也已发展起来并能睁闭。如果婴儿在六个月时早产，各种调节过程以及神经系统、呼吸系统的发育仍不够成熟，难以成活。这一时期，对胎儿影响最大的缺陷之一是无法产生和维持足够的表面活性物质。表面活性物质是一种液体，它使得肺能够把空气中的氧输送到血液里。没有这种活性物质，胎儿常常不能正常地呼吸，从而可能产生呼吸窘迫综合症，导致胎儿死亡。

在第七个月末，胎儿重将近4磅、大约16到17寸长，一个月后会成长到18寸，又增加1到2.5磅，这些重量很多来自皮肤下面的脂肪层，脂肪能调控新生儿体温的改变。在第九个月中，胎儿的活动慢且睡眠增加。怀孕的最后一个月，此期间妈妈的子宫会有不规则收缩、然后放松。子宫肌肉张力及子宫颈扩张以使胎头进入骨盆腔裂隙，透过这样的方式很快推进。当子宫收缩变得更强、更频繁且规则，则产前阶段即将结束，母亲进入分娩阶段。

受孕的第22到28周之间（通常在第七个月），胎儿已达到可存活期（age of viability），此时在子宫外存活是可能的，比如，利用现代特殊的护理方法，一个未成熟的二十五周大小的胎儿出生后也能成活。二十八周是重要的时期，有时称为“成活期”。因为在这一时期胎儿的生理系统相当完备，所以一旦分娩，孩子生存的可能性更大。最近的研究中，使用胎儿监视器显示28到32个月的胎儿有较完备的器官及心跳活动循环、大致的运动能力以及睡眠/清醒的活动，且发现神经系统足够让它们在未成熟即出生时得以存活。

二、影响产前发展的因素

一个人独特的发展道路是从受精卵开始的。胎内的发展易受多种因素的影响，如感染、营养不良、药物、母亲的情绪状态等。20 世纪 90 年代，巴克(Barker) 甚至提出了“成人疾病的胚胎起源假说”，认为胎儿在子宫内的发育受遗传及宫内环境的共同影响，如孕妇的营养、代谢、感染等，均可改变胎儿发育程序。这种改变将会引起身体结构以及生理、代谢功能的永久性改变，使其在成年期容易罹患冠心病、高血压、肥胖、糖尿病等慢性疾病，甚至心理疾病。概括地说，影响产前发展的因素主要包括以下几个方面：

(一) 致畸因素

在产前发展过程中，许多因素都可使胎儿异常的发生率升高，这些因素叫“致畸因素”。致畸因素包括母体疾病、血液失调、饮食、辐射、各种药物、激素、温度和氧气量。在产前发展的不同阶段，致畸因素在不同的发展阶段影响也有所不同。胎儿期是对致畸因素敏感的关键期。怀孕后两个月，对致畸因素最为敏感。怀孕四周前后，达到高峰。机体结构缺陷的可能性在胚胎早期阶段最易发生，因为机体当时正在形成。此后，对解剖缺陷的敏感性减小，胎儿后期阶段接触致畸因素更有可能阻碍发育，引起功能问题。不利于胎儿发展的常见的母体因素如表 3-2 所示。

表 3-2　不利于胎儿发展的母体因素

不利因素	可能的影响
传染病 病毒 风疹（德国麻疹） 其他病毒性感染：麻疹 流行性腮腺炎、肝炎、水痘、 流行性感冒、猩红热	耳聋、白内障、心脏病和智力落后、畸胎、死胎和心脏病
性病	死亡；盲、耳聋、智力落后和流产
疱疹	疱疹感染、死亡、眼损伤和智力落后
淋病	失明、死亡
巨细胞病毒	智力减退、耳聋、失明和癫痫
非感染性疾病或失调	
贫血	死产、死亡和脑损伤
糖尿病	流产、死产、婴儿死亡、代谢性疾病和呼吸困难
环境性危害	
铅	贫血、流产、出血
放射线	小头畸形、白血病、生长迟滞、肿瘤、白内障、流产、死胎
甲基汞	脑瘫

续表

不利因素	可能的影响
母体状况	
应激	妊娠并发症，高发的唐氏综合症
营养不良	早产和低体重儿、死胎，生长迟滞、智力缺陷
母亲年龄	大龄妇女生产并发症、唐氏综合症和妊娠困难的发病率高
高血压和母子血型不容	流产、黄疸、贫血病和死亡
各种药物和激素	
镇痛药	呼吸抑制
麻醉剂或巴比妥类药物	呼吸抑制
大量阿司匹林	呼吸抑制、出血和自发性流产
酒精（乙醇）	生长迟滞、心脏病、发育迟缓和小头畸形
抗组胺剂	胎儿死亡、畸形、男女生殖系统畸形，阴道和子宫肿瘤
海洛因、吗啡	新生儿退缩综合症、痉挛、震颤、呼吸抑制、生长迟滞和死亡
奎宁	耳聋
爱索特瑞厅浓因（一种治疗痤疮的维生素 A 的衍生物）	心脏、头、中枢神经系统畸形、行为问题和脑损伤
链霉素	听力丧失
四环素	牙齿变色、骨头生长抑制
烟草	自发性流产、早产、低出生率、惊厥、心率高、婴儿猝死综合症和头围减小、四肢畸形，听力缺陷、死亡

下面是一些常见的致畸因素：

1. 母亲的疾病与异常

母亲的很多疾病和异常都能影响胎儿的发展，与前面提到的原则一致，这些影响与胚胎发展的时期相关。例如，孕妇在妊娠的前两个月感染了风疹病毒、巨细胞病毒、单纯疱疹病毒、弓形体、梅毒螺旋体常会导致胎儿畸形，一般感染得越早，致畸的危险性越大。如果妊娠第一个月，母亲患风疹，那么胎儿变异的发生率从50％开始下降，如果在第三个月患了风疹，变异率就降到17％，如果超过三个月，那么出现畸形的可能几乎不存在。

慢性传染病，如性病、梅毒，由于侵袭着发育中的胎儿并且传染速度快，对后期胎儿发育的影响最为严重。在妊娠十八周之前，梅毒螺旋体对胎儿无损害性影响，因此梅毒患者母亲的早期治疗可以避免孩子畸形。如果母亲不经早期治疗，那么梅毒螺旋体由母体侵入胎儿可导致流产、智力减退、失明或其他生理异常。另外，母亲的其他问题，诸如高血压、糖尿病以及母子血型不容等也可以影响胎儿的发展。

2. 药物

母亲在孕期服用的一些药物也可能对胎儿的发展产生消极的影响，甚至会产生致命的影响。20 世纪五六十年代，西方曾发生了“反应停”药物灾难。它是一种用于缓解妊娠反应的药物。由于最初它的副作用尚不明确，使用此种药物的孕妇所生的孩子严重畸形，包括眼睛缺陷、腭裂、鼻梁塌陷、小耳廓、面瘫、手指或脚趾融合、唇裂、关节脱位、消化道和泌尿生殖道以及心脏畸形、短肢畸形。“反应停”事件清楚地表明了怀孕期孕妇服药对后代的影响。母亲孕期服用的其他药物，如奎宁、利血平、镇静剂、四环素等，都会在不同程度上影响胎儿的发育。

母亲抽烟、酗酒也不利于胎儿的发育。研究表明，经常抽烟、饮酒的母亲，其胎儿早产、流产和出生低体重的比率明显高于不抽烟、不喝酒的母亲。抽烟能使心率迅速加快，血压升高，并且母亲血液中碳氧血红蛋白的水平也与母亲吸入的一氧化碳有关。这将延迟心率的增加，同时阻碍胎儿的氧气供给。

同样，早在 19 世纪就有人发现，酗酒的母亲所生的子女容易发育异常。近年来发现，在酗酒母亲所生的婴儿中，有 1/3 患有“胎儿酒精综合症”，这些婴儿的面部、心脏和肢体缺陷的发生率很高，身高比平均水平低 20%，而且常常智力落后。智力落后可能与胎儿窒息时间有关。酒精对胎儿的危害在怀孕最后三个月里最明显。在所谓“适度饮酒”者的婴儿中也发现了异常行为特征。

母亲使用毒品会对婴儿产生极大的危害。吸海洛因或吗啡成瘾的母亲，其婴儿对海洛因或吗啡也会成瘾，并且表现出兴奋、呕吐、发抖、尖哭、呼吸急促和活动过度等症状，可以导致新生儿早产、低体重，甚至在头几天内就死亡。

孕妇使用激素也能对婴儿造成难以预料的后果。例如，上世纪 40～60 年代早期，人工合成激素乙烯雌酚（DES）在有些国家常常被当作防止流产的辅助药，但后来人们发现，孕期服用过 DES 的妇女生育的孩子会发生生殖器畸形。

总之，药物的影响是很难预测的。许多对婴儿产生不良影响的药物在动物和未怀孕的成人身上进行试验后可能并未发现是有害的，但我们不可能将动物和成人的实验结果有把握地推测到发育迅速的胎儿身上，因为致畸因素可以在不同的发展阶段以不同的方式影响不同的物种。母亲和孩子受药物影响的个体差异也很大。显然，在妇女怀孕和分娩期间用药应特别慎重（周宗奎，1999）。

3. 环境危害

当孕妇暴露于某些环境条件下时，胎儿的发育也可能受到严重的影响。辐射、化学污染物等都是这类环境因素。

（1）辐射。1945年原子弹在日本爆炸后，科学家发现辐射线有导致畸胎的效应，暴露在原子弹爆炸半公里内的怀孕妇女没有一个生出活产小孩，除此之外，在原子弹爆炸一公里内75%的怀孕妇女生出的小孩有严重残障，而且大多很快死亡，即使能存活也常有心智障碍。但迄今尚不明确多少辐射量会对胚胎或胎儿有害，但一般建议怀孕妇女避免照X光，特别是骨盆及腹部。

（2）化学污染物。怀孕妇女在日常生活中常会接触潜在的有毒物质，包括有机染料、色素、食物添加剂、人造糖精、杀虫剂及化妆品。空气污染及饮用水污染的后果也很严重。例如，怀孕妇女暴露在铅、锌、汞或工业废水的环境下，这些重金属会损伤身体健康并有致畸效应（产生身体缺陷及心智迟缓）。研究发现，即使暴露在低剂量的多氯联苯中，亦会使新生儿低于平均体重且神经成熟较迟缓。在4岁时这些儿童记忆力、语言及反应较差，这些能力不足的程度与出生前接受多氯联苯的剂量有关（Jacobson，Jacobson，& Humphrey，1990）。

父亲暴露在毒物的环境中也会影响小孩。研究指出，接触辐射线、麻醉气体及其他毒性物质的男性医师及牙医师，其染色体会受到损伤，小孩子的遗传缺陷的可能性增加。环境中的毒物会影响父亲的生殖系统和精液质量，进而影响生育。

（二）母亲的因素

除了上述致畸因素以外，母亲特征，如营养、年龄、情绪状态和母亲所生孩子的数目，都会影响胎儿的发展。

1. 母亲的营养

研究表明，严重的营养不良特别是孕妇饮食中维生素和蛋白质的缺乏，与流产、早产、死产、婴儿的生理和神经缺陷的比率升高都有关系。母亲严重营养不良其子女个头小、体重轻，而体重轻是与智力低下相关的。

早期营养不良可能阻碍神经系统的发展。严重的营养不良会阻碍神经髓鞘的发育和脑细胞数量的减少，进而导致智力缺陷。

研究表明，当家庭贫困的孕妇得到补助时，她们的孩子比无食物补助的孩子更善于社交、更具有竞争性、更具有适应性（Barrett et al.，1982）。从一般研究看来，营养不良对社交和动作的发展影响最大。当遇到明显的认知问题或学习困难时，儿童的注意、反应、动机、情感、能量以及活动因素很可能起着中介作用。

怀孕的妇女获得足够的维生素和矿物质，对确保健康的怀孕非常重要。添加少量的铁和锌能改善胎盘的功能，降低生产并发症（Friedman & Pelifka，1996）。

2. 母亲的情绪状态

妊娠期的情绪紊乱，如夫妻不和、对婚姻的恐惧、搬迁、亲人生病或死亡以及不想怀孕，都与婴儿的发病率有关。有人甚至认为，在妊娠头三个月，孕妇的精神紊乱可导致生化变化，从而抑制了畸形胎儿正常的自发性流产。

怀孕期间母亲不良情绪会影响胎儿的行为。由于科技的发展，可以持续胎心监测和直接观察胎儿行为。采用超声技术进行的研究发现，母亲产前心理状态与超声影像观察到的胎儿行为有联系，怀孕早期经历的压力在怀孕 28 周时对胎儿行为就有可观察到的影响。高压力的妇女在临近预产期时胎儿唤醒增加，表现为胎心率变化及快动眼睡眠和活跃觉醒阶段躯体活动增加，安静睡眠数量减少。这些结果表明，母亲压力会影响妊娠早中期胎儿的神经系统，但只有在怀孕 28 周以后才可能由超声波观察到。

大量的研究表明，怀孕期母亲的消极情感与不良的妊娠结果有关，而且与婴儿及童年期的认知、社会性或情感问题有联系。在新生儿期，一般容易发生调控问题，表现为新生儿评估量表的神经检查、心音以及行为状态得分比较低，而这往往是后期认知受损和不良的社会性发展结果的危险信号。在婴儿期，这些孩子往往与母亲的互动不太好、注意调控差、语言能力差，有睡眠、进食和活动问题，容易激惹，比较难养，入学后还可能有学业成绩差、行为表现差等问题。

情绪紊乱的妇女生出的孩子也极有可能情绪紊乱。这一现象的原因是很难确定的。这可能是由于情绪特性的遗传作用或是因为孕妇的情绪引起了代谢或生化变化，如影响胎儿的肾上腺素水平的改变。因此，妇女的情绪紊乱可能是引起妊娠和分娩问题以及以后子女的智力和情绪问题的一个因素。当然，遗传与产前因素或婴儿早期的学习也在起作用。

除了认知发展和社会性发展结果外，产前母亲的消极情感还与另一个神经发育指标——大脑单侧化发展障碍有关。研究发现，产前焦虑或产前生活事件使儿童出现混合优势手的可能性增加。有趣的是，在孤独症儿童、学习困难及其他精神疾病如精神分裂症儿童身上都观察到了不典型单侧化的表现，也有研究发现产前压力与孤独症风险增加有关。是否存在一种可能性，即这些症状或障碍有着共同的神经发展成分，还需要进一步的研究。但无论如何，减轻产前压力对防止孕妇的消极情绪具有重要作用。

产前母亲不良情绪影响儿童心理行为发展的潜在机制是什么？母亲与胎儿之间没有直接的神经联系。要想对胎儿产生影响，母亲的心理功能必须转化为生理效应。通常认为，压力相关荷尔蒙是母亲影响胎儿的最主要原因。压力相关荷尔蒙（如糖皮质激素）是支持胎儿成熟和出生过程中必需的，在正常情景下是促进神经发育和成熟的重要物质，但在高度集中的情况下具有神经毒性。在某些关键时期，这些荷尔蒙相对轻微的变化，可能产生灾难性的后果，导致胎儿自身压力反应系统的变化，即对胎儿大脑产生了编程效应，这就是所谓的“胎儿编程假说”（Van den Bergh et al.，2005；蔡春凤，周宗奎，2009）。

下丘脑-垂体-肾上腺轴（HPA）是应激反应的重要中介系统，也是目前被认为的产前压力长期效应的基本生理机制。在动物模型中已经确定，当母亲暴露于压力情景（如噪声、监禁）中时，母亲 HPA 活动增加，从而引起 HPA 功能改变及远期行为问题。

关于 HPA 轴对母亲和孩子的具体作用，目前了解还不够。研究者认为有几种可能的机制。一个机制可能是，有证据表明，母亲与胎儿的血浆可的松水平密切相关（尽管胎儿水平比母亲低 10 倍左右）。不过，母亲与胎儿的血浆可的松水平之间的联系并不能证明母亲压力就是通过可的松对胎儿产生影响的。也有其他可能的解释，如通过胎盘促肾上腺皮质激素释放激素（CRH）对母亲和胎儿可的松产生共同刺激作用。另外，在怀孕期间，特别是妊娠晚期，母亲的 HPA 轴反应性很低，如果是这样，怀孕早中期压力的危险应该更大，但是关于哪一个时段母亲压力对胎儿的不利影响更大，研究结论还不一致。另一个机制可能是，母亲压力或焦虑引起交感—肾上腺系统高度激活，去甲肾上腺素分泌增加。因为 HPA 轴的反应相对比较缓慢，肯定有更快的机制联系母亲的情感状态与胎儿行为及心率反应。去甲肾上腺素不能通过胎盘，但可以引起近端血管收缩或减少子宫血流量，间接影响胎儿。

3. 母亲的年龄与孩子出生的胎次

子代的发展与母亲的年龄和出生胎次相关，并且这两个因素相互作用。和二十多岁的妈妈比较，未成年母亲有较多生产并发症，较易有早产儿及低体重儿。为什么年轻的妈妈反而有危险性呢？主要是因青少年怀孕通常社会经济地位较低，容易发生营养不良，压力较高。假如她们得到很好的产前照顾及医疗上的照顾，在生产的过程中不会有那么高的危险性。

超过 35 岁生第一胎孩子的母亲在怀孕分娩中，比年轻的妇女遇到的问题和并发症可能更多。35 岁以下的母亲分娩时，母亲与婴儿的死亡率和婴儿畸形率低得多。连体双生子、智力落后、脑积水（由脑内积液导致智力落后）、小头畸形（智力落后与头颅和脑容量小有关）、唐氏综合症、低体重儿以及各种其他方面的先天性异常的发病率，在超过35岁生产特别是生第一胎的母亲身上增加。

有证据显示，大龄父亲的孩子也更有可能发生唐氏综合症和先天性骨发育畸形症。父亲年龄和父亲接触致畸因素对怀孕和婴儿发展的影响有待进一步研究。

三、出生对发展的影响

尽管分娩和出生在人类发展中是个每天都在发生的普普通通的过程，并且多数情况下不会产生严重的异常，但有时它们也给新生儿产生有害的影响。出生中男性比女性的畸形发生率高。部分原因是由于性染色体的作用，另外，出生时男婴的头围大而受到更大的压力。但是，大多数婴儿在出生时没有受到严重的损伤，有种种异常的婴儿不到10％，而且在发展过程中许多异常会逐渐消失。妊娠毒血症、出血、某些孕期疾病、胎盘早剥、由于胎盘异位而阻滞子宫口或脐带早出等都与婴儿的智力和生理缺陷有很大关系。在难产中（如臀位产，出生时先出臀部，后出头部）出现脑挤压、脑出血和脑缺氧等神经方面损害的机会大大增加。

出生时体重过低也与发展异常和婴儿死亡有关。评估新生儿状况常用的一种方法是阿普加量表（见表3-3）。在出生后一分钟和五分钟时，产科医生或护士对新生儿的心率、呼吸、反应兴奋性、肌张力和肤色进行评定。这五种特征中每一种的评分分别是0分、1分、2分。高分标志着良好的状态。总分为7～10分标志着新生儿状况良好，低于5分意味着可能存在着各种发展困难，总分为3分或者更低则应立即采取急救措施，这种婴儿可能面临能否成活的问题。

表3-3　新生儿的阿普加评分

特　征	分　数		
	0	1	2
心律	无	慢，每分钟低于100次	每分钟超过100次
呼吸	60秒内无呼吸	慢、浅、不规则	强，哭
肌肉弹性	松弛无力	手脚动作软弱，有点屈曲	手脚动作强壮有力
肤色	皮肤发青或苍白	身体微红，四肢发青	全身微红
反射（打喷嚏、咳嗽、皱眉等）	没有反应	有微弱的反应（皱眉、哭声微弱）	哭声强有力、咳嗽、打喷嚏

资料来源：Apgar，1953。

虽然阿普加评分可以很快侦测到严重的生理状况，但也会遗漏一些并发症。第二种测试叫做新生儿行为量表（Neonatal Behavioral Assessment Scale，简称 NBAS），能稳定测出宝宝行为及神经良好与否（Bazelton，1979）。NBAS 在出生几天后测试，评估反射、新生儿状况的变化及对其他社会刺激的反应。这个测试的重要价值是早期分辨出宝宝每天经历的不同反应。假如婴儿极度地没有反应，NBAS 的分数就低，表示可能有脑部损伤或其他神经学上的问题。假如宝宝有良好的反射但是对社会刺激的反应很躁动，可能是没有得到足够的游戏刺激或和照顾者的情绪联系。新生儿行为分数低可以给父母亲一些要注意的警告。

（一）生产时的并发症

生产并不是一个永远顺利的过程，有些并发症会对婴儿的发育有不良的副作用，例如缺氧（氧气剥离）、早产及低出生体重。

1. 缺氧

所有婴儿在出生过程中都经历了缺氧（anoxia）和二氧化碳潴留；然而，母亲的异常和分娩时出现的各种情况都可能导致更严重的缺氧。缺氧可引起脑损伤、脑功能缺陷甚至死亡。出生时无并发症并且产程平均时间为 6～10 小时的婴儿遭受的影响最小。令人惊讶的是，严重缺氧不仅与产程延长有关，还与产程过短有关。产程少于 2 小时的分娩婴儿或剖腹产的婴儿很少由压力造成脑损伤，在分娩期间很少使用助产器械，但他们常常突然接触氧气，很难开始呼吸，因而也可能由此缺氧而造成脑损伤。有人认为，缺氧是一种症状而不是造成脑损伤的原因。如果由于遗传因素或不利的胎内环境而使胎儿大脑受到损伤，那么，出生后立即出现的呼吸困难可能仅仅是控制各种机能的大脑功能失调的一种不良后果。纵向研究表明，缺氧的影响随年龄的增长而改变或消失。一般智力和神经系统的损伤随年龄增长而降低。

将近 1%的宝宝有缺氧的征兆，很多情况下氧气供应中断是因生产时脐带纠缠在一起，胎儿臀位产时很容易发生。事实上臀位产（breech birth）的小孩，常采用剖腹产以避免缺氧（Lin，1993）。其他缺氧的情形有胎盘早剥、胎儿营养和氧气供应中断。缺氧也会发生在出生后，如果母亲使用镇静剂，可能会透过胎盘障壁干扰宝宝的呼吸或使体内黏液卡住喉咙。虽然新生儿比年长儿童或成人更能耐受缺氧，但是若是呼吸延迟 3 到 4 分钟之后会造成脑部损伤（Nelson，1995）。

有研究发现，经历轻度缺氧的孩子常会躁动或者前三年的运动及心智发展低于平均值（Sameroff & Chandler，1975）。不过，轻度缺氧的孩子与正常的孩子之间的差异一般很小，在 7 岁以前往往发现不了。所以，较长时间的缺氧会引起神经损伤且会长期缺乏活力，但没有足够的证据表明轻度缺氧会影响孩子运动技能及智力的发展（Vaughn，1984）。

2. 早产和低体重儿

出生体重过低或过高都与智力损害有关。对低体重儿童的检查发现，智商的明显损害只发生在体重极低的婴儿当中，在弱智儿童以及中途退学的儿童中，发现出生低体重儿童比正常体重儿童多。与体重极低有关的认知缺陷往往比缺氧引起的认知缺陷更持久。尽管大多数低体重儿到四岁时在动作和智力发展方面能赶上来。但大约有 15%出生体重低于 1 500 克者继续表现出某种认知缺陷。在其他认知技能如阅读、语言、算术和拼写的后期发展迟缓也与早产和出生体重偏低有关。多动型和行为失调（如孤独症）也在早产儿童中多见。然而，与营养不良引起的缺陷相比，同早产有关的长期缺陷在认知方面比在社会性发展方面更多（Taylor，Klein，Minich，& Hack，2000）。

为什么早产和足月儿童在发展中会出现多方面的差异呢？由于发育不成熟，在大多数医院，早产婴儿需要放在保温箱中，由医院护理人员照顾，且常常持续几个星期，直到他（她）生理成熟能够离开保温箱为止。父母们只能通过保育室的玻璃窗看望他们的早产婴儿。这样，生活在保温箱中的头几周早产婴儿比足月产新生儿获得的刺激少，同时，得到的感觉和社会刺激也不同于足月儿童。其次，早期父母与孩子的分离可能破坏父母与婴儿之间的情感依恋的形成。

早产儿由于过早地离开母体，其营养供给及生长方式完全不同于宫内的发育模式。早产儿生后应该按照什么样的方式生长至今没有结论。公认的说法是尽量实现正常胎儿在宫内的生长速度。研究发现，使用胎儿在子宫内条件接近的补偿刺激（如：在子宫内就已经熟悉的心搏声的录音、摇床的晃动声或保温箱内水床的声音）或者足月儿体验到的特征刺激（如：活动物体、母亲声音的录音、用手摇晃、谈话、唱歌、抚摸和搂抱）可以弥补早产对婴儿的不良影响。

虽然严重生产并发症对社会及智力发展的损伤较大，但产后环境的效应也很明显。如果家庭中有良好情绪支持及教育刺激，即使这些小孩有严重生产并发症，社会及智力发展也只比平均低一点而已。但是，如果这些孩子在家庭中没有情绪支持及教育刺激，则会比平均值低很多。有人追踪研究这些孩子直到 10 岁，发现早期的并发症不再能预测孩子的智力，但是孩子的家庭环境特点可以。孩子若处于没有刺激和没有反应的家庭环境中则智力测验结果很差，若经常面对刺激和支持性家庭环境，则鲜有明显的智力缺陷。显然，刺激及支持性环境可以战胜早期严重生产并发症所致的这些障碍（Werner & Smith，1994）。

因此，认为早产儿及低体重儿一定会出现学习困难、智商低下、情绪问题的结论是错误的，因为低体重出生儿的长期效应是由环境决定的。假如母亲们了解这些促进健康发育的因素，可能会有比较好的结果。

专栏

新生儿抚触

二十年前，很少有医院允许父母亲和早产儿有任何接触，因为害怕伤害脆弱的生命。如今鼓励父母亲探视早产儿，且在探视过程中触摸、照顾并和早产儿说话。

早在1986年就有人对20例早产儿进行了抚触的研究，发现经过抚触的早产儿的体重增加快，有相对更成熟的习惯、运动能力和活动程度。国内也有医院发现，经过抚触的小儿在40天时体重、母乳喂养率与对照组相比均有显著性差异。

抚触是一种能增加舒适感的实用的护理技术，除生物性意义外，还有社会和情感的意义。全身或局部的抚触不仅能促进婴幼儿健康生长，也能促进其与家人的亲情交流，还能促进其对社会的适应能力。研究表明，抚触有助于增加婴儿体重，改善睡眠节律，促进婴儿识别能力、运动能力和社交能力的成熟，帮助平复暴躁的情绪，减少哭闹。同时由于母婴接触，提高了母亲的良性反馈，促进母乳量的增加，大大有助于母乳喂养。总之，母亲温柔的抚触，给婴幼儿带来被爱的满足和情感心理上的安慰，产生良好的生理心理效应，使其感觉安全、自信，增强独立的个性，有助于思考和判断能力的培养。

（二）生产与接生的医疗处理

许多妇女在生产的时候会接受药物如止痛剂和麻醉剂，以降低疼痛或镇静放松及刺激子宫收缩。给予这些药物是希望生产更顺利及在有生产并发症时确保婴儿的生命安全。但是药物剂量过大会有一些预料外的结果。例如母亲接受到大量的麻醉剂会导致对子宫收缩的敏感性降低，在生产时无法有效地用力，结果宝宝就必须用产钳或真空吸器拉出，有些宝宝会因此而致头颅损伤或脑部损伤（Brocking，1996）。

催产药会通过胎盘，在大剂量时会使宝宝嗜睡及无法集中注意力。母亲使用大剂量药物会使宝宝清醒的时候躁动不安，而且在出生后第一周很难喂养（Brackbill，McManus，& Woodward，1985）。也有研究显示使用大剂量药物后孩子至少在出生后一年可能产生生理缺陷及心智发展迟缓。那么是不是应该避免使用催产药呢？不一定。对一些高危的产妇，适当的药物可以减轻她们的不舒适。除此之外，如今的医生也比较喜欢毒性较小的药物，因此使用药物并不是那么危险，但仍然要小心注意药物的长期效应（Shaffer，2002）。

（三）出生过程中的社会环境

在二十年前，大部分的医院会将孩子的父亲隔绝在分娩室外。随着时间的推移，现在生产时提倡双亲共同参与。

1. 母亲的经验

出生后的最初几分钟对母亲来说是很特别的时刻。生产后最初的 6 至 12 小时是情感联结（emotional bonding）的敏感时期。

在一个实验研究里，有一组妈妈是遵循传统医院的常规：生产后很短暂地看宝宝一眼，然后在 6 到 12 小时之后才开始让妈妈喂养，之后在医院的三天，每 4 个小时让妈妈有半个小时喂养。另外一组则是允许一天有额外接触 5 小时，包括出生最初 3 小时的皮肤接触。结果表明，早期接触的母亲能更好地照顾婴儿。因此，有很多医院改变常规，允许早期接触以促进情绪联结。研究显示，新生儿抚触，不仅有利于婴儿身体的生长发育；而且，作为父母与孩子之间联络的纽带，加强了两者情感交流，有利于婴儿情绪情感的发展。

大约有 40%～60%的新妈妈会出现忧郁、很爱哭、急躁，甚至在宝宝出生后对孩子有愤怒情绪，这种状况叫做产后沮丧，可能和荷尔蒙改变有关。轻度的忧郁会在 1 或 2 周消失。大约 10%的新妈妈的沮丧不会很快消失，而是经验到更强烈的忧郁反应，叫做产后忧郁（postpartum depression），会持续数月，大部分的产后抑郁患者通常有忧郁病史。缺少社会支持——特别是和孩子父亲关系不佳，产后忧郁的发生率会急剧增加。抑郁的母亲并不希望将婴儿摆在第一位，而且将婴儿视为麻烦。她们对宝宝很少持积极态度，个别母亲甚至对婴儿有敌意。慢性忧郁、退缩、对宝宝无反应和无法产生依恋关系是令人担忧的事情。为了母亲和孩子，建议有产后抑郁情况时要及时寻求专业人员的帮助。

2. 父亲的经验

像母亲一样，父亲也体验到生产过程是一个有意义的生活事件，伴随着正向或负向的情感。跟新妈妈一样，新爸爸也会对宝宝表现出全神贯注（engrossment）或者说一种强烈想要触摸、爱抚家里新成员的感觉。一些研究发现，在医院早期接触婴儿的父亲比那些没有早期接触的父亲更喜欢照顾婴儿。但没有研究发现早期接触有长期的效应，不过，早期接触能使父亲与配偶更亲近并成为家庭的一部分。因此，父亲在生产过程中出现不仅扮演一个支持者的角色，而且使孩子的母亲更容易接触婴儿。

总之，影响母亲与早产婴儿情感纽带的因素是多方面的。除早产外，贫穷、情绪紊乱和缺少支持的环境都可能促成虐待孩子的情况发生。据调查，早产对夫妻关系比亲子关系的影响更加持久。早产婴儿出生后的头两年里，夫妻不和的比率很高。与早产有关的婴儿情绪紊乱问题，如睡眠困难、喂养问题以及讨厌的哭叫都可能造成父母间的紧张状态。这些结果表明，只有注重对整个家庭系统的研究，才能弄清楚早产和早期分离的影响。

个体发展的自我补偿对人的正常发展有着强大的影响，因此只有相当持久的不利影响存在时，才会出现与产程相关的长期发展障碍。即使产程影响持续存在，与社会因素对产前、产后发展的影响相比，它的重要性也小得多。

第三节　神经系统与动作的发展

儿童出生以后，其发育进程虽然受到遗传、营养、疾病、锻炼等因素的影响而在形态、机能等方面表现出很大的个别差异，但其神经系统、体格与动作的发展则构成了其心理发展的生理基础。

一、儿童脑和神经系统的发展

脑和神经系统是儿童心理发展的物质基础。从发育环境来看，脑和神经系统的发展可以分为产前和产后两个时期，它们符合身体发展的基本规律。

（一）身体发展的基本规律

儿童身体的发展遵循头尾原则（从头到尾）和近远原则（由近及远），另外，还遵循等级整合原则和系统独立性原则。

身体的发展严格服从头尾原则，即身体各部分的发展是从头部延续到身体的下半部。次序是头部—颈部—躯干—下肢。头部发育早于颈部，颈部发育早于胸部，胸部发育早于腰骶，上肢发育早于下肢。胎儿的头、脑和眼睛的发育比躯干和两腿要早。出生以后，这些部分的发育依旧先于身体的下半部，因此整个身体的各部分比例显得不相称，直到其他部分的发育赶上来时，这种不相称的现象才完全消失。胎儿期头颅很大（约占身长的二分之一）、躯干较长、两腿短小；经过发育，到成人时变为头颅较小（占身长的八分之一）、躯干较短、两腿修长的形态。

根据近远原则，个体发展是从身体的中部开始，然后延伸到边缘部分。离身体的中轴线近的部分先发展：头部和躯干比四肢先发育，手臂和腿比手指和脚趾先发育。

等级整合原则是指简单的技能一般是独立地发展起来的，随后这些简单的技能被整合成复杂的技能。也就是说，简单或初级的技能首先发展起来，随后才能相互协调，形成更高级的技能。例如，婴儿先是各个手指能自由地活动，然后，才能把每个手指的活动整合或协调起来，用手指自由地抓握东西，而这是一种更高级的技能。

系统独立性原则是指不同的身体系统的发展进程和速度是相对独立的，它们以不同的速率向前发展。换言之，儿童身体各系统的发育是不平衡的。出生后脑和神经系统的发育最快，在最初的6年内继续以最快的速度发展着，学前期已接近成人水平。淋巴系统的发育在第一个十年中很迅速。这是因为儿童时期机体对疾病的抵抗力弱，需要强有力的淋巴系统的保护；10岁左右发展达到最高峰，达到成人期的200%。在第二个十年期间，淋巴系统逐渐退缩。生殖系统的发育在童年时期几乎没有什么进展，而在全身第二次发育开始以后才迅速发展（见图3-1）。

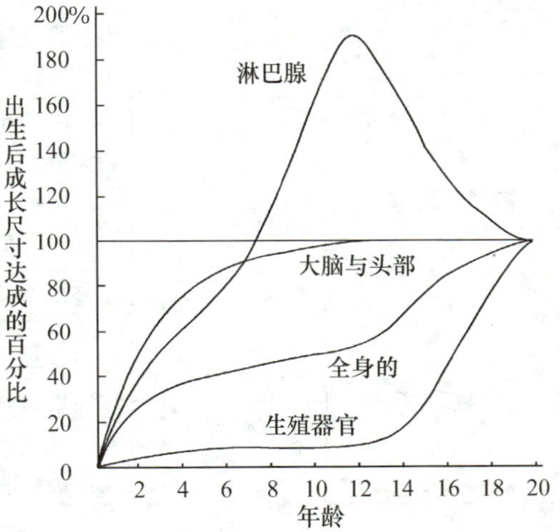

图3-1　身体四种系统发展的不同模式

这些规律不仅表现在孕期和婴幼儿期，而且贯穿于身体成长的各个时期。之所以说它们是一些普遍的发展模式或规律，是因为不同文化、不同种族或民族的儿童和青少年身体的成长均表现出这些相同的模式或规律，它们具有跨文化、跨种族或民族的普遍性。运用这些规律，可以解释婴儿期出现的很多生理现象和与之相关的心理现象，例如，婴儿“头重脚轻”，动作从头到尾依次发展（从抬头，到翻身、坐立，再到站立、行走），主要是从头到尾的发展顺序引起的（周宗奎，1999）。

（二）脑和神经系统发育的基本过程

从总体上看，脑的发育始于受精卵形成之后的几周内，此后一直持续到青春期。精确地说，在胎儿生命的最初六个月，脑主要完成基本结构的发育，而最后三个月和出生后的第一年主要是完成神经联系和功能上的变化，神经突触的发生和髓鞘化过程完成较晚，从学前期一直到青春期末，都呈现出明显的、非线性的变化。从受精卵的形成直到青春期神经发育的过程如表3-4所示。

表3-4　从受精卵直到青春期神经发育的时间表（引自 Kuhn & Siegler，2008）

发育事件	时间表	发育事件概览
神经胚形成	出生前第18～24天	细胞分化为三层之一：内胚层、中胚层和外胚层，这些层随后形成身体的不同组织。 神经管（后来发育为中枢神经系统）从外胚层细胞发育而来；神经嵴（后来发育为自主神经系统）位于外胚层壁和神经管之间。
神经元迁移	出生前第6～24周	在室带，神经元沿着放射状神经胶质细胞迁移到大脑皮层。 神经元以从内向外的方式迁移，后面产生的细胞穿过先前发育的细胞进行迁移。 皮层发育为六层。
突触形成	第3个三个月～青春期	神经元迁移进皮层板，伸展为顶端和基部的树突。化学信号引导发育中的树突向最终位置前进，在那里，树突与来自皮层下结构的投射形成突触。 这些连接通过神经元活动被加强，很少活动的连接被剪除。
出生后的神经发生	出生～成年	几个脑区的新细胞发育，包括： ——海马的齿状回 ——嗅球 ——或扣带回、顶叶皮层区
髓鞘化	第3个三个月～中年	神经元包裹在髓鞘中，导致动作电位的速度加快。
沟回化	第3个三个月～成年	平滑的脑组织折叠为脑回和脑沟。
前额皮层的结构发展	出生～成年晚期	前额皮层是子宫生命期间最后一个经历沟回化的结构。 突触密度在12个月达到顶峰；但是，这一结构的髓鞘化持续到成年。
前额皮层的神经化学发展	子宫的生命～青春期	在子宫中成长时，所有主要的神经递质系统经历最初的发展，到出生时出现。 尽管在人类当中没有得到充分研究，通常认为，多数神经递质系统直到成年才达到完全成熟。

从形态来看，怀孕后的第四周，胚胎中首先形成的就是神经系统，到怀孕8周时，胚胎的大脑皮层已经可以分辨。到第26周时，胎儿大脑皮层已经基本

上具有和成人的脑一样的沟和回以及皮层的 6 层结构。大脑皮层的细胞主要是在怀孕第 15～18 周形成的，到出生后 6 个月～2 岁，脑细胞继续分裂，数目增加，体积继续增大。两岁以后，脑细胞停止增殖，但脑细胞的发育仍在继续进行。

（三）脑重量的增加

出生时新生儿的脑重量约为 390 克左右，已达成人脑重的 25%，而同时期新生儿的体重仅为成人体重的 5%。出生后儿童脑重量随年龄而增长，增长的速度是先快后慢。第一年脑重的增加最快，以每天约 1 克的速度递增，9 个月时达 660 克左右，第一年末的发展达到出生后需要发展的 50%；2 岁半～3 岁时脑重量发展到 900 克～1000 克左右，相当于成人脑重的 75%。产前最后 3 个月及出生后最初 2 年，是大脑生长陡增（brain-growth spurt）阶段，因为超过一半脑部的重量在此时增加。此后发展减缓，到 6～7 岁时儿童的脑重接近于成人水平，约 1280 克，达成人脑重的 90%。以后的增长就很缓慢，9 岁时约 1350 克，12 岁时约 1400 克，到 20 岁左右停止增长。

（四）脑皮层结构的复杂化

儿童出生以后，脑的发展主要表现为脑皮层结构的复杂化和脑机能的完善。生理学研究表明，儿童大脑重量的增加并不是神经细胞大量增殖的结果，而主要是由于神经细胞结构的复杂化和神经纤维的伸长。新生儿的大脑皮层表面较光滑，沟回很浅，构造十分简单，以后神经细胞突触数量和长度增加，细胞体积增大，神经纤维开始以不同的方向越来越多地深入到皮层各层。同时，神经纤维髓鞘化也逐渐完成。6 岁末几乎所有皮层传导通路都已鞘化。髓鞘化是脑内部成熟的重要标志。在 6～20 岁之间，脑的重量仅增加 10%，但脑细胞的结构和机能却不断地复杂化，尤其在 18～25 岁之间，复杂化的过程更为显著。

（五）儿童脑电图的发展特征

脑电波的测量和分析是揭示心理活动机制的一种重要方法。脑电频率是脑发育过程的重要参数。人脑电波有多种形式，其中 α 波是人脑活动的最基本的节律，频率为 8～13 次/秒。成人 α 波呈现频率相当稳定，一般说 10±0.5 次/秒的 α 波节律是人脑与外界保持最佳平衡的节律。θ 波的频率一般为 4～7 次/秒，正常成年人在觉醒状态下很少出现 θ 波。δ 波的频率一般为 0.5～3 次/秒，意味着皮层活动性降低，正常成年人在觉醒状态下绝少出现。

我国心理学家（刘世熠，1962）发现：新生儿的脑电图多为 δ 波，并且不规则、不对称、不成形；随儿童年龄增长，脑电波趋于有规律，频率升高。一般 5 个月时枕叶开始出现 θ 波，1～3 岁时 δ 波减少，θ 波增多，同时出现少量 α 波；4～7 岁时 θ 波减少，α 波增多；8～12 岁时 θ 波开始从枕叶、颞叶、顶叶消失，α波占主要地位；13岁左右脑电波基本达到成人水平。

若以儿童的脑皮质细胞的电活动频率基本上达到α波范围与θ波基本上消失作为成熟的指标，则儿童的枕叶到9岁基本上成熟，颞叶到11岁基本上成熟，而全皮质（枕叶、颞叶与顶叶）则到13岁才基本成熟。可见，儿童大脑各区的成熟程序是由后往前分别进行的，其程序是枕叶（O）—颞叶（T）—顶叶（P）—额叶（F）。自O至T再至P这一线路已被证实，而自P至F这段线路是根据关于儿童的脑的组织学材料的一种设想。这条“O—T—P—F”线路是正常儿童的脑逐渐发展至成人的必然规律。一些痴呆愚儿童的脑发展在线路的始端（O）即已中断，而迟钝儿童的脑的发展则可能在线路的某个转折部分中断。此外，大脑的反射活动是大脑机能发展的重要标志。

（六）脑和神经系统的可塑性

在婴幼儿期，脑的发育很快，脑神经具有很强的可塑性。脑的可塑性主要是指脑结构损伤所致的神经缺陷的功能性适应，可表现为功能的可变更性和代偿性。可变更性是指某些细胞的特殊功能可以变更，如视觉系统细胞移植到其他器官系统后，视觉细胞可改变它的功能和周围其他细胞在一起发挥新的作用，并表现有足够的功能。代偿性是指一些细胞能代替另一些细胞的功能，如在神经元损伤后，受损神经元的某些功能，可由邻近神经元代偿，功能得以恢复。婴幼儿早期，中枢神经系统受损后，通过行为干预可在功能上形成通路，如轴突绕道投射、树突出现不寻常的分叉或产生非常规的神经突触，以达到代偿目的。

人类脑部及神经系统由超过一兆个特殊细胞所组成，可以传送电子和化学讯号通过突触（synapses）（或细胞间的连接处）。神经元（neurons）是脑部和神经系统的基本单位，能够接受和传达神经冲动。所有神经元是在怀孕的第二个三月期形成，在大脑生长陡增之前已经开始。突触形成（synaptogenesis）过程是在脑部成长的快速阶段。这是大脑发育可塑性的生物基础。

有人认为，脑部进化之所以会产生过量的神经元及突触是为了准备接受所有感觉及运动刺激。当然，没有人能有如此广泛的经验，所以很多神经回路没有使用，一些存活的神经元由于较少接受刺激其突触就会消失，以补偿受伤的脑部或支持新技能发展。这表明，脑部早期的发展不完全是按成熟计划进行的，而是生物程序和早期经验的共同结果。

研究表明，5岁前是智力发展的关键期。许多研究证实，许多智力较差的孩子是由于在大脑发育的关键时期——婴幼儿阶段，环境单调，接受的信息刺激太少，从而限制了大脑的发育。婴儿的大脑可塑性（plasticity）实际上是细胞对经验影响的反应。如何知道早期经验在脑部发育及中枢神经系统扮演重要角色？研究发现，如果动物的视觉剥夺不超过 7 个月，视觉萎缩是可矫正的。但是视觉剥夺超过一年则会导致全盲，而且是不可矫正的。如果神经没有受到适当刺激就会退化，这就是“用进废退”理论（Tanner，1990）。

近年来，在发展认知神经科学领域，人们对儿童青少年时期的听觉功能、视觉功能、言语、学习以及脑和神经系统的可塑性关注较多，而对成年期的动作技能的学习、视觉和听觉功能、学习和记忆功能关注较多。这些研究从总体上证明，在人的一生中，脑与神经系统（特别是大脑皮层）具有不同程度的可塑性，或者说可能具有毕生可塑性；而且，丰富的环境刺激对脑功能的益处要胜过典型的生活条件。

专栏

行为干预促进脑发育的机制

行为是一个极其复杂的心理、生理和生化过程，依赖于神经递质在神经环路突触间的信息传递，并可引起神经通路发生变化。大脑神经细胞之间的联系，很大程度上是由婴幼儿生活经历决定的。研究表明，早期干预对脑的功能和结构，在生理和生化方面均有重要影响。丰富环境刺激可改变神经细胞的大小，脑结构总质量和突触的数目，增加神经细胞之间的联结、神经通路和髓鞘化的形成。研究发现，丰富环境可使成年大鼠海马、基底前脑神经元体积增大，海马扣带回形成更多新的神经元，使学习记忆等脑功能改善。

早期干预对脑功能的促进作用可能涉及多方面机制，行为干预对脑功能的可变更性和代偿性的影响可能与婴幼儿期的脑发育尚未成熟有关。出生后脑的某些区域仍能再生新的神经母细胞。神经元的移行在大脑皮层持续到出生后 5 个月，在小脑皮层可持续至出生后 12 个月。因此，产前、产时和出生早期造成的结构损害，在某种情况下，仍可能在解剖上得到修复或在功能上形成通路。此外，行为干预可能通过激活神经干细胞发挥补偿作用。神经干细胞指具有分化为神经元细胞、星形胶质细胞、少突胶质细胞的能力，能自我更新并足以提供大量脑组织细胞的干细胞。研究表明，尽管在出生后脑 SVZ 体积有所减小，但其仍有神经干细胞存在并保持分化成神经元、星形胶质细胞和少突胶质细胞的潜能，在某些情况下这一潜能可被激活。研究表明，早期干预通过降低脑神经元凋亡数量，或通过促进神经元神经生长相关蛋白合成，促进神经纤维的生长、再生和分化与相互连接，使突触联系范围扩大，而促进神经信息的传递和大脑可塑性的建立，从而改善认知功能。行为干预还可通过增加神经生长因子及其受体的表达等促进脑发育并改善脑功能。

脑与经验之间并不是单向的线性关系，而是存在复杂的相互作用。经验通常可以用人们的生活环境的特征或属性来表示，如贫困程度或社会经济地位的差异，因而它与遗传之间存在重要的相互作用。一方面，环境或经验既可以调节基因对行为的影响，也可能在基因与行为之间起着中介作用。Turkheimer，Haley，Waldron，D'Onofrio 和 Gottesman(2003)研究了 7 岁双生子的 IQ，发现

IQ与儿童的社会经济地位(SES)之间存在一种非线性函数关系，生活在贫困家庭中的儿童IQ很大一部分可由环境来解释，或者说环境的影响相对更显著，而生活在富裕家庭中的儿童IQ很大一部分可由遗传来解释，或者说遗传的影响更显著。而且，在不同的年龄阶段，经验对脑的影响也是不同的。在生命的早期，脑的机能对经验的敏感性较高，更容易受到环境的影响，敏感期的概念即由此而来。而在成年后，这种可塑性将大大降低。但是，在人的一生中，脑都具有不同程度的可塑性，生命的大约前20年中基本上属于脑发育期，在随后的时间内（即发育后阶段），人们的脑仍然具有自我修复能力，但脑的变化模式与以前有所不同。另一方面，脑的成熟也会影响经验。对脑成熟程度不同的儿童来说，同样的物理环境可能导致不同的经验，这在早期阶段表现得更为突出。在脑还不够成熟的时候，脑受言语训练等基本的环境影响较大，而随着脑的日益成熟，环境对脑的影响日益精细。

二、儿童动作的发展

在降生以后的半年，婴儿首先发展的是一些感觉能力，动作的发展，特别是手的动作和直立行走等相对发展较慢。

（一）动作发展的规律

儿童动作的发展是在大脑、神经系统和肌肉的控制下进行的，因此动作的发展和身体的发展、大脑和神经系统的发展密切相关。动作的发展也表现出一定的时间顺序。

从上到下：儿童最早发展的动作是头部动作，其次是躯干动作，最后是脚的动作。儿童最先学会抬头和转头，然后是翻身和坐，接着是使用手和臂，最后才学会腿和足的运动，能直立行走和跑跳。动作发展总是沿着抬头—翻身—坐—爬—站—行走的方向成熟的。

由近及远：动作发展从身体中部开始，越接近躯干的部位，动作发展越早，而远离身体中心的肢端动作发展较迟。以上肢动作为例，肩头和上臂首先成熟，其次是肘、腕、手，手指动作发展最晚。下肢动作也是如此。

由粗到细或由大到小：儿童先学会大肌肉、大幅度的粗动作，以后才逐渐学会小肌肉的精细动作。新生儿只会弥漫性的舞臂伸腿，四五个月的婴儿要取面前放着的玩具往往不是用手，而是用手臂甚至整个身体。随着神经系统和肌肉的发育，加之儿童大量的自发性练习，动作逐渐分化，儿童开始学习控制身体各个部位的小肌肉动作。他们在身体某部受到刺激后能控制仅由有关部分作出相应的动作反应，而抑制身体其余部分的动作，使反应更加专门化。儿童用手握铅笔自如地一笔一画地写字，往往要到六七岁才能做到。

（二）动作发展的顺序

儿童的一些重要动作有一定的发展顺序。

头部：眼肌的控制发生于出生初期。出生后12小时，婴儿已出现眼睛注视移动中的成串东西的“眼球震动”运动，在第3～4周间，已有眼睛逐物的运动。满月的婴儿俯卧时能将头部举成水平位置，发展的顺序是俯卧时能抬头，然后坐着时头能垂直，最后仰卧时能抬头。

躯干部：躯干部的主要动作是翻身和坐。婴儿由侧卧转为仰卧，由仰卧转为侧卧，再是自由翻转。约在此同时，婴儿能控制躯干部自动坐起，开始时身体前倾、双臂外伸、两腿弯曲，脚掌相向，以增加身体上半身的平衡。

手臂和手：手的动作发展在儿童心理发展上具有重大的意义。首先，儿童逐步学会了拇指和其余四指对立的抓握动作，这是人类操作物体的典型方式。婴儿早期的抓握是使用整个手臂，以后才使用拇指，再发展到使用四个手指和拇指。其次，儿童在抓握动作中，逐步形成眼手协调，即视觉和触觉的协调运动。手的抓握动作约在周岁时接近完成。

腿和脚：婴儿在学会翻身、坐起的动作后逐渐学会了爬行。婴儿最初往往用着地滑行来代替爬行，也就是婴儿坐着，用手臂和腿推着身体前进；以后是匍匐爬行，腹部蠕动，用手臂带动身体前进，两条腿拖在后面；接着用膝盖和手爬行；最早约在8个月时才能用手和脚作四肢爬行。1岁左右的儿童能扶着东西走路，14个月时能不用支持物自己独立走几步，一般在1岁半时能自如行走。

（三）动作的训练

影响婴幼儿动作发展的重要因素是生理成熟。同时，环境和教育对动作能力的发展也起着一定的作用，例如不同的教养方式可以影响动作发展的速度，照料孩子的不同方式会造成动作发展的差异。如非洲婴儿在母亲背上的襁褓中，因头缺乏支撑，所以很快就学会了使头直立。研究表明，长期的动作训练可以加速动作发展，但训练对某些活动的影响可能比对其他一些活动更大，例如行走训练。研究者认为，行走反射可能在帮助婴儿产生更大的活动性方面起着一定的作用；因此应该利用行走反射，不要让其自然消失。

心理学家格赛尔做了著名的双生子爬梯试验，并认为成熟是学习或训练的基础，学习只是对成熟起一种促进作用，只有在成熟的基础上进行学习或训练，才能有效而成功，否则是无效的。动作训练的最佳程度和关键时期是需要进一步探索的。

（四）早期动作发展的心理意义

对父母及婴儿而言，婴儿能够向外伸展及抓握到有趣的东西时，特别是能爬行或走去探索宝藏时，生命突然间发生了戏剧化的改变。

除了娱乐价值外，婴儿身体活动控制增加还有其他重要认知及社会功能。例如，婴儿会感觉较勇敢，满足并寻找挑战。达到不同的运动水平对知觉发展有不同的意义。例如，爬行者比其他同年龄不能活动的婴儿较能找到隐藏的物体(Kermoian & Campos,1988)。爬行及走路所产生的活动也能使婴儿更能了解视觉流，也能帮助他们定位自己在空间的位置，改善姿势，使爬行及走路更有效率(Higgins,Campos, & Kermoian,1996)。人类的发展是整体性的，运动技巧的发展对其他层面发展有明显的影响。

婴儿动作发展有重要的心理意义。首先，婴儿动作的发展反映了心理发展的内容和水平；同时，动作发展是心理发展的源泉和前提。婴儿通过动作和感知觉对外部世界作出反应，获得对环境的最初知识；手的抓握动作和独立行走可以促进婴儿空间认知的发展；而且，随着动作能力的发展，婴儿与周围人的交往从依赖、被动逐渐向具有主动性转化，动作的发展可以诱导婴儿社会交流能力的发展（Biringen，Emde，Campos & Appelbaum，1995）。

专栏

儿童早期的动作发展对认知发展的作用

大量理论和实验证明，儿童早期的动作发展与认知发展有密切的联系。

首先，动作发展是认知发展的外在表现，感知运动阶段的智力是个体智力的最初表现形式。个体与环境最初的适应是以先天性无条件反射为中介的，为了适应外在环境，先天性无条件反射不断重复出现，形成动作图式。1 到四五个月内，婴儿在先天性无条件反射基础上，通过机体整合作用，将个别动作连接起来形成新的动作，但此时尚缺乏目的性。5 到 9 个月时，婴儿有目的的动作逐步形成，这是智慧动作的萌芽，手眼协调也在这一时期实现。9 到 十一二个月时，动作目的与方法之间开始协调。到 1 岁半左右，婴儿能够按照一定目的，进行有意识的尝试错误改进手段的动作以解决新的问题。

另外，随着动作的发展，儿童的认知方式也发生了变化，这使儿童的认知结构不仅在量上得到了丰富，而且在质上也得到了发展。可以说，儿童早期动作的发展是其认知发展的外在表现，同时早期动作的发展也将促进儿童的认知发展。

因此，如何通过动作训练促进认知发展已经成为发展心理学的又一重要课题。动作发展在多大程度上对认知发展发生作用，是否存在动作训练的关键期，什么样的动作训练与某种认知发展发生作用，这一系列的问题需要更加深入的研究。尽管在这方面已经取得一些成果，但是仍显单薄，还需要对动作发展进行系统的研究，并由此发展出一套训练儿童动作能力，从而促进儿童认知发展的方法。例如，Jeff 曾提出一种离散控制方程（discrete control equation，简称 DCE）来解释人类行为与认知之间的相互参照的关系。Manjunath 等对 14 名 12～17 岁儿童进行 10 天的瑜伽术训练，并另选 14 名年龄和性别匹配的儿童作为控制组，发现实验组的视觉灵敏度上升了，控制组却没有发生变化。所以，儿童早期动作的发展是影响深远的，应该予以足够重视。

本章小结

本章关于心理发展生物基础的讨论涉及遗传、产前发展和神经系统与体格、动作的发展。

一个人的发展是从受精卵开始的。基因是遗传的物质基础，对生物个体而言存在遗传因子组成和性状表现两方面特征，即基因型和表现型。基因表现的型态有五种：单纯的显性—隐性遗传、共显性、性联遗传、遗传印记和受多基因影响的（或多元基因）遗传。

遗传与环境相互作用对能力、特质和行为模式产生影响。遗传基因影响我们可能经历的环境的三种方式：被动的遗传与环境的相关性、引发的遗传与环境的相关性，以及主动的遗传与环境的相关性。

产前发展要经过三个阶段：受精卵期、胚胎期和胎儿期。胚胎期最易受致畸因素的影响。这些因素种类繁多，如母亲的疾病、各种药物、饮食、辐射、血型不容、情绪状态、年龄以及胎次都能引起儿童的发展偏差。

致畸因素的作用受到胎儿发展阶段、母亲的生理和病理状况、接触致畸因素期间正在发展的器官系统以及母亲和孩子的基因型的影响。一种可能危害胎儿的因素对母亲却可能没有影响，妊娠期使用“反应停”就是一个明显的例子。

各种生理的、神经系统的、认知的和情感的缺陷也与缺氧和体重过低有关。体重过低的影响比缺氧的影响持续得更久，缺氧影响可随年龄增长而消失。

早产能破坏母子间的相互关系，也能妨碍认知技能、动作技能和神经系统。增加刺激可以改善早产儿的发展状况。一般来说，环境条件在维持或消除早期缺陷方面起着重要作用。父母对经历过产前或产程损伤的儿童的态度、行为以及儿童出生时的社会经济背景都影响儿童的发展。

脑和神经系统是儿童心理发展的物质基础。脑重量的增加、脑皮层结构的复杂化和儿童脑电图的特征可以反映大脑的变化。身体和动作的发展有着一些相似的规律。

婴儿动作发展有重要的心理意义。动作发展是心理发展的源泉和前提；同时，婴儿动作的发展反映了心理发展的内容和水平。

身体发育是生物和环境动力的结果。个人基因影响身高、形状及个体成长规划；成长也受荷尔蒙的影响；儿童成长还需要足够的营养。

本章注释

[1]蔡春凤、周宗奎:《产前母亲心理压力对儿童心理行为发展影响的研究述评》,载《心理科学进展》2009 年第 4 期。

[2]周宗奎:《现代儿童发展心理学》,合肥:安徽人民出版社 1999 年版,第 68～94 页。

[3]D. Kuhn 和 R. S. Siegler 主编,林崇德、李其维、董奇主译:《儿童心理学手册:认知、知觉和语言》(第六版),上海:华东师范大学出版社 2008 年版,第 3～61 页。

[4]Biringen, Z., Emde, R. N., Campos, J. J., & Appelbaum, M. I. (1995). Affective reorganization in the infant, the mother, and the dad: The role of upright locomotion and its timing. Child Development, 66, 499-514.

[5]Friedman, J. M. & Polifka, J. E. (1996). The effects of drugs on the fetus and nursing infant. Baltimore: Johns Hopkins University Press.

[6]Higgins, C. I., Campos, J. J., & Kermoian, R. (1996). Effects of self-produced locomotion on infant postural compensation for optic flow. Developmental Psychology, 32, 836-841.

[7]Jacobson, J. L., Jacobson, S. W., & Humphrey, H. E. (1990). Effects of utero exposure to polychlorinated biphenyls and related contaminants on cognitive functioning in young children. Journal of Pediatrics, 116, 38-45.

[8]Nelson, C. A. (1995). The ontogeny of human memory: A cognitive neuroscience perspective. Developmental Psychology, 31, 723-738.

[9]Plomin, R. & Nesselroade, J. R. (1990). Behavioral genetics and personality change. Journal of Personality, 58, 191-220.

[10]Shaffer, D. R. (2002). Developmental Psychology: Infancy through Adolescent (6th Edition). Wadsworth, Thomson Learning Inc, 68-140.

[11]Tanner, J. M. (1990). Fetus into man; Physical growth from conception to maturity (2nd ed). Cambridge, MA: Harvard University Press.

[12]Taylor, H. G., Klein, N., Minich, N. M., & Hack, M. (2000). Middle-school-age outcomes in children with very low birth weight. Child Development, 71, 1495-1511.

[13]Werner, E. E. & Smith, R. S. (1994). Overcoming the odds: High risk children from birth to adulthood. Itahaca, NY: Cornell University Press.

习 题 三

一、填空题

1. 父亲有耳垂，母亲无耳垂，女儿无耳垂。可知父亲的基因组成为 aa，母亲的基因组成为 AA，女儿的基因组成为________。
2. 已知能卷舌相对于不卷舌为显性，父母都是能卷舌，女儿也能卷舌。若此对夫妇再生一个孩子，出现能卷舌的几率为________。
3. 白化病是一种常见的隐性遗传病，双亲中一个基因组成的 Bb 的患病者，另一个表现正常。那么，他们的子女发病的可能性是________。
4. 父母均为双眼皮，而女儿为单眼皮，由此可知父亲的基因组成为 Aa，母亲的基因组成为 Aa，女儿的基因组成为________。此对夫妇再生一个孩子，出现双眼皮的几率为________。

二、简答题

1. 产前发展存在哪些致畸因素？
2. 早产和足月儿童在发展中出现多方面差异的原因是什么？有什么办法促进早产儿的发育？
3. 如何理解大脑发育的可塑性？
4. 儿童动作的发展有什么规律？
5. 简述遗传影响人们所体验到的环境的方式。

三、观点辨析题

1. 有人认为，“龙生龙，凤生凤，老鼠生儿打地洞”，一个人聪明不聪明，先得看他爸爸、妈妈是谁。这种看法有道理吗？为什么？
2. 有一个宝宝 10 个月就会走路，说明他特别聪明。这种说法对吗？为什么？
3. 有人说，如果情绪创伤很严重，如果有足够的营养，确保孩子没有疾病，也没有遭受身体上的虐待，儿童的成长就不会受到消极影响，不会患上侏儒症。这种说法对吗？
4. 有的教师认为，遗传会影响智力，因此，每个学生的智力都是难以改变的。这种看法对吗？为什么？遗传可以影响智力这一事实对教师的工作有什么启示？

第四章　早期发展

【教学目标】

通过本章的学习，应达到以下教学目标：

1. 了解新生儿的特点，包括新生儿所具有的发展潜能、新生儿的反射、新生儿的状态以及与安抚有关的问题。

2. 识记和掌握婴儿感知觉发展的基本理论和一般发展特点，能够结合有关研究证据，对有关理论进行辨析，说明婴儿视觉（包括视敏度、颜色知觉、形状知觉、深度知觉和大小恒常性等）、听觉、味觉和嗅觉等方面的发展特点，消除一些有关婴儿感知觉发展的误解。

3. 理解和掌握婴儿学习的基本特点和基本形式，包括习惯化、条件反射的建立、观察学习（模仿）和记忆等，在理解基本概念的基础上，掌握上述学习形式的基本表现。

4. 理解早期环境对婴儿心理发展的影响及其可逆性，理解婴儿心理发展的高度可塑性，形成关于早期发展的科学态度。

5. 理解和掌握婴儿气质的特点，包括婴儿气质的基本表现、基本的气质类型及其对婴儿的影响，理解婴儿气质的稳定性、可变性及其与环境（特别是教养方式）的关系。

【本章结构】

本章主要围绕新生儿的发展特点以及婴儿的感知觉等认知潜能、婴儿的学习和气质等早期发展问题进行分析。主要内容包括四个部分：第一部分概括介绍新生儿的基本特点，首先讨论新生儿的发展潜能特别是新生儿的反射，然后，结合有关的研究，描述新生儿的基本状态以及与新生儿安抚有关的问题；第二部分介绍婴儿感知觉发展的基本理论和一般发展特点，结合有关的研究，分析婴儿视觉、听觉、味觉和嗅觉等方面的发展特点；第三部分围绕基本的学习形式，分析婴儿的学习特点和早期环境对婴儿心理发展的影响；第四部分集中讨论婴儿的气质发展问题，分析婴儿基本的气质类型及其影响、气质的稳定性和可变性及其与环境的关系。本章的基本结构如下图：

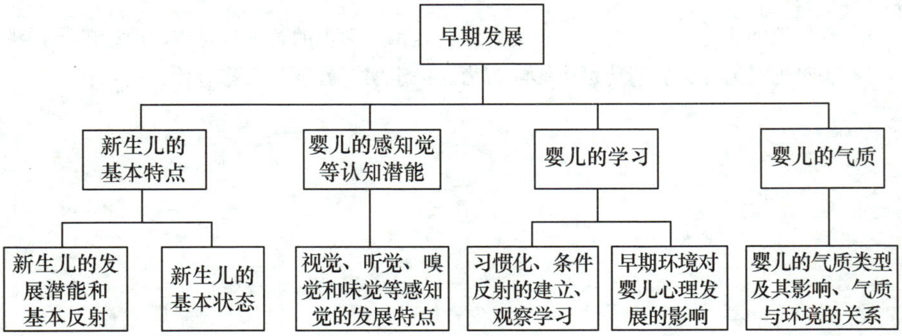

一个婴儿出生后具有哪些心理活动？他们是否像很多人所认为的那样一无所能？他们具有哪些能力或潜能？他们能学习新的东西吗？他们容易受环境的影响吗？新生儿的心理世界到底是怎样的？或者说，他们眼中的世界是什么样的？只要我们认真观察就能发现，出生不久的新生儿的表现就已经有所不同了：有的孩子很容易安慰，讨人喜欢，有的孩子则大声哭闹不止，难以安宁；有的孩子比较安静，有的孩子则显得比较“活跃”。婴儿为什么具有这些差异？应该如何对待这些孩子？

面对新生儿，所有的父母都可能产生上述疑问。他们在关心孩子身体发育的同时，也可能关心他们的心理发展。这些问题正是本章将要探讨的问题。在本章中，我们首先介绍新生儿的身心发展特点或规律，然后讨论早期认知发展的基础或潜能，特别是婴儿的学习能力，最后讨论早期气质的个别差异，在此基础上探讨早期的环境对于儿童身心发展的意义。

第一节　新生儿的特点

从出生至1个月时的婴儿称为新生儿（neonate）。新生儿出生后，并不像奶粉或玩具广告上的孩子那样动人，他们一般相貌丑陋，即使深爱着自己孩子的母亲，当她第一眼看到这个新诞生的小生命时，也很难说孩子漂亮。

一、新生儿的发展潜能

刚出生时，男孩较女孩稍大、稍重些。身体比例与成人大不相同：新生儿头已经是成人后大小的70%，占身体的1/4，接近腿长占体长的比例，而成人仅为1/8，新生儿35%的肌肉组织由水构成，而且占体重的比例不超过18%～24%（Marshall，1977）。

长期以来，新生儿都被认为是一无所能的、完全依赖成人的有机体。实际上，作为人类的个体，经过孕期的发展之后，新生儿已经具备了某些基本的发展潜能。这些潜能突出地表现在以下几个方面。

新生儿身体的各个部分已经长成，各个生理系统正常发育，具有生理上的自我调节功能，这是他们适应外界环境，完成从适应母体环境向适应体外环境转变的基础。

新生儿的各种器官已经形成，与之相应的神经系统和脑中枢的功能也在迅速发展，这使得儿童能够对出生后的环境刺激做出各种反应，特别是能够与周围的人进行最初的互动，例如，他们能够以啼哭、愉快等表情符号表达自己的感受或状态，而且，能够对成人的面部表情、声音、拥抱等做出相应的反应。这是认知能力发展的基础，也是各种社会技能和社会认知能力发展的基本条件。

专栏

分娩的过程

分娩是胎儿从子宫经过产道与母体分离的过程。分娩过程通常分为三个阶段。在第一个阶段，在催产素的作用下，子宫有规律地收缩（又称宫缩）和扩张，使子宫颈不断扩张，为胎儿的出生“打通”产道。宫缩最初约8～10分钟一次，每次持续约30秒，随后宫缩逐渐频繁，持续时间也逐渐延长，最后达到约2分钟一次，每次持续约2分钟。子宫颈逐渐变宽，以至于能通过胎儿的头部。第一个阶段持续的时间最长，具体时间与母亲的年龄、种族、怀孕次数以及胎儿和母亲自身的很多因素有关。在第二个阶段，随着一次次的宫缩，婴儿的头开始移动，依次通过子宫颈和产道，最后，胎儿完全脱离母体。在第三个阶段，胎儿的脐带和胎盘从母体娩出，这个阶段只需要几分钟的时间，也最容易完成，见图4-1。

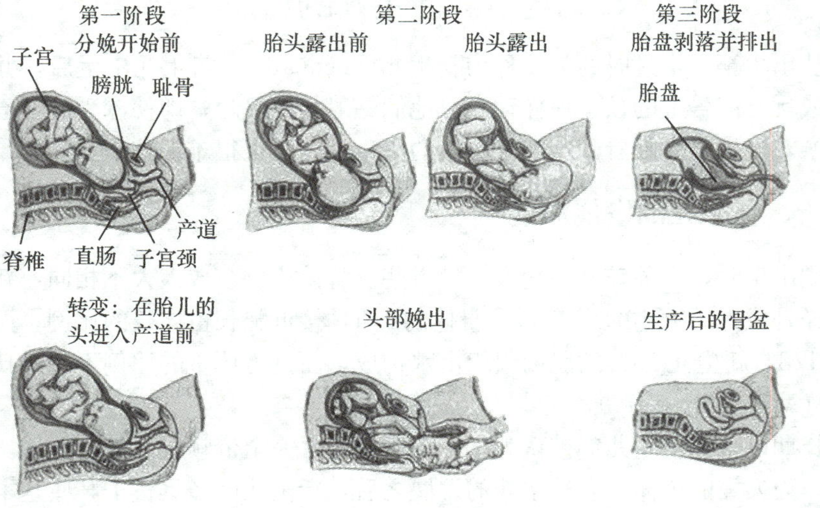

图4-1　分娩的过程

剖腹产与顺产是两种基本的分娩方式。剖腹产实际上是通过外科手术，将胎儿从母亲的子宫中直接取出。目前，对于顺产和剖腹产对儿童发展的影响，仍然存在一定的争议。你更赞同哪种分娩方式？为什么？

新生儿具有一些先天的反射，包括在人类进化的特定阶段曾经发挥过某种作用的原始反射和有助于维护儿童基本生存的生存反射。这些反射对于新生儿维持自身生存、适应外界环境具有重要的作用，也是儿童心理发展的重要基础。

二、新生儿的反射

近年来的研究发现，新生儿的反应绝不是任意的、无组织的，而是一出生就具备了一套发育健全的反射系统和感觉反应系统。他们能够以有组织的、有意义的方式进行反应，这种反应的发生比原先设想的要早。

目前，人们发现的新生儿先天反射有70多种。表4-1列出了其中的一些典型反射。

表4-1　新生儿的反射及其发展时间表

名　称	反　　应	发展时间
巴宾斯基反射	轻轻触及婴儿的足底，婴儿的脚趾会张开呈扇形，然后弯曲。	出生时出现，半年后消失
抓握反射	手掌抓握触及手心的物体。	出生时出现，3～4个月时消失
摩罗反射	突然出现大的声音或头部落空失去支撑时，婴儿双臂向外张开，弓起背，接着双臂向内收拢合起。	出生时出现，半年后消失
游泳反射	将婴儿放入水中，婴儿的双臂和双腿会自然地做出游泳的姿势。	出生时出现，4～6个月时消失
行走反射	扶住婴儿腋下直立于地，使其双脚接触地面，婴儿会做出走路一样的迈步动作。	出生时出现，2个月内消失
强直性颈部反射	让婴儿躺着，使其头转向左侧或右侧，他会伸出与头转向一致的那只手，而将相反方向的手臂和腿屈曲起来，仿佛摆出击剑者的姿势。实际上这是婴儿吃奶最好的姿势。	出生时出现，2～3个月消失
呼吸反射	反复地吸气与呼气。	出生时出现，持续终生
眨眼反射	闭眼或眨眼。	出生时出现，持续终生
瞳孔反射	遇强光刺激时瞳孔收缩，遇弱光时瞳孔变大。	出生时出现，持续终生
吞咽反射	吞咽放在口中的食物。	出生时出现，持续终生

新生儿的反射有些具有明显的生存意义，有些则没有明显的作用，有些反射是永久性的，而有些反射在出生几个月后就消失了。有生存意义的反射又被称作“生存反射”，如眨眼反射、吮吸反射、吞咽反射、觅食反射等，都是有机体适应环境或保护自身的必要反应。在新生儿的反射中，那些没有明显生存意义的反射一部分似乎是进化过程中的残迹，即原始反射，如拥抱反射；还有一些是神经回路现象，以后成为随意命令下的行为或更有用的行为模式。

新生儿的生存反射不仅有助于新生儿满足基本的需要，保护婴儿免受不良刺激的伤害等生理意义，而且有助于婴儿与看护者（特别是母亲）建立最初的情感联系，促进个体的社会化。例如，当新生儿依偎在母亲身边吃奶时，可以激起母亲对孩子的爱恋，进而促成其积极的看护行为，促成最初的母子依恋关系。

尽管有些反射不具有生存意义，但临床上可以根据这些反射检查儿童神经系统的发育是否健全。它们消失的时间常被作为神经系统是否成熟或有无障碍的一种指标。如果某种反射在应该消失的时候没有消失，就可能意味着脑和神经系统的发育不正常。因此，这些反射具有临床诊断价值，可用来进行小儿智能发育检查。目前，一些研究人员利用游泳反射和行走反射，训练婴儿提前游泳和行走，取得了一定成效。

三、新生儿的状态

新生儿是否如人们通常所认为的那样只是吃了睡、睡了吃？他们通常具有哪些状态？其实，儿童在出生之后，会逐渐形成特定的生物周期。新生儿状态的变化并不是杂乱无章的，而是可预测的、有规律的。

（一）新生儿的基本状态

通常，新生儿在一天之中，主要在以下几种状态之间转换。

有规则的睡眠状态：双眼紧闭，静止不动；呼吸缓慢而均匀；面部放松，无怪相，眼睑不动。

不规则的睡眠状态：双眼紧闭；肢体轻度扭动和移动；常有怪相和其他面部表情；呼吸不规则，较规则睡眠状态下的呼吸要快；作间歇性和周期性的快速眼动，这种状态也就是所谓的“快速眼动睡眠”（REM）。

瞌睡状态：相对安静；眼睛交替睁开、闭合，呼吸较规则；双眼睁开时，目光显得呆滞。

警觉的非活动状态：眼睛睁着，能追随运动的物体，且双眼在水平和垂直方向上作协调运动；相对安静，面部放松，不作怪相。

觉醒的活动状态：全身进行扩散性的肌肉活动；眼睛睁着，环视四周；呼吸粗而不规则，不时扭动身体，踢腿、动手。

啼哭状态：出声地哭，并伴有活跃的肌肉活动，如扭动身体，踢腿、晃手，是身体不适的反应。

虽然，婴儿有组织的内部调节机制使得他们在一天所经历的状态转化模式具有普遍性，但是，婴儿的状态也存在很大的个体差异。例如，他们觉醒的时间、觉醒时的哭闹状态持续的时间等都存在明显的个别差异。另外，各种状态在新生儿的一天中所占的相对时间也是不同的，通常，新生儿一天中大约有16～18个小时处于睡眠状态。

（二）早期状态的变化：睡眠和啼哭

在整个婴儿期，儿童的状态是在不断发展变化的，他们逐渐形成了人类正常的生物节律，这为他们较好地适应环境创造了条件，同时，也是他们适应社会环境的结果。通过睡眠与哭闹这两种状态的变化，可以说明婴儿发展状态的变化。

1. 睡眠状态的变化

尽管儿童处在不同状态中的时间比例有个别差异，但随着婴儿的成长，处于觉醒状态的时间越来越多，睡眠时间逐渐减少，他们同环境相互作用的机会就增加了。这种变化与新生儿接受的触觉和视觉信息有关。父母日常的照料行为，如抚摸、轻吻、轻轻摇晃等行为，可能影响婴儿大脑高级区域的荷尔蒙的分泌，进而影响他们睡眠周期的变化，使得新生儿白天清醒的时间逐渐延长。同时，父母为新生儿的喂养、穿衣等行为主要集中在白天进行，这些行为也将影响新生儿对于各种视觉刺激的反应。这些发生在白天的、熟悉的刺激和亲子交流逐渐导致他们在白天清醒的时间增长。

当然，睡眠时间不是连续的，而是在一天中分布成各种短时的和长时的周期。一般来说，到了第四周，睡眠时间总体上比刚出生时要短，但每次的单位睡眠周期时间延长了。到了第八周，婴儿夜间睡眠时间更长，白天睡眠时间更短。到一岁时，婴儿能够整夜睡眠。“白天清醒，夜间睡眠”节律的形成是婴儿早期发展的重要内容，它使得婴儿更加容易照看。这种向社会生活中所接受的睡眠—觉醒循环模式的转化说明，婴儿在生物节律上逐渐适应了外部世界的要求。

不仅睡眠的量和睡眠模式随年龄而变化，而且睡眠类型也是如此。其中，最重要的区别是REM睡眠和非REM睡眠的区别。REM睡眠（常被称为“梦的睡眠”）是一个以心率、血压的波动和快速眼动为特征的睡眠时期，对于成人，做梦通常发生在这一时期。人需要一定的REM睡眠，如果REM睡眠被剥夺，那么，在以后的睡眠中就得在REM睡眠上花更多的时间。研究表明，如果人在REM睡眠时立刻被唤醒，REM睡眠非常少，他随后的觉醒行为就会表现出烦躁与紊乱。

在婴儿发展中，REM睡眠和非REM睡眠的百分比在发生变化。在新生儿中，50%的睡眠是REM睡眠，但随着婴儿的成长发育，REM睡眠的百分比急剧下降，1～3岁婴儿为25%。研究人员至今仍无法确定婴儿是否做梦，无法确定婴儿大量的REM睡眠是否与梦的活动有关。同时，从婴儿期到成人期，不同阶段的睡眠组织模式也在变化。例如，正常成人通常在进入REM睡眠前有一个小时的非REM睡眠。相反，新生儿则几乎从觉醒或睡眠状态中直接进入REM睡眠，仅仅25%的新生儿在REM睡眠之前有非REM睡眠。通常婴儿从瞌睡、啼哭或觉醒状态中进入REM睡眠；到6个月时，婴儿在REM睡眠之前，开始表现出成人的非REM睡眠模式。

睡眠对于个体的发展非常重要。研究发现，睡眠的中断将导致认知水平的降低、抑郁、焦虑和更多的压力和较低的幸福感。睡眠困难的儿童通常存在较多的问题行为，他们的母亲晚上通常要更多地保持清醒来照顾自己的孩子，由于孩子对她们睡眠的打断导致其幸福感降低。

专栏

新生儿及婴儿睡眠状态的脑电研究

新生儿的脑是发育中的脑，睡眠周期的出现是脑功能成熟的重要表现。对新生儿睡眠进行连续的脑电分析，能为临床医生判断其脑发育是否成熟提供重要的信息。Osredkar等通过观察足月新生儿aEEG（振幅整合脑电图，是一种从长时间脑电中提取时间压缩成的幅度信息，以反映大脑背景活动整体水平的无创脑功能监护方法。）的睡眠周期，证明新生儿睡眠周期的存在、出现时间以及质量能准确反映其神经系统发育状况，可为脑发育滞后或异常的患儿接受早期干预提供依据。张丹丹等人（2009）根据87例无特殊疾病的新生儿和婴儿的睡眠脑电数据绘制aEEG图形。分析aEEG随受孕后年龄（PMA）增加的变化趋势。结果表明，PMA较小的新生儿的aEEG呈现高度非连续性；约27周后可从aEEG波形中发现睡眠周期；37周后睡眠周期表现为高低幅值顺次相接的波谱带。aEEG上下边缘随PMA的增加呈上升趋势，其中脑电波幅升高较明显的年龄阶段为PMA<33周以及PMA>44周。aEEG能够反映新生儿脑发育成熟度，在临床领域有一定的应用价值。

2. 啼哭

作为最早将需求信息传递给看护人的一种交流手段，啼哭也是婴儿适应环境的一种重要方式。与睡眠一样，啼哭也不是单一的。根据这种交流手段的作用，能区分出不同的啼哭模式。现已分辨出的啼哭有三种模式：（1）基本模式：与饥饿有关，开始时哭声无节奏、声音低弱，但渐渐声音变大，更有节奏；（2）“发疯”或生气的啼哭：时间顺序特征与基本模式一样（即哭—休息—吸气—休息），但两者的区别在于各阶段的长短不同；（3）疼痛性啼哭模式：突然发作，一开始就哭声大，哭声持续长，接着是长时间的安静，这时伴有呼吸声，然后就是阵发性的喘息。

研究表明，大多数母亲能轻易地区分几种类型的哭泣。每种哭泣模式在时间上的特征都具有重要的社会信号功能。母亲在倾听自己婴儿的哭泣时，能准确地区分由疼痛引起的哭（“痛哭”）和由生气引起的哭（“怒哭”）。有研究发现，尽管父亲们能和母亲们一样，在不同婴儿的哭声中准确地区分出自己孩子的哭声，但他们却不能像母亲们那样区分出“痛哭”与“怒哭”。这也许是因为母亲抚养孩子的经验相对较多，体验较深，责任感也日益增强的缘故。

最初的啼哭大多由内在的器官刺激所引起，但由于每次啼哭都会引起成人的注意，结果，啼哭成了婴儿有意获取与看护人接触的手段。啼哭增加了儿童早期社会交往的机会，同时，母亲也从中得到了双倍的奖赏：哭泣停止，相互感到愉快的交往开始。但是，当婴儿学会了向看护人发出信号的其他手段（如动作和语言）时，他们对啼哭这种社会信号传达手段的依赖就降低了。

啼哭模式还是一种敏感的“诊断装置”，它可以提醒护士和儿科医生注意儿童早期发展中可能存在的异常。与正常婴儿相比，脑损伤和患有唐氏综合症的婴儿受到疼痛刺激后，需要较长的时间才会哭，往往需要更强的刺激才能引起啼哭，并且哭泣持续的时间较短而不规则。营养不良的婴儿的哭声和脑损伤婴儿的哭声非常相像，表明营养不良可能影响了中枢神经系统的调节机能。巴利·莱斯特研究发现，通过分析婴儿头几天的哭声和前几星期的生活状况，可以区分出两种早产儿：将来会正常发展的早产儿和可能会出现认知发展缺陷的早产儿。因此，哭声还能作为对发展异常进行早期报警的信号，具有临床诊断意义。

四、安抚技术

尽管婴儿从睡眠到觉醒、从不安或啼哭到安静状态的转换有着一定的规律，但人们仍然在不断地寻求有效地改变婴儿状态的方法，特别是那些能减少婴儿的不安和痛苦的安抚技术，这对于改善年轻父母的养育行为具有明显的意义。

安抚技术常常能够使婴儿进入最佳的反应状态。外部世界有趣的物体和声响对啼哭或烦躁不安的孩子往往不起作用。一些研究者认为，警觉的非活动状态是早期学习的最佳状态，伴随这种状态的视觉探索行为可能是新生儿熟悉环境、进行早期学习的一种主要手段。因此，一些研究者在探索母亲或看护人提供什么样的刺激，才能有效地帮助婴儿进入这种状态。

（一）看护人的安抚

科纳和汤曼（Korner & Thoman，1970）采用了六种不同的安抚技术或刺激类型，以促使新生儿由啼哭或睡眠状态进入警觉的非活动状态，比较了它们的有效性。结果发现：引起视觉警醒的最有效的技术是，把婴儿抱在肩头，这可以使 77.5%的婴儿睁大眼睛到处巡视。这意味着，母亲通过抱起婴儿进行安抚，无意中为婴儿提供了大量的视觉体验。研究者认为，如果最早的学习主要是通过视觉探索发生的话，那么，在新生儿期引发大量视觉警醒的前庭刺激可能比身体接触更加重要。前庭系统是早期刺激的极好中介，这一系统是发展最早的系统之一，并且在出生时已经成熟。另外，摇晃和襁褓包裹也是安抚婴儿的有效方法，母亲的这类自发实践已经证实了它们的有效性。

除了上述具有普适性的安抚方式之外，有经验的看护者通常会根据新生儿啼哭产生的原因进行有效的安抚：当婴儿哭声响亮有力、面色潮红、面部或颈部出汗时，可能是因为较热，解开包裹或者擦汗、换衣是最有效的安抚方式；当婴儿突然啼哭、急促、面部涨红，并伴有双臂举起、做拥抱状时，可能是由害怕引起的，此时，抱起、抚摸、轻声说话更为有效。此外，有经验的父母还可以根据突然爆发性的大哭，判断孩子可能受到蚊虫叮咬或外物伤害，从而及时地采取有效的安抚措施。

（二）婴儿的自我安抚

在某种程度上，婴儿是一个自足的安抚者。在无需外在刺激的情况下，他能从一种状态转变到另一种状态。吸吮是婴儿常用的一种减轻痛苦的方式，婴儿一出生其吸吮就具有高度的组织模式。在出生的头几天中，婴儿常常自发地表现出吸吮动作，尤其是在睡得不熟的时候。吸吮由外部刺激和婴儿内在的生物状态共同调节。

作为摄食的主要方式，吸吮对于婴儿的生存具有重要意义。多年以来，人们认为，吸吮具有抚慰作用，是由于吸吮与摄食相联系。但是，对空奶嘴的吸吮并不伴有任何摄食，同样也能有效地减缓痛苦。事实上，在出生后第一次喂奶之前，让儿童吸吮空奶嘴，就能起减轻压力的作用。

（三）抚慰接受性的差异

婴儿的个别差异不仅表现在婴儿的节律、状态和活动水平方面，也表现在婴儿接受抚慰的能力方面。就性别差异来看，男婴比女婴更难抚慰。而且，婴儿的抚慰接受性也存在种族差异。研究发现，华裔新生儿与欧裔新生儿在气质和抚慰接受性方面存在明显的差异，欧裔婴儿在满意状态与不满意状态之间的转变较华裔婴儿更频繁；华裔婴儿烦躁时往往更愿意抚慰自己，如自我安静下来，更容易接受成人看护者的抚慰。在婴儿期的头几个月，这些差异一直持续着，它影响着成人对待婴儿的方式（Kuchner，1980）。华裔和欧裔的母亲同她们的觉醒状态的婴儿在一起的时间量没有差别，但欧裔母亲在头三个月里往往花更多的时间直接与婴儿在一起：抚爱婴儿、做身体方面的游戏、与婴儿交谈、保持较长时间的目光接触。华裔母亲往往在婴儿较长时间的啼哭后才进行干预，但华裔婴儿一听到母亲的声音就能很快地安静下来，所需的干预很少。

不容易安抚的婴儿通常会让父母感到焦虑不安、失落，以至于产生挫折感。这些消极情绪会影响到良好的亲子关系的建立。因此，当孩子不易安抚时，父母首先要从认知上弄清“乖宝宝”的含义，接受孩子难以安抚的事实，明白即使是一个容易发怒或反应性低的婴儿，也可以通过积极的反应而安静下来。其次，要逐渐根据孩子的特点，调整安抚的方式，并积极学习能引导孩子产生积极反应的方法。

大量研究表明，在养育过程中，高度的敏感性和反应性，对早期儿童的情绪安抚和发展具有重要的作用。高度的敏感性是指看护者能够敏感地觉察到婴儿发出的各种信号，包括啼哭、发声、身体姿势等，意识到儿童的需要；高度的反应性是指看护者能对婴儿发出的表达自身需要的各种信号做出及时的反应。具有高度的敏感性和反应性的母亲，通常能促成儿童内在的安全感和安全的依恋关系，促成母子之间的良性互动。

第二节　婴儿的感知觉和动作发展

对客观事物的感知能力是各种心理能力发展的基础，它会影响到学习、思考以及社会化的过程。关于早期发展的研究发现，发展到一定程度的胎儿，不仅可以感觉到外界的声音和光线，也能对母亲的情绪做出反应。在个体出生后，独立地面对各种声音、光线等刺激时，新生儿的各种感觉又是怎样发展的？他们能否认出自己所看到的东西，理解别人所说的话呢？他们能够知觉这些刺激，还是仅仅产生了对这些刺激的感觉而已？

一、关于婴儿感知觉发展的理论

婴儿的感知觉（特别是知觉能力）是怎样发展起来的？是天生就有的，还是在后天经验的基础上逐渐发展起来的？婴儿的感知觉决定于外部的刺激，还是决定于他们自身的经验？对此，人们提出了不同的观点。

一些人认为，婴儿的感知觉能力是后天产生的，如英国经验主义哲学家洛克就持“白板论”，认为儿童出生后就像一张白板，他的知识和能力是后天环境给予的。另一些人，如德国哲学家康德则认为，许多基本的知觉能力（如空间知觉能力）生而有之。前者可以看作感知觉发展的后天论，后者则可以看作感知觉发展的先天论。

人们对婴儿知觉发展的理解有两种观点：充实理论（enrichment theory）和分化理论（differentiation theory）。前者以皮亚杰（Piaget，1954；1960）为代表，认为儿童头脑中具有某些认知模式或图式，它们可以为从外部输入的各种模糊的刺激赋予特定的意义。有时候，同样一幅图（刺激），人们既可以把它看做一种事物，也可以把它看成另外一种事物，这决定于人们头脑中已经有了哪些知识或观念（认知图式）。简言之，婴儿已有的认知或观念“充实”了感官的经验。与之相反，Gibson（1969，1987，1992）所代表的分化理论（differentiation theory）则认为，个体的知觉来源于各种感官刺激，当儿童能够分化出不同刺激之间的不同之处时，就能将不同的刺激区分开来，儿童对各种事物的知觉的发展实际上是不断发现事物的区别性特征的过程。例如，儿童最初把狗、猫等长毛的小动物都叫做狗，但随后逐渐发现狗、猫等小动物在大小、形状或声音等方面的区别，因而逐渐将它们区分开来。

从总体上看，目前人们不再简单地认为，儿童的感知觉能力是先天的还是后天的，而是认为成熟和环境都具有重要的影响。许多研究表明，在儿童知觉发展的过程中，儿童头脑中已有的观念和外界的感官刺激都具有重要的作用。

近几十年来，特别是20世纪60年代以后，人们采用偏好法、习惯化和去习惯化法、诱发电位法等适用于早期儿童的研究方法，对婴儿的感知能力进行了大量研究，得到了一系列有意义的结果。

专栏

偏好法、习惯化和去习惯化法、诱发电位法

偏好法是指，给婴儿同时呈现两种以上的刺激，然后，观察婴儿是否对其中一项刺激的注意多于其他的刺激。这种方法可用来确定婴儿能否辨别不同的刺激。例如，R. Fantz 于 20 世纪 60 年代早期较早地采用这种方法，来判断幼小的婴儿是否能够辨别特定的视觉刺激（如脸孔、同心圆和形态不规则的圆盘）。

习惯化与去习惯化是两种相反的过程。给婴儿呈现一项新的刺激，婴儿会表现出相应的反应（如转头或眼神移动、呼吸或心率的改变），当重复呈现这个刺激的时候，婴儿的反应会逐渐减少乃至停止，这是习惯化的过程。在婴儿对某个刺激习惯化之后，呈现第二个刺激，这时，婴儿如果出现明显的反应（如注意、呼吸或心率的改变），这是去习惯化的过程。当婴儿停止对某个刺激作反应（习惯化）时，说明他已经认识或熟悉（习得）这个刺激了；如果婴儿能够去习惯化，说明婴儿已经能够辨别两个不同的刺激（如形象、声音、气味）。

诱发电位法是指，给婴儿呈现特定的刺激，记录其脑电波的变化，以确定儿童能否辨别这个刺激。这是运用生理指标研究婴儿心理的方法。

二、听觉的发展

在孕期的第 4～6 个月，内耳开始能执行听觉功能。研究表明，早在 28 孕周时，便能记录到由声音诱发的皮层电位。胎儿能够区分出声音的不同频率和强度（Korner & Thoman，1970）。此外，还有研究表明，胎儿期的听觉经验能够影响他们以后的听觉，这种影响至少表现在新生儿阶段。例如，新生儿对胎儿期听过的音乐和故事，表现出听觉偏好（DeCasper & Spence，1986）。

儿童出生后，听觉能力不断发展，表现出对不同频率的声音的辨别能力。通常，新生儿对低频音的分辨能力非常好，3～6 个月大的婴儿对高频音的分辨能力甚至能达到成人水平；但是，6 个月大的婴儿要在频率变化的程度相当于成人两倍的情况下，才能够觉察频率的变化，同样，他们早期对低频音的辨别能力的发展要强于对高频音的辨别能力。对于频率的感知产生相应的音高知觉，研究发现，7～8 个月的婴儿在复杂音高知觉的很多方面已接近成人水平（Montgomery & Clarkson，1997）。

在音强方面，研究者利用新生儿对所听到音调的同步反应，测量了他们听觉的绝对阈限，发现新生儿的绝对阈限范围是从 250 赫兹 68 分贝到 2000 赫兹 82 分贝（Weir，1997），一个月之后，婴儿阈限大约比成人高 35～45 分贝（Tharpe & Ashmead，2001）。在随后的发展中，研究者发现，频率越高，儿童达到成人阈限水平的时间越早，5岁左右，他们便能在高于4000赫兹以上的频率的声音上达到成人水平，但是，对于1000赫兹上的声音则需要10岁以后才可以达到成人水平。从对声音强度变化的阈限来看，新生儿能够分辨出6分贝的语音强度的变化，当两个音调强度的差异达到8分贝时，婴儿才能觉察，而成人对2分贝的差异就能觉察到（Kopyar，1997）。3岁儿童对强度持续增加的噪音的听觉差别阈限接近成人水平（Berg & Boswell，2000）。

新生儿已经具备了声音定位能力，这是一种先天的反射行为，他们能把头转向声源方向。一个月后，这种反射会短暂消失，4个月之后再次出现。通过对最小可听角度（minimum audible angle，简称MAA，即探查到声源位置发生变化的阈限）的测量发现，在平地经度上，1个月大的婴儿的MAA大约为27°（Morrongiello，Fenwick，Hiller，& Chance，1994），而到5岁时已经与成人的1°～2°的水平相差无几了（Damon & Lerner，2009）。双耳声差分辨能力较低，并不能充分地解释儿童早期声音定位能力不成熟的现象，可能有两种原因导致了这种现象：婴儿更多地依赖波形而不是双耳声差来定位；虽然婴儿通过加工声音线索进行声音定位的能力已经达到成熟水平，但是，他们将所有的声音线索转化为精确的空间声音定位的能力尚不完善（Gray，2002）。

婴儿对声音的反应至少有三种方式：感受抚慰、警觉、痛苦反应。它们的发生取决于声音持续的时间、音响和音高。婴儿的经验对引发这些不同的反应模式的作用较小，这表明，新生儿在出生时就已准备好对各种首次遇到的、特殊的听觉特征（如声音持续时间、音响和音高）进行不同的反应。

新生儿对人说话的声音极为敏感，这进一步证明婴儿具有遗传的听觉机制。新生儿对一个妇女说话声音的反应比对铃声的反应可能会更多、更有力。新生儿对母亲的声音尤为敏感。呈现母亲的声音比呈现另一妇女的声音更容易改变新生儿的吮吸反应。这些研究结果表明，婴儿的听觉装置具有对人的声音特征进行独特反应的功能。婴儿能迅速地区分各种声音，能较快地辨认出母亲的声音。这既说明了婴儿对特定声音类型反应的准备性，也说明了婴儿具有良好的学习潜能。婴儿的这种听觉辨别能力，对他们以后社会性和语言的发展具有重要意义。

三、视觉的发展

视觉是人类最为重要的感觉之一，人关于外界的信息绝大部分是通过视觉获得的。新生儿的眼睛在出生时就能对视野内的几乎所有刺激进行不同的生理反应。新生儿能辨别亮度的变化，能区别出视野内的运动物体，还能追随一个视觉刺激物。

1. 婴儿的视敏度

视敏度（视力）是眼睛区分视觉目标的形状和微小细节的能力。在出生时，视敏度较低，而在出生后的一年内逐步提高。根据斯纳伦（Snellen）标记法，20/20 代表正常的视敏度，即在 20 英尺的距离能读出标准“E”，20/30 则表示一个人在 20 英尺处的视力相当于在 30 英尺处的标准视力，即近视。一个月内的新生儿的视力在 20/150 至 20/290 之间，也就是说，新生儿是“近视眼”。但是，6 个月时，婴儿的视敏度已经达到大约 20/70，随后持续提高，到 6 岁左右条栅视敏度达到成人水平（Skoczenski & Norcia，2002）。

2. 婴儿的视觉集中

视觉集中是指通过两眼肌肉的协调，能够把视线集中在适当的位置观察物体。婴儿能在不同的距离上很好地注视目标吗？我们知道，成人通过改变晶状体的曲度进行“调节”，以使远近不同的物体进入清晰的焦距中。新生儿的视觉调节能力具有一定的局限性，在出生后的两三周内，对于很近的两个物体，则右眼向右看，左眼向左看，有时他们的双眼又会对到一起，形成“斗鸡眼”。从出生到 3 个月之间，婴儿对远近目标的注视能力迅速地提高，新生儿3 周之后能将视线集中于外界物体，2 个月能够追随沿水平方向移动的物体，3 个月能追随物体做圆周运动。此外，视觉集中的时间和距离也逐渐增加，随着身体运动技能的增强，他们对环境的观察越来越主动。到了 6 个月大的时候，婴儿就具有与成人一样的注视能力。

3. 颜色视觉

新生儿能辨别颜色吗？研究表明，新生儿只有非常有限的色觉经验，但他们的颜色辨别能力发展较快，在 2 个月的婴儿中，短波长敏感视锥细胞和长波长敏感视锥细胞开始发挥色调分辨功能（Borchert & Teller，1997），此时，他们大都能区分红色与白色，3～4 个月时短波长敏感视锥细胞也开始出现色调分辨功能（Suttle，Bank，& Graf，2002）。4 个月即使光照条件差异较大，婴儿仍能保持颜色识别的正确性（Dannemiller & Freedland，1989）。4～5 个月的婴儿颜色视觉的基本功能已经接近成人水平（Haith，1990）。婴儿开始形成类似于成人的色彩偏好，与不饱和的颜色相比，他们更喜欢饱和的颜色。

总之，婴儿具有良好的视觉能力范围，这使得他们在年幼时就可以与周围的社会环境和自然环境相互作用。

4. 形状知觉

婴儿能分辨图案吗？他们眼中的图案是什么样的？范茨（R. Frantz）在

20世纪60年代早期开展的一系列研究表明，婴儿在非常小的年龄就能辨别各种图案。

范茨(Frantz,1961)采用视觉偏好法,研究了婴儿的形状知觉。“视觉偏好”是指婴儿注视具有某一特点的目标的时间明显超过注视其他目标的时间的现象。在实验过程中,位于婴儿上方的观察者将婴儿注视每一目标的时间记录下来。如果婴儿注视一种形状的时间较长,就可以假定,婴儿喜欢这种形状。研究结果表明:从出生不到两天的婴儿到六个月大的婴儿都能辨别视觉图案。婴儿注视人的脸面、报纸和靶心图的时间比注视无图案的颜色刺激的时间要长。

大量研究证实了婴儿视觉偏好的存在。新生儿更喜欢看那些图形中对比度高的明暗部分、有明显的分界线的图案以及有弧度的中等复杂图案（Kellman & Banks，1997)。随着年龄的增长，他们更喜欢看那些他们能看清楚的东西。虽然复杂性并不是决定婴儿视觉偏好的唯一因素，但随着视觉生理机制的成熟，他们的确越来越偏爱复杂的刺激。在总体上，婴儿偏爱弯曲的线段胜过偏爱直线，偏爱不规则图案胜过偏爱规则图案，偏爱同心圆胜过偏爱非同心圆，偏爱对称性图案胜过非对称图案。

婴儿倾向于注意视觉目标的哪一部分？研究者利用红外线照相技术记录婴儿的视觉轨迹。这种技术不仅可以用来确定婴儿正在注视什么客体，而且能精确地确定婴儿在注视客体的哪一部分。例如，当婴儿注视三角形目标时，婴儿的注意集中在角上而并不是平均分布在全部图案上。这表明,某些复杂图案的某些要素可以引起婴儿的注意,但并不能确定婴儿是否观察了整个图案;相反,他们可能被图案的某一个特殊的部分所吸引,尤其被角部、顶部或边缘所吸引。

研究表明，新生儿对外界的注视也遵循一系列规则：新生儿以一种组织化的模式观察世界，同时主动地寻找视觉刺激（Haith，1980）。下面是婴儿注视所遵循的一些“规则”：

规则1：如果处在觉醒状态，光线不太强，新生儿会睁开双眼。

规则2：如果处在黑暗中，新生儿会保持一种有控制的、仔细的探索。

规则3：面对光线适中、形状不确定的对象，新生儿会作广泛的扫视，探索对象的边角。

规则4：如果发现一个边角，婴儿就结束扫视，停留在那个边角的附近，并试图跨越边角。

按照黑思（Haith）的观点，婴儿的扫视是为了获得某一水平的刺激，这些规则并不适用于较年长的儿童，但似乎能很好地说明婴儿在出生后的最初几周内的视觉活动。他们所注视的形状随年龄的增长明显变化，4～6周的婴儿继续表现出新生儿对边角注视的特征，到了两个月时，婴儿的视线既追随图案的边，也追随图案的中心。研究还发现，婴儿对图形的整体特征的知觉在3个月时就已经出现了，3～5月的婴儿还能够从运动着的对象中获取图形结构方面的信息。

对人的面部的知觉与儿童的社会反应性密切相关。婴儿最早识别人的面部发生在什么时候？对社会性刺激的识别是否按照与其他图形识别相同的过程发展？1个月的婴儿看到人的面部轮廓时，只扫视最外面的轮廓线，就像看到一个三角形时一样。但是，当两个月的婴儿看到一张面部图画时，他们的视线并不停留在外部边缘上，而是迅速地移动眼睛注视图形的内部。

研究者（Haith，1977）发现，在注视面部时，3～11周的较大的婴儿注视轮廓的时间较少，而对眼睛部分的注视时间超过较小的婴儿。在5～7周之间，作为社会交往的信号，眼睛可能对婴儿具有特殊的意义。对婴儿的看护人来说，婴儿对面部注视时间的增加，尤其是看护者与儿童目光的接触，很可能蕴含着特殊的社会意义，它在依恋的发展中起着重要的作用。

面孔能够有效地诱发新生儿的兴趣，这并不意味着新生儿对人的面孔具有内在的偏好。新生儿的偏好是由刺激的感官属性和结构属性这两个方面与视觉系统之间的匹配程度所决定的（Valenza，2001）。范莰将人的面孔五官颠倒错位的图像呈现给新生儿，他们同样具有注视的兴趣。面孔只是因为恰好具有丰富的知觉特性，如轮廓、明暗对比和运动，而像其他图形一样受到新生儿的喜爱。0～2个月的婴儿还没有形成图像整体知觉，他们的视线只是沿着明暗对比边缘巡视。2～3个月的婴儿开始注意图形模式的内部结构，这意味着图像识别的开端。这时，他们非常喜欢看正常人的面孔，而不喜欢那些五官被颠倒摆放的面孔。到了5个月时，婴儿把面孔作为独特的图形加以注视，并能辨别陌生的面孔，而不再只把面孔当成各个部分（如眼睛、鼻子、嘴）的简单集合，完成了从部分知觉到整体图形知觉的转变。

5. 深度知觉和大小恒常性

婴儿什么时候能有深度知觉？为了研究这一问题，吉布森和沃克（Gibson & Walk，1960）发明了一种称为“视崖”的装置。它由一个可升高的、分成两部分的玻璃平台构成：一部分是“浅滩”，即衬有方格图案的玻璃表面；另一部分是一层透明的玻璃表面，方格图案在它之下几英尺处（见图4-2）。研究者假设：如果婴儿能知觉

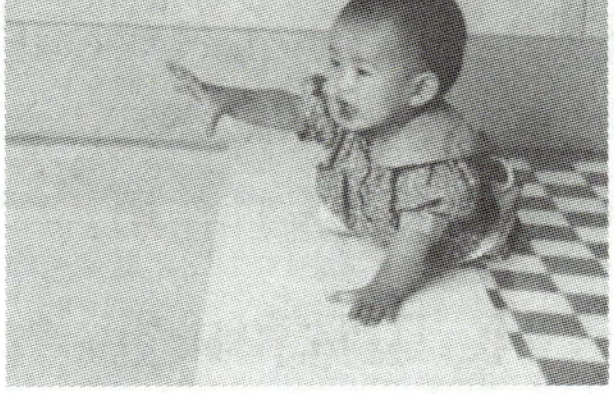

图4-2　婴儿在视觉悬崖边

到物体的深度，他将停留在平台的“浅滩”边，并避免来到看起来显然很深的“悬崖”边。当然，在自然界里，很可能产生深度知觉的错误判断。例如，深水的表面反射可能让人误以为水不深。但是，在这种视崖装置里，清晰明亮的玻璃表面消除了光线的反射。36 名 6～14 个月的婴儿参加了实验。当他们的母亲在平台的“浅滩”一边时，所有的婴儿都急于想到达他们的母亲那里，但当母亲站在“悬崖”一边时，尽管有母亲的鼓励，绝大多数婴儿也不愿越过“深崖”一边。

坎普斯（Campos）等对 2 个月和 7 个月的婴儿作了进一步的研究。他们不再把婴儿是否爬过视崖的行为作为指标，而是把婴儿相继放到视崖的深侧和浅侧，然后测量他们心率的变化。结果发现，在脸朝下被放到视崖深侧时，7 个月的婴儿心率加快，而 2 个月的婴儿心率却减慢了（Campos，Hiatt，Ramsay et al.，1978）。心率加快是恐惧反应的指标之一，而心率减慢则被看成对差异或新异性发生注意和兴趣的表现。这说明，2 个月的婴儿已经觉察到视崖深侧与浅侧的深度差异，但还没有从悬崖跌落的恐惧感。在婴儿自己能够爬行后，他们才“害怕”高度。2 个月的婴儿还不会爬，6～7 个月的婴儿则有了爬行经验，在此期间，婴儿出现了对深度线索的恐惧。因而，可以认为，婴儿对深度的恐惧主要来自早期爬行运动的视觉——动觉联合经验，它既不是先天的本能，也不只是后天的特殊经验，而是婴儿早期自身的位移运动经验使其产生了深度知觉的结果。

婴儿能产生对物体大小的知觉吗？物体的大小会因距离的不同而变化吗？这涉及大小知觉的恒常性问题。它是指个体对物体大小的知觉不随视网膜上视像的大小而变化，而是倾向于保持物体本来的大小。例如，即使远处的一辆卡车看起来像玩具车一样，成年人仍能认出它是一辆真实的大卡车。那么，婴儿什么时候出现大小恒常性呢？早期研究认为，4 个月大的婴儿可以从不同的距离知觉一个物体的稳定的物理大小属性，并对不同大小的物体表现出新奇的反应（Day & Mattock，1981）。大小恒常性在婴儿早期就已经可以观察到了，但是，与成年人不同，即使 8 个月的婴儿，也只能在 70 厘米内保持大小恒常性（Slater，Mattock，& Brown，1990）。这一结果支持了相互作用的观点，它表明，在最初几个月内，视觉体验和视觉神经系统的发展在促进婴儿大小恒常性方面共同发挥作用。

四、嗅觉和味觉

嗅觉和味觉在婴儿很小时就已经得到了充分的发展。新生儿能区别多种气味。他们对不良的气味会产生退缩反应，会以不同的方式对不同食物的气味作出反应，他们甚至对成人认为令人愉快或讨厌的气味表现出与成人相似的面部表情。例如，出生不到12个小时的婴儿就能对草莓和香蕉作出满意的面部表情反应，而臭鱼和臭鸡蛋的味道引起他们拒绝的表情，正像成人闻到这些气味时的表情一样（Steiner，1979）。这些婴儿还没有机会通过直接的体验，去学习喜欢草莓而讨厌臭鸡蛋，这表明，区别味道的能力很可能是天生的。嗅觉甚至在早期的社会交往中也起作用。它是帮助婴儿识别母亲的最早线索之一。研究表明：一周大的婴儿就能区别母亲的气味与别人的气味。在一个巧妙的实验中，将母亲和陌生人用过的两个乳罩放在婴儿的头上方，婴儿就会转过头去看自己母亲的乳罩，而很少看陌生人的乳罩。在出生的头几天，却没有发现这种偏爱存在，看来婴儿识别母亲的特殊气味是习得的(Macfarlane,1975)。人的嗅觉一旦发展起来就相当稳定。嗅觉在6～94岁之间存在高度的一致性,甚至在最年老的被试中,嗅觉能力都没有太大的减退。这与老年期出现的视觉和听觉的衰退形成了鲜明的对比。

新生儿的味觉非常敏锐，不同味觉的刺激物会引起新生儿的不同反应。新生儿辨别味道的能力通过不同的方式表现出来。例如，当他们尝到甜甜的饮料时，吮吸的速度就减慢，同时，心率有所增加。可口的味道容易使婴儿激动，这就好比成年人品尝美味一样。面部表情也是婴儿能够辨别味道的指标：有甜味的东西能使婴儿哭啼减少，并出现咂嘴或笑容，酸味的东西则会让他们皱眉和撅嘴，苦味则会让婴儿表现出嘴角下撇、吐舌头等厌恶的表情（Blass & Ciaremitaro，1994）。同时，他们的表情随着溶液浓度的增加更为明显，这说明，他们能够辨别味道的浓度。这些特殊的表情甚至出现在从未吃过食物（除奶和奶制品外）的婴儿身上，味觉偏爱似乎是天生的。相对而言，新生儿更偏好甜味，与其他溶液相比，新生儿对甜溶液吸吮时间长、速度慢、间隔短。

第三节　婴儿期的学习

婴儿能学习吗？学习指的是由于经验而产生的行为或行为潜能的相对持久的变化。学习与遗传和生理成熟因素共同促进着儿童的发展。学习涉及许多过程，婴儿的学习通常涉及四种过程：习惯化、经典性条件反射、操作性条件反射和模仿。另外，记忆作为学习的基础，近年来也有很多研究。

一、习惯化

如前所述，习惯化是指个体不断地或重复地受到某种刺激而对该刺激的反应减少乃至停止的一种现象。例如，如果在婴儿头部附近摇动一个拨浪鼓，可以引发婴儿的惊跳反应，包括猛烈摇动手臂、下肢和其他的身体动作。如果反复呈现这一刺激，婴儿的反应会减少，仅表现出短暂的兴奋，再重复几次后，婴儿好像对这一刺激不感兴趣了，没有反应了。也就是说，婴儿对这个刺激已经习惯化了。这时，如果呈现一种不同的刺激，如铃声，婴儿会再次作出反应，直到习惯这一种新的刺激为止。这种在习惯化之后对新异刺激恢复和增加反应的现象叫做“去习惯化”。去习惯化反应表明：婴儿能区别拨浪鼓声与铃声。在听觉方面如此，在视觉、嗅觉和味觉方面也如此。如前所述，这种方法目前已被广泛地用于研究婴儿的感知觉能力。

习惯化甚至在出生之前就产生了。当把一个按摩器放在妈妈的腹部时，27～36 周的胎儿最初会变得很活跃，但很快就会停下来。他似乎知道震动是一种熟悉的感觉，不值得注意了（Madison，Adubato et al.，1986）。随着大脑皮层感觉区域的成熟，婴儿的习惯化速度逐渐加快，4 个月之前的婴儿可能需要较长的时间才能对刺激习惯化，而到了 5～10 个月的时候，他们只需要注意几秒钟，就可以表现出习惯化，而且，他们能将这些知识保留几天，甚至更长的时间。

习惯化和去习惯化是儿童早期的学习形式，因为其中包含了对刺激物的心理表象的建构过程以及与头脑中已有表象的比较过程。

二、经典条件反射和操作条件反射

新生儿能建立经典性条件反射吗？有证据表明，即使新生儿也能建立起某些经典性条件反射。出生 10 天的新生儿就能够建立条件性的眨眼反射。这些研究表明，条件反射的基本机制在出生时已经存在并且发挥作用。此后，伴随着神经系统的成熟，他们建立操作条件反射的能力也在逐渐增强。3～6 个月的婴儿在生活中已经建立了很多条件联系，并且能在社会交往中使用延缓性条件作用。

但是，新生儿的经典条件反射具有一定的局限性，与生存和植物神经系统的功能（控制心率和呼吸）有关的条件反射更容易建立。与年龄较大的儿童相比，新生儿条件发射的建立往往需要更长的时间、更多的次数。例如，让 1 个月以内的新生儿建立铃声与转头吸吮牛奶之间的条件反射，需要两种刺激匹配 200 次才能成功，而对 3 个月的婴儿只需要 40 次匹配，5 个月的婴儿只需要 30 次匹配。

与经典性条件反射不同，操作性条件反射要求有机体先作出反应，然后，才能得到某种结果。一般反射的强度随强化或奖赏而增加。操作条件作用在婴儿出生后几天内就能看到。研究表明，出生3天的新生儿就表现出对母亲声音的偏爱，他们能以改变吸吮频率的方式增加母亲声音的出现（DeCasper & Prescott，1984）。3个月的婴儿在日常生活中已经形成了较多的操作条件反射性质的行为。他们会以哭叫来呼唤成人，五六个月以后会做某种事情以引起父母的注意。新生儿具有一套有生物学意义的反应系统，它为有效地建立操作条件反射做好了准备。婴儿的操作性条件反射涉及业已存在的组织行为模式，如吸吮、转头，这些行为具有重要的生物学意义，它们与婴儿的生存密切相关。婴儿的某些反应明显地比另一些反应更容易改变。

综合婴儿早期的两种条件反射的发展趋势，可以发现它们的共同特征。首先，条件反射的形成速度相对较慢，与年龄较大的儿童相比，无论经典条件反射还是操作条件反射都需要较长的时间和更多的次数。其次，他们形成的条件反射稳定性差，如不经过进一步巩固，很快就会消失。再次，他们形成的条件反射不易分化，对一些近似的刺激会产生相同的反应。

总之，基本的学习过程在生命早期就已出现了。但是，婴儿条件反射建立的速度、稳定性等都具有明显的个别差异。

三、模仿和观察学习

大量的学习是通过儿童的直接经验发生的，操作条件反射和经典条件反射的建立就是如此。但是，婴儿也能进行间接的观察学习，仅仅观察同伴、父母和老师的行为也能引发他们的各种行为。研究证明，婴儿通过模仿可以获得新的反应，并且能引起和改变原有的反应。

（一）模仿的起源

模仿的出现不仅依赖于神经元的活跃性，同时也受制于学习和运动等器官的成熟(Brass & Heyes,2005)，在生命的早期，至少部分模仿行为是天生的(Meltzoff & Moore,1977)。新生儿就已经出现模仿行为，至少有些行为的模仿在出生的头几周内就出现了。有研究表明，新生儿具有模仿成人面部表情的复杂反应。出生6天的新生儿就能模仿成人伸舌和张嘴的动作，甚至刚出生(7～72小时)的新生儿也能模仿成人张嘴和伸舌的行为(Meltzoff & Moore,1983)。新生儿甚至能模仿高兴、悲伤和惊讶等面部表情。但是，研究者认为，新生儿的模仿行为是一种反射，是一种不需要思考与理解的、基于神经联系的简单行为。

随着海马区和额叶皮层等机能的成熟，儿童的模仿行为不断发展，模仿的准确度和行为类型不断变化。Mecall 等人让 12～24 个月的婴儿观看成人的各种不同的行为，如发音、做积木游戏和摆弄玩具等，成人在做了每一种行为的示范之后，对婴儿对成人行为所做的模仿进行记录。结果表明，12～24 个月大的婴儿模仿的准确性显著提高，但并非所有的行为都能模仿到同样的程度。研究者区分了三种类型的行为：第一类是动作行为，包括三种：(1) 与客体相联系的动作，如把项链套在别人的脖子上；(2) 与结果相联系的动作，如用彩色铅笔画出线条；(3) 产生声音的动作行为，如敲打容器。第二类是社会行为，包括发出声音和玩"躲猫猫"游戏。第三类是系列协调行为，指相关联的动作系列，代表复杂模式。例如，成人把一个立方体放在一个小杯子里面，再把小杯子放在大杯子里，然后把合起来的杯子摇得格格响。研究发现，动作行为和社会行为在出生的第二年中有显著的发展，婴儿模仿动作和手势比模仿社会行为和发声更频繁，婴儿到 24 个月时才能模仿系列协调行为。5～6 个月的婴儿出现了有意向的模仿，当 10～22 个月时，婴儿只对他们理解了的动作进行模仿。6 个月时，婴儿在实验条件下出现延迟模仿。2 岁时，婴儿已具有稳定的延迟模仿能力。这使观察学习在儿童发展过程中成为有效的学习途径。

（二）媒体对婴儿学习的影响

现代家庭生活中的电视、电脑等媒体是婴儿观察学习的重要媒介。电视对婴儿的影响是从多大开始的？研究显示，在出生的头一年，电视就能吸引婴儿的注意。一项研究发现，注意和模仿电视形象的程度随婴儿的年龄增长而变化。在研究中，向 18～36 个月的孩子示范如何玩玩具，示范方式分为通过电视演示和现场真实演示两种。在现场真实演示时，各个年龄的孩子几乎在所有时间里都能注意，而电视演示时儿童注意的时间随着年龄增长而增加：18 个月的婴儿看电视的时间占所有时间的 68%，24 个月的婴儿达到 78%，36 个月的孩子达到 95%。研究者还观察了接触真实示范或电视示范后孩子对玩具的玩法，发现年龄较小的婴儿（18～24 个月）模仿真实示范的行为多于电视示范；到了 36 个月时，其真实示范和电视示范的模仿行为相近。可见，在头三年中，电视对婴儿的社会认知技能的发展起着日益重要的作用。

作为信息时代重要工具的电脑，拥有电视的功能，也能够对婴儿产生类似电视的影响。此外，通过它所展示的部分暴力电子游戏可能增加婴儿的攻击性行为，培养攻击的习惯。

案例分析

婴儿看电视是好事还是坏事

瑞黛特等人（Rideout，Vandewater，& Wartella，2003）研究发现，在美国6个月至2岁的婴儿中，约有60%都会每天看电视，其中26%的两岁以下的孩子都在自己的卧室里看电视；另外，42%的孩子看DVD。随着电视的普及，我国婴儿看电视的现象也日益普遍。那么，婴儿看电视到底是好事还是坏事？对他们的心理发展具有怎样的影响？

其实，对这个问题，人们还没有给出明确的答案。有人认为，婴儿看较多的电视，会妨碍他们参与别的活动，如与同伴游戏和阅读，因而会妨碍他们的身心发展（Rideout，Vandewater，& Wartella，2003）；有人则认为，婴儿可以通过看电视模仿里面的人物的行为，获得某些知识（Mumme & Fernald）。你认同哪种观点？

对于观看电视的影响，还有待于进一步的研究。也许，上面两种观点都有一定的道理。

链 接

上面提到的有关研究的具体信息如下，可以作为拓展阅读的内容：

[1]V. J. Rideout，E. A. Vandewater，& E. A. Wartella(2003). Zero to six：Electronic media in the lives of infants，toddlers and preschoolers. Menlo Park，CA：Henry J. Kaiser Foundation.

[2]D. Mumme & A. Fernald(2003). The infant as onlooker：Learning from emotional reactions observed in a television scenario. Child Development，74，pp. 221-237.

四、婴儿期的记忆

很小的婴儿就具有相对长久的对视觉和听觉事件的记忆。研究发现，新生婴儿能在24小时内记住视觉事件。在这项研究中，当视觉刺激物的颜色和特征变化时，婴儿的吮吸反应也会发生变化，他们已经能够产生对这个刺激物的长时记忆。婴儿还能在出生28小时后学会辨认单词（Ungerner，Brody & Zelazo，1978）。另外，出生54个小时的新生儿能记住他们听到的声音达6～10个小时之久，而2～4周的新生儿每天听60次的说话声，在48小时后新生儿仍能记住它们。

综合已有研究的结果，10天以内的新生儿就可以建立眨眼条件反射，并能保持10天以上。在随后的三个月内，婴儿表现出日益增长的保持能力。3个月时，婴儿的记忆能力已经能保持4周之久。1岁左右的婴儿记忆的发展显著地表现在社会认知方面。婴儿能从整体上区分熟悉的人和陌生人，其中，表象起着主要作用。这时，在某些情境下，他们对时间顺序的记忆可以保持几个月。2 岁婴儿产生了有意识地回忆以前发生的事件的能力。这与婴儿言语能力的发展密切相关。在模仿任务中，一旦儿童获得了必要的语言，他们就会说到自己在前期所经历的事件（Baner，Wenner，& Kroupina，2002）。

五、早期环境的重要性

婴儿期，感觉、知觉和学习能力的发展是以家庭环境所提供的生理和社会刺激的适当水平为基础的。即使正常的家庭环境的差异也会影响儿童的发展，并导致早期发展甚至毕生发展的个别差异。遗传差异能使婴儿朝着不同的方向发展，而环境因素常常改变这些倾向。

对婴儿发出的信号做出反应的社会行为，对婴儿早期的发展起着极其重要的作用，如抚养者对婴儿的反应。对 3 个月大的婴儿来说，如果抚养者的反应延迟一秒，他们的注意力就会降低（Striano & Stahl，2005）。另外，婴儿发展起来的各种动作，如抓取、探索行为和对新异刺激的偏爱，既与玩具的复杂性有关，也与婴儿能获得的玩具和家庭物品的种类和数量有关。对环境进行视觉的或身体的自由探索活动，是儿童认知发展的重要决定因素。

案例分析

环境可以"改变"脑吗

有人做了一项著名的实验：将大鼠分成两组，一组饲养在视觉刺激丰富的环境里，另一组饲养在刺激贫乏的笼子里，结果显示，第一组大鼠的视觉皮层比第二组大鼠要厚重一些（Black & Greenough，1986；Cynader，2000）。

这项实验经常被作为脑的高度可塑性的证据。老鼠如此，人也是这样吗？许多研究者认为，人类婴儿的脑也具有类似的特征，即具有高度的可塑性。如果为儿童创造良好的环境，让他们接受丰富的刺激，他们的脑的结构和功能就会获得良好的发展，否则就难以得到改善。很多研究者认为，生命早期往往是心理发展的敏感期，人类的脑对某些刺激（如语言刺激、视觉刺激）具有高度的敏感性，如果错过了这一时期，脑的敏感性就会下降。从这个意义上说，一个人在生命早期的生活环境具有十分重要的意义。但是，这仍然有待于进一步的研究。

链　接

上文所涉及的文献如下，可以作为拓展阅读的内容：

[1][美]罗伯特·费尔德曼著，苏彦捷等译：《发展心理学——人的毕生发展》，北京：世界图书出版公司2007年版，第136～140页。

[2]J. E. Black & W. T. Greenough(1986). Induction of pattern in neural structure by experience: Implication for cognitive development. In M. E. Lamb, A. L. Brown, & B. Rogoff(Eds.), Advances in developmental psychology(Vol. 4). Hillsdale, NJ: Erlbaum.

[3]M. Cynader(2000), Strengthening visual connections. Science, 287, pp. 1943-1944.

（一）应答性环境

婴儿不仅能学习特定的技能和行为，还可以形成对于事物的一般态度。这种学习常常是通过婴儿与其看护人之间的相互作用而发生的。例如，2～3个月的婴儿对自己的动作与成人同伴动作的即时联系具有高度的敏感性（Nadel，1999），并且，婴儿很早就会利用哭或笑吸引母亲的注意，或者摇晃拨浪鼓发出声音。在这些情境中，婴儿知道自身的活动导致特定的结果或环境的改变。由于具有这种改变环境的能力，婴儿的学习目的更加明确、兴趣更高，解决问题和探索环境的自信增强了（Wachs & Gruen，1982）。相反，没有机会体验各种学习活动的婴儿常常会陷入"无助状态"。这些婴儿可能感到自己不能控制环境，因而容易放弃控制环境的努力。在孤儿院和养育机构里抚养的婴儿有时就处于这种状态，因为工作人员常常人手不足，难以对每个婴儿都给予足够的关注。对这些婴儿来说，不论他们具有什么特殊的需求，每天的生活都会按照预定的日程表进行。因而，这些婴儿常常表现出冷漠、被动或退缩。当婴儿的信号和动作不能得到积极的反馈，或者无法影响环境时，他们可能学会放弃。

这就需要抚养者为婴儿提供一种"应答性环境"，即一种能对儿童发出的信号和动作做出及时的回应、能与儿童进行相互作用的刺激丰富的环境。许多父母都具有应答性特征，如对婴儿的哭闹和其他的不适信号，能及时地作出反应，随时有人说话、逗乐，当他们发出微笑、咿呀等社交信号时，也能得到抚养者的回应。条件不利的孤儿院之类的养育机构则常常缺乏这些应答性特征。长期生活在缺乏应答性环境中的婴儿往往形成对环境的消极退缩的行为方式，即通常所说的无助感。

有一项实验考察了婴儿无助感的发展。研究者设计了一个特殊的活动物体。在14天的实验中，每天都让婴儿在不同条件下看这个活动物10分钟。婴儿被分为三组：第一组婴儿能控制条件。利用一种压敏枕头，每次婴儿移动头部时，活动物体就转动 1 秒钟；活动物的转动依婴儿的行为而定。第二组婴儿看到这个活动物体时，它保持固定不变。第三组婴儿看到的活动物体周期性地自动旋转，与婴儿的行为无关。研究者感兴趣的是，不同的关联条件对婴儿以后的行为有什么影响？当婴儿以后有机会去控制外在的事件时会有什么样的反应？在接下来的实验中，研究者让所有的婴儿都处于能控制活动物体运动的条件下。结果，第三组婴儿都没有学会控制活动物体。甚至 6 周以后，那些具有控制活动失败的经历的婴儿，即使他们有机会控制活动物体，也不会主动去控制这些活动物体。显然，这些婴儿像生活在孤儿院里的那些孩子一样，知道他们不能控制环境，因而就放弃了控制环境的尝试。

这种影响不仅仅局限在遭遇失败的具体情境中，习得了被动感或无助感的婴儿很可能在不同的学习任务中都表现出同样的反应（Finkelstein & Ramey, 1977）。上述研究表明，婴儿可以获得控制环境的信心。养育机构里抚养的婴儿感情普遍淡漠，很可能是由于未能形成这种信心。这种信心不仅在婴儿期极为重要，而且在整个童年时期的社会性和认知发展过程中都很重要。对儿童动机的研究也表明，相信学业成功是由于自己努力的孩子常常能获得更大的成功，在失败面前更有坚持性。也许这些后期的差异也包含着婴儿早期的体验。

（二）早期环境影响的可逆性

婴儿期的发展成就通常是在相对正常的环境中发生的。在环境剥夺的条件下抚养的婴儿，其感知觉能力的发展会受到极大的阻碍。那么，早期经历的影响能否通过干预加以改变呢？如果把那些在环境剥夺条件下长大的孩子置于适当的环境里成长，能消除不良的早期抚养经历的消极影响吗？许多研究发现，早期环境剥夺的影响在适当的干预下是可逆的。在北美、中东、南美等文化环境中进行的研究都证实了这一结论。

在一项著名的追踪研究中，研究探讨了早期环境限制的可逆性问题。他们将在处境不良的孤儿院抚养的、19 个月大的婴儿转移到由弱智妇女担任“替代母亲”的、刺激相对“丰富”的弱智儿童院抚养，结果显示，这种做法使得这些婴儿的社会性和智力的发展水平明显提高；并且，在 21 年后，这些孤儿都达到了正常成年人的状态。

总之，早期发展的环境是极为重要的，早期环境剥夺的不良影响在适当的干预下也可以改变。对经济处境不利的儿童、社交处境不利儿童、婴幼机构抚养的儿童、受虐儿童进行的干预所取得的成效，在很大程度上证实了早期环境影响的可逆性。

专栏

早期发展的可塑性

作为一个复杂而动态的系统，大脑神经系统受学习、训练以及经验等因素的影响。它的结构和功能会得到修复或重组，这表现为个体发展的可塑性。这种可塑性在脑发育期间（大约生命的前20年）和发育成熟后都是存在的。

早期的可塑性主要表现为感知觉的可塑性。目前的研究主要集中在听觉和视觉领域。在听觉领域，研究者已经知道，成年人难以辨别不同的非母语语言的区别，而成人分辨母语刺激差异的能力则非常杰出。在出生后的6～12个月，婴儿辨别他们从未接触过的语言成分的能力大大下降（Werker & Vouloumanos，2001）。但是，他们仍然具有辨别非母语刺激的能力。Kunl（2003）及其同事研究发现，如果在婴儿12个月大之前，具有非母语语言学习的经验，这一能力将被保留下来；在视觉功能可塑性的研究中，Maurrer发现，对那些天生白内障的婴儿来说，如果在出生的几个月内将白内障去除，并植入新的水晶体，仅仅几分钟的视觉经验也会造成视敏度的巨大变化。患白内障的时间越长，视觉经验越少，结果就越糟糕。

运动皮层是可塑性较强的大脑皮层之一，因而，许多研究者对运动技能学习过程中运动皮层的可塑性进行了研究。对弦乐器弹奏家而言，他们在进行弦乐实践和演出时，其左手第二到第五个手指头要连续弹弦，而拇指则主要起抓握和固定乐器的作用，活动较少，因而他们是研究大脑可塑性的理想人选。艾伯特（Elbert）等人的研究（1995）发现，相对于没有弦乐弹奏经验的对照组被试来说，弦乐器演奏家的左手的DI和DS区皮层表征中心偏移了0.5cm～0.7cm，但两组被试右手的皮层表征区没有差异。研究者还对弦乐手开始学习乐器的时间与其左手DS的皮层表征区神经反应变化的幅度进行了相关分析，结果显示，尽管一些弦乐器演奏者是在青春期过后才开始常规的弦乐器练习，但他们左手的皮层表征区仍然大于普通被试；而在青春期以前就开始常规的弦乐练习的被试，其皮层表征区最大。这一方面表明，中枢神经系统即使在发育成熟以后，仍然具有可塑性，另一方面也说明，在进行音乐学习和实践时，大脑早期的可塑性更强。

第四节　婴儿的气质

如果到医院的产房里去一下，你就会发现，刚出生的孩子有的比较安静，有的经常大声哭闹，无论成人怎么安慰，都难以安静下来；有的比较爱动，有的则不爱活动；有的吃奶、睡觉等比较有规律，有的则没有规律，显得很难适应环境。同样是新生儿，为什么有这么明显的差异呢？其实，新生儿的这些表现主要反映了他们的气质特点。通常认为，气质主要与一个人的遗传和高级神经活动类型有关。儿童降生以后，就表现出了自己各自的气质特点。正是气质，让儿童生来就显得各不相同。气质成为儿童后来人格发展的基础。

一、婴儿的气质类型及其影响

儿童早期的气质差异主要表现在哪些方面呢？儿童早期的气质可以分为哪些类型呢？很多研究者都认为，活动水平、易怒性或消极情绪、心境、恐惧性和社交能力等特质是气质的重要成分。其中，活动水平是指一个人活动时特有的步调和活力，可以用活动时间与不活动时间的比例表示；易怒性或消极情绪是指一个人面对负面事件易感到沮丧的程度；心境是指一个人沮丧之后所能获得的轻松平静的程度；恐惧性是指一个人对强烈的或极不平常的刺激的留心程度；社交能力是指一个人对社会性刺激的敏锐性，即喜欢社交场合的程度。

美国心理学家托马斯、切丝等人在对婴儿进行追踪研究的基础上，认为儿童气质的差异主要反映在以下九个方面：（1）活动水平。有的婴儿活动较多，显得比较活跃，有的则比较安静，活动较少。（2）生物节律性。有的婴儿睡觉、喂奶等比较有规律，有的婴儿则难以预测，显得没有规律。（3）注意的转移。有的婴儿注意容易转移、分心，在哭闹时也容易转移注意，容易安抚，有的则注意不容易转移，不易安抚。（4）注意的广度或持久性。有的婴儿注意持久，能长时间注意一个东西（如玩具），有的儿童则很容易失去兴趣。（5）趋向与退缩。儿童对新事物、新环境的反应不同，有的婴儿很容易接受新事物、新环境，容易接受陌生的人和新刺激，有的婴儿则在生人或新刺激出现时退缩。（6）适应性。有的婴儿能很快适应环境的变化，有的婴儿则很长时间适应不了。（7）反应强度。有的婴儿反应较强，烦躁时经常大声地哭，愉快时大声地笑，有的婴儿则哭声和笑声较小。（8）反应阈限。儿童对声、光及其他刺激的敏感性不同，有的婴儿反应阈限较低，对微弱的刺激就很敏感、警觉，另一些婴儿反应阈限则较高，对这些刺激不太敏感。（9）心境。有的婴儿经常保持高兴或愉快的心境，有的婴儿则经常紧张不安，啼哭不已。

根据婴儿在以上这些方面的表现，托马斯、切丝等人对儿童的气质特点进行了分类。从总体上看，儿童早期主要有以下几种典型的气质类型：（1）容易抚育型。这类婴儿往往比较愉快，能很快形成有规律的生理节律，生活显得有规律，对人很友好，容易适应新环境。这类婴儿大约占40%。（2）抚育困难型。这类婴儿的睡眠、进食等没有什么规律，难以适应环境的变化，很小的变化也会激起强烈的反应，如大哭、发脾气，在接触陌生人或新事物时，时常退缩。这类婴儿大约占10%。（3）“逐渐热情”型或缓慢型。这类婴儿比较安静，不爱活动，反应比较温和。他们不喜欢新的环境，但能缓慢地适应新的环境。这类婴儿大约占15%。（4）“平均”类型。这类婴儿在各个方面都处于中等水平。这类婴儿大约占 35%。

气质可能给儿童以后的各种生活环境适应带来明显的影响。研究显示，消极情绪较多、容易被激惹的困难型儿童往往难以适应学校环境，具有更多的行为问题，而且在同伴交往中攻击行为较多。另一些研究则显示，约有 50%的迟缓型儿童具有各种适应问题，他们在面对新的环境和挑战时，容易退缩，遭到同伴的忽略或轻视。

二、婴儿气质的稳定性和可变性

婴儿的气质是稳定的吗？在后天生活中是否会发生变化？大量研究证明，气质具有中等程度的稳定性。也就是说，婴儿的气质是相对稳定的，但也会在后天生活环境的影响下，发生明显的变化。通常认为，气质主要受遗传和高级神经活动类型的影响，这是气质稳定性的生理基础。双生子研究发现，在出生后的第一年，同卵双生子在活动水平、易怒性和社交倾向等方面的相似性都高于异卵双生子之间的相似性。行为的抑制性是气质的典型表现之一，抑制性水平较高的孩子在陌生的情境中（如遇到生人、到陌生的环境中），比较害羞、胆小。对行为抑制性的研究表明，那些抑制水平极高与极低的儿童的气质具有长期的稳定性。托马斯和切丝的追踪研究也得到类似的结论。

一些纵向研究发现，活动水平、易怒性、社交能力及羞怯等气质特征在婴幼儿期、童年期甚至成年初期都保持中等程度的稳定性。还有研究显示，儿童在 3 岁时测得的某些气质特征，可以在 3～18 岁期间保持中度稳定性，还能预测他们在 18～21 岁时的反社会倾向以及他们的人际关系包括家庭人际关系的特点。一些研究者对气质的生理基础进行了分析，结果显示，面对新奇的刺激而感到沮丧的婴儿大脑右半球（消极情绪中枢）比左半球有更强的脑电波活动，而对新奇刺激没有反应的婴儿则表现出相反的模式，两个脑半球的电波活动无显著差异。综合各类研究，不难看出，气质具有中等程度的稳定性，这与特定的遗传和生理机制有关。

同时，气质又是可变的。环境对气质的影响也是十分明显的。父母的养育方式、文化、价值观等都会引起气质的改变。如果父母有耐心，允许婴儿轻松自在地面对新环境，那些养育困难型的儿童常常会改变他们的任性行为，较好地适应环境。

专栏

父母教养方式与儿童气质的适配性

Thomas 和 Chess（1984）发现，父母的教养方式能否与儿童的气质类型相“适配”，在很大程度上影响着儿童气质的变化。例如，对于那些困难型的难于相处型儿童，如果父母平静、耐心地对待他们，允许他们以自己的步调面对新事物，那么，一段时间后，这些儿童有可能变得不再那么任性了，适应环境的能力也会提高。相反，如果父母对困难型的婴儿缺乏耐心，苛求和强制较多，这些婴儿在往后的生活中就会保持难于抚养的气质特征，行为问题较多。

行为遗传学家认为，非共享的环境影响（nonshared environmental influences）对儿童气质的影响最大。这种环境影响是指在儿童共同成长的环境中，他们所受到的环境的影响是不同的，他们与环境之间的相互作用也可能是不同的。例如，在同一家庭中，父母对不同的孩子采取不同的教养方式，会使这些孩子的气质表现有所不同。另外，社会氛围和文化环境也会影响儿童的气质。不同的文化对理想气质的看法、对不同气质特征的发展结果的看法有所不同。这表现为人们对儿童气质发展的不同期望，进而促成儿童不同的气质表现。事实证明，对于男孩与女孩的不同性别期望，会让男孩与女孩倾向于表现出不同的气质特点，如男孩比较好动，女孩比较安静。显然，这种性别差异与周围的社会环境和文化价值观是密切相关的。

本章小结

新生儿具有巨大的发展潜能，他们的生理特别是神经系统日益成熟，逐渐能够对外界环境做出各种反应，与周围的人进行互动，这为他们的认知能力和社会性的发展奠定了基础。新生儿还具有一系列先天的反射，包括原始反射和生存反射。这些反射对于新生儿维持自身生存、适应外界环境具有重要的作用。

新生儿的基本状态主要包括有规则的睡眠状态、不规则的睡眠状态、瞌睡状态、警觉的非活动状态、觉醒的活动状态、啼哭状态等，随着年龄的增长，各种状态会发生相对变化，形成相对稳定的生物节律。近年来，研究者对婴儿的安抚问题，包括看护人的安抚技术、婴儿的自我安抚及其个别差异问题，进行了系列研究。

婴儿的感觉和知觉能力的发展较早、较快。关于婴儿感知觉发展的代表性理论主要有先天论和后天论、充实理论和分化理论。婴儿在听觉、视觉、嗅觉和味觉等方面都有了很大的发展，视敏度、形状知觉、颜色知觉、深度知觉和大小恒常性等都逐渐发展起来。婴儿动作的发展遵循头尾原则、近远原则和大小原则等规律。

婴儿具有较大的学习潜能。婴儿至少能进行以下四种学习：习惯化、经典性条件反射、操作性条件反射和模仿。另外，记忆作为学习的基础，近年来也有很多研究。

早期环境对婴儿的发展具有重要影响。遗传差异能使婴儿朝着不同的方向发展，而环境因素常常改变这些倾向。抚养者对婴儿的信号的反应性对婴儿早期的发展具有重要的影响。反应性较高的应答性环境可以促进婴儿心理的发展。另一方面，早期环境产生的不利影响也可以通过适当的干预进行补救或改善。

新生儿表现出不同的气质特点。托马斯、切丝等人将儿童气质分为容易抚育型、抚育困难型、“逐渐热情”型或缓慢型、“平均”型等类型。气质可能给儿童以后的各种生活环境适应带来明显的影响。同时，婴儿的气质既具有中等程度的稳定性，又受到环境的影响，具有一定的可变性。

本章注释

[1]张丹丹，丁海艳等:《正常新生儿及婴儿睡眠振幅整合脑电图分析》,载《清华大学学报》(自然科学版)2009 年版第 49 卷第 3 期,第 442～444 页。

[2]W. Damon 和 R. M. Lerner 主编:《儿童心理学手册》(第 2 卷),上海:华东师范大学出版社 2009 年版,第 76 页。

[3]Bauer, P. J., Wenner, J. A., & Kroupina, M. (2002). Making the past present: Verbal reports of preverbal memories. Journal of Cognition and Development, 3, 21-47.

[4]Berg, K. M. & Boswell, A. E. (2000). Noise increment detection in children 1 to 3 years of age. Perception Psychophysics, 62(4), 868-873.

[5]Blass, E. & Ciaremitaro, V. (1994). A new look at some old mechanisms in human newborns: taste and tactile determinants of state, affect, and action. Monographs of the Society for Research in Child Development, 239, 59.

[6]Brass, M. & Heyes, C. M. (2005). Imitation: is cognitive neuroscience solving the correspondence problem? Trends in Cognitive Science, 9, 489-495.

[7]Campos，J. J.，Hiatt，S.，Ramsay，D.，Henderson，C. & Svejda，M. (1978). The emergence of fear on the visual cliff. In M. Lewis & L. Rosenblum (Eds.)，The development of affect. New York：Plenum Press，149-182.

[8]Dannemiller，J. L. & Freedland，R. L. (1989). The detection of slow stimulus movement in 2 to 5-month-olds. Journal of Experimental Child Psychology，47，337-355.

[9]DeCasper，A. J. & Spence，M. J. (1986). Prenatal maternal speech influences newborns' perception of speech sounds. Infant Behavior and Development，9，133-150.

[10]Finkelstein，N. & C. Ramey，(1977). Learning to control the environment in infancy. Child Development，48，806-819.

[11]Gray，B. L. (2002). Interactions between sensory and nonsensory factors in the responses of newborn birds to sound. In L. A. Werner and E. W. Rubel (Eds.)，Developmental Psychoacoustics，Washington，DC：American Psychological Association，89-112.

[12]Haith，M. M. (1980). Rules that babies look by：The organization of newborn visual activity. Potomac，Maryland：L. Erlbaum Associates.

[13]Haith，M. M. (1990). Perceptual and sensory processes in early infancy. Merrill-Palmer Quarterly，36，1-26.

[14]Hepper，P. G. & Shahidullah，S. (1994). The development of fetal hearing. Fetal and Maternal Medicine Review，6，167-179.

[15]Kellman，P. J. & Banks，M. S. (1997). Infant visual perception. In R. Siegler & D. Kuhn (Eds.)，Handbook of Child Psychology (Fifth Edition)，Vol. 2：Cognition，Perception，and Language. New York：Wiley，103-146.

[16]Kopyar，B. A. (1997). Intensity discrimination abilities of infants and adults：Implications for underlying processes. Unpublished doctoral dissertation，Seattle：University of Washington.

[17]Madison，L. S.，Adubato，S. A.，Madison，J. K.，& Nelson，R. M. (1986). Fetal response decrement：true habituation? Journal of Developmental Pediatrics，7(1)，14-20.

[18]Meltzoff，A. N. & Moore，M. K. (1977). Imitation of Facial and

Manual Gestures by Human Neonates. Science, 198, 75-78.

[19]Meltzoff, A. N. & Moore, M. K. (1983). Newborn Infants Imitate Adult Facial Gestures, Child Development, 54, 702-709.

[20]Montgomery, C. R. & Clarkson, M. G. (1997). Infants' perception of pitch: Masking by low- and high-frequency noises. Journal of the Acoustical Society of America, 102, 3665-3672.

[21] Nadel, D. (1999). Scalene and proto-triangles from Ohalo II. Mitekufat Haeven. Journal of the Israel Prehistoric Society, 29, 5-16.

[22]Skoczenski, A. M. & Norcia, A. M. (2002). Late maturation of visual hyperacuity. Psychological Science, 13, 537-541.

[23]Slater, A., Mattock, A., & Brown, E. (1990). Size constancy at birth: Newborn infants' responses to retinal and real size. Journal of Experimental Child Psychology, 49(2), 314-322.

[24]Steiner, J. E. (1979). Human facial expressions in response to taste and smell stimuli. In (H. Reese & L. P. Lipsitt (Eds.), Advances in Child Behavior & Development. NY: Academic Press, 13, 257-293.

[25]Striano, T. & Stahl, D. L. (2005). Sensitivity to triadic attention in early infancy. Developmental Science, 8, 333-343.

[26]Suttle, C. M., Bank, M. S., & Graf, E. W. (2002). FPL and sweep VEP to tritan stimuli in young human infants. Vision Rsearch, 42, 2879-2891.

[27] Tharpe, A. M. & Ashmead, D. H. (2001). A longitudinal investigation of infant auditory sensitivity. American Journal of Audiology, 10 (2), 104-112.

[28]Ungerer, J. A., Brody, L. R., & Zelazo, P. R. (1978). Long-term memory for speech in 2-4 week-old infants. Infant Behavior and Development, 1, 177-186.

习 题 四

一、名词（概念）解释

1. 婴儿知觉发展的充实理论
2. 婴儿知觉发展的分化理论
3. 偏好法
4. 习惯化与去习惯化
5. 诱发电位法
6. 应答性环境

二、简答题

1. 新生儿具有哪些基本状态？
2. 结合已有的研究，列举几种有效的婴儿安抚技术或方法。
3. 婴儿的听觉发展具有什么特点？
4. 婴儿的嗅觉和味觉具有什么特点？
5. 一个正常的婴儿能辨别各种颜色、形状、大小吗？他们通常偏爱什么样的图案或形状？
6. 婴儿能分辨深度和高度吗？
7. 婴儿的学习具有哪些表现形式？
8. 婴儿的记忆发展取得了哪些成就？
9. 儿童早期的气质差异通常主要表现在哪些方面？
10. 婴儿具有哪些基本的气质类型？
11. 婴儿的气质对他们以后的发展有影响吗？
12. 新生儿具有哪些基本的反射？这些反射对他们的生存和发展具有怎样的意义？

三、观点辨析题

1. 有人说，婴儿是近视眼，这种看法对吗？为什么？
2. 有人说，婴儿年龄还小，电视、电脑等媒体对他们的心理发展不会产生什么影响。这种观点科学吗？为什么？
3. 有人说，在生命早期，婴儿的生理和认知能力尚未充分发展，环境对他们不会产生太大的影响；有人说，早期的环境十分重要，一旦对儿童造成消极影响，就不可补救。这两种观点科学吗？请结合有关的研究证据进行辨析。
4. 有人认为，气质具有稳定的生理基础，不受环境的影响，因而是稳定不变的；也有人认为，气质与其他心理特征一样，也是不断变化的。请根据婴儿气质的发展特点及有关的研究证据，对这两种观点进行辨析。
5. 有人认为，新生儿一无所能。真的是这样吗？为什么？

第五章　语言与沟通技能

【教学目标】

通过本章的学习，应达到以下教学目标：

1. 理解语言在发展中的意义。

2. 理解和掌握言语发展的基本理论，包括先天获得论、语言习得论、相互作用论的基本观点。

3. 结合实际，识记并掌握儿童言语发展的基本阶段以及每个阶段的特征。

4. 结合实际，识记并掌握儿童中期与青少年期词汇、语法和语义的发展。

5. 结合实际，分析儿童语用技能的发展特点和非言语交流现象。

6. 理解、掌握学生在学校中的语言发展特点。

7. 结合实际，分析与第二语言学习有关的问题。

【本章结构】

本章主要阐述和分析儿童言语发展的特点以及与之相关的理论和问题，总体上可以分为三个部分即三节：第一部分重点讨论言语发展理论，其中包括先天获得论、（后天）语言习得论和相互作用论；第二部分从不同的侧面重点讨论儿童言语的发展规律，其中包括言语发展的阶段、不同年龄阶段词汇和语法的发展、语用技能的发展以及学校中语言的特征；第三部分重点分析儿童非言语交流的特点及第二语言的学习问题。上述三部分内容具有内在的逻辑联系，其中第一部分是讲关于言语发展的观点，第二部分是讲言语发展的事实，第三部分是谈言语发展的相关问题。本章的基本结构如下图：

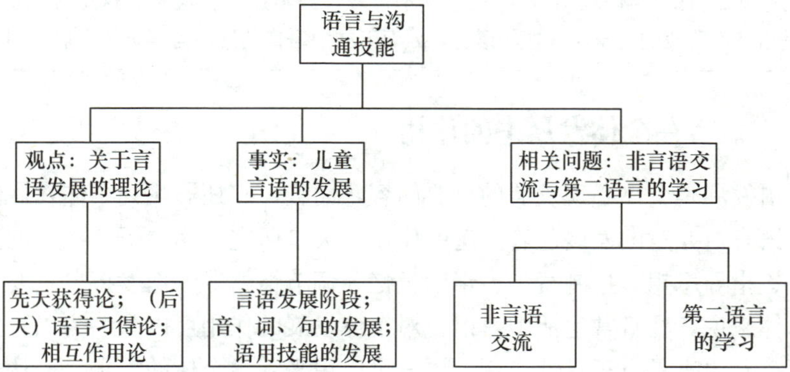

语言是儿童掌握的最复杂的符号系统。不同环境和文化背景条件下的儿童能在短期内理解和应用语言，其发展过程包含着值得深究的规律。语言在个体的发展中有哪些意义？儿童的语言是由先天决定的还是后天习得的？婴儿是否天生就为学习语言做好了某些准备？具体的语言学习经历哪几个阶段？每个阶段分别有什么特征？儿童最早使用的是哪类词汇？儿童学习语法有何规律可循？不同文化背景下的儿童的语言发展是否相似？儿童理解词义和句义的能力是如何发展的？儿童是否具有关于自己语言的知识？儿童的沟通技能是如何发展的？儿童的非言语交流和第二语言的习得有哪些特征？本章将结合有关的研究回答上述问题，描述儿童在掌握语法规则、理解语义以及应用语言进行沟通等方面的基本规律。

第一节　关于言语发展的理论

对语言这种复杂符号系统的掌握是人的心理发展的重要一步，是儿童成功地适应社会环境的基本条件。那么，儿童是怎样获得一种语言的？他们是怎样学会感知它的语音，理解它的语义和语法的？又是怎样学会运用一种语言表达自己的？对于这些问题，心理学家们从不同的角度出发，提出了不同的看法。

专栏

语言与言语

语言与言语是两个概念，它们紧密联系而又有所不同。语言是人类进行社会交际的符号系统，在这个符号系统中，有一套系统的语法规则，有各种各样的语音、词汇、语句（甚至有特定的表情或身体姿势，如体态语）。但是，言语是人类运用语言的活动，包括言语感知、言语理解和言语表达三个基本过程，甚至还包括阅读。这里提到的语言，主要是指特定阶段的儿童所掌握的语言，因而下文中语言的发展与言语的发展是同义的。

一、语言在个体发展中的作用

言语发展是个体心理发展的重要内容，而且，它还影响到个体发展的其他方面。语言对儿童的发展起着广泛的作用。大量研究表明，语言在帮助儿童形成概念、指导思想、控制行为、帮助记忆、调节情绪等方面发挥着重要作用。

总体来说，在日常生活中，语言对个体发展的作用可以归纳为以下几个方面：第一，语言具有工具性作用。语言可以用来满足个体的需求，表达个体的愿望。个体可以用语言向他人提出要求，影响他人的行为。第二，语言具有人际交流作用。在社交过程中，语言可以用来与他人交往，建立人际关系，交流信息。第三，语言具有自我建构的作用。个体用语言表达其见解、感情和态度；通过语言来建立自我同一性；当儿童能够将自我与环境区分开时，通常用语言来探究和理解环境；语言可以使儿童脱离现实而进入一个自己创造的世界，起到激发想象、自我提示、自我启发的作用。

关于言语发展有一条公认的普遍原则：儿童对语言的理解早于语言的产生。接受语言的能力从一开始就胜过产生语言的技能。而且，几乎所有年龄的人，无论是在学习第一语言（母语）还是学习第二语言的过程中，情况都是如此。

专栏

语言研究的领域

语言的研究可以分为四个领域：语音学、语义学、句法学和语境学。语音学研究语言的基本单位（音素）是如何结合在一起构成字词的，以及词汇和句子的语调模式是如何形成的。音素被认为是最小的语言单位，音素变化可以导致字词意义的变化。

语义学研究的是字词、句子的意义。发展语义学的研究涉及两个基本问题。第一，儿童在何时开始、又是怎样理解不同字词和句子的意义的？第二，儿童是怎样学习使用词语来正确地表达其意义的？确切地表达字词的意义不仅要求对词语本身的熟练掌握，而且需要对生活中各种事物特性及关系的理解和认识。因此，随着儿童智力的发展，语义学知识在整个学校教育中将会不断得以扩展。

句法学描述了语言的结构，主要是通过一些基本规则来确定词在句子中的顺序及功能，研究如何将句子中单个词的意思组合在一起，以便确定整个句子的意义。句法规律的应用为语言提供了丰富的创造性。每一种语言都有特定的句法规则，用于解决各种语法关系。句法学和语义学并不是完全分离的。句子结构与意义有着本质上的联系。

语境学是关于说话者和听话者在真实情境中使用语言的主要原则的研究。比如，儿童是何时学会使用礼貌用语的？他们在遇到比自己小的孩子时如何调整自己的言语？如何学会参与谈话的次序？如何学会在课堂上发言，且采用不同于在操场上的说话方式？如果脱离一定的前后关系及背景，大部分语言都将难以理解。

二、关于言语发展的理论

言语的发展受到多种因素的影响。一些研究者认为，言语发展主要取决于生物学因素，另一些研究者则强调环境因素，认为言语是从环境中学习的结果。而大部分现代理论持中间立场，对儿童言语的发展，既承认遗传的作用，又承认环境的作用。

（一）先天获得论

语言的先天获得论认为，语言的获得基本上是由先天因素决定的。这种理论有多种形式，主要代表人物是乔姆斯基（N. Chomsky）和勒纳伯格（E. H. Lenneberg）。

乔姆斯基从语言的形式和结构研究了语言及语言习得，提出了语法生成理论。他认为，自然语言是一整套抽象的代数规则，这些规则自身没有具体意义；同时，自然语言还是一本包含有各种意义的语言元素的大辞典，这些规则控制着代数的运作方式，共同形成被称之为核心语言能力的普遍语法。

在语言习得方面，乔姆斯基学派的语法生成理论假设：儿童天生就具有一套普遍语法，它可以使儿童建构世界上任何一种语言。语言习得分为两个步骤：首先，习得所学语言的所有单词、习惯用语和特殊结构。其次，把所学到的特定语言包括核心结构与抽象的普遍语法联系起来。

这就是所谓的双重过程理论（dual process approach），有时也称单词—规则理论，这是因为语言能力的外围部分是后天学习的，而普遍语法的核心成分是与生俱来的。普遍语法的先天性，使得它们不会随着个体的发展而发展，而是保持一生不变，这就是所谓的连续性假设。支持生成语法理论的学者在该假设的前提下，利用成人语法模式描述儿童的语言，假定当儿童第一次说出诸如“我想玩”（I wanna play）的语句的时候，他已经能够像成人那样理解一个动词不定式做补语的句子，并且因此生成无限多的类似的不定式做补语的语句。

乔姆斯基认为，儿童的语法规则是生成的，儿童具有先天的“语言获得装置”（Language Acquired Device，简称 LAD），通过这种先天的机制，普遍语法可以转化为儿童的个别语法。每个句子都有其深层结构（语义）和表层结构（语音和表达形式等），前者通过转换规则转为后者。例如，“我喜欢读书”与“I like reading”的深层结构（语义）是相同的，但它们的表达形式是不同的，在转换为表层结构之后，儿童就能较好地感知和理解这个语句。

勒纳伯格也赞成先天决定论，其观点被称为“自然成熟说”。他以生物学和神经生物学为理论出发点，认为创造和理解语言是人类独有的遗传特征。语言有其高度专门化的生理机制，包括言语器官、特殊的脑中枢神经以及进行语言活动的专门的听觉系统。勒纳伯格指出，尽管存在文化和环境的变因，但是世界上所有正常的儿童其语言的获得都遵循特定的规则，而且以不变的顺序和极其相似的速度发展。例如，世界各地的儿童都要经过大约 6 个月的咿呀学语期，他们在接近 1 岁时能够说出第一个词，快到两岁时可以使用两个词的短语，大约 4～5 岁时，已掌握了言语的基本句法。勒纳伯格认为，这一规则的发展过程与生物成熟密切相关。它在很大程度上与行走的发展阶段相类似，是取决于成熟因素的。在成熟过程异常缓慢的情况下（如患有唐氏综合症），儿童言语发展的顺序与正常儿童相同，只是进程较为缓慢。

勒纳伯格认为，言语是大脑功能成熟的产物，语言的获得存在关键期，这个关键期从2岁左右开始，一直持续到青春期（11～12岁），这一时期人类对语言的掌握速度较快，学习语言比较轻松。青春期之前，只要有特定的环境，儿童不经过专门训练，就可以轻松地掌握任何一种语言（甚至两种以上的语言），且能达到本民族人的那种流利程度；青春期以后，语言的学习变得困难。在大脑损伤而造成语言障碍的情况下，年幼儿童言语能力的恢复往往较快；如果大脑损伤发生在青春期以后，言语能力恢复的可能性就降低了（Lenneberg，1967）。

人们对先天论存在不同的评价。如果语言能力是一种特殊的遗传特性，人类的各种语言一定有着共同或普遍的特征。通过对词汇、词的组织方式以及各种语言中句义、语义的分析比较，研究者认为，人类的各种语言有一系列共同的基本原则（Slobin，1982）。例如，各种语言都是通过无意义音节的组合创造出大量的口语词汇；由字词组合成一定结构序列的句子。语言都有语法，这些语法拥有某种共同的形式特征（如主谓结构）。人们通常认为，人类可能具有学习语言的先天倾向，但仅仅由生物学原则不能解释语言发展的全过程。

（二）语言习得论

语言习得论强调环境和学习对语言获得的决定性影响，认为通过传统的学习理论就可以解释语言的获得。他们强调语言习得是一个单一的加工过程，认为儿童基于规则的、常规的语言结构和特殊的、随意的抽象语言结构一样，都是通过学习获得的。目前，有影响的语言习得论主要有斯金纳的强化说和怀特赫斯特（Whitehurst，1980）的选择性模仿说。

斯金纳（Skinner，1957）在《言语行为》一书中对言语行为进行了“功能分析”，认为儿童在环境中所受到的刺激和强化对言语行为的形成和发展具有决定性的影响；强化是语言学习的必要条件。依据强化说的观点，父母首先有选择性地注意、赞许婴儿的那些与成人言语接近的咿呀语，从而增加这些语言的发声频率。父母“连续逼近”（培养目标）的强化逐渐塑造了儿童的语言行为。

怀特赫斯特认为，儿童是通过对成人语言的选择性模仿学习语言的。儿童通过直接的模仿来组织词、短语和句子，把范句的结构应用于新的情境，或将模仿到的旧结构重新组成新的结构。这种模仿不仅在形式上与范例相似，更重要的是在功能上相似，这是一种在正常的自然情境中发生的语言获得模式。

习得论对语言获得的解释有很多局限性：（1）刺激—反应联系数量的有限性根本不能解释语言的丰富多彩的变化。（2）关于亲子相互作用的观察研究也不支持这种解释。母亲在语法正确与内容正确但语法错误两种情形下，对婴儿的赞许和强化并无区别。父母注重的往往是儿童语言的意义，而非语法。因此，成人的强化不能圆满解释儿童是如何习得正确语法的。(3) 大量的语词表达从环境线索中是无法预知的。“你好”、“小心”或“欢迎”一类与环境线索联系密切的句子毕竟不多。在多数情况下，语言的创造性是非常广阔的。(4) 学习理论也不能解释语言发展的顺序。在各种文化背景下，儿童似乎是在学习相同类型的语法，而且学习的顺序相同。例如，对主动结构的学习先于被动结构。(5) 在掌握语言的过程中，行为主义理论家所描述的儿童仅仅扮演着被动的角色；相反，语言学家指出，儿童在发现和运用语言规则的过程中，积极地扮演着创造性的角色。

实际上，对于语言发展的解释，传统的强化、模仿、概括化等概念确实起着重要的作用。在某种程度上，言语行为的某些方面能够通过模仿而加以变化。例如，成人示范的问题类型会影响到六年级儿童对问题类型的表述。研究表明，模仿至少对部分儿童在句法和结构的获得方面起作用（Clark，1978）。自然观察和实验室实验结果表明，模仿和强化相组合的方法在复杂的语法教学中的效果要优于简单示范的方法（Whitehurst，1980）。但是，这并不能说明儿童在真实情境中是通过这些策略学习语言的。心理学家不能就此证明，在幼儿掌握语言的过程中，传统的学习原则起着关键性的作用。尽管如此，学习原则在语言矫正或克服语言缺陷的训练中的确能起到非常重要的作用。

（三）相互作用论

大多数现代研究者支持相互作用论，认为语言不仅受到环境和亲子关系的影响，而且人类具有学习语言的先天倾向。人类机体具有语言学习的“先天准备装置”，而语言理解和表达经验的积累则是掌握语言必不可少的条件。儿童在掌握语言的进程中扮演着积极的角色。

以皮亚杰为代表的认知相互作用论主张从认知结构的发展来解释语言的发展。它认为，语言能力是一般认知能力的一个方面，而认知结构的发展是主体与客体相互作用的结果。语言是许多符号功能中的一种。符号功能是指儿童应用一种象征或符号来代表某种事物的能力，语言与延迟模仿、心理表象、象征性游戏、绘画等符号功能一样，在感知运动阶段末即1.5～2岁之间出现。认知结构是语言发展的基础，语言结构随着认知结构的发展而发展。

还有一些研究者特别重视儿童与成人的交往在语言获得中的作用，认为儿童与成年人的言语交流是语言获得的决定性因素。成长中的语言剥夺会导致正常语言机能的丧失。他们强调语言环境对儿童的语言获得的作用，儿童和他所处的语言环境构成了一个动态的系统，其中儿童不是一个被动的接受者，而是一个主动的参与者。

案例分析

“野孩”的言语发展

由于特殊的生活经历，人类历史上曾有很多“野孩”或“野人”。他们往往自幼脱离了人类群体，也脱离了人类的语言环境，当他们被人发现时，往往丧失了基本的言语能力。即使少数“野孩”被带回人类群体之后进行了学习，但他们对语言的掌握和运用能力远远低于正常人。下面是两个著名的“野人”的语言发展案例。

一个是“野彼得”。他是1724年人们在英国汉诺威附近发现的一个野人，当时他才有12岁。他可以很容易地在树枝之间攀爬，以植物为食，却不会说话。后来，被视为“怪物”的彼得被送到了乔治一世的宫廷中进行展示，然后被送到英国，在那里他学会说几个字母。他一生除了“彼得”等几个词之外，始终没有学会像正常人那样说话。

另一个是“狼孩”萨姆迪欧。他是1972年5月在距离印度苏尔坦普尔20英里的穆萨法哈纳森林中被人们发现的，当时他4岁左右。他具有狗和豺狼的特征：牙齿锋利、喝血、吃土、吃鸡、喜欢黑暗，而且与狗和豺狼非常亲近。人们给他起名为萨姆迪欧，并把他带到纳罗彦普尔村。虽然他后来不再吃生肉，却一直不能说话，只是学会了一些手语。

由以上案例，可以看出，虽然“野孩”或“野人”具有人类的语言发展潜能或“语言获得装置”，但一旦脱离了人类的语言环境，也很难熟练地掌握人类的语言。在他们已经长大，错过了语言学习的“敏感期”之后，尤其如此。难怪乔姆斯基在看到美国“人工野孩”吉妮（Genie）的个案研究之后，对他的语言理论进行了修正，认为先天的语言获得装置必须及时地暴露于语言的刺激下才能被激活。

语言获得机制是一个十分复杂的问题，对语言及其发展的本质还有待于多学科的综合探究。虽然上述各种理论都有某些事实或研究证据的支持，但是，迄今人们对这一问题都未达成完全一致的看法。其实，在语言的获得过程中，遗传与环境、先天的因素与后天的影响都可能发挥重要的作用，换言之，儿童语言的发展更可能是上述因素综合作用的结果，而不是由其中的某一种因素所促成的。

链 接

关于语言获得的理论，还可以参阅以下文献：

[1]L. Bloom(1993). The transition from infancy to language: Acquring the power of expression. New York: Cambridge University Press.

[2]J. Piaget(2001). The Language and Thought of Children. UK: Routledge.

[3][苏联]维果斯基著，李维译：《思维与语言》，浙江：浙江教育出版社1997年版。

第二节　儿童言语的发展

如前所述，儿童言语的发展遵循特定的规律，在各种文化背景下，儿童都会经历大致相同的几个阶段。这表现在语音、语词和语句或语法等多个方面。但是，在言语发展的速度、能力水平上，也存在着明显的个别差异。

一、言语发展的一般阶段

通常，出生后的第一年是儿童言语发生的准备期，他们通常处于前言语阶段，主要以姿势、面部表情或简单的发音等非言语手段与成人交流。在第一年末，儿童通常能够说出最初的词。1～2 岁或 3 岁是儿童言语的发生和迅速发展期，儿童的言语理解能力迅速增强，能够理解的语言越来越多。最初说出的语词较少，在经过一个短暂的“相对沉默期”之后，他们说话的积极性突然提高，能够说出越来越多的语词。其中，1～1.5 岁属于单词句时期，1.5～3 岁属于多词句时期（吴天敏，许政援，1979）。

吉布森（Gibson，1996）认为，幼小的儿童已经能够非常好地学习语言，儿童在说话前已经表现出与语言有关的高度适应能力，在生命的第一个年头（前语言期）儿童已经学会了转身、使用手势、区别不同的声音等与语言交流有关的基本技能。到他们说出第一个词时（大约 1 岁时），这些适应能力达到了顶峰，他们紧接着就开始逐步学习单字、词句（见表 5-1）。

表 5-1　儿童言语发展的阶段

发展阶段	发展特征	简单语句举例
前语言期 （1 岁前）	哭、咕咕叫、牙牙学语；学习转身、使用手势及分辨声音。	“哇呀呀呀”，“哒哒哒哒”
单词句期 （12 个月）	词与非言语的暗示（手势和反应）结合，用简单的话来表示复杂的意思。	“妈妈”（意思是：妈妈抱我）
词句期 （18 个月到 2 岁半）	修饰词用于主题句，形成宣言性的、询问性的、祈使性的句子结构。	“她是个漂亮姐姐。”（宣言） “妈妈在家吗？”（询问） “再给我一杯牛奶。”（祈使）
使用更多的语法变化和句型 （2 岁到 4 岁）	在句子中添加或插入一些成分；改变词序、词型，分句被放在一起。	“读它，我的书。”（连接） “爸爸在哪儿？”（插入） “我不能玩。”（改变词序） “我要一杯牛奶。”（使用量词）
成人似的句子结构 （4 岁以后）	能够产生复杂的句子结构，像“问—答”和“假设”。	“现在几点？” “他说过要帮助她的。”

二、儿童语言产生之前的发展：前言语阶段

通常，把婴儿出生后的第一年称为前言语阶段（prelinguistic phase）。这是言语发生的准备期。在这一时期，婴儿还不能说出有意义的话语，但他们能够咿呀学语，用非语言性的发音与姿态等，与成人进行交流，这种现象被称为前言语现象或前言语行为。

（一）语音知觉

新生儿是天生的语言“接受者”。当有人对着他们说话时，婴儿常会睁着眼睛注视着说话的人，有时还会发出自己的声音（Rheingold & Adams，1980；Depaulo，Rosenthel et al.，1982）。婴儿在会说话之前，能有选择地注意某些发音的特点。新生儿喜欢听声乐或人的谈话声，而不喜欢听器乐或节律性的声音。刚刚出生两天的新生儿甚至就能够从一些陌生的声音中认出母亲的声音，他们也能分辨人的谈话声和其他声音（Mehler et al.，1996）。

专栏

声调线索的重要性

成人通常会提高声调来对婴儿说话，以便吸引婴儿的注意力。再者，当成人要向不会说话的婴儿传达不同的“信息”时，他们常常常会变化他们的声调（Fernald，1989；Katz，Cohn，& Moore，1996）。声调提高（例如，“看着妈咪”）是为了重新引起把脸转往别处的婴儿的注意，而声调下降（例如，“嗨，这里！”）常常用来安抚心情不好的婴儿，或引发这些婴儿的正面情感（如微笑、闪亮的眼神）。这些声调刺激常能成功地影响婴儿的心情或行为（Fernald，1989；1993），二至六个月大的婴儿经常会发出与他们所听到的声调相似的声音进行回应（Masataks，1992）。这容易使人认为还不会说话的婴儿不仅能区分不同的声调，而且还能很快地理解特定的声调所具有的特别意义。有些研究者认为，二至六个月大的婴儿能成功地解释声调线索这一件事，证明了婴儿已经意识到语言是一种有意义的东西（Fernald，1989；1993）。

在第一年的后半年里，婴儿会渐渐习惯语言的声调，这能协助他们区分开所听到的声音，首先是分割成片语（或片断），最后是分割成字。在以婴儿为中心的口语中，片语的范围是在长母音的声音之后有个长歇，听觉线索对一个片语的结束及另一个片语的开始提供了丰富的资讯（Fisher & Tokura，1996）。七个月大时，婴儿能侦察出片语单位，并且喜欢听含有自然中止和停歇的话，而不喜欢听在不寻常的地方（如片语中间）有停歇的话（Hirsh-Pasek et al.，1987）。九个月大时，婴儿会对较小的语言单位有较多的反应，比较喜欢听与他们的养育者所说的语言有相似的音节重音模式和音素组合的话（Jusczyk，Cutler & Redanz，1993）。同时，他们很快会丧失分辨母语之外的音素的能力（Werker & Desjardins，1995）。因此，在第一年的最后三个月，婴儿渐渐熟悉了母语的语音，这为他们以后在谈话中用特定的方式表示单字提供了重要的线索。

有人研究了五个月的婴儿能否识别辅音的问题（Moffitt，1971）。让一组婴儿先听 10 次"ba"这个音节，接着听 10 次"ga"音节；让第二组婴儿先听 10 次"ga"音节，接着听 10 次"ba"，让最后一组只听"ba"音节。用检测器测定婴儿在听到一个新辅音时，心率是否有变化。答案是肯定的。反复听"ba"的婴儿的心率变化不大，而当呈现另一个辅音时，他们显示出特别明显的变化。即使很小的婴儿也能通过吸吮速率的变化表现出对【b】和【p】这两个不同音位范畴的辅音的区别，并能识别"ma"、"na"或"da"、"ga"。但是，婴儿还不能完全区分所有的语音，如 3 个月的婴儿还不能区分"sa"和"za"。此外，婴儿对他们的母语中不存在的发音也缺乏相应的识别能力（Eimas，1982），这表明，先天因素和经验因素都会影响到早期语言的理解。发展中的婴儿还难以认识到语词之间的差别与事物之间的联系，到出生后的第二年末，婴儿才能用不同的音素区分不同的事物（Devilliers，1979）。

汤姆塞罗（Tomasello，2008）指出，人们普遍认为，儿童语言发展的历程始于单字词的学习，然后按意义规则将这些单词组合起来，但事实上这种观点是不准确的。儿童实际上是听到并学习成人完整的表达方式，并根据不同的谈话目的，学习使用各种语言结构类型。换言之，儿童不只是学习孤立的单词，而且结合语言沟通的场合学习有效的语言形式。在此过程中，对语言的感知具有重要的作用。

一项研究（Cameron-Faulkner，Lieven，& Tomasello，2003）以 12 位母语为英语的母亲与他们的 2～3 岁的孩子为研究对象，考察了婴儿所听到的语句和语言结构，结果发现，儿童每天听到近 5 000～7 000 个语句，其中 1/4 到 1/3 的语句是疑问句，超过 20%的句子不是完整的成人语言，而只是一些语言碎片（通常是名词短语或前置短语），大约 1/4 是由系动词引导的祈使句或其他句式，只有 15%的句子是正规的英文 SVO 句式（即各种及物动词句式），它是英语的重要特征，其中 80%由代词充当主语。而且，母亲所说的语句有一半以上开始于 52 个高频句型之一，它们通常是由两个单词或语素构成；近 45%的语句是以下列 17 个单词中的一个单词作为开端的：what，that，it，you，are/aren't，do/don't，I，is，shall，a，can/can't，where，there，who，come，look，let's，这些单词在儿童语言中也经常使用，其使用频率与母亲的使用频率密切相关。显然，儿童正是从成人重复说出的、具有特定语言结构的语句，习得各种语言结构的。儿童最初说出的句型主要是相对简单的、容易说出的句型。成人的多次重复或句型高频的出现降低了婴儿学习的难度。

（二）牙牙学语

婴儿不仅能接受语言，其发声活动也是非常活跃的——即便发出的声音与“语言”相去甚远。一个刚满 3 周的婴儿在半夜里的哭声很可能只是他随便发出的无任何目的的声音，或者是提出什么要求。这些婴儿在第一个月所发出的声音有次序地延续发展，为以后的说话做准备。

这种准备经历了以下三个阶段：（1）反射性发声阶段。例如，呱呱落地之后的哭声和从第 5 周开始出现的一些非哭叫声音。（2）咕咕声。两个月大的婴儿能发出母音似的声音，称为咕咕声（cooing），这是新生儿语言发展的第一个“里程碑”。这些“oooohs”和“aaaaahs”常可以在婴儿吃过奶后醒着、警觉及心情很好时听到。（3）牙牙学语阶段。大约 5 个月左右，儿童进入牙牙学语阶段。牙牙语是指儿童不规则地重复类似于成人语言的音节。牙牙语其实是儿童重复母音或者子音的组合，如“mamama”或“papapa”这种听起来像字但却不具有任何意义的声音。

即使在说第一句话之前，婴儿也能使他们的发音适应自然的社会语言结构。牙牙语也随着环境而变化：在床上看一本书发出的牙牙语与坐在妈妈腿上发出的牙牙语是不同的。1 岁的婴儿能根据成人的语音和语调改变自己的牙牙语。例如，一个 10 个月和 13 个月大的孩子，他们在母亲面前说的牙牙语比在父亲面前说的牙牙语的声调要高（Liberman，1967）。有趣的是，本身失聪

专栏

儿童对语言沟通了解多少

婴儿能够理解的语言比他们会说的语言要多吗？现在看起来显然如此，而且，他们最初对语言的了解是一项实用的功课。在出生后的六个月里，婴儿在看护者说话时常会跟着发出咕咕声或牙牙语（Rosenthal，1982）。婴儿好像认为，“说话”是一种制造声音的游戏，目的是要“配合”正在说话的同伴。但是，在七至八个月大时，婴儿在同伴说话时通常会保持安静，并等待着在同伴停止说话时出声回应。显然，他们已学到了语言的第一个语用规则：别人在说话时不要讲话，因为很快你就会有说话的机会了。

轮流说话的产生，是因为父母通常会对婴儿说些事情，然后等着婴儿微笑、咳嗽、打嗝、咕咕出声或牙牙学语，然后再对婴儿说话，引发随后的回应（Snow & Ferguson，1977）。当然，婴儿也会从其他与照顾者互换角色的经验中学到轮流说话的重要性（Bruner，1983）。这些互换角色的例子有鼻子互相接触、轮流念儿歌、一起玩玩具等。九个月大时，婴儿显然能明白许多游戏规则的改变，而且，如果这种活动因为成人的阻止而受到干扰，婴儿就会发出声音、催促成人给他一个玩具以重新开始，或是再等一两秒钟，在成人之前抢先开始（Ross & Lollis，1987）。所以，成人与婴儿互动的方式似乎真的能协助儿童理解，许多社交谈话，包括“聊天”，是有明确规则的活动。

并以手语来沟通的父母，其失聪的婴儿会用手牙牙学语，并能以听力正常的婴儿在体验声音时的方式来体验手势（Petitto & Marentette，1991）。

失聪的婴儿听不到说话声，他们音素结构的发展从这个时期起就开始落后于听力正常的婴儿（Eilers & Oller，1994；Oller & Eilers，1988）；相反，听力正常的婴儿会非常注意别人的谈话。在第一年结束时，他们会配合所听到的语言的声调特性，来调整自己牙牙学语的声调，并开始像说话那样发出类似语言的声音（Blake & Boysson-Bardies，1992）。婴儿显然是“先学调再学字”（Bates，O'Connell，& Shore，1987）。早期发育对后来语言发展的作用毋庸置疑，它主要表现在对语言产生能力和语言理解能力的影响两个方面，婴儿有了说话、听话的充分准备。

（三）非言语交流

婴儿在掌握语言之前，主要通过非言语行为表达自己的意图或感受，与成人进行交流，这些非言语行为包括手势或其他的身体姿态、发声、面部表情等。婴儿通过这些方式与成人进行的交流也称为前言语交流。它是儿童在出生后的一段时间内适应环境的一种特殊方式。

专栏

非言语行为

艾克曼等（Ekman & Friesen，1969）将非言语行为划分为以下五类：

1. 情感表露型（affect displays）：主要表现在脸部，用于传达说话者的情绪感受；

2. 调节型（regulators）：典型地表现为头部动作或身体位置的微小变化，用于维持说话者与聆听者之间的交谈，调节交谈的进度；

3. 适应型（adaptors）：先前习得的、习惯性的适应性的手部动作，如弄平头发，把眼镜往鼻梁上推一推，托住下巴或不停地摸下巴；

4. 象征型（emblems）：说话或不说话时都可能做出的手部动作，有约定俗成的含义和形式，如竖起大拇指、示意安静的“嘘”的手势，通常用于控制别人的行为；

5. 解释型（illustrators）：直接与言语相结合的手部动作，用手势解释言语，例如，一个孩子说她的教室在楼上的同时，用手指着上面。

前言语交流通常具有特定的目的性、指代性和约定性。贝茨等人（Bates et al.，1975）发现，9 个月的婴儿就能有目的地交流，他们为了获得某一个物体，会交错注视，更正交流失败信息，或者表现出特定的身体姿态。芬森等人（Fenson et al.，1994）则发现，婴儿出生后 9 周就出现了用于指示某个物体的动作，使这种交流具有指代性。另一些研究表明，9 个月的婴儿能通过模仿掌握语言的约定性。

专栏

言语交流的目的性、指代性和约定性

言语交流的目的性是指，说话人与听话人之间的交流通常是围绕特定的目的展开的，言语内容与此相关。言语交流的指代性是指，言语交流的内容通常指代特定的事物。言语交流的约定性是指，语言与语言所表达的事物的关系是任意的，是约定俗成的。由于这种约定性，有时语言的表达虽然不合逻辑，但说话者与听话者都能够理解，不会产生歧义。例如，“这里怎么一个人也没有”，按逻辑说，他本身就是一个人，不应该说没有一个人，但这句话指的就是除自己以外没有别的人。儿童的前言语交流已经具备这些特征。

三、婴幼儿言语的发展：词和句

婴幼儿言语的发展反映在语音、词汇与语句或语法等多个方面，下面着重从词汇和语法的发展进行分析。

（一）词汇的发展

从总体上看，随着年龄的增长，婴幼儿掌握的词汇量不断扩大，对词义的理解也日益准确，所掌握的词汇的类型也日益增多。

1. 单一词期

10～15 个月期间，婴儿通常能说出第一个词。随后的几个月便是所谓的“单一词期”。一般来说，儿童获得词义的过程比获得语音、句法的过程缓慢，词义理解的发展可以贯穿人的一生。

在一项对婴儿最初说出的 50 个词的研究中，纳尔逊（Nelson，1973）把儿童早期的词分成六类：普遍名词、特指名词、行动词、修饰词、个人与社交词、功能词。婴儿使用的“第一词”中普遍名词占到 50%以上。儿童首先学会那些能代表他们经常接触并使之变化或运动的物体的词，如“鞋”、“袜”和“玩具”等。语言从第一个词开始就是与功能密切联系而且是有意义的。这些词对区分他们接触的那些物体有着重要意义。认识到词可以指代物体是早期发展的一个重要成就。

当儿童学习第一个词的时候，他们通常已经能正确地理解很多他们还说不出的话。语言的理解先于语言的产生。为什么呢？部分原因是儿童在理解语言时所依赖的不仅仅是语言。当父母与一个 1 岁的孩子交谈时，所说的常常是孩子已熟知的事物（如孩子喜欢的玩具），并且经常在说话的同时看着、指着或摸着特定的事物。研究表明，父母在逐字地教他们的孩子说话时，有 30%～50%的时间在运用手势或表情（Shatz，1983）。

这些结果表明，在语言发展中儿童掌握词汇、语法、语义和沟通技能等语言成分的方式不是孤立的，而是存在相互联系的。儿童在系统地掌握语法结构之前，就会积极地尝试与其他人“交谈”。这些早期的尝试使得他们的意愿被他人所理解，并由此逐渐开始了掌握语法的新历程。

2. 名词词义的扩大与缩小

儿童与成人使用的词可能相同，但儿童说出的词常常意味着很多东西。儿童早期词汇最重要的特征是“词义的扩大”：儿童扩大了词的使用范围，儿童所使用的单词往往包括很多不同的意义。例如，婴儿常说的“狗”往往包括了“马”、“牛”、“长颈鹿”或其他的四足动物。这是儿童语言学习中的普遍现象：儿童在不同时间所用的词中约有 1/3 扩大了词义的范围（Nelson & Nelson，1978）。其实，儿童不只是在犯错误，他们还是在努力找出语言形式与经验之间的关系。“儿童用熟悉的词代表各不相同而相互有关的物体是有道理的——儿童似乎在进行推进：‘我知道狗，那不是狗。我不知道它叫什么，但它像狗。’”（Bloom，1976）对于儿童来说，用词来表达不同的事物及其关系，其实是一种“假设检验”的过程。这是儿童发展中贯穿始终的过程。这在生命的前 3 年儿童开始把词与物联系起来时表现得尤其突出。

儿童对词义的理解还出现一种与扩大相反的情况，即“词义的缩小”：年幼儿童常常以自己独特的理解方式缩小词的使用范围，对事物作过于严格的区分。例如，他们所说的“桌子”可能单指自己家里的小圆桌。

词义的扩大和缩小在 2～6 岁儿童中普遍存在，随着知识经验的增长和抽象概括能力的提高，儿童对具体名词的理解日趋完善，而对抽象名词的理解还需要长期的学习。

3. 不同词类的发展

2～6.5 岁儿童使用的形容词的数量随年龄而增长，从 4.5 岁开始增长迅速。儿童从掌握描述物体特征的形容词，逐渐发展到掌握描述事件情境的形容词：最早使用描述物体特征的形容词，其中颜色词（如红、黑、白）出现较早，其次是描述味觉、温度觉和机体觉的形容词（如甜、咸、苦、酸、烫、热、冷、痛、饱、饿），接着出现描述动作和人体外形的词（如快、慢、胖、瘦、高、矮），最迟使用的是描述情感及个人品质的词（如高兴、快乐、好、坏、认真、勇敢）。使用越早的词出现的频率就越高。从描述的特征来看，儿童所掌握的形容词是从描述单一特征的形容词到描述复杂特征的形容词，形容词的形式也是从简单到复杂。

从时间词和空间方位词的发展来看，3～6 岁儿童首先理解“今天”、“昨天”、“明天”这些表示时间段的词，然后理解“上午”、“下午”这些较小的阶段和“今年”、“去年”这些较大的阶段，到6岁时，他们已全部掌握这些时间词。表示时间次序的词则以现在为起点，逐步向过去和将来延伸：先理解“正在”，然后理解“已经”，最后理解“就要”（朱曼殊等，1982）。儿童对空间方位词的掌握经历了一个逐渐分化的过程，提高最快的时期大约在3～4岁之间，依次掌握的方位词为“里”、“上”、“下”、“后”、“前”、“外”、“中”、“旁”、“左”（张仁俊，1985）。

量词的多样化和普遍应用是现代汉语的一大特点。研究表明，儿童在4～5岁最先掌握的是个体量词，其次为临时量词和集合量词（应厚昌，1983）。人们对幼儿人称代词的发展研究较多，在各种条件下幼儿对“我”的理解最好，对“你”的理解次之，对“他”的理解最差（朱曼殊等，1987）。

（二）语法的获得：从词到句

如前所述，婴幼儿语法的发展依次经历三个阶段：单词句阶段、双词句阶段和完整句阶段。语句的结构日益完整和复杂，语言成分日益完备。

1. 单词句

单一词的作用是显而易见的，它可以指出或标明外界环境中的物体。单独的字或词也能够起到表达和交流的作用，实现婴儿与看护人之间的相互影响。但是，单一词只能作为一个单独的词来使用吗？显然不是。当一个孩子指着高架子上的一架玩具飞机说“下”，或者当他从妈妈那儿拿过一只汤匙说“我”的时候，成人一定能领会比这个单词更多的东西：孩子大概要求成人把玩具从架子上取下，或者在说“我想自己吃饭”。单一词所表达的内容远远多于单独的字词含义本身，婴儿试图用单一词来表达成人用句子来表达的那些复杂的思想感情。在这种情况下，单一词实际上就成为所谓的“单词句”。

单词句是指儿童用一个单词来表达一个比该单词意义更为丰富的句子的含义。儿童在1～1.5岁左右开始说出有意义的单词，如学会叫“爸爸”、“妈妈”，实现了用词来标志事物或动作的功能，随后不久就出现了单词句。

单词句有以下三个特点：（1）单词句与动作紧密结合：单词句表达的含义往往依赖于当时的动作和表情；（2）单词句的含义并不十分明确：其语义在很大程度上依赖于情境和事件；（3）词性不确定：扩展的句意使最先学会的名词的含义发生了变化。一般认为，儿童在单词句时期尚不具备句子结构和语义范畴方面的知识，只是用单词对整个情境作笼统的描述。

2. 双词句或电报句

大约从1.5岁～2岁左右，儿童开始说出由2～3个词（通常是两个词）

组合在一起的语句，如“妈妈书”。这些句子的形式是断断续续的、简约的，结构并不完整，好像成人用的电报用语，故称“电报句”。

像在成人言语中所见到的那样，电报句会省略一些词，而这些省略并不是毫无规律的。儿童一般省略一些过渡性的、在句子意义中占相对次要地位的成分。儿童说出的词都是有重要意义的词，也称内容词汇。除了选择说哪些词外，儿童一般还将说出的词以系统的方式组织起来。例如，常见的是主语在动词之前，电报句中的词序一般与成人语句中的词序相对应。

不能简单地由语法关系理解电报句，必须根据上下文背景对句子的意义做出判断。例如，一个 12 个月大的孩子在两个不同的情境中说出了“妈妈袜子”这个句子：一是当她拿起妈妈的袜子时，一是当妈妈给她穿袜子时。在第一个情境中，她大概是说那袜子是妈妈的；在第二个情境中，她大概意指妈妈正在做与袜子有关的事情。“妈妈袜子”能够表达很多内容，例如，“妈妈，那是一只袜子吗?”、“妈妈，给我这只袜子”、“妈妈，你看这袜子多好看!”。

电报句在多种不同的语言中均有相似的表现。为什么不同语种的儿童早期所说的话是类似的？一般认为，语言是用以表达一个人对世界的理解和认识的途径。在发展过程中，儿童所说的话与他们的智力发展水平是密切关联的，孩子说出的话体现了他们对不同情境关系的理解。电报句反映了某种共同的认知发展机制，但不同语种中的语序是固定不变的，为表达意义的需要，儿童可能特别强调词尾的使用。例如，学习土耳其语和俄语的儿童，在电报句中较注重词尾，而不大注意词序（Slobin，1982）。

3. 完整句

在学会了用单词句和电报句对语义进行粗略的表达之后，儿童要进一步学习区分语义的细微差异，增强语言的精确性，在此基础上，逐渐产生了包含修饰成分和过渡成分的完整句。在不同的语种中，完整句所体现的语言精确性的差别是不一样的。因此，在以后的语法发展中，不同语种的儿童在句法的掌握方面表现出某些差异，这些差异与不同的语言结构相联系。

我国学者研究表明，儿童所掌握的完整句随年龄的增长而日益完善，2 岁儿童掌握的语句大部分是完整句，3 岁儿童的语句基本上都是完整句。句法发展的基本顺序是，从无修饰的简单句到有修饰的简单句，再到复杂句（朱曼殊，1979）。

简单句是指句法结构完整的单句。无修饰语的简单句包括主谓句（如“我回来了”）、主谓宾句（如“妈妈吃饭”）、主谓双宾句（“爸爸给我车”）。1.5

岁～2岁的儿童在说电报句的同时，开始说出无修饰语的简单句。2岁半的儿童开始说出一定数量的简单修饰句，如“我也要搭积木”。3岁左右的儿童开始使用较复杂的修饰语，如带“的”字的名词结构“妈妈做的衣服”等。3岁半的儿童使用复杂修饰句的数量增长最快，约为3岁儿童的2倍，达到他们说出的句子总数的14%左右。

复杂句是指由几个结构互相联结或互相包含所构成的单句。例如，由几个动词结构连用所组成的连动句，儿童从2岁开始，就能说出连动句，从2岁半开始能说出一些其他形式的复杂句。复杂句的发展一直持续到入学以后。

由两个或多个意义关联的单句组合起来构成的句子叫复合句。学汉语的儿童在2岁时开始说出极少的简单复合句，4～5岁时发展较快。复合句主要有联合句和主从句，这两大类中儿童较容易掌握、出现较多的是联合复合句中的并列句，如“爸爸出去，我看电视”。年龄越大，复合句的结构越趋复杂。幼儿的复句中显著的特点是结构松散、缺少连词，仅由几个单句并列组成。3岁以后连词逐年有所增加，但直到6岁，使用连词的句子仍仅占复句总数的1/4左右。

一般来说，口语语法的获得在学前阶段已经基本完成。4～4.5岁时儿童已掌握最基本的语法形式，对某些复杂的语法内容的学习将持续到小学阶段。总体来说，儿童语法的发展具有以下特点：（1）从混沌一体到逐步分化。最初，儿童的言语表达情感、意动（语言和动作结合表示意愿）和指物三个方面的功能相混合，随后才逐渐分化。语词的词性和句子的结构也是逐渐分化的。（2）句子结构从不完整到逐步完整，从松散到严谨。最初出现的单词句、双词句或电报句都缺乏语法规则的完整结构。3岁半以前的儿童说话经常缺乏主语等句子成分，词序不顺。随着年龄的增长，句子的复杂性提高，规则的应用也越来越严谨，意义也越来越明确易懂。（3）句子结构由压缩、呆板到逐步扩展和灵活。语法结构由无修饰句到简单修饰句，再到复杂修饰句，最后发展到各种修饰句的灵活运用。

4. 句子的理解

儿童对句子的理解先于句子的生成，儿童在会讲正确的句子之前，已经能够听懂句子的意思。1岁以内的儿童就能听懂成人说出的某些词，并做出相应的反应。儿童能应用各类信息以获得句子的意义。2～3岁的儿童喜欢与成人交流，喜欢听成人讲故事和念儿歌，并能记住内容。4～5岁的儿童已经能与成人自由交谈，但对一些结构复杂的句子，如被动语态和双重否定句，还不能很好地理解。到6岁时，儿童才能较好地理解常见的被动语态句型。

专栏

培养 0～3 岁儿童的阅读习惯

即使孩子很小，还不会说话，他也喜欢听你讲故事、说儿歌，还喜欢和你一起翻看漂亮的图画书。想培养孩子对阅读的兴趣，享受读书的乐趣，0 岁就可以开始了。不过，随着他年龄的增长，你和他阅读的方式也该有所变化。

0～1 **岁**：给婴儿读书，可以让他们感到快乐，但是不要因为他们还不太懂，就任意跳过某个段落。大声为宝宝朗读，可以让他们感知句子的模式，增强对句子结构的理解，并促进口头言语的发展。

1～2 **岁**：虽然 1 岁的孩子可能还不会说，但他们已经有很强的理解力，可以听明白成人的意思。随着词汇量的增多，词的意思更单纯了，每个词都有明确的指代性。例如，在他 1 岁的时候叫“妈妈”，也许是饿了想吃东西，也许是想让妈妈抱，但越往后他的意图就越单纯，妈妈只是妈妈的意思。这时，你可以给孩子讲故事，让他猜结局，这样，可以教给他如何思考他所听到的内容，问问题，预测结局，并寻找答案。在跟孩子讲话时，你还可以运用大量描述性的语言，这样，可以提高他的表达能力。

2～3 **岁**：这时，儿童的词汇量大量增长，他对句子的理解力常常让父母感到惊讶，你可能想不到，那么复杂的句子他也会说了。这时，你可以读他最喜欢的书：熟悉的书可以让孩子感到自己什么都知道，像个小专家，这是他喜欢的感觉。边读边让你的孩子填空，能够补充故事会让他感到非常自豪。

四、儿童中期与青少年期的言语发展

儿童中期以后，言语得到进一步发展，这不仅表现在口头言语方面，而且表现在书面言语的发展上。

（一）词汇的发展

儿童入学后，开始系统地学习书面语言，进行阅读，因而词汇量迅速增加。研究表明，约 6 岁时儿童约能掌握 10 000 个单词，在小学毕业时能掌握 40 000 个单词（Anglin，1993）。对汉字的学习也是如此。小学六年级的儿童已经学习了将近 2 500 个汉字，并持续以每天约 1.2 个字的速度扩展其词汇量，到了中学阶段，他们已能熟练地掌握语言的各种使用方法和句式，可以写 800 字左右的作文。而且，儿童的构词学知识正在迅速发展，这是一种对构成字的词素意义的理解。他们逐渐学会分析不熟悉词语的结构，并快速地推论它们的意义。小学高年级或进入中学的儿童已经会运用形式运算的推理方法，接受并理解各类抽象词语，这极大地扩展了他们的词汇量。儿童能够根据词汇的联想进行构词，例如，看到“白”，能想到“白色”、“白雪”、“白纸”等，看到“红”，能想到“红旗”、“鲜红”、“红利”等。构成能力的提高，也促进了儿童词汇量的增加。另外，儿童入学后，对词义的理解、运用词进行的表达也更加准确。婴幼儿时期经常出现的词义扩大或词义缩小的现象大大减少。他们已经揭示字词概念的本质特征，知道汽车是一种交通工具，桌子是一种家具等。而且，到了小学高年级时，他们还能理解一词多义的现象，能结合不同的语境理解词的具体意义，知道在不同的情境中，同样的词可能表达不同的意义。

（二）语法的发展

虽然学前儿童已经掌握了许多与语言有关的知识，并且言语能力已经发展到一定的程度，但是对语言的应用能力主要是在6～14岁也就是小学到中学阶段发展起来的。儿童既要学习使用较难的字词，也要学说较长的复杂句子，他们学会了理解生活中的各种情境和表达思想的合理方式。在儿童中期，儿童能纠正先前的许多句法上的错误，并开始尝试着使用一些之前没有用过的语法形式。例如，6岁儿童已经开始区分不同的人称代词，当他们回到家时会说“我回来了”，而不是以前的“你回来了”。到七八岁时，儿童能够理解并偶尔使用复杂的被动句式。例如，他们知道“老师今天表扬了小红”和“小红今天被老师表扬”是相同的意思。条件句也渐渐纳入了他们的理解范围，例如，“如果我把作业写完，妈妈就会带我去动物园。”因此，儿童中期是语法精致化的阶段，儿童除了学习常见的语法规则外，还能掌握母语的较复杂的句法构造。值得注意的是，这种语法的精练过程是逐步发展的，常持续至青少年期或青年期(Clark & Clark，1977；Eisele & Lust，1996)。

（三）语义的发展

小学阶段是语义及语义关系知识发展的重要阶段。儿童已经学会了语言的推理，这是整合语言的能力，使他们所了解的多于他们真正能说的。例如，“小磊没有看到石块，它在路中间，小磊摔倒了”。6～8岁的儿童听到这句话通常会认为这个故事清楚描述了小磊摔倒了，而没有意识到他们已经做出的推论；而9～11岁的儿童则会用推论的方式描述：“石头在路中间，小磊没有看到，所以他被石头绊倒了。”儿童还能听出一些谈话内容背后的意义，例如，对“老师走进闹哄哄的课堂说：‘今天真安静啊！’”这句话，儿童能够理解，这其实是老师在批评全班同学，他真正的意思是：已经上课了，还不安静下来！而不会理解为老师在表扬同学们。儿童越来越会“察言观色”，理解和运用反语、情境用语等现象。

另外，有研究发现，出声阅读能力的培养能够促进儿童更好地理解普通的表达方式，同时能有效提高儿童的语言发音能力（Warren- Leubecker & Carter，1988；Wolf & Dickinson，1985）。这一点具有重要的教育意义，启示了成人在锻炼儿童的语言能力时，最好让儿童自己大声朗读或讲出故事，而不是像传统的方法那样，父母只会看着故事书念给孩子听。

儿童对尚未掌握的新句子，往往会从经验中概括出一些策略去加以理解。儿童理解句子的策略可以归纳如下：（1）事件可能性策略：儿童只根据词的含义和事件的可能性来理解句子，而不顾句法结构所确定的词序和各个词在句子中的功能。年幼儿童在开始理解句子时较多地采用这种策略。例如，2～3 岁的儿童在理解不可能句“用小羊打鞭子”时，常常根据词义和可能性理解为“用鞭子打小羊”。（2）词序策略：儿童完全根据句子中词的顺序来理解句子。词序策略出现在事件可能性策略之后。例如，“女孩被男孩推倒”常被儿童理解为“女孩推倒男孩”。（3）非言语策略：不管句子的实际结构和内容如何，儿童按照自己的知识经验、预期或物理参照来理解句子。

儿童当然还能够应用句法学和语义学的线索来理解句子，而且利用这种信息的能力是随年龄增长而提高的。让 6～9 岁的儿童在噪音背景下听下面的三种句子，并要求他们重复听到的句子。

有意义句：“熊从蜂箱里偷出了蜂蜜。”

异常句：“火车在房子附近偷大象。”

混乱句：“从驶过的高速公路孤独母亲。”

因为噪音破坏了句子的某些部分，儿童必须运用先前的句法知识填补句子中缺少的词。有意义的句子在句法学和语义学上都是正确的，因而对听者来说是最容易的，句法和语义都可作为理解句子的标准。异常句听上去没有道理，但从句法上分析是正确的，只有以句法为标准而不能以语义为标准。在最后一类混乱句中，句法和语义都是混乱的，因而这一类型的句子对儿童来说是最难重复的。随着年龄的增长，儿童逐渐能更好地利用句法和语义信息。

总之，儿童在学习通过不同的策略理解句子。在接受学校教育以后，对复杂句子的应用和理解方面继续发展并日益完善起来。

专栏

特殊儿童的言语发展

在语言的习得过程中，以下四种情况都会导致严重的言语发展障碍。

唐氏综合症：患有唐氏综合症的儿童认知能力普遍存在缺陷，他们的语言发展明显延迟，与正常发展的儿童相比，这类儿童表达出来的句子明显较短。大多数唐氏综合症的孩子都不能真正掌握复杂的句法结构，包括句子嵌套等，当他们进入青春期后，言语会有所发展，但还是远远达不到正常水平。

威廉姆斯综合症：患威廉姆斯综合症的儿童大多也有认知缺陷，特别是在空间知觉和认知方面。虽然这类儿童在早期言语发展相对正常，但是，他们的语法在总体上发展滞后，并且，大部分威廉姆斯综合症儿童不能正确理解复杂的句子结构，如句子的嵌套形式。他们在听觉工作记忆上存在着特定的认知问题，这一点与唐氏综合症儿童是相同的。

自闭症儿童：自闭症是一种社会认知和社会关系方面的失调，大约半数以上的自闭症儿童不具备学习任何语言所需的社会认知和沟通技能。对一些患有自闭症的青少年的语言成绩进行考察发现，44%的青少年语言年龄低于6岁，35%在6～15岁之间，只有16%的青少年其语言年龄达到15岁的水平（Howlin & Goode，2004）。

特殊的语言损伤：对特殊的语言损伤（special language impairment，简称SLI）诊断的目的在于筛选出有言语发展问题而非其他认知或社会认知缺陷儿童。这类儿童的言语发展启动非常缓慢，其中，有少数儿童具有实用性语言损伤，这与自闭症儿童在某些方面相似（Bishop，1997）。研究者通常把SLI分为“表现型SLI”和“表现—接受型SLI”，后者更严重，它们严重影响了语言的理解。一些SLI儿童不能有效地掌握复杂句的快速的口头—听觉言语顺序，存在话语加工困难（Tallal，2000）。这种知觉或认知上的缺陷经常导致与语法形态有关的问题，但这种影响在言语交谈中不明显（Leonard et al.，2003）。

案例分析

艾略特的语言智力

艾略特（T. S. Eliot）是美国的一名超常儿童，他在10岁的时候就创办了一份杂志：《壁炉旁》(Fireside)，他是这本杂志的唯一撰稿人。在寒假期间，他曾经在3天内出了8期杂志，其中，每一期都有诗歌、随笔、探险小说、幽默故事，有一些曾经广为流传。

很显然，艾略特显示的是一种特殊的语言智力。按照美国心理学家加德纳的观点，这种智力是多元智力之一，是人们在语言领域展示出来的高度发达的能力，也就是生成和使用语言的能力。具有特殊语言能力的儿童更可能在语言、文学艺术方面做出成就。另一方面，这些儿童往往具有良好的语言发展环境。通常，他们的父母更重视早期的语言交流或阅读等，重视语言才能的培养。

链 接

［1］关于语言智力的特点，可参阅：H. Gardner 著，沈致隆译：《多元智能》，北京：新华出版社 1999 年版.

［2］关于超常儿童语言能力的发展，可参阅：施建农、徐凡:《超常儿童发展心理学》,合肥:安徽教育出版社 2004 年版,第 246～260 页。

五、语用技能的发展

在教育过程中，不难发现，一些儿童善于在特定的场合适当地运用语言，进行有效的交际，另一些儿童则显得比较笨拙。这反映了儿童语用技能的个别差异。其实，儿童的语言学习不仅包括词汇、语法等方面，还包括语用技能的发展。

（一）什么是语用技能

一个人要想顺利沟通，除了懂得句法、理解句意，还必须学会另一些规则，那就是懂得在什么情境中用什么样的语言。语言应用是语境学研究的内容。要想成为一名打动听众的沟通者，需要具备一套复杂的技能。首先，必须吸引听众的注意力，这样，听众才有可能知道你要对他们讲话，他们才会静听。其次，必须对听众的特征做出敏感的反应。用对大学生讲演时使用的语言与一个 2 岁的孩子交谈，肯定会令人失望。一个好的传达者在组织讲话材料时必须考虑听众是谁、他们知道什么、他们需要知道什么。第三，讲话者对听众的反馈必须十分敏感。必须知道自己所讲的话有没有被人理解，能及时将材料信息变成易懂的形式。最后，必须学会调整言语以适应当时的情境。小学儿童已经知道，在街道、操场和教室中分别应该怎样讲话。

沟通是一个双向的过程——仅有能打动听众的讲话技能是不够的。高效的沟通不仅需要善谈的讲话者，而且需要技能熟练的听者。学会听与学会说同等重要。听者在沟通中至少要发挥三方面的作用。第一，他们要分辨出那些模糊或无价值的信息；第二，一旦发现材料和沟通不适当，他们可以及时地让讲话者知道；第三，为了使信息条理化，他们能够提出讲话者需要进一步说明的材料。

另外，儿童对自己的表达和接受的有效性的理解也是沟通中的重要因素。换言之，儿童是否知道，什么时候他们自己的讲话内容是清晰的，什么时候他人向他们传达的信息是模糊和不适当的，这是一种“元沟通技能”，即儿童对自己沟通技能的认识。

上述几个方面的综合运用技能就构成了语用技能。简言之，语用技能是指个人根据交谈双方的语言意图和所处的语言环境，有效地使用语言工具达到沟通目的的一系列技能，包括说和听两个方面的技能以及相应的“元沟通技能”。

（二）说的语用技能

儿童沟通技能的发展非常迅速，2 岁末已达到惊人的水平。对 2 岁婴儿之间沟通的情况以录像方式所做的详细记录表明，这些儿童对影响有效沟通的情境因素是十分敏感的，他们能够有效地参与谈话，79％的信息得到了听者的正确回应。儿童还表现出对情境复杂性的意识，并能以此调整他们的沟通活动。他们在复杂情境中增加了沟通活动，在简单的情境中则较多地使用较短的言语表达。这一时期的儿童对同伴的反馈能很容易地做出积极的反应。例如，当传达者未接受到听者的反馈信息时，有 54％的人以某种形式重复了自己说过的话，而接受到正确反馈信息后又重复的只有 3％（Wellman et al.，1985）。

轮流参与谈话的技能可能是在早期亲子游戏中学到的。随着儿童的发展，依次参与的技能不断提高。把握时机对于善谈者来说是非常关键的，成功的会话要求听者在轮到自己讲话时能够迅速地做出反应。成人在谈话中几乎不留时间间隙。儿童反应较慢，但随着年龄的增长，他们的这种能力迅速提高。儿童在没有轮到自己说话时，也能像成人那样安静地听他人讲话，他们比平常更有耐心地等待一段时间后，再说出自己想说的话。即便是在年幼儿童中，也只有5％的人会抢先说话，不过一般只会抢说 1～2 个词（Garvey，1984）。显然，年幼儿童已认识到交谈中一次只有一个人讲话的规则。即使年幼儿童在与不同年龄者交谈时，也会对自己使用的言语加以调整。研究发现，4 岁儿童对同伴的言语是不同的。研究者（Shatz & Gelman，1973）记录了 4 岁儿童分别对 2 岁婴儿和成人介绍新玩具的谈话。在对 2 岁婴儿介绍时，他们使用了较多的短语和简短的句子，使用了很多引起和控制注意的词。他们还会调整语法的复杂性以适应听者，他们对 2 岁的听者尽可能避免较复杂的表达，如不用并列结构、从句和谓语结构等。这说明，4 岁儿童已掌握了一条有效交谈的基本原则，即调整自己的言语以适应不同的听者。

甚至 2 岁儿童就已具备了这种调整的技能（Dunn & Kendrick，1982）。研究发现，2～3 岁的儿童在同 14 个月的弟弟妹妹谈话时，就能调节自己的言语。与跟母亲的谈话不同，他们在同弟妹们谈话时，更多地重复或使用引起注意的词，如“喂”、“看”等。

语用技能是在不断地发展变化的。例如，对听者反馈的敏感性是随年龄和儿童对细微反馈信息的感受能力的发展而逐步提高的。年幼儿童（4 岁）从迷惑的眼神或“我不懂”这类反馈中得到的信息远不如年龄较大的儿童（7 岁）。在对这种信息的反应中，4 岁儿童就会相应地改变自己的策略。与年龄较大的儿童相比，他们更喜欢直接的言语反馈（Flavel，1985）。

（三）听的语用技能

随着儿童的发展，听的技能也在提高。年幼的儿童常常意识不到自己没有听懂成人的指导语言。在一项实验中，给一年级学生和三年级学生的游戏指导语故意省略了关键信息，结果表明，年龄较小的儿童并未意识到信息缺少，一听完就试图完成根本不可能进行的游戏；相反，三年级学生很快就注意到缺乏必要的信息（Markman，1977）。同样地，与二年级的学生相比，幼儿对是否缺乏信息的辨别能力也较差。

另外，随着儿童年龄的增长，元沟通技能也在发展。但是，元沟通技能发展得较晚，这与儿童自我意识的发展水平尤其是元认知的发展密切相关。

案例分析

儿童中期的交流障碍

艾利斯是一个智力正常的孩子，在学校里，他却存在着严重的困难，特别是在学习生字词的时候，总是出现这样那样的错误。而且，说话时也有些口吃。为此，他经常遭到同学们的戏弄，学习成绩也受到了严重影响。对此，他感到很烦恼，同时也感到自卑。

其实，在儿童中期，一部分儿童可能存在交流障碍。有研究表明，大约 3%～5% 的儿童具有交流障碍。这类儿童不同于那些因先天弱智或失聪而语言发展不良的儿童，他们通常智力正常，但是，他们难以学会生词，掌握的语法过于简单，能够说出的句子类型很少，句子的结构变化不大，言语表达有困难（如说话时经常遗漏必要的信息、口吃），而且，在理解语言方面也有困难，如难以理解某些词或语法。他们经常遭到同伴的嘲弄或攻击，比较自卑，在社交活动中表现消极、退缩。研究表明，这种障碍通常与儿童在学校的表现（如学习成绩）有关。交流障碍、学习障碍和动作技能障碍是儿童中期主要的发展障碍。它们很容易给儿童的个性、社会性的发展带来消极的影响。

六、学校中的语言

在学校学习过程中，儿童具有什么样的语言技能是一个重要问题，因为语言技能关系到各种课程教学。但是，学校中的语言不同于家里和游戏场所的语言，儿童接受正式的学校教育时，必须适应这些场合的差异。下面，首先讨论教室中的口语交流问题，然后分析儿童阅读与言语发展的关系。

（一）教室中的口语交流

教室环境包括丰富的言语互动，社会语言学家、心理语言学家和教育研究者都对此进行过探索（Cazden，1986；Mehan，1979；Wilkinson，1982）。教室和其他交流情境一样，存在口语交流的潜在规则，某些儿童能比其他儿童更好地识别这些“游戏规则”。这种个别差异所导致的结果及其产生的原因是很多研究者关注的焦点。

（二）教室交谈（教学交谈）

教室交谈（教学交谈）具有以下几个明显的特征：

首先，教室语言是去情境化的（Cook-Gumperz & Gumperz，1982）。大部分交流情境中交谈者的话语都与当时的情境之间有密切的关系，这称之为情境化语言。然而，在正式的教学过程中，通常问儿童“谁发现了美洲”或“5乘以5是多少”这类与直接的情境没有什么关系的问题。

其次，在教室教学中，教师经常问儿童问题，把它作为判断儿童学习的一种方法，而不是要知道问题的答案。这些问题的作用不像是一个真正的问题，它更像是一个测验（Searle，1969）。教师评定学生学习的交谈形式是开始—回答—评价，其中，教师向学生提一个问题，得到一个回答，然后评价学生的回答（Mehan，1979）。儿童在校外较少有这样的交谈经验。

教师对儿童使用的语言也比儿童大部分习惯语言更正规。在一项对教室中教师及其语言行为的研究中，费尔德曼等（Feldman & Wertsch，1976）发现，教师在教室中的语言风格与在快餐馆中的语言风格不同，当学生不在场时，教师希望用这样的表达方式：“我觉得……”“我肯定希望……”这些表达可用于区分个人的意见与事实。在教室中，就没有这些表达方式。教室中的教师语言相对于日常的会话言语更正式。

再次，在教室交谈中，教师不能同时注意每个儿童。如果是这样，那么教师的注意是如何分配的？关于教室互动的几项研究发现，教师的基本作用是作为权威人物决定说话的机会如何分配。这主要通过教师向教室中某一特定的成员讲话来实现。一般来说，大部分学生的议论是对问题的直接反应，学生自发的议论相对较少（Destefano，Pepinsky，& Sanders，1982；Mehan，1979）。

一些研究者认为，交流能力和智力对学业成功的影响是等同的。迈汉（Mehan，1979）的研究很好地说明了这一点，他发现，学生不仅必须知道学习课程的内容，还必须学习对所学知识进行恰当的分类、整理……他们必须知道自己能在什么时间和地点，向谁说话和行动，他们必须准备适合于教室情境的语言和行为。

（三）教室交流技能的习得

有研究考察了儿童如何在小组阅读作业期间提出对信息和行动的请求（Wilkinson & Calculator，1982；Wilkinson，Clevenger，& Dollaghan，1981）。在这些研究中，一年级儿童按小组大声朗读或默读，然后通过练习、画图或用其他方式表明他们对阅读材料的理解。教师在房间里从一组走到另一组时，学生有机会请求帮助。Wilkinson 等人发现，学生的请求常伴有对为什么提出这个请求的原因的说明和确切地请求什么的说明，例如，“我可以用一会儿你的橡皮吗，Sandy?”“我在画 boo-boo。”而且，当请求没有得到他们想要的回应时，儿童常常自发地改变他们的问题。这些结果与噶伟（Garvey，1975）在学前儿童中发现的结果极其相似。

研究还发现（Wilkinson & Calculator，1982），在同伴团体互动方面存在个别差异。说话最有效的儿童是反应直接、真诚，提出的请求与手头的任务有关，并能向某一特定的听者做出积极反应的儿童。具有这些特点的儿童比不具备这些特点的儿童，更容易达到自己的目的。另一些研究表明，儿童与成人一样，对于发出清晰、丰富信息的个体常做出积极的反应。普瑞特等（Pratt，Scriber，& Cole，1977）发现，说话让人印象深刻的儿童经常被儿童选作其他儿童的“老师”。

另外，师生互动与教师对学生交流技能的看法有关。有研究表明，被认为交流能力较强的学生得到的发言机会最多（Cherry，1978；Michaels，1981）。柴瑞（Cherry，1978）发现，教师倾向于对他们认为交流能力强的学生提出更多的问题，得到更多的信息。

交流技能使儿童得到更多发言权的观点对理解少数民族儿童的教室行为特别有用。米歇尔（Michaels，1981）研究了在“共同时间”（有时称为“表现和讲述时间”）学生的叙述，在这个时间里，教师鼓励学生向全班同学描述从家里带来的物体，或叙述过去发生的某件事。米歇尔发现，家庭收入较低的黑人儿童和中等收入家庭的白人儿童往往采用不同的叙述风格，白人儿童采用以话题中心的方法，集中于一个话题或一系列有关的话题，而黑人儿童采用“话题联系风格”，他们的谈话由一些有内在关联的轶事组成。奇（Gee，1989）认为，白人教师可能难以赏识后一种风格，也难以理解要求儿童改变他们的语言风格意味着什么。另外，儿童所处的家庭背景为他们提供的准备条件可能是不同的，有些儿童的家庭背景并没有为他们参与看重不同交谈风格的教室交谈做好准备。

专栏

儿童语言发展中常见的问题

爱因斯坦说过："一个人的智力发展和他形成概念的方法，在很大程度上是取决于语言的。"的确，研究表明，语言是进行思维、反映思想、表达情感、记录思维成果的工具。儿童通过语言了解周围的世界，表达感知的结果，通过语言使直觉形象思维发展到抽象概括思维，认识他不能直接感知的事物，并对事物进行概括、分类、综合、判断、推理，从而表达自己对事物的认识和感受。

但是，在儿童言语发展过程中，由于各种原因，也会出现音准差、不能掌握语言表情技巧、口吃等问题，父母和老师应仔细观察，及早发现，分析原因，并采取相应的措施。

音准差

音准差是指不能准确发出某个单音节的读音。3～4 岁的儿童，随着发音器官的成熟，语音听觉系统及大脑机能的发展，发音能力迅速地加强，4 岁以上的儿童一般能够掌握本民族语言的全部语音，这时，由于自身发音系统的异常或方言的影响，就会出现音准差的问题。

帮助儿童发音准确，家长和老师应该充分发挥成人语言的榜样作用，尽量做到发音正确，吐字清晰，语言规范。对于儿童语音中的错误和缺点，不要加以讪笑，不要故意重复他的错误和缺点，而要加以正确的示范。除了直接发音给他听之外，还可以解释我们是怎么做才发出这些音的原理让他明白。发音的时候故意夸张一点，可以使他注意你发音时的脸部动作。如果是因为生理方面的原因，应该请教专科医生，根据病情给予相应的处理。

没有掌握语言表情技巧

语言表情技巧是指恰当地运用声音的高低、强弱、大小、快慢和停顿等语气和声调的变化，使之更生动，更有感染力。儿童由于理解力差，就会难掌握语气、语调的变化。

老师应该多给儿童以语言交际的机会，如谈话、歌谣、朗读、讲故事、演讲、戏剧表演等，使其在反复的练习中得到提高。在平时与孩子的交流中，我们要加强对他们语言修辞、思维及反应等能力的锻炼，在儿童已有的词汇和经验的基础上，不断扩大和丰富儿童的语言。每次活动后要有一个概括性总结，把正确的最佳表达方式潜移默化地印入孩子的脑海中。

口吃

口吃是一种常见的言语节律障碍，表现为说话时声音不自主地重复、延长或语流中断、阻滞而不流利。口吃是儿童比较常见的语言障碍，多发生在 2～5 岁阶段。根据临床表现主要分为以下三大类。

发育性口吃：儿童在 2～3 岁学习说话时，由于言语功能发育不成熟，掌握词汇有限，说话太过紧张，想得比说得快，就不能迅速选择词汇，造成口吃，这是言语发育的正常现象。这时，家长和老师不要指责、训斥或纠正他，以免加重儿童的心理紧张。应该耐心倾听儿童讲话，并带着他慢慢地说。随着年龄的增长，这种发育性口吃会逐渐消失。

模仿性口吃：有的儿童模仿说话口吃的小朋友，不自觉地成了习惯，形成口吃。这时，家长和老师应采取“忽略”的方法，口吃的情形会渐渐好转。

社会性口吃：主要是精神刺激（如家庭不和、父母离异、受到了强烈的惊吓或学习负担过重）引起恐惧、焦虑、愤怒等紧张情绪的结果。这时，家长和老师要多给予温暖和关怀，不要提出不切实际的要求和期望，尽量减少和消除引起精神紧张的因素；消除其自卑的情绪，鼓励他树立信心，多接触他人，创造与人言语交流的机会；进行语言训练，逐字逐句模仿，由易到难，逐渐掌握讲话流利的规律；避免嘲笑或模仿，避免惩罚或歧视，不要强行纠正，否则会使儿童心理更为紧张，使口吃更为严重。

语言的发展对儿童的智能和人格的发展有着极其重要的意义。培养儿童学说话，是一项非常艰巨而细致的工作，需要父母及老师具有极大的耐心和爱心。为儿童创设轻松愉快的语言环境，多与他进行语言交流，做他的忠实听众。反之，如果大人过于紧张或严厉，只会让孩子情况更为严重，甚至不愿意开口说话了。

（改编自 新浪网 http://www.sina.com.cn，2007年11月5日）

第三节　非言语交流和第二语言的学习

在儿童言语发展的同时，非言语交流也成为他们进行社会交往的重要手段。在前言语交流的基础上，儿童的非言语交流能力发生了一系列变化。随着年龄的增长，儿童逐渐能够学习母语之外的第二语言。

一、非言语交流的作用：手势的运用和理解

当老师提问时，一个学生使劲地挥动他的胳膊，甚至从板凳上微微站起向老师示意，另一个学生则缩在座位上，低垂着脑袋，避免与老师进行目光接触。看到这种情况，教师就知道这两个学生对回答问题的态度。这种没有经过语言表达就使当事人直接领会意思的动作就属于一种非言语交流。非言语交流在日常生活中无处不在，这为儿童在语言与沟通技能的学习和发展过程中增添了丰富的内容。在非言语交流过程中，手势是一种非常重要的交流方式。手势可以揭示言语中没有表达出来的想法，为观察和评定儿童的认知水平提供了独特的手段。儿童在语言学习过程中，手势发挥着重要的作用。

（一）用手势表达和交流

当幼儿还不太会说话时，手势就是一种有效的表达途径。手势可以让他们表达更多的想法。有研究发现，12个月大的婴儿的“手势词汇”是其言语词汇量的两倍，更有趣的是，聋哑儿童在学会手语以后仍在做手势，他们做的手

势比打的手语还多（Capirci，Montanari，& Volterra，1998）。

儿童开始打手势通常是在 8 到 12 个月之间（Bates，1976；Bates et al.，1979）。他们最初使用指示性的、指向或举起的手势，其含义完全依靠情境而不是形式才能了解。例如，一个 8 个月大的孩子举起一个物体以引起成人的注意，过了几个月后，孩子会用手指向物体。除了指示性手势，孩子也会使用所在文化中成为惯例的手势，如点头和摇头。最后，大概在 1 岁的时候，孩子开始产生象征性的手势，虽然数量很少，但也有个别差异。某个孩子可能用嘴巴的张张合合代表一条鱼，或者扇动双手表示一只鸟。直到婴儿后期，孩子才开始使用节拍性手势或者隐喻性手势（McNeill，1994）。

在单词句阶段之初，儿童的手势主要表现出以下三个特征。(1) 手势经常是单独产生的，也就是说，手势的产生根本不需要任何发声，不管是无意义的声音还是有意义的语词都不需要。(2) 在极少数情况下，做手势的同时伴随着发声，但只会与无意义的声音结合在一起，不会与语词发生联合；值得一提的是，这一阶段的孩子能够在没有手势的时候发出有意义的语词。(3) 儿童为数不多的“手势+无意义声音”的组合不像成人那样和谐，声音并不出现在手势开始时，也不出现在手势的最高点。从单词句阶段开始，儿童的手势逐渐与言语结合在了一起。儿童单独的手势减少，手势通常与言语同步产生，并且，他们的手势与有意义和无意义的词语表达都是同时发生的。

（二）对他人手势的理解

儿童不仅仅会用手势来表达自己的期望，他们也是手势的接受者。12 个月大的婴儿就能理解别人做的手势。例如，12～15 个月大的婴儿会盯着大人用手指着的目标物看。但是，这并不表示婴儿能够将他们从手势中得到的信息与他们从语言中获得的信息整合在一起。对于 18 个月大的婴儿来说，手势可能只是起到引起注意的作用，并没有成为他们获得信息的来源。

对于单词句阶段的儿童来说，他们能够将手势与言语交叉结合起来。例如，成人给儿童表演“拍皮球”，“拍”＋“皮球”实际上就是“手势＋语词”组合，因为他们能够理解手势与语词传达的是同一种信息，所以，他们能够理解，并将这两个概念整合起来。

儿童能够从伴随言语的手势中理解特定的含义。此外，理解这些含义，会影响他们从言语中搜集到的信息量。研究发现（Meadow & Church，2003），教师的手势能够影响学生理解数学辅导教师言语的方式，手势有时能帮助理解，有时手势会导致误解。与不做任何手势相比，在伴随相称的手势的情况下，学生更可能照着老师提出的问题解决策略去做。因此，当手势与言语同步，表达相同信息的时候，手势可以帮助儿童理解特定的含义。相反，在使用与言语不相称的手势的情况下，学生不太可能使用老师提到的策略，这种可能性比没有手势伴随的情况下还要低。如果手势与言语传达的信息不一致，也可能使儿童难以理解言语所表达的信息。

二、第二语言的习得

随着各国、各民族之间交流的日趋增多，许多儿童在熟练掌握他们的本族语之后，开始学习第二语言。这里所说的儿童第二语言的习得主要是指12岁之前（而不是12岁之后）的儿童对母语之外的一种（而不是两种或两种以上）第二语言的学习。一般而言，第二语言的学习发生在主要的语言（母语）基本掌握之后。

在第二语言习得方面备受关注的是语言的迁移，即第一语言对儿童学习第二语言的影响。这个概念可以从两个方面加以分析。一方面，第二语言学习的难易应该跟它与第一语言的相似性有关。两种语言中相似的地方学习起来比较容易，差异较大的地方学习较为困难。另一方面，学习发生错误时，他们倾向于使用不适用于第二语言的第一语言的表达方式。

迄今，对第二语言习得过程中是否存在语言迁移的研究结果仍存在一定的分歧。有研究者认为（Mclaughlin，1984），在第二语言习得过程中并没有语言迁移现象，除非儿童与使用目标语言（第二语言）的同伴分离。也就是说，如果儿童沉浸在第二语言之中，那就没有迁移。他还认为所有的语言学习都包含相同的过程："所有年龄的所有语言学习都有一个统一的过程，不论是第一语言还是第二语言。"对语言迁移持怀疑态度的其他研究者也认为，不管两种语言的相似性如何，第二语言的习得都是不变的。当然，两种语言的习得有着重要的区别，当学习第二语言时，学习者的年龄比学习第一语言时的年龄要大一些，因而具有更多的关于世界的知识，头脑中已经具有各种各样的语义概念（Grosjean，1982）。

然而，也有研究者认为，早期关于迁移的假设主要是在行为层面上加以研究的：迁移被看做一种语言概化到另一种语言中的习惯。许多第二语言习得的研究者为使他们自己与行为主义者区别开来，急于否定迁移假设。但是，语言迁移有一些比较细致的形式，对此，人们还没有进行合理的研究。例如，塞林克等人（Selinker et al.，1975）发现，接受法语沉浸式教学的、母语为英语的7岁儿童出现了很多可归因于英语结构的迁移错误。此外，语音的发展研究也证明了在第二语言习得过程中存在语言迁移的现象。显然，关于语言迁移问题的研究结果并不一致，尚有待进一步的有说服力的研究加以考察。

本章小结

言语发展是个体心理发展的重要内容。在个体发展过程中，语言可以作为表达的工具，促进人际交流和自我建构。

关于言语发展的理论主要有乔姆斯基和勒纳伯格所代表的先天获得论、行为主义心理学家所代表的语言习得论、相互作用论。在语言的获得过程中，遗传与环境、先天的因素与后天的影响都可能发挥着重要的影响。

儿童言语的发展遵循某些一般的规律。通常，出生后的第一年是儿童言语发生的准备期，通常处于前言语阶段；1～2 或 3 岁是儿童言语的发生和迅速发展期。

在前言语阶段，婴儿主要通过前言语行为与成人进行非言语交流，他们已经辨别语音，大约 5 个月左右，儿童开始进入牙牙学语阶段。前言语交流通常具有特定的目的性、指代性和约定性。

婴儿言语的发展反映在语音、词汇与语句或语法等多个方面。从总体上看，随着年龄的增长，婴儿掌握的词汇量不断扩大，对词义的理解也日益准确，所掌握的词汇的类型也日益增多。10～15 个月期间，婴儿通常能说出第一个词，随后的几个月处于所谓的“单一词期”。儿童对词汇的理解具有“词义扩大”和“词义缩小”的倾向。在幼儿期，儿童逐渐掌握了各种名词、动词、形容词、量词、时间词和方位词等词汇。

婴儿语法的发展依次经历三个阶段：单词句阶段、电报句阶段和完整句阶段。语句的结构日益完整和复杂，语言成分日益完备。儿童在 1～1.5 岁左右开始说出有意义的单词，随后不久就出现了单词句。大约从 1.5 岁～2 岁左右，儿童开始说出由 2～3 个词组合在一起的语句，即“电报句”。2 岁儿童掌握的语句大部分是完整句，3 岁儿童的语句基本上都是完整句。儿童语法的发展呈现出从混沌一体到逐步分化、从不完整到逐步完整、从松散到严谨、从压缩到逐步扩展、从无修饰句到简单修饰句，再到复杂修饰句的发展趋势。儿童对句子的理解先于句子的生成。

儿童中期以后，言语得到进一步发展，这不仅表现在口头言语方面，而且表现在书面言语的发展上。儿童入学后，词汇量迅速增加，对词义的理解、运用词进行的表达也更加准确。儿童中期是语法精致化的阶段，也是语义及语义关系知识发展的重要阶段。儿童已能在学习过程中采用不同的策略。在学校环境特别是教室中，儿童的语言不同于家里和游戏场所的语言，教室中的口语交流和师生交谈往往服务于教育、教学的目的。

儿童的语用技能包括说和听两个方面的技能以及相应的“元沟通技能”。到 2 岁末时，儿童的沟通技能已达到相当高的水平。幼儿已具有轮流参与谈话的技能，会调整自己的言语以适应不同的听者。随着儿童年龄的增长，他们听的技能和元沟通技能也在不断提高。相对而言，元沟通技能发展较晚。

在儿童言语发展的同时，非言语行为，特别是手势，也成为他们进行社会交往的重要手段。婴儿不仅能够用手势表达和交流，而且能够理解他人的手势的含义。另一方面，随着年龄的增长，儿童中期逐渐学习母语之外的第二语言。关于第二语言习得过程中的言语迁移问题，研究结论并不一致。

本章注释

[1]朱曼殊:《儿童在指物交流中对量的交流准则的掌握》,载《心理科学》1995 年版第 4 期。

[2]张仁俊:《国外关于儿童获得空间词汇的研究》,载《心理科学》1985 年版第 2 期。

[3]应厚昌:《4-7 岁儿童掌握量词汇的特点》,载《心理科学》1983 年版第 6 期。

[4] Lenneberg, E. H. (1967). Biological foundations of language. Oxford, England: Wiley.

[5] Slobin, B. (1982). Children use canonical sentence schemas: A crosslinguistic study of word order and inflections. Cognition, 12(3), 229-265.

[6]Whitehurst, S. (1980). The development of communication: when a bad model makes a good teacher. Journal of Experimental Child Psychology, 29(3), 371-390.

[7]Skinner, B. H. (1957). Verbal Behavior under the Control of Verbal Stimuli. Century Psychology Series, 52-80.

[8] Clark, E. H. (1978). Strategies for communicating. Child Development, 49(4), 953-959.

[9]Amold, D. H., Lonigan, C. J., Whitehurst, G. J., & Epstein, J. N. (1994). Accelerating language development through picture book reading: Replication and extension to a videotape training format. Journal of Educational Psychology, 86(2), 235-243.

[10]Gibson, E., Pearimutter, N., Canseco-Gonzalez, E., & Hickok, G. (1996). Recency preference in the human sentence processing mechanism. Cognition, 59(1), 23-59.

[11]Rheingold, H. & Adams, J. L. (1980). The significance of speech to newborns. Developmental Psychology, 16(5), 397-403.

[12]Depaulo, B. M., Rosenthal, R., Rosenkrantz, J., & Green, C. R. (1982). Actual and perceived cues to deception: A closer look at speech. Basic and Applied Social Psychology, 3(4), 291-312.

[13]Mehler, J., Dupoux, E., Nazzi, T., & Dehaene-Lambertz, G. (1996). Coping with linguistic diversity: The infant's viewpoint. Hillsdale, NJ, England: Lawrence Erlbaum Associates, Inc.

[14]Fernald, A. (1989). Intonation and communicative intent in mother's speech to infants: Is melody the message? Child Development, 60 (6), 1497-1510.

[15]Katz, G. S., Cohn, C., & Moore, A. (1996). A combination of vocal dynamic and summary features discriminates between three pragmatic categories of infant-directed speech. Child Development, 67(1), 205-217.

[16]Fisher, C. & Tokura, H. (1996). Acoustic cues to grammatical structure in infant-directed speech: Cross-linguistic evidence. Child Development, 67(6), 3192-3218.

[17]Jusczyk, P. W., Culter, A., & Redanz, N. J. (1993). Infants' preference for the predominant stress patterns of English words. Child Development, 64(3), 675-687.

[18]Werker, J. F. & Desjardins, R. N. (1995). Listening to speech in the 1st year of life: Experiential influences on phoneme perception. Current Directions in Psychological Science, 4(3), 76-81.

[19]Dittmar, M. & Abbot, K. (2008). German children's comprehension of word order and case marking in causative sentences. Child Development, 79(4), 1152-1167.

[20]Cameron, R. T., Lieven, E., & Tomasello, M. (2003). A construction based analysis of child directed speech. Cognitive Science: A multidisciplinary Journal, 27(6), 843-873.

[21]Liberman, A. M., Cooper, F. S., & Shankweiler, D. P. (1967).

Perception of the speech code. Psychological Review, 74(6), 431-461.

[22] Petitton, L. A. & Marentette, P. F. (1991). Babbling in the manual mode: Evidence for the ontogeny of language. Science, 251(5000), 1493-1496.

[23] Oller, D. K. & Eilers, R. E. (1988). The role of audition in infant babbling. Child Development, 59(2), 441-449.

[24] Blake, J. (1992). Patterns in babbling: A cross-linguistic study. Journal of Child Language. 19(1), 51-74.

[25] Bates, E., O'Connell, B., & Shore, C. (1987), Language and communication in infancy. England: John Wiley & Sons. xix, 1391.

[26] Fenson, L., Dale, P. S., Reznick, J. S., & Bates, E. (1994). Variability in early communicative development. Monographs of the Society for Research in Child Development, 59(5), 173.

[27] Nelson. D. & Borden, L. C. (1973). Effect of meaning on processing of phonetic features of words. Journal of Experimental Psychology, 101(2), 373-375.

[28] Shatz, M., Wellman, H. M., & Silber, S. (1983). The acquisition of mental verbs: A systematic investigation of the first reference to mental state. Cognition, 14(3), 301-321.

[29] Nelson, K. (1978). Early lexicons: What do they mean? Child Development, 49(4), 960-968.

[30] Bloom, L., Rocissano, L., & Hood, L. (1976). Adult-child discourse: Developmental interaction between information processing and linguistic knowledge. Cognitive Psychology, 8(4), 521-552.

习　题　五

一、名词（概念）解释

1. 牙牙学语
2. 非言语交流
3. 语用技能
4. 前言语现象或前言语行为

二、简答题

1. 按照吉布森（Gibson，1996）的观点，儿童言语的发展一般分为哪几个阶段？每个阶段具有哪些特征？
2. 婴幼儿词汇的发展具有什么特点？
3. 儿童理解句子的策略有哪些？
4. 婴儿语法的发展通常经历哪几个阶段？各自具有怎样的特点？
5. 儿童语法的发展呈现出哪些趋势？
6. 儿童中期以后，言语的发展具有哪些特点？
7. 儿童的教室交谈（教学交谈）具有哪些特征？与日常的交谈有何不同？
8. 儿童听和说的语用技能的发展具有什么特点？
9. 语言对于个体发展的作用有哪些？

三、论述题

1. 语言习得论的基本观点是什么？这种观点科学吗？为什么？
2. 语言获得的相互作用论的基本观点是什么？请对这种观点进行评价。
3. 早期儿童能学习第二语言吗？他们已经掌握的母语对第二语言的学习有影响吗？请结合有关的研究证据进行分析。
4. 语言的先天获得论的基本观点是什么？这种观点科学吗？为什么？

第六章　认知发展：皮亚杰、维果斯基的理论和信息加工论

【教学目标】

通过本章学习，应达到以下教学目标：

1. 理解和掌握皮亚杰的认知发展理论，并能对这种理论的贡献和不足进行评价。

2. 理解和掌握维果斯基的社会文化理论，并能对其进行评价。

3. 结合信息加工论者进行的有关研究，理解和掌握信息加工论关于认知发展的基本观点。

【本章结构】

本章主要讨论有关认知发展的理论，主要内容包括三个部分，即皮亚杰所代表的认知发展理论、维果斯基所代表的社会文化理论以及现代信息加工论。对每种理论，都侧重分析其关于认知发展的基本观点以及有关的研究，同时，对有关理论和研究的新进展也进行了深入讨论。本章的基本结构如下图：

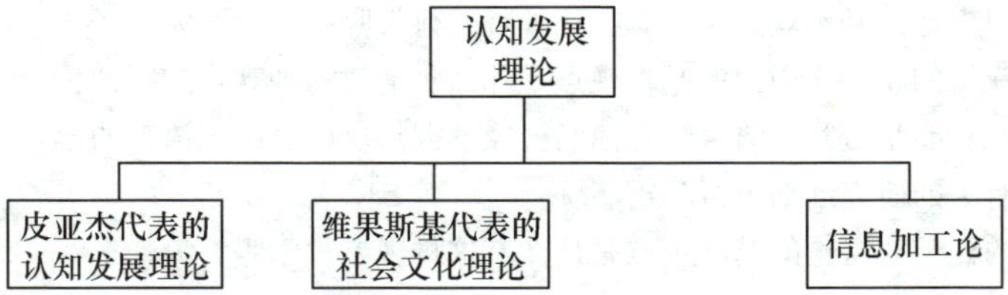

给一个4岁的儿童呈现这样一项任务：有10个木制的珠子，其中8个是褐色的，2个是白色的，那么，是褐色珠子多，还是木制珠子多？结果表明，4岁儿童在回答这个问题时有困难，但是，7～8岁的孩子几乎都能给出正确的答案。为什么不同年龄的儿童会有这样的表现？其实，这是儿童认知能力发展过程中必然经历的一些场景。在本章，我们将讨论皮亚杰的认知发展理论、维果斯基的社会文化理论以及现代认知心理学关于认知发展的观点，即信息加工论。这些理论分别从不同的角度，对儿童的认知发展进行了解释。

第一节　皮亚杰的认知发展理论

皮亚杰的认知发展理论也许是一百年来关于认知发展的最重要、论述最详尽和最富争议的理论解释之一。迄今，皮亚杰的认知发展理论仍是这一领域最杰出的思想。到1980年9月16日皮亚杰逝世为止，他的影响力实际上左右了整个认知发展领域的研究。本书在第二章第四节已经论述了皮亚杰关于认知结构、认知过程和认知发展阶段的基本特征，因此，本节着重分析各个认知发展阶段的具体特征。

一、感觉运动阶段

感觉运动阶段大致包括儿童的头两年。该阶段的婴儿通过基本的行为图式理解周围环境。他们最开始主要通过“够取”和“抓握”等动作，获取关于事物特征的感觉经验，逐渐理解目标与手段之间的关系。他们可以模仿不在眼前的行为，行为表现出明显的目的性。后来，逐渐发展出较为复杂的图式，突破直接经验的局限，产生具有时间维度的概念和因果关系意识。在此基础上，他们进一步认识到从眼前消失的物体仍将继续存在，即产生了客体永久性意识。在这一阶段，儿童从主要依靠基本反射的有机体迅速发展成为具有符号化思维的有机体。

皮亚杰把感觉运动阶段分为六个亚阶段，包括反射活动阶段、初级循环反应阶段、二级循环反应阶段、中级图式的协调阶段、三级循环反应和智力的综合阶段。需要强调的是，这些阶段中的行为是逐渐的，而非跳跃发展的。

（1）反射活动阶段（0～1个月）。出生后的头一个月即反射活动阶段。新生儿完全在重复和提高他们先天就有的反应。在作出诸如吸吮一类反射动作、寻找使这些反应能发挥其功能的刺激的过程中，他们的反射活动逐渐熟练有效起来。

(2) 初级循环反应阶段（1～4 个月)。这一阶段的婴儿重复和修正着那些偶然发生而引起他愉快或满足经验的动作。例如，婴儿无意中吸吮了自己靠近嘴边的手指，由于这种经验是愉快的，他便重复吸吮自己的手指。不过，重复这一动作时，婴儿的视觉和操作图式还很难协调起来。这些行为都是婴儿自身反射性的动作，因而是初级的；这些行为又是重复出现的，因而是循环的。这些初级循环反应局限于婴儿自身，以自己的身体而不是外界客体为对象。在这一阶段图式的变化和整合中，可以明显地看到同化和顺应的作用。这一阶段，人们期望的简单反应开始出现。新生儿主要是在母亲送上乳头时开始作出吸吮的反应的。但这一时期的婴儿，当母亲把他斜抱在怀里时，他就已经有可能作出吸吮的预期反应。吸吮图式的内容除吸吮动作外，增加了姿势这一线索。这种图式的协调是一个重大的进步，尤其重要的是吸吮和抓握动作以及视觉和抓握动作之间的协调。儿童可能会吸吮手边抓到的一切物体。此外，婴儿开始把视、听协调起来，这时的儿童会把头和眼转向发出声音的一方（Aslin，Pisoni，& Jusczyk，1983)。近期的一些研究指出，感觉系统的一些简单协调动作的出现早于皮亚杰所描述的时间，甚至在婴儿刚出生时就能看到他们的某些协调动作（Gibson & Spelke，1983；Mendelson，1979)。

(3) 二级循环反应阶段（4～8 个月)。在这一阶段，婴儿的注意开始集中到物体的操作上，而不是只局限于自己的身体。婴儿可以找出偶发行为的刺激物以重复进行这一行为。例如，婴儿为了听到有趣的铃声，会自己抓起铃来不停地摇动。“够取”、“抓握”和“摇动”协调起来，才能使铃晃动并发出声响。婴儿开始有意识地摆弄物体和改变环境，以重复获得他们感兴趣的愉快经验。但是，皮亚杰否认这个阶段的行为是有目的的，因为婴儿可能是偶然发现了某种行为可以带来愉快的体验，但并不预先制订行为的计划。

(4) 中级图式的协调阶段（8～12 个月)。该阶段的婴儿开始把先前获得的图式用作达到目的的手段。婴儿有意识地应用过去情境的图式来解决新情境中的问题。在皮亚杰看来，这时婴儿的行为已经是一种目的指向的行为。例如，他们能应用已形成的驱动物体的击打图式来移去玩具前的障碍物。之所以叫做协调阶段，是因为婴儿可以协调不同的图式，以适应新的要求。例如，母亲做了一个挥手的新动作，说“拜拜（Bye-Bye)”，这与婴儿已有的抓握动作图式中合掌的反应相类似，婴儿会尝试改变合掌的动作，手指尽可能像母亲摆动的那样。但是，这时婴儿的模仿还是很不精确的，而且当模仿对象不在眼前时，婴儿很难模仿。只有到了三级循环反应阶段，婴儿才会延迟模仿。

(5) 三级循环反应(12～18 个月)。该阶段儿童以尝试错误的方法学到了更多的有关物体特性的知识，活动也远远超出了对自己的行为和身体的兴趣，好奇心促使他们去实验各种物体。比如，他们试着扔下不同的玩具，并试图改变扔下玩具的方式、位置和距离、物体从何而落以及着落点表面的特点等。这种探索是问题解决的一种类型，它使儿童顺应新环境，并使之同化到不断变化的图式中。通过实验，他们认识了周围事物的特性，并学会了一些达到目标的新方法。

（6）智力的综合阶段（18～24 个月）。直到这一阶段，带有符号表象的思维才开始萌芽。这时，儿童获得了创建心理表征（mental representation）的能力，即对活动可以进行符号化的内部操作。心理表征主要包括表象和概念，前者是关于客观事物的心理图像，后者是类似的客体组成范畴。幼儿能够参与假装游戏，扮演日常的游戏角色。符号—表象系统的应用是理解语言和谈话能力的基础，在感觉运动的最后亚阶段的各种认知活动中发挥作用。例如，在延迟模仿、绘画、想象游戏和抽象问题的解决等活动中，都有符号—表象系统的参与。并且，在以后的发展中它会不断提炼而变得精致。另外，它还促进了问题解决能力的发展，幼儿不再主要通过外显的探索、操作和实验行为，而是可以依靠这种思考问题的初步能力，产生爆发式或顿悟性的问题解决方式。

皮亚杰描述了自己的孩子劳伦特在木棒实验中的行为。在头一年的整个生活中，他尽管已开始操作木棒，并开始逐渐学会用木棒去击打各种物品。即使到了 14 个月时，他还是用手而不是用手中的木棒去够取较远处的物品。到了 16 个月时，当手握木棒中央能够用它够取自己喜爱的食物而又没有够到时，他很快就能把手移到木棒的尽头够取食物。以后，他对较远的食物和玩具不是用手去拿，而是直接用木棒够取。劳伦特突然发现木棒的使用，不是什么明显的尝试错误行为。到这一阶段，儿童开始脱离了动作的思维。

儿童的延迟模仿行为已经非常充分。儿童此时已能模仿在以前某个时间里出现过的复杂行为。皮亚杰引用了自己女儿的事例说明这一点：杰奎琳的脾气并不暴躁。让她观看一个关在橡皮围圈内的男孩大发脾气的片断。第二天，当杰奎琳自己被关入围圈时，她表现出与那男孩相似的行为：尖声哭叫、跺脚、摇围圈等。杰奎琳头脑中一定还保留着那个男孩大发脾气的某种表象而在尽力模仿。

表象思维在儿童建构客体永久性意识这类认知活动中起着重要作用。所谓客体永久性，就是当客体从视野中消失或利用感官感觉不到它的存在时，仍然意识到物体是存在的。找回隐藏的物体，意味着儿童已经掌握了客体永久性。但皮亚杰认为，年幼婴儿不具有这种相信物体永久性的能力。

皮亚杰认为，儿童没有直接感知到物体，却相信其依旧存在的学习是一个渐进的过程，是感知运动阶段发展的必然结果。表 6-1 总结了客体永存性的发展过程。

表 6-1　婴儿获得客体永久性的各个阶段

大致年龄（月）	探　索　行　为
0～4	无视觉或操作探索
4～8	寻找部分掩蔽的物体
8～12	寻找完全掩蔽的物体
12～18	寻找眼前被替换的物体
18 以上	寻找掩蔽的替换物体

感知运动的前两个亚阶段的儿童根本认识不到物体的永久性。当玩具从视域消失或在床边看不到母亲的脸庞时，婴儿并不去积极地寻找。大约要到 4 个月，即初级循环反应阶段，婴儿开始表现出客体永久性的萌芽。他首次认出了部分掩蔽的物体。用毯子部分地遮起玩具，婴儿可以找出这一玩具。但是，用毯子把玩具全部掩盖起来后，他不会去寻找掩蔽的玩具。扔下玩具的婴儿可能会大致环顾一下四周，却看不到他有任何捡回玩具的相应动作。

在中级图式协调阶段，婴儿的客体永久性概念有了一定的发展。在这一阶段初期，把婴儿喜爱的玩具熊藏在毯子下，并把它换成玩具卡车，揭开毯子后，起初他会感到惊奇，但接着会玩起卡车。到此阶段末，婴儿会感到疑惑，并开始寻找玩具熊。

到三级循环反应阶段，婴儿终于认识到消失在眼前的物体的永久性。当着儿童的面把某物拿开藏起，婴儿会在视觉的支持下探索物体消失的位置以找到消失物。据皮亚杰描述，当他把手表随意地藏在两个枕头中的一个之下的时候，他的儿子劳伦特总能在手表消失的那只枕头下找到藏起的手表。然而，当孩子看到手表放入一个盒子，在盒子放入枕头上时取出手表，再把空盒子递给他时，劳伦特不再去枕下寻找。在可观察到手表连续置换的情形下，劳伦特才表现出对物体永久性的理解。但在手表从盒子中消失，接着盒子又消失在眼前这一系列非连续置换的情形下，他不能用推理的方法去实际探索未看清去处的手表。

在感知运动阶段的最后一个亚阶段，幼儿真正获得了客体永久性。最终，儿童应用推理发现了消失在眼前的物体。例如，找到前例中从盒子中拿出的手表。婴儿在盒子里没有看到表，接着便去最后放过盒子的枕下进行搜寻。那么，在这种典型的研究情境中，儿童的行为没有表现出对客体永久性的理解，是否因为动作能力的限制或者短时记忆的影响？有研究者发现，两者都会影响到研究结果的解释。

一些认知心理学家并不同意皮亚杰的观点，不认为第六亚阶段出现的那种探索行为的改善是基于婴儿对掩蔽物体的表象。他们认为，儿童不过是在理解实验者正在做什么和期待着什么的基础上，学习如何有效地探索（Corrigan，1981；Fischer & Jennings，1981）。

在感知运动阶段，儿童智力发展的成就是巨大的。中枢神经系统的迅猛发展以及儿童与环境之间的相互作用，使儿童从以反射活动、感知和运动经验为主的有机体发展成为对现实环境具有相当理解力和适应力的认识主体。儿童形成了新的行为和达到目标的策略，并且已开始运用有助于解决问题的符号思维。正是这种符号过程的有效应用促进了思维的迅速发展，并导致了下一阶段——前运算阶段的出现。

案例分析

亲子游戏中的认知

思考皮亚杰有关儿童感知运动阶段的理论，考虑下面父亲经常与孩子玩的游戏。

一个父亲经常和他的10个月左右的孩子玩藏猫猫的游戏。他对孩子说："我能把这个东西变走了。"说着，把一个彩色的乒乓球放进翻着的巧克力盒子下面。然后，像魔术师一样展开两手。孩子看着爸爸的手，显出很困惑的样子。

你怎么解释孩子的表现呢？根据皮亚杰的理论，10个月的孩子还属于中级图式的协调阶段。该阶段的婴儿开始把先前获得的图式用作达到目的的手段。婴儿有意识地应用过去情境的图式来解决新情境中的问题。这时，婴儿的行为已经是一种目的指向的行为。而且，就客体永久性的发展来看，这时的婴儿已经能够探索完全掩蔽的物体。因此，在上述藏猫猫游戏中，当这位爸爸把乒乓球藏起来的时候，这个孩子感到疑惑，他会寻找那个乒乓球。

二、前运算阶段

皮亚杰把前运算阶段又划分为两个亚阶段：前概念阶段（2～4岁）和直观阶段（4～7岁）。

1. 前概念阶段

前运算阶段的主要特征是表象系统的发展，皮亚杰称其为符号功能。前概念阶段符号功能的出现和精炼主要表现在语言的迅速发展、想象游戏和延迟模仿能力的提高上。直观阶段表现在对关系、数和分类的思维过程的变化上。这些行为说明，儿童具备了利用心理符号调节操作的能力。前概念阶段语言的加速发展被视作符号化发展的结果。一旦开始应用语言符号，儿童问题解决的能力便迅速发展起来，同时他们还可以学习他人词语表达的方式。

符号过程在想象游戏中也是非常明显的。看到列车在铁轨上运行的儿童可能会摆出一排砖，并模仿火车开动的声音。儿童把砖块同化到了他们所见到的火车图式中。符号游戏是儿童妥善处理现实要求的一种手段。

前概念思维的局限突出地表现在“泛灵论”和自我中心上。这一阶段的儿童为一切物体都赋予了生命的色彩。他们会认为，摘采植物时它们受到了伤害，风和它的朋友树正在谈话。前概念思维阶段还具有明显的自我中心主义特点。自我中心主义尽管在前概念阶段非常明显，但皮亚杰认为它贯穿整个前运算阶段，并一直延续到具体运算阶段。

前概念阶段的儿童不能解决皮亚杰著名的“三座山问题”。他们还很难从他人的角度看问题。把大小不同的三座山摆放在桌子中央，四周各放一张椅子。儿童坐在其中的一张椅子上，洋娃娃依次放在桌边的其他椅子上。让儿童辨别在三个不同位置上洋娃娃看到的是什么。三座山可采用素描图片或硬纸板模型呈现（见图 6-1）。在解“三座山”的问题中，儿童要到 9 至 10 岁，才能正确选出洋娃娃在不同位置时所看到的山的形状图片。不过，后来关于心理理论的研究表明，儿童在四岁左右已经可以理解他人的错误信念，可以在思考问题时考虑到他人的观点，这表明，皮亚杰的实验任务和结论可能低估了儿童的社会认知能力（Perner & Wimmer，1983）。

除“三座山”任务中所测量的那种知觉性的观点采择外，还有从多种角度理解他人观点的类型。在这类观点采择技能中，很多包括了理解他人在想什么的能力。例如，他人在游戏或问题——解决情境中将采取什么策略，对他人的情绪及其激发策略等方面的认识能力。这种观点采择技能也包括了对他人行为反应的理解。

图 6-1　皮亚杰的“三座山问题”

前概念时期的儿童的思维是自我中心的。他们很难从别人的角度和观点来看待问题。

2. 直观阶段

“直观”一词适用于描述 4～7 岁儿童的思维。这一时期的儿童能够完成一些智力操作（如分类、数量化或事物间的联系方式），但他似乎并未意识到，尽管能够解决包含这些操作的问题，但不能解释为什么要以那种方式解决问题。

儿童的符号日趋复杂化，但是，在执行各种任务的过程中仍表现出推理和思维的某些局限性。儿童不能根据事物的某一维度将它们排列成序。例如，很难把一组木棒按从短到长的顺序排列起来。这一时期的儿童还不能解决群集包含（类包含）一类的问题。儿童对串珠的反应就是一个生动的例证。分给儿童七个蓝色、三个白色的木制串珠。儿童对白、蓝串珠哪种数量较多的问题，能够作出正确的回答，但还不能正确回答蓝色串珠和木制串珠哪种较多的问题。这是因为，儿童的思维不能同时兼顾部分（蓝色和白色）和整体（木制）的特征。前运算阶段的儿童能够将某物归属于以蓝色或木制为特性的群体，甚至归属于同时存在的两种特性的群体，但他们不理解颜色（蓝色和白色）特性的群体又怎么会包括在一个以材料（木制）为特性的更大的群体中。

守恒问题突出反映了前运算思维的局限性。儿童不能理解，某一物体或情境尽管表面上发生了变化但物体的固有属性仍保持不变或守恒的事实。这一点与完成“三座山”一类任务时所遇到的问题类似。前运算阶段的儿童常受到知觉的限制（Acredelo，1982）。例如，当拿出两个大小相同的泥团问儿童两者是否相同时，他们往往会作出肯定的回答。但是，当实验者当着儿童的面把其中一个泥团搓成香肠状，再问同样的问题时，儿童往往认为其中一个要大些。当问到两个泥团是否加上或去掉了什么时，儿童的回答尽管是“没有”，却仍坚持说两者大小不同，理由是其中一个变细或变高了。这是因为，前运算期推理的一个最重要的特征是不可逆性。儿童不理解凡逻辑运算都是可逆的——那就是，圆形泥团可以变成香肠状泥团，香肠状泥团也可以恢复成原形泥团。在许多其他的类型中，前运算期儿童也表现出不可逆性。如问一个 4 岁儿童：“你有没有兄弟？”他说：“有。”“他叫什么名字？”“吉姆。”“吉姆有没有兄弟？”“没有。”（Phillips，1969）

不可逆性与另一类错误有关。这类错误表现为，事物发生变化时只注意知觉变化的最终状态，而不顾变化或转化的过程。在泥团形状的转化过程中，儿童忽视了泥团在逐步变细的同时长度增加的过程。泥团质量守恒的缺乏也说明了思维的中心化作用。儿童仅仅注意了物体要么高、要么长的一维特性，因而，他认为泥团的大小不同。一个说这一泥团大，因为它更高些，另一个说那泥团大，因为它更长些。只注意到物体的一维特性而不能兼顾多维特性间转化的互补性，是儿童解决不了这类问题的原因。

泥团守恒是一种体积守恒。此外，还有其他类型的守恒，如面积守恒、数量守恒和长度守恒。获得守恒概念的年龄因特性的不同而不同。表 6-2 中呈现的是用于了解儿童守恒发展情况的一些测试项目。儿童达到数量守恒的年龄一般在 6 岁左右，质量守恒和长度守恒在 6～7 岁之间，重量守恒在 9 岁左右，而体积守恒一般要到 11 岁以后。有关跨文化心理发展的研究指出，不同社会中儿童获得守恒概念的年龄差异很大，但获得不同类型的守恒概念的发展顺序无明显差异（Newman，Riel，& Marlin，1983）。

表 6-2　一些简单的守恒实验（Lafrancois，1973）

（1）物质守恒	
A　●　　●	B　●　——
实验者呈现两个完全相同的橡皮泥团。被试承认两者在量上相等	使其中一个泥团改形。然后问被试两者在量上是否仍保持相等
（2）长度守恒	
A　—— ——（两根并排）	B　—— 　　——（其中一根右移）
在被试前并排呈现二根木棒，被试承认两者长度相等	其中一根向右移。问被试两者的长度是否相等
（3）数量守恒	
A　· · · · · · · · · ·	B　· · · · · ·　·　·　·　·　·
两排数点一一对应。被试承认两排数点相同	拉开（或压缩）其中一排数点间的距离，问被试两排的数点是否仍相同
（4）液体守恒	
A	B
把水装至两烧杯同一高度水平，被试明白两容器中的水一样多	把一烧杯中的水倒入一较高的容器（或一扁平的碟子）中，问被试水量是否相等
（5）面积守恒	
A	B
被试和实验者各自有一完全相同的纸板，在两块纸板完全相同的位置摆上积木，问被试两纸板中留出的空间面积是否相同	实验者把其中一纸板上的积木断成小块，向被试提问相同的问题

儿童在其他类型的守恒任务上的表现或回答与质量守恒任务相似，他们给出的理由是类似的。在上述任务中，大约到 9 岁时，儿童可以说出两者质量相同，但却认为体积不同。

皮亚杰把达到以上三种守恒水平的年龄差异和连续性归结于“横向参差”

(horizontal decalage)。“横向参差”是指在完成同一智力操作任务时儿童所表现的认知能力水平的差异。他相信，质量守恒和体积守恒概念的抽象程度不同，从质量守恒到体积守恒，其操作的抽象性依次提高，前一守恒概念的获得是后一概念发展的基础，年龄增长是前一个概念过渡到后一概念的基础。

问题解决的进程在执行不同类型的任务中表现出非平衡发展的特点，因此，应在不同的研究领域或范畴内确定认知发展的各个阶段(Feldman,1980;Fischer,1980)。儿童在社会角色采择和各种守恒或分类范畴中所表现的水平各不相同，而这种认知发展的不平衡性主要是由经验导致的(Keil,1985;Pulos & Linn,1982)。研究表明，不同年龄的儿童对各种概念的理解差异很大。

专栏

守恒能力的促进

皮亚杰认为，总体上前运算阶段的儿童还不具备理解守恒的能力。那么，是否可以采用训练的方法，促使儿童理解守恒概念呢？事实上，很多心理学家开发了促进儿童守恒发展的训练方法。而且，这些研究者对皮亚杰认为那些作为守恒基础的各种认知操作很重要的观点提出了怀疑。例如，儿童在某项守恒任务中的操作似未达到应有的要求，但在条件适合的情况下却能达到守恒水平。儿童未完成某些皮亚杰的实验，不一定就是因为认知能力有限。相反，可能只是由于缺乏表现那些认知功能的某些先决条件。守恒任务的失败可能是因为儿童只注意到了刺激的无关特性，如物体的形状、长度、颜色和高度等。

改善儿童注意的训练方法有效地促进了那些先前未达到守恒水平的儿童的守恒发展。在一项研究中，通过配对物体（如橘子与香蕉）比较的方法，让儿童认识物体的多种属性，并说出配对物体的相似点和相异点（Sigel，Roeper，& Hooper，1966）。在另一项研究中，通过辨别学习的训练方法，让儿童注意到刺激物的各种有关特性（Gelman，1969）。这类注意——训练方法不仅可以提高特定形式的守恒的发展，而且对其他形式的守恒也有促进作用。因此，如果儿童接受的是旨在促进数量守恒的注意训练（如完成数目相同但排列疏密不均的两排硬币的判断任务），训练后不仅可以促进数量守恒的发展，而且可以促进儿童质量守恒的发展。未达到守恒水平的儿童，也可以通过对那些能解决守恒问题的儿童或成人的观察学习，或者与他们讨论的方法，来提高在守恒任务上的成绩（Charbonneace，Robert，Bouoassa，& Clady-Bissonnett，1976；Murray，1981）。多数心理学家赞同皮亚杰有关前运算期儿童难于解决问题的观点。然而，这些研究的结果使他们开始怀疑，守恒的获得是否像皮亚杰所指出的那样，一定是以可逆性之类的智力操作为基础（Gelman & Baillargeon，1983）。某些研究者甚至认为，那些构成认知结构的各种基础是没有根据的。此外，这些结果还说明，经验在守恒发展中的作用有待于进一步探讨。

前运算阶段的儿童在等级分类上存在一定的困难。所谓等级分类，就是把物体根据相似性与差异性，按类别或亚类进行组织。皮亚杰的类包含任务就是测量这种能力的。请回忆一下本章开头提到的那个例子。4 岁以下的儿童不能正确地在颜色亚类别和木制这个整体类别之间进行比较。皮亚杰研究发现，小于 4 岁的儿童常常很难完成这种任务。他认为，儿童主要把分类集中在颜色类别上，而不能在颜色类别与整体分类（木制珠子）之间转换。但实际上儿童在日常生活中很小就学会了把物体归为一类，如有些孩子会把自己的玩具放到不同的堆里。皮亚杰认为，幼儿的分类思维主要为事物的特征所引导，但后来高内克等人（Gopnik & Nazzi，2003）发现，2 到 5 岁的孩子可以根据物体观察不到的特征进行分类。实际上，儿童的分类能力的局限可能与其他方面的认知发展（如语言发展和概念发展）有关。

三、具体运算阶段

在具体运算阶段（7～11 岁），儿童能通过一些守恒和类包含任务，学会根据某个维度对事物进行排序，获得序列能力，在空间推理上形成认知地图。但这个阶段的儿童只对可以直接接触的事物才能进行逻辑思考，其抽象思维能力还没有得到充分发展。

在具体运算阶段，儿童思维品质发生了巨大的变化，对可逆性的进一步理解促进了思维灵活性的发展，自我中心的减弱和观点采择能力的提高促使儿童获得了有关现实的新知识。他们在思维过程中的逻辑性和现实性成分不断增加。

儿童开始进行演绎推理。例如，他们知道，假如所有的狗都是动物，那么，这只狗就是一只动物。儿童已形成了数概念和数的守恒概念，形成了时间和空间概念，并且，能对自己日常生活中熟悉的物体进行分类。

但是，这一阶段的儿童思维仍未脱离对当前事物的具体操作。一定的实物呈现在眼前时，儿童才能顺利解决问题。例如，把三个身高不同的儿童成对带到儿童的面前，儿童第一次看到琼比桑德拉高，第二次桑德拉比玛丽高，此时，他在未看到琼和玛丽的情况下就能推出琼比桑德拉和玛丽都高的结论。但是，如果视觉刺激不在眼前，而以“琼的个头比桑德拉高，桑德拉比玛丽高，三人中谁最高”的文字形式表达，具体运算时期的儿童往往就很难正确地回答这一问题。儿童一般在 7～8 岁可以进行传递性推理，例如，皮亚杰在实验中给儿童呈现三根不同颜色的棍子，其中 A 比 B 长，B 比 C 长，儿童可以推出 A 比 C 长。

具体运算阶段的儿童分类和理解概念的能力比前运算阶段都有明显的提高。在解决两类范畴相结合的复合群集的分类任务上，具体运算期与前运算期的儿童不同，他们能够根据物体多种特性相结合的复杂规则进行分类。例如，把花类（玫瑰、郁金香，雏菊）和颜色类（黄色、红色）结合成一个包括黄玫瑰、黄郁金香、黄雏菊、红玫瑰、红郁金香和红雏菊的组合群体。具体运算期的儿童即使在分类特征上存在一些细微的差别，如深黄与浅黄的细微差别、雏菊的形状的细微差别，他们也能很好地理解这类多维特征的分类原则。此外，他们能够在分类时撇开花瓣数、花的大小等非本质特征（Fischer & Roberts，1984；Frith & Frith，1978）。一些研究指出，在三个女孩的身高一类的推理问题中，具体运算期儿童的缺陷不在于缺乏具体刺激物的支持，而在于有限的记忆容量。如果儿童接受了有关的记忆训练，他们便能解决上述身高推理问题（Harris & Bassett，1975）。也有研究发现，特定的文化实践，尤其是学校教育，可以促使儿童更好地解决传递性推理问题，因为他们有机会接触到有关任务的学习（Artman & Cahan，1993）。因此，儿童的思维发展与训练、情境和文化密切相关。

四、形式运算阶段

在具体运算阶段，儿童已开始应用符号思维，并为青少年的思维发展奠定了基础。形式运算阶段大约从 11 岁左右开始。儿童这一阶段与具体运算阶段的思维过程有何不同呢？

青少年能够推论脱离现实的假想问题，即个体可以进行假设演绎推理。他们知道，逻辑规则同样适合于超越现实的思维。例如，提出这样一个问题："假如所有的蓝肤色的人都住在红色的房间，那么，所有住在红色房间的人都是蓝肤色的人吗？"前运算期儿童对于蓝肤色人这类虚构的前提感到困惑。相反，形式运算期儿童可以不顾非现实的内容，而径直进行逻辑问题的推论。

青少年期儿童的思维在灵活性和抽象性方面日益发展起来。为了顺利地解决问题，儿童能够运用逻辑的方法对解决问题的各种可能性一一进行考虑。不同于具体运算期儿童，青少年期儿童在问题解决情境中可以同时提出多种解决问题的可能方案或假设，并能预料这些方案可能导致的结果。

这一阶段的儿童除了能从各种可能性假设中推出结论之外，还能够同化和综合各种来源的信息。具体运算阶段的儿童在解决问题时一般只考虑到多种因素的结合以及问题情境中诸因素之间的相互作用。在思维灵活性、假设检验、解决问题的多种可能性的评价以及对问题复杂性的认识等方面，青少年期与具体运算期儿童有着本质的差别。

英海尔德和皮亚杰（Zwhelder & Piaget，1958）描述了一项实验任务：

儿童通过对各种物体进行水上实验，总结出为什么有些物体能浮在水面而另一些不能浮在水面的规律。实验要求儿童推出阿基米德沉浮律，即如果一个物体的比重低于水的比重，这一物体就会浮在水面。由此，假如两物体的重量相等，面积大的一个更易上浮。具体运算阶段的儿童常常把物体的重量（因为它很重）或大小（因为它更大一些）作为物体沉浮的理由。或许，他能以物体的二维特性（如大和重、大和轻、小和重、小和轻等）作为说明的理由。但是，他们总离不开轻重和大小这些外部特征的判断依据。当观察到的事实与其使用的规则发生冲突时，他们便感到困惑不解。例如，大块木头显然重于小铅块，可是，木块能浮在水面而铅块却沉入了水底。具体运算阶段的儿童还考虑不到物理世界中那些不能直接观察到的各种可能的事实，而形式运算阶段的儿童能比较容易地获得有关重量和大小的线索，把各种可能性归入一个统一的系统，从而获得比重的概念。

不是所有的青少年都能达到灵活解决问题的形式运算阶段，成人的情况也不例外（Kuhn，1984；Neimark，1981）。这部分是由于文化和教育因素，部分则是由于一般智力发展水平的限制。在标准智力测验中得分低于均数的被试未达到形式思维的水平（Inhelder，1966；Stephens，Mclaughlin，& Mahoney，1971）。另一方面，非常聪慧的儿童的形式思维水平类似于甚至优于成人（Keating，1980；Neimark，1975）。此外，在青少年或成人感兴趣或专长的领域，更易观察到抽象逻辑推理的思维形式（Delisi & Staudt，1980；Falmagne，1980）。物理、化学或逻辑思维等方面受过理科学科训练的青少年形式运算能力明显强于常人。

案例分析

皮亚杰的单摆实验说明了什么

皮亚杰在著名的单摆实验中，给 8～9 岁的孩子和 13 岁的孩子提供了不同长度及不同重量的单摆，以及一个用于悬挂单摆的架子，要求他们找出影响单摆速度的因素。年龄较小的一群孩子在解决问题时，试图研究每个因素的影响，但不知道研究一个因素的作用的同时控制另一个因素，而较大的孩子，综合考虑了四个因素，包括绳子长度、悬挂物重量、物体起摆高度和起摆时的动力大小。每次实验时控制其中的三个因素或变量，而只改变其中的一个变量。他们最终发现，绳长影响单摆速度。我们应该怎样解释这两组孩子的表现？

在这个单摆实验中，显然，具体运算阶段的儿童还不会进行系统的假设演绎推理，不会预先提出假设，然后对假设进行合理的验证。相反，形式运算阶段的儿童就能做到这一点。他们能够进行命题思维，能够进行形式化的运算和假设演绎推理，像科学家那样，进行假设验证，得到问题的答案。这是思维发展的一大进步。

五、皮亚杰理论的局限及发展

20世纪50年代以后皮亚杰的理论臻于成熟。可以说，皮亚杰的理论开创了认知发展的研究领域，对当代发展心理学及其相关领域产生了巨大的影响，成为现代认知心理学的源头之一，也是认知发展心理学派的重要代表。

皮亚杰发现了儿童认知发展的规律，试图用一定的理论解释发展的本质，而不是像以前的研究那样，仅仅停留在描述的层面（Fischer & Bidell，1998；Sigeler & Ellis，1996）。尤为重要的是，皮亚杰的开创性研究，不但提供了我们认识儿童认知发展的新视野，而且对教育社会实践提供了指导。然而，在产生巨大影响的同时，皮亚杰理论和他的一些研究遭到了多方面的批评和挑战。

首先，人们对皮亚杰的研究方法提出质疑。很多研究者认为，在皮亚杰的研究中，许多变量是混淆在一起的，其中包括社会心理因素、语言、感知、注意等。例如，在皮亚杰的实验中，儿童常常对实验者的研究意图、提问方式等进行猜测，并据此调整自己的策略，这可能影响最后的研究结果。而且，由于皮亚杰认为逻辑思维能力的产生先于语言的发生，他忽略了语言的作用，常常用比较复杂的语言提出问题，这也可能影响了儿童的反应。

其次，后来的一些研究发现，皮亚杰低估了儿童特别是学前儿童的认知能力。在皮亚杰看来，学前儿童处于自我中心、不能守恒的前运算阶段。实际上，学前儿童的认知能力一般要高于皮亚杰所说的思维发展水平。在适当的教育和环境条件下，他们能够解决皮亚杰认为不可能解决的问题。研究表明，婴儿所知道的比皮亚杰所报告的更多（Flavell，1985）。皮亚杰有关婴儿认知发展的许多推论是在观察婴儿活动的基础上进行的。然而，婴儿的运动技能不一定能反映其认知发展水平。此外，皮亚杰认为，某些行为，如抓的动作发展过程中视觉和动作的协调，只能是多次练习和经验的结果，而一些研究者指出，这不过是天生的动作倾向（Bruner & Koslowski，1972）。皮亚杰也低估了具体运算阶段的儿童的认知能力（Gelman & Baillargeon，1983）。之所以出现这样的问题，可能是因为皮亚杰主要是通过儿童在各种任务中的表现来推测其潜在的认知能力或认知结构的，可是儿童完成任务的情况同任务的情境、任务的社会性和熟悉性、儿童的动机等多种因素有关。因此，完成任务的成绩是否客观地反映了皮亚杰所谓的认知能力，是值得怀疑的。

再次，皮亚杰不太重视社会和教育的作用，仅注重生物适应的作用。许多研究表明，儿童思维的发展深受社会文化和教育的影响，如果对幼儿和学龄儿童进行适当的教育和训练，儿童的许多认知能力是可以提前发展的。这在形式运算阶段表现得尤其明显。也就是说，形式运算思维的形成和发展受文化的影响尤其明显（Dasen & Heron，1981；Greenfield，1976）。在不重视符号技能发展或教育落后的文化群体中，形式运算思维出现较晚，甚至不出现。即使在具体运算思维的发展上，不同文化的儿童达到这一水平的时间和方式也有很大的差异（Dasen & Heron，1981；Glick，1975）。例如，在相同的年龄，墨西哥陶瓷制造业家庭中掌握数量守恒的孩子要比非陶瓷业家庭的孩子多。这可能是由于非陶瓷业家庭的儿童在形状、外表和泥块大小等方面缺乏经验导致的（Price-Williams，1975）。显然，皮亚杰强调儿童主动的经验对认知发展的作用，但这种经验中的文化差异必然影响到智力的发展。

另外一个质疑较多的问题是，儿童的认知发展是否完全如皮亚杰所说，存在着明确的发展阶段。发展渐进论者认为，发展并不是以“全或无”的方式进行的，智力的发展是渐进的。许多重要的认知能力在年幼时就已经存在了，只是程度有限而已。从研究方法来说，由于儿童受到经验和认识的限制，皮亚杰的任务对儿童来说变得较难，而从个别的任务成绩就推测儿童的认知能力是有局限性的。

实际上，对于各种认知能力的渐进质变顺序问题，人们仍在争论。在认知发展的某个领域，也许存在发展的阶段性，但是否所有领域的发展都遵循同样的发展规律，这则是不确定的。皮亚杰列举的很多用来说明智力渐进发展的行为不是以积累增进的方式出现的，而是出现后又会消失。婴儿出生几周后，便能在他们身上看到行走和够取物体的动作表现，接着就会消失，而在以后的发展中又会出现。即使像模仿和质量守恒这类较复杂的行为也会在早期出现后消失。皮亚杰理论是不能理解这种重现循环现象的。而且，儿童在不同范畴内解决类似问题的速度也有很大的差别。这种不规整性与认知发展的阶段理论是不符的。

最后，皮亚杰理论中的同化、顺应或平衡这类基本概念并无严格的操作性定义。不同于行为主义对具体的、可观察和可测量的概念的操作定义，皮亚杰的概念是难于操作的。

在皮亚杰之后，他的学生和理论继承者进一步扩大研究范围，调整研究方法，丰富和扩展了皮亚杰的某些理论，他们自称“新皮亚杰学派”。他们从社会文化和环境的角度来分析儿童的认知发展，重视理论的实际应用，充实和完善了皮亚杰的理论。

第二节 维果斯基的社会文化理论

在发展心理学中，另一个颇有影响力的认知理论就是维果斯基的社会文化理论（sociocultural theory）。维果斯基在20世纪二三十年代几乎与皮亚杰同时提出了他的理论框架，但维果斯基正当盛年时去世，他的理论创造也随之终止。然而，维果斯基思考问题的独特角度和作为一位理论家的大胆创造却给人们留下了宝贵的财富。

一、维果斯基和他的著作

维果斯基（Lev Vygotsky，1896—1934）在1917年获得了莫斯科大学的法律学位和沙尼亚夫斯基大学的历史—哲学学位。之后，他在故乡戈麦里市的多所学校教授文学、逻辑学和心理学等学科，并在一所师范学校建立了一间心理学实验室。教学实践为维果斯基后来创造性地研究教育中的心理学问题打下坚实的基础。后来，他被邀请到莫斯科心理学研究所进行专职心理学研究。维果斯基以一部《艺术心理学》专著而获得了博士学位，他试图用心理学理论来解释文学、戏剧和艺术。维果斯基先后在儿童缺陷学研究所和莫斯科心理学研究所工作，同时，在莫斯科等地的高校讲授心理学。1934年6月，维果斯基患肺结核病逝，年仅38岁。

维果斯基在他短暂的一生中著述颇丰，主要著作有：《儿童心理发展问题》（1929～1934）、《高级心理机能的发展》（1930～1931）、《心理学讲义》（1932）、《思维与语言》（1934）等。维果斯基与列昂杰夫、鲁利亚一起研究人的高级心理机能的社会历史发生问题，他们的理论被称为历史文化学派，也叫"维列鲁学派"。维果斯基认为，人的高级心理机能，并不是人本身所固有的，而是在与周围人的交往过程中产生与发展起来的，并且受到所处的人类文化历史的制约。个体通过使用物质工具（如刀斧、计算机等）和精神工具（如各种符号、词和语言等）而实现认知的发展。

二、维果斯基的社会文化理论

维果斯基所代表的社会文化理论强调社会文化的作用，揭示了人类高级的心理机能的发展规律，而且，它还注重环境在促进认知发展中的作用。

（一）关于智力和认知发展的本质

维果斯基认为，工具的使用促成了人的新的适应方式，即间接的物质生产方式，而不是像动物一样以身体直接适应自然。在工具生产中凝结着人类的间接经验，即社会文化知识经验，这就使人类的心理发展规律不再受生物进化规律所制约，而受社会历史发展的规律所制约。

维果斯基把智力发展看作社会适应的产物。他指出，个体的智力分为初级心理机能和高级心理机能。初级心理机能指注意、感觉和知觉、记忆等出生就已存在的心理机能，个体从出生就可以利用这些基本的心理机能适应周围环境。例如，利用自己的知觉机能，在环境中拿到一个物体，在行走中躲避一个障碍物。但这种心理机能的作用是有限制的，随着儿童的生长，其面临的环境和适应的任务也更为复杂，这时，儿童的高级心理机能就会逐渐发展出来。这种高级心理机能的发展是离不开社会文化的作用的。例如，儿童可以使用工具来帮助记忆复杂的材料，发展记忆策略来适应学习的要求。这种高级心理机能的发展需要依靠“心理工具”（如语言）才能实现。掌握了语言工具后，高级的心理机能才能变成“间接的和随意的、高级的和社会历史的”适应环境的智力，而在能够使用语言工具组织自己的心理活动之前，儿童的心理活动是“直接的和不随意的、低级的、自然的”。

人类心理发展的本质就是由低级心理机能向高级的心理机能转化的过程。新的高级的社会历史的心理活动形式，首先是作为外部的活动形式而形成的，以后才转化为内部的心理活动，“默默地”在“头脑中进行”。这就是维果斯基关于智力形成的“内化”观。维果斯基是较早提出“内化”观的人。

维果斯基强调了心理机能从低级向高级发展的三个原因。一是社会文化—历史的发展，它受社会规律的制约。因此，在不同的时代和文化环境下，个体的认知发展特点有所不同。二是从个体发生学的角度来看，儿童是在与成人交往的过程中，通过掌握高级的心理工具（如语言、符号等中介），逐渐发展出各种高级的心理机能的，如用复杂的概念和数量来表达客观事实的思维活动。三是高级心理机能的形成是外在的社会文化内容不断内化的结果。由此可见，维果斯基的智力发展观，是与他的文化—历史发展观密切联系在一起的。认知发展是个体在社会生活中，通过人与人之间的交往过程把社会文化—历史发展的成果不断内化的结果。

（二）关于社会文化在认知发展中的作用

首先，维果斯基关于儿童在发展中的地位的观点与皮亚杰是一致的。他也把儿童看做是环境的积极探索者，而不是环境影响的被动接受者。因为维果斯基强调儿童的认知发展是社会文化影响的产物，而且离不开与他人尤其是成人的交往。认知发展又是特定社会文化历史的内化，那么社会文化历史表现在什么地方呢？主要表现在两个方面：一是社会文化的载体，即各种符号、语言文字等载体，二是已经受到社会文化影响的成人。成人本身又把这种文化的载体表现出来、传承下去。因此，儿童首先必须参与到社会文化活动中，包括日常生活、劳动和游戏中。其次是通过教学活动，由成人指导儿童参与活动，从而促进社会知识经验的内化。另外，还要掌握各种心理工具，包括语言文字、数字符号等各种抽象的内容。可见，社会文化为儿童提供了认知发展的内容和途径。

维果斯基认为，心理工具，如表达思想的语言符号，是人为形成的，其本质都是社会性的。它们的外在形式是人工制造物，如符号、语言、标记、公式等等。例如，把实物用数字符号记录下来，就是心理工具的应用。它不同于人类物质工具的地方是，儿童掌握的心理工具是针对个人的行为和认知过程，是指向内部的，用于把低级的心理机能转换为高级的心理机能。因此，从微观的角度看，儿童的认知发展过程揭示了在心理工具的影响下儿童思想和行为的重新组织和建构。

（三）关于认知发展的促进

维果斯基认为，儿童的认知发展离不开与成人（包括父母或教师）的交往，而不是独自探索周围世界的结果。儿童正是在与成人的交往活动中，模仿或探索解决问题的方法。在这种交往活动过程中，成人给予儿童示范或指导，一旦儿童可以解决问题，成人就会让儿童独自去应付环境。这是一种合作或指导式学习的观点。维果斯基提出了一些关于认知发展的重要概念。

1. 最近发展区

最近发展区是指从目前的发展水平来说，个体无法独立地完成一个任务，但在有能力的他人的指导和鼓励下，则可以完成这个较为复杂的任务，从而达到一个新的发展水平。这样两个水平之间的区域，就是儿童的最近发展区。例如，儿童要完成一个复杂的拼图游戏任务，尝试了很多次都没有成功，这时，孩子的母亲教给儿童思考和完成这个拼图任务的策略，那么，这个儿童可能经过两次尝试之后，完成了这个拼图游戏。从任务的角度来说，儿童的拼图技能和对复杂图形的认识达到了一个新的水平，实现了一次认知的飞跃。而且，儿童可以把这种复杂图形的拼图技巧进行总结和内化，以便于能独立地完成下一个类似的拼图任务。

最近发展区可以从两个方面进行解释：从质的方面分析，最近发展区反映了儿童在无人帮助的情况下完成作业时所缺乏的认知功能；从量的方面分析，它是测量儿童在有帮助和无帮助的情况下作业成绩差异的工具。因此，有人帮助情况下的作业成绩和无人帮助情况下的作业成绩的差异，可以作为儿童最近发展区的一个指标。每个儿童现在的发展水平与在他人帮助下可以达到的发展水平之间的差距是不同的，这也就是说，每个儿童在某个时间范围内发展的潜力是有区别的。最近发展区的概念为教育的作用机制提供了一种理论解释。

从上述分析可以看到，儿童的发展与成人的指导是分不开的，但成人又不是代替儿童思考和发展，这种儿童发展的学习形式，就是一种社会性合作的学习或指导式学习。维果斯基指出，成人在儿童发展中所起的作用就是一种"支架（scaffolding）"的作用。

2. "支架"的作用

维果斯基的"支架"概念是与最近发展区紧密联系的。所谓"支架"，是指知识或技能上较熟练的成人或其他人在某种任务中对初学的儿童提供的帮助，目的在于促进儿童对问题情境的理解，拓展解决问题的思路。在儿童发展中，当儿童要掌握新的知识或技能、解决新的问题，单靠儿童自己的能力无法完成任务时，能力较强的成人或同伴适时地提供帮助，有助于儿童跨越一个最近发展区，达到学习的目的。当儿童可以独自完成类似的任务时，技能熟练的成人或同伴就要撤掉这种"支架"。从教学上来说，"支架"理论为教师提供了一种教学的手段或策略（Bransford，Brown，& Cocking，2000）。例如，教师通过启发的方法教给儿童一种解决问题的策略，或者为儿童提供联想的方法，都可能是一种帮助。

下面是父母或监护人在教育孩子中，可以利用的言语或非言语行为为他们提供的帮助：（1）促进儿童对完成任务的兴趣。（2）简化任务，以便于儿童更容易地理解和解决问题。（3）为了帮助儿童集中于思考解决问题的目标上，提供一些指教。（4）清晰地指出儿童目前所做和达到目标之间的差异。（5）降低风险或复杂性。（6）为儿童作出示范或榜样。由此可以更好地理解"支架"的作用（Bransford，Brown，& Cocking，2000）。

在"支架"理论的基础上，卢高夫（Rogoff，1998；2003）进一步提出了"指导性参与"（guided participation）的概念，它的含义比"支架"更宽泛，是指跟随技能较熟练的伙伴主动参与特定文化中的相关活动，并由该伙伴提供必要的协助与鼓励。在这样的活动中没有明确的交流，技能较熟练的人通常是成人或同伴，他们与技能不熟练的儿童共同参与活动。这个概念考虑到了社会交往的文化差异和环境特点。在西方文化中，通常由专职成年人（如教师），向学生传授知识和技能，而在有些文化中，这种专职教育不发达，他们通常延续某种古老的狩猎或编织活动。这时，初学者或不熟练的儿童只有参与到技能熟练者的活动中，得到相应的指导，才能学习必要的知识技能。如果说，认知发展根源于文化，那么，在不同的文化环境下，社会交往促进认知发展的方式的确存在一定的差异。Rogoff 的观点表明，在儿童发展过程中，发展的途径不是唯一的。显然，指导性参与概念的提出是对维果斯基理论的进一步发展。

三、语言与认知发展的关系

前面讨论了皮亚杰关于儿童语言发展的有关理论。他指出，两个儿童在一起聊天，这两个孩子可能各自在谈自己的父亲，他们不对别人的话题展开追问，或者回答别人的问题，好像他们在自说自话，但他们的确在一起聊天。这种言语活动，皮亚杰叫做“自我中心言语”。儿童所关心的是自己的内心世界，展示属于自己的知识。皮亚杰认为，自我中心言语反映了儿童正在进行的心智活动。

维果斯基是如何看待认知发展与语言的关系的？他认为，儿童所谓的“非社会性言语”实际上不是自我中心的，而是儿童自己对自己的言语活动，他叫做“私我的言语”（private speech）。这种言语形式有助于儿童在完成活动过程中组织自己的思想，对行为进行计划以及适时地调整行为。一些研究表明，在完成具有挑战性的任务时，那些自言自语的儿童注意力更加集中，更加投入，成绩要比同龄的无自言自语的孩子好（Winsler，Diaz，& Montero，1997）。因此，从这个角度来看，语言在认知发展中起着非常重要的作用。儿童后来的言语发展更为成熟，这种私我的言语越来越少，但并没有完全消失。甚至在儿童和青少年时期，我们仍然可以看到它的变式——唇动。实际上，这种语言就是认知的自我引导系统，在解决问题的过程中，它可以帮助儿童监控自己的活动。

四、社会文化理论的贡献和局限性

当行为主义和精神分析理论占统治地位的时候，认知发展理所当然地被认为是个人能力的反映，在心理学领域掀起认知革命和社会文化革命的心理学家当属皮亚杰和维果斯基。他们的理论都提到了儿童学习和发展中最根本的问题，因而具有普遍的价值。维果斯基和皮亚杰的观点的共同之处在于，二者都是以儿童为中心的心理学思想，都把动作或活动看作儿童发展的出发点，都看到了儿童的行为变化与思维之间的关系，而且，都试图寻求对儿童认知发展的系统解释（熊哲宏，李其维，2002）。皮亚杰强调儿童认知发展的阶段性，而维果斯基看到了儿童发展的社会文化环境的巨大影响。所不同的是，皮亚杰侧重从儿童个人的角度对认知发展进行研究，而维果斯基则强调社会文化对儿童发展的影响。可以说，维果斯基为我们提供了观察和理解儿童认知发展的新角度，当我们从这个角度来看待儿童发展的问题时，很多疑惑似乎迎刃而解。这也是20世纪80年代后维果斯基的理论为世界各国学者普遍接受的原因。

维果斯基的主要贡献体现在以下几个方面：（1）维果斯基创立的社会文化发展理论，解释了人类心理发展的高级机能，符合人类社会发展的社会化本质，为我们理解儿童的认知发展提供了新的视角。（2）维果斯基提出的最近发展区的概念，扩展了我们对早期认知发展的理解，对教育活动有着重要的指导作用。（3）维果斯基提出的父母或教师对儿童发展的“支架”作用，以及后来的学者在此基础上提出的指导式参与，有助于理解社会和教育作用于儿童发展的途径和机制。（4）维果斯基关于语言与认知关系的理论认为，在以语言为载体的文化影响下，儿童出现了私我的言语，通过内化特定的社会文化内容而转变成内部言语，儿童由此形成了自己的思维方式。它较好地描述了社会环境作用于个人的过程。

维果斯基的理论对皮亚杰的观点提出了一些挑战，显示了其革命性的影响。但是，人们对维果斯基的理论也给予了一些批评。例如，虽然维果斯基的理论可以解释认知发展中的文化差异，但他所提出的关于发展过程的某些解释以及教育策略，并不适合于每种文化（Rogoff，1990；1997）。

第三节 信息加工论

研究认知发展的信息加工理论产生于美国实验心理学的传统。如果说皮亚杰理论试图指出儿童认知进程的一般规律，那么信息加工论者更关注在不同情况下各个年龄的儿童实际经历的认知过程和采取的各种策略。

一、认知发展：信息的加工、储存和提取

信息加工论也把儿童看作与环境交互作用的个体，同意儿童是环境的积极探索者的观点（Halford，2002）。它将人的认知发展所依靠的物质基础——人的大脑与计算机进行类比，将人的大脑的工作模式与计算机的工作模式进行类比，认为两者都是应用逻辑和策略进行信息加工的系统，两个系统在所能加工的信息量和值上都有一定的局限性。计算机通过改变硬件（电路板和集成电路）和软件（程序）来改善信息加工的功能，儿童则通过发展硬件（脑和感觉系统）和软件（儿童已掌握的策略和规则）来提高认知水平，逐渐成为一个成

熟的思考者。信息加工论者倾向于采用任务分析的策略来研究儿童的认知发展。从他们在分析问题时与皮亚杰观点的不同，就可以了解其研究特点。信息加工论要求研究者准确地考虑在解决任何一个特殊问题时需要哪些认知策略。例如，儿童还不能解决容量守恒问题之前为什么能够解决长度守恒问题？信息加工论者通过更加精确的任务分析，试图查明儿童在解决某项特殊任务时注意、记忆、问题解决能力等方面的表现。这类精确的任务分析可以更准确地预测儿童的成功率，更全面地理解他们失败的原因。

1．信息加工模式

儿童解决问题的信息加工模式是怎样的？首先，必须有一个让信息从环境向问题解决者传递的过程。儿童必须看、听或接触有关任务的信息。这必然会涉及知觉和注意的能力。信息一旦进入系统，进一步加工便开始了。儿童通过各种策略和操作手段接受输入的信息。在此过程中，短时记忆的功能得以体现。短时记忆被比作脑的工作空间，但是，工作空间的各种策略又源于长时记忆。长时记忆是脑的百科全书，它贮存了儿童对问题的记忆，贮存了解决问题的规则、技能以及有关周围世界的一般知识。显然，如果说儿童在经验中学到了东西，那就是解决当前问题时所获得的东西进入了长时记忆系统。因此，在认知发展的过程中，需要在短时记忆与长时记忆之间建立联系。长时记忆为解决短时记忆所涉及的问题提供了必要的知识和策略。解决这一问题所获得的知识又将充实长时记忆的知识贮存。

下面运用上述信息加工模式来说明一个小学儿童解决算术题的基本认知过程。首先，这个儿童必须找到理解问题的信息。他看到教师在黑板上写“5×16”的算式。他的知觉或注意系统完成了使问题的必要信息进入智力工作空间——短时记忆的过程。这时，儿童开始从长时记忆里索取贮存着的有关算式运算的策略。这里贮存了他以前在数学课上学到的一切知识，包括多次乘法练习和过去解决类似问题的经验。他会背诵的乘法表并没列到16，他便以(5×6)＋(5×10) ＝80的变式进行运算。儿童如果希望将来避免重复这一变式，5×16＝80 就会作为新信息存入长时记忆。

这一模式描述了解决问题时信息加工的流程。尽管多数计算机程序的流程适合这一模式，但是，它对儿童解决问题方式的描述忽略了一些重要的内容，忽略了计算机与人的根本区别。计算机以直接的方式获得信息或数据，而儿童必须在环境中搜寻、注意与问题有关的信息的同时，排除无关的信息。计算机策略是内存的程序，以何种方式解决问题严格取决于输入的程序。而儿童必须选择适当的策略，并对答案的质量作出评价。总之，儿童必须控制认知功能，并且充当选择、组织和解释有效信息的最高执行者。因此，多数理论家认为，必须在原有信息加工模式的基础上，增加控制执行功能，形成所谓的新的信息加工模式，见图 6-2。下图中的箭头表明输入信息从一种成分到另一种成分的流程的方向。

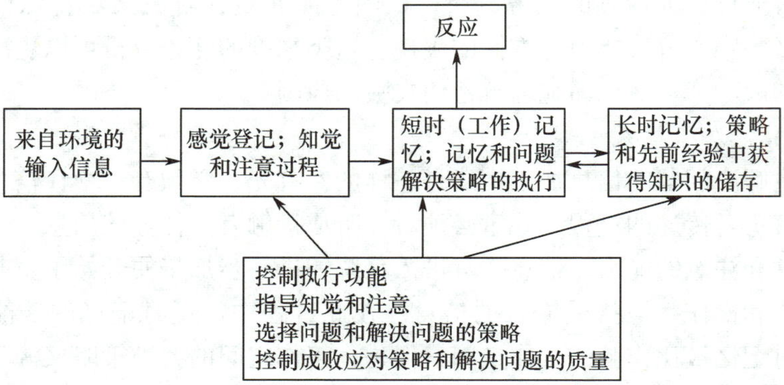

图 6-2　增加控制执行功能后的信息加工模式

控制执行功能指明了输入信息的方向，并选择适合于问题的策略并保证其有效性。与计算机不同，儿童是认知功能的积极组织者。他主动选择要解决的问题，决定花费多大精力去解决问题，精选将采纳的策略，克服浪费精力的分心和干扰作用，最后评估解决问题的质量。3～12 岁期间，儿童的控制执行功能显著提高。学前儿童的活动往往受任务性质的制约，他们常用一些简单、无效的策略去解决各种问题，以至于连遭挫折，而 12 岁儿童已能够广泛地把握各种认知任务，并能有效地选择最适合于解决问题的策略。

2. 从任务分析探索信息加工能力的发展

发展心理学家希望借助信息加工论发现儿童的信息加工系统随年龄增长和成熟而变化的规律。信息加工论认为，与成人相比，儿童的能力有更大的局限性和个别差异。儿童接受的信息量较少，所接受的信息缺乏系统性，用于解决问题的策略较少，缺乏理解和解决问题的背景知识，调节认知过程的能力也较差。发展心理学家还试图发现不同类型的问题中那些起限制作用的因素，找出认知过程中的“薄弱环节”。例如，儿童数硬币时，硬币的数量不能超过 10，这是因为记不清从 1 到 10 的数字，还是因为不能以正确的方式匹配数量与硬币？当然，不同的认知成分之间是相互依赖的，降低某一成分的要求实际上可能提高另一成分的成绩。因此，如果只要求数到 5，儿童可能因易于识记而相应省出了可用于匹配数量与硬币的精力，这样，就不至于在完成任务时感到有什么困难。在很多情境下，失败的原因可以归于某一认知成分的缺陷，这种分析方法经常被采用。一个只能数到10的儿童根本不可能数出2角钱包含的20枚1分的硬币。

超出儿童计数能力的研究结果使发展心理学家开始关注另一类问题：儿童在缺乏正确地解决问题的认知资源时，他将会有怎样的行为？换言之，人们从儿童解决不了的问题中能得到什么启示呢？信息加工论和皮亚杰理论对儿童失败的分析是完全不同的。皮亚杰从儿童的失败中可能得出儿童缺乏稳定的数概念的结论，而信息加工论重在分析儿童究竟理解了数或计算过程的哪些方面，不理解数或计算过程的哪些方面。

上述数数的问题中，学前儿童了解的计数知识是十分有限的。儿童可以先数出10个1分的硬币，然后说2角硬币的总数是“10分加一串”。如果他非常聪慧，可能先数出10分，再重复一遍同样的过程，而后得出“10分加10分”的结论。显然，从儿童“不正确”的答案中可以看出许多问题。信息加工理论非常注重这类错误分析的形式，也就是检查儿童的不正确答案，以证实他们在解决问题时可能使用了哪些不成熟的策略。

对解决问题的过程和行为进行详尽分析，以及行为分析的计算机模式，是这种任务分析的方法的特点。所以，信息加工研究并不像皮亚杰的研究那样，可以提供一套整合的理论，而是侧重考察认知发展的多个方面，通过任务分析，了解不同年龄段的人在完成任务和解决问题的过程中表现出来的特征。

以上是关于信息加工论的基本观点。下面，我们将讨论信息加工系统的各个成分，以说明儿童认知能力的表现和局限性，以及这些方面随年龄增长而发生的变化。

3. 信息加工的发展理论

罗伯特·西格勒和玛莎·阿利巴利（Siegler & Alibali，2006）总结了五种信息加工的发展理论，即新皮亚杰主义理论（neo-Piagetian theory）、心理测量理论（psychometric theory）、产生式系统理论（production-system theory）、联结主义理论（connectionist theory）、认知进化理论（evolutionary theory）。它们均探讨了信息加工能力的发展问题。

心理测量理论主要以罗伯特·斯腾伯格（Robert Sternberg）的智力三元理论（triarchic theory of intelligence）为代表（这种理论又译为智力三因素理论，参见第七章的相关内容），它试图揭示智力差异在信息加工过程中的表现。产生式系统理论和联结主义理论都试图用计算机模拟人的认知发展过程，前者用产生式系统，即模拟人的认知发展过程的、“如果—那么”模式的计算机模拟程序，说明信息加工的过程，认为思维实际上是一系列产生式系统循环运作的过程；后者认为，无数简单的、与神经元类似的、具有等级关系的加工单元以不同的强度相互联结，当有信息输入时，加工单元就会被激活，而且加工单元之间可以相互激活，进行加工活动，输出加工结果。大脑将加工结果与正确答案进行比较，从而调整联结的强度，以得到更准确的反应。这种理论试图解释大脑中思维的运行规律。

新皮亚杰主义理论以罗比·凯斯（R. Case）的理论为代表。它继承了皮亚杰研究方法的优点，融入信息加工论的精华，将皮亚杰的阶段论与信息加工论的核心概念（如目标、工作记忆的局限性、问题解决策略）有机地整合在一起。凯斯根据每个阶段中儿童能够形成的心理表征以及运算的类型，将儿童的认知发展划分为四个阶段：（1）感知运动运算阶段，儿童关于世界的表征主要由感觉输入构成，他们对表征的反应以身体动作为主。如一个孩子看到一张令人害怕的脸（感觉表征），然后从屋子里飞快地跑开（动作行为）。（2）表征运算阶段，儿童的表征包括了具体的内部意象，他们的行为也能产生新的内部表征，如孩子对这张脸产生了心理意象（内部表征），并借助意象画出这张脸（表征行为）。（3）逻辑运算阶段，儿童能对刺激进行抽象表征，并对这些表征进行简单的转换操作，如一个孩子意识到他的两个朋友相互不喜欢对方（抽象表征），并告诉他们如果大家做好朋友会很快乐（简单转换）。（4）形式运算阶段，儿童除了能对刺激进行抽象表征之外，还能对信息进行复杂的转换操作，如这个孩子意识到用这种直接的方式产生友谊不太可能成功（抽象表征），最好大家一起克服困难，这样就能彼此产生好感（复杂转换）。在每个阶段，儿童都会出现先前的各个阶段具有的表征和行为。

凯斯还提出了认知发展阶段的转换机制（transition mechanism）理论。他认为，工作记忆的容量是认知发展的决定性因素。在认知发展过程中，获得发展的不是工作记忆的绝对容量，而是工作记忆的加工效率，通过提高加工效率，工作记忆可以处理更多的信息。生物成熟和自动化是工作记忆加工效率提高的两个基本原因。首先，大脑的发展和日益成熟，特别是额叶的发展，是工作记忆效率提高的生理基础。其次，在反复练习的基础上达到的自动化也促成了加工效率的提高。在认知加工自动化之后，儿童先前需要占用所有工作记忆资源才能完成的认知操作效率会提高。这好像货车车厢，车厢的容量是不变的，当车主积累了放行李的经验之后，他就能往车厢里放更多的东西。凯斯的理论具有重要的理论和实践意义，被运用于教学设计和课程安排方面，收到了良好的效果。但是，这种理论相对缺乏确凿的研究证据。

西格勒所代表的认知进化理论认为，人的认知发展过程类似生物进化过程。西格勒提出的叠波模型（overlapping waves approach）较好地说明了儿童认知发展的过程。它认为，在任一时间点上，儿童对大多数问题都有多种思考方式或解决策略，这些不同的思维方式或策略在使用过程中相互竞争，越是先进、有效的方式，越经常被使用。随着经验的增加，有的策略使用得越来越频繁，有的使用得越来越少，有的一开始使用较多后来逐渐变少，进而新的策略产生，旧的策略停止使用。策略的使用表现出适应性的变化。西格勒及其同事在算术、阅读、拼写、工具使用、问题解决和记忆等多个方面，验证了这种理论。这些研究表明，策略之间的竞争导致了适应性的结果，而策略的选择和发现促成了适应。儿童正是通过选择和发现合适的策略，淘汰不合适的策略，而适应不同的问题情境的。这种观点较好地阐明了儿童形成、发现和选择问题策略的过程以及他们所使用的策略的变化。

从总体上看，信息加工的发展理论试图深入地揭示信息加工的过程和机制。可以说，它们分别从不同的角度出发，解释了儿童认知发展的不同侧面。

二、信息输入系统：知觉和注意

信息加工论研究认知过程，首先关注信息的输入过程。对儿童来说，外在的信息如果不能通过感官进入儿童大脑，中枢神经系统也不会产生任何运算操作和行为反应指令。即使在相同的情境下，接受同一感觉刺激的儿童所获得的信息的数量和种类也可能是不同的。从情境中获得怎样的信息取决于儿童的知觉和注意策略两个方面的发展。

（一）知觉的发展

信息加工论者认为，儿童知觉的发展实际上就是通过感觉器官，把环境中的信息输入到大脑中的过程。由于年龄和经验的不同，对信息的感知效率和内容不同。知觉本身具有一定的选择性。个人的经验会引导其自身的知觉过程。

个人的认知经验究竟以何种方式影响知觉的发展？对此，心理学中有两种重要的理论：

一是丰富理论，皮亚杰的理论即属于丰富理论。其主张是，儿童对知觉到的事物的了解是逐次加深的。第一次看到猫的儿童可能认为，猫是“有毛”、“四只脚”的动物。第二次看到猫喝完牛奶满足地咪咪叫，他的“猫”图式中增添了“咪咪叫和喜欢喝牛奶”的特性。儿童在试图提起猫时发现它很重。这时，他头脑中猫的形象是有毛、四条腿、喝牛奶、咪咪叫和较重的动物。随着经验的增加，有关信息使物体已有的图式日益丰富并趋于典型化。刺激的感觉只有受到其他图式信息的矫正和补充时才有意义。儿童不断地重组和完善着已有图式中的感觉信息。随着各种物体的图式的丰富或积累，儿童便能更好地分辨不同的知觉对象。

二是分化理论。与丰富理论相反，吉布森的分化理论认为，感觉输入包含着丰富的信息，儿童的任务是逐步学会注意、认同和辨别客观事物的重要特征以及广泛的信息源中客观事物之间的关系。随着经验的增加，儿童能够更好地区分不同的物体和事物，并注意到事物之间相联系的那些特征。这类特征称作“不变因素”，即物体或事物间的关系不因某些条件的改变而变化的那些特征。这些不变因素常常是物体确定的特征，如猫毛的光泽度将取决于不同条件下光源的明度，但与光源条件相联系的光泽度保持不变。对光泽度的知觉总是超过实际猫毛的刺激强度。黄昏时，看到的猫可能都是灰色的，但它们与光源条件相联系的光泽度是知觉的一种不变的特征。

根据吉布森的理论，这些较高层次的关系或不变因素是知觉系统参与的结果，个人的知觉系统在距离、方位等条件变化的情况下使物体及其关系保持相对稳定的特性。知觉发展的任务是学会注意客体的相对不变的因素，以及在相似刺激中找出新的差异。随着时间的推移，儿童学会了在各种动物中区分出邻家的猫，并进而分辨出邻家与自己家的同样花色的猫。换言之，儿童知觉发展的过程实际上是不断发现事物之间的稳定区别的过程。随着年龄的增长，他们逐渐能够将各种事物区分开来，或者说形成对特定事物的特有的知觉。

另外，布瑞娜德等（Brainerd & Reyna，1998；2001）还提出了模糊痕迹理论用以解释知觉活动。这种理论认为，人解决问题时依靠较为完整而详尽的信息有时会干扰思维活动，相反，依靠对信息的模糊表征，却有助于思维的顺利进行。从这种观点出发，儿童在知觉中通常会关注所有详细的信息，因此知觉负担就比较重；成人可能知觉到一些核心的信息，因而表征的范围不仅广泛，而且解决问题的过程也比较简洁。

（二）注意：知觉内容的选择

吉布森的理论对实际研究工作起到了重要作用，它强调了知觉过程的选择性和注意的控制性。对婴儿来说，他们的注意主要受控于刺激的外部特征。婴儿倾向于注视那些适合于他们接受水平的光亮、运动的刺激物。随着儿童的成熟和发展，他们的需要和注意目标直接指向客体的较高层次的特征。在一定范围内，儿童总是受注意偏好的影响。但是，在特定情境中，儿童的注意内容更多地受到任务的要求和认识主体的目标和策略等条件的影响。

有研究认为，在认知发展过程中，注意的特征也随之改变。这些特征包括注意的控制性、适应性、计划性以及某段时间内调配注意的能力。

1. 注意的控制性

随着年龄的增长，儿童注意的控制性日益增强。婴幼儿的注意只能保持很短的时间。没有教师或家长期望一个学前儿童在游戏或学习活动中能像年龄较大的儿童那样，在较长时间内仍保持注意的持久性。让2～4岁的儿童观看一部儿童电视片中的某些片断，研究者发现，年龄最小的儿童目光常常离开电视屏幕，他们喜欢在房间里跑来跑去，摆弄玩具或与其他人讲话。相反，年龄大的儿童不大容易分心，他们的注意在大部分时间里是直接指向电视节目的。另外，儿童在观看适合其智力发展水平的节目时更容易集中注意，超出接受水平的节目往往会使儿童失去观看的兴趣。此外，6岁以后的儿童更感兴趣的是视觉内容的节目，而非听觉内容的节目。这些研究结论对改善幼儿的教育活动提供了重要启示。

随着年龄的发展，儿童注意功能的改善一方面反映了其神经系统的逐渐成熟，例如，调节注意的网状结构的完全髓鞘化，另一方面反映了儿童的抑制功能的发展。研究表明，多动症儿童存在注意缺陷障碍的重要原因就是执行功能受损。

2. 适应性

与注意的控制性类似，年龄较大的儿童注意的适应性也明显好于年幼的儿童。在学习情境中，仅仅注意到所执行的任务是不够的。关键是儿童能够注意到与任务有关的特征，而同时舍去无关的特征。随着儿童的成熟，他们更少为无关的信息分心。例如，让儿童左、右耳分别听到一女子和一男子朗读不同句子的声音。在实验开始前，实验者的指导语只让儿童记住女子读出的句子。同时放完两种声音后，实验者既要求儿童报告目标信息（即女子读出的句子），也要求报告出无关信息（即男子读出的句子）。这一方法还可用来评价儿童对有关的图片信息与无关的图片信息的注意能力。一般由小学到中学，对目标信息的加工作用在逐渐增强。年龄较大的儿童花在相关材料的信息加工上的时间和精力较多，在量上远远超过了年幼儿童。年幼儿童过滤无关信息的能力是十分有限的。

研究还发现，年龄较大的儿童在根据具体任务的要求调节自己的注意方面比年幼儿童表现得更为灵活。例如，给儿童一些猫和狗的图片，要求他们记住狗的颜色和斑点数，而猫只需记住颜色。结果，年龄较大的儿童执行任务的情况较好，较好地记住了狗的颜色和斑点数以及猫的颜色。年幼儿童倾向于同时识记狗和猫的两种特征或忘了识记狗的斑点数。由此可见，年龄较大的儿童能根据任务的具体要求，灵活地扩大或缩小他们的注意范围。由于很难找到一个适合各种任务的有效策略，注意适应性对于儿童的活动有着明显的积极意义。

3. 计划性

儿童在注意策略上的一个最大变化是，在搜集和过滤信息时，逐渐变得有组织、有计划，系统性日益增强。沃皮洛特在研究中给儿童呈现成对的房屋图片，要求他们在观看图片后，判断每对图片是否相同。在成对图片中有一半窗户相同，另一半窗户内摆设的东西可能有 1、3 或 5 处不完全相同。例如，在一处房屋的最上层右边窗户放一鸟笼，而另一房屋的相同位置的窗户放一花盆。研究者记录了儿童观察图片的眼动情况，发现 6 岁以下的年幼儿童的回答通常是错误的，而学龄儿童的回答通常是正确的。这表明，6 岁以上的儿童在比较图片差异时注意能够进行系统的扫描，从而发现差异之处；年幼儿童提取信息的注意过程通常没有计划性和系统性。通常，随着年龄的增长，儿童能够在完成任务前，设想出一系列行为，然后根据要实现的目标分配注意。例如，在完成复杂的任务时，儿童会确定完成任务的顺序或步骤，然后注意每一步完成的效果。如果没有计划性和系统性，即使儿童知道任务的明确目标，通常也很难成功（Friedman & Scholnick，1997）。

4. 注意的监控能力

随着儿童身体的成熟和发展，儿童开始加工一些复杂的信息系列，并根据其接受的信息变化和策略运用的结果主动调节其注意的焦点。他们能在某段时间内根据情境的变化，有目的地、灵活地调配注意。有关元认知的研究充分说明了这一点（参见后面的内容）。

三、信息的储存和加工：记忆与问题解决

信息加工论把记忆和问题解决能力的发展看作认知发展的核心过程。它涉及信息的储存、加工和输出。在认知加工范畴内，记忆与问题解决是密切结合在一起的。

（一）记忆的本质

儿童记忆的发展突出表现在三个方面：（1）基本能力，即对信息的基本识记、储存和提取能力，包括短时记忆可储存的信息量、长时记忆能力等；（2）记忆策略，即促使信息进入长时记忆的方式；（3）背景知识，即儿童在记忆过程中能够找到的与新信息有关的信息背景。下面分别从这三个方面进行分析：

专栏

信息加工论者眼中的记忆

信息加工论倾向于把人比作计算机，把记忆看作信息储存、加工和提取的过程。记忆可能表现为打电话前记住电话簿上刚查到的电话号码的能力，也可能指识记日常生活常识的能力，如记住什么是电话、怎样打电话以及为什么打电话等内容。人的记忆一般分为瞬时记忆、短时记忆和长时记忆，如上面提到的第一种情况就属于对特殊事件和信息的短时记忆，而第二种情况属于长时记忆，它是储存经验的巨大知识库。

其实，人类的记忆过程与计算机有着很大的区别。比如，计算机的记忆是不受经验的影响，也不受情绪等非认知因素的影响，而人类的记忆却与个人的经验、情绪等因素密不可分。因此，简单地把人类的记忆与计算机进行类比，很难解释人类记忆的过程和本质。

1. 基本能力

研究者认为，记忆能力在婴儿期就开始表现出来了（Rovee-Collier，2002）。甚至有研究表明，记忆从胎儿期就已经发生了。一项研究表明，3 个月的婴儿对操作性条件反射的记忆能保持 4 周。随着神经系统的发育和经验的丰富，记忆能力也逐渐增强。特别是语言的发展和智力的增强，各种记忆能力的发展也日趋成熟。其中之一表现在记忆广度的发展上。

跟读数字实验可以直观地表明记忆广度的发展，研究发现，大学生跟读随机数字的记忆广度一般为 8 个单位，12 岁儿童为 6～7 个单位，5 岁为 4 个单位。这说明，工作记忆能力的确是逐渐发展的，而达到了一定水平之后便趋于稳定。

儿童的长时记忆能力也是逐渐发展的。长时记忆就是巨大的知识库，因此，长时记忆能力与个人在某个领域储存知识的容量有关。儿童在某个领域中逐渐成为熟练的专家，相应地，个人的长时记忆能力也会表现优越。但是，对 3 岁前发生的事情，儿童长大后往往难以回忆。这涉及自传体记忆的发展。自传体记忆是个人对发生在自己身上的重要经历或事件的记忆，它一般包括事件记忆或对有意义事件的重构。自传体记忆在学前期就已出现，随着经验的丰富，特别是在周围的成人尤其是父母的影响下，学龄初期儿童的自传体记忆进一步发展。他们已能很好地回忆“在哪里”、“在什么时候”、“哪些人”做了“什么事情”。

怎样促进儿童自传体记忆的发展呢？很多心理学家发现，父母在儿童自传体记忆的发展中发挥着重要的作用。如果父母经常与孩子讨论他们的日常生活经历，如跟儿童谈论“我们今天去哪里了”、“什么时间去的”、“我们做了哪些事情”这类问题，就可以促进儿童自传体记忆的发展，甚至可以提高他们数年后的自传体记忆的效果。通过这类谈论，儿童可以重新整理和加工自己的经历，重构事件发生的顺序。即使是幼儿，也是如此。如果父母在孩子2岁到3岁半时，经常跟儿童讨论过去发生的事情，将有助于儿童回忆一两年前的更多的生活经历（Harley & Reese，1999）。到学龄初期以后，儿童的言语理解能力和言语表达能力显著提高，父母往往会与他们详细地谈论过去发生的事情，在这种情况下，儿童的自传体记忆迅速发展起来。

2. 策略

个人在执行记忆任务时采用策略，是记忆能力的重要指标之一。年龄较大的儿童或成人在执行记忆任务时成绩较好，即使在重复数字系列这类简单的任务上也是如此，因为他们会采用更有效的方法或策略。另外，也有研究者认为，工作记忆容量的提高是因为儿童运用策略的能力更趋于自动化。因此，一些信息加工心理学家认为，认知发展是工作记忆能力提高的结果，是新策略的出现和策略应用日趋自动化的结果。

儿童在应用记忆策略方面表现出明显的年龄特征。策略可以是依赖某种外部线索的支持，如边听边记或在日历上写下约会的时间等。儿童早在2岁已能够应用这类策略，例如，他们以家具作为寻找玩具位置的标志。也有的支持策略纯属内部活动，如为了记住一个初次相识的人而默默复述她的名字。儿童记忆策略发展的研究集中表现于三种内部策略：复述、语义组织和精细加工。

（1）复述。复述是促使信息进入长时记忆的最简单的策略之一。复述可以是言语性的，也可以是“在头脑中”记住所需的信息。例如，为顺利完成打电话的任务，在拨号前复述或重复几遍电话号码是非常有用的。研究表明，自发性的言语复述策略的应用随儿童年龄的增大而明显增加。年幼儿童与年龄较大的儿童不同，他们只有在明确的指导语下才进行复述。即使同样进行自发性复述，年幼儿童的记忆效率也不如年龄较大的儿童。年幼儿童为了回忆在需要复述时通常仅复述一到二次，并且很少复述那些已经看过或听过的项目。但是，如果指导得当，年幼儿童也会自觉地应用复述策略，并从中获益。

（2）语义组织。语义组织是指为便于记忆，把记忆内容分组或形成有意义的类别的记忆策略。有些复杂的记忆内容单纯依靠复述策略很难记住，这时，儿童逐渐学会使用组织策略。他们通过对当前的记忆内容赋予一定的意义，从而加强自身的记忆效果。不同年龄的儿童改变和重组信息的过程有何不同呢？最重要的不同是分类和言语符号的应用随年龄增长而逐渐增加。假如要求儿童识记汗衫、帽子、苹果、橘子、工作裤、三明治、手套、大衣、牛奶和上衣等系列图片，他们就会把图片分为两组：第一组包括食物（苹果、橘子、三明治和牛奶）；另一组包括衣物（汗衫、帽子、工作裤、大衣、手套和上衣）。研究发现，年龄较大的儿童更倾向于以自然法则先进行图片分类，然后再学习同类所包括的各个项目。此外，年龄较大的儿童更多地组成将来易于检索的分类，而年幼儿童的分类带有很大的偶然性。与复述的情况相同，年幼儿童也能在实验者或成人的指导下，应用语义组织策略，并能从中获益。儿童除通过分类和符号的方式进行重组外，还可以超越个人实际经历的信息局限，重组并提出合理的推论或假设。有效信息经扩展和重新解释才可达到信息的语义整合，成为有意义的、连续的统一体。因此，如果儿童听到“箱子在树的右边”及“椅子在箱子上”两个句子，他可能以“椅子在树的右边”复现出来。儿童回忆起的是句意而不是特殊词组的顺序或句子形式。这一过程影响很深，以至于儿童把经过逻辑加工后的句子误认为是实际呈现的原始句子。随着年龄的增长，儿童能更好地进行推理，以形成符合事物逻辑的、有意义的表象。

（3）精细加工。精细加工有时也叫深加工，是指对识记项目增加细节内容，或者把识记项目与一些有意义的内容尽可能多地建立起联系。深加工策略有助于儿童记忆的保持。记忆中由于增加了相关的意义，因而增加了信息的识记负荷，但深加工策略的确能提高回忆成绩。这种认知加工策略一般出现较晚。儿童深加工策略的发展情况在有关记忆过程的控制部分再作讨论。

3. 背景知识

成人的记忆为什么会优于儿童？米什利·奇（Chi，1978）认为，成人的记忆之所以优越，是因为他们拥有更多的背景知识，他们能更好地理解所需记忆的信息。为验证这一观点，他在3～8年级挑选了一些擅长下棋的儿童作为被试。他让被试用10秒的时间看一个10位数序列或下到中盘的棋子格局，对儿童能够回忆起（10位数序列或棋子格局）的次数或每次正确回忆的情况进行评价，然后，将这些儿童的成绩与那些水平一般而又不擅长下棋的成人的成绩比较。结果表明，成人在10位数序列任务上的回忆成绩优于儿童，他们在看过一遍后回忆起的项目较多（直接回忆），而且，达到完全正确回忆所需重复的次数也较少（重复回忆）。这一结果验证了关于儿童和成人记忆容量的有关观点。

然而，棋子位置的回忆却表现出相反的特点。在实验中，擅长下棋的儿童直接回忆和重复回忆的成绩均高于成人。研究者据此得出结论：背景知识在记忆操作中起着重要的作用。成人在传统回忆任务（如数字任务）上的优势则说明，成人更熟悉数字系统，而不是成人与儿童存在记忆容量的差异。

（二）问题解决

问题解决是高层次的信息加工过程，它是由知觉、注意和记忆参与并达到更高目标——正确解决逻辑问题的多种机能协作的过程。儿童的问题解决能力是随着已有的问题解决策略的发展以及新策略的获得而逐渐提高的。下面分别从问题解决的三个方面加以分析：

1. 行为脚本和认知地图

行为脚本是指对日常环境中的事件发生的特定顺序的表征。认知地图是指在头脑中形成的物体表象或事件图式。儿童很早就开始适应环境并学会处理日常事物，形成有关的行为脚本和认知地图。例如，2 岁的儿童可能在一天中参与许多活动，包括穿衣、吃饭、买东西、洗澡等，此外，儿童对自己在这些事件情境中所充当的“角色”似乎也能很好地理解。儿童很早就会把经历的事件组织进自己的经验中，形成所谓的“行为脚本”。有研究表明，儿童和成人在应付日常活动中都已具有自己的“行为脚本”。这些脚本为个体预期下一步行动提供了一个基本的框架，这使得许多行为趋于自动化。对“行为脚本”结构的发展研究表明，儿童从很小的年龄起就已经掌握了熟悉事件的连续序列，并使之应用到生活中。

认知地图反映了儿童对空间环境的表征能力。即使非常年幼的儿童也能调整自己的路线，通过熟悉的地点，避开道路上的各种障碍。然而，要形成一个熟悉地点的认知地图，或提出一个找到已遗失物体的有效策略，则需要复杂得多的认知技能。信息加工论的发展心理学家感兴趣的是，儿童到底是如何获得这些空间知识的复杂形式的。

2. 知识的结构层次

儿童关于世界的知识结构影响着他们解决问题的方式。以“二十问”游戏为例。这个游戏通过对话来完成，由一个人内心默想一个物体或人，然后，让其余的参加者必须在问过 20 个问题后，猜出是什么物体，或这个人是谁。成人一般会根据一个人关于事物的知识的层次结构提出一系列问题，逐步缩小答案的可能性范围，以逐步逼近答案：这个物体有生命吗？有。是动物还是植物？动物。是人，对吗？对。此人还健在吗？等等。与此相反，年幼儿童所提出的问题则没有明确的结构层次。儿童可能一开始就问一些非常具体的问题：是一只狗吗？是狗熊吗？是彩电吗？

儿童在解决这一问题时为什么采用了这种效率极低的策略？其中一个原因可能是儿童尚未形成有关世界知识的结构层次。知道狗和长毛牧羊犬是一种知识，但理解“长毛牧羊犬是狗的一种类型，所有长毛牧羊犬都是狗，而并不是所有的狗都是长毛牧羊犬”，则是更高层次的知识。儿童常常混淆种属概念的意义（狗和长毛牧羊犬）。这也可能与儿童完成任务的动机及人格有关。

3. 数概念

从认知发展的角度来说，即使最简单的计算，也必须掌握一些重要的数概念和计数原则。儿童从很小就已接触到有关的知识，并开始理解这些原则，掌握算术策略，并形成了对数量信息进行加工的能力。

研究表明，儿童从 3 岁开始就已经能够进行简单的数守恒操作任务。格尔曼（Gelman，1972）在一项实验中，给儿童出示 2 个盘子，一个里面装 3 只玩具鼠，另一个里装 2 只。选中三鼠盘的儿童总是胜者，也就是正确的选择者。待儿童认识到选三鼠盘是胜者的规律后，实验者把盘子用布盖起来，并在儿童不注意时改变盘中鼠的摆放：要么从三只鼠中拿掉一个，要么让三只鼠的空间缩小到只有两只鼠的位置。这一研究的结果与皮亚杰数守恒实验的结果大相径庭。按照皮亚杰的理论，这些儿童只能根据原始的长度或密度进行数判断。相反，在这项实验中，这些儿童却能以数为基础作出正确判断。

研究者推论，这一实验任务要求与儿童不能完成的皮亚杰的任务要求之间有着重大差别。儿童在解决本实验给定的任务时，有可能使用简捷的策略来解决问题。因而，儿童很可能全部或部分掌握一些基本的数数原则。尽管儿童可能尚未掌握正常的数的顺序，但他似乎已经理解了以下三个数数的重要原则：(1) 1 对 1 原则：每一物体都应计算在内，且只能数一次。因此，在上述实验中，儿童认识到他必须把每只鼠都计算在内，而且每只仅数一次。(2) 顺序不变原则：数的顺序每次都相同。儿童知道，在计算盘子里的玩具鼠时，不能第一次以 1，2，3 的顺序数而第二次以 3，1，2 的顺序计算。(3) 序数原则：一个数可以描述一系列的总数。儿童知道，当他数到 1，2，3 时，“3” 便是盘里玩具鼠的总数。

值得注意的是，以上诸原则只要求序列稳定和顺序可重复，它们并不要求儿童使用常规的数序列。但是，儿童往往在极有限的物的序列中能够应用某一原则。

专栏

西格勒的天平问题：问题解决规则的发展

为了探讨从婴儿到成人在同一任务上的问题解决能力的变化，西格勒设计了天平问题，揭示了儿童在解决问题的过程中所采用的基本规则。在天平问题中，天平有一个支点和一个力臂，力臂可以绕着支点上下转动，带洞的金属圆盘可以放在支点两边力臂的钉桩上。由于重量的不同，力臂的两端可以向左或向右倾斜，或保持水平。一个控制杆用来支撑力臂，使之保持静止状态。被试的任务是预测如果拿掉杠杆后天平的力臂会向哪一端倾斜（或者处于水平状态）？

解决这个问题的关键是要同时考虑两个相关的维度：支点两边力臂上的重量、力臂上的重物与支点之间的距离，并适当地将二者结合起来。西格勒假设儿童会按照下列四种规则之一解决这类问题：

规则 1：如果两边重量相等，将预测天平保持平衡；如果重量不同，预测重的那一边会下降。规则 2：如果天平一边较重，将预测这一边会下降；如果两边重量相等，会预测距离支点远的那一边会下降。规则 3：如果两边重量和距离都相等，预测天平将保持平衡；如果一边较重或较远，而在另一个维度上两边相等，将预测较重或较远的那一边会下降；如果一边较重而另一边较远，儿童就会糊涂，或者只是猜测。规则 4：是规则 3 的进一步发展，即在一边较重而另一边较远的情况下，通过计算重量乘以距离，算出每一边的力矩，并预测力矩大的那一边会下降。

为了准确地评估儿童使用了哪种规则解决问题，西格勒精心设计了“规则评估方法”（rule assessment method）：设计一些问题，使用不同的规则会产生特定的正确与错误答案的模式。换言之，儿童使用不同的规则解决问题，就会给出不同的回答。这些问题的类型包括：（1）平衡问题：支点两边重量相等。（2）重量问题：重量不相等，但两边重量与支点的距离相等。（3）距离问题：重量相等，但两边重量与支点的距离不等。（4）重量冲突问题：一边较重，另一边距离较远，较重的一边下降。（5）距离冲突问题：一边较重，另一边距离“更远”，距离“更远”的那一边下降。（6）平衡冲突问题：在重量和距离方面，两者都冲突，但两边达到了平衡。

结果表明，那些使用规则 1 的儿童通常会在平衡、重量、重量冲突问题上回答正确，而在其他三类问题上回答错误。使用规则 2 的儿童，除了在距离问题上回答正确外，其反应与使用规则 1 的儿童相似。使用规则 3 的儿童，在三类非冲突问题上都能做出正确回答，而在三类冲突问题上的回答正确率只是达到随机水平（33%的正确率）。采用规则 4 的儿童能正确解决所有的问题。超过 80%的 5～17 岁被试都会一致地使用上述四种规则中的一种解决问题，5 岁儿童通常使用规则 1，9 岁儿童最常使用规则 2 或规则 3，13～17 岁儿童通常使用规则 3，几乎没有任何年龄的儿童使用规则 4。在后来的一系列天平问题的研究中，人们都发现了类似的结果。从总体上看，儿童的问题解决能力是随着年龄增长而不断提高的，但有趣的是，即使十六七岁的青少年也不能保证正确地解决天平问题，其中使用规则 4 的被试不到 20%。

儿童数数能力的发展十分重要。在这个基础上，儿童形成了一定的算术策略，如基本的加法和减法运算技能，然后发展出心算能力，这使得计算过程进一步内化，之后，他们可以进行更复杂的计算。儿童数数能力的发展主要是在教学环境中实现的。在教学环境中，一方面儿童的数概念不断变化，另一方面概念也逐渐系统化。林崇德（1981）的研究表明，小学儿童的数概念不但持续扩充，而且逐步形成了数概念体系，形成了特定的数学思维能力。但另一方面，也有研究表明，一些未接受学校教育的人也可能在自己的生活和工作环境中形成某种熟练的算术技能（Schliemann，1992）。

关于数概念和数数能力的发展，有研究发现，文化对数学成绩和数学策略的使用存在重要的影响。例如，东亚国家的儿童的数学成绩好于美国，这可能是因为语言和教育的方式的影响（Geary et al.，1992）。

四、元认知与认知风格

信息加工论不仅研究儿童的认知过程，也研究儿童对认知过程的认知——元认知（metacognition），探讨了儿童认知过程的类型差异。

（一）元认知

元认知是指个体有关认知活动的知识和对认知活动的控制。元认知有两个相互联系、相互作用的方面：一方面，儿童对自身的认知能力和过程、对他人的能力和任务情境的理解将影响他用于监控学习的策略。另一方面，在筹划、控制、检查和调节策略中起着实际作用的经验和能力对儿童有关认知的知识和对智力操作结果的认知起着重要作用。一般来说，元认知知识有三种类型：有关自我的知识、有关任务的知识和有关策略的知识。

1. 有关自我的知识

有研究表明，年龄较大的儿童所具有的有关自己和他人的记忆更实际、准确。例如，年幼儿童对自己所能识记的项目的数量的估计往往高于实际情况。再者，年龄较大的儿童更倾向于把记忆看作个体在不同场合表现有所不同的能力，它可能因各年龄的人的个别差异而不同。他们清楚，在疲劳和焦虑时学习效率是很低的。他们知道，有些同学擅长语文，而自己却擅长数学。年幼儿童尽管还不能像年龄较大的儿童那样，指出学习策略上的具体差异，但他们仍能认识到自己的回忆成绩不如年龄较大的儿童这一事实。

2. 有关任务的知识

理解对象的能力是在不同情况下顺利完成问题解决和沟通任务的关键。要想成为有效的信息加工者，儿童必须能认识自己当前拥有的知识，以便于从他所处的环境中寻求适用的信息。一项研究考察了儿童驾驭和理解指导语的能力。在玩一种打牌游戏时，对一、二、三年级的儿童给予明显不适当的游戏指导语。儿童在打牌游戏中各持 4 张牌。指导语如下："每个人把自己的牌放在一起。大家都翻开最上面的一张。我们看谁手中有特殊牌。再接着翻第二张，看第二次谁手中有特殊牌。最后，拿牌最多的人为这一游戏的胜者。"在上述指导语中，未提到怎样的牌是"特殊牌"，也未说明怎样才能获得较多的牌。

一年级儿童几乎没有认识到指导语不适当，而二、三年级的儿童在开始游戏前会提一些与游戏有关而指导语中又未涉及的问题。一年级中有四分之一的儿童从未提过一个问题，大部分儿童只是在让他们重复指导语或忙乱地开始游戏时才认识到问题的存在。年龄较小的儿童很难完成理解指导语的内心操作过程，因而不可能注意到问题。

儿童是否认识到一些材料比另一些更为难学？显然，答案是肯定的。即使 4 岁儿童就已知道，长篇材料比短篇材料更难识记，完成较难的任务需要付出较大的努力。很多幼儿园儿童和小学一年级学生开始认识到，重学遗忘的知识（如各种鸟名）比第一次学习较为省力。此外，年幼儿童也能认识到再认易于回忆。当然，记忆中也有一些年幼儿童根本不理解的方面，比如，只有年龄较大的儿童才会领悟到用自己的话重述一个故事要比完全依照原文的复述容易得多。

3. 有关策略的知识

儿童关于策略的知识可能很多，这有助于他们的记忆。儿童能够注意到外部支持物对记忆的作用：把第二天要用的书放在早晨能看到的地方，给自己留张备忘的条子等。儿童同样也能认识到进行联想记忆的用处，如在自己年龄上加 30 岁来记住母亲的准确年龄。实际上，儿童元认知活动取决于各种具体情况。成人也并非在任何情况下都能应用他们所知的有效策略。

4. 元认知与学业成绩——"学会如何学习"

元认知在解决实际教育问题中有实际的应用价值。阅读能力差者在广泛的阅读领域均缺乏有关的元认知调节系统。他们不像优秀的阅读者那样，肯在难读或较生疏的段落上花费较多的时间和精力，以使阅读活动尽可能符合阅读任务的要求和目标，他们在阅读期间很少调节自己的行为以适应任务的要求。

为了改善儿童的这类与学校学习有关的元认知技能，学校课程改革中应该加强这种训练。美国有研究者在阅读理解中进行元认知技能的训练（Brown et al.，1983；Paris et al.，1982），称为"信息化训练"，不仅鼓励儿童使用某种策略，而且告诉他们这一策略在提高学习效率方面起怎样的作用。了解策略的好处能使学习者有意识地使用它们，从而提高儿童阅读、学习和解决问题方面的技能。给出解释和理由的信息化训练，不论是在儿童课程训练方面还是在社会和认知技能方面，都能有效地提高他们的学习效果。

能适当地把所掌握的认知策略进行迁移的学生，也被称为元策略型学生(Kuhn，1999；2000)。例如，如果儿童成功地回忆起了所学的材料，对所用策略的意识就会增强，对策略的理解程度也会提高，在类似的情境下，就会倾向于选用类似的记忆策略。学生会形成自己的策略理论，以决定在哪种情况下运用哪种策略，以便于提高记忆成绩。

（二）信息加工中的个体差异：冲动型与沉思型

在各种认知任务中，儿童在调控注意、使用策略、回答问题前作出反应的时间和评价反应的方式等方面存在着一些稳定的差异。沉思型与冲动型是两种不同的认知风格。观察一下各种情境下儿童的反应方式，就可发现，一些儿童作出反应的速度慢但准确，而另一些儿童反应快但错误多。前者属于“沉思型”儿童，后者则属于“冲动型”儿童。在总体上，尽管儿童随着生理的成熟而普遍趋向于沉思型，但在同一年龄组中总有部分儿童更倾向于表现出沉思型的认知风格，或更倾向于表现出冲动型的认知风格。通过匹配熟悉图形这类简单的测验即可查明这一倾向。沉思型儿童在做出反应前，一般会先仔细观看标准图形，对所呈现的每张图片都一一比较，然后进行匹配。冲动型儿童则没有一个系统的刺激比较方法，他们甚至很少进行比较，有时不等看完所有的图片就作出了反应。

冲动型儿童在各种学习任务中注意力不易集中，他们在阅读方面的问题通常多于沉思型儿童。与他们升入二年级的同班同学相比，一年级留级的男生多半是冲动型的孩子，而这两组儿童在标准智力测验中的得分可能是相同的。一般说来，IQ与沉思—冲动型认知风格之间的相关并不高，但这种相关在女生中要比在男生中更高一些。

在一些有关辨别学习、推理、记忆的标准测验以及皮亚杰式的守恒和形式运算测验中，沉思型儿童的成绩也通常优于冲动型儿童。一般认为，冲动型多与低效率、盲目使用问题解决的策略等特征相联系。然而，沉思型儿童能否在信息加工过程中表现出策略上的优势，还取决于任务的性质。如果任务要求做详尽的分析，沉思型儿童的成绩较好；如果任务要求作出整体的反应，就很难看出沉思型儿童的优势。例如，在匹配图形测验中，对细节的反应要求仔细辨别内部镶嵌部分的变化，对整体的反应要求察觉轮廓的变化。沉思型儿童在判断图形内部而非轮廓的变化时的错误反应较少，而冲动型儿童的反应恰恰相反。

在社会行为和人格方面，沉思型儿童与冲动型儿童之间也有一定的差异。冲动型儿童在游戏中通常好奇，喜欢探索，注意力不大集中，他们可能在房间里跑着拿起玩具，玩上几分钟后，目标又转向另一玩具。但是，他们在社会交往中比沉思型儿童的社会性反应更多。与此相反，沉思型儿童倾向于选择自己喜爱的玩具，玩同一玩具的游戏时间较长，而且对教师的依赖性相对较弱。

研究发现，冲动型与沉思型的差异不仅同上述社会反应有关，而且与有关的病理学特征相联系。沉思型的儿童在熟悉图形匹配测验中，更可能表现出过度抑制和具有内疚、自责、恐惧等内部问题；冲动型的儿童更可能表现出多动症、学习障碍等问题。青春期表现出攻击、反社会、失控等行为的男孩冲动性得分通常很高。

尽管沉思型或冲动型的反应方式受先天因素的影响，但认知风格通过经验和训练可以得到改变，达到完成特定任务所需的水平。两种风格类型各有优劣。对儿童用言语描述其他类型儿童的反应，或对儿童的反应策略给予具体指导，以及强化或示范不同的反应方式，如向冲动型儿童具体地示范怎样从容地在正确描述之后再作出反应等，都可以改变儿童的反应方式。在课堂上，教师的沉思型或冲动型的形象也会影响学生的认知风格。儿童的反应方式常与教师的反应方式是一致的。两种风格类型各有优劣。训练目标不应把所有儿童都转变为沉思型，而应发展和结合两种类型的优点，使儿童学会根据不同的情境发挥不同认知风格的长处。

五、小结

信息加工理论在计算机与发展着的人脑之间进行了多方面的类比。但我们必须清楚，儿童是其认知经验的积极组织者，是有目的地解决问题的人，其思维过程是目标定向的，而且包含了个人的动机。

认知发展的信息加工论试图提供一个比皮亚杰理论更为系统和数量化的描述。信息加工领域的研究者们注意到了不同的智力任务对儿童知觉、注意、记忆和问题解决能力的不同要求。他们把发展看作通过可加工的信息量的增加或信息加工方式的日益合理化，使基本认知能力得以提高的结果。

信息加工论的一个主要优点在于，对具体任务的逻辑要求可进行准确的分析，因而能够说明守恒等概念的获得为什么比其他概念更容易。信息加工论的另一个主要优点在于，更全面、准确地揭示了年幼儿童完成任务的能力发展规律。

基于信息加工论的研究详细探讨了儿童注意和知觉系统、记忆、问题解决能力、认知控制以及元认知等方面的变化。随着儿童的不断成熟，他们逐渐成为熟练的、灵活的信息加工者。随着儿童的发展，年幼儿童所使用的简单策略日益复杂化，或为更有效的策略所代替。

认知发展的信息加工理论从某种程度上来说是针对皮亚杰的认知发展阶段理论提出来的。儿童思维的发展可能不同于皮亚杰的理论预测，儿童在各种任务、各种情境和概念范畴内所使用的并非是同一的认知机制。

儿童的认知操作并不是具有完全相同的复杂结构的。按照皮亚杰的理论，人们对一个 8 岁的孩子可能会有这样一种理解：无论在哪里，他总是一个 8 岁的思维者，总是处于具体运算阶段。但是，信息加工论者从另一个角度提出了自己的问题：儿童的心理加工过程是否根本不存在统一的实体？能否仅凭对某一特殊任务的短时间的观察得出儿童在这一类任务上的成绩？认知发展心理学家能否详细地描述适合各种认知任务的、与儿童年龄相关的事实（如儿童的桌子概念、蔬菜概念、电话概念）？在承认儿童思维发展的“异质性”的前提下，能否建立一个有意义的认知发展的构架？

基于对上述问题的探索，信息加工论认为，各类任务的成绩分析越详细，发展的图景越趋一致。从发展的观点来看，儿童信息加工的容量、他们所掌握的关系的复杂性以及所达到的认知结构层次等都具有一定的局限性。信息加工心理学家的目的是，通过对这些任务的认真分析（包括对儿童所犯错误的分析），考察儿童在这些任务上的成绩的相似点及其性质。信息加工论的贡献在于，为这类系统的研究提供了一个框架。如果说皮亚杰的理论范畴过于笼统，那么，信息加工论者的研究则是在皮亚杰研究的基础上，探索提高认知能力的因素。因此，不应把信息加工论看成皮亚杰理论的替代物，而应看作在皮亚杰理论的基础上发展起来的、更为具体的观点。从当代一些信息加工心理学家（如西格勒）的研究，可以清楚地看到这一点。

本章小结

在发展心理学中，关于认知发展的较有影响的理论当属皮亚杰所代表的认知发展理论、维果斯基所代表的社会文化理论和信息加工论。

皮亚杰把儿童的认知发展看作环境适应的结果，儿童正是在主动探索环境的过程中，其智力得到了发展。认知发展是从平衡到不平衡再到平衡的过程，这个过程中，同化和顺应是两种主要的机制。发展的结果是儿童的图式从低级到高级逐渐变化和成熟。皮亚杰认为，儿童的认知发展是呈阶段式发展的。在达到成人的发展水平前，儿童的认知发展要依次经过四个主要阶段，即感觉运动阶段（0～2岁）、前运算阶段（2～7岁）、具体运算阶段（7～11岁）和形式运算阶段（11岁以后）。

维果斯基把儿童的心理功能分为低级心理机能和高级心理机能。儿童发展是社会文化影响的结果，个体的智力发展就是从低级心理机能向高级心理机能转变的过程。维果斯基认为，儿童的心理发展存在最近发展区，它是从现有发展水平与在成人或技能较熟练的同伴指导下所能达到的发展水平之间的间距，更精确地说，最近发展区表示儿童独自完成任务所能达到的水平与在较为熟练的他人指导和帮助下完成任务的水平之间的差距，较为熟练的成人或同伴可以为儿童的发展提供“支架”，这有利于儿童的发展。维果斯基认为，语言对认知发展起促进作用，而语言的掌握又是发展的重要组成部分。维果斯基的理论被广泛应用在教育和生活环境中。

信息加工论把儿童的认知发展看作信息的输入、编码、分析加工和组织输出的过程，把人的大脑类比于计算机。儿童的认知发展与成人只有发展程度上的差异，而没有本质的不同。信息加工心理学家从知觉和注意（信息输入）、记忆和问题解决（信息储存和加工）以及元认知等多个方面，系统地探讨了儿童的信息加工过程及其随年龄增长而发生的变化。

本章注释

[1]熊哲宏、李其维:《论儿童的文化发展与个体发展的统一:维果斯基与皮亚杰认知发展理论的整合研究论纲》,载《华东师范大学学报》(教育科学版)2002年20卷第1期,第1～11页。

[2][美]柯祖林著,黄佳芬译:《心理工具:教育的社会文化研究》,上海:华东师范大学出版社2007年版。

[3][美]罗伯特·西格勒,玛莎·阿利巴利著,刘电芝等译:《儿童思维发展》(第四版),北京:世界图书出版公司2006年版。

[4]Brainerd, C. J. & Reyna, V. F. (2001). Fuzzy-trace theory: Dual processes in reasoning, memory, and cognitive neuroscience. Advances in Child Development and Behavior, 28, 41-100.

[5]Bransford, J. D., Brown, A. L., & Cocking, R. R. (2000). How people learn: Brain, mind, experience, and school. Washington, DC: National Academy Press.

[6]Fischer, K. W. & Bidell, T. R. (1998). Dynamic development of

psychological structures in action and thought. In R. M. Lerner (Ed.), & W. Damon (Series Ed.). Handbook of child psychology: Theoretical models of human development (vol. 1). New York: Wiley, 467-561.

[7]Friedman, S. L. & Scholnick, E. K. (1997). The developmental psychology of planning: Why, how, and when do we plan? Mahwah, NJ: Erlbaum.

[8]Gopnik, A. & Nazzi T. (2003). Words, kinds and causal powers: A theory perspective on early naming and categorization. In D. Rakison & L. Oakes (Eds.). Early category and concept development: Making sense of the blooming, buzzing confusion. New York: Oxford University Press, 303-442.

[9] Harley, K. & Reese, E. (1999). Origins of autobiographical memory. Developmental Psychology, 35, 1338-1348.

[10] Rogoff, B. (2003). The cultural nature of human development. Oxford: Oxford University Press.

[11] Wimmer, H. & Perner, J. (1983). Beliefs about beliefs: representation and constraining function of wrong beliefs in young children's understanding of deception. Cognition, 13(1), 103-28.

[12]Winsler, A., Díaz, R. M., & Montero, I. (1997). The role of private speech in the transition from collaborative to independent task performance in young children. Early Childhood Research Quarterly, 12, 59-79.

[13] Wright, B. C. & Dowker, A. D. (2002). The role of cues to differential absolute size in children's transitive inferences. Journal of Experimental Child Psychology, 81, 249-275.

习 题 六

一、名词（概念）解释

1. 支架
2. 最近发展区
3. 指导性参与
4. 守恒

二、简答题

1. 皮亚杰的认知发展阶段理论是如何描述儿童的认知发展的？
2. 根据皮亚杰的理论，儿童是如何发展出“苹果”的概念的。
3. 你认为“守恒”能力的发展是否严格遵循阶段论的观点？
4. 请描述皮亚杰所说的具体运算阶段儿童的心理表征的特征及局限性。
5. 根据维果斯基的观点，成人和儿童之间的游戏活动对儿童的认知发展起什么作用。
6. 评述维果斯基的最近发展区观点及其在教育中的作用。

三、论述题

1. 维果斯基是如何看待儿童的发展和环境之间的关系的？
2. 维果斯基是如何理解语言和认知发展之间的关系的？
3. 试比较维果斯基和皮亚杰的理论在分析互动交往影响儿童认知发展观点上的差异。
4. 信息加工理论是如何看待儿童的智力发展的。
5. 试论述信息加工理论与皮亚杰的认知发展理论的融合。
6. 比较维果斯基的社会文化观和皮亚杰的认知发展理论在指导课堂教学中教师作用的差异。
7. 试简要评述皮亚杰关于儿童认知发展的阶段论。

第七章　认知发展：智力与创造力

教学目标

通过本章的学习，应达到以下教学目标：

1. 识记和掌握一般智力和智力的不同侧面的发展特点及其研究现状，能够根据有关的研究证据分析IQ的稳定性。

2. 理解和掌握影响智力发展的主要因素，包括遗传、环境和热认知等，了解智力干预的方法及其研究现状，形成对智力干预问题的科学态度。

3. 理解和掌握创造力的发展趋势和年龄特征、创造力发展的影响因素，了解创造力教学和训练的方法及其研究现状，形成对创造力促进的科学态度。

本章结构

本章主要包括三个部分：第一部分概括介绍智力发展的基本特点及有关的问题，描述一般智力和智力的不同侧面的发展趋势，介绍有关智商稳定性的研究。第二部分介绍影响智力发展的主要因素，包括遗传、环境和个体因素等，还将讨论智力的补偿性干预问题。第三部分重点分析创造力的发展问题，描述创造力的发展趋势，讨论创造力发展的影响因素，而且，分析和讨论创造力的促进问题。本章主要围绕智力、创造力的发展及其影响因素和干预问题展开，而智力发展与创造力发展又是相互联系的，它们是认知发展的不同层次或侧面。本章的基本结构如下图：

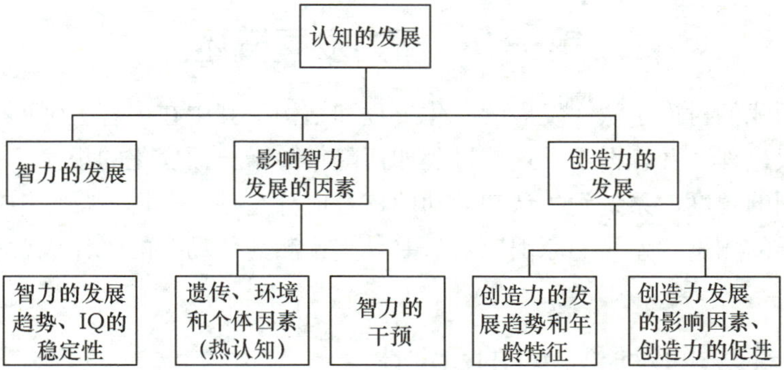

自古以来，“神童”都是人们高度关注的对象。在我国历史上，文学、数学、自然科学、哲学、史学等领域“神童”辈出。唐代的杜甫 7 岁开始做诗；李白 5 岁诵六甲，10 岁观百家；王勃 6 岁能写文章，16 岁著《滕王阁序》；白居易 1 岁开始识字，5 岁开始做诗，9 岁已精通声韵。史学家司马迁、天文学家张衡、数学家祖冲之、科学家郭守敬以及人们熟知的孔融、于谦、岳飞等政治家、军事家，都曾经是早慧的孩子。他们在儿童时期就显示了超乎常人的能力。国外也是如此，德国数学家高斯在 9 岁时就能以特殊的算法快速得出1＋2＋3＋4＋……＋100＝？这个问题的答案，显示了突出的数学才能；美国控制论的创始人诺伯特·维纳（N. Wiener）3 岁能读书，12 岁上大学，不到 15 岁大学毕业，不满 19 岁就获得了博士学位；德国诗人、剧作家歌德 9 岁已经掌握英、法、意和希腊等多国文字；奥地利作曲家莫扎特 5 岁能作曲，11 岁创作歌剧。

相反，在我们的生活中，也有这样一些孩子，他们到了十多岁生活还不能自理，有的到了成年期还不能进行最简单的阅读和计算，甚至不会吃饭、穿衣服，不能与他人进行基本的交流，尽管这些孩子中有少数会表现出某种特殊的才能，但是，他们中的绝大多数毕生都无所作为，需要别人照顾。

事实上，智力的个别差异是普遍存在的。智力在人的一生中是如何发展的？造成人们智力差异的原因何在？怎样才能让一个孩子在智力上有更好的发展？早慧的儿童成年后一定能取得较高的成就吗？这是我们在这一章要重点探讨的内容。

第一节　智力发展概述

前面我们讨论了认知发展的变化过程和结构。其中在内容上强调了认知发展的一般过程，并且揭示了这些过程如何随年龄增长而变化的规律。本章我们将以不同的角度，系统阐述认知活动的核心成分之一——智力操作中的个体差异、差异的测量、差异的原因以及从差异来预测其他场合的工作成就等方面的问题。

一、智力的发展与 IQ 的稳定性

IQ 是否会随着人的成长而发生变化呢？如果智力测验所测量的主要是学习能力，那么，可以预期 IQ 会随时间推移而呈现稳定发展的趋势。一般认为，智力发展的趋势是随着年龄的增长呈迅速上升，而到一定年龄后发展的速

专栏

国内外的智力观

由于出发点的分歧，人们关于智力的定义多种多样。可以说，智力理论层出不穷，这种状况从20世纪初就开始了，在最近二三十年内仍是如此。在各种智力观点中，比较著名的有斯皮尔曼（Spearman，1904）提出的智力二因素论、瑟斯顿（Thurstone，1938）提出的智力群因素论、吉尔福特（Guilford，1967）提出的智力结构论、卡特尔（Cattell，1963）提出的智力形态论。

20世纪80年代以后，西方心理学家提出的智力理论如雨后春笋般涌现，让人眼花缭乱，其中比较著名的有加德纳（H. Gardner）提出的多元智力理论、珀金斯（D. Perkins）提出的真智力（true intelligence）理论、斯滕伯格（R. Sternberg）提出的智力三因素论（triarchic theory of intelligence）和成功智力（successful in telligence）理论以及卡罗尔（J. B. Carroll）提出的智力三层次模型（three stratum theory of intelligence）。此外，还有戴斯（J. P. Das）等人从信息加工观点角度提出的PASS（planning-attention-simultaneous-successive processing model）智力理论、塞西（S. J. Ceci）提出的生物生态学理论（bio-ecological theory）以及梅耶尔（J. D. Mayer）和戈尔曼（D. Goleman）提出的情绪智力（emotional intelligence）理论等。另外，人们还提出了社会智力等概念。这些理论分别从不同的角度阐述了智力的内涵。

在国内学者中，林崇德（2007）的智力理论很有代表性。他认为，智力是指成功地解决某种问题（或完成任务）且表现出良好适应性的个性心理特征，它由思维、感知（观察）、记忆、想象、言语和操作技能组成，其中思维是智力的核心，思维的深刻性、灵活性、独创性、批判性、敏捷性是思维的基本品质；思维是一种三棱结构，其中包括六个因素：思维的目的，思维的过程，思维的材料，思维的品质，思维的自我监控，思维的非认知因素；思维具有六个特点：概括性、间接性、逻辑性、目的性（或问题性）、层次性、生产性，其中概括性是其中最基本的特点；思维具有特定的发展模式；揭示思维本体实质的途径是研究思维的认知神经机制。这种观点显得更为全面、更切合实际。

尽管人们对智力的看法多种多样，专家们仍然在某些方面达成了高度的一致。研究者调查了1020位智力问题专家，至少3/4的人认为，抽象思维或推理能力、问题解决能力、知识获取能力、记忆力、对环境的适应能力是智力的重要内容，其中90%以上的人强调抽象思维或推理能力、问题解决能力、知识获取能力在智力结构中的重要性（Coon，2004）。

度减慢。美国伯克利成长研究资料表明，智力发展的迅速上升趋势直到14岁才减慢速度。贝利（Bayley，1968）用三种量表对同一组被试进行了36年的长期追踪研究，结果发现，13岁以前测验分数呈直线上升，以后上升速度逐渐减慢，到25岁时达到高峰，26至36岁处于维持水平的高原期，往后会有所下降。贝利的研究结果可以描绘成下面的智力发展曲线，见图 7-1。

这里讨论的智力发展主要是就一般智力而言的，从智力的形态、智力过程、智力活动的性质来看，智力又有着不同的侧面，不同侧面的智力呈现出不同的发展趋势。但很多研究发现，随着儿童年龄的增长，智力成绩在很大程度上保持稳定，这类结果大部分是通过长期对同一儿童不断测验的追踪研究获得的，有些系统的测评甚至从个体生命的第一个月开始一直持续到中年期。

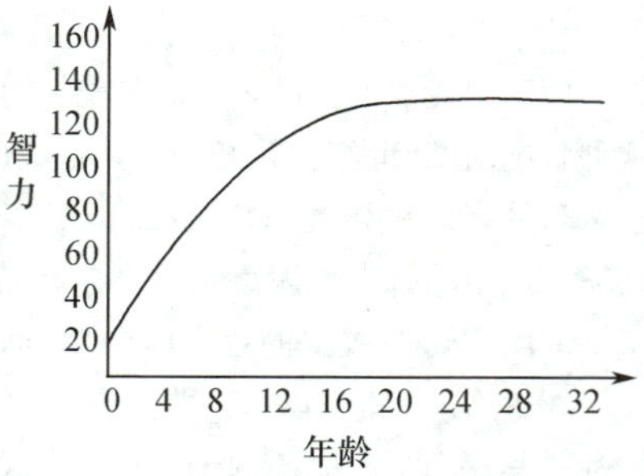

图 7-1　智力的发展曲线

林崇德（1999）认为，思维是智力的核心成分。婴儿的智力是以直观行动思维为主要形式，幼儿的智力以具体形象思维为主要形式，学龄初期儿童的智力具有明显的过渡性，从以具体形象思维为主，逐步过渡到以抽象逻辑思维为主，但是，他们的思维或智力活动仍然具有很强的具体性，不能脱离具体形象的支持，而且，这种思维的发展也具有明显的不平衡性，在学习中容易“偏科”。另一方面，四年级（约 10～11 岁）是思维转折或过渡的关键年龄。到了中学或青少年时期，抽象逻辑思维逐渐占据优势地位，而且随着年龄的增长，他们思维的辩证性也越来越强。

对一岁以内婴儿的智力测验尽管可以用来鉴别神经运动异常或极度的智力缺陷，但不能准确地预测以后童年期儿童的成绩。对一岁以内婴儿的测验多是感觉运动类型的任务，如移动或抓取一个物体，用眼睛跟踪移动的物体等。这类任务与测查年龄较大儿童所采用的问题解决和言语技能类任务截然不同。18 个月以后，当测验中包括后一类型的任务时，其测验分数对以后测验成绩的预测能力有明显提高。一般地说，两次测验间隔越短，而且儿童初次测验的年龄越大，则测验分数越稳定。

目前，在早期智力评估中，国际上最著名、应用最广的是贝利婴儿发育量表（Baylry，1969；1993）。这个量表适用于 2～30 个月的婴儿，有三个分量表：动作量表，评估抓木块、扔球、拿杯子喝水等动作技能；智力量表，评估物品归类、寻找被藏起来的玩具、跟随指令等适应行为；婴儿行为记录，评估婴儿在目的指向性、恐惧感、社会性反应等方面的行为。根据前两项，可以计算婴儿的发育商（DQ，Developmental Quotient），根据发育商，可以评价一个婴儿与同龄儿童相比，他或她的发育状况如何。之所以用发育商（DQ）而不是智商（IQ），是因为智商侧重评价年龄较大的儿童和成年人的语言能力、概念和问题解决能力等方面，而发育商侧重考察婴儿的知觉和运动能力，二者测查的内容和重点是不同的。

婴儿的发育商能预测以后的智商吗？许多研究表明，婴儿智力量表通常无法预测儿童后来的智商或学业成就（Honzik，1983；McCall，1983；Rose et al.，1989）。谢弗（Shaffer，2005）指出，在婴儿期初期的发育商甚至不能预测婴儿期后期的发育商。这主要有两方面的原因：一是婴儿正处于生理、心理急剧变化的时期，因而发育商也不会太稳定；二是婴儿发育测验与用于年龄较大的孩子和成年人的智力测验的内容和重点不同，婴儿量表重感知、动作、语言和社会技能，标准化智力测验则重推理、概念形成和问题解决等抽象能力，因而测验的预测效度较低。

另外，婴儿某些方面的发育状况在某些方面还是能够预测儿童期的智力。研究表明，婴儿的视觉反应时间（面前出现可见物时婴儿能看得有多快）、去习惯化的速度（习惯重复刺激的速度）、偏好新奇刺激的程度能较好地预测儿童后来的智商。它们与儿童期智商的平均相关系数为 0.45（Dougherty & Haith，1997；McCall & Carriger，1993）。还有的研究者发现，早产儿在婴儿期的信息加工技能也能预测它们儿童期的智商（Rose & Feldman，1995）。这可能与婴儿的这些方面反映了心理过程的速度有关，心理过程的速度是对年龄较大儿童的智力测验的重要评价内容。

从童年期到青少年期智商的稳定性如何？当然，相对于婴幼儿时期，童年期智商的稳定性明显提高。弘泽克等人（Honzik，Mac Farlane，& Allen，1948）对250多个儿童进行了追踪研究，结果如表 7-1 所示。显然，两次测验的时间间隔越短，智商相关系数越高，进入童年期以后，智商已经变得相对稳定。

表 7-1　在学前期和童年中期测得的智商与在 10 岁及 18 岁时测得的智商的相关系数

儿童的年龄	与 10 岁时智商的相关	与 18 岁时智商的相关
4	0.66	0.42
6	0.76	0.61
8	0.88	0.70
10	—	0.76
12	0.87	0.76

（资料来源：Honzik，MacFarlane，& Allen，1948）

尽管童年中期以后对成年期智力的预测准确性明显提高，但仍有一些儿童

IQ 的变异很大。费尔斯研究所对 140 名儿童 IQ 稳定性的追踪研究结果如下：

一般中产阶级家庭抚养的儿童在儿童期的 IQ 变化相当大。本研究中，2 岁半至 17 岁期间 IQ 变化的平均范围为 28.5 分，有三分之一的儿童 IQ 增加 30 分以上，七分之一的儿童 IQ 变化超过 40 分，甚至极少数儿童的变化达到 74 分；高 IQ 儿童比低 IQ 儿童的变化大（McCall et al.，1973）。

智力成长速度因人而异。认知发展何时出现加速期在不同儿童之间也是有差别的，这会影响到儿童的 IQ。在总体上，6 岁和 10 岁发生的变化最明显。6 岁的变化可能与皮亚杰等人提出的抽象推理和概念过程在这个年龄向更高水平的转化有关。10 岁时的变化原因则尚待探讨。

案例分析

超常儿童的成就：高智力预示着高成就吗

智力与创造力之间是一种什么样的关系呢？高智力预示着高成就吗？长期以来，这一直是人们十分感兴趣的问题，同时也具有多种观点。研究表明，高智力只是高创造力的必要非充分条件。也就是说，高智力未必有高创造力，未必能取得重大的创造性成就，而要表现出很高的创造力，取得创造性的成就，必须具备高于一般水平的智力。它们的这种关系也反映在下面这个案例中。

从 20 世纪 20 年代初开始，推孟在美国对超常儿童启动了一项规模较大、时间最长的（至今仍在继续）追踪研究。在 1921～1922 年，他运用智力测验等方法，从学前儿童和中小学儿童中鉴别出 1528 名天才儿童，他们的平均智商为 151，其中智商在 170 以上的有 80 名。他们的平均年龄为 11 岁。30 年之后（这时研究对象的平均年龄为 40 岁），推孟发现，智力与成就并不是完全相关的。一方面，这些人在总体上取得了较多的成就，他们出版了 67 种著作，发表了 1400 多篇科学技术和专业论文，发表了 200 多篇短篇故事、中篇小说和剧本，还有 236 篇其他的文章，共获得专利 150 多种。另一方面，一些人智商高，有的智商甚至在 180 以上，却没有取得什么成就。

同样是高智商，为什么一些人能够取得较大的成就，另一些人却一无所成呢？推孟从中挑选出成就最大者与成就最小者各 150 人，对他们进行了比较。结果表明，成就较大者在自信、谨慎、进取心、坚持性等方面显著优于成就较小者，正是这些非智力因素让他们取得了更大的成就。换言之，这两组人的主要差异不在于智力，而在于非智力因素。

这个案例提示我们，创造性成就是由多种因素决定的，就个人因素而言，智力条件只是其中的一个方面，积极的人格品质和动机也是非常重要的。那种高智商必然会有高成就的看法是没有根据的。

研究表明（Halverson & Waldrop，1976），男女儿童的发展有相似性，但也有一定的差别。女孩的智力较稳定，可预测性强。男孩和女孩认知发展的历程也不尽相同。对女孩可通过出生后头两年词汇和言语能力来预测以后的智力成绩，对男孩则不然。相反，出生头一年的社会定向和主动性因素与男孩日后的智力有关，而与女孩的智力无关。而 2.5 岁以后，男孩和女孩的主动性行为均可预测其以后在校的智力表现。男孩的 IQ 随年龄而增长，而女孩常表现出下降的趋势。这种趋势从成年前期就开始有所表现，26～36 岁的男性被试在韦氏成人言语量表中的成绩保持上升趋势，同年龄段的女性被试言语成绩保持不变，操作成绩则呈下降趋势。这可能是由社会环境、文化、价值观等因素导致的。

值得一提的是，在总体上，到了青少年时期，个体的元认知能力，包括元记忆、元理解和元学习能力等都明显提高，而且，在整个青少年时期，这种能力随着年龄增长而不断提高。这是个体智力发展的一个重要侧面。

二、成年期智力的发展

与其他方面的发展一样，智力的发展持续终生。在青少年期之后，个体的智力呈现出一系列成年期特有的变化。

卡特尔（Cattell，1965）和霍恩（Horn，1976）区分了智力的两种存在形态：流体智力（fluid intelligence）和晶体智力（crystallized intelligence）。流体智力以神经生理为基础，随神经系统的成熟而提高，如知觉速度、机械记忆、图形知觉能力；晶体智力则是以社会文化经验和记忆储存为基础的智力，如词汇量、言语理解、常识。两种智力发展的趋势是不同的。研究表明，这两种智力在青少年期之前，都随年龄增长而不断提高。但是在青少年期之后，却呈现不同的发展轨迹，流体智力缓慢下降，晶体智力保持相对稳定，这在成年后尤为明显。下图 7-2 描绘了一般智力、流体智力和晶体智力的变化趋势。

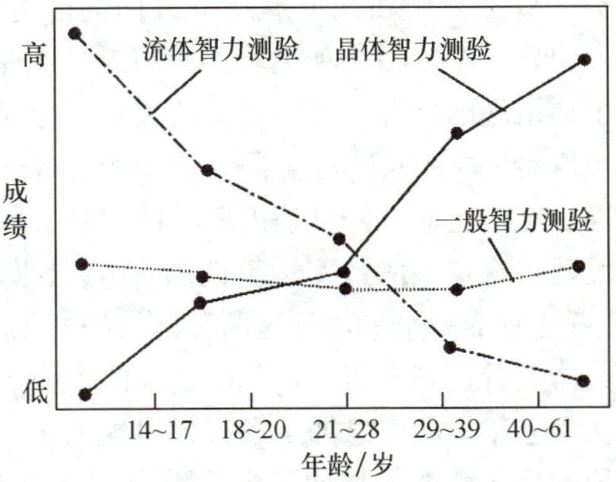

图 7-2　一般智力、流体智力和晶体智力的测量结果（引自 Horn，1970）

研究表明，流体智力之所以在成年后不断下降，主要与个体组织信息的能力、忽略无关信息的能力、集中注意和注意分配能力以及在工作中保持信息能力的下降有关。随着知识经验的积累，个体的晶体智力则是不断提高的。对智力的这种划分更好地揭示了人类智力发展的实际情况，尤其是成年人的智力发展特点。

巴尔特斯(Baltes，1985)进一步提出，智力发展可以分为两种过程：一是基础过程，又称为智力技能，其主要功能是负责组织信息加工和问题解决过程。二是实用智力，它是智力技能在特定情境中的应用。儿童青少年的智力发展以第一种过程为主，他们不断获得日益复杂的技能；成年人智力的发展以实用智力为主，如果能继续练习，使有关知识系统地、有选择地达到最优化，成年人的各种专长、才智就可以不断增长，到了后半生仍能保持增长，甚至超过成年前期。

根据智力活动的性质，沙因(Schaie，1977；1978)把人一生的智力发展划分为不同的阶段：获得阶段、实现阶段、执行和责任阶段、重组阶段。在儿童青少年时期，智力发展的主要任务是获取知识和解决问题的技能(获得阶段)。到了青年晚期，青年人就开始成家立业，主要任务是应用所获得的知识、技能，实现自己的理想和奋斗目标(实现阶段)。中年人进入执行和责任阶段，智力活动的主要任务是履行家庭、事业责任，养育子女，努力工作。而到了老年期，需要承担的社会责任减少，智力活动转向自己的内心世界，主要任务是重新整合自己一生的经验(重组阶段)。简言之，在儿童青少年时期，智力活动的主要问题是“我应该知道什么?”青年和中年时期智力活动的主要问题是“我应该怎样运用我所知道的东西?”老年期智力活动的主要问题是“我为什么要知道?”

从智力的微观结构或组成成分来看，不同的智力成分发展的趋势也有所不同。国内研究发现（申继亮等，2000），随着年龄的增长，成年人在数字比较、匹配图形、图形归类、减法乘法和词汇理解等方面的能力基本呈不断下降趋势，但是纵向分析表明，三年内在各项测验上成绩提高或保持稳定的人数也占相当大的比例，除了词汇理解之外，成绩降低的人数百分比从 60 岁或 70 岁开始迅速提高。这与（Schaie，1994）对美国人的研究结果基本一致，他发现，美国的成人归纳推理、空间定向和知觉速度三项能力从青年至老年呈不断下降趋势。但是，他还发现，成年人的数字运算能力在 40 多岁才达到顶峰，语词能力从 39～67 岁一直处于最高水平，且这两种能力的变化趋势并非不断下降，而是有所起伏。从总体上看，到老年后，基本认知能力明显衰退。对此，人们给出了新的解释，认为老年人的信息加工和行为出现老化，是因为认知神经递质不足引起的，这种不足会增加信息加工中的噪声，减少皮层表征的区分度，从而造成认知能力的下降。

因此，智力在人的一生中都是不断发展变化的，这种发展变化表现在不同的智力形态、智力活动性质以及智力成分上，不能简单地认为，智力到了成年期后就已经达到了顶峰，或者“成熟了”，不再向前发展了，应当看到智力发展的不同侧面，尤其应把一般智力的发展与其他智力的发展区分开来。

第二节　影响智力发展的因素

遗传、环境和教育的各种具体的表现形式无疑都影响着儿童智力的发展，心理学家更感兴趣的是这些因素影响智力的机制。

一、遗传和体质因素

关于同卵双生子间的IQ比异卵双生子间更为相似的研究，以及亲生和收养儿童智力的比较研究，都有力地支持了遗传因素在智力发展中的作用。即使环境论者，也不否认遗传在认知发展中起一定的作用。问题在于，遗传因素在智力成就中如何起作用？哪些因素与遗传和体质相互作用，并改变遗传和体质作用的结果。

一些证据表明，有些智力活动更容易受到遗传的影响，而且在感受环境作用中个体之间存在着差异。贝利认为，遗传决定的与气质和人格特点相关的非智力因素可能制约着遗传对智力的影响。因而，诸如社会定向、生理激活和活动的阈限以及注意广度等特点，可以延缓或加速认知的发展。

此外，其他的生理因素，如母子孕期和产期的条件、营养用药、疾病及生理缺陷等，也直接影响儿童认知技能的发展。

二、环境、剥夺与刺激

在不同的环境中，儿童所接受的刺激，其质量、数量和模式显然是有很大差别的。关于环境差异的研究难以确定环境中的哪些因素对认知成就的作用特别突出。在一群儿童中，确定谁在标准化智力测验中的成绩较差并不困难，难的是在他们的文化、家庭、教育或社区背景中找出导致成绩差的原因。

大量研究发现，在认知成绩方面明显较差的儿童大多生活在偏僻社区、社会经济地位低下的环境以及少数民族群落中。

（一）社会隔离与认知发展

在社会隔离环境下，教育和经济的发展都很落后。研究发现，生活在隔离环境中的儿童，年龄越大，智力发展的缺陷程度就越大。一些对美国隔离山区儿童进行的研究表明，生长在加利福尼亚某些山谷地区的儿童，IQ 明显落后于附近城镇的儿童。而且，受隔离儿童的平均 IQ 分数随年龄的增长而呈下降趋势，这可能与选择性迁居有关：聪慧者倾向于迁居，去寻找更富有生气的环境。

研究还发现，IQ 与社区规模有关。大城市儿童与农村儿童之间的 IQ 平均差异为 5 分。但对 IQ 影响最明显的是那些与社会经济地位相联系的因素。社会经济地位越低，IQ 越低。

不同的环境很可能刺激和促进了认知能力向不同方向的发展。但标准智力测验所测查的能力范围局限性很大。一项研究表明，居住在边远社区的儿童，在与生活相适应的运动和知觉方面的能力发展得很好，在他们的生活中不占主导地位的言语和推理技能则低于平均水平（Buvnett，Beach，& Sullivan，1963）。

（二）社会经济地位、种族与智力发展

不同少数民族、种族群落和社会阶层的儿童标准化智力测验成绩的差异曾经在美国引起轩然大波。一般认为，历史发展、当代政治、社会价值及周围环境都使这些团体的发展处于不利地位。1912 年，当时著名的心理学家亨利·戈达德把 IQ 看作恒定的先天智力的测量，并且提醒人们，进入美国的移民新浪潮将导致“低能趋势”（Coddard，1912）。新浪潮前，移民大都来自北欧，主要是来自与美国主流文化形式相近的英国。此后的新移民多来自东欧和南欧。基于对移民智力测验的研究资料，戈达德认为，83%的犹太人、80%的匈牙利人、70%的意大利人和 85%的俄国人是低能者。这些低能者在新的国家中难以同化。不过，他那可怕的预言并未成为现实。来自亚洲的新移民的后代，在标准化智力测验和智力成就上超过了一般水平。这一成绩在一定程度上归因于亚洲移民家庭。这些家庭强调作为提高社会和经济地位手段的教育、紧密的家庭结构以及家庭对孩子较高的期望水平。

有研究发现，处于社会经济地位低下背景中的儿童比中等经济地位背景下的儿童 IQ 低 10～15 分；黑人儿童平均比白人儿童低 15～20 分（Hall & Kaye，1980）。从一年级到中学毕业，这种差异趋势不变。黑人儿童在“加利福尼亚阅读和算术测验”这类成就测验中表现的类似差距（约 20%）也开始于学龄初期，但随着年龄的增长，这种差异逐渐增大。研究发现，处于不利环境中的儿童，如居住在美国南部农区的黑人儿童，在 5～18 岁期间，言语和操作智商的缺陷随年龄增长而表现出不同程度的增加。而处于有利环境的儿童，有言语缺陷但没有操作方面的缺陷。在言语方面，黑人儿童与白人儿童的差异随年龄的发展而增大（Jensen，1973）。

贫困会妨碍儿童智力的发展，造成儿童智商分数的下降。而且，随着年龄的增长，这些贫困儿童的智商越来越低。詹森（A. Jensen）等人发现，智商的下降常发生在住在贫穷地区的儿童中，特别是当儿童的父母不但穷且智力也不高的时候（Jensen，1977；Ramey & Ramey，1992）。1963 年，克林博格（O. Klineberg）提出了缺陷累积假说（cumulative-deficit hypothesis），认为贫困的环境可能会削弱智力的增长，而且这些抑制效应随时间而累积，结果儿童留在贫乏的智力环境里愈久，他们在智商测验上的表现就会愈差。詹森（Jensen，1977）比较了美国加州和乔治亚州社会经济地位较低的非裔美国儿童的智力表现，结果表明，这些家庭中的兄姐们的智商普遍比其弟妹低。随后的一些研究也发现，总是处于贫穷状态的儿童，其智力测验成绩低于那些不是一直贫穷的儿童（Duncan & Brooks-Gunn，1997），这些研究结果支持了智力发展的缺陷累积假说。

（三）家庭环境与智力发展

家庭环境的类型和性质、父母养育方式等，都可能会影响儿童的智力发展。1993 年，赛莫洛夫（A. Sameroff）等人考察了儿童 4 岁和 13 岁时的智商与危险的环境因素的关系，据此列出了 10 种有可能导致儿童低智商的环境因素，其中有九种是儿童的住所和家庭环境方面的特征（如表 7-2 所示）。他们在儿童 4 岁时评价了可能影响儿童智商的危险因素，在 13 岁时进行再次评价，结果表明，各种危险因素与儿童四岁时的智商具有显著相关，其中大部分危险因素也能预测他们 13 岁时的智商，而且，环境中的危险因素数量愈多，儿童的智商就愈低。父母学历低和心理不健康、缺乏有效的教养方式等不利的家庭环境很可能会妨碍儿童进行积极的智力活动，从而降低其智商。

表 7-2　有危险因素和无危险因素的儿童 4 岁时的平均智商

危险因素	儿童 4 岁时的平均智商	
	有该危险因素的儿童	没有该危险因素的儿童
儿童是少数民族群落的成员	90	110
家长失业或是低技术工人	90	108
母亲没有读完中学	92	109
家里有四个或更多小孩	94	105
家里没有父亲	95	106
家庭经历了许多有压力的生活事件	97	105
父母有严格的儿童教养价值观	92	107
母亲高焦虑或高抑郁	97	107
母亲心智不健康或被诊断出异常	99	107
母亲对子女的积极情感不多	88	107

（资料来源：Sameroff et al.，1993）

卡德威（B. Caldwell）和布瑞德利（R. Bradley）编制了一套家庭环境观测量表（Home Observation for Measurement of the Environment，简称HOME inventory)，这套量表适用于婴幼儿或学龄儿童，其中包括1～3岁和3～6岁的儿童。在对儿童生活的家庭环境进行评价时，观察者需要到儿童家里，对家庭环境中的智力刺激状况以及亲子互动进行观察。在此过程中，还要儿童的父母（通常是母亲）描述家庭的日常作息情况及儿童教养情况。表7-3中是本量表婴儿版的内容，其中包括六个子量表。整个量表按是、否记分。每个家庭在每个子量表上都会有一个分数，在这些量表上的得分越高，表示家庭环境中的智力刺激愈多，越有利于儿童智力的发展。

表7-3 家庭环境观测量表（婴儿版）中的各个子量表及其项目范例

子量表1：	父母之情绪及语言回应性（11项）
项目范例：	小孩牙牙学语或说话时，父母会以言辞来回应。
	父母的谈话是清晰、易懂及响亮的。
	父母至少照顾或亲吻小孩一次。
子量表2：	避免限制和处罚（8项）
项目范例：	在访试时，父母没有责打过小孩。
	在访试时，父母没有责备或侮辱过小孩。
	在访试时，母亲干扰或限制小孩的次数没有超过三次。
子量表3：	物质及当时环境的安排（6项）
项目范例：	小孩每周可出外至少四次。
	小孩的游戏环境是安全的。
子量表4：	适当游戏材料的提供（9项）
项目范例：	小孩有推拉性的玩具。
	父母所提供的学习设备如车子、桌子、椅子、高椅子和围栏都适合小孩的年龄。
	在访试时，父母提供小孩玩具玩。
子量表5：	父母的参与（6项）
项目范例：	父母在做家事时会和小孩说话。
	父母会安排小孩的游戏时间。
子量表6：	多样性日常刺激之机会（5项）
项目范例：	父亲会做些日常照料的事。
	小孩有三本以上属于自己的书。

（资料来源：Caldwell & Bradley，1984）

研究表明，儿童所生活的家庭在家庭量表的得分可以预测各种社会地位和民族背景下的学步儿、幼儿及小学儿童的智力表现（Bradley et al.，1988，1989；Luster & Dubow，1992）。而且，在智力刺激比较丰富的家庭中，1～3岁儿童的智商很可能会提高，而在智力刺激较少的家庭中，1～3岁儿童的智商则可能会下降10至20分（Bradey et al.，1989）。布瑞德等人发现，在婴儿期，父母的参与、适龄的游戏材料及多样性的日常的刺激等是预测儿童以后的智商及学业成就的最佳因素（Bradley et al.，1988；Gottfried et al.，1994）；对幼儿来说，父母的亲切程度、语言刺激及学业行为，也与儿童未来的智力表现密切相关（Bradley & Caldwell，1982；Bradley et al.，1988）。因此，丰富的智力刺激，具有鼓励性和支持性的、亲密的亲子互动，可以在很大程度上促进儿童的智力发展，反之，智力刺激贫乏、缺乏亲子互动的家庭则不利于儿童智力的发展（Fagot & Gauvain，1997；Hart & Risley，1995）。

（四）对认知的种族和社会阶层差异的解释

目前主要有三种不同的观点：强调测验对低阶层和少数民族儿童的不适当性；注重遗传作用的解释；注重环境作用的解释。

1. 测验偏差与IQ

持第一种观点的人认为，大部分广泛使用的智力测验在标准化过程中没有考虑少数民族因素，因而不能真正反映低阶层和少数民族儿童在其生存环境中适应外界或解决问题的能力。事实上，智力测验的内容很大程度上仅仅考虑了主流文化的语言、词汇、经验和价值观，而且评价和消除测验内容上的偏差非常困难。

如果问题是来自经验方面的偏差，那么，在标准化测验（如，斯坦福—比奈测验）中，以黑人群体为基础，建立一个水平较低的黑人常模或把原题翻译成黑人方言，都不能解决这类文化偏见问题。举例来说，比奈量表中就包括带有文化偏见的项目："假如有人无意碰了你，你该怎么办？"正确的答案一般是以下类似的反应：说"没关系，我知道你不是故意的"，然后走开。研究者指出，在有些黑人社区，儿童遇到类似情境应予以反击，这是一种生存的手段，走开则意味着从此后患无穷。

IQ测验能够比较平等地用于预测多个团体成员的学业成绩，这是测验的基本目标。但是，它们能预测课堂以外的适应行为吗？能够预测普通人所说的实际能力吗？尽管心理学家使用了新编制的"文化公平测验"或内容上进行了改进的测验，但仍未能有效地消除不同社会阶层和民族的测验成绩的文化差异。

对于低阶层和少数民族的儿童来说，标准智力测验不能准确地区分那些在实际生活环境中适应良好的个体与不善于解决实际问题的个体。而美国心理学会关于智力缺陷的界定既包括智力落后于平均水平的行为，也包括丧失了正常生活能力的社会适应行为。

智力落后儿童的标定是一个十分重要的问题：它影响儿童的教育安置（儿童可能被送入专门的机构），影响班级伙伴及社区对他们的态度。儿童一旦带上智力落后的标记，他将难以摆脱智力落后的框框，甚至会影响到他们终生的经历和周围人对他的期望。

还有的研究者认为，测验除内容上有偏见外，测试条件本身也不利于社会经济低下和少数民族儿童的操作。由于测验情境引起了处境不利儿童的怀疑和敌意、对测验情境比较生疏、对完成测验任务缺乏应有的动机以及过去学业上经常失败的经验等等，都会影响智力测验的成绩。

2. 动机因素与 IQ

一些研究者指出，许多少数民族儿童和青少年在正式的测验情境中并未尽力而为（Moore，1986；Ogbu，1994；Steele，1997）。他们对陌生的施测者或测验程序充满顾虑，总是想尽快完成测验，从而导致测验成绩不理想（Boykin，1994；Moore，1986）。研究还表明，少数民族对自己能力的负面刻板印象也会降低他们的测验成绩，他们会拒绝为多数文化所认可的行为（Ogbu，1994）。而且，少数民族的人在接受测验时还可能受到刻板印象威胁（stereotype threat），害怕自己被测出与负面的民族或种族刻板印象有关的特质，因而降低了测验成绩（Steele，1997；Steele & Aronson，1995）。斯蒂勒和阿瑞逊做了这样一项研究：先告知被试测验题目是用来评价他们的能力的，或者告知被试只是研究者个人的兴趣，然后，让他们接受一个困难的语言技能测验，结果表明，在被告知测验是用来评价能力时，非裔美国青少年的测验成绩较差，但是，在被告知测验不具有评价意义，只是研究者个人的兴趣时，她们的测验成绩与白人学生一样好（Steele & Aronson，1995）。显然，受测者的焦虑影响了她们在测验中的表现。如果采用让少数民族的人感到更舒服、自然的测验程序，他们的智力测验成绩会明显提高（Kaufman & Kaufman，1985；Moore，1986；Steele，1997）。

3. 遗传与 IQ

IQ 的社会和种族差异也可以归因于遗传因素的作用：在地位不断发生变化的社会中，低阶层的较聪慧成员的地位不断改善，成了中产阶级，而在婚姻问题上，人们又倾向于门当户对，愿意选择本阶层的人作为他们的终身伴侣。

这种地位的选择性和阶层内联姻倾向，随着时间的发展，增加了低阶层与中等阶层的平均智商的差异。

詹森（Jensen，1969，1973）对这一观点进行了论证。他认为，从遗传学的观点出发，可以把学习分为两种独立的类型：一级学习或联想学习，包括短时记忆、机械学习、注意和简单联想技能；二级学习或认知学习，包括抽象思维、符号过程、概念学习以及解决问题时语言的应用。在解决下列一类问题时，充分显示了后一类型的学习：

以下数列后，应填什么数字？

2，　3，　5，　8，　12，　17，……

苹果和香蕉有何相似点？

大部分智力测验所测量的显然是二级智力。一些简单的实验，如回忆一组熟悉的物体或数字，所测量的是一级智力。一级智力与学校成绩无关。这些能力在完成学业方面并不重要。而由智商测验所测量的二级智力则能预测学业成绩。詹森认为，一级智力在不同的社会阶层和种族群体中是相等地分布的，二级智力的分布则对低阶层或黑人群体不利。在双生子研究的基础上，他进一步断言：智力的高低主要取决于遗传，遗传因素占70～80%，其余的部分才是由于环境的作用。他这种强调遗传作用的观点被称作“詹森主义”，遭到了很多人的批评。

目前仍然有人认为，智商的种族差异是遗传决定的（Reed，1997）。例如，一些研究者认为，头及脑的大小具有种族差异（如白人的头和脑比非裔美国人大），这可能决定了智商的种族差异（Lynn，1997；Rushton，1997）。这种观点同样遭到很多学者的批评（Neisser et al.，1996；Neisser，1997）。

4. 环境与IQ

强调环境因素的心理学家指出，遗传因素或社会地位所促成的IQ系统选择倾向的理论不能恰当地解释认知成绩的社会差异，由于贫困而被剥夺了正常的文化刺激，才是引起这种差异的真正原因。与贫困密切相关的因素有：营养不良、医疗保健不好、居住条件差、文化教育落后等不平等的待遇和缺乏机会的处境，以及由此而产生的动机缺乏、自我否定和无助感等反应。这些因素都影响着智力测验的成绩。

假如黑人儿童由白人父母抚养且白人家庭经济条件好，能够使收养儿童享受到与白人中等阶层家庭的儿童相似的待遇，结果将会怎样呢？斯卡尔和温伯格（Scarr & Weihberg，1976）研究了101个收养黑人儿童的白人家庭。白人家庭中父母的智力、受教育经历和社会经济地位均高于一般水平。收养家庭所有超过 4 周岁的成员，包括养父养母和他们的亲生子女、收养儿童都接受了相应的 IQ 测验。此外，研究者还对养父母进行了访谈，了解了他们的收养经验、跨种族家庭的生活风格等情况。研究对象包括 145 名养父母的亲生子女，130 名被收养的黑人儿童。另外，有一少部分收养儿童来自白人、亚裔或印第安人家庭。这些儿童有三分之二是一岁前被收养的。研究结果表明，被收养儿童的 IQ 普遍高于平均水平，同时，儿童被收养得越早，收养家庭对他们的 IQ 发展的促进作用越大。收养环境不仅对黑人儿童的 IQ 有促进作用，而且对其在学校和标准化学业测验的成绩也起到了促进作用。这一研究表明，社会环境对 IQ 成绩具有重要的决定作用，同时还说明，黑人儿童在 IQ 测验中的落后可以通过在中等阶层家庭中的生活得到弥补，这种环境促进了儿童智力测验中所要求的那些认知技能的发展，说明先天的种族差异不是造成智力差异的原因。

但研究者特别说明：研究中所强调的 IQ 分数，并不是人类生活的全部保证。IQ 测验尽管是教育环境中的一项重要工具，但不是衡量人类社会适应所需的一切特征的工具。高 IQ 并不能保证个体具有另一些重要品质：移情、社会性和利他主义等。研究的主要结果支持了社会环境在决定儿童平均 IQ 水平中的主导作用，支持了个体差异中既有社会环境作用又有遗传作用的观点。

通过对这类收养儿童的研究，环境论者企图说明，社会阶层和种族群体在物质条件、情绪和社会环境方面存在着差异，并作用于 IQ。除此之外，他们认为，对较小的婴儿的智力测验中不存在社会阶层和种族差异，智力差异是在学前期几年的时间内逐渐增大的，因而这些差异是由于不同经验的积累作用造成的。詹森反驳说，儿童智力测验，如斯坦福—比奈测验，几乎没有测查二级智力的项目，而遗传素质所决定的二级认知技能的明显分化只有到一定年龄才能表现出来。再者，即使婴儿期没有表现出遗传引起的分化，也不能就此说明没有遗传的作用。遗传的作用在不同年龄阶段有着不同的表现，在特定的发展阶段，才能表现出某些突出的特征。

环境论者还认为，詹森认为 IQ 差异 70％～80％是由遗传决定的观点是不正确的。遗传因素对智力作用的大小应视研究对象总体及其发展的环境条件而定。J·卡根(Kagan,1969)以身高为例对这一论点作了论证：在美国，由于合理的营养结构和良好的免疫措施，身高基本取决于遗传。因为大多数美国人营养良好，与身高有关的基因直接体现为身高的表现型(实际身高)。然而，营养良好的儿童与营养不良、缺乏免疫措施、生活在较贫困环境中的儿童在身高上的差异并不取决于遗传。极端不利的健康和营养因素掩盖和弱化了遗传因素对身高的作用。大多数挨饿的孩子身材非常矮小。由于两种文化环境中遗传对身高的作用不同，将一个群体研究中得出的遗传系数推广到另一群体中是不恰当的。

近年来，人们探讨了贫困的生活环境影响儿童智力发展的机制。首先，穷困的家庭生活可能导致儿童营养不良，妨碍脑的发育，进而影响他们的智力发展（Pollitt，1994）。其次，贫困还可能引起成年人的抑郁、焦虑等消极情绪，降低他们敏锐感知、支持儿童的能力及对儿童学习活动的参与（Conger et al.，1992；McLoyd，1990，1998）。最后，低收入的父母本身的受教育程度常常不高，因而也不能为孩子提供足够的智力刺激和良好的家庭环境，这也会妨碍儿童智力的发展（Bradley et al.，1989；Fottfried，1984；Garrett et al.，1994）。

三、独生子女的认知发展

独生子女问题是近年来人们十分感兴趣的一个问题。独生子女的认知发展具有怎样的特点呢？只有一个子女的家庭环境是否会对独生子女带来不利的影响？特别是我国的计划生育政策是否为儿童智力的发展造成了不利的影响呢？这是我国社会十分关注的问题，也是一些国外研究者特别感兴趣的问题。20世纪八九十年代，我国出现了独生子女研究热，有关研究得到了很多有意义的结果。荆其诚、方富熹等（荆其诚等，2002；方富熹、方格，2005）对20多年来我国的独生子女研究进行了总结，发现独生子女的心理发展状况并不像许多人所认为的那样，比非独生子女差，事实上，他们的智力发展甚至要好于非独生子女，至少不比非独生子女差。法尔伯等（Falbo & Poston，1993）对中国独生子女的研究甚至发现，独生子女在学业上超过了非独生子女。国外的有关研究也得到了类似的结果。法尔伯等（Falbo & Polit，1986）对西方1925年到1984年有关独生子女研究的115篇研究报告进行了元分析，结果表明，在智力、学业和社会适应方面，独生子女与那些非独生子女家庭的长子、长女或双子女家庭的孩子都没有明显的差异，他们的个性特征更受欢迎，亲子关系也更亲密。

一般说来，父母的文化程度、家长的期望和教育方式、家庭的结构都可能影响独生子女的认知发展，而家庭环境的质量至为重要。在我国计划生育政策下，许多家庭只有一个孩子，家长往往更重视孩子的教育问题，对孩子的期望较高。在这种情况下，一些家长由于过分溺爱孩子，可能会养成儿童任性、自私等消极的性格特征，这也是遭到人们广泛批评的一个方面。但是，良好的家庭教育环境却为独生子女们提供了更丰富的智力刺激和教育资源，这显然有利于他们认知的发展。另一方面，学校也可以为他们提供良好的同伴交往和进行社会学习的机会，避免了独生子女在家庭中缺少同伴的不足。因此，独生子女在认知、个性社会性方面同样会得到较好的发展。

四、热认知：情绪、动机和信念的作用

所谓“热认知”，是指包括了情绪、动机和信念的成分，而不局限于纯粹冷静的逻辑加工策略的情境性、整体性的认知过程（即“冷认知”）。所有的认知活动，可以说都是在特定的情境中、在特定动机的驱使下带着特定的情绪色彩进行的。

研究已经表明，父母的态度和信念通过改变孩子的学习动机而影响孩子的成就，也影响着与学习任务有关的情绪、孩子对自己和自身能力的看法以及对成功和失败的反应。儿童的成就动机差异很大，即使同一个儿童也会因任务、情境和时间的不同而有不同的动机状态。

成就动机和成绩的变化常与学习者的情绪及其对自身的认识有关。一些儿童对一些学习任务持否定态度，并认为自己在某些领域（如数学）没有成功的机会，这会降低他们的学习兴趣和动机。消极情绪使人在对付焦虑、战胜自我方面耗费了本可以用于对象认知的精力，妨碍了有效的学习。“我又会失败”、“我干不了”、“多项选择测验我肯定不能及格”等，这些消极的想法分散了学习者完成任务的注意力，并产生了学习的固着作用（Brown et al.，1983）。此外，人们倾向于回避那些激发消极情绪的情境，因而可能在他们最需要练习的领域失去了实践的机会。自我知觉和自我期待并不完全取决于过去的成绩，而是受到儿童的年龄、性别以及儿童自身的归因方式、儿童之间的社会比较等多种因素的影响。

五、认知发展的干预

近几十年来，许多国家实施了旨在帮助有学习障碍和处境不利儿童发展的教育补偿规划，其中很多内容涉及对儿童认知发展的干预。这些规划大致可分为预防性规划和矫治性规划两类。预防性规划旨在排除危害儿童认知发展的潜在因素，为其良好的发展打下基础；矫治性规划的重点是帮助有学习问题的学龄儿童。有些规划强调特殊技能（如数学或言语能力）的训练，另一些则强调训练解决问题的策略、沟通模式等一般认知技能，还有些强调“热认知”的训练，试图通过改变情绪、自我概念、归因及成就动机等，提高认知成就。

研究表明，绝大多数干预方法都能在短期内提高儿童的学业成绩，但要获

得长期效果非常困难。起初，干预规划的实施让研究者感到失望。因为这些规划对认知发展的作用非常小，或者无长期效果。但是，长期的追踪研究证明了这种干预对儿童发展的积极影响。一项长达 14 年的追踪研究证明，早期干预有着积极的、持久的作用（Lazar & Darlington，1982）。与那些同一背景条件下未参与干预规划的同龄在校儿童相比，参与干预规划且升入小学和中学的孩子在学习和阅读成就测验中的成绩较高，且留级和进入特殊班级的人数较少。此外，这些儿童到青少年期更有能力感。他们几乎没有中途辍学，而且多数进了大学，他们更可能形成对职业的积极态度（Barnett，1993；Berrueta-Clement et al.，1984；Darlington，1991）。甚至有证据表明，较早参与这些干预规划的青少年未婚怀孕或涉足非法活动的概率较小，也比未参与者容易就业。因此，莫雷等人指出，如果这种补偿性的干预能尽早开始，时间稍微延长，而且能协助父母参与子女的学习活动，干预效果可能会更好（Murray，1997；Ramey & Ramey，1998）。

20 世纪 60 年代，美国开展了声势浩大的早期干预运动，即“与贫穷的战争”，对那些在经济上处于不利地位的学前儿童启动了一系列干预方案。其中，普及最广的是美国政府在 1965 年启动的启智方案（project head start）。在这个方案中，在儿童入学前对他们进行一两年的学前教育以及营养和医疗服务，也对父母进行培训，教给他们教育孩子的方法。在 70 年代启动的卡罗莱纳初学者方案（Carolina Abecedarian Project）则是另一个早期干预方案（Campbell & Ramey，1994；1995）。这些措施显著改善了儿童的智力发展。在卡罗莱纳初学者方案中，在儿童 6 至 12 个月大时就进行干预，实验组的高危儿童在 18 个月大时就开始表现出智力优势，智力表现好于控制组的同伴，他们也能长期（从 18 个月到 15 岁）维持这种智商优势；而且，从第三年开始，实验组儿童在各个学业领域的表现都比控制组的儿童好。

进步快的儿童很可能有更多的满足感，自尊也更高，而教师或同伴心目中的、有学习困难的“笨”学生，其自尊和成就动机往往受到损害。尽管教师特别注意特殊班级或干预活动的名称，甚至不专门从原班级中区分出参与干预活动的儿童，只是每天抽出一部分时间对他们进行专门的训练，其他儿童仍然会发现谁“笨”。可能是这种区别对待导致的无助情绪，引起了儿童对学习或学校的厌烦。

因此，有许多研究试图通过改善儿童的情绪促进认知成绩的提高。例如，当儿童不能立刻解决问题时，教师就给予一些提示，这种相互作用的结果使孩子认识到自己是在与教师共同合作，因而在解决问题的过程中态度很积极。干预活动既应该鼓励和帮助儿童改善解决问题的策略，也应该改变儿童对任务和情境的消极态度（Brown et al.，1983）。

除情绪外，与认知成绩密切相关的还有学习过程中的社会关系，如父母、教师和同学间的相互作用。那些开始很早并有父母参与的干预方案往往是最有成效的。没有家庭环境配合的干预，孩子的进步很难持久。

一般来说，那些重视亲子关系的改善，在进行认知训练的同时注意提高家庭系统的自然辅助功能的干预方案是最成功的。另外，处境不利阶层的父母如果能积极参与干预方案，也会收到非常好的效果。在干预过程中，可以对母亲进行访谈和指导。干预中的教育活动可以是多种多样的，阅读、玩教具演示、游戏等，都可成为干预活动的内容。各种类型的活动对于改善儿童智力的有效性说明，母子间积极的相互作用比单纯传授认知任务的具体内容重要得多。此外，对孩子认知活动的言语反应性对于促进早期认知的发展也是至关重要的。总之，训练家长如何当好教师、如何积极地与孩子交往，应该成为干预方案的核心内容之一。仅仅让家长知道孩子是如何发展的，再告诉他们一些简单的抚养规则是不够的。家长对孩子的认知成绩的态度和信念同样需要改进。当然，这一切都需要整个家庭生态环境的支持，其中包括提供基本的物质保障。

国内研究也充分证明了智力干预的可行性和必要性。林崇德和他的课题组在全国二十多个省、市、自治区，长期从事智力的培养和干预研究（林崇德，2006）。他认为，培养智力，应当从两个方面入手：一是从智力本身即思维品质的培养入手，二是从非智力因素入手。培养智力应当以智力发展水平的差异、领域差异、学科能力的差异、认知风格的差异等为前提，注重培养学生思维的敏捷性、灵活性、创造性、批判性和深刻性等品质，通过改善师生关系，培养健全的人格，进行非智力因素训练，改善学生的非智力因素，可以显著地改善学生的智力。20 世纪 80 年代，他们就开始以非智力因素为基础培养学生的智力。他们选取北京地区的初中生作为研究对象，从 1986 年到 1989 年，通过狠抓非智力因素的培养，在初中毕业升高中的考试中，实验组学生在所在县的 46 所中学中排名第二，智商不足 90 的学生也超过了 110，他们的学习能力明显进步，学习成绩极大提高。这有力地说明，在智力培养过程中，非智力因素的培养至关重要。

第三节　创造力的发展

关于创造力的思想由来已久。古今中外，哲学家、思想家们关于创造力的论述也非常之多。但是，关于创造力的科学的心理学研究主要是在 20 世纪 50

年代兴起的。1950 年以后，以美国心理学会主席吉尔福特（J. Guilford）题为《创造力》的就职演说为标志，创造力逐渐成为心理学研究的一个热点问题。人们对创造力的本质、创造力的发展及其个别差异、创造力的培养和促进等问题进行了系列研究，得出了很多有意义的研究结果。

专栏

什么是创造力：创造力的系统构成观与创造力的系统运行观

目前不少学者认为，创造活动、创造力都可以看作系统的过程，相应地，创造系统观包括了创造力的系统构成观和创造力的系统运行观。前者认为，创造力也是多种因素力的“合力”，而人格力和认知力是其中的核心成分。正是在这个意义上，创造力似乎更应该称为“创造性”而不是“创造力”。创造力的系统构成观主要从静态意义上阐明了创造力本身的系统性，将创造力看作进行创造活动所必备的系统性品质。它强调，创造力具有多个层次，其中认知方面的创造力包括认知过程方面的创造性和认知风格方面的创造性，人格的创造性包括气质的创造性、性格的创造性等。

创造力的系统运行观则认为，创造是多种因素包括创造者的知识结构、认知特征、人格倾向与环境或情境因素等共同影响的活动。它从动态意义上揭示了创造力展现的动态过程和机制，它强调个体与环境之间的“互动”。这种系统运行观强调，一种具体的创造活动往往包含着多种宏观和微观的动态过程，其中环境布设了创造气氛，个体在特定情景中产生创造的动机，进行创造性的认知活动，乃至产生创造性的产品。至于环境，又包括个体所意识到的与创造活动直接相关的专业情景、个体所在的家庭环境、创造活动开展的具体环境或工作环境乃至宏观的社会环境氛围。综合运用这两种观点，可以帮助我们更好地理解创造活动和创造力的实质。

一、创造力的发展特点

与心理的其他侧面一样，创造力也有一个发生、发展的过程。一些人是怎样从专业初学者逐渐发展为具有高度创造性的人物的，这是创造力研究关注的重要问题。费尔德曼（Feldman，1999）总结指出，那些取得杰出的创造性成就的人物在早年不一定是早慧儿童。但是，他们一旦进入自己所选择的专业，就能够全身心地投入，并取得快速发展，表现出惊人的认知能力。在他们的发展过程中，常常会具有一个朝向明确目标的转折点（Simonton，1992；Walters & Gardner，1986），此后，个体将全部的精力和智慧投入到某个专业中，投入到为一个明确的目标而进行的奋斗中去。加德纳（Gardner，1983；1993）对爱因斯坦、毕加索等 7 位高创造性人物的研究发现，从初学者成长为一名取得伟大成就的精通者至少需要十年左右的时间，这就是所谓的“十年规则”。这段时期实际上是个体认知能力和专业知识的积累期。在知识积累的关键期内，创造性人物常常能够找到与自己取得完美匹配的专业，而且，创造者的思想与他们所从事的专业之间还具有某种明显的“不同步性”或“最优差异”，他们对所选择的专业现状感到不满。这是他们致力于专业内变革的重要原因。

在不同的年龄阶段，创造力的发展显示了不同的特点，表现出特定的个体差异和群体差异，这些差异是由多种个体和环境因素的综合作用引起的。

（一）创造力的发展趋势

从总体上看，随着认知、社会性等方面的持续发展，儿童的创造力也表现出不断增强的趋势，但是，这种趋势并不是直线式上升的，而是曲折上升的。

1. 学前期创造力的发展

学前期是创造力的萌芽和初步发展期。在这一时期，儿童的创造力主要通过游戏和日常的活动表现出来。婴幼儿更注重创造活动的过程而不是结果。因而，不能以成人的标准衡量和评价他们的创造力。婴儿期的创造力与认知能力、问题解决能力是融合在一起的，严格说来还很难说具有真正的创造性。到了幼儿期，儿童的脑和整个神经系统都得到发展，心理的有意性和目的性增强，对外界表现出强烈的好奇心和探索欲，创造力也随之发展起来，他们在言语、表演、绘画、游戏等方面，都可能有创造性的表现。他们经常会“造词”，还能进行创造性游戏，如角色游戏、表演游戏。一些幼儿还显示了出色的音乐舞蹈、绘画和手工制作才能。他们的创造性想象能力逐渐发展起来，想象中逐渐带有创造性成分。但是，由于知识经验的限制，他们创造力的发展水平还很低，而且主要是具有个人价值而不是社会价值，或者说，主要是对个人的历史而言具有独创性。

2. 学龄初期创造力的发展

到了学龄初期，儿童开始进行系统的学习，因而创造力突出地表现在学科学习活动中。这一时期，他们心理的有意性和目的性进一步增强，有意想象、有意记忆和观察能力不断提高，从以具体形象思维为主要形式逐渐过渡为以抽象逻辑思维为主要形式。这为创造力的发展创造了有利条件。小学儿童思维的各种品质都得到了增强。林崇德（1999）从20世纪80年代系统研究了中国小学生数学运算中思维品质的发展，发现小学生思维的敏捷性、灵活性、深刻性、独创性等品质总体上都是随年级提高而逐渐增强的，其中，在小学生思维的灵活性方面，“一题多解”的解题数量不断增加，灵活解题的精细性不断增加，组合分析水平不断提高。随着年级的升高，他们不仅能用多种解法解决数学运算问题，而且能综合运用加、减、乘、除和四则混合运算的规则进行发散性思维，进行灵活的运算。小学生思维的独创性主要表现在独立性、发散性和新颖性上。在自编应用题这种任务中，随着年级的升高，根据实物编题、根据形象编题、根据数字材料编题的数量都是逐渐增加的，而在形象编题数量与数字编题数量之间存在显著差异，这说明小学生从对具体形象的信息加工发展到对语词抽象的信息加工，其中四年级是一个转折点。他们一般是先模仿，经过半独立性的过渡，最后发展到独创编拟应用题。但是，小学生思维的独创性发展较晚。在语文等学科中，小学生也显示了思维的独创性、新颖性、发散性。不仅如此，小学生的创造性还表现在他们的课外活动中，不少小学生都曾经在各种小发明、小制作以及绘画、音乐、舞蹈等艺术活动中获奖。这说明，小学时期是创造力的初步发展期。

早在 20 世纪初期，研究者就探讨了小学儿童创造力的发展问题，其中美国心理学家托兰斯（E. P. Torrance）等人在 20 世纪五六十年代开展的系列研究最有代表性。他们运用明尼苏达创造性思维测验（MTCT），考察了从小学一年级直到成年期各个时期的创造力发展特点。这个测验包括言语、图画和声音符号三套分测验。研究结果表明，从小学儿童到成年人创造性思维能力不是直线式上升的，而是呈犬齿状曲线上升的，但总体上是呈上升态势的。托兰斯描绘了儿童创造力发展的过程：小学一至三年级呈直线上升趋势，四年级下降，五年级又恢复上升趋势，小学六年级至初中一年级出现第二次下降，随后直到成年期基本保持上升趋势。在此过程中，创造力的发展共有四次突降或“低潮”：5 岁、9 岁、13 岁和 17 岁，其中四年级（约 9 岁）突降现象最为引人注目。此后在不同文化背景下开展的创造力发展研究都发现了这一现象。这说明，这种“突降”具有某种跨文化的普遍性或一致性。对此，研究者给出了多种解释，托兰斯认为是由儿童要与同伴保持一致的压力导致的，到了四年级，儿童在言行、观点上认同同伴的倾向增强，这抑制了他们创造性思维的发展。还有的研究者认为是由教学导致的，这一时期学校的教学内容、教学方法、教师以及整体教学环境都会发生一些突出的变化，如教学内容会从以具体形象内容为主转为以语言逻辑为主，儿童一时难以适应，因而出现这种下降。

3. 青少年时期创造力的发展

青少年时期尤其是中学时期是创造力的继续发展期。青少年的思维以抽象逻辑思维为主，思维的辩证性逐渐增强，而且已经具备了特定的知识技能，这为他们创造性的发展奠定了基础。国内外研究表明，在总体上，中学生的创造力呈上升趋势，他们的发散思维能力、创造性想象能力都是随着年龄增长而提高的。但是，就具体的发展趋势来看，中学生创造力的发展是呈波浪式上升的，而不是直线上升的。托兰斯（Torrance，1964）研究表明，青少年时期有两个低潮期：13岁和17岁，大体上相当于初一、初二和高中毕业阶段，进入中学之后的前两年青少年的创造力水平下降，此后上升并一直持续到高中，到高中结束时，再次出现较小的降落。后来的一些研究进一步表明了青少年创造力的波浪式发展特点。

关于科学创造力的研究表明（胡卫平等，2004），尽管东西方青少年在科学创造力上存在显著差异，但是，随着年龄的增长，他们的科学创造力都呈持续上升趋势，但在14岁时有所下降，11～13岁，14～16岁是青少年的科学创造力迅速发展的关键时期。

青少年的创造力不仅表现在学科学习活动中，也表现在各种科技创新活动和课外的创造活动中。对于语文、数学等课程学习中的各种问题，他们常常能提出多种答案，提出新颖、独特的看法。在课外的科技活动中，他们也能够作出各种小发明、小创造。有的青少年通过课外的创作还成为小作家。其实，在特定条件下，青少年完全可以作出创造性成就，历史上就有很多这样的例子，如伽利略17岁发现了钟摆原理，唐朝的王勃和白居易在16岁分别写出了著名的《滕王阁序》和“野火烧不尽，春风吹又生”的著名诗句。

青少年的创造力具有更明显的目的性和现实性，他们能对现实生活中需要解决的各种问题提出创造性的解决方法，换言之，他们的创造力经常是由现实生活中的实际问题激发出来的。而且，他们的创造活动常常具有明确的目标。因而，相对于小学生和婴幼儿，他们的创造力获得了实质性的发展。更重要的是，青少年往往具有创造的热情，富于想象，具有强烈的创造动机和探索欲，因而更容易突破旧有的束缚，投入各种创造活动。这也是他们的创造性认知发展的“人格条件”。

4. 成年期创造力的发展

进入成年期以后，个体在生理上已经成熟，逐渐发展起较高的辩证逻辑思维能力，形成了比较稳定的世界观和价值观，而且掌握了系统的专业知识和技能，具备了在特定领域进行创造活动的专业条件。在此基础上，成年人的创造力也进入了前所未有的发展时期。具体而言，成年早期（18～35岁）和成年中期（35～60岁）是个体创造力发展的高峰期，成年晚期（60岁以后）仍然可能表现出较高的创造力。

成年人的创造力主要表现在他们的专业活动中，发生在特定的领域中。他们要解决的是专业发展中的各种问题，包括科学问题、艺术问题、社会性问题等。莱曼（H. C. Lehman）考察了几千名科学家、艺术家和天文学家的年龄与其创造性成就的关系，结果显示，25～40岁是创造的最佳年龄。但是，在不同的领域，最佳创造年龄有所不同。

大量研究表明，成年早期和中期是创造性成果最为丰富的时期。事实上，许多杰出的创造性人物在成年早期就作出了伟大的创造性成就。牛顿23岁创立微积分，爱因斯坦26岁提出了狭义相对论，爱迪生21岁取得了第一项发明专利，曹禺23岁写出话剧《雷雨》，都是明证。

国外研究一致表明，在自然科学研究和科学发明领域，创造的高峰期通常在成年中期。这一时期，个体积累了丰富的专业知识和技能，对自己所在的领域比较熟悉，精力也比较充沛，因而更可能作出重大的成就。国内的研究也表明了这一点。王极盛等人研究了中国科学院学部委员在不同时期的创造力，发现他们中年时期的创造力明显高于青年时期，一般科技工作者也是如此。

到了成年晚期或老年期，人们的创造力总体上要低于成年中期。这可能与老年人身体机能的衰退和某些社会因素有关。但是，老年人仍有可能作出突出的创造性成就，李时珍61岁写成医学巨著《本草纲目》，巴甫洛夫76岁发表《大脑两半球机能》讲义，就是明证。这类老有所为的例子举不胜举。

从总体上看，创造力有一个发展的过程，在成年期之前，个体的创造力呈随年龄增长而上升的趋势，到了成年早期和中期达到顶峰，到成年晚期有所下降。需要注意的是，创造性成就的产生也有一个发展的过程，伟大的创造性成就并不是一蹴而就的。格鲁伯（Gruber，1981；1991）发现，达尔文提出物种进化论的过程也是他的信念系统不断演变的过程，而不是一开始就认为物种是不断进化的。

5. 创造力发展的个别差异和群体差异

由于遗传素质、环境因素等各不相同，创造力的发展并不是整齐划一的，而是具有明显的个别差异和群体差异。正是这种差异，使得人类创造力的发展显得多姿多彩。

首先，创造力的表现具有年龄差异，而这与创造力的发展速度的差异相联系。上述年龄特征就充分说明了创造力发展的年龄差异。在生活中，有人少年早慧，有人则大器晚成。这样的例子举不胜举。有一些超常儿童在智力、创造力方面都发展较快，超过同年龄群体的一般水平，甚至在语言、艺术、自然科学和数学、社交等方面显示了特殊才能；另一些孩子则表现出学习障碍和学习困难。这与个体的遗传素质、受教育条件、生活环境和时代背景等具有密切的关系。

其次，创造力的发展还表现出明显的领域差异。尽管人们对于创造力的跨领域的普遍性和领域特殊性问题还存在争议，但是，有许多证据表明，不同领域中的创造力有跨领域的一面，也有领域特殊性的一面。加德纳提出的多元智力理论将人的智力分为语言智力、数学逻辑智力、空间智力、音乐智力、身体运动智力、人际关系智力、自我认识智力、自然智力等，认为人们可能具有不同的优势发展领域。国内开展的系列研究也表明，创造力可能具有明显的领域特殊性，除了科学研究中表现的科学创造力、艺术创作中表现的艺术创造力之外，在社会生活和社会活动领域还存在社会创造性（创造力），社会创造性具有自身的性质和发展规律。国内外学者对此已经开展了系列研究。当然，在其他的领域，还可能存在其他形式的创造力。

加德纳（Gardner，1999）认为，智能和创造力有一个发展的过程。5 岁之前的幼儿对领域或行业一无所知，因而没有专业性的创造力。10 岁以后，儿童开始了解和掌握特定领域的规则，进入“学徒期”，形成了最初的创造倾向，具有创造性（或不具有创造性）的生命逐渐形成，那些处于自身文化边缘、雄心勃勃并执著追求、拒绝批评并坚持走自己的路的人，极有可能在“冒险中”开始富有创造性的生活。青春期是人生的十字路口，15 岁到 25 岁是最为重视专业知识的阶段，是创造力开始“成型”的阶段。能否顺利地投入专业学习，坚持专业活动，并保持怀疑和冒险精神，将决定他们在今后能否表现出高度的创造性。在 30 岁到 35 岁时，个体领域化的过程真正完成了，这一时期，高创造性的人往往形成了特定的人格特征，如雄心勃勃、自信、富有冒险精神。他们开始在自己的专业领域表现出成熟的创造性，在某些领域甚至可能取得持续的突破，他们的创造性作品也常常具有跨领域、跨文化、跨时空的意义。这种观点强调了创造力发展的年龄特征。

其实，中小学儿童在学科学习中就已经出现了优势领域的分化，他们对于不同学科的学习中常常表现出不同的能力水平和学习兴趣，在课外活动中也是如此。在儿童期所表现的特殊的语言才能、艺术才能和科学才能等则是创造力发展的领域特殊性的典型表现。成年后，随着专业学习和专业活动的增多，创造力的领域特殊性越来越明显。显然，自然科学家、艺术家表现出来的创造性才能是有区别的。而且，不同领域的最佳创造年龄也有所不同。

专栏

不同领域的最佳创造年龄

莱曼（H. C. Lehman）从 20 世纪 30 年代开始，考察了各个领域的创造性成就与年龄的关系。他分析了几千名科学家、艺术家和天文学家、哲学家以及其他领域的创造性人物，得出了他们各自的最佳创造年龄。

领域	最佳创造年龄	领域	最佳创造年龄
化学家	26～36 岁	生理学家	35～39 岁
数学家	30～34 岁	作曲家	35～39 岁
物理学家	30～34 岁	油画家	32～36 岁
哲学家	35～39 岁	诗人	25～29 岁
发明家	25～29 岁	军事家	50～70 岁
医学家	30～39 岁	运动健将	25～30 岁
植物学家	30～34 岁	小说家	30～34 岁
心理学家	30～39 岁		

显然，创造力得以展现的最佳年龄在不同领域中有所不同，但无论在哪个领域，创造的高峰期或最佳创造年龄都集中于成年早期和中期，也就是中青年时期。

第三，创造力的发展还表现出性别差异、文化差异等。创造力的性别差异方面的研究结果并不完全一致。从总体上看，男孩与女孩在创造力水平上并无十分明显的差异，但在特定的时期他们可能各自在某些方面占相对优势。一般说来，男孩在空间关系知觉能力较好，女孩在语言方面的能力则较强。托兰斯（Torrance，1963）在他著名的研究中发现，儿童在 5 岁后开始出现性别分化，男孩在操作和实验能力上占相对优势，而女孩在反应的流畅性上占相对优势。许多研究者认为，创造力的性别差异很大程度上是由社会文化因素导致的，社会对男孩与女孩的不同期望及其引起的男女儿童的不同的自我期望和性别角色，可能会导致儿童创造动机和创造力的差异。

就创造力的文化差异来看，在不同的文化背景下，关于创造力和创造过程的观念、创造活动的领域等有所不同。人们在中国青少年与西方青少年之间也发现了这种差异。研究者（胡卫平等，2004）选取英国 6 所中学的 1190 名青少年和中国 2 所中学的 1087 名青少年，考察了两国青少年在科学创造力方面的差异。结果表明，一方面中英青少年在科学创造力上存在显著差异，中国青少年在总体上低于英国青少年，在物体应用能力、问题提出能力、产品改进能力、想象能力、创造性实验设计能力、技术产品设计能力六个维度上尤其如此，但是，在问题解决能力方面要高于英国青少年。另一方面，随着年龄的增长，两国青少年的科学创造力都呈持续上升趋势，但在 14 岁时有所下降，11～13 岁，14～16 岁是青少年的科学创造力迅速发展的关键时期。许多研究都发现了这种文化差异。国内外学者对中国的儿童青少年与德国、美国、英国、澳大利亚等国家的儿童青少年进行了跨文化的比较研究（申继亮等，2003；Aik，2003）。这些研究较为一致地表明，中国儿童青少年的创造力在某些方面可能低于西方文化背景下的青少年。

（二）创造力发展的影响因素

费尔德曼（Feldman，1999）指出，对创造力进行全面分析，至少应包括创造力的认知过程、社会的和情绪的过程、家庭环境、教育和准备期、专业和领域、社会和文化的影响、历史影响七个方面，关于创造力发展的研究也主要是围绕上述各个方面展开的。其中，家庭、教育、专业和领域、社会文化、历史背景都是影响创造力发展的因素，创造者的个性和社会性特点则是与创造性思维或认知相互作用的因素。

心理测量学研究表明，高创造性的人倾向于具有高水平的智能、充沛的精力、对经验的开放性、审美敏感性、独立性、果断的投入等个性特点。在取得创造性成就的关键时期，他们通常都能获得周围人的支持。但是，由于高度的投入，他们常常难以与别人形成亲密的友谊或深刻的情感。

他们通常具有支持性的家庭环境。他们在儿童时期发展的要求常常能够得到满足，并受到良好的教育，在他们表现出对特定专业的兴趣和能力倾向时，能够得到家庭的支持和鼓励，还能为他们提供良好的训练机会。许多家庭能够让孩子顺利地接近某个专业，使之更可能进入某个领域（Bloom，1985；Gardner，1993）。有无遗传史、出生时父母的年龄、在兄弟姐妹中的排行、性别、父母的工作类型和社会地位、家庭经济状况以及宗教信仰都可能会影响到个体的创造力。这些家庭常常会激发他们创造的动机。

大量研究表明，良好的受教育条件和系统的专业知识储备是个体进行创造活动的必要条件，良师益友在伟大创造力的发展中发挥着重要作用。在科学、艺术等领域，良好的准备、专业资深人士的指导和支持对创造者有着巨大的影响。那种认为创造性天才不需要接受教育的观点是没有根据的。

专业和领域都影响着创造力的发展。专业结构的现状和面临的转变，包括专业的基本理论、主题范围、尚未解决的问题以及用于获得和拓展这些知识的技能，都可能促成本专业内伟大的创造力。例如，爱因斯坦之所以能提出相对论，与当时物理学专业所遇到的问题有关。费尔德曼（Feldman，1999）指出，如果爱因斯坦晚出生 30 年、40 年甚至 50 年的话，我们提到他的可能性就很小了。

西克森特米哈伊（Csikszentmihalyi，1999）提出了创造力的系统模型，认为创造力是改变现存专业或使现存专业变为一个新专业的行动、观点或产品，它是由专业、领域与个人所构成的系统的运行结果，是这个系统内的三个组成部分的相互作用促成的（如图 7-3）。其中，专业构成创造活动的背景。领域则是业内人士或某一专业的社会组织，包括该专业所有的带头人或“看门人”——教师、评论员、刊物编辑、博物馆长、艺术收藏家、基金会管理者和处理文化事务的政府机构人员等，他们的作用是决定某种新观点或新产品有没有资格得到该专业的认可或接纳，是否可以被纳入该专业的知识系统，决定某个创造性产品、观念或行动是否具有创造性。创造性的产品必须得到业内人士圈子的评价和承认，才可以说是创造性的。

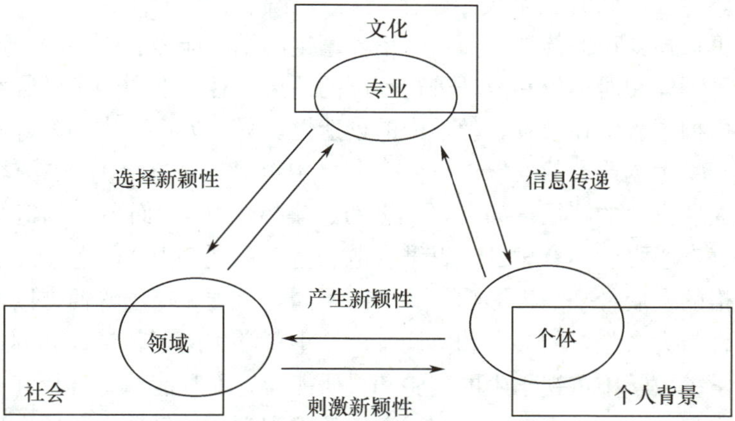

图 7-3　创造力的系统观

（资料来源：Csikszentmihalyi M. Implications of a system perspective for the study of creativity. In R. J. Sternberg（Ed.），Handbook of Creativity. New York：Cambridge University Press，1999. 315.）

为了产生创造性，一系列法则和实践必须由专业传递给个体，个体必须在专业内容上产生某种新的变异，该变异必须由该领域作出选择，以决定是否包含在该专业之内。

社会文化对创造力的影响表现在多个方面。它可以创造一种重视特定专业和领域的氛围，为个体专业才能的发展提供有利条件。例如，在重视音乐的文化中，人们很容易买到各种乐器，找到学习音乐的学校。冰岛极为重视国际象棋，因而有潜力的棋手被埋没的可能性很小。社会文化也可能阻碍创造力的发展，如果一个社会排斥某种创造力，那么，具有这种创造力的人就不太可能得到积极的评价。另外，一个人所处的时代和历史环境也会影响人们创造的“机遇”，限制个体创造性才能的发挥，个体的出生时间、地点和环境决定了个体的创造性才能是否有用武之地（Csikszentmihalyi，1994；Simonton，1996）。一个毕生生活在原始部落中的人即使具有成为音乐家的潜质，也不可能成为杰出的音乐家。

教育管理体制和评价制度、教师的教育观念等也会影响儿童青少年的创造力，影响青少年对创造力的自我评价。前面提到，中国儿童青少年的创造力总体上低于西方的儿童青少年，这一方面很可能与中国的教育环境有关。中国重视严格的考试评价制度，重视学科学习成绩或考试成绩，并以此作为评价学生素质的主要指标，同时也是决定学生能否接受高等教育的指标。在这种体制下，教师更重视知识的传授，而不是培养学生的学习能力和创造力。同时，中国的教育管理体制对学校和教师进行高度的约束，客观上限制了教师和学校的自主性，压抑了教师在教育、教学中的创造性。另一方面，中国教师的教育观念也不利于学生创造力的发展。研究表明（申继亮等，2006），中国教师更喜欢那些宜人性方面的特征（如友好、勤奋、集体主义），而不是创造性的人格特征（如好奇心强、愿意尝试、思维发散、喜欢接受挑战），这势必会对学生创造性人格的发展带来消极影响。与中国不同，法国、德国等西方国家高度重视精英教育与大众教育的共存和协调发展，重视学生的创新精神和创造能力的培养，在学校教学中重视学生的实验和科研能力，而且能给予学校和教师充分的教育自主权。这种教育体制有利于激发教师和学生的创造力。所有这些，都可能是中国学生的创造力低于西方学生的重要原因。

二、创造力的教学和训练

长期以来，创造性的促进和培养一直是教育者十分关心的问题。但是，创造力能否培养或促进？对这个问题人们迄今也没有形成统一的看法。大多数人认为，创造力是可以通过特定的教学和训练进行促进和提高的；但也有少数人认为，创造力是属于个人的，训练和教学不能提高创造力。这两种看法都有一些相应的研究依据。托兰斯分析了创造力训练方面的142项研究，发现其中有72％的研究在不同程度上提高了创造力水平，另28％的研究是无效的；台湾学者陈龙安也发现，在台湾创造性思维教学研究中，虽然大部分都可以促进学生的创造性思维能力，但是也有少部分并没有明显效果（陈龙安，1999）。因此，从总体上看，创造力是可以通过特定的措施加以促进的。

概括地说，创造力的训练方式有多种，主要可以分为两类：一类是通过一系列课程进行的长期训练；另一类是通过少数简单课程进行的短期训练。目前，美国的生产性思维训练方案（Productive Thinking Program）、普度创造性思维训练计划（Purdue Creative Thinking Program）、英国的认知研究信托资助项目（Cognitive Research Trust，简称 CoRT）等，都是比较典型的创造性训练方案。这些训练方案都侧重通过特定的训练课程，提高学生的创造性思维能力。

迄今，人们也提出了许多行之有效的创造力教学策略，比较有名的包括吉尔福特（J. P. Guilford）的 SOI（Structure of Intellect）发散思维策略、威廉姆斯（F. Williams）的创造与情意思维教学策略、创造性问题解决的思维策略等。托兰斯发现，在各种创造力促进方案中，创造性的问题解决策略的成功率最高。

尼克逊（Nickerson，1999）从创造力投资理论等系统性的观点出发，提出了促进创造力的几个基本方面：促使学生形成创造的目标和意向；掌握基本的技能；鼓励学生掌握不同领域的专业知识；激励和奖赏学生的好奇心和探索欲；增强学生的创造动机尤其是内部动机；增强学生的自信心和冒险精神；让学生关注对学习目标的掌握和自我竞争；让学生形成支持创造的积极信念；提供选择和发现的机会；提高自我管理技能；传授有利于创造性表现的技术和策略；提供支持性的、具有适当规则约束的、平衡的环境。其中，合适的教师对于学生形成积极的创造态度和价值观可以发挥榜样作用，因而也是非常必要的。

另外，加德纳等人还根据多元智力理论开发特定的课程，促进学校里通常不强调的一些智力或才能的发展。尽管这些课程对于促进创造力的实际效果还不清楚，但是它们的确可以成功地鉴别和促进儿童特殊才能的发展（Ramos-Ford & Gardner，1997）。

需要注意，虽然目前许多创造性训练对于开发创造力具有不同程度的作用，但是，仅仅依靠某种训练达到增强创造力的最终目的，还是不够的。而且，旨在提高创造性思维尤其是发散性思维能力的教学或训练也是不全面的，在许多情况下，人格、态度和动机而不是认知因素在创造过程中发挥着决定性作用，因而，促进特定的人格、态度和动机的发展同样重要。还应考虑到学校管理、教师以及多种环境因素的影响。那种充分考虑了构成创造力系统的多种要素，兼顾了多种个体因素、环境因素及其相互影响的干预方案，更可能收到满意的效果。

本章小结

很多研究表明，智力测验成绩可以预测学业成绩。儿童的智商（IQ）具有一定的稳定性，但这种稳定性是相对的。智力测验分数是智力的表现而不是智力潜能的全部。在特定条件下，某一测验完成得不好，并不能就认为受测者不具有这种认知技能。智商是遗传与环境因素交互作用的结果。遗传、环境、家庭、文化、情绪、动机和人格以及测验情境的特征等因素都会影响个体的智力测验成绩。

智力水平和认知技能的显著差异与社会阶层、民族群体、性别等因素有关。社会经济地位低下的家庭中的儿童几乎在所有认知技能测验中的成绩都较差。技能的表现模式受民族群体因素的影响。导致这些差异的原因仍在探讨之中，测验工具的性质、测验情境、社会阶层、民族群体、文化因素、遗传特质和个人经验等都会对智力的发展产生影响。

创造力有一个发展的过程。在不同的年龄阶段，创造力的发展显示了不同的特点。就其发展趋势来看，儿童青少年时期的创造力不断增强，但并不是呈直线式上升，而是呈波浪式上升。就其发展的年龄特征来看，学前期和学龄初期是创造力的萌芽和初步发展期，青少年时期是创造力的继续发展期，成年早期和成年中期是创造力发展的高峰期，成年晚期可能仍具有较高的创造力。

创造力的发展具有明显的年龄差异、领域差异、性别差异和文化差异等多方面的个体和群体差异。创造力的发展受到家庭环境、教育和准备期、专业和领域、社会和文化的影响、历史影响、创造者的个性和社会性特点等多种因素的影响。高创造性的人通常具有某些特殊的人格特征，具有支持性的家庭和社会文化环境，具有良好的受教育条件和系统的专业知识储备，而且，他们所在的专业和领域也为他们提供了特定的创造机遇和有利条件。

长期以来，对于创造性的促进问题，人们持有不同的看法。但是，从大量研究结果来看，创造力是可以通过特定的措施加以促进的。概括地说，创造力训练的方式主要可以分为两类：一类是通过一系列课程进行的长期训练；另一类是通过少数简单课程进行的短期训练。迄今人们已经提出了许多行之有效的创造力教学策略，从创造力投资理论等出发设计创造力的促进方案，似乎更符合创造力发展的实际。创造力的促进和培养应综合考虑多种个体因素、环境因素及其相互影响。

本章主要参考文献

[1]查子秀主编:《超常儿童心理学》,北京:人民教育出版社2006年版,第29～32页。

[2]陈龙安:《创造性思维与教学》,北京:中国轻工业出版社1999年版,第294～334页。

[3]董奇:《儿童创造力发展心理》,杭州:浙江教育出版社1993年版,第261～287页。

[4]方富熹、方格:《儿童发展心理学》,北京:人民教育出版社2005年版,第510～515页。

[5]谷传华、张海霞、周宗奎:《小学儿童的社会创造性倾向与教师领导方式的关系》,载《中国临床心理学杂志》2009年17卷第3期,第284～286页。

[6]谷传华、周宗奎、王菲:《小学儿童的社会创造性倾向与人格倾向的关系》,载《中国特殊教育》2008年第3期,第91～96页。

[7]谷传华、周宗奎:《小学儿童社会创造性倾向与父母养育方式的关系》,载《心理发展与教育》2008年24卷第2期,第34～38页。

[8]谷传华:《创造系统观及其对创造教育的启示》,载《教育研究与实验》2005卷第3期,第60～65页。

[9]谷传华:《社会创造心理学》,北京:中国社会科学出版社2011年版。

[10]林崇德、白学军、李庆安:《关于智力研究的新进展》,载《北京师范大学学报》(社会科学版)2004年第1期,第25～32页。

[11]林崇德:《发展心理学》,杭州:浙江教育出版社2002年版,第185～388页。

[12]林崇德:《学习与发展——中小学生学习能力发展与培养》,北京:北京师范大学出版社1999年版,第196～208页。

[13]林崇德:《智力的培养及其干预实验》,载《北京师范大学学报》(社会科学版)2006年第1期。

[14]林崇德:《智力研究新进展与我的智力观》,载《宁波大学学报》(教育科学版)2007年29卷第6期。

[15]申继亮、陈勃、王大华:《成年期基本认知能力的发展状况研究》,载《心理学报》2000年32卷第1期。

[16]申继亮、赵景欣:《创造力的跨文化研究及其对我国教育改革的启示》,见中国心理学会编《心理学学科发展报告》,北京:中国科学技术出版社2007年

版，第 79～86 页。

[17]俞国良：《创造力心理学》，杭州：浙江人民出版社 1996 年版。

[18]张文新主编：《青少年发展心理学》，济南：山东人民出版社 2002 年版，第 229～244 页。

[19][美]H. Gardner，沈致隆译：《多元智能》，北京：新华出版社 1999 年版，第 59～66 页。

[20][美]劳拉·E·贝克著，吴颖等译：《儿童发展》，苏州：江苏教育出版社 2002 年版，第 479～483 页。

[21][美]罗伯特·J·斯滕伯格主编，施建农等译：《创造力手册》，北京：北京理工大学出版社 2005 年版，第 205-225 页。

[22][美]罗伯特·费尔德曼著，苏彦捷等译：《发展心理学——人的毕生发展》，北京：世界图书出版公司 2007 年版，第 509～513 页。

[23]Csikszentmihalyi，M.（1999）. Implications of a system perspective for the study of creativity. In R. J. Sternberg（Ed.），Handbook of Creativity. New York：Cambridge University Press，313-335.

[24]Feldman，D. H.（1999）. The development of creativity. In R. J. Sternberg（Ed.），Handbook of Creativity. New York：Cambridge University Press，169-186.

[25]Li，S. C.（2007）. Connecting the many levels and facets of cognitive aging. In Lerner J. & A. E. Alberts（Eds.）. Current directions in developmental psychology. Beijing Normal University Press，256-268.

[26]Weiping，H.，Adey，P.，Jiliang，S.，& Chongde，L.（2004）. The comparisons of development of scientific creativity between English and Chinese adolescents，Acta Psychologica Sinica，36(6)，718-731.

习　题　七

一、名词（概念）解释

1. 创造力的系统观
2. 发育商
3. 缺陷累积假说
4. 热认知

二、论述题

1. 就智力的不同形态、智力过程、智力活动的性质而言，成年后的智力又具有怎样的发展？成年人的智力是否像某些人所认为的那样，已经“成熟”而停止了？
2. 如果一个婴儿测得的发育商很高，这是否意味着他或她将来的智商也会很高？为什么？
3. 不同种族和社会阶层的人的智力测验成绩往往存在差异，哪些因素导致了这种差异？请你根据已有的研究，给出可能的解释。
4. 认知发展也会受到个体的情绪、动机、信念等因素的影响吗？请举例说明。
5. 有人认为，创造力是少数人所特有的，平常人不可能有什么创造力？这种看法对吗？请你对此进行分析。
6. 在不同的年龄阶段，创造力的发展各具有怎样的特点？
7. 创造力的发展可能受到哪些因素的影响？请你根据已有的研究给予说明。
8. 创造力的系统模型的主要观点是什么？根据这种观点，一个人如果要做出创造性的贡献，需要具备哪些基本条件？
9. 一般智力的发展趋势是怎样的？年龄越大，智商越高吗？

三、案例分析

1. 测验结果表明，一个婴儿的发育商很低，父母对此感到非常失望，认为孩子将来肯定不能成才了。这种看法对吗？为什么？请根据有关的研究进行分析。
2. 有人认为，创造力是不可教、不可训练的，一个平常的孩子是不可能具有什么创造力的，因此，在培养孩子时也不要抱这种“幻想”。这种看法对吗？为什么？请你根据已有的研究进行分析。
3. 到目前为止，人们发现了很多“野孩”和“兽孩”，他们自幼在动物群中长大，具有动物的行为特征。而且，在他们被带回人类社会之后，大部分都不具备人类正常的智力，不能像正常人那样生活，而且难以学会人类的语言。这类事实说明了什么？请你据此分析遗传和环境在智力发展中的作用。

第八章　情绪与依恋的发展

【教学目标】

通过本章的学习，应达到以下教学目标：

1. 识记和掌握早期情绪的发生和发展特点以及情绪的识别、理解和调节能力的发展特点。

2. 理解和掌握儿童微笑、恐惧的发展特点和道德感、理智感和美感等高级情感的发展特点。

3. 结合生活中的现象，识记和理解依恋的产生和发展过程，特别是依恋建立的标志、依恋发展的基本阶段、基本的依恋类型，结合具体的研究和依恋理论，理解和掌握影响依恋质量的因素，了解依恋质量对后来发展的影响。

4. 结合有关的研究，识记、理解成人依恋的发展特点和类型，了解成人的不良依恋的消极影响。

【本章结构】

本章的主要内容分为两个部分：第一部分介绍基本情绪、情感的发生和发展；第二部分介绍依恋的发生和发展。在第一部分，结合有关的研究，讨论情绪的产生和发展，特别是微笑与恐惧以及高级情感的发生和发展特点。在第二个部分，重点讨论依恋的发生和发展过程，同时评述依恋的发展阶段、依恋的影响因素以及依恋质量对个体发展的影响。而且，还专门讨论成人的依恋及其影响。本章的基本结构如下图：

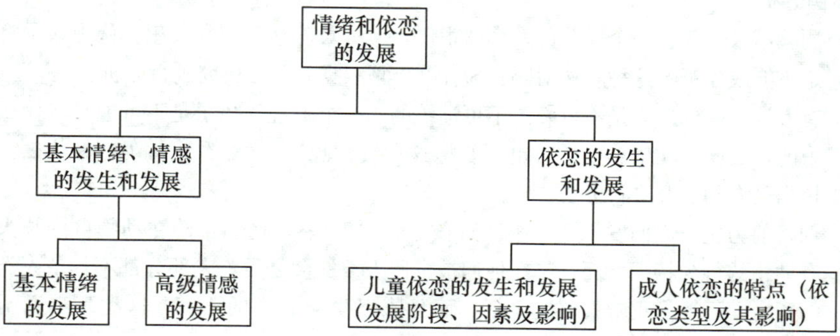

“哇——”幼儿园门口传来一阵阵孩子的哭声，原来今天是幼儿园开学的第一天。丁丁死死地拽着妈妈的衣角，一边哭一边喊着：“妈妈！妈妈！”整个幼儿园都充满着丁丁的哭声。无论妈妈和老师怎么逗他，他都不愿松开妈妈的衣角，而且越哭越厉害。丁丁的妈妈没有办法，毅然掰开丁丁的小手，匆匆忙忙走开了。丁丁哭声更加厉害，嘴里还不停地喊着：“妈妈回来！我要妈妈！”他眼里满是泪水，心里充满着惶恐和不安。后来，丁丁被老师带进了教室，希望他能跟其他的小朋友一起玩，但是，他却拒绝和小朋友亲近，一个人呆呆地坐在教室边上，表情十分淡漠，显得很害怕。

一般来说，小班入园的年龄是三岁，丁丁第一天上幼儿园的哭闹行为是正常的。丁丁离开家庭熟悉的环境，来到幼儿园这么一个陌生的环境，他会因为各种因素导致的不适应而产生哭闹等反抗行为。

丁丁的焦虑只是儿童的基本情绪之一。面对与母亲分离的情境，丁丁为什么会感到焦虑和苦恼？随着年龄的增长，儿童的情绪是如何发展变化的？受哪些因素的影响？这是本章重点讨论和分析的内容。

第一节　早期情绪的发生和发展

情绪在心理发展过程中具有重要作用。儿童出生后，就已经表现出某些基本的情绪，随着年龄的增长，他们的情绪日益分化和丰富。儿童正是通过这些情绪与周围的人进行交流，传达身体状态和感受方面的信息，影响着自己和他人的行为。

一、情绪的产生

婴儿最早是在什么时候表现出分化的情绪呢？多年来，人们一直以为具体的分化的情绪不存在特定的面部反应模式，至少婴儿不能表现出分化的情绪。新近的研究表明，面部表情可能至少有一部分取决于遗传编码。这个假设得到了研究结果的支持：所有文化中的成人都有类似的面部表情。婴儿的表情同样具有跨文化的一致性。无论是印度、美国，还是新几内亚丛林的婴儿，其基本情绪的面部表情模式都是相同的，而且各个年龄段的非言语表情都是相当一致的（Feldman，2007）。

婴儿的情绪又是如何产生和发展的呢？约翰逊等人（Johnson et al.，1982）对此进行了研究，结果表明，根据母亲们日常的观察，婴儿在相当早的年龄就出现了各种各样的表情，在参加研究的母亲中，95%的人认为在出生一个月时，她们的孩子就表现出了喜悦，85%的人报告说孩子表现出了发怒，74%的人报告了孩子的吃惊情绪，58%的人报告了孩子的害怕情绪，34%的人报告了孩子的伤心情绪；几乎所有的母亲（99%）都认为，她们的孩子在一个月时就表现出了某种兴趣。也许，母亲们高估了孩子的表情，但更客观的观察也发现了母亲们提到的很多情绪。有的研究者（Malatesta & Haviland，1982；1985）用录像研究了3～6个月的婴儿与母亲玩耍时的相互作用（见表8-1），结果显示，在玩耍过程中，婴儿表现出发怒、痛苦、兴趣、惊奇、喜悦和悲伤等多种情绪反应。正如成人在与另一个人相处时的情绪表现更多一样，婴儿在与母亲和其他婴儿一起玩耍时，也比独自一人时的情绪反应丰富。

表8-1　不同情绪出现的时间表（引自Shaffer和Kipp，2009）

<table>
<tr><th>出现时间</th><th>情绪</th><th>情绪的类别</th><th>影响因素</th></tr>
<tr><td>出生</td><td>满足
厌恶
痛苦
好奇</td><td rowspan="2">基本情绪</td><td>可以由生理因素控制</td></tr>
<tr><td>2～7个月</td><td>愤怒
恐惧
快乐
悲伤
惊讶</td><td>所有健康的婴儿都在大致相同的时间段内出现这些情绪，各种文化背景中人们的解释也相似</td></tr>
<tr><td>12～24个月</td><td>尴尬
嫉妒
内疚
骄傲
害羞</td><td>复杂情绪
自我意识
自我评价</td><td>在以自己的感知和认知能力评判自己的行为是否违背了标准或规则时产生</td></tr>
</table>

婴儿的各种情绪出现的先后顺序是不一样的。从表8-1可以看到，在婴儿生命的头两年中，成人所具有的一些基本情绪都可以在婴儿身上看到。在婴儿刚刚出生时，由于婴儿自身的生理表现和控制，他们已经表现出满足、厌恶等基本的情绪。在2～7个月时，所有健康的婴儿都能够表现出愤怒、悲伤、快乐、惊讶和恐惧等情绪反应，而且，这些情绪大致在相同的年龄出现，具有跨文化的一致性（Camras，1992）。在婴儿1～2岁左右，由于婴儿的自我意识和认知能力的发展，他们能够表现出尴尬、害羞和内疚等复杂的情绪。

我国心理学家林传鼎20世纪40年代曾对新生儿的情绪进行专门研究。他认为新生儿具有两种可以分清的情绪反应：一是愉快，代表生理需要的满足；二是不愉快，代表生理需要尚未得到满足。他还提出，从出生到3个月末，可以有欲求、喜悦、厌恶、愤怒、惊骇、烦闷六种情绪反应相继发生，但它们并没有清晰地分化，只是在愉快或不愉快的轮廓上附加一些成分，主要是面部表情。这些情绪表现都带有社会性的内容。显然，儿童最初的情绪表现与基本需要是否获得满足密切相关，随后逐渐发展出带有社会性内容的情绪表现形式。

在儿童进入幼儿园和小学接受教育之后，儿童的社会认知能力也随之发展起来。随着儿童将更多的社会规则（包括道德准则和行为规范等）进一步内化，他们对复杂情绪的理解和体验能力进一步发展，情绪的表达也更多地受到生活中具体生活事件的影响。进入青春期后，情绪的波动变大，他们往往喜怒无常，表现出更多的消极情绪（Larson et al.，2002）。之所以出现这种情绪体验或情绪变化，一个可能的原因是青春期生理特别是激素的变化的影响，另一个原因可能是青少年与父母、老师和同伴冲突的增加。在这些因素的影响下，他们的情绪波动较大，表现出更多的孤独、抑郁等情绪反应。

专栏

情绪发展理论（引自孟昭兰，1997）

关于情绪发展的理论有多种，它们从不同的角度，解释了个体情绪发展的原因、途径或机制，论述了情绪对个体发展的作用和结果等问题。其中，学习理论、精神分析理论、认知理论比较典型。

学习理论倾向于认为，绝大多数情绪反应都是学习的结果。学习理论的奠基人华生认为，某些无条件刺激天生具有引起情绪反应的能力，怕、怒、爱三种基本的情绪是无需学习的，而大多数情绪反应都是“条件性的”，是后天习得的。通过将一个中性刺激（如白鼠）与一个引起惧怕的刺激（如一个让人恐惧的声音）多次匹配出现，就可以让儿童形成对这个中性刺激的恐惧。他通过对一个叫阿尔伯特的男孩的实验证明了这一点。

学习理论认为，通过强化建立操作条件作用，也可以引发情绪。当一个婴儿微笑的时候，成人拥抱他，跟他说话，或者以微笑的面孔回应他，这些行为就会强化儿童的愉快反应。另外，通过观察学习，即由观察他人的行为以及行为的后果而进行的学习，也可以获得相应的知识、行为和情绪反应。例如，一个婴儿看到另一个孩子对小动物表现出退缩或哭的反应之后，他也会害怕小动物。

与学习理论不同，精神分析理论倾向于把儿童的情绪与驱力的变化相联系。它特别重视母婴关系对儿童早期的情绪发展的影响，认为母亲的养育过程随时制约着他们内驱力的提高和减退，在内驱力提高（如饥饿）时产生不愉快情绪，而内驱力减退（如吃饱）时产生平静或愉快情绪，因此，母亲与儿童的情绪是紧密地结合在一起的。母亲可以保证婴儿生理需要的满足，并经常对儿童施加管束，使之适应社会的要求。母婴关系的质量直接影响着儿童早期情绪的发展。

不同于以上两种理论，认知理论主张，情绪是认知过程的产物。发展心理学家(D. Hebb)的研究表明，人类婴儿对陌生人的惧怕是由于建立了对熟人的记忆痕迹的结果，当遇到生人时，已有的记忆痕迹被干扰而无法保持。惧怕反应是由于感觉输入与记忆痕迹或期望之间的不一致所引起的。凯根（G. Kagan）则认为，影响儿童情绪的不仅是感觉输入，而且包括整个环境，当儿童对环境事件的估计是错误的，就会感到痛苦和惧怕，如果儿童能正确地了解母亲离开是为什么，就不会产生分离焦虑。斯拉夫(L. Sroufe）进一步总结指出，刺激情境的多个方面共同决定了儿童不同性质的情绪，婴儿与成人一样，具有对刺激情境的评价能力，婴儿认为刺激物是否有益，直接决定了儿童情绪的性质；儿童的情绪也决定于情境关系，如果陌生人接近时，母亲在旁或陌生人不介入婴儿的活动，儿童的焦虑反应就不会太强；否则，就容易引起儿童的痛苦反应。

上述各种理论各有其贡献和局限性。学习理论强调了环境、学习和强化的作用，但不能解释情绪最初是如何发生的，而且，它的解释比较简单，满足于用强化与简单反应之间的联系解释复杂的情绪；精神分析理论揭示了亲子关系在情绪发展中的作用，但是，它将母婴关系与生理驱力及其变化联系在一起，遭到一些研究者的批评，缺乏足够的研究证据；认知理论揭示了认知或评价在情绪发展中的作用，但它忽略了生物成熟对情绪的影响以及情绪对认知的影响。如果综合多种观点，或许能更好地解释情绪的发生和发展。

二、情绪识别与理解能力的发展

婴儿已经表现出较高的识别和理解情绪的能力。研究发现，3 个月大的婴儿能够从照片中分辨出情绪表现不同的成年人（Nelson，1987），但是，对于婴儿何时开始识别和理解他人的表情或情绪，还存在争议（Kuhann-Kalman & Walker-Andrews，2001)。早在婴儿能够理解语词之前，他的看护人就通过一整套情绪表现的模式来交流情感和愿望了。并且，母亲在与婴儿的相互作用中经常表现出各种情绪，这就为婴儿提供了学习表情的机会。研究者估计，在 3～6 个月这段面对面游戏的高峰期，一个婴儿可以看到大约 3200 次面部表情的样例。向 4～6 个月的婴儿呈现成人高兴、发怒或自然状态下的面部表情的幻灯片（Labarbera et al.，1976)，婴儿注视高兴表情比注视愤怒和中性表情的时间长。但是，6 个月的婴儿还不能做出对发怒表情的恐惧的相应反应。到 7～10 个月的时候，婴儿识别和理解某种特定情绪的能力已经表现得比较明显。

从识别各种情绪的时间来看，儿童识别高兴的表情要早于识别愤怒的表情，这与婴儿自身情绪的发展是一致的。微笑和出声笑这些积极情绪的发展早于害怕这种消极情绪的发展。

产生表情与识别、理解表情并不是同步的。研究表明，婴儿准确地产生一种表情的能力要高于他们准确地再认表情的能力（Field & Walen，1982）。要求4岁儿童表演不同的表情（如高兴、害怕和发怒），然后让儿童和成人一起判断他们自己的表情录像。结果显示，对于同一种表情，成人的判断比儿童准确。这表明，儿童产生情绪的能力比识别情绪的能力要强。而且，对不同情绪的识别和理解能力也有所不同。与婴儿一样，幼儿对于积极情绪（如高兴）的识别要比对发怒和害怕的识别容易。类似地，成人对幼儿高兴表情的判断要比对他们的害怕和发怒的判断准确。

婴儿在识别和理解特定的表情时，常常需要借助社会参照（social referencing）。社会参照是指通过观察或参照别人的情绪反应，推断一种意义模糊的情境的过程或能力。当婴儿面临模糊的或不确定的情境时，他们会积极关注其父母的情绪反应，然后，根据父母的情绪反应来调整自己的反应（Feinman，1992）。随着年龄的增长，这种情绪识别和理解的参照能力越来越明显，并且扩展到其父母以外的其他人（如同伴）。

婴儿到了一岁以后，他们和父母及家庭成员能够谈论情绪，这有助于他们更好地理解自己和他人的感受（Jenkins et al.，2003）。在童年期，儿童对他人情绪的识别和理解能力都随着年龄的增长而稳步提高。儿童，特别是学龄初期儿童，开始较多地利用个人、情境以及个体的经验去理解和解释情绪。4～5岁时，儿童可以正确地从身体动作推断一个人是否快乐、气恼或悲哀。此外，他们也知道一个人当前的情绪状态（往往是消极情绪）可能并不是现在的事情所引起的，很有可能是由于他想到了以前的事情。6～9岁的儿童开始懂得，一个人可以同时体验多种情绪（如兴奋和担心）。情绪的产生能力与识别能力呈正相关。那些更准确地发出情绪信号的学前儿童判断表情的能力也较高（Malatesta，1982）。随着年龄的增长，儿童识别表情与产生表情的能力都不断增强。这种发展也许要归因于年长儿童的同伴团体活动和社会互动经验的增加。

三、情绪调节能力的发展

每个社会，每种文化，对于情绪的表达都有相应的规则，这些规则会影响特定场合下的情绪表达。例如，一个儿童收到了奶奶送给他的生日礼物，虽然这个礼物并不是他想要的，但是出于对长辈的尊敬和感谢，他也要掩饰自己不喜欢的情绪，表现出对礼物的喜欢。情绪表达的规则会因不同的社会和文化而不同，一种文化环境下的情绪表达规则并不一定适用于另一种文化环境。

要遵循一定的情绪表达规则，婴儿和儿童就必须学会对他们的情绪加以调节和控制。随着年龄的增长，儿童的情绪调节表现出不同的发展特点。1 岁左右，他们开始使用某些策略来减少不愉快的情绪，例如，摇晃自己的身体，用嘴咬东西，避开引起他们不愉快的人或事物。当婴儿 18～24 个月大时，他们开始学会有意识地控制那些让他们感到不舒服的人或事物。随着言语的发展，他们逐渐能够通过与同伴说话、玩玩具或远离让他们不舒服的事物，来应对消极的情绪（Mangelsdorf et al.，1995；Grolnick et al.，1996）。2～6 岁的儿童能够更好地应对自己不愉快的情绪，他们会采取一些相应的应对策略。例如，他们会将注意力从引起恐惧的事物上转移，通过想象美好的事情来抑制令人不愉快的事，以一种更令人满意的方式重新解释导致他们不愉快的事件。学前儿童和学龄期儿童由于可以自由地进行语言交流，他们往往会和同伴、父母或其他的亲密伙伴谈论他们的情绪感受。这时，父母经常会帮助儿童处理和应对消极的情绪。这些经验都有利于儿童学会如何处理和调节自己的情绪。

情绪的调节是儿童需要掌握的一种重要技能。儿童在 3 岁时就显示出掩饰自己真实感受的能力，开始有意识地根据具体的情境和规则调节自己的情绪。随着年龄的增长，情绪调节能力也随之提高。但是，由于受到社会性和认知能力的限制，即使到了一定的年龄（如 5 岁），儿童掩饰和调节自己情绪的能力也没有发展到极致。在小学阶段，儿童对情绪表达的规则有了更加深刻和丰富的认识，已能理解哪些情绪在哪种情境下可以表达出来。这种更高的情绪理解和自我调节能力一直到青春期仍然在发展。

第二节　基本情绪、情感的发展

情绪、情感的发展是个性、社会性发展的重要内容。人们基本的情绪反应是如何发展变化的？道德感、理智感、美感等高级的情感又是如何发展起来的？在下文中，首先讨论微笑、恐惧这两类基本情绪的发展规律，然后，分析道德感、理智感和美感的发展特点。

一、微笑的发展过程

婴儿是从什么时候开始微笑的？他们为什么微笑？他们的微笑又是如何发展变化的？其实，微笑出现得相当早，微笑在新生儿时期甚至就已出现。婴儿最早的微笑被称作“自发的”或“反射性”的微笑，如触摸婴儿的嘴唇或面颊引起的微笑。绝大多数早期的微笑都属于自发性的，并且大多与婴儿的内部状态有关。早期的微笑曾被归因于“笑气”，但这种理论已经被推翻了，究竟存在什么样的内部刺激至今还是一个谜。出生 3 周或 4 周的婴儿在身体感到舒服时，或在快速眼动睡眠期间常常微笑。另一方面，微笑存在一定的性别差异。即使在新生儿时期，微笑也存在性别差异，女婴比男婴有更多的自发微笑。有人认为，女孩也许在遗传上对于社会交往比男孩有更好的准备。

在第 3～8 周，婴儿的微笑发展到一个新阶段，这时，他们并不限于对内部的身体状态做出反应，而且还对外部的刺激做出反应，这些刺激包括面孔和声音等社会性刺激，由于社会性刺激引起的微笑称为社会性微笑。微笑最早的“激发物”很可能是音高较高的人声，而人声与面孔同时出现，特别是与移动的面孔同时出现，对 6 个月内的婴儿最可能激发微笑。

随着儿童的成长，能够有效地激发微笑的面孔的关键部位也在发生变化。而且，不同的社会性事件激发微笑的效果并不都有效。3 个月的婴儿的微笑，在得到母亲的微笑和语言强化时比得到一个陌生妇女的强化时会增加更多。婴儿对不同的环境事件表现出不同的微笑，微笑的表情也并非完全一样，有的露齿而笑，有的则更含蓄，有的转瞬即逝，有的则更持久。一次微笑并不仅仅是一个简单的情绪表现，它还能代表各种不同的信息和不同的反应。

二、从微笑到出声笑

到 4 个月时，婴儿已能熟练地微笑，并开始出声地笑。出声笑与微笑一样，在看护人与婴儿的相互作用中发挥着重要的作用。特别是婴儿的出声笑，更有利于维持母亲或其他看护人与婴儿的联系，因而是一种具有良好适应性的反应模式。

斯鲁法和冯斯克（Srowfe & Wunsch，1972）对生命第一年的出声笑进行了研究。他们以婴儿的母亲为实验助手，研究了下列各种刺激组合引发的出声笑的数量：触觉刺激（碰膝部、吹头发），视觉刺激（动作），听觉刺激（咂巴嘴唇、耳语、马的嘶鸣声），社会性刺激（躲猫猫、掩住婴儿的面孔、伸出舌头）。结果发现，出声笑在 4 个月时出现，此后随着年龄的增长，由上述情境引发的出声笑明显地越来越多，这种增长在第 4～9 个月之间最为明显；并且，随着儿童的发展，引发出声笑的刺激性质也在发生变化。触觉刺激对 5 个月的婴儿是有效的，但仅有这类刺激已不能满足年龄较大的儿童的兴趣。在 7～9 个月，婴儿更多地对社会性游戏（如躲猫猫）、视觉景象和他们能够参与的活动做出反应，比如，用一件衣服遮住母亲的面孔随后又拿开，或者拖条毯子拔河，他们就表现出极大的兴趣，出声地笑。

在第一年末和整个第二年里，婴儿越来越多地以微笑和出声笑对他们自己创造的活动做出反应。例如，一个婴儿可能一边笑，一边反复地挡住一个玩具汽车使它转弯。随着年龄的增长，他们对社会性事件的理解能力增强，出声笑也随之不断增多。对3～5岁儿童进行的一项研究表明，有95%的出声笑是在其他儿童或成人在场时发生的（Bainum et al.，1984）。在幼儿园，滑稽的动作和爬行最经常地引起出声笑。

对微笑和出声笑的解释并不完全一致。有人认为，微笑是由内部因素决定的，有人则强调学习的作用，还有一些理论家提出知觉—再认假设来解释微笑和出声笑。微笑和出声笑有重要的生理基础。研究发现，在社会性微笑出现的年龄和时间上，同卵双生子比异卵双生子更为一致。但是，遗传因素不可能单独地解释微笑和出声笑的发展速度的差异。例如，微笑的频率会随着抚养环境的不同而变化，这种现象就很难用遗传因素来解释。学习理论认为，婴儿在微笑之后得到成人特别是婴儿熟悉的看护人的回应，能够增加微笑的频率。

为什么幼小的婴儿对简单的玩具微笑，而年龄较大的儿童更倾向于在参与相互作用游戏时微笑或出声笑呢？知觉—再认观点为这一现象提供了较好的解释。这一理论认为，要更好地理解微笑的发展，应将婴儿看作一个信息加工者，婴儿可以对输入的刺激赋予特定的结构和意义。婴儿为外部世界赋予意义的一种方法是对外部事件形成心理表象。这种内部形象被称作“图式”。内部图式与输入刺激的匹配是婴儿理解事物的一种途径。对一个事件形成一个图式，这一成就给婴儿带来了快乐，而这种快乐通过微笑表现出来。例如，研究者发现，第一次向婴儿呈现一个新奇的事物时，他还保持安静，随后，当婴儿开始理解它时，就发出了微笑；再往后，婴儿慢慢厌倦了，微笑的频率也下降。总之，微笑和出声笑最初可能是由生物因素引起的，而它们随后的发展过程可能受儿童的认知能力和社会经验的制约。

三、怯生情绪的发展

婴儿何时开始对陌生人产生恐惧反应？后来又是如何发展变化的？其实，恐惧与微笑一样，也是逐渐出现的。在生命的最初几个星期，恐惧反应依赖于个体的生物学因素，后来才逐渐具有对外部事件的反应性。一般来说，完备的恐惧反应比微笑之类的积极的情绪反应发展得慢些。

在一项纵向研究中，研究者追踪考察了出生后的第一年内婴儿恐惧反应的发展（Emde et al.，1976）。研究发现，4个月时婴儿对不熟悉成人的微笑比对母亲的微笑要少。这是他们早期的怯生表现。婴儿对新奇的人和物体都表现出极大的兴趣。四五个月的婴儿对陌生人的注视时间比对他熟悉的看护人长。稍后，5～7个月时，婴儿有了适度的表情，到7～9个月期间，婴儿对陌生人的出现表露出不安——怯生。对陌生人的不安不是突然出现，而是在一系列不那么强烈的情绪反应之后出现的。

并非各个年龄的婴儿在所有情境中对所有的陌生人都会有怯生反应。有许多因素制约着婴儿对陌生人的反应方式，婴儿所处的环境以及他对环境的控制程度就是其中的重要因素。有熟悉的看护人在场，对环境很熟悉，都能减少婴儿对陌生人的不安反应。能够对环境事件施加控制，可以从时间上进行预测，也能减轻婴儿对可怕事物的恐惧。另外，陌生人的外表和行为也影响着婴儿的怯生反应。

四、恐惧的发展变化

一般来说，1周岁以下的儿童主要对一些自然刺激，如强烈的声音、发出声响的人和物、突然的动作、坠落、闪光和陌生的人或情境产生恐惧反应。随着年龄的增长，有些恐惧减少了，但新的恐惧又产生了。例如，2岁左右的儿童会害怕黑暗和独处。随后，社会性刺激和想象的刺激引起的恐惧增多了。

随着年龄的增长，引起儿童恐惧的物体和情境也有所变化，换言之，不同年龄的儿童害怕的对象有所差异。随着年龄的增长，儿童对想象的动物和个人安全的恐惧减少了。这种趋势可能是因为儿童对物理世界的规律有了更准确的理解。在进入学龄初期后，儿童逐渐出现了另一突出的变化：对学校和社会的关心增多。这种发展变化使儿童的恐惧与成人的恐惧更为相似，而成人的恐惧是以社会性恐惧为主，而不是以想象性恐惧为主。换言之，他们的恐惧主要是由社会性事件或事物引起的，而不是由想象引起的，随着年龄的增长，儿童也逐渐表现出这一特点。

相关的研究也证实了这一趋势。一项对全美学龄儿童进行的调查研究发现，儿童最普遍的恐惧是对犯罪、暴力和个人伤害的恐惧。2/3的孩子害怕“坏人闯到屋里来”，7岁儿童与11岁儿童对这种刺激的害怕程度是一样的。其他种类的与犯罪有关的恐惧随年龄的增长而下降：34%的7岁儿童害怕在外玩耍时有人会伤害他，只有10%的16岁少年具有这种恐惧。

另外，恐惧也可能具有性别差异。有证据表明，男孩报告的与犯罪有关的恐惧比女孩少，而且男孩与女孩在冒险方面是有差异的，男孩比女孩更喜欢冒险。研究者观察了480名3～11岁儿童在动物园的冒险情境。结果发现，男孩的骑象、喂羊等行为比女孩多。但是，到底是男孩的恐惧较少，还是他们不善于表露自己的恐惧，仍然有待于进一步研究。

专栏

让儿童克服恐惧的方法

对于危险的动物和火热的炉子的恐惧，对于幼儿适应环境是有用的，但对毫无害处的家养小动物、登高及牙医的恐惧则是不恰当的，只能让儿童胆小如鼠。以学习理论为基础，人们提出了不少用于减轻儿童恐惧的技术或方法。条件作用和榜样作用可以用来解释恐惧的习得，同样可以用来减轻恐惧。

（一）对抗性条件作用

利用对抗性条件作用减轻恐惧的基本原则，是将引起恐惧情绪的典型刺激与引起愉快的活动一起出现。例如，一名儿童对带毛的物体，如毛大衣、皮毛、棉花、羊毛、动物特别是兔子，有着强烈的恐惧。为了减轻他对兔子的恐惧，研究者在孩子吃饭时，就把笼装的动物放到房间里，当然是很小心地放进去，不把笼子靠孩子太近，以免打断他吃饭。每天将笼子移近一点，最后，把动物从笼中放出来。治疗期结束时，孩子不再害怕兔子了，即使把兔子放到餐桌上也没关系。孩子甚至还自然地流露出对这个小动物的喜爱。通过将动物与高度愉快的进食活动相匹配，与进食相联系的积极情感泛化到小兔身上，对恐惧起到了对抗作用。

（二）脱敏作用

脱敏作用的基本假设是，与非压力情境相联系的身体状态（如肌肉松弛）是与恐惧反应不相容的、相互抵消的。按照这种方法，治疗者可以用身体放松技术来训练儿童，先建立一个按程度递增排列的恐惧刺激表，然后要求儿童按恐惧程度渐增的顺序想象刺激事件，每次想象出一个恐惧刺激后，要求儿童放松。恐惧刺激出现时介入一种平静状态，与它相关联的焦虑就消失了，或者说形成了对抗性条件作用。在这个程序中，放松取代了食物。当儿童克服了对微弱刺激的恐惧后，治疗者将恐惧的程度逐渐增大，这样，直到最后，最恐惧的事件也变成完全中性的，不再引起焦虑。除想象恐惧的刺激之外，也可采用更生动具体的刺激呈现方式，如呈现恐惧刺激的幻灯片和图画等。脱敏作用实际上是依次呈现（对治疗对象而言）恐惧程度逐渐提高的刺激，逐步降低个体对刺激的敏感性，并最终消除恐惧的过程。

例如，一个怕蛇的孩子就可以通过脱敏程序进行矫治。治疗者和儿童一起首先建立一个刺激表单，列举孩子害怕的、与蛇有关的物体。在最轻微与最强烈的恐惧刺激间设置20个程度不同的刺激等级。最轻微的恐惧刺激情境可能是看到商店的柜台中陈列的蛇皮腰带，中等水平的刺激情境可能是在丛林小径上看到前方5米处有一条蛇，最强烈的恐惧刺激情境可能是拿起一条无毒蛇在手上摆弄。在几个阶段的放松练习之后，进入脱敏化的第一阶段，要求儿童想象那条蛇皮腰带并放松。他在放松的指导语条件下重复想象这第一个让他感到恐惧的刺激，直到他在想象柜台中的腰带时不再觉得害怕和焦虑为止。然后，进入刺激序列表中的下一个刺激项目，重复想象这一项目，并同时进行与它不相容的肌肉放松，直到程序结束。儿童由此逐渐“攻克”了各个恐惧“等级”的刺激，最终能拿起他以前害怕的蛇来摆弄，并且毫无焦虑。

系统脱敏被广泛地应用于消除儿童和成人的恐惧，包括对蜘蛛、蛇、飞机、医院和学校的恐惧。与未经治疗的儿童相比，经过脱敏治疗的儿童焦虑测验分数显著下降。并且，在旁边观察治疗过程的具有同类问题的人，与直接接受治疗的人一样，能够从这种治疗中获益。

（三）榜样作用

在学习论者看来，许多恐惧可以通过观察他人的反应而习得。相似地，许多恐惧反应也可以通过这种方式来消除。班杜拉等人进行的一项研究表明，对狗的恐惧可以通过观察一个不怕狗的同伴榜样而消除，榜样作用对于减轻儿童对狗的回避反应产生了稳定而普遍的效果。

用榜样作用消除恐惧的技术还被用于克服儿童对医生的恐惧。让儿童看电影或录像，观察榜样的行为及其后果，使之受到替代强化，如果辅以对榜样所采用的策略练习，效果会更好。有研究者让 8～14 岁儿童看一部描述一个儿童如何去看牙医的影片，影片中的儿童表现出愉快的样子，他通过控制自己呼吸的方式自我调节。与那些只看电影而没有进行练习的儿童相比，那些看过电影并按照电影中的榜样进行练习的儿童在随后的牙科治疗中较少害怕，并且更愿意合作。这些证据说明，影片中的榜样可以帮助儿童克服恐惧，而与相应的演练相结合，往往能进一步增强它的效果。

五、高级情感的发展

在由社会需要所引发的高级情感中，道德感、理智感和美感是比较典型的，这些高级情感的发展对儿童的成长起着重要作用。

（一）道德感的发展

道德感是关于人的言论、行动、思想或意图是否符合人的道德需要而产生的情感体验。儿童在经历了家庭、幼儿园、学校、社会的教育后，渐渐掌握了一定的道德准则，并用这些准则来衡量自己与他人的行为。当行为与准则相符时，就会产生高兴、满足的体验；不相符时，则产生懊丧、羞耻、愤怒等体验。我国学者认为，道德感主要包括义务感、责任感、集体主义感和爱国主义感。

在 1 岁儿童身上，已经可以观察到一种对人的简单的同情感。婴儿看到别的孩子哭或笑，也会跟着哭或笑，这就是所谓“情感共鸣”，它是高级情感活动产生和发展的基础。二、三岁的儿童已产生了简单的道德感。儿童的活动常常伴有成人的评价和表情反应，其行动得到成人的肯定或否定。这时儿童虽不明白事情为什么该做不该做，但成人的表扬或批评已使他产生了相应的情感。成人责备他就不高兴，表扬他就高兴。这种极为肤浅的道德情绪表现完全取决于成人的表情、动作和声调。

幼儿园的集体教育加快了儿童对行为规则的掌握，道德感有了进一步的发展。如幼儿园孩子喜欢告状，这实际上反映了幼儿将他人行为与行为准则加以比较而产生了某种道德体验。

小学阶段儿童的道德感在内容上已大大超过幼儿，具有集体感、荣誉感、自尊感、责任感，并能区分某些真假、善恶。但这时的道德感仍带有直接的、经验的性质。小学生的道德感与具体的道德形象密切相关，光辉动人的道德形象最能引起小学生的情绪共鸣。

岑国桢等人（1992）研究了中国小学儿童的爱国主义、良心、荣誉、义务、幸福等道德情感的发展特点，发现道德情感的发展可以划分为五个水平：(1) 自然的、直接的情感（以直接感受到的痛苦与快乐为依据）；(2) 由对直接的个人得失的预测引起的情感（对直接赏罚的预测）；(3) 不是按照个人意愿而是按照社会反应而行动的情感（社会奖赏的作用，借助于个人理想）；(4) 不管自愿与否，由必须遵守道德行为准则的外部作用力引起的情感（不论愿意或不愿意都必须服从的外部作用力）；(5) 以被内化并结合成为自我的抽象道德观念为依据，不仅是自觉的，而且已成为一种激励的力量（具有高度概括性的、理论型的道德情感）。尽管每个年级都有道德情感的五个水平，但随着年级的递增，高水平的道德情感逐步增加，同时，小学儿童的情感发展具有不平衡性，表现为义务感最强，荣誉感次之，良心和爱国主义再次之，幸福体验最差。

总的来看，儿童的道德感是从外部的、被动的、未被意识到的情绪表现逐渐转化为内部的、主动的、自觉意识到的道德体验。

（二）理智感的发展

理智感是人对认知活动产生的情感体验。它与人的求知欲、认识兴趣、解决问题的需要是否满足相联系。儿童一出生就积极地探索外界，用眼追寻物体，辨别不同的刺激。心理学家布鲁纳认为，人类婴儿生来就有一种好奇的内驱力。巴甫洛夫也认为，儿童生来就有一种不学而能的探究力，叫做“这是什么反射”。

随着年龄的增长，儿童会从认知活动的过程和结果中得到越来越多的喜悦。3、4 岁的孩子第一次用积木搭起房子时，会高兴得手舞足蹈。好奇心强、好问问题，这也是儿童理智感的特殊表现。如皮亚杰的研究表明，学前儿童的语言中，15％属于提问性质，在新奇环境中提问比例更大。这种认识兴趣进一步推动了理智感的发展。

小学生已开始对不同知识表现出不同兴趣，但这种分化还不明显，也很不稳定。随着认知水平的提高，儿童的认知体验由表面转入深刻。高年级小学生已不喜欢太简单的题目，而喜欢有一定难度的题目。小学生的理智感较多地与具体直观事物相联系，产生了认识事实、认识具体事件的兴趣。到青少年期，理智感的突出特点是产生了与稳定、深刻的认识兴趣是否满足相联系的情绪体验，与探求事实有关的情绪体验，以及与智力活动水平提高有关的情绪体验。

（三）美感的发展

美感是人从审美活动中得到的愉悦体验。儿童美感的发展与其知觉、思维的发展水平密切相关。婴儿期儿童对不同知觉对象已有了明显的偏爱。到学前时期，已能将艺术作品中的形象与真实生活中的对象区分开来。这时的美感与道德感密切相关，常常以道德感代替美感。幼儿对色彩鲜艳的东西容易产生美感，并开始从一些艺术活动中产生初步的美感，对天然景色的美也能有所体验。小学儿童的美感仍然受外部特征的制约，如鲜艳、新奇，同时很看重真实感。与实物十分相似的作品就被认为是好的。对抽象、概括的艺术作品的欣赏还需要经过艺术教育的熏陶。

（四）儿童情绪发展的基本趋势

儿童青少年情绪情感的发展在总体上呈现如下趋势（黄煜锋，1993）：

（1）情绪情感的发展呈现出一个以不同速度由低向高发展的变化过程。这个不同速度的过程以青春期开始的年龄为分界，此前的小学高年级和初中时期，情绪情感发展速度较快，各年级之间发展变化显著；青春期开始以后，发展速度就平稳下来。

（2）我国儿童对脸部表情认知发展的速度，按表情类别依次为：高兴、愤怒、轻蔑、惊讶、恐惧、厌恶。儿童认知表情时对视觉形象辨认较容易，辨认听觉形象相对较难。

（3）随着年龄增长，对紧张情绪的控制调节能力逐渐增高。

（4）儿童美感体验能力的发展，明显受制于对客观事物内外特点的领会和理解，受制于在一定社会生活条件下形成的对美的不同需要。

（5）情绪的发展既有赖于先天的遗传素质，也有赖于后天的环境、教育和个体的实践活动，情绪的发展是个体遗传因素、环境、教育诸因素交互作用的结果。但相对而言，环境、教育和实践活动的因素起着更为巨大和肯定的作用。

尤其值得一提的是，进入青少年时期之后，个体的情绪表现出一系列与生理发展相应的倾向。青少年在生理上日趋成熟，在认知和个性、社会性方面都表现出向成年期的过渡性特点。他们的情绪也表现出半成熟、半幼稚的特点。一方面，他们的情绪比童年期更为成熟、更为丰富，情绪体验也更为深刻；另一方面，他们的情绪体验还不如成年人那么稳定。

在这一时期，青少年的情绪反应呈现出“两极性”特点。首先，他们的情绪表现变化剧烈，有时十分强烈、狂暴，如急风暴雨，有时又比较温和、细腻，情感日益复杂化和丰富化。其次，他们的情绪具有高度的可变性，同时又显示了明显的固执性，显得比较顽固。这也就是说，他们的情绪体验还不够稳定，常常从一种情绪快速地转为另一种情绪，特别是在遭遇挫折的时候；而且，由于认知上常常陷入偏执，情绪也往往比较固执。另外，他们的情绪既具有内向性或掩蔽性，有时又故意掩饰自己的喜怒哀乐，有时又刻意地表现或袒露自己的情绪。

与童年期相比，青少年还容易陷入各种消极的心境。这时，由于难以适应剧烈的身心变化，他们的烦恼突然增多，常常不知道应以何种姿态出现在公众面前，不知道如何保持或确立自己在同伴中的地位，可能会疏远父母或成年人，出现反抗心理。在这一时期，由于要在心理上脱离父母的保护和对他们的依赖，而成为独立的社会成员，因此，青少年容易感到孤独；同时，由于独立、自尊等需要无法得到充分的满足，他们也可能感到压抑。由于生理和心理上的变化以及对社会生活的不适应，一些青少年还可能产生困扰、绝望、悲观等消极情绪，甚至会产生抑郁、焦虑、青春期精神分裂症和自杀倾向等问题。

专栏

消极情绪下的悲剧

2010年5月7日，央视《新闻1+1》播出题为《一个中学生的“意外”死亡》的节目。报道和讨论了洛阳孟津西霞院初级中学的一名初一女生于当年4月7日投渠自尽的事件。事情是这样的：15岁女生雷某某与同学打架，老师让学生自主管理，发动全班同学投票，决定让她留下学习还是请家长将其带走进行家庭教育一周。在得知自己被大部分同学投票赶走后，15岁花季少女留下遗言，投渠自杀。

其实，在青少年群体中，这类事件是屡见不鲜的。因为学习压力过大、家庭不和或亲子冲突、感情问题等引起自杀的事情不断见诸报端。所有这些悲剧，都与青少年不能很好地解决生活中的各种问题、难以调节自己的消极情绪有关。在生活中一旦遇到不如意，他们的情绪往往会产生很大波动，甚至会“想不开”，走向自毁或自杀。因此，如何提高青少年的自我调节能力和生活适应能力，已经引起社会的广泛关注。

六、成年期情绪、情感的发展

进入成年期后，随着生理的成熟、生活方式的变化和认知能力的进一步提高，个体的情绪、情感发生了深刻的变化，表现出一系列与儿童青少年时期截然不同的倾向。

在成年早期，人们的人生观、价值观逐渐形成并稳固下来。他们对于人生的目的和意义、自身的个人价值和社会价值，逐渐形成了自己的看法。在职业选择、爱情和婚姻、政治立场、生活方式等方面都有了明确的态度。因此，他们的情绪通常比较稳定，情感体验也比较深刻。这突出地体现在爱情、婚姻和事业等方面。这一时期，他们开始在异性间建立爱情关系。

根据斯腾伯格（Sternberg，1988）的爱情三元理论，人类的爱情包括三种成分：亲密、激情、决定或承诺。其中，亲密是指爱情能推动双方亲近、归属、结合的情感，它引起温暖的体验；激情是指内驱力或情欲，它能引起浪漫的恋爱、体态的吸引、性的完美体验；决定或承诺是指一个人做出了爱另一个人的决定，并始终关注对方，对对方抱有一种义务感或责任感。在进入婚姻之后，成年早期的人们还能体验到前所未有的幸福感和满意感。在顺利的职业生涯中，也会产生类似的情感。但是，如果婚姻冲突较多或离婚，或者在职业生涯中遭受挫折，他们也可能产生各种消极的情绪，陷入孤独、痛苦之中。

进入成年中期，人们的情感发生了进一步的变化。一方面，中年人在婚姻关系中，他们的爱情或对配偶的感情也更为深沉；在家庭和工作中责任感普遍增强，他们在家庭中和工作中都要承担较大的社会责任，高度的社会责任感常常是中年人的精神支柱，激励着他们为自己的事业、为社会、为下一代的健康成长而献身。另一方面，按照埃里克森的观点，这一时期人格发展的任务是形成繁殖感，而避免停滞感。所谓繁殖感，是指中年人在完成对下一代的引导与奠基、承诺与关怀，在工作和家庭中自我实现的基础上所产生的成就感或生命延续感；停滞感是指中年人因不能完成上述“繁殖”的任务而产生的自私自利、在工作中无所作为而感到生活缺乏活力的感受。在现实中，许多中年人会产生对生理机能衰退的认知和危机感，对事业发展和婚姻关系的危机感，对子女离家的不安全感等情感体验。这也是中年期危机的表现。中年期危机是个体进入中年期后，随着身体机能的衰退而在生理、心理和社会等层面的适应危机。它容易引发一系列情感适应问题。

进入成年晚期或老年期之后，老年人的情绪、情感发生了深刻的变化。这也可以从两个方面来看，一方面，老年人情绪体验更为深刻而持久。他们具有很强的道德感，看重社会公德、对社会有益的东西。而且，老年人一旦产生某种情绪体验，无论是心境、热情还是激情，一般都会持续较长的时间，比较稳定。另一方面，老年人容易产生消极的情绪、情感，例如，容易产生冷落感、孤独感、疑虑感、忧郁感和衰老感，容易感到不满。这可能与老年人生活结构的变化有关。其中，生活中的各种“丧失”可能是引起老年人情绪体验变化的最重要的原因。他们已经从工作岗位上退休，子女相继独立成家，出现“空巢”现象，原有的社会地位和经济地位、专业优势、健康、容貌、配偶等方面都可能出现一系列“丧失”，所有这些，都要求他们进行适应和调整。在此过程中，很容易出现上述消极情绪。

综上所述，成年后情绪、情感的变化与个体身心状态的变化、生活环境的变化都是密切相关的，随着年龄的增长，他们的身体机能、社会经验和认知能力以及所承担的社会责任不断改变，与此相应，他们的情绪、情感也发生了上述深刻的变化。

第三节　依恋的发展

依恋就其本质而言，是一种内涵丰富的社会关系，在这种关系中，依恋的主体对另一个特定的个体产生了持久的情感联系。发展心理学中谈到的依恋，通常是指儿童（特别是婴儿）与成人（父母或其他看护者）之间所形成的持久的情感联系（俞国良，辛自强，2004）。约翰·鲍尔贝（John Bowlby）是依恋研究的先驱。他本是一位临床精神病医师，20 世纪 50 年代，他研究了第二次世界大战后孤儿院中孤儿的心理障碍，并向世界卫生组织提交报告，指出养育机构对儿童心理发展的危害，由此开始了对儿童依恋发展的研究，他提出了自己的依恋理论。鲍尔贝的研究引起了人们对儿童依恋的广泛关注。安斯沃斯等发展心理学家们紧随其后，对儿童依恋的发展开展了系统而深入的研究，在研究方法和研究结果上都取得了很大成就。后来的研究者又将依恋研究的年龄范围扩展到成年期，进一步丰富了有关的研究。

一、依恋理论

对于依恋产生的原因、依恋的发展过程、内在机制及影响因素等问题，不同流派的心理学家给出了不同的解释，提出了各种理论，其中包括精神分析理论、学习理论、认知理论和习性学理论。各种理论分别从不同的角度解释了婴儿在依恋发展中的作用、影响依恋发展的因素以及依恋发展的过程。

（一）精神分析理论

精神分析理论把依恋看作早期儿童对能够满足生理需要、提供快乐与舒适的父母形成的一种情感联系，强调生物学因素在依恋建立和发展中的决定作用，把喂养作为依恋形成的起源。按照弗洛伊德的观点，儿童在第一年处于口唇期，口唇经验成为儿童最重要的快乐来源，但母亲可以通过哺乳满足儿童的口唇需要，因而成为儿童的主要依恋对象。换言之，通过吸吮满足口唇的需要和其他形式的口唇刺激，使婴儿依恋于给他带来满足的母亲的胸脯，并最终形成对母亲的依恋。

精神分析理论在一定程度上揭示了依恋的情感内涵，触及了依恋的本质；从需要的意义上讨论依恋的建立和发展，并以儿童需要的满足与否作为依恋确立、发展与转移的内在依据，具有重要的理论意义；把依恋的发生发展与特定阶段的基本任务并提，注重包括依恋在内的早期经验对于儿童未来发展的重要意义，对今天的有关研究与教育实践都具有积极影响。但是，精神分析学派尤其是早期的依恋理论是建立在泛性论的基础之上的，具有强烈的生物决定论的倾向：过于强调喂养或儿童的生理需要的满足的意义，过分注重喂养与口腔经验在依恋形成中的决定性作用，把母亲在早期依恋关系中的地位与作用绝对化，过分强调依恋的单向性，而忽视了依恋关系中的双向人际关系，忽略或贬低了其他成人（如父亲）在婴儿依恋关系形成中的作用；而且，精神分析学家们未能深入探讨影响依恋性质的父母的具体品质以及依恋形成的内在机制，显得过于笼统（张文新，1999）。

（二）学习理论

学习理论以行为主义心理学家为代表。早期的学习理论认为，依恋是儿童与母亲之间基于相互强化与报偿而建立起来的双向社会关系。婴儿可通过母亲满足自身需要，而婴儿停止哭闹、开始笑等行为，也使母亲获得精神上的报偿，从而形成了双向的依恋关系。社会学习理论更注重依恋的社会发生性。它倾向于把依恋的形成看作儿童敏于社会刺激的生物机能与成人有意识的社会行为有机整合的产物。社会模型、社会支持与直接指导在依恋形成过程中也具有重要作用。学习理论同样把喂养看作依恋确立的主要决定因素，但它摒弃了本能力量在儿童早期亲子关系中的绝对支配地位，而注重在观察实验的基础上突出亲子双方社会经验的相互作用（谷传华，王美萍，2000）。

行为主义最著名的理论是依恋的驱力消退模型（drive reduction model of attachment）。该理论认为，哺育是母婴关系的核心，它降低了儿童的内驱力及其引起的紧张。母亲在喂养婴儿的同时，会带给婴儿更多的爱抚和愉悦，喂养会诱发婴儿微笑等积极的反应。母亲在儿童早期担当着喂养者的角色，母亲作为能够为儿童提供正强化的人，促成了儿童依恋的形成。

尽管哺育是母婴关系建立的重要途径，但是，喂养对依恋关系的建立到底有多重要？哈罗和齐默曼（Harlow & Zimmerman，1959）用幼猴所做的“替代母猴”实验对行为主义的观点提出了有力的挑战。在研究中，研究者分别用柔软的布和冷硬的金属丝制作了两种“替代母猴”，结果，尽管幼猴能够从金属丝制作的“母亲”那里吃奶，但它们更喜欢亲近布作的“替代母猴”。显然，饥饿的消除并非依恋发展的必要因素。对人类的研究也发现了类似的情况：日常看护活动的不同并不能很好地预测儿童的依恋。

总之，学习理论认为依恋不是一种内部的或本能的过程，而是儿童与他周围的重要人物之间通过相互作用建立起来的关系。依恋被看成一个双向的过程，婴儿与父母之间建立了相互的依恋。但是，精神分析和行为主义对依恋发展的观点，都过分强调哺育的作用，而忽视了婴儿心理特征的重要性。可以说，学习理论着重从行为意义上解释依恋的产生和发展机制，但未能从根本上揭示依恋的情感本质；注重亲子互动的经验对依恋确立的决定性影响，切中了依恋形成的要害，突出了依恋现象的社会本质，但高估了喂养行为的地位；指出了依恋的双向性，但把成人依恋儿童的原因仅仅定位于来自儿童行为反应和有关刺激的强化，是不合适的。

（三）认知理论

认知发展理论不关注哪一个成年人最可能成为儿童的依恋对象，而关注依恋发展的认知基础——婴儿认知水平的发展。在依恋出现之前，婴儿必须学会区分熟悉的人与陌生的人，他还必须确认熟悉的人会“永久性”地存在（客体永久性）。依恋总是出现在婴儿 7～9 个月大时，这时正是皮亚杰感知运动阶段的第 4 个亚阶段，他们首次开始寻找并发现隐藏的物品。

认知发展理论为我们提供了另外一个思考的角度，它从婴儿的认知发展水平出发，结合认知发展的普遍规律，强调依恋发展的认知基础，对解释依恋的形成作出了贡献。

（四）习性学理论

习性学从进化论的角度出发，假设所有的生物，包括人类在内，天生就有一系列有利于物种生存的本能倾向。鲍尔贝的依恋学说系统地论述了依恋产生的生物基础、依恋的阶段性发展及其内部机制，还对依恋的主要特征进行了剖析。这种理论强调依恋过程的相互作用性质。在进化论和对动物的观察研究的影响下，鲍尔贝认为，依恋是一系列对种族保护和生存至关重要的本能反应。婴儿的哭泣、微笑、吸吮、依附和跟随行为可以引发必要的照顾和保护，增进母亲与婴儿之间的联系。在生物意义上，母亲已经准备好了对这些来自婴儿的

“激发物”做出反应，正如婴儿被预定好了对看护人的形象、声音和抚育做出反应一样。作为这些“生物程序”运行的结果，母亲与婴儿之间建立了相互的依恋。

显然，依据这种理论，依恋的生物功能在于保护幼小的后代，而心理功能在于提供某种安全感。它认为，儿童的依恋是呈阶段性发展的，儿童从最初的无依恋期，依次经过依恋关系建立期、依恋关系明确期等阶段，最终在两周岁时与特定个体建立起目标协调的伙伴关系。

习性学理论从人类进化与个体发展的意义上突出了依恋的情感内涵；注重实验观察等现代研究方法与技术的运用，对依恋发展阶段的划分奠定了今日依恋发展理论的基础；在总体上强调了亲子间依恋的双向性及儿童早期社会性表达（如微笑和哭泣）的重要作用。但是，习性学理论高估了习性与生物本能的影响，相对贬低了人的社会性尤其是儿童的社会能力；在依恋的客体选择上，过分突出了母亲的地位，这是它的不足之处。

专栏

婴儿依恋的发展：从“母体（子宫）依恋”到“社会子宫依恋”（引自 Chuanghua G，2008）

自从20世纪五六十年代以来，早期依恋的发展一直是研究者非常感兴趣的研究问题，但是，研究者大多关注儿童在出生之后的依恋发展，而很少关注儿童出生后的依恋与孕期环境的关系。谷传华（2008）采用日记法，对一名婴儿进行了为期一年的自然观察，从产后依恋与产前依恋的关系这个角度，提出了关于儿童发生、发展的观点。

观察对象是一名健康的婴儿，智能发育正常，属于容易抚育型气质。在观察过程中，对每天的行为，包括饮食、睡眠、洗澡、排泄、社会性行为和反应，进行客观而详细的记录或登记。观察结果显示，出生后的依恋与孕期的发育环境（母体环境）具有密切的关系，依恋的发展过程表现出明显的阶段性。根据这名婴儿出生后在各种典型的情境中的行为，可以将其依恋的发展过程划分为母体依恋（“子宫依恋”）阶段（0～1.5个月左右最典型）、泛化的“类子宫依恋”阶段（1.5～2.5个月左右最典型）、分化的“类子宫依恋”阶段（约2.5～6个月最为典型）、“社会子宫依恋”阶段（6个月以后最典型）四个阶段，其中每个阶段都有相应的典型的行为模式。可以说，这名婴儿经历了一个由“子宫依恋”到“类子宫依恋”，再到“社会子宫依恋”的发展过程，依恋的发展实质上是一个社会化程度不断提高的过程。

研究者据此认为，最初的母体依恋或“子宫依恋”主要是婴儿对自身生存和发育环境的一种单向的依恋。母体的子宫环境是一种“包裹式”的环境，在通常情况下，它舒适、安全、温暖、稳定，动静适宜，氧气和各种养分的供给自动、及时而充足，排泄或生物异化过程安适而自然。出生后的环境则要求婴儿独立地获取营养，获得温暖感、安全感、舒适感。这种由环境变化导致的从“自动”到“主动”的转变，很容易促成婴儿对子宫环境的依恋，类似于子宫内环境的外界环境也更容易引起婴儿的偏爱和对子宫的“怀念”。在泛化的“类子宫依恋”阶段，无论是谁，只要能够创造类似于子宫的环境或者能引起类似于子宫感受的环境，就能够引起婴儿的偏爱或依恋。在分化的“类子宫依恋”阶段，由于熟悉的成人（特别是孩子的母亲）所创造的相对稳定的、类似于子宫的环境，这种环境会引起婴儿更多的偏爱，熟悉的成人也更可能成为他们的依恋对象。在“社会子宫依恋”阶段，婴儿能够与熟悉的成人形成具体的依恋关系，熟悉的抚养者通过各种适当的抚养行为，为婴儿创造稳定的、可以预测和控制的环境氛围，即能创造一种社会性的“子宫”，使婴儿能够在其中获得充分的安全感、稳定感、舒适感，因此，熟悉的成年人（婴儿的主要抚养者）更可能成为婴儿的依恋对象。“社会子宫依恋”实质上是婴儿对稳定的、温暖的社会环境的依恋。婴儿出生后之所以形成依恋，有可能是因为他们更喜欢一种类似于子宫的环境，而母亲常常能创造这样一种环境，因而她们更可能成为婴儿的依恋对象，但这并不意味着，对环境的偏爱是引起依恋的唯一因素。

你赞成这种观点吗？为什么？

二、依恋的形成和发展过程

婴儿是从什么时候开始形成对母亲或其他看护者的依恋的？这种依恋又是如何发展的？围绕这些问题，很多研究者进行了系统的研究，他们提出了依恋发展的阶段。尽管心理学家们划分的依恋发展阶段有所不同，但是，他们的划分也具有一致之处。在这些研究中，谢弗和埃莫森（Schaffer & Emerson，1964）的研究与鲍尔贝（Bowlby，1979）的研究比较有代表性。

谢弗等将儿童依恋的形成和发展过程划分为以下 4 个阶段（Shaffer & Kipp，2009）：

（1）非社会性阶段（0～6 周）。这时，婴儿对很多社会性和非社会性的信息都会表现出偏好反应，很少抗拒。在这个阶段的后期，婴儿表现出对社会性刺激（如微笑的面容）的偏好。

（2）未分化的依恋阶段（6 周～6、7 个月）。这个阶段的婴儿对人表现出微笑，但是，对一些类人的物体（如会说话的木偶）还不能表现出微笑。任何人把他们从怀里放下都会让他们感到不安。这时，婴儿的依恋还没有发生分化。

（3）分化的依恋阶段（约 7～9 个月）。这个阶段的婴儿在与某个特定的人（一般是母亲）分离时开始表现出抗拒行为。婴儿常常试图追随母亲或缠着母亲，他们对陌生人开始变得警觉。研究者认为，这个阶段的婴儿已经建立起了最初的真正的依恋。如果按照时间来区分，一般 7～8 个月是婴儿依恋形成的重要时间点。

（4）多重依恋阶段（约 9～18 个月）。这个阶段的婴儿除了与某个特定的人建立依恋外，还会建立其他的依恋关系。例如，与父亲、兄弟姐妹、祖父母或者其他的某个照料者建立依恋关系。

英国心理学家鲍尔贝（Bowlby，1979）在研究中，将婴儿依恋的形成和发展过程划分为以下 4 个阶段：

（1）前依恋阶段（从出生至 1.5～2 个月）。这一阶段是无差别的社会反应阶段，婴儿对任何人的反应都是相似的、无差别的，但是，他们更喜欢母亲，并表现得特别兴奋。他们主要用哭、笑等情绪反应，引起母亲的注意，他们还会凝视母亲的面庞，用手抓母亲，让母亲作出反应。他们已能认识母亲的微笑和声音。

（2）依恋开始形成阶段（1.5～2 个月至 6～8 个月）。这一阶段实际上是选择性的社会反应阶段。婴儿已能分辨熟人与陌生人，并对他们做出不同的反应，他们对熟悉的抚养者尤其是母亲的微笑发声更多，对陌生人则很少。他们喜欢与熟人和母亲接触，但在他们离开时没有明显的分离焦虑。

（3）依恋形成阶段（6～8 个月至 1.5 岁）。在 6～8 个月时，婴儿对熟悉的人产生明显的分离焦虑，在抚养者离开时，他们会强烈"抗议"、哭闹，表现得十分苦恼，反对他们离开。婴儿开始以依恋对象为安全基地，探索周围的环境，在危险时退回他们的身边。同时，他们产生怯生现象，对陌生人很警惕。

（4）互惠关系形成阶段（1.5 岁至 2 岁以后）。在这一阶段，婴儿已经与依恋对象形成一种互惠关系。由于言语、动作的发展，2 岁左右的婴儿已能理解依恋对象离开的原因，理解他们行为的目的，分离焦虑减轻。他们已能调整自己的行为，通过"谈判"等方式与母亲（或其他抚养者）达成"协议"。例如，他们会与母亲"谈判"，让母亲答应在什么时候回来。

依恋有很多的外在表现和特定的行为，那么，如何判断儿童的依恋是否发生？依恋形成的标志是什么？通常认为，两种焦虑，即分离焦虑和陌生人焦虑（即怯生），是依恋形成的两个重要标志。研究表明，在依恋建立的早期，婴儿会极力寻求与熟悉的看护者的亲近，而反抗分离。当被迫与熟悉的看护者分离时，婴儿会感到十分焦虑，以哭泣等行为表示抗议。几乎在同时，儿童对陌生的看护者则表现出谨慎和恐惧，这使得见到陌生人产生焦虑或怯生就成为判断依恋产生的另一个重要标准。

婴儿的认知发展对依恋的形成起着重要的作用。婴儿必须能够区分母亲与其他的陌生人，还必须能认识到一个人在他看不见时也是存在的，也就是说，儿童必须产生“客体永久性”意识，即对物体（包括人）即使不在眼前仍然存在的知识。研究还发现，儿童抗拒父母离开的强度也与他们的认知发展水平有关，当儿童能够认识到他们处于一个不熟悉的情境中，与陌生人在一起，或发生了某些出乎意料的事件时，其抗拒分离的强度就会提高；当自己决定离开母亲，爬向另一个房间时，其抗拒分离的强度比母亲离开他们的时候要小。分离的场合也会影响婴儿分离焦虑的程度，当婴儿在家里与母亲分离时，他们抗拒分离的强度小于在实验室里与母亲分离时的强度。

婴儿认知的发展也在一定程度上促进了依恋表达方式的逐渐转化。随着儿童的发展，空间的邻近性越来越不重要，因而分离给年龄较大的儿童带来的不安或焦虑越来越小。儿童能较好地理解分离的原因，并能领会到分离只是暂时的。随着言语理解的发展，父母能够为儿童解释他们离开的原因，依次减轻分离对儿童的不良影响。

三、儿童依恋的测量及其类型

儿童的依恋可以分为哪几种类型？如何评价儿童的依恋质量？实际上，心理学家们通过长期的探索，已经找到一些具体的、可操作的方法，用来测查婴儿的依恋特点和类型。

（一）儿童依恋的测量

在评价儿童依恋的方法中，比较典型的、影响较大的是安斯沃斯（Ainsworth et al.，1978）提出的陌生情境测验（Strange Situation Test）。该情境测验包括 8 个连续的阶段（见表 8-2），用来评价婴儿的依恋质量和类型。该测验主要考察儿童在以下三种情境下的表现：第一，在自然情境中，婴儿在玩玩具时与看护者（通常是母亲）之间的互动，目的在于考察婴儿是否将看护者作为自己探索环境的安全基地。第二，暂时与看护者分离，陌生人进入，这种情境往往会给婴儿带来压力，让他们感到不安。第三，与看护者重聚阶段，目的是考察承受压力的婴儿能否从看护者那里获得安慰和安全感，并重新探索环境。通过记录和分析儿童在这些情境中的反应，包括探索行为、与陌生人的交往行为以及与母亲分离和重聚时的反应（特别是同亲密看护者重聚时的反应），确定婴儿与看护者之间的依恋质量。

表 8-2　陌生情境测验标准程序（引自俞国强，辛自强，2004）

阶段	出现人物	持续时间	行为描述	潜在的依恋行为
1	母亲、婴儿、观察者	30 秒	观察者将母亲和婴儿带入实验室，然后离开（实验室内散放着许多吸引人的玩具）。	
2	母亲、婴儿	3 分钟	婴儿探索环境，母亲在一旁观看。如果婴儿在 2 分钟内没有探索环境，母亲引导婴儿玩耍。	母亲作为安全基地
3	母亲、婴儿、陌生人	3 分钟	陌生人进入。第 1 分钟，陌生人沉默不语；第 2 分钟，陌生人与母亲交谈；第 3 分钟陌生人靠近婴儿。3 分钟后，母亲悄悄离开。	陌生人焦虑
4	婴儿、陌生人	3 分钟或稍短	开始第一个分离阶段。陌生人与婴儿玩耍。	分离焦虑
5	母亲、婴儿	3 分钟或稍长	第一次重聚。母亲问候或安慰婴儿，并鼓励婴儿继续玩。然后，母亲说：“再见。”离去。	重聚行为
6	婴儿	3 分钟或稍短	第二次分离。	分离焦虑
7	婴儿、陌生人	3 分钟或稍短	继续第二次分离。陌生人进入，并和婴儿一起玩耍。	接受陌生人的抚慰行为
8	母亲、婴儿	3 分钟	第二次重聚。母亲进入，和婴儿打招呼，抱起婴儿。同时，陌生人悄悄离开。	重聚行为

从表 8-2 可以看出，陌生情境测验创设了一系列标准事件用来考察儿童的行为反应。在测验中包括三个行为主体变量：婴儿、母亲和陌生人；两个人际关系变量：婴儿与母亲的相互作用、婴儿与陌生人的相互作用；三种引起婴儿焦虑的事件：陌生的环境、与母亲的分离和与陌生人相处；四种情境：母婴分离、母婴重聚、陌生人出现和陌生人消失。测验以依次升高的压力情境呈现给婴儿，婴儿在不同压力情境中的行为反应，尤其是婴儿在分离后的重聚方式和态度，为研究者判断婴儿与看护者之间形成的依恋的质量和类型提供了信息。陌生情境测验是应用最广也是研究婴儿的依恋和情感发展的最有效的方法之

一，它不仅促进了婴儿依恋的研究，也为研究者考察儿童的社会性发展提供了良好的条件。

（二）儿童依恋的类型

安斯沃斯等人根据婴儿在陌生情境中的表现，将婴儿的依恋划分为三种典型的依恋类型，分别是安全型依恋、反抗型依恋和回避型依恋。它们各自具有不同的特点，其中，反抗型依恋与回避型依恋都属于不安全型依恋。下面描述了三类依恋的特点。

第一，安全型依恋。大约有70%的婴儿属于这种类型。对于这类婴儿，母亲在场时，他们会独自探索，母亲离开会引起他们明显的不安和焦虑。当母亲回来时，他们会有温暖的回应，非常高兴，与母亲有身体的接触。当母亲在场时，他们把母亲当做安全基地探索周围的环境，对陌生人随和大方。

第二，反抗型依恋。大约10%的婴儿属于这种类型。这类婴儿会紧紧地靠在母亲的身边，很少有探索行为。当母亲离开时，他们相当痛苦和焦虑，当母亲返回时，他们又会表现出矛盾的情感：他们既想靠近母亲，又好像对母亲的离开感到很生气，因而抗拒母亲的亲近。反抗型依恋的婴儿对陌生人保持戒备，甚至母亲在场时也是如此。这类依恋又称为矛盾型依恋。

第三，回避型依恋。大约有20%的婴儿属于这类依恋。当他们与母亲分离时，很少表现出焦虑和紧张。当母亲回来时，他们也不予以理睬，回避与母亲的接触，甚至当母亲想主动引起他们的注意时，他们仍然比较冷漠。对于这类婴儿，母亲在场和不在场影响不大。他们对陌生人比较友善，但有时也会像忽视自己的母亲那样回避和忽视陌生人。

除了这三种典型的依恋，后来的一些研究者在研究中还发现了第四种类型的依恋，即混乱型不安全依恋。这种类型的依恋混合了反抗型依恋和回避型依恋的行为模式，婴儿似乎对于接近还是回避表现出犹豫不决。当母亲回来时，他们看起来不知所措，他们也可能在接近母亲的同时，努力避免与母亲接近，在不同的重聚场合同时表现出这两种模式。

陌生情境测验主要适用于2岁以下的儿童，对于2岁以上或者年龄更大的儿童，在划分依恋类型时就不够理想。因为年龄较大的儿童随着社会经验的日益丰富，他们对短暂的分离和陌生人进入已经习以为常了，所以很少表现出婴儿的那些反应。针对这种情况，研究者开发了专门的测量工具——依恋Q分类卡片（AQS）。这种方法被广泛应用于1～5岁的儿童。此外，还有很多其他的测量问卷和量表等评价工具。

（三）内部工作模型

为了解释儿童依恋的形成机制，鲍尔贝（Bowlby，1982；1988）提出了内部工作模型（internal working models）的概念。内部工作模型是一个人在早年与其照看者相互作用的过程中形成的认知或心理表征，其中包含了对自身与环境的相互作用的认知、对自己和他人的情绪反应及情绪调节的认知。换言之，一个孩子在早年与母亲或其他照看者交往的时候，会逐渐形成一种认识：怎样做才能与照看者或周围的人形成和保持某种特定的人际关系，这种认知就构成了内部工作模型。它一旦形成，就会影响儿童的各种人际关系，包括伴侣、朋友或兄弟姐妹的关系，并指导着自己在随后的人际交往中的情绪、认知和行为。在鲍尔贝看来，儿童的依恋模式以及与之相连的内部工作模型一旦形成，就会成为儿童人格的一部分，相对稳定地保持下来，甚至会持续到成年，影响成年期的生活。

案例分析

丁丁对妈妈的依恋

在本章开头的那个案例中，其实就反映了丁丁这个幼儿对妈妈的强烈依恋。这时，丁丁已经与母亲建立了亲密的依恋关系。分离焦虑和怯生是依恋的两个重要标志。它们在丁丁身上都表现得十分明显。当妈妈离开时，丁丁强烈地抗议与妈妈分开，这是一种典型的分离焦虑；在妈妈走后，丁丁又表现得很害怕，表情淡漠，不愿亲近陌生的人，这则是怯生或陌生人焦虑。

从某种意义上说，在最初进入幼儿园的时候，儿童产生这类反应是正常的。但是，成人特别是父母和教师如果采取适当的方式（如让儿童入园前逐渐熟悉幼儿园新环境，让儿童与要好的小朋友一起入园，让儿童在幼儿园体验到较多的快乐等），可以让儿童尽快适应新的环境，避免过分的焦虑和苦恼。这有利于儿童心理的健康发展。

四、成人依恋的发展

成人依恋是指成人对其童年依恋经历的回忆和再现，以及当前对此依恋经历的评价。由于依恋存在连续性，人们逐渐将依恋研究的范围从婴儿期扩展到青少年和成年时期。但是，与儿童依恋研究相比，成人依恋的研究相对困难和滞后，目前还没有一个能够全面测量成人依恋的工具，而且，在成人依恋行为系统中，依恋双方是交互作用的，即不像儿童依恋关系中有明确的依恋者（照顾者）和被依恋者。

（一）成人依恋的类型

研究者从不同的角度出发，对成人依恋进行了研究，将成人依恋划分为不同的类型（吴薇莉，2004）。鲍尔贝认为，儿童的依恋模式会转变为成人的依恋模式，成人通常有三种不安全型依恋：强迫给予照顾型、强迫寻求照顾型、强迫自我依赖型。其中，强迫给予照顾型的成人往往通过取悦和满足别人的需要来获得他人的接纳，他们给予别人帮助常常是因为需要别人的关注。这种依恋类型的成年人在早期往往母亲有心理疾病（如抑郁），母亲无法正常地照顾孩子，孩子被迫扮演母亲的角色照顾父母或兄弟姐妹等，这种照顾别人的经历促成了他们喜欢强迫给予照顾的倾向。强迫寻求照顾型依恋可能与童年时期长期害怕丧失或被遗弃有关，他们的父母往往忽视或拒绝孩子的需要，或者将孩子放在特定的养育机构中抚养，或者父母经常威胁和伤害孩子，让孩子产生在心理上被遗弃的感受。这种不稳定和不安全的父母行为很容易导致儿童的焦虑，使儿童成人后过分地渴望爱与支持，有时会表现出过度的依赖或信任。强迫自我依赖型依恋与强迫寻求照顾型依恋正好相反，他们不信任别人，避免与别人亲近，努力回避别人，以保护自己免受被遗弃的痛苦。这种依恋也可能是由早年被遗弃的体验导致的。

乔瑞治等人（Georage，Kaplan，& Main，1985）运用成人依恋访谈（Adult Attachment Interview，简称 AAI），分析了成人对早年依恋经历的回忆，据此将成人依恋分为三类：安全/自主型、不安全/拒绝型、不安全/先占型。安全/自主型的成人对早期关系的看法比较恰当，能较好地评价依恋关系。相反，不安全依恋型的成人难以整合过去经历的记忆，恰当地评价自身经历的意义，如不安全/拒绝型的成人否认或低估早期依恋的影响，难以回忆特殊的事件，或者将自身的经历理想化，较多地描述他们早期被拒绝的历史，而不安全/先占型的人不能很好地理解过去的经历，常常抱怨、指责自己当前与父母的关系，甚至感到愤怒。除上述三种类型之外，还有所谓的“悬而未决”型依恋，这类成人可能描述较多的丧失或被虐待的经历，而无法从这种创伤经历中解脱。

另一些研究者进行了类似的分类。例如，巴索洛米欧等人（Bartholomew & Horowitz，1991）将成人依恋分为四类：安全型、先占型、拒绝型、恐惧型。其中，安全型依恋的人在人际关系中感到舒适，对自己和他人都有积极的看法，既亲近又自主；先占型依恋的人具有高焦虑和情绪化的特点，对自己持消极的看法和感受，而对他人则持积极的看法和感受，对人过度依赖；拒绝型依恋的人对自己持有积极的看法和感受，对他人持消极的看法，他们崇尚独立，拒绝与他人亲近；恐惧型依恋的人往往内心充满焦虑、不信任，害怕遭到拒绝。

（二）成人依恋的研究方法

成人依恋的研究方法主要有三种：访谈、Q-分类技术和问卷（吴薇莉，2004）。

常用的访谈类测量工具包括：成人依恋访谈（adult attachment interview，

简称 AAI；George，Kaplan，& Main，1985)，是一个了解成人在儿童时代依恋关系的半结构式访谈，目的是通过个体对其早年依恋的回顾和描述，评价这些早期经验对当前心理和社会功能的影响来确定成人依恋的内部工作模型；当前关系访谈（current relationship interview)，采用与 AAI 相似的形式，对自我和伴侣依恋行为的描述调查成人的依恋表征；依恋访谈（attachment interview，简称 AI)，评估成人依恋的原型，它考察了自我和他人的依恋模式，有四个分类系统：安全、先占、拒绝、恐惧。

常用的 Q—分类评估包括：成人依恋 Q—分类（adult attachment interview Q-sort)，它通过检查最强和最弱情绪策略如何使用，找出情绪调节和依恋方式间的关系；婚姻 Q—分类（marital Q-sort)，主要评估当前依恋关系的两个维度：对伴侣的信赖和心理上的效能。

常用的问卷和评定量表有：成人依恋问卷（adult attachment questionnaire，简称 AAQ)，这是一种简易的成人依恋测量工具，它可以用来鉴别成人的依恋类型；成人依恋类型（adult attachment styles)，它通过自评的方式来划分各种关系中的成人依恋类型，特别是情侣关系中的依恋类型；成人依恋量表（adult attachment scale，简称 AAS)，该量表包括三个分量表：亲近、依赖和焦虑。此外，还有其他的问卷或量表。

与儿童依恋的研究一样,成人依恋的各种研究方法同样具有各自的优势和劣势,研究者一般都认同综合采用各种研究方法,可以得到更可靠的研究结果。

五、依恋的影响因素

依恋的形成和发展受到多种因素的影响，其中包括个体的认知、人格、成长环境，尤其是抚育者的抚育质量。

（一）抚育的质量

相对而言，抚育质量对婴儿依恋的影响更为明显，也更为研究者所关注。抚育质量主要表现在抚育者对儿童的敏感性、反应性以及积极情感的表达等方面。如果抚育者能及时意识到儿童发出的各种信号，做出及时的反应，而且能够表现出较多的积极情感和社会性刺激（如亲吻、拥抱、逗孩子)，那么，儿童就更可能形成安全型的依恋；反之，就可能形成回避型或反抗型的依恋。

换言之，抚育质量是依恋质量的强有力的预测因素，敏感的抚育有助于增强依恋的安全。如果抚育者对婴儿给以积极的回应，对他们的照顾温柔而敏感，与他们进行同步的交流与互动，婴儿在与抚育者的相互作用中就能体验到愉悦和安全，就容易形成安全型依恋。德·伍富等人（De Wolff & Van

Ijzendoorn，1997）总结指出，敏感性（对婴儿发出的信号迅速正确地做出反应）、积极态度（对婴儿表现出积极的关心和爱）、同步性（与婴儿进行默契、双向的交往）、共同性（在交往中婴儿与母亲注意同一件事）、支持（对婴儿的活动给予密切的注意和情感支持）、刺激（常常引导婴儿的行为），可以促成安全型的母子依恋。

而具有不安全型依恋的孩子往往处于消极的抚育环境中。抗拒型依恋的婴儿可能经历前后不一致的抚育。父母很少照料或者回应婴儿的信号，这使得婴儿的情绪受到极大的挫伤，反而在应付父母时采取消极的方式，如哭闹、纠缠等。安斯沃斯和其他研究者发现，回避型依恋婴儿的母亲往往对孩子缺乏耐心，很少对婴儿的信号做出反应，很少能从与婴儿的互动中获得愉悦。回避型婴儿也可能受到过多的刺激打扰。在以上两种情况下，婴儿便习得了对待父母的消极方式——回避。梅恩等人（Main & Soloman，1990）认为，具有混乱型依恋的婴儿往往想主动接近照看者，但是，又因为曾经遭受忽视和身体虐待而感到害怕。

失业、离婚、经济困难等其他因素都会影响父母的抚育质量，从而影响到婴儿依恋的发展。如果家庭拥有充分的社会支持，尤其婚姻美满的家庭的成员之间能相互支持，那么，儿童的安全感就会增强，就更可能形成安全型依恋。而由孤儿院这类专门的机构抚育的孩子常常缺乏安全感。他们经常哭闹，体重减轻，睡眠困难，甚至出现强烈的不适应，孤儿院婴儿的情绪适应问题很可能是因为没有与成人建立起稳定的依恋关系。儿童在出生后的几年内与抚育者建立亲密的依恋关系，这是他们今后正常发展的基础。

（二）个体的特点

在生命的早期，依恋作为婴儿与主要的照料者之间建立的持久而稳定的情感联系，它的建立取决于婴儿与照料者双方。研究表明，儿童自身的心理特点也发挥着重要的影响。

首先，婴儿必须发展起相应的认知能力，这是婴儿建立依恋的认知基础。这种认知基础包括婴儿出生后对母亲面孔、声音、气味等刺激的感知觉偏爱，也包括大约7个月以后逐渐发展起来的客体永久性以及他们的想象和模仿能力等。

其次，婴儿的依恋与他们的气质特点也密切相关。卡根（Kagan，1984；1989）的气质假说认为，婴儿是依恋关系的缔造者，儿童的依恋行为是自身气质特点的反应。他发现，容易型气质的婴儿更容易形成安全型依恋，困难型气质的婴儿更可能形成抗拒型依恋，而迟缓型气质的婴儿更可能形成回避型依恋，这是因为不同气质类型的婴儿适应环境的方式不同，因而倾向于与抚育者建立不同的关系。莱维斯等人（Lewis & Feiring，1989）发现，儿童早期气质特点可以预测他们的未来人际关系的性质，在3个月时对玩具而不是人表现出偏好的儿童到1岁时更可能发展为回避型依恋。但是，也有很多研究者对此提出异议，认为气质和婴儿的其他特征对依恋安全性的影响不大，这主要是由于父母的教养方式和婴儿气质特点匹配程度（或拟合优度）的原因。如果父母的教养方式与婴儿的气质相适合、相匹配，婴儿就可能与父母形成积极的依恋关系，否则，就可能形成不良的依恋关系。

对成人也是如此。成人的依恋也与他们自身的人格特点密切相关。莎孚等人（Shaver & Brennan，1992）发现，与那些矛盾型依恋和回避型依恋的个体相比，安全型依恋的个体较少表现出神经质的特点，而较多地表现出外倾性特点。后来的研究者也发现，安全型依恋与外倾性和宜人性呈正相关，而矛盾型依恋与神经质呈正相关，回避型依恋与外倾性和宜人性呈负相关。

（三）文化

文化是影响依恋发展的重要变量。从20世纪80年代起，依恋的跨文化研究也成为依恋研究的一个热点。如一项德国、美国和日本的跨文化研究的结果表明，三个国家安全型的儿童占60%左右；而德国回避型儿童（约35%）高于日本（约5%）和美国（约20%）；日本抗拒型儿童（约27%）则高于美国（约13%）和德国（7%）。研究者认为，回避型和抗拒型可能并不能真正反映依恋的不安全，而是由于儿童成长的特定文化差异造成的（Van Ijzendoorn & Kroonerberg，1988）。

在中国的文化背景下，儿童也具有一些相对特殊的依恋类型。梁兰芝、陈会昌等人（2000）采用实验室观察法，考察了122名21～27个月龄的儿童在自由活动、与陌生人的交往、与母亲的分离—重聚等多种压力情境下的行为表现，将他们对母亲的依恋划分为四种类型：淡漠型依恋、安全型依恋、缠人型依恋、混乱型依恋，其分布比例分别为11%、73%、7%、9%。其中，安全型依恋和混乱型依恋的表现与美国、日本等国家儿童大体相同，而淡漠型依恋和缠人型依恋是中国儿童所特有的依恋类型，其表现特点与国外研究者描述的焦虑—回避型不安全依恋及焦虑—矛盾型不安全依恋具有明显的区别。

淡漠型依恋的儿童单独与母亲在一起时，很少关注母亲的行为，专心于探索周围的环境和玩具；在自由活动和其他的不同程度的压力情境中，他们与母亲的身体接触也很少，很少主动与母亲交谈，与母亲的分离行为也少；对陌生的人和事物，表现出胆子大、不退缩；与母亲分离时，不哭泣，悲伤程度小，专心地玩玩具；对母亲的归来不积极欢迎，也无明显的喜悦。研究者认为，这种类型与西方学者描述的回避—焦虑型依恋比较相似，但是，他们虽然与母亲的关系平淡，却不像回避—焦虑型依恋那样对母亲有明显的回避行为。

缠人型依恋的儿童单独与母亲在一起时，喜欢缠在母亲身边，和母亲的身体接触或接近比较频繁，探索活动不积极；对陌生的人和事物拘谨、退缩；与母亲分离时，表现出反抗、哭泣、悲伤程度高；与母亲重聚时，急切地寻求母亲的安慰，但是不容易平静下来。这种类型与西方学者描述的矛盾—焦虑型依恋相似，但是，中国儿童在重聚时很少表现出生气、反抗、踢打母亲的行为。

显然，依恋的文化差异是十分明显的。一方面，文化间的差异可能与不同文化背景下的儿童的生理特征的差异有关；另一方面，文化差异更可能与深层次的价值观的差异、儿童观和教育观的差异有关，这些差异又会进一步影响抚育者或照看者的抚育方式，进而影响儿童的依恋。

六、依恋在心理发展中的作用

大量研究表明，依恋质量直接或间接地影响着个体后来的发展，这既表现在认知方面，也表现在个性、社会性发展方面。与主要抚育者建立了安全型依恋的婴儿往往在认知、人际关系和个性等方面发展更好。这些婴儿在以后的发展中往往具有更强的问题解决能力，玩更复杂、较有创新性的游戏，有较多的积极情感，在同龄儿童中更有吸引力。相反，不安全依恋则与随后的适应不良和行为问题相联系。

成人的不良依恋同样会产生不良的后果。不良依恋的危害主要表现在以下几个方面：影响人际交往，造成人际关系不良和社会适应障碍；导致认知和情绪障碍，有研究显示，虐待导致的混乱型依恋容易导致严重的抑郁；回避型依恋的大学生倾向于将自己和他人的快乐情绪知觉为消极的、不愉快的情绪。很多研究表明，成人的不安全依恋与自杀行为、癔症、抑郁症、边缘性人格障碍、情感适应不良、婚姻问题、进食障碍、物质依赖（如吸毒）等心理障碍或行为问题密切相关（Teti et al.，1995）。

专栏

如何改善成人的不良依恋

从总体上看，对成人不良依恋的干预主要可采取三种方式：第一种方式是从认知着手，即改善这些成年人的认知，让他们能够将依恋对象的情感与自己的体验区分开来，一些研究发现，这种干预方式的效果有限。第二种方式是让这些成年人建立亲子关系以外的新的依恋关系，有研究证实，稳定的配偶关系有助于改善成年人的不良依恋经验。第三种方式是让不良依恋者自己养育孩子，获得养育经验，由此促进他们对自身依恋经验的反省，改善他们的不良依恋。

链接

下列文献探讨了成人依恋的发展及其相关因素，可以作为拓展性读物：

[1] Shaver，P. R. & Brennan，K. A. (1992). Attachment Styles and the "Big Five" Personality Traits：Their Connections with Each other and with Romantic Relationship Outcomes. Personality and Social Psychology Bulletin，18，536-545.

[2] Caver，C. S. (1997). Adult Attachment and Personality：Converging Evidence and a New Measure. Personality and Social Psychology Bulletin，23 (8)，865-883.

[3] Feeney，J. A. & Noller，P. (1990). Attachment Style as a Predictor of Adult Romantic Relationships. Journal of Personality and Social Psychology，58 (2)，281-291.

[4] West，M.，Rose，S. & Sheldon-Keller，A. (1994). Assessment of Patterns in Insecure Attachment in Adults and Application to Dependent and Schizoid Personality Disorder. Journal of Personality Disorders，8 (3)：249-256.

本章小结

儿童出生后，就已经表现出某些基本的情绪，如满足、厌恶、痛苦、好奇。基本情绪的面部表情模式具有跨文化的一致性。儿童最初的情绪与基本需要是否获得满足密切相关，随后逐渐发展出带有社会性内容的情绪表现形式。随着年龄的增长，他们的情绪日益分化和丰富。

婴儿已经表现出较高的识别和理解情绪的能力，而产生表情与识别、理解表情并不是同步的。在识别和理解特定的表情时，婴儿常常需要借助于社会参照。随着年龄的增长，婴儿的情绪调节能力也逐渐发展起来。

情绪、情感的发展是个性、社会性发展的重要内容。其中，微笑在新生儿时期甚至就已出现。婴儿最早的微笑是“自发的”或“反射性”的微笑，主要与婴儿的内部状态有关。在 3～8 周时，婴儿的微笑发展到一个新阶段，这时，由面孔和声音等社会性刺激引起的社会性微笑开始出现。到 4 个月时，婴儿开始出声地笑。微笑和出声笑最初可能是由生物因素引起的，而它们随后的发展过程可能受儿童的认知能力和社会经验的制约。

在恐惧的发展方面，大约半岁以后，婴儿开始出现明显的怯生现象，对陌生人的出现表露出不安。1 周岁以下的儿童主要对一些自然刺激产生恐惧。随着年龄的增长，儿童社会性刺激和想象的刺激引起的恐惧逐渐增多。生物因素论、学习论和知觉一再认论对恐惧具有不同的解释。

在由社会需要所引发的高级情感中，道德感、理智感和美感是比较典型的，这些高级情感的发展对儿童的成长起着重要作用。两三岁的儿童已产生了简单的道德感。幼儿的道德感有了进一步的发展。小学阶段儿童的道德感在内容上已大大超过幼儿，具有集体感、荣誉感、自尊感、责任感，并能区分某些真假、善恶。儿童的道德感是从外部的、被动的、未被意识到的情绪表现逐渐转化为内部的、主动的、自觉意识到的道德体验。在教育的影响下，儿童的理智感和美感也逐渐发展起来。进入成年期之后，随着身心状态和生活环境的变化，个体的情绪、情感发生了进一步的变化。

依恋的形成和发展可以分为多个阶段，谢弗和埃莫森的研究与鲍尔贝划分的依恋发展阶段较有代表性。谢弗等将儿童依恋的形成和发展过程划分为非社会性阶段（0～6 周）、未分化的依恋阶段（6 周～6、7 个月）、分化的依恋阶段（约 7～9 个月）、多重依恋阶段（约 9～18 个月）。鲍尔贝将婴儿依恋的形成和发展过程划分为前依恋阶段（从出生至 1.5～2 个月）、依恋开始形成阶段（1.5～2 个月至 6～8 个月）、依恋形成阶段（6～8 个月至 1.5 岁）、互惠关系形成阶段（1.5 岁至 2 岁以后）。依恋形成的主要标志是分离焦虑和陌生人焦虑（即怯生）。“客体永久性”是依恋产生的认知基础。

通过陌生情境测验，可以评价儿童的依恋质量，将儿童的依恋分为三种典型的类型，即安全型依恋、反抗型依恋和回避型依恋。其中，反抗型依恋与回避型依恋都属于不安全型依恋。研究者还发现了第四种类型的依恋，即为混乱型不安全依恋。鲍尔贝用内部工作模型来解释儿童依恋的形成机制。

研究者从不同的角度出发，对成人依恋进行了研究，将成人依恋划分为不同的类型。鲍尔贝认为，成人通常有三种不安全型依恋：强迫给予照顾型、强迫寻求照顾型、强迫自我依赖型。乔瑞治等人将成人依恋分为三类：安全/自主型、不安全/拒绝型、不安全/先占型。成人依恋的研究方法主要有三种：访谈、Q-分类技术和问卷。

依恋的形成和发展受到多种因素的影响，其中包括个体的认知、人格、成长环境尤其是抚育者的抚育质量。其中，相对而言，抚育质量对婴儿依恋的影响更为明显。个体的认知能力、气质特点以及所处的文化环境等也会影响个体依恋的质量。依恋质量直接或间接地影响着个体的认知和个性、社会性的发展。

本章注释

[1]岑国桢、刘京海、盛逸民、许绍裘：《8 — 12 岁儿童道德判断的从众现象》，载《心理学报》1992 年第 3 期，第 267～275 页。

[2]谷传华、王美萍：《儿童依恋理论述评》，载《山东师大学报》2000 年第 45

卷第1期,第65～68页。

[3]黄煜锋、雷雳:《初中生心理学》,杭州:浙江教育出版社1993年版。

[4]梁兰芝、陈会昌、陈欣银:《两岁儿童对母亲的依恋类型》,载《心理科学》2000年第23卷第3期,324～328页。

[5]林崇德主编:《发展心理学》,北京:人民教育出版社2009年版,第312～314页,第348～356页,第364～370页。

[6]孟昭兰:《婴儿心理学》,北京:北京大学出版社1997年版,第308～317页。

[7]吴薇莉、方莉:《成人依恋研究》,载《四川大学学报》2004年第3期,第132～134页。

[8]吴薇莉、简渝嘉、方莉:《成人依恋测量研究》,载《中国临床心理学杂志》2004年第12卷第2期,第217～220页。

[9]俞国良、辛自强:《社会性发展心理学》,合肥:安徽教育出版社2004年版,第416～417页。

[10]张文新:《儿童社会性发展》,北京:北京师范大学出版社1999年版,第193～201页。

[11][美]罗伯特费尔德曼著,苏彦捷等译:《发展心理学——人的毕生发展》,北京:世界图书出版公司2007年版,第211～212页。

[12][美]D. Shaffer, K. Kipp著,邹泓等译:《发展心理学》,北京:中国轻工业出版社2009年版,第403页。

[13]Bainum, C. K., Lounsbury, K. R., & Pollio, H. R. (1984). The development of laughing and smiling in nursery school children. Child Development, 55(5), 1946-1957.

[14]Bowlby, J. (1982). Attachment and loss: Retrospect and prospect. American Journal of Orthopsychiatry, 52(4), 664-678.

[15]Camras, L. A. (1992). Expressive development and basic emotions. Cognition & Emotion, 6(3), 269-283.

[16]Chuanhua, G. (2008). The development of early attachment: An observation study on an infant throughout the first year. 29th International Congress of Psychology, Berlin, Germany.

[17] Feinman, S. E. (1992). Social referencing and the social construction of reality in infancy: Plenum Press.

[18]Field, T. & Walden, T. (1982). Perception and production of facial expressions in infancy and early childhood. Advances in child development and

behavior，16，169-211.

[19] George，C.，Kaplan，N.，& Main，M.（1985）. Attachment interview for adults. Unpublished manuscript，University of California，Berkeley.

[20] Grolnick，W. S.，Bridges，L. J.，& Connell，J. P.（1996）. Emotion Regulation in Two-Year-Olds：Strategies and Emotional Expression in Four Contexts. Child Development，67(3)，928-941.

[21] Kagan，J.（1994）. The nature of the child：Perseus Books.

[22] Kahana-Kalman，R. & Walker-Andrews，A. S.（2001）. The role of person familiarity in young infants' perception of emotional expressions. Child Development，72(2)，352-369.

[23] LaBarbera，J.，Izard，C.，Vietze，P.，& Parisi，S.（1976）. Four- and six-month-old infants' visual responses to joy，anger，and neutral expressions. Child Development，47(2)，535-538.

[24] Malatesta，C. Z. & Haviland，J.（1985）. Signals，symbols，and socialization：The modification of emotional expression in human development. The socialization of emotions，89-116.

[25] Malatesta，C. Z. & Haviland，J. M.（1982）. Learning display rules：The socialization of emotion expression in infancy. Child Development，53(4)，991-1003.

[26] Mangelsdorf，S. C.，Shapiro，J. R.，& Marzolf，D.（1995）. Developmental and temperamental differences in emotion regulation in infancy. Child Development，66(6)，1817-1828.

[27] Teti，D. M.，Gelfand，D. M.，Messinger，D. S.，& Isabella，R.（1995）. Maternal depression and the quality of early attachment：An examination of infants，preschoolers，and their mothers. Developmental Psychology，31(3)，364-376.

[28] Van Ijzendoorn，M. H. & Kroonenberg，P. M.（1988）. Cross-cultural patterns of attachment：A meta-analysis of the strange situation. Child Development，59(1)，147-156.

[29] Wolff，M. S. & Ijzendoorn，M. H.（1997）. Sensitivity and attachment：a meta-analysis on parental antecedents of infant attachment. Child Development，68(4)，571-591.

习　题　八

一、名词（概念）解释

1. 道德感
2. 理智感
3. 美感
4. 繁殖感
5. 停滞感
6. 中年期危机
7. 依恋
8. 陌生情境测验
9. 安全型依恋
10. 反抗型依恋
11. 回避型依恋
12. 混乱型不安全依恋
13. 内部工作模型
14. 成人依恋
15. 社会参照

二、简答题

1. 婴儿是从什么时候开始微笑的？婴儿的微笑又是如何发展变化的？
2. 高级情感分为哪几种类型？儿童高级情感发展的基本趋势是什么？
3. 依恋有很多的外在表现和特定的行为，那么，如何判断儿童的依恋是否发生？依恋形成的标志是什么？
4. 依恋形成的影响因素有哪些？
5. 鲍尔贝有关婴儿依恋的形成和发展过程划分为哪几个阶段，各阶段的特点是什么？
6. 简述鲍尔贝有关成人依恋类型的划分及其特征。
7. 婴儿的依恋有哪些类型，其产生的原因是什么？

三、论述题

1. 有的儿童对可爱而又毫无害处的小宠物恐惧，阐述如何帮助儿童克服恐惧？
2. 试述儿童依恋的形成过程及类型。依恋对儿童的心理发展有什么影响？
3. 结合儿童依恋形成的影响因素，谈一谈儿童安全型依恋形成的策略。
4. 试论述儿童情绪发展的基本趋势及其特点。

第九章　自我与社会认知的发展

【教学目标】

通过本章的学习，应达到以下教学目标：

1. 识记和掌握婴儿自我的发展特点。

2. 结合具体的研究和生活中的儿童心理发展现象，识记和掌握童年早期自我的发展特点。

3. 结合具体的研究和生活中的儿童心理发展现象，识记和掌握童年中期自我的发展特点。

4. 结合具体的研究和青少年群体出现的典型心理现象，理解和掌握青少年自我评价和自我同一性的发展特点，特别是自我同一性发展的状态及其可能出现的问题；运用青少年自我发展的知识，分析青少年时期常见的心理现象或问题。

5. 理解和掌握青少年自我概念对社会适应的影响，包括对学业适应和社会交往的影响。

6. 结合实际的研究识记、掌握儿童社会认知的发展特点。

7. 理解和掌握典型的社会认知发展理论，结合具体的研究识记和掌握角色采择能力发展的基本阶段。

8. 运用儿童自我和社会认知发展的规律，解释和分析各年龄段典型的心理和行为现象，养成活学活用的学习习惯。

【本章结构】

本章内容包括两个部分：自我的发展与社会认知的发展。其中，在自我的发展部分，重点分析婴儿期的自我发展、童年早期的自我发展、童年中期的自我发展、青少年时期的自我发展；在社会认知的发展部分，首先简单分析自我认知的发展，然后重点分析对他人认知的发展、友谊认知的发展。另外，还讨论典型的社会认知发展理论，包括认知发展论和角色采择理论。本章的基本结构见下图：

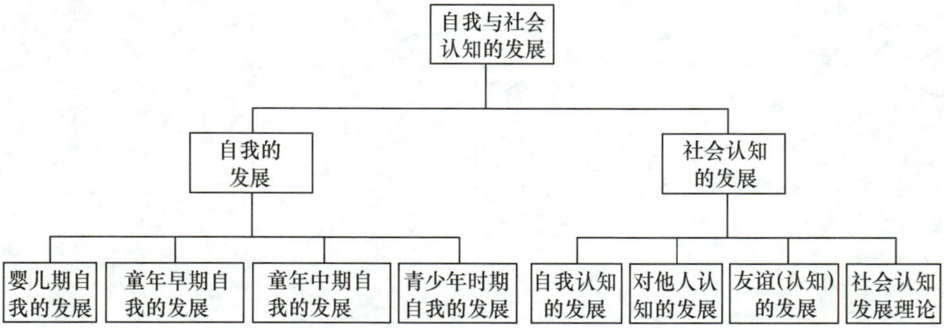

1931年2月8日，被称为“美国50年代最伟大的男明星”的詹姆斯·迪恩，出生在美国印第安纳州的一个普通家庭里，当时，没有谁会想到这样一个普通的男孩会在其短暂的一生中给世人留下不灭的印象。在他8岁时，他的母亲患了癌症，从母亲去世的那一天开始，他就变成了孤身一人。他不善于与人交际，害怕被伤害，总是很机警地保护自己。初到好莱坞拍电影时，他随身携带着一把枪，不拍片的时候就不与人说话，常常一个人呆在化妆室里。而到了拍他的最后一部电影《巨人》时，他还是会悄悄地避开人群。好莱坞浮华的名利场好像离他很远，从未有一个地方能让他产生归属感，也没有谁能与他保持长久的亲密关系。

通过上面的描述，我们可以看到詹姆斯·迪恩的内心世界和自我发展的特点，同时也可以在一定程度上看到影响他的自我发展的环境。一个人的自我是怎样形成和发展起来的？它受到哪些因素的影响？如何让一个人形成健康的自我？另一方面，如果有人问你：詹姆斯·迪恩是一个什么样的人？你可能会说出他的一些突出的性格特点（如颓废、孤僻），或者说出他在电影中所扮演的角色的一些特点（如桀骜不驯、矛盾）。其实，你所描述的这些性格特点反映了你对詹姆斯·迪恩的认知。这是一种社会认知。在本章中，我们会详细探讨自我的发展和促进问题，同时，深入讨论和分析与自我发展息息相关的社会认知的发展问题。

第一节　自我的发展

自我，也称自我意识，它是人们的自我认识和评价、自我体验与自我调控等多个方面的统一。其中，自我概念，即个体对自我的认知或整体知觉，也是自我的核心组成部分。一方面，自我是个体心理发展的重要组成部分，它与心理的各个方面（认知过程和个性、社会性）似乎都是不可分割的。另一方面，自我的发展与一个人所处的家庭和社会环境、个人的社会经历又是密切相关的。自我是什么时候开始产生的？随后，在不同的年龄阶段又是怎样发展变化的？或者说，各个年龄阶段的自我具有怎样的特点？这是关于自我的心理学研究的核心内容。

一、婴儿期自我的发展

婴儿是何时才将自己与他人、物体和环境事件区分开的呢？他们如何知道自己是唯一的，并形成自我意象（self-image）的呢？接下来，我们会一一解答这些问题。

（一）自我的产生

许多发展心理学家相信，婴儿出生时并无“自我感”。心理分析论者马勒等人（Mahler，Pine，& Berglman，1975）就将新生儿比喻为“蛋里的小鸡”，认为他们没有必要对自我及周遭环境做区分，因为他们的各项需求马上都能得到满足，婴儿只是“在那里”，而没有任何属于自己的认定。

那么，婴儿何时才会感到自己是一个与周围世界分离的人呢？其实，婴儿出生以后就开始为自我意识的发展做好准备了，父母亲在生活上对婴儿的照顾会使婴儿产生各种自我感觉经验，如婴儿饿了会大声啼哭，母亲及时地喂奶会使婴儿产生“饿”与“饱”的两种不同的主观体验；婴儿撒娇，母亲过来给予温暖的拥抱，又会给自我提供不同的身体感觉信息等。在出生后的两个月内，婴儿会练习他们的一些本能性的反射模式，并重复以自己身体为主导的有趣的活动（如吸吮拇指和挥动手臂）。换言之，他们逐渐熟悉了自己身体所具有的能力；2～3 个月大的婴儿就喜欢借着拉（或踢）绳子，让与之相连的会动（或视听）的机械的腿或手动起来，以此来“制造”一些有趣的现象和声音（Rovee-collier，1995）。即使是 8 周大的婴儿，也能在两三天后想起如何制造这些有趣的事件；如果绳子脱落了，婴儿无法再进行任何控制时，他们就可能会拉（或踢）得更用力，并可能有些沮丧（Sullivan et al.，1992）。总之，通过生活经验的变化，婴儿可以获得最初的、与他们躯体功能有关的自我意识。

同样，许多发展心理学家相信，最初的自我感来源于一种“能动感”（sense of agency），例如，母亲在婴儿的床上悬挂一些可以旋转的玩具，婴儿无意碰到了这个玩具，玩具开始动了起来，他对于这一结果很感兴趣，会一再去触碰玩具。这一经验会使婴儿产生一种“能动感”，会让他们意识到正是他们自己作用于周围的事物，才让它们产生了某种可预测的反应。与此同时，婴儿在父母的鼓励下开始探索周围的世界，这类体验日益增多，他们由此感受到自己改变或控制环境的力量，认识到自己的行动会产生特定的结果。这有助于他们将自己与他人、物体和环境事件区别开来，从而产生一种“主体自我”意识。

（二）自我再认的发展

婴儿自我发展的一个重要标志就是自我再认（self-recognition）。一旦婴儿知道他们是独立生存于其他实体之外的人，他们就会探询他们到底是谁或是正处于什么样的环境中（Harter，1983）。例如，婴儿会逐渐认识他们自己的身体外貌，并能辨认他们自己及其他的婴儿。如果婴儿能够自我再认，那么，一个突出的表现就是在照镜子、看照片、看录像的时候会认出他自己。

莱维斯（M. Lewis）和古恩（J. B. Gunn）通过镜子、照片和电视三种方式测查了婴儿再认自己的能力，以了解婴儿自我意识的发展（Lewis，1979）。研究者认为，镜子能够及时反映一个人的动作和外表，也可以说同时反映了主体我和客体我，因而对镜像的再认既有主体我的成分，又有客体我的成分；照片只限于反映一个人静止的形象，而不能反映随时的动作，照片的再认是一种客体我的信号。在这个简单的镜像实验中，研究者在婴儿不知道的情况下，在婴儿的鼻子上涂上红点，然后观察婴儿在镜子前看到自己形象时的反应。如果婴儿这时已具有自己脸孔的基模或图式，也知道镜中的影像就是他们自己，他们就会马上注意到在他们鼻子上的这个红点，想要去摸或擦他们自己的鼻子。研究结果表明，婴儿表现出来多种反应，如对着镜子微笑、摸镜子、摸身体、指镜子、在镜前显得疑惑不解和不知所措，或显得“害羞”。

比较年幼的婴儿并没有自我认识，他们面对自己在镜中的影像，似乎认为它是“别的小孩”。在实验中，所有 9～24 个月的婴儿，在涂了红鼻子之后比没涂时具有更多的指向自己的行为。这表明，处于这个年龄范围的婴儿在涂了红鼻子之后，在某种程度上知道了自己发生了某种变化。他们对自己微笑、摸自己的身体、指自己的镜像的行为比涂红鼻子之前要多。换言之，这个年龄范围内的婴儿在某种程度上能认出自己。但是，儿童要明确地认出自己要到 15 个月以后。当鼻子被涂红以后，15 个月以上的婴儿能直接指向鼻子上的红点，15 个月以下的婴儿则不能。尽管年幼的婴儿也注意到了红点，但只有较大的婴儿才能明确地注意到这种不同。此外，有研究结果表明，没有照过镜子的游牧民族的婴儿，在红点实验中开始表现出自我认识的迹象的时间与城市中长大的婴儿大体相同（Priel & deSchonen，1986）。9 个月的婴儿在涂红鼻子时，能通过更多的指向自己身体的行为，表现出某种程度的自我再认；9 个月以后，儿童确定自身外表变化的能力有了进一步提高。

那么，婴儿是如何学会辨认自身特征的呢？他们是依靠哪些线索辨认自己的呢？是根据自己与镜像动作的一致还是根据外表的相似性？录像实验回答了这些问题。研究者让婴儿观看屏幕上出现的他们自己的现场形象、他们 1 周前的形象和另一个婴儿的形象，对婴儿的反应加以比较，并在后续的实验中，让婴儿从电视屏幕上看到一个陌生人正在悄悄跟随屏幕上的婴儿。观察现实中的婴儿是否转向他在屏幕上见过的陌生人，他们是在三种条件（现场形象、1 周前形象、其他婴儿形象）下都转向陌生人，还是只在现场条件下才转向陌生人。结果支持了镜像实验的发现，9 个月的婴儿就能区分现场电视形象和其他的形象，他们更多地与现场形象玩耍，并对它做出更积极的回应。并且，所有年龄的婴儿在现场条件下比在其他条件下更多地转向陌生人。

这些结果表明，对视觉形象的自我再认最早出现在出生后 9 个月左右，它是以形象与自身动作的一致性为基础的：当形象随婴儿自身的动作一起移动时，婴儿很早就能认出那就是他自己。这一结果也解释了 9 个月的婴儿在看到自己镜像时的再认反应。利用动作一致性线索认出自己的能力随着年龄的增长稳定提高。但在第二年，婴儿最显著的发展表现在利用外表特征认出自己的能力上。

研究者比较了婴儿对自己 1 周前的形象的反应与对另一个婴儿的形象的反应，这两种形象都与观察时的动作不同步。大约 15 个月的婴儿就能区分自己以前的形象与其他婴儿的形象。婴儿在做出这种区分后，他们对另一个婴儿形象的微笑和靠近反应比对自己形象的这类反应要多，对自己形象的模仿、一起玩耍的反应比对另一婴儿的形象的这类反应要多。这种差异在婴儿 15 个月左右就已经出现了，并且随着婴儿年龄的增长变得越来越明显。研究者推测，15 个月以上的婴儿能够依据面部特征的不同，区分自己的形象与其他婴儿的形象。这意味着，15 个月左右的婴儿就已经知道自己面孔的形象了。

这一结论也得到了镜像实验结果的印证。在镜像实验中，15 个月以上的婴儿才能明确地意识到自己的鼻子被涂红了。并且，婴儿首次明确地认出自己的年龄在 15 至 18 个月之间，镜像没有呈现动作一致性线索，只反映了面部和其他的身体特征。由此看来，15 个月以下的婴儿是利用动作的一致性线索来认出自己的，而到了 15 个月，婴儿就能利用面部和其他的身体特征来区分自己和他人。这两种能力在婴儿期都不断提高。婴儿很早就有了一种“主我意识”，到 15 个月左右才开始有了一些潜在的“客我意识”。

（三）自我发展的促进

早期自我的健康发展是个体自我意识和社会认知健康发展的基础，它会影响到个体今后的社会适应。研究表明，早期自我的健康发展在很大程度上取决于亲子交往的质量。

如果父母给予孩子关爱，并对婴儿的需求做出积极有效的回应，让他们感到周围环境的变化是有规律的、可预测的，则有利于婴儿发展健康的自我意识。研究表明，儿童与依恋对象的早期的社会互动在很大程度上塑造了儿童后来的行为。对于父母的健康依恋将会促进儿童对社会环境和物理环境的探索。而且，早期依恋也增强了儿童对其他社会关系的信任，使儿童日后形成良好的同伴关系。许多发展心理学家认为，安全的亲子依恋也是自我健康发展的必要条件。皮普（Pipp et al.，1992）以 2～3 岁幼儿为研究对象，进行了一项复杂的自我知识（self-knowledge）测验，以考察儿童对自己的名字、性别的了解和自我认识。结果表明，安全型依恋的2岁幼儿在这个测验上的表现比不安全型依恋的同龄同伴要好；安全型依恋与不安全型依恋的3岁儿童在自我知识上的差异甚至更大。此外，当自我意识产生并得到一定的发展以后，那些能够再认自己的婴儿很快就会变得比较活泼外向，拥有较多的社交技能，很喜欢模仿玩伴的活动（Asendorph et al.，1996），有时甚至会合作以达到共同的目标。例如，一位儿童操纵把手，让另一位儿童可以拿出容器里的玩具来（Brownell & Carriger，1990）。获得自我意识的婴儿更可能掌握社交技能，获得良好的同伴关系，社会适应状况更好。

案例分析

自我的健康发展需要什么条件

明史记载，朱棣起兵夺位。建文帝葬身宫火。唯有第二子朱文圭不满两岁，被囚禁幽室，与世隔绝，每天仅仅从小窗口得点食物，勉强维持生命，历55个春秋，年近花甲的朱文圭却不辨牛马，不识长者，几近白痴。

朱文圭的经历说明，一个人的心理尤其是社会心理的发展，是与他所处的社会环境密切相关的。自我的发展也是如此。一旦脱离了社会生活环境，儿童的自我意识就失去了社会参照标准，他们就很难形成客观、明确的自我评价。在生命早期，抚育质量对儿童自我意识的发展尤为重要。一般说来，如果抚育者（包括父母）允许孩子自主地探索，给孩子适当的活动自由，有利于儿童形成一种积极的自我意识，形成自信、自主感。相反，如果抚育者对孩子缺乏爱心、对孩子的自主意愿、探索行为采取一种否定的态度，不给他们接触未知世界的机会，甚至动辄对他们进行羞辱、责备等消极评价，都会使孩子产生对自我的否定看法，进而影响其今后的健康发展。

二、童年（儿童）早期自我的发展

我们知道，婴儿期自我发展的一个重要成就是出现了自我再认，能够将自己与身边的他人、物体区分开来。儿童进入幼儿期之后，随着身体机能的发育、认知能力的发展，自我意识得到进一步发展，这主要表现为自我概念和自我评价的形成和发展。

自我概念是指儿童对自己的特征、能力、态度、信念、价值观的总体认识。它包括对自我的身体表征和心理表征，形成自我的独特感。幼儿的自我概念是具体的、与身体相联系的，通常不能察觉自己的心理特征。这体现在两个方面：第一，幼儿对于自己的描述通常都是外部可以观察的特征，如“我有黑色的眼睛”、“我有一辆新的自行车”。这时，幼儿对自我的察觉更多地集中在自己的长相、打扮以及拥有的物品上，倾向于用外部的特征，如所有物、明显的行为或自己爱好的活动，来描述自己。第二，幼儿的自我概念常与自己拥有的物品联系在一起。幼儿在回答“你是谁”这样的问题时，他们的回答常常包括有什么玩具、有什么新衣服之类的内容，他们以此来强调自己与别人的不同。

一些研究者认为，学前儿童的自我概念并不总是局限于可观察的特质。例如，艾德（Eder，1990）发现，对 3.5～5 岁的幼儿提出一些不需要太多语言技能就能回答的问题而不是“我是谁”之类的开放式问题，他们会很快地从心理角度描述自己，例如，他们会说“我喜欢自己玩”或“我喜欢和我的朋友一起玩”等，说明自己有社交能力。虽然幼儿可能并不清楚“善于交际”或“成功者”意味着什么，但艾德的研究却说明，儿童在他们能用抽象词汇来描述自我特质之前，就已经有初步的心理方面的自我概念了。总的来说，幼儿的自我概念大多来自对自我身体的表征或者对那些与自己有关的物理环境的表征，他们还不能完全用心理术语概括自己的心理特征。只有在进入小学之后，自我的心理表征才迅速发展起来。

我国心理学家也对学前儿童的自我意识发展进行了协作研究。他们主要从自我评价、自我体验和自我控制三个方面，研究了学前儿童自我意识的特点。研究结果表明，我国学前儿童在自我意识的各个方面（自我评价、自我体验、自我控制）都是随年龄的发展而发展的。各个方面的发生时间比较接近，其中，自我评价开始发生于 3～4 岁之间，自我体验发生于 4 周岁左右，这时儿童产生了明显的自尊，自我控制则开始于 4～5 岁。自我评价的发展在学前时期没有明显的性别差异，而在 5～6 岁左右女孩的自我体验和自我控制都比男孩要高。

学前儿童自我评价的发展首先表现为依从性的评价，随后能对自己的个别方面进行评价，进而发展为对多个方面进行评价，但主要还停留在对自己外部行为的评价上。例如，学前儿童基本上能正确评价自己身体的高矮，而全面、概括地评价自己身体特征的能力是较差的。学前儿童自我情绪体验的发展在不断深化，关于自我的社会情感体验也不断丰富，但其自我体验容易受暗示的影响（韩进之等，1990）。因此，可以认为学前儿童的自我评价具有以下特点：依从性和被动性、表面性和局部性、情绪性和不确定性。

三、童年中期自我的发展

童年中期儿童对自我的描述会逐渐从身体的、行为的及其他外在的特质过渡到稳定的内在特质上；从比较具体的外部特征过渡到比较抽象的心理特征。当回答“我是谁”这个问题时，小学低年级的学生往往会提及姓名、年龄、性别、身体特征等方面，而到了小学高年级，儿童则倾向于从自身动机、品质等方面描述自己。例如，一个9岁儿童的回答是："我的名字是C，我有棕色的眼睛和头发，我喜欢运动，我家里有七个人，我的眼睛很大，我有许多朋友，我住在……我有个叔叔几乎有七尺高，我的老师是伍太太，我玩曲棍球，我可以说是班上最聪明的男孩，我喜欢吃东西……我喜欢学校。"而另外一个十一岁半的女孩则说："我的名字是A，我是一个人……是个女孩……一个值得信赖的人。我不是很漂亮，我的成绩平平，我的大提琴拉得很好，从我的年龄来看我有些高，我喜欢几个男孩……我很古板，我很会游泳……我常想帮助别人……大部分时间我很好，但偶尔也会发火，有些男孩和女孩并不很喜欢我，我不知道是否有男孩喜欢我……"（Montemayor & Eisen，1977）。

随着儿童自我认识的不断加深，往往会伴随着对自我特征的肯定或否定评价，即自我评价（self-evaluation）。自我评价是否恰当，可能会激发或者压抑人的积极性，如儿童评价自己随和可亲，如果他认为这是好的表现，就会增强相应的行为倾向；反之，如他认为这是懦弱的表现，就会抑制这一自我特征。通过前面的研究，我们知道，儿童的这种自我评价能力在学前期就已经产生，进入小学之后，儿童进行评价的对象、内容进一步扩大，自我评价能力得到进一步发展。

儿童自我评价的发展特点为：（1）从受外部条件的制约过渡到受内部道德认识的制约。小学中高年级儿童往往以一定的道德原则来评价自己和他人（具体参考"道德发展"一章的内容）。（2）从注重行为的效果到注重行为的动机。这一转变的年龄大约在9岁左右。（3）从注重行为的直接后果过渡到注重后果的性质。儿童逐步认识到"人比物重要"。（4）自我评价的独立性日渐发展，并有了一定的批判性。（5）从对具体行为的评价过渡到有一定概括性的、涉及某些个性品质的评价。

为什么童年中期儿童对自我的认识发生了这些变化呢？一个重要的原因是儿童认知的发展。幼儿对事物的认知以表象为主，难以获得稳定的自我概念，而入学后儿童的认知逐步转变为以概念为主，能将自身具体的特征、行为表现概括为稳定的心理特征。另一个原因是社会交往的发展。儿童入学后，社会交往的范围进一步扩大，通过同伴交往、师生交往等，儿童从他人那里获得大量关于自我的反馈以及他人的信息，经常自发地将自己的各种特征与同伴进行比较，通过这种比较，儿童会获得更为客观的自我评价，开始从多个角度看待自己。

四、青少年期自我的发展

青少年期又称“自我的第二次诞生”时期，自我在这一时期得到了前所未有的发展。青少年期自我的发展对于个体的一生来说都是非常重要的，它是一个人的人格稳定发展的奠基时期，影响着个体道德和价值观的建立。同时，青少年自我的发展也与犯罪、自杀、精神疾病等社会问题密切相关。总的来说，自我的发展影响着青少年发展的方方面面。

自我的发展持续人的生命全程。在青少年期，个体生理、认知能力的发展使整个自我的发展表现出明显的阶段性特征，这显著地体现在青少年自我概念的发展上。同时，青少年时期的个体也面临着新的人生发展课题——自我同一性的发展。这是这一时期个体面临的主要心理社会任务。

（一）青少年自我评价的发展

到了青少年阶段，个体逐渐摆脱成人评价的影响，而产生了独立评价的倾向。自我评价的独立性是相对于自我评价的依附性而言的。独立的自我评价，在人的成长过程中有着非常重要的意义。在回答“我是谁”这个问题时，一个17岁的青少年的回答是：“我是人类社会中的一员……是个女孩……一个人……我是双鱼座的，我是个喜怒无常的人……一个优柔寡断的人……一个有野心的人，我是个很好奇的人……我很孤单，我是美国人（哦，天哪!），我属于民主党，我是个自由人士，我很激进，我是谨慎的，我是假自由人士，我是个无神论者，我是个很难归类的人（我也不想是这样的人）……”(Montemayor & Eisen，1977）进入中学以后，由于个体道德观念和抽象逻辑思维的发展，青少年除了比小学生更倾向于从心理上来描述自我，还表现出从道德原则出发进行自我评价的明显倾向，他们能够从内部动机全面地评价自己的行为。

（二）青少年自我同一性的发展

随着生理上逐渐发育成熟，思维能力逐渐接近成人水平，青少年开始有了参与社会事务、实现理想的需要，这势必会影响青少年价值观的确立和发展。我是谁？这个世界上什么东西最有价值？我活着是为了什么？这些都是在人生十字路口面临各种选择的青少年所要考虑的，思考人生的价值是青少年自我发展的中心，青少年通过不断地探索和思考，逐渐获得“同一性”（identity）。

1. 自我同一性的内涵

自我同一性（ego-identity）是埃里克森（E. Erikson）心理发展理论的一个重要概念，它是指个体对自己的本质、信念和重要特征前后一致及连续完整的意识，即个人的内部状态和外部环境的整合和协调感。它既包括自我认识，也包括自我的情感体验。

综合目前存在的多种观点，可以从以下几个方面理解自我同一性概念。

首先，从形式上看，我们可以从三个层面上来理解自我同一性。第一，自我同一性是一个人在过去、现在和将来，对诸如“自己是谁”、“自己还是不是原来的自己”之类问题的主观感觉或意识。第二，自我同一性是一个人对自己的社会自我或社会身份的主观意识或感觉，即被社会认可的自我形象，例如，“我是中国人”，“我是大学生”。第三，自我同一性是一种对自己当前状态的感觉，例如，感到身体很舒服，清楚自己在干什么。当这样三种意识在一个人心中真正产生的时候，我们可以说，他的自我同一性已经形成或确立。

其次，从内容上看，自我同一性是由不同的方面或成分构成的。这些方面包括，职业/事业同一性，即个体愿意从事的事业和工作；政治同一性，即个体属于哪一政治派别或政治立场；宗教同一性，即个体的精神信仰；关系同一性，即个体的婚姻关系和亲密关系；成就、智力同一性，即个体追求成功和提高智力的动机强度；性同一性，即个体属于异性恋、同性恋还是双性恋；文化/种族同一性，即个体来自世界的哪个地方，哪个国家，以及个体对他所属的文化的认同程度；兴趣同一性，即个体喜欢做的事情，包括运动、音乐、业余爱好等；人格同一性，即个体的人格特征；身体同一性，即个体的外貌或身体形象。

简而言之，自我同一性是一个人对自己的本质（自己之与他人的独特性）的统一性意识。如果一个青少年能够清楚地了解现实中的自己，了解自己的外貌、个性、信仰、民族、职业等，同时了解现在的自己与过去的自己之间的连续性，知道自己将来会成为一个什么样的人，那么就可以说，他的自我同一性获得了较好的发展，反之，就可能是自我同一性混乱。

自我同一性是衡量个体尤其是青少年人格发展的重要指标。埃里克森认为，在人格发展的第五个时期即青年期，人格发展的主要危机是自我同一性对角色混乱，主要任务是建立自我同一性，避免同一性混乱。在青少年期以前，一个人的同一性不会成为他面临的主要挑战，虽然它一直是一个活跃的方面。

2. 自我同一性的发展

对同一性的追寻起源于婴儿期，在童年期也有发展，正是在童年期，深层的个人倾向逐渐稳定下来，心理学家已经能够测评儿童的“人格特质”或“性格结构”。在青少年期以后的生命历程中，个人同一性还会不断地完善或重组。但是，同一性确立的任务在青少年期表现最为突出，并且，在青少年尝试建构一种整合的个人同一性时，常常伴有特殊的危机感。个人对同一性的追寻，在青少年期以前和以后都不会像青少年期这么迫切和强烈，其发展的可能性也不会像青少年期这么多样化。

许多研究者认为，青少年期主要的心理社会发展任务是形成整体的自我同一性。有的发展心理学家甚至根据这一任务来定义青少年期，认为青少年期并不是单纯由年龄和生理变化（如青春发育）决定的时期，而是个人成长中从开始关心自己作为独立个体到自我同一性完全确立的时期。依照这个标准，一个人在什么年龄处于青少年期就存在很大的个别差异。一般来说，青少年期在度过中学阶段之后就结束了。研究表明，青少年形成同一性的任务通常会在18～22岁之间完成，也有极少数同一性危机延长者，迟至中年时期才确立自我同一性。

同一性的形成必须先有一个对个人过去和现在所有特点的评价以及对将来要成为某种人的判断，它意味着，一个人要从童年的各种角色中建构一个全新的整体，一个高于各种特殊角色和个人特点的“完形”。青少年所要建立的同一性结构不仅必须达到自己内在的认知标准，如逻辑上的合理性、整体性、系统性，同时，还必须现实而有效地面对客观的社会。

我想要从事什么样的工作？我应该选择什么样的价值和道德观？我是怎样的一个人呢？我在社会上的定位又是如何？当然，对青少年而言，要思考的这类事情太多了。埃里克森把青少年对同一性的追寻称为“同一性危机”(identity crisis)，它是对个人成长至关重要的一个发展任务，完成不好会后患无穷。许多青少年需要投入全部精力来应付，但对大多数人来说，它是一种持久的尝试，需要长年累月点滴进步的积累才能完成。青少年逐渐“尝试”新的观点和行为，就像试穿新的衣服慢慢做出选择一样，他们会让这种选择与自己的自我意识一致起来。

只有当青少年在实际做出某一决定之前就能预测它是否与自我相符的时候，同一性结构才能巩固下来。要做到这一点，需要对各种行为和观点进行大量的尝试，特别是拒绝那些不适合自己的行为方式。这种尝试、拒绝和最后的接受使个体能获得某种预见，知道哪些选择与自我同一性一致，哪些则不行，这就是所谓的“巩固的”同一性。当然，并非每个人都能形成巩固的同一性，青少年期同一性的形成面临着特殊的困难。

青少年的同一性危机对所有的青少年来说都是难以应付的，但只有一部分人会陷入“同一性混乱”，表现出病理性的反应。同一性混乱可以表现为多种形式，如“时间观的混乱”、“自我意识和角色的固着”、“工作瘫痪症”、“两性混乱”、“权威混乱”和“价值混乱”。

一方面，自我同一性一旦形成，就有了特定的个体意义。它构成了一个人的社会角色和个人本质，指导着个人对未来的选择以及将来对他人和社会的行动。因而，同一性并不是一种静态的标签，而是个人生命的一种动力，它对个人将来的职业方向、人际关系以及作为一个公民的社会活动都有着深远的影响。如沃特曼（A. S. Waterman，1982）的研究发现，从高中一直到大学，形成自我同一性的人数不断增加，而处于“角色混乱”的人数逐渐减少；相对于中学生和大学低年级学生来说，大学高年级学生更容易形成自我同一性。国内研究也发现，大学生的自我同一性的形成比率随年级而提高，总体上呈现出由自我迷失到自我定向或自我同一的发展趋势；而且，大学生感到最困惑的问题是职业选择，其次是人际关系，再次是学业、品德和家庭关系，他们感到最烦恼的事情是理想与现实差距太大，意志薄弱，缺乏恒心，能力较差，缺乏金钱，前途模糊渺茫等。实际上，在大学阶段，自我同一性的发展变化是相当大的。有的追踪研究表明（张日晟，2001），未曾体验到自我同一性危机，也没有进行较多投入的学生在一年后约有60%发生了变化，形成了较好的同一性。研究者还发现，在中国大学生群体中，自我同一性已经形成的大学生在男生中占36.1%，在女生中占24.8%；正处于积极的形成过程中的大学生在男生中占61.1%，在女生中占69.2%。

另一方面，不少青少年未能真正确立自我同一性，出现同一性扩散、同一性延缓等现象。詹姆斯·马西亚（J. Marcia，1980）将青少年的自我同一性的发展分为四种情况：同一性形成、同一性扩散、同一性延缓、同一性过早完成。其中，同一性形成是指个体通过思考和探索形成了特定的目标、价值观和观念，形成了对职业和理想等方面的认同，这是同一性积极发展的形式和结果。同一性扩散是指一个人在发展的过程中，既没有体验到自我同一的危机，未对那些与自己密切相关的职业、理想、政治信念、社会角色等问题感到茫然或迷惑不解，对职业和理想选择做出决定，也没有进行自我投入，为实现某一目标倾注全力或表现出较强的兴趣。同一性延缓是指一个人正体验着危机，对自己的职业、理想、政治信念、社会角色等问题感到茫然，但由于环境没有给予明确的责任和义务，因而没有为之付出努力。另外，还有的青少年自我同一性过早完成，他们没有在职业、理想选择方面觉察或感受到什么冲突或困惑，而是不假思索地接受了父母或其他成人所灌输的思想态度、人生观、价值观。有研究发现，同一性扩散的青少年具有较多的心理问题和社会行为问题，在人际交往中退缩，难以与同学或同伴形成亲密的关系；同一性延缓的青少年焦虑程度往往很高，内心的冲突比较强烈，而且不自信；同一性早期完成的青少年则往往具有过高的自信，常常怀有偏见，强烈地需要得到社会的赞许，而且自主性差，与父母的关系亲密，对父母的依赖性也很强。

专栏

六种自我同一性地位与自我同一性形成度的测定（引自张日昇，2001）

日本心理学家加腾厚在前人研究的基础上，进一步将自我同一性形成的状态或地位区分为以下六种情况：

（1）同一性形成地位（A 地位）：体验了过去高水平的危机，即在诸如社会角色、职业、理想、政治信念等问题上感到茫然或迷惑不解，而目前正进行着高水平的自我投入，即为认识自己、实现自我并达到某个目标而倾注全力。达到这一状态的人努力寻求最符合自身的前进方向和价值观，经过积极的自我投入和各种不懈的努力，体验着各种发展危机，终于选择了自己奋斗的目标和方向。

（2）权威接纳地位（F 地位）：只体验到过去低水平的发展危机，现在进行着高水平的自我投入，也称为同一性早期完成地位。这些人几乎没有产生过危机体验，他们的自我投入的目标和方向不是经过再三思虑之后由自己选择的，而大多是直接迎合或接纳父母、社会理念而形成的。

（3）同一性形成——权威接纳中间地位（A-F 中间地位）：在体验中等程度的发展危机，现在在进行着高水平的自我投入。

（4）积极的延缓地位（M 地位）：现在没有高水平的自我投入，但具有“将来自我投入的愿望”。这些人正体验着各种危机或困惑，但他们也正在积极地自我投入和努力实现着主体的自我。

（5）同一性扩散地位（D 地位）：现在只进行着低水平的自我投入，但“将来自我投入的愿望”也比较弱。这些人无论他们是否体验过危机，有无探索前进的道路和价值观的经历，他们最终都未做出什么决定，无所向往，没有目标。

（6）同一性扩散——积极的延缓中间地位（D-M 地位）：这些人现在的自我投入水平不低于“同一性扩散地位”者，将来自我投入的愿望也不高于“积极的延缓地位”者。

自我同一性的地位或自我同一性形成度可以根据以下测试项目进行自我测定。请认真阅读以下短句，根据现在的心情或生活方式在适合自己的选项上画圈。

	完全是	相当是	大体是	大体不是	相当不是	完全不是
a. 我正在为实现自己的目标而努力。	○	○	○	○	○	○
b. 我没有特别热衷的事情。	○	○	○	○	○	○
c. 我知道自己是怎样的人，知道自己的希望与追求。	○	○	○	○	○	○
d. 我没有“想干什么”的确切的想法。	○	○	○	○	○	○
e. 我至今没有自主地对有关自己的事做出过重大决断。	○	○	○	○	○	○

f. 我曾认真深思过、苦虑过自己是怎样的人，该做些什么。

○ ○ ○ ○ ○ ○

g. 我不曾对按父母或周围的人所期待的生活方式做事感到有什么疑问。

○ ○ ○ ○ ○ ○

h. 我以前曾对自己持有的人生观失去过自信。 ○ ○ ○ ○ ○ ○

i. 我正在努力探求我所能投身的事情。 ○ ○ ○ ○ ○ ○

j. 对于不同的情况，就是怎样我都无所谓。 ○ ○ ○ ○ ○ ○

k. 对自己是什么样的人，能干些什么，我正在比较几种可能的选择并认真地考虑这些问题。 ○ ○ ○ ○ ○ ○

l. 我不认为自己这一生能做什么有意义的事。 ○ ○ ○ ○ ○ ○

测查结果与分析：

根据各项的得分，即“完全不是”1分，“相当不是”2分，“大体不是”3分，“大体是”4分，“相当是”5分，“完全是”6分，算出“现在的自我投入”、“过去的危机”、“将来自我投入的愿望”的得分。其中，

♣(a) －（b）＋（c）－（d）＋14＝“现在的自我投入”

♣(h) －（g）＋（f）－（e）＋14＝“过去的危机”

♣(i) －（j）＋（k）－（l）＋14＝“将来自我投入的愿望”

根据下面的得分标准和同一性地位分类流程图式（见图9-1），找到自己的自我同一性地位，并参照上文进行自我分析。

我的自我同一性地位是	地位

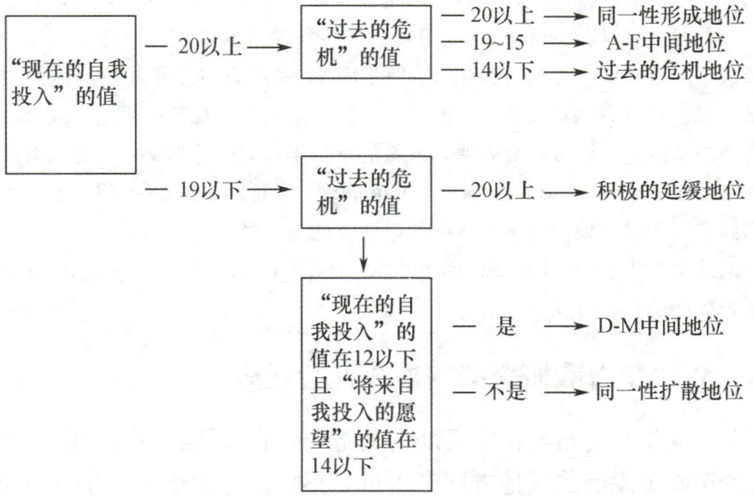

图9-1　同一性地位分类流程图式

案例分析

青少年的“自毁”行为

自杀和反社会行为是青少年时期常见的两种“自毁”行为。国外学者对青少年进行的一项调查研究表明，将近56%的人报告说，自己至少曾有过一次自杀的念头，有5%的人则曾企图自杀（Windle & Windle，1997）。类似地，自杀也是我国的一个重要的公共心理卫生问题。据卫生部报告，我国每年至少有25万人自杀死亡，200万人自杀未遂。2003年，北京心理危机研究与干预中心发布的数据显示，自杀已成为15至34岁人群的首位死因。在我国，自杀者中15～24岁的青少年占50%～70%左右，自杀的平均年龄仅为22.5岁（王登峰，1999）。

另外，反社会行为也是青少年群体中常见的社会问题。西安市雁塔区人民法院的最新统计显示，从1997年到2001年上半年，青少年犯罪案件占整个刑事案件的比重由0.55%上升到9.5%，犯罪人数由原来的0.4%上升到15.5%，与此形成鲜明对比的是，青少年犯罪年龄却逐年下降，从1998年至今，青少年作案平均年龄下降了2周岁，由17.6周岁降为15.7周岁。在青少年的反社会行为中，一般的攻击行为发生频率有所减少，而严重的暴力犯罪（如谋杀和强奸等）和财物犯罪（抢劫、盗窃等）都有所增长，对社会的危害也与日俱增。

这类现象为什么在青少年群体中如此普遍？在某种意义上说，这与青少年自我同一性的发展密切相关。自我同一性的确立是青少年人格发展的重要任务，也是自我发展的核心组成部分。可以说，青少年正处于向成年期过渡的特殊时期，他们的内心通常会充满各种各样的困惑。他们要对自己的身份或角色形成明确的自我认识，要形成明确的兴趣、价值观、性取向、政治立场，对自己的能力、性格、人际关系等形成明确的看法，还要明确自己的志向或理想，将自己的过去、现在与未来统一起来，形成自我的“统一感”。面对这种特殊的发展任务，他们会进行各种探索或尝试。在此过程中，大部分青少年形成了“自我同一性”，消除了内心的困惑，一些青少年则相反，他们做出了错误的尝试或探索，或者探索失败，从而误入歧途，走上了反社会的道路，或者为各种心理与行为问题所缠绕。许多研究表明，自杀的青少年常有严重抑郁、吸毒或有其他的反社会行为（Committee on Adolescence）（Vannatta，1996），在陷入绝望、感到无法应付他们所遇到的问题时，他们与父母、同伴或朋友的关系经常恶化，学业失败，对嗜好或其他有趣的活动丧失兴趣（Berman & Jobes，1991；Wagner，1997）。一些青少年选择了自杀这种极端的处理方式。

五、青少年自我概念的发展与社会适应

青少年期是个体自我概念发展的关键期，青少年自我发展的重大变化必然会对青少年心理发展的其他方面产生重要影响。青少年期是儿童期向成人期的过渡时期，面临着开始适应成人社会生活，因此，青少年的自我概念与社会适

应的关系成为许多研究者关注的领域，尤其是自我概念与学业成就、人际交往之间的关系。

（一）自我概念与学业成就

青少年的自我概念与学业成就之间的关系是许多研究者非常关注的一个问题。一般来说，对于这个问题通常采取两种思路：一种思路是直接考察青少年自我概念的各个维度与学业成就之间的相关；另一种思路是考察学业不良学生与一般学生或优秀学生在自我概念上的差异。

我国学者周国韬等人（1996）采用修订的 Song-Hattie 自我概念量表，对 11～15 岁学生自我概念的发展进行了研究，发现自我概念总量表及其各个分量表得分与语文、数学成绩之间具有高相关，学业成绩与学业自我概念的相关大于它与非学业自我概念的相关。这一点验证了马什等人在 1983 年的研究结论。

我国学者还考察了学业不良儿童自我概念发展的特点。俞国良等人（1996）运用修订的自我概念量表对 10～15 岁学习不良儿童的自我概念发展状况进行了测查，结果发现，在总体上，一般儿童的自我概念发展水平在各个维度上都远高于学习不良儿童；在自我概念的各个维度上，学业不良儿童与一般儿童均存在极其显著的差异。王春燕等人（2001）的研究结果也证实了这一结论：对 260 名 7～9 年级的优生和学业不良儿童进行测查，结果发现，优生和学业不良儿童在自我概念上存在显著差异，优生在自我概念的各个维度上显著高于学业不良儿童。

尽管大量研究表明，学业成绩与学业自我概念的相关大于它与非学业自我概念的相关，但自我概念的各个方面是一个相互联系的有机整体，某个方面的自我发展不良会影响其他方面的发展。长期的学业失败会使学生对自己的能力产生怀疑，促成其消极的自我概念，而已经形成的自我概念又会进一步抑制学生学习的积极性，从而形成恶性循环。

（二）自我概念与社会交往

青少年的心理发展受到亲子关系和同伴关系的影响。一方面，随着青少年身体的成长和性成熟，他们的亲子关系发生了深刻的变化，具体表现在亲子冲突的增多。另一方面，同伴关系对青少年心理发展的影响越来越大，他们对父母和教师的依赖日益减少，更倾向于与同伴建立良好的人际关系。李蓉蓉等人（2002）采用自编的人际关系取向问卷进行的研究发现，大学生总体的人际关系取向与总体的自我概念呈显著相关。自我概念的形成在一定程度上影响了大学生的人际交往和社会化。但是，对于自我概念是如何影响个体人际交往的，我国有关的研究还比较少，有待于进一步研究。

专栏

初中生以“火星文”捍卫隐私

近年来，在一些青少年中，一种叫做“火星文”的“特殊文字”在悄悄传播和应用。所谓“火星文”，就是随着网络的普及，大量使用以同音字、音近字、特殊符号来表音的文字。由于这种文字与日常生活中使用的文字相比相当奇异，故被称为“火星文”。以下是关于青少年“火星文”的报道（赵莉，2008）。

⊙o⊙（译：目瞪口呆）；⊙__⊙（译：傻眼）；1切斗4幻j，↓b倒挖d!（译：一切都是幻觉，吓不倒我的!）……如今，在不少初中生的作业、日记中，信手一翻就能看见几处“火星文”，一些年龄大的老师怎么也猜不出学生到底写的什么，而学生们则窃笑开了。面对“火星文”横行校园的现象，6名女中学生，花了5个月的时间进行了调查。

她们制作问卷，在校内外广泛发放，回收问卷近百份。结果发现，67%受调查的初中生都会用火星文；68%的初中生觉得火星文很时尚、有个性。由于书写随意、简单，“火星文”成了初中生热衷的“文字”，习惯成自然，60%的学生表示，在课堂笔记、作业，甚至是考试时，都会无意识地写出“火星文”。正因为如此，“火星文”引来诸多教师的反感。

调查组成员说，初中生喜欢“火星文”这种新鲜事物，就像是喜欢流行歌曲一样，如果谁不知道就等于落伍。另外，初中生钟爱“火星文”还有一个重要原因，就是保护自己的隐私。在一次校外调查中，一名初中生声称“火星文”可以保护隐私，原来该生的班主任要求学生每周上交周记，不少学生在其中使用“火星文”，不想让班主任窥见自己的心事。平时，同学们之间的信件或是字条留言，也会频繁使用“火星文”，此举目的再清楚不过：不愿老师、家长看懂，以此捍卫属于自己的一方天地。

对于“火星文”的这一“妙用”，不少初中生都表示认同。一名女生说，平时妈妈爱翻看她的信件和日记，时不时对她旁敲侧击。自从她使用“火星文”后，妈妈窥探她隐私的频率越来越小，“她看不懂我写的什么，只好放弃了!”女孩说这话时，得意地笑了。

调查组成员们说，初中生喜好新鲜事物能够理解，但不可本末倒置，如果说因为偏好“火星文”而忽略了中国语言文字的学习，那将得不偿失。另外，对于“火星文”保护隐私的“妙用”，也值得家长和老师们思考。

这一现象说明了青少年自我意识和人际关系的哪些特点?

第二节 社会认知的发展

儿童是如何认知、理解和思考社会的？他们是如何认识自身、他人、社会交往和社会组织机构的？儿童是怎样了解有关自己和他人的观点、情绪、思想和意图的？儿童对社会事物的认知表现出怎样的年龄特征呢？这涉及儿童的社会认知的发展问题。社会认知（social cognition）是指个体对自我、他人和人际关系的认知，包括个人对自己和他人的各种行为、心理活动、个性特征的认知、对个体或群体及其相互关系的认知等方面。它是当前发展心理学家十分感兴趣的一个研究领域。人正是通过社会认知来了解自己、了解他人，了解人际关系、文化习俗和社会制度的。

儿童对依恋对象的认知、道德认知、性别角色认知等方面也属于社会认知，由于本书中的其他章节对这些问题进行了详细的分析和讨论，本章中不再涉及这些内容。

一、社会认知的发展

在前面，我们提到，儿童特别是婴儿社会认知发展的中心过程是分化，即从非自我中分化出自我，从无生命物中分化出人类，从群体中分化出独立的个体（Flavell，1985）。大量研究表明，婴儿期是非社会认知（对自然或物理世界的认知）的萌芽期，也是社会认知萌芽和发展的时期。在皮亚杰的所谓感知运动阶段，儿童获得了关于物理世界的经验，也获得了大量关于社会世界的知识。怯生、依恋、交际信号的出现都说明，婴儿开始具备了有关人和社会事物的基本概念。

婴儿社会认知的萌芽可以看作一个逐步分化的过程，即自我与非我的分化、人类客体与非人类客体的分化、一个个体与另一个体的分化。在出生后的第一年内，婴儿逐渐能将自我与非我区分开来，逐渐意识到自身是一个独特的、与其他物体分离的实体；继而，婴儿学会了区分人与非人的事物，将自己看作一个有形的客体，看作许多人中的一员。人类客体逐渐与非人的客体区分开来。例如，当两个月的婴儿面对一个毫无表情且一动不动的人时，他们会变得烦躁不安。这种不安可能反映了婴儿对于人不同于其他客体的一种期待，婴儿开始对他人的行为做出某种预测。他们对他人的表情和手势也越来越敏感，如1～1岁半的婴儿在面对一个新奇的玩具时，可能先看看母亲的表情再决定是否接近玩具。若母亲有恐惧的表情，婴儿就会远离玩具，并靠近母亲；若母亲显得轻松、愉快，婴儿就会接近这一玩具（Klinnert et al.，1986）。这是一种社会性参照能力。

除了能区分人与非人的事物之外，婴儿还能将不同的个人区别开来，对看护人越来越熟悉，并与之建立强烈的感情联系，即依恋。在出生后的最初几周中，儿童是没有依恋的；大约在3～6个月，婴儿对人们的反应开始发生分化，通常对身边的一两个熟悉的人微笑较多；到第一年的最后3个月，婴儿表现出明确的社会依恋的迹象，例如，8个月左右的婴儿已经对陌生人的接近感到焦虑，出现了所谓的“怯生”，在母亲或其他看护者离开时，会感到烦恼，出现“分离焦虑”。关于人的这些知识显然都与儿童一般的认知能力的发展密切相关，如依恋的发展就是以儿童的视听分辨能力和感觉偏好为认知基础。在以后的社会认知发展中，认知能力始终扮演着重要的角色，后面我们会对此进行具体分析。

如前所述，社会认知包括对自我、他人以及社会关系或事件的认知等方面，在前面，我们已经讨论了自我的发展，包括自我再认、自我概念和自我同一性的发展。下面，我们在概括地介绍自我的发展之后，将重点讨论社会认知的其他内容。

（一）“我是谁”——自我认知的发展

儿童什么时候才把自己同他人区分出来？如前所述，利用镜像实验法对婴儿进行的研究发现，1岁以内的儿童还不能自我再认（他们不会去摸自己被抹了红点的鼻子），到了第二年，儿童开始认识到是自己的影像；大约18个月时，当有人叫起他的名字时，他会指镜子里自己的影像；2岁时，几乎所有的儿童都能在镜像实验中进行自我再认。

随着个体的发展，儿童对自身的描述逐步转向动机、意图、价值观和其他的一些内部心理状态。然而，与对他人的看法相比，对自我的看法通常比较灵活，在自我描述中所包括的行为也更多。例如，儿童在描述由文化所决定的性别角色模式时，对他人行为的要求和期望远比对自己的要求和期望要高，对他人的要求甚至近于苛刻。一个女孩可能认为自己应该积极竞争，并取得成就，自己有权选择人们普遍认为不适合女孩从事的职业，而她在说到自己的女性同伴时，却认为她们应该遵守传统的性别角色模式。

学前儿童倾向于从外部特征，如所有物、外显的行为或活动爱好来描述自我，例如，“我有一只叫贝贝的猫”，“我喜欢游泳”。7～8岁的儿童已能清楚地意识到自我的存在，更注重自己独有的情绪和思想，并能较抽象地描述自我。此外，这一时期正是儿童对社会竞争和自身能力的认识的形成阶段，例如，他们会说“我在我们班跑得最快”。到了青少年时期，儿童的自我认识更有条理、更复杂、更抽象。他们好像是在建立一种综合的“人格理论”，来描述自己的动机、情感和思想。这一阶段，他们开始考虑到决策、筹划、长期目标的制定，在思想和行动方面开始表现出较强的自我调控和自我定向能力。一个中学生可能说："如果我不喜欢某一课程，我根本就不去学它……另一方面，我喜欢的课程，像数学和物理，我一定要学好。"青春期以后，自我的发展并未停止，正如埃里克森（1959）所指出的那样，一直到成年期，自我仍然在不断地发展和变化着。

（二）对他人的认知

对于"谈谈你对你们的新老师的印象"、"你觉得我们碰到的那个男孩怎样"这类问题，年龄不同的人的回答有何不同呢？幼儿对他人的认知具有很大的局限性，多从他人的外部特征对他人进行描述，还难以认识到他人的心理特征和本质。即使是6～7岁的儿童，在描述一个人的时候也多使用具体的描述性词汇，描述对方的外表、所有物或对自己做了些什么，表现出较明显的自我中心主义色彩。例如，他们会说，"她给我了一块糖"、"她打了我"。他们通常不用"羞耻"、"体贴"或"友好"一类表示意图、动机或情感的心理学的陈述语。这些年幼的儿童即使进行心理上的描述，也大多刻板或者用错，如说对方"好"或"坏"。一个7岁的儿童这样描述他的一个同伴："她非常好，因为她把自己的太妃糖分给了我。她家住在热闹的大街上。她的头发很美，她有一副漂亮的眼镜……"

随着年龄的增长，儿童使用心理陈述语的比例增加，他们会经常用到一些较抽象的推理词。使用心理描述的倾向在7岁半至8岁半时表现得最为明显。事实上，7岁儿童与8岁儿童在这方面的差异甚至超过了8到15岁间的差异。正因如此，一些研究者认定"8岁是人际关系知觉的关键年龄"（Livesley & Bromley，1973）。尽管这一时期人际知觉发生了重大变化，但儿童对人的描述往往缺乏组织性，表现为前后不一、缺少解释、缺乏连贯性甚至相互矛盾，他们很难展现一个有关个体的较为完整的图像。直到青春期或成年早期，人们才真正认识到思想、情感和意图的复杂性，开始认识到人的行为特征可能因情境、内部状态等因素的不同而不同。从总体上看，在婴儿期以后，儿童的社会认知开始变得复杂起来，在对他人心理活动（如思维和意图）的认知、对人际关系的理解等方面的能力迅速提高。

1. 对他人思维的认知

儿童对他人思维活动的认知经历了从简单到复杂、从低级到高级的发展过程。在一项研究中，研究者向2～6岁儿童逐个呈现一部录像，同时伴有声音旁白；接着，让母亲和孩子一起看录像，但这时没有旁白，并让儿童注意到这个事实，然后，让儿童说出母亲对录像中的情节知道些什么，例如，问儿童"你妈妈知道这个男孩走进谁的房子里去了吗？"6岁儿童能够根据母亲看到的不完整的内容正确地推断她知道什么和不知道什么，而年龄最小的儿童往往轻易地判断母亲知道录像中的每一件事（Mossler, Marvin, & Greenberg, 1976）。另一项研究表明，3 岁儿童知道站在他人（而非自己）的角度能看到些什么，但他们不能推断出他人继所见之后，会有何所思；5 岁儿童则能够进行推断。在学龄期以前，儿童在正确推断或理解简单的“独特信息”的概念化作用方面有长足的进步。对他人思维策略的推测判断能力一直到少年期仍在发展（Abrahams, 1979）。

关于衍生思维（即嵌套思维）的理解也是儿童对思维认知的一个重要方面。一个行动或一种过程对自身或它的产品进行重复操作，而产生越来越长、越来越复杂的自嵌结构，就是衍生（嵌套）。研究表明，在儿童中期甚至早期，这种知识就已开始形成，一直到青少年期，关于衍生思维（嵌套思维）的知识都在发展。例如，研究发现，在 11～12 岁儿童中，有些人对“单环衍生”现象（即单层嵌套思维，如“这个男孩认为那个女孩在想他”这类句子）还不能很好地理解，更难以理解“双环衍生”现象（双层嵌套思维），如“这个男孩认为那个女孩以为他在想她”。巴伦波（Barenboim, 1978）对 10～16 岁儿童的研究发现，只有年龄较大的儿童才经常描述衍生（嵌套）思维，16 岁儿童中有 65%具有这种表现。

2. 对他人意图的认知和心理理论的发展

关于意图的知识对儿童来说具有重要的意义。它让儿童懂得人与其他客体具有哪些不同，知道人的行为可以由内在的意图、动机所驱使。儿童要懂得责任心和道德感，就必须先了解意图。许多研究考察了儿童如何利用意图信息进行道德判断。皮亚杰经过研究认为，儿童中期有一种以主观责任取代客观责任的、由他律道德向自律道德转换的倾向。人们倾向于认为，8、9 岁以下的儿童还意识不到意图的存在，或不能理解意图与责任的关系。但是，后来的一些研究者认为，皮亚杰在研究中所采用的故事任务是有缺陷的。例如，在皮亚杰的故事中，一个小孩在做不该做的事时偶然打碎了 1 只杯子，另一个小孩在帮妈妈做事时偶然打碎了 15 只杯子，哪个小孩更应该受惩罚？这里，两个小孩打碎杯子都是偶然事故，因而不能根据孩子的回答判断他是否知道有意与无意的区别。有的研究者采用了将意图变量与损失量区别开来的故事任务，如告诉儿童两个孩子损失量相同，但一个是有意的，另一个是无意的。结果发现，甚至七八岁以下的儿童就能认识到有意造成损失的孩子更应该受到责备。

有人研究了儿童掌握意图知识的发展。让 3 岁半～6 岁半的儿童与大学生看表现一个人动作的录像，其中，根据行动者对自己动作的注意、对动作结果的期待、动作有意或无意三个自变量进行了不同的组合。看完录像后，研究者让被试判断行动者的意图。结果显示，3 岁半～4 岁半儿童倾向于将所有动作都看成是有意的，并将动作所产生的所有结果都看做是意料之中的，只有极少数儿童能意识到类似物体运动的动作（如脚下一滑，倒进一张椅子里）不是有意的；4 岁半～5 岁半儿童对后一事实的意识更加清晰，他们通常都能理解不随意动作也不是意料之中的，5 岁半～6 岁半的儿童和成人能更容易地进行这种区分。大学生则以复杂的、综合的方式系统地思考上述三个方面（三类变量）的信息，与大学生被试一样，5 岁半～6 岁半儿童也以同样的方式进行判断，这说明，幼儿的意图知识可能在某些方面已经与成人一样复杂（Smith，1978）。

另一些研究表明，甚至 3 岁儿童也具备了一定的意图知识，3 岁儿童已能将预期的动作和错误与反射之类的非有意行为区分开来。例如，对于绕口令时所犯的错误，3 岁儿童一般都会认为这不是有意的。让 3～4 岁、5～6 岁、7～8 岁三个年龄段的儿童分别观看膝跳反射，并让他们有意地模仿类似的动作，然后让被试回答自己的动作是否属于“有意”。年龄较大的两组被试都能正确地回答，模仿动作是有意的，而反射动作不是有意的；三四岁被试则极少这样回答。但是，在要求 3 岁儿童向他无意间弄伤了的另一个孩子道歉时，有的儿童会拒绝道歉，说自己不是“故意”的（Shultz，1980）。这些事实表明，儿童至少在 3 岁时已经产生了关于意图的认知。幼儿已能较好地理解他人的心理活动了，或者说，已经有了自己的心理理论。随着年龄的增长和社会经验的增加，儿童的心理理论迅速发展起来。

儿童什么时候能够理解人的心理？他们知道别人是怎么想的吗？能知道别人为什么这样做而不那样做吗？关于儿童心理理论的研究为人们提供了一些有关的信息。心理理论是人们关于心理活动的知识和信念，是用来解释人的行为的一套理论。它是个体对人的心理活动表现出来的一种社会认知能力。每个人对于人的心理活动都可能有一套这样的“理论”。

研究发现，幼儿已经能理解别人的心理活动，知道别人是怎么想的，说出别人行为背后的心理原因。通常，4 岁左右的儿童已能用“害羞”或“小气”这类字眼，推断别人的动机和感受。例如，他们知道，一个害羞的人不喜欢和生人在一起。而且，他们已经知道，一个人的认识和愿望会决定他的行为。

研究者（Wimmer & Gschaider，2000；Flynn，O'Malley，& Wood，2004）曾经给幼儿提出这样一个实验任务（又叫错误信念任务）：一个叫马克西的小孩把一块巧克力糖放在橱柜里，在他离开后，他的妈妈把巧克力放到了另一个地方，那么，马克西回来以后会去哪儿找巧克力？结果表明，很多3岁儿童认为他会到妈妈放巧克力的地方去找，而4岁儿童一般都能认识到，马克西会认为巧克力还在橱柜里，因而会到那里去找。这说明，4岁儿童已能较好地理解他人的心理活动了，或者说，已经有了自己的心理理论。随着年龄的增长和社会经验的增加，儿童的心理理论迅速发展起来。

尽管以往的研究已经取得了一些有意义的结果，但是，在儿童的意图认知方面仍有大量的问题有待进一步探索。

（三）印象形成——人际认知的发展

通常，6、7岁以下的幼儿喜欢用一些具体的、可见的特征来描述同伴或其他人，他们对自己的描述也是如此。例如，学前儿童在描述自己"最好的朋友"时，经常会提到以下三方面的特征：住得近，可以一起玩（邻近性和共同活动）；长得漂亮（外表）；朋友的玩具很好玩（物品）。这些幼儿在使用涉及心理方面的词来评价他人时，常常只是笼统地说"他好"或"他不好"。

7～10岁的儿童在描述自己和他人时，关于人物的具体特征（如所拥有的物品和身体特征）的描述开始减少，而更多地注意心理方面的特征。巴伦波（Barenboim，1981）提出了学龄儿童对他人的印象认知发展的三个阶段。他认为，学龄儿童的印象认知会依次经历以下三个阶段：

（1）行为比较阶段。在谈到认识的人时，6～8岁儿童常常将他们的具体行为加以对比，如"小刚比冬冬跑得快"、"红红是我们班上跳舞跳得最好的"。在这个阶段之前，儿童对同伴的行为只进行简单而绝对化的描述，如"小刚跑得最快"，而不作明显的比较。

（2）心理特点阶段。当8～10岁儿童持续地看到同伴行为表现出来的特定规律时，他们就会依据同伴现有的稳定的心理特点，形成对同伴的印象。例如，8～10岁儿童在谈起班上某个同学时，可能会说，"他是个笨家伙"或"他很大方"。但是，这一阶段的儿童还不能从这些心理维度上对别人进行比较。

（3）心理比较阶段。到十一二岁左右，儿童开始从一些重要的心理维度上对他们认识的人加以比较，例如，他们可能会说，"王冬比李刚更害羞"，这就是一种心理比较。

巴伦波的一项纵向研究检验并支持了他的阶段划分。在研究中，他让6岁、8岁和10岁的儿童描述三位自己熟悉的人。儿童的描述被归分为行为比较、心理特点、心理比较这三类，一年以后进行重测，以了解6～11岁儿童印象认知的发展状况。结果表明，年龄较小的儿童常常从行为方面描述对他人的印象，"行为比较”在6～8岁增多，9岁时开始下降；9～11岁儿童在行为比较减少的同时，转而从心理特点描述他人。追踪研究的结果表明这种发展顺序也是存在的：在初测与重测期间，被试或者停留在原有的阶段，或者发展到了下一阶段，但是，即使是11岁儿童，在描述他人时进行的心理比较还是很少的。

儿童是从什么时候开始从重要的心理维度上对他人进行比较的呢？巴伦波对10岁、12岁、14岁、16岁儿童进行了类似的研究，发现绝大多数12～16岁儿童都发展到了第三个阶段，而相比之下，10岁儿童中只有不到15%的人在谈到同伴时进行了心理比较。

巴伦波赞成用认知发展理论解释儿童从“行为比较”到“心理特点”再到“心理比较”的发展过程。他认为，儿童在描述他人时从“行为比较”向“心理特点”的转折发生在8～9岁，这时，儿童刚刚进入皮亚杰所谓的具体运算阶段，发现规律和分类的能力有了明显的提高；另一方面，从“心理特点”向“心理比较”的转折发生在12岁左右，这正是大多数儿童进入形式运算阶段、获得抽象思维能力的时期。可见，儿童对自己和他人的知觉发展的转折与皮亚杰的认知发展阶段大体一致。

（四）对友谊的认知

20世纪七八十年代，达蒙等人系统研究了儿童对友谊的看法，将儿童的友谊认知的发展过程划分为以下三个阶段：

（1）以别人的行为为基础的友谊（约4～7岁）。儿童主要根据别人的行为，判断他们是不是自己的朋友。对儿童来说，好朋友就是身边的玩伴。他们认为，那些与自己相似的人、与自己一起玩玩具和做游戏的人，都是自己的朋友。与他们在一起玩得最多的同伴，最容易被他们当做朋友。他们还不会从个人的品质考虑对方。

（2）以信任为基础的友谊（约8～10岁）。儿童认为，好朋友应当相互信任，相互帮助，在需要时能帮忙的人才是好朋友。他们能考虑别人的品质、特点。好朋友一旦辜负了对方的信任，就不能容忍，做错的一方需要给出正式的解释和道歉，才能赢得朋友的谅解。

（3）以心理上的亲密感为基础的友谊（约11～15岁以及更大的年龄）。亲密和相互忠诚成为儿童判断两个人是不是好朋友的主要标准。儿童更看重好朋友能带来的亲密感，认为好朋友之间可以相互倾诉，袒露各自的想法和感受。一直到青春期，儿童都保持着这种观点。但是，这时的友谊有些排外。

塞尔曼（Selman，1981）将儿童友谊的发展划分为以下五个阶段：

（1）短暂游戏伙伴（3～7岁）。这一阶段的儿童还没有形成友谊的概念，所谓的“友谊关系”还很不稳定。他们还是以自我为中心的，还不能考虑别人的观点，在他们看来，好朋友就是经常与自己一起玩耍、给自己带来快乐的伙伴。如果让儿童说出自己的好朋友，他们就会列举出很多游戏伙伴，如果让他们描述一个好朋友，他们更看重这些伙伴的具体的活动或与自己的邻近性，例如，他们会说，“他和我一起玩”，“他和我住在一条街上”。

(2) 单向帮助阶段（4～9岁）。在这一阶段，儿童认为，好朋友就是顺从自己、听自己话的伙伴，他们会做自己想让他们做的一切事情。儿童可能说，“她是我的好朋友，因为她愿意把橡皮借给我用”，“她不是我的好朋友，因为我想让她跟我一起玩，她不愿意”。这一阶段的朋友具有“单向性”。

(3) 双向帮助阶段（6～12岁）。这时，儿童意识到好朋友应该互相帮助，但是，他们仍然具有明显的功利性，更看重对方是否能给自己带来好处，而不是朋友双方的利益。他们可能会说，“我们是好朋友，我们能相互帮助”，“朋友就是在没有人跟你一起玩的时候，能与你一起玩的人”。

(4) 亲密共享阶段（9～15岁）。在这一阶段，儿童认为，好朋友可以互相分享，同甘共苦，相互信任，忠诚于对方；共同的兴趣是友谊的基础；友谊的形成需要时间，而且，好朋友是排他性的。儿童可能会说，“交一个亲密的朋友要很长时间，如果你发现你的好朋友与别人成了好朋友，你就会感到很烦”。

(5) 稳定的友谊关系阶段（或自主独立阶段）（12岁以后）。这时，儿童对朋友的选择更加严格，一旦建立友谊关系，就能持续较长的时间；能相互尊重朋友的需要，相互尊重对方的独立性和自主性。儿童可能会说，“真正的好朋友需要真诚的奉献，必须相互支持和信任，并要让他有自己的自由”。

这一时期，儿童的角色采择能力逐渐提高，因而，他们能逐渐摆脱自我中心，理解同伴的需要、愿望、观点和感受，这大大促进了友谊的发展。从塞尔曼划分的友谊发展阶段可以看到，儿童达到相邻两个阶段的年龄往往有一定的重叠，这说明，不同的阶段之间不是截然分开的，而是有着某种连续性，而且同一年龄的儿童之间也存在个别差异，有的孩子发展得早一些、快一些，有的孩子则发展得晚一些、慢一些。

其实，塞尔曼与达蒙等人的阶段划分本质上是一致的。从总体上看，儿童的友谊关系是从单向自利或看重外部行为的阶段，向互惠、信任或看重个人品质的阶段发展的，儿童友谊发展的基本趋势是，交友从看重同伴外部的行为，逐渐发展为看重同伴的个人品质或人格特点（如忠诚、信任），从自利逐渐发展为互利，从短暂的、表面性的伙伴关系逐渐发展为稳定的、深刻的友谊关系。

但是，儿童友谊的发展也可能存在文化间的差异。20世纪90年代，方富熹等人运用与塞尔曼相似的方法，对中国儿童开展了一系列研究。他们发现，虽然中国儿童在深层的认知结构上与国外的同龄人是相似的，但是，他们也表现出明显的文化特点，在较低的阶段，儿童对朋友的看法并不完全是自私自利的，不是仅仅把朋友看作满足自己需要的人，而是一开始就表现出某种“双向性”，对别人表现出同情和关心。这可能与中国主导的文化价值观有关。

二、社会认知的发展：角色采择理论

对儿童社会认知的发展趋势，人们提出了多种解释，其中，塞尔曼的角色采择理论最为典型。

角色采择（role-taking）是指从心理上把自己置于别人的立场，认识到别人的观点，并以别人的眼光看待问题的能力，又称作“角色获取”或“角色承担”。角色采择是在与他人的相互作用和沟通的过程中逐渐发展起来的一种能力。通过角色采择，儿童才能在沟通中取得自己与他人的一致，更好地理解对方的沟通信号，相互适应，实现最佳的沟通。

有两类不同的角色采择能力。第一种角色采择能力是个人简单地获取或采择与他接触的特定个人的角色，通过特定的社会交往了解他们的态度。第二种角色采择能力是个人接受他所从属的社会群体的集体观点。接受这种集体观点，可以使个体获得通行的社会标准和信仰。根据这种理论，角色采择是建立社会关系、进行人际沟通的核心，也是儿童道德发展和社会化的核心。

但是，幼儿的观点采择能力还不高。许多研究都发现了幼儿在从他人立场考虑问题时所遇到的困难。例如，在一项实验中，要求儿童从三个画好的人物的观点来讲故事，结果，6 岁以下的儿童不能区别三个人物的不同立场，他们从每个人物的角度所讲的故事都是一样的；稍大一点的儿童能够区分不同人物的观点，但还不能够把这些观点联系起来：他们能从每个人物的观点讲出一个故事，但不能将三个分开的故事综合为一个故事。8 岁以后，儿童既能区分不同人物的观点，又能考虑到它们之间的联系。那么，是什么原因使幼儿难以采择他人的观点呢？

皮亚杰提出的“自我中心主义”概念，为儿童角色采择过程提供了一种解释。自我中心的儿童在一起游戏时倾向于各人玩各人的，即进行所谓的“平行游戏”。他们在游戏时虽然待在一起，但互不干涉，虽然说话，但各人的话题都是关于自己活动的，并没有共同的中心，不是真正的“对话”。例如，两个四五岁的儿童在一起玩沙箱，他们各自建造自己的小房子，说话虽然也都提到房子，但这个房子都是特指自己的房子，并不把自己的小房子与别人的房子进行比较，也不指导别人的行为。

随着年龄的增长，儿童逐渐摆脱自我中心，脱离一切以自身观点和情感为中心的倾向，并且开始理解他人的知觉、意图、思想和情绪，这个过程叫“去自我中心”。有关研究指出，儿童的去自我中心依赖于他们的社会交往能力、对他人情感的关心和移情等方面的发展。克服了自我中心的7岁以后的儿童，在游戏时能够相互协调，围绕一个共同的主题进行游戏（如在两个房子之间挖一条沟，把它们联结起来）。

皮亚杰认为，儿童主要是在与同伴的相互交往中克服自我中心主义的，儿童在与成人相处时，成人似乎能够理解和体谅他们的一切想法，而他们的同伴却不理解，因而与同伴交往时就容易发生相互排斥，导致同伴冲突。在此过程中，儿童逐渐意识到他人具有与自己不同的观点、意图或感受，逐渐学会了协调不同的观点，解决同伴冲突，自我中心的倾向逐渐减弱，角色采择能力也逐渐增强了。

自我中心与角色采择能力的关系常常引起误解，人们容易将二者对立起来，认为自我中心的减弱会导致角色采择能力的增强。实际上，二者之间的关系并非如此简单。认识和理解他人观点的能力的确要求自我中心的减弱，但自我中心倾向的减弱并不一定会增强角色采择能力。因此，儿童的角色采择能力除了与皮亚杰强调的认知发展水平密切相关之外，很可能还受到非认知因素的影响。儿童的社会经验就是其中之一。角色采择能力的发展与社会交往是相互影响的。

许多研究者认为，一般认知上的自我中心对幼儿思维的各个领域都有“抑制性”的影响。采择别人观点的能力是以多方面的社会行为和智力行为为基础的。没有观点采择能力的发展，儿童在人格、社会性和道德判断方面就不可能取得进展。根据这种观点，角色采择就是一种独立的能力，当儿童在不同的社会背景中理解不同的观点时，角色采择也经历了不同的发展阶段。有的研究者认为，角色采择涉及对不同方面的观点的理解，因而儿童需要在不同的领域内学习和积累经验，如空间关系、社会立场、道德观念等方面的角色采择分别需要以上述各个方面或领域的经验为基础。因而，角色采择能力的发展是以多方面的知识经验为基础的。

美国心理学家霍夫曼（Hoffman，1977）认为，角色采择能力的发展是儿童关于他人的知识不断增长的结果。他在研究的基础上，将儿童“关于他人的意识”分为四个阶段。他认为，可以根据儿童所处的阶段，来判断他采择他人观点的能力。这四个阶段是：阶段一，混淆自我与他人；阶段二，认识到他人的存在和永久性（婴儿期）；阶段三，意识到他人有着与自己不同的内部状态、思想、情感（婴儿期至整个童年期）；阶段四，意识到他人有着影响他们内部状态的特殊环境和生活经历（青少年期）。

当然，这些阶段之间并不是跳跃式上升的，角色采择能力的发展是一个连续的、渐进的过程。而且，角色采择能力的发展也具有明显的个体差异，一些儿童能较早地达到较高的角色采择水平，另一些儿童达到相同的角色采择水平的时间则可能较晚。是什么因素造成了角色采择能力的个体差异呢？有研究发现，帮助和施舍之类的亲社会行为与角色采择能力之间有着密切的联系，而与标准化智力测验的成绩相关不高。例如，有研究观察记录了儿童在操场和教室帮助和支持他人以及向同学提出合理建议的利他行为，结果发现，儿童利他行为的发生频率与实验室角色采择能力的得分存在正相关。

塞尔曼（Selman，1980）认为，一旦儿童能够区分自己与别人的观点，了解不同观点之间的关系，他们就能更好地了解自己和他人，要认识一个人，就必须了解他的观点、思想、情感、动机和意愿，了解影响其行为的内部因素。这种对他人角色的理解、采纳和承担就是“角色采择”。在没有获得这种角色获取技能的情况下，儿童对别人的描述往往是表面化的，即主要从表面特征（如外表、活动、所有物等）进行描述。

塞尔曼研究了角色采择能力的发展过程（Selman，1976）。他们分别给4岁、6岁、8岁和10岁四个年龄组的儿童放映电影，呈现一些两难社交情境，随后向他们提出有关主人公的观点和想法的一系列问题。下面是一个两难故事情境：“荷尼是个8岁的女孩，喜欢爬树，她是附近小孩中最会爬树的。有一天，她从一棵很高的树上掉了下来，但没有受伤。她爸爸知道后，很不高兴，要她保证以后再也不爬树，荷尼答应了。过了几天，荷尼和几位朋友一起碰到了肖。肖的猫卡在一棵树上不能下来，必须马上把它弄下来，否则小猫就很危险。在这些朋友中，只有荷尼能爬树，但她想起了向爸爸作出的保证。”

研究者要求儿童在听完这个两难故事之后，回答下面的问题：荷尼知不知道肖此时的心情？为什么？肖知道荷尼对爬树犹豫不决的原因吗？为什么？如果荷尼的爸爸看到荷尼爬树，他会怎样想？荷尼认为她爸爸看到她爬树后会怎样？荷尼认为她父亲能理解她爬树的动机吗？为什么？荷尼认为多数人在这种情况下会怎么做？如果你碰到这种情况会怎么办？假如荷尼和她父亲共同讨论这种情况，她们会做出怎样的决定呢？为什么？根据一般的处世原则，遇到这种情况应该怎么办？为什么？通过对儿童的回答的分析，塞尔曼将儿童角色采择能力的发展划分为以下几个阶段：

阶段0（约3～6岁）：自我中心或观点未分化阶段。儿童不能区分自我的观点与他人的观点，认识不到他人的观点可能与自己不同，认为自己觉得正确的事别人也会同意。儿童通常会认为，荷尼会去救小猫。当被问到荷尼的爸爸对她不守规矩的行为会有什么反应时，这些儿童认为，荷尼的爸爸会“很高兴，因为他也喜欢小猫”。他们自己喜欢小猫，就认为荷尼和她的爸爸也喜欢小猫。

阶段 1（约 6～8 岁）：观点分化阶段或基于社会信息的观点采择阶段。儿童认识到自己的观点与他人的观点可能相同，也可能不同。他开始认识到个体认知的独特性，但不能准确地判断他人的观点是怎样的。儿童认识到别人可能有与自己不同的观点，但只有别人了解的信息与自己不同时才会如此。儿童还不能理解他人的真实想法，不能预测他人的行动。当被问到荷尼的爸爸是否会因为她爬树而生气时，儿童可能会说，“如果他不知道荷尼为什么爬树，他就会生气；但是，如果他知道荷尼为什么爬树，他就不会生气”。

阶段 2（约 8～10 岁）：自我反省的观点采择阶段。儿童能从他人那里了解自我，并意识到他人可能也会那样做。他们有可能考虑他人的思想或情感。儿童知道，即使有了相同的信息，自己与别人的观点也可能相冲突，他们能够考虑他人的观点，也能预测他人对自己的行为的反应，但还不能同时考虑自己的观点和他人的观点。对“荷尼的困境”，儿童会认为，荷尼应该爬树，“她知道爸爸会理解她为什么爬树的”。这里，儿童注意到了爸爸对荷尼观点的考虑。但是，若问爸爸是否会希望荷尼爬树，儿童常回答“不会”，这时，他们考虑的是父亲对荷尼安全的顾虑。

阶段 3（约 10～12 岁）：多重观点的角色采择阶段或相互的观点采择阶段。在这一阶段，儿童不仅能同时考虑自己与他人的观点，并知道别人也能这样，而且能够从第三者的角度审视不同观点之间的相互影响。他们能考虑到另一团体（父母、教师）中的一些成员将怎样看待双方所持的观点。儿童已能从无关的第三者的角度描述“荷尼的困境”，知道荷尼和爸爸都在考虑对方的想法，他们可能会说，“荷尼想救猫，因为她喜欢猫，但她知道她不应该爬树。荷尼爸爸认为她不该爬树，但他不知道（猫的事），他可能会惩罚荷尼”。

阶段 4（约 12～15 岁以后）：社会观点采择阶段。这时，儿童已经进入青少年时期，他们已能理解社会不同群体的观点，如不同社会阶层或党派的观点，认为人们的观点不仅存在于一般的期望或意识层面，而且体现在非言语化的情感或价值观之类的深层沟通之中。青少年试图通过与社会系统的比较来理解他人的观点。换言之，他们希望他人能采取社会群体中绝大多数人所采取的观点。对“荷尼的困境”，青少年可能认为，爸爸会因爬树而惩罚荷尼，因为父亲一般都会惩罚不守规矩的孩子，他们有时也能认识到个人观点可能与传统的观点或大多数人的观点不一致，例如，他们会说，荷尼爸爸的反应取决于他是否与众不同、是否看重孩子的服从。

上述角色采择阶段构成了一个发展的序列，对 41 名男孩进行的持续五年的追踪研究表明，有 40 人表现出按阶段依次发展的倾向，中间没有跳越任何阶段。这可能是因为，角色采择能力的发展与皮亚杰的认知发展阶段是密切相关的。绝大多数具体运算阶段的儿童处于塞尔曼所划分的角色采择的第二阶段或第三阶段，而许多形式运算阶段的儿童已达到第四阶段或第五阶段。

角色采择能力的发展对儿童其他方面的发展具有深远的影响。一旦儿童获得了重要的角色采择技能，他们与他人的关系也将发生变化。例如，处于塞尔曼的自我中心阶段的学前儿童认为，“朋友”就是住得近并在一起玩的人；进入阶段 1 的儿童则认识到玩伴可能有着不同的动机和意向，认为朋友是那些为别人做好事的人；处于阶段 2 的儿童已经懂得“朋友”意味着一种相互关系，双方要互相尊重，对对方应慷慨、真诚。到了少年期之后，儿童能够更多地理解他人的爱好和人格特点，开始将朋友看作具有类似的兴趣和价值观并愿意共享内心世界的人。总之，当儿童开始能理解同伴的观点，并能更好地确认基本观点与自己一致的同伴时，他们的交友行为就更有选择性了。

儿童的角色采择技能也影响着他们在同伴群体中的地位。研究表明，3 至 8 年级中最受欢迎的儿童是那些角色采择技能较高的儿童，那些能够建立亲密的朋友关系的儿童在角色采择能力测验上的得分显著高于没有朋友的同班同学。

对自我和他人的认识影响着个体的社会行为，反过来，个体的社会经验也影响着其对自我和他人的看法。例如，皮亚杰（1965）指出，幼儿的游戏和交往能促进其角色采择能力的发展。通过在共同游戏中扮演不同的角色，幼儿就能够逐渐意识到自己的观点与同伴的观点的冲突或不一致。在游戏中一旦出现冲突，儿童必须学习协调自己与同伴的观点，以维持游戏。因此，皮亚杰认为，平等的同伴交往对社会观点的采择和人际理解能力的发展具有非常重要的作用。

一项研究验证了皮亚杰的这一观点（Bridgeman，1981）。研究者对五年级儿童进行“相互依赖的合作”实验，将学生分成 6 人为一组的学习小组，在各组中给每个学生指定不同的课文内容，要求他们在自己学会后再教给其他的组员，各人只拥有自己的教材，因而组员之间是相互依赖的。在这项实验中，儿童要教会别人，就必须善于听取别人的看法，弄清别人哪些地方不懂，以保证完成教会每一个人的任务。控制组学生由教师在课堂上教给同样的内容。在实验之前进行的测查中，两种条件下的学生角色采择能力没有显著差异，但是，在持续8个星期的实验结束之后，合作学习组的儿童的角色采择能力明显提高，而控制组的儿童没有显著变化。这项研究的结果说明，皮亚杰关于角色采择能力的发展依赖于儿童的社会经验的观点是有道理的。

显然，儿童对社会事物的认知与他们对自然事物的认知一样，也经历了一个渐进的发展过程。在此过程中，我们可以看到自我和社会认知发展的"里程碑"（见表9-1）。随着认知的发展和社会生活经验的积累，儿童逐渐能够采择他人的观点，从他人的立场思考和体验，理解自己与他人的思维、情感和意图以及复杂的社会关系，包括自我与他人的关系。可以说，皮亚杰的认知发展理论和塞尔曼等人的角色采择发展理论从不同的角度揭示了儿童社会认知的这种发展过程，揭示了认知、社会经验等因素对社会认知发展的影响。

表9-1 自我与社会认知发展的一些"里程碑"（引自Shaffer，2004）

年龄(岁)	自 我	社会认知
0～1岁	自我从外界环境中分化出来；自我"能动感"的产生	区分熟人与陌生人；偏爱熟悉的养育者（依恋对象）
1～2岁	自我再认的出现	认识到他人行为的目的性；将他人以重要的社会维度区分
3～5岁	自我概念注重外在的行为；自尊的出现；关于信念——愿望的心理理论的出现	根据外在的行为和具体特征对他人形成印象；建立基于共同活动的友谊关系
6～10岁	自我概念注重人格特征；自我评价或自尊主要基于个人学业、身体和社会能力	根据别人表现出来的特质或心理结构，对别人形成印象；基于心理的相似性和相互信任与别人建立友谊关系
11岁及以上	在青少年后期或成年初期获得自我认同或自我同一性	基于他人在人格倾向上的相似性和不相似性（心理比较），形成对他人的印象；基于忠诚和共享亲密，建立友谊关系

链接

以下文献概括了各年龄段的自我和社会认知的发展状况以及有关的研究，可以作为拓展性读物：

[1] 林崇德：《发展心理学》，北京：人民教育出版社 2009 年版。

[2] 谷传华：《儿童心理学》，北京：中国轻工业出版社 2010 年版。

[3] 陈帼眉：《学前心理学》，北京：人民教育出版社 2003 年版。

[4] 张文新：《青少年发展心理学》，济南：山东人民出版社 2002 年版。

[5] 王焕琛、柯华威：《青少年心理学》，台湾：台湾心理出版社 1999 年版。

[6] 纽曼（Newman）著，白学军等译：《发展心理学》（上、下册），西安：陕西师范大学出版社 2005 年版。

[7] [美] 劳拉·E·贝克著，朱永新等译：《儿童发展》，南京：江苏教育出版社 2002 年版。

本章小结

婴儿出生以后就具备了自我发展的条件。最初的自我感来源于一种“能动感”（sense of agency）。自我再认是婴儿自我发展的一个重要标志。研究表明，在出生后的第二年，婴儿能够明确地认出自己，产生了“客体我”的意识。早期自我的健康发展在很大程度上取决于亲子交往的质量。

童年早期儿童的自我得到进一步发展，这主要表现为自我概念和自我评价的形成和发展。幼儿的自我概念是具体的、与身体相联系的，通常不能察觉自己的心理特征。他们的自我评价主要还停留在对自己外部行为的评价上。

童年中期儿童对自我的描述会逐渐从身体的、行为的及其他外在的特质过渡到稳定的内在特质上，从比较具体的外部特征过渡到比较抽象的心理特征。他们的自我评价从受外部条件的制约逐渐过渡到受内部道德认识的制约；从注重行为的效果到注重行为的动机；从注重行为的直接后果过渡到注重后果的性质；自我评价的独立性日渐发展，并有了一定的批判性；从对具体行为的评价过渡到有一定概括性的、涉及某些个性品质的评价。

青少年的自我评价具有独立性，逐渐摆脱了成人评价的影响。自我同一性的形成成为青少年自我发展的重要任务。通常，青少年形成自我同一性的任务能够在 18～22 岁之间完成，一部分青少年可能陷入“同一性混乱”；青少年自我同一性的发展可以分为四种情况：同一性形成、同一性扩散、同一性延缓、同一性过早完成。青少年自我概念的发展会影响他们的学业成就和社会适应。

婴儿期是社会认知萌芽和发展的时期。婴儿社会认知的萌芽可以看作一个逐步分化的过程，即自我与非我的分化、人类客体与非人类客体的分化、一个个体与另一个体的分化。在自我认知方面，婴儿在第二年已能再认。婴幼儿倾向于从外部特征，如所有物、外显的行为或活动爱好来描述自我。在对他人的认知方面，在婴儿期以后，儿童的社会认知开始变得复杂起来，在对他人心理活动（如思维和意图）的认知、对人际关系的理解等方面的能力迅速提高，幼儿已能推断他人的思维活动，3岁时已经产生了关于他人意图的认知，4岁儿童已能较好地理解他人的心理活动了，或者说，已经有了自己的心理理论。学龄儿童对他人的印象认知的发展可以分为三个阶段：行为比较阶段；心理特点阶段；心理比较阶段。

儿童友谊认知发展的基本趋势是，交友从看重同伴外部的行为，逐渐发展为看重同伴的个人品质或人格特点（如忠诚、信任），从自利逐渐发展为互利，从短暂的、表面性的伙伴关系逐渐发展为稳定的、深刻的友谊关系。达蒙将友谊认知的发展划分为三个阶段：以别人的行为为基础的友谊（约4～7岁）；以信任为基础的友谊（约8～10岁）；以心理上的亲密感为基础的友谊。塞尔曼将儿童友谊的发展划分为五个阶段：短暂游戏伙伴（3～7岁）；单向帮助阶段（4～9岁）；双向帮助阶段（6～12岁）；亲密共享阶段（9～15岁）；稳定的友谊关系阶段（或自主独立阶段）（12岁以后）。另外，儿童友谊的发展也可能存在文化间的差异。

社会认知发展理论以塞尔曼的角色采择理论为代表。角色采择理论认为，角色采择是一种重要的社会认知能力。塞尔曼在研究的基础上，将儿童角色采择能力的发展划分为自我中心或观点未分化阶段（约3～6岁）、基于社会信息的角色（观点）采择阶段（约6～8岁）、自我反省的角色（观点）采择阶段（约8～10岁）、相互的角色（观点）采择阶段（约10～12岁）、社会观点采择阶段（约12～15岁以后）五个阶段。角色采择能力的发展影响着儿童的人际关系和同伴地位，同时它本身也深受同伴交往的影响。

本章注释

[1]谷传华:《儿童心理学》,北京：中国轻工业出版社2010年版，第222～224页.

[2]韩进之、魏华忠、杨丽珠:《中国儿童青少年自我意识的发展和教育》,见朱智贤主编《中国儿童青少年心理发展与教育》,北京:中国卓越出版公司1990年版,第433～465页。

[3]黄希庭、郑涌等:《当代中国大学生心理特点与教育》,上海：上海教育出

版社 1999 年版，第 269～273 页。

[4]李蓉蓉、韩向明:《大学生人际关系取向与自我概念的相关研究》,载《心理科学》2002 年第 3 期,第 371～372 页。

[5]王春燕、李蓉蓉:《关于中学学业不良儿童自我概念的研究》,载《社会心理研究》2001 年第 3 期,第 18-23 页。

[6]俞国良、翁亚君:《10-15 岁学习不良儿童自我概念发展的研究》,载《心理发展与教育》1996 年第 2 期,第 54～59 页。

[7]张日昇:《同一性与青年期同一性地位的研究——同一性地位的构成及其自我测定》,载《心理科学》2001 年第 4 期,第 430～438 页。

[8]赵莉:《初中生以"火星文"捍卫隐私》,网址:http://www. cnhubei. com/news/ctjb/ctjbsgk/ctjb16/200810/t451858. shtml。

[9]周国韬、贺岭峰:《11-15 岁学生自我概念的发展》,载《心理发展与教育》1996 年第 3 期,第 37～42 页。

[10]周宗奎:《现代儿童发展心理学》,合肥:安徽人民出版社 1999 年版,第 186～188 页。

[11]Asendorph, J. B., Warkentin, V., & Baudonniere, P. (1996). Self-awareness and other awareness Ⅱ: Mirror self-recognition, social contingency awareness, and synchronic imitation. Developmental Psychology, 32, 313-321.

[12]Barenboim, C. (1981). The development of person perception in childhood and adolescence: From behavioral comparisons to psychological constructs to psychological comparisons. Child Development, 52(1), 129-144.

[13]Brownell, C. A. & Carriger, M. S. (1990). Changes in cooperation and self other differentiation during the second year. Child Development, 61, 1164-1174.

[14]Ede, R. A. (1990). Uncovering young children's psychological selves: Individual and developmental differences. Child Development, 61, 849-863.

[15]Flavell, J. H., Green, F. L., & Flavell, E. R. (1986). Development of knowledge about the appearance-reality distinction. Monography of the Soicety for Research in Child Development, 212-251.

[16]Flynn, E., O'Malley, C., & Wood, D. (2004). A longitudinal, microgenetic study of the emergence of false belief understanding and inhibition

skills. Developmental Science，7(1)，103-115.

[17]Harter，S. (1983). Developmental perspectives on the self-system . In P. H. Mussen（ED.），Handbook of Child Psychology（Vol. 4）：Socialization，personality，and social development. New York：Wiley.

[18]Klinnert，M. D.，Emde，R. N.，Butterfield，P.，& Campos，J. J. (1986). Social referencing：The infants' use of emotional signals from a friendly adult with mother present. Developmental Psychology，22，427-432.

[19]Lewis，M. & Brooks-Gunn，J. (1979). Social cognition and the acquisition of self. New York：Plenum Press.

[20]Livesley，W. J. & Bromley，D. B. (1973). Person perception in childhood and adolescence. Oxford，England：John Wiley & Sons.

[21]Montemayor，R. & Eisen，M. (1977). The development of self-conceptions from childhood to adolescence. Developmental Psychology，13，314-319.

[22]Mossler，D. G.，Marvin，R. S.，& Greenberg，M. T. (1976). Conceptual perspective taking in 2-to 6-year-old children. Developmental Psychology，12(1)，85.

[23]Priel，B. & de Schonen，S. (1986). Self-recognition：A study of a population without mirror. Journal of Experimental Child Psychology，41，237-250.

[24]Rovee-Collier，C. (1995). Time windows in cognitive development. Developmental psychology，31，147-169.

[25]Selman，R. L. T. (1976). Social-cognitive understanding：A guide to educational and clinical practice. In：T. Lickona (Ed)，Moral Development and Behavior：Theory，research and social issues. New York：Holt，Rinehart & Winson.

[26]Shaffer，D. R. (2004). Developmental Psychology：Childhood and Adolescence（sixth edition）. America and China：Thomson Learning and China Light Industry Press.

[27]Shultz，T. R. & Wells，D. (1985). Judging the intentionality of action-outcomes. Developmental Psychology，21(1)，83.

[28]Sullivan，M. W.，Lewis，M.，& Alessandri，S. M. (1992). Cross-age stability in emotional expressions during learning and extinction.

Developmental Psychology，28，58-63.

[29] Waterman，A. S.（1992）. Identity as an aspect of optimal psychological functioning. In：G. R. Adams，T. P. Gullota，& R. Monternayor（Eds.）. Adolescent identity formation. Newbury Park，CA：Sage.

[30]Wimmer，H. & Gschaider，A.（2000）. Children's understanding of belief：why is it important to understand what happened. In P. Mitchel & K. J. Riggs（Eds.）Children's Reasoning and the Mind，Hove. East Sussex：Psycholog Press，253-266.

习 题 九

一、名词（概念）解释

1. 自我再认
2. 社会认知
3. 衍生思维（嵌套思维）
4. 心理理论
5. 角色采择
6. 去自我中心
7. 自我

二、简答题

1. 如何在早期促进儿童自我的健康发展？
2. 小学儿童的自我发生了哪些突出的变化？
3. 青少年的自我概念对他们的学习和生活具有怎样的影响？
4. 青少年的自我概念与他们的社会适应（包括学业和人际交往）有怎样的关系？
5. 根据巴伦波的观点，学龄儿童对他人的印象认知的发展经历了哪几个阶段？
6. 根据霍夫曼的观点，儿童角色采择能力的发展要依次经历哪几个阶段？
7. 塞尔曼将儿童角色采择能力的发展分为哪几个阶段？各个阶段的特点是什么？
8. 儿童是从什么时候开始理解别人的思维和意图的？请结合有关的研究进行分析。
9. 认知发展论是怎样解释儿童社会认知的发展的？
10. 自我是什么时候产生的？请结合有关的研究进行分析。

三、案例分析题

1. 进入青少年时期之后，一些青少年积极上进，理想或目标明确；另一些青少年则浑浑噩噩，没有目标，做一天和尚撞一天钟。这些现象与青少年自我的发展具有怎样的联系？请你从这一时期自我同一性的发展进行分析。
2. 对不同年龄阶段的儿童提出同一个问题：你的好朋友是谁？幼儿可能说一些经常与他们在一起玩的同伴，小学生可能说一些经常帮助他们、为他们所信任的同伴，初中生可能说一些与自己“感情很好”、能保守秘密的同伴。为什么处于不同年龄段的儿童给出的回答各不相同？请从儿童友谊认知的发展特点进行分析。
3. 洋洋3岁的时候，隔壁家的女孩丽丽把头发剪得短短的，洋洋看见了，惊奇地对妈妈说：“丽丽怎么变成男孩了呀？”为什么洋洋会做出这样的反应？请你结合幼儿自我发展的特点进行分析。

第十章　道德的发展

【教学目标】

通过本章学习，应达到以下教学目标：

1. 结合对各个时期人们行为的观察，理解和掌握关于道德发展的基本理论，包括道德认知理论和道德情感理论，识记和掌握道德认知、道德情感和道德行为的发展特点。

2. 结合实际，理解攻击的内涵以及有关理论，识记和掌握攻击的发展趋势及其控制方法。

3. 理解利他行为和亲社会行为的内涵和有关理论，识记和掌握利他行为和亲社会行为的发展趋势以及培养方法。

【本章结构】

本章主要讨论道德的发展问题。首先分析道德认知、道德情感和道德行为的发展以及有关的理论；然后，分别讨论和分析攻击的发展及其干预和控制方法、利他和亲社会行为的发展及其培养方法。此外，还叙述和分析一些典型的理论。本章的基本结构如下图：

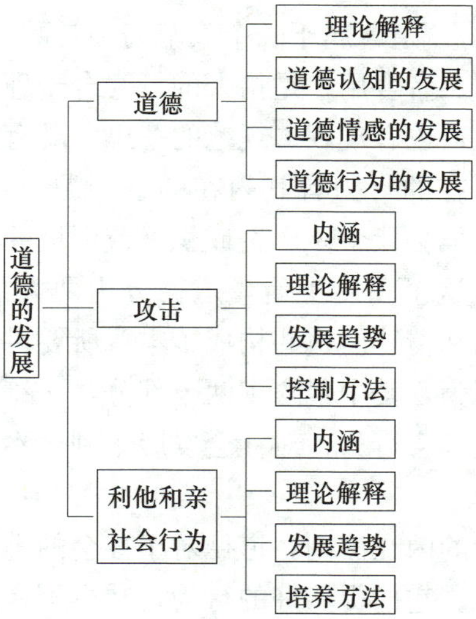

设想下面一个情景：你是一个电车司机，你的电车在轨道上以每小时60英里的速度飞驰前行，在轨道的尽头，你发现五个工人在轨道上工作。你尝试刹车，但力不从心，刹车失灵了。你感到绝望，因为你知道：如果你冲向这五个工人，他们必死无疑。当你感到很无助的时候，突然看到在轨道的右侧，有一条侧轨，在该轨道的尽头，只有一个工人在工作。这个时候你的方向盘还能用，所以你可以把车转向，如果你愿意，你可以把电车转到岔道，撞死这一名工人，但挽救了那边五个人。你会怎样做？你认为其他人在面临同样情景的时候会做出什么样的选择？他们如何解释自己的这种选择？对这些问题的回答涉及两个环节：行为选择，行为选择的理由解释。人们总是力求行为符合规则、规范。换句话说，某些约定俗成的规则、规范会制约个体的行为，人的这种符合社会规范的行为会推动社会的发展。这种规范就是道德。

在西方古代文化中，“道德”一词起源于拉丁语“Mores”，意为风俗和习惯。在中国文化中，荀子第一次完整地提出了“道德”的概念（也有人认为是老子，源于他写的《道德经》。但把道德两个字首次连在一起，确实始于荀子），他说，“《礼》者，法之大分，类之纲纪也，故学至乎《礼》而止矣。夫是之谓道德之极”。道德可以拆分为两个字“道”和“德”。从“道”和“德”的本义上看，“道”最初的含义是道路，后来引申为自然之“道”和社会之“道”，自然之“道”是指外在的自然规律或自然力量，社会之“道”是指社会行为准则和规范。因此，“道”属于一个大范畴。“德”属于个体道德范畴，指人内心的情感和信念。二者合用，是指人的行为合于理，利于人之意，既有风尚、风气、习俗的含义，也有规则、规范的意思；既有外在要求，又有内在的品性和修养。一个人外在的行为有其内在的解释源，存在内在的信息加工过程，并且信息加工的过程会让个体产生或积极或消极的情绪体验，进而导致个体表现于外的行为。从这个角度上看，道德分为两大部分：表现于外在的行为，表现于内在的认知和情感。这些构成了本章所要讲述的内容主体：道德认知；道德情感；道德行为，其中包含了两个部分——符合我们期望、对社会发展有积极推动作用的亲社会行为，对社会发展不利、不利于个人健康成长的攻击行为。

作为调节个体行为的内在法则，道德对于社会的进步起着极其重要的作用（周宗奎，1999；2007）。它们提倡好的行为，减少不良的问题行为。道德教育能否达到预期的目的？道德教育应该如何实施才更有效果？对于这些问题的解答，需要我们了解道德产生的机制，只有这样，教育者才能实施有针对性的道德教育。

第一节　道德认知、道德情感和道德行为的发展

前面我们讲过，道德既有风尚、风气、习俗的含义，也有规则、规范的意思，既有外在要求，又有内在的品性和修养。这就意味着，道德的表现有内外两种形式，表现于外的构成道德行为，表现于内的构成了道德认知和道德情感。这三者也构成了道德的三种成分：道德认知、道德情感和道德行为。道德是一种社会规范，它是一个习得的过程，是一个自发形成的过程。关于道德的形成有哪些理论解释呢？

一、道德认知的发展

道德认知是指个体对道德知识和道德评价标准的理解和掌握。道德认知理论由瑞士心理学家皮亚杰创立，科尔伯格则是道德认知发展理论的集大成者，艾森伯格和吉利根则对科尔伯格的理论进行了修订。

（一）皮亚杰的理论

皮亚杰使用其独创的临床谈话法，通过说故事的方式，与不同年龄的儿童讨论某些行为的是非善恶问题，认为道德发展分为三个阶段：前道德阶段，他律道德阶段，自律道德阶段。

第一阶段：前道德阶段。四五岁之前的儿童处于这一阶段。这个年龄的孩子极少对规则表现出关心或注意。他们自己给自己制定规则，不能理解别人的或一般的规则。

第二阶段：他律道德阶段。这一时期出现在 5～8 岁，这时期儿童对道德的看法是遵守规范，服从权威就是对的。他们认为规则是万能的，不可改变的。同时在评价行为时，往往抱有极端的态度，认为要么是好的，要么是坏的。在判断行为对错时，只关注行为后果，不考虑行为动机。

第三阶段：自律道德阶段。这一时期发生在八九岁以后，儿童不再盲目服从权威，他们开始认识到道德规范的相对性，行为的对与错，除了看行为后果，也要考虑当事人的动机。他们认识到社会规则不是固定的，可以被怀疑和改变，违反规则并非总是错误的，并非一定要受到惩罚。这时期的儿童认为要有对所有人实行平等正义的“公道”，他们能够从他人的立场考虑问题，判断不再绝对化。

皮亚杰的理论激发了大量关于道德发展的研究，但他没有解释清楚儿童

10 岁或 11 岁以后道德推理能力如何发展，美国心理学家科尔伯格对此作了深入研究。

（二）科尔伯格的理论

科尔伯格（Kohlberg，1983）感兴趣的是道德思维，他相信所有人都是道德哲学家，儿童的道德思维和成人的道德思维有明显区别，研究需要确定儿童道德思维向成人道德思维的转变过程。他采用追踪研究，时间达 10 年之久，连续记录了 72 个 10～16 岁男孩的道德判断，并将自己的研究成果推广到世界各国进行验证，最后提出他的道德发展阶段理论。

科尔伯格相信人们判断是非更多的是依据自己的良心而非法律或权威，他相信人们的认知发展与判断是非的方式之间有着重要的关系，他使用两难故事法进行研究。在每个两难故事中，男孩都被要求在以下两个方面做出选择：（1）遵从规则、法律或权威人物；（2）为了满足个体需要而采取与规则相冲突的行为。海因茨偷药的故事是科尔伯格两难故事中的一个典型事例。

我们结合这个故事，说明科尔伯格的研究。故事内容如下：海因茨的妻子已经病入膏肓，医生认为只有一种药或许能够挽救他的妻子，因此，海因茨非常想要得到这种药。而这种药是镇里一位药剂师最近发现的一种镭化物，是药剂师独有的，并且这种药非常贵，药剂师要以 10 倍于成本的价格才能卖给他，大概需要 2000 美元，海因茨千方百计凑钱，只能凑到 1000 美元，他祈求药剂师救救他的妻子，但药剂师就是不同意。海因茨只好不顾一切，偷走了那种药。那么，海因茨该不该这样做？为什么？科尔伯格感兴趣的是个体回答的理由，因为原因揭示了个体的道德思维。通过分析个体的回答，科尔伯格提出个体的道德发展存在三个水平、六个阶段。这三个水平分别是前习俗水平（preconventional level）、习俗水平（conventional level）和后习俗水平（postconventional level），六个阶段分别是前习俗水平上的惩罚和服从阶段、朴素的利己主义和工具定向阶段，习俗水平上的好孩子定向阶段、维持社会秩序定向阶段，后习俗水平上的契约和法律定向阶段、普遍的伦理原则。下面我们具体介绍这三个水平、六个阶段。

前习俗水平的道德（0～9 岁）：大多数 9 岁以下的儿童以及很多少年犯、成人罪犯的道德认知能力处于这个水平。这一水平又分为两个阶段。第一阶段是惩罚和服从阶段。儿童缺乏是非善恶观念，他们判断行为好坏主要根据结果。他们做出的道德判断主要是恐惧惩罚，服从权威。例如，支持偷窃的个体认为，偷药不是坏事，因为海因茨准备付钱了，也没有造成其他伤害。反对偷窃的个体认为，海因茨拿药没有征求对方同意，偷药会使他成为一个不可饶恕的罪犯。第二阶段是朴素的利己主义和工具定向阶段。个体为获得奖励或满足个人目的而遵守规范。例如，支持偷窃的个体认为，海因茨没有对药剂师做什么伤害行为，以后可以把钱还给药剂师，如果海因茨不想失去妻子，他就应该去偷药。反对偷窃的个体则认为，药剂师没有错，他只是想赚钱。

习俗水平的道德（9～15岁）：大多数青少年和一些成人处于这个水平上。这一水平也分为两个阶段：第一阶段是好孩子定向阶段，道德的行为是那些满足他人需要和期望的行为。这个时候个体的判断常常根据意图，“良好的意图”是非常重要的。比如，支持偷窃的个体认为，偷窃行为是不好的，但海因茨的行为是一个好丈夫应该做的，如果他不偷药挽救妻子才是值得批评的。反对偷窃的个体则认为，如果妻子死了，海因茨不应该受到指责，如果他没有为此去偷药，我们也不能说海因茨无情无义，不过药剂师是自私无情的。第二阶段是维持社会秩序定向阶段，尊重法律权威和履行职责被给予了高度评价，判断是非初步具备法制观念。比如，支持偷窃的个体认为，如果药剂师对生命垂危的人置之不理，这是不应该的，海因茨的责任就是挽救他的妻子，但海因茨不能因此违反法律，他必须赔偿药剂师，并且应为偷窃受到处罚。反对偷窃的个体认为，海因茨想挽救妻子的生命是可以理解的，但采取偷窃的方法是不对的，不管什么情况下个体都应该遵守规则。

后习俗水平的道德（15岁以后）：科尔伯格认为，在后习俗水平上的道德推理，建立在自己的道德标准之上。道德判断的依据是个人价值而非习俗标准或权威人物。它分为两个阶段：第一阶段为契约和法律定向阶段，人们认识到法律是反映大多数人意志和促进人类幸福的工具，法律应该保障这一目的的完成，并且得到公正的事实，那些损害人类权利和尊严的强制性法律是否公正是值得怀疑的。比如，支持偷窃的个体认为，在判断偷窃是否违反道德之前，我们必须整体地考虑这件事情，法律对偷窃有明确的规定，但在万不得已的情况下偷药也是可以理解的。反对偷窃的个体认为，法律反映了人们应该如何和谐地生活在一起，海因茨有责任遵守这些规范，我们不能说海因茨偷药是完全错误的，但也不能说他是对的。第二阶段为普遍的伦理原则。个体判断是非的标准是根据在良心基础上形成的道德原则。这种原则凌驾于任何与此产生冲突的法律或社会规则之上。例如，支持偷窃的个体认为，个体必须在破坏法律和挽救生命之间做出选择的时候，挽救生命的原则使偷药行为在道德上是正确的。反对偷窃的个体则认为，海因茨不应该按照自己的意愿或者法律行动，而是应该根据他所认为的一个公平的人在这种情况下的做法去行动。

科尔伯格认为，道德发展的水平和阶段顺序是不变的，每一阶段都从前一个阶段发展而来，并且取代前一阶段；个体道德发展达到一个较高阶段，就不会再倒退到以前的阶段。但他的理论也引起了争议：一个争议是他使用的被试，这些被试都是男生，因此，科尔伯格道德理论不能充分代表女性的道德推理。吉利根（Gilligan，1982）认为，科尔伯格的道德研究主要集中在“公正”观念上，在公正之外，还有关怀和对他人负责的道德规范。另一个争议是他的两难故事涉及的都是有关法律、权威的判断，并不能考察各个不同方面的道德判断。在此基础上，艾森伯格提出了亲社会道德推理理论。

（三）艾森伯格的亲社会道德理论

艾森伯格（N. Eisenberg）的亲社会道德理论也是针对科尔伯格道德认知理论的批判提出的。艾森伯格认为，科尔伯格研究所用的两难故事在内容上几乎都涉及法律、权威或正规的责任等问题，因此，他研究的是儿童道德判断推理的禁令取向的推理。艾森伯格区分并设计出另一种道德两难情境——亲社会道德两难情境。亲社会两难情境的特点是：“一个人必须在满足自己的愿望、需要和（或）价值与满足他人的愿望、需要和（或）价值之间做出选择，助人者的个人利益和接受帮助者的利益之间存在着不可调和的矛盾。”在亲社会两难情境中，故事的主人公是唯一能提供帮助的人，但助人就意味着自我牺牲。借助亲社会道德两难情境，艾森伯格及其合作者进行了许多纵向和横向研究，在此基础上归纳、总结出了关于儿童亲社会道德推理的5个阶段（Eisenberg，1989）：

阶段1：享乐主义的、自我关注的推理。助人与不助人的理由包括个人的直接得益、将来的互惠，或者是由于自己需要或喜欢某人才关心他（她）。

阶段2：需要取向的推理。当他人的需要与自己的需要发生冲突时，儿童对他人身体的、物质的和心理的需要表示关注。儿童仅仅是对他人的需要表示简单的关注，并没有表现出自我投射性的角色采择、同情的言语等。

阶段3：赞许和人际取向、定型取向的推理。儿童在证明其助人与不助人的行为时，所提出的理由是好人或坏人、善行或恶行定型形象，他人的赞许和认可等。

阶段4：这一阶段又分为两个子阶段。阶段4a：自我投射性的移情推理。儿童的判断中出现自我投射性的同情反应或角色采择，他们关注他人的人权，注意到与一个人的行为后果相联系的内疚感或肯定情感。阶段4b：过渡阶段。儿童选择助人与不助人的理由涉及内化了的价值观、规范、责任和义务，对社会状况的关心，或者是提到保护他人权利和尊严的必要性等。但是，儿童并没有清晰而强烈地表述出这些思想来。

阶段 5：强有力的内化推理。儿童决定是否助人的主要依据是他们内化了的价值观、规范或责任，尽个人和社会契约性的义务、改善社会状况的愿望等。此外，儿童还提到与实践自己价值观相联系的否定或肯定情感。

艾森伯格认为儿童日益发展的移情能力能够推动其亲社会道德推理的发展。移情的发展使个体更可能从对方角度思考，更多地考虑对方，从而对别人的需要更敏感，其道德推理能力的水平也越高。

程学超等人（1992）的研究结果表明，幼儿园大班有 21%的人处于享乐主义、自我关注的推理水平上；小学二年级基本上处于需要取向推理水平，占总人数的 69%，小学四、六年级基本上处于赞许和人际取向推理水平和移情推理与过渡推理水平。四年级处于水平 3 和水平 4 的分别占 47%和 26%，六年级处于水平 3 和水平 4 的分别占 41.2%和 40.2%。从幼儿园到小学二、四、六年级儿童的亲社会道德推理主要是在水平 2、3、4 上的逐渐发展。到小学六年级，儿童的推理还没有达到水平 5，即强有力的内化推理水平。这说明这一阶段的儿童，其道德推理并不是基于内化了的价值、规范和信念等。他们的推理至多是处在向内化推理过渡的水平上。初二学生基本上处于水平 4，占总人数的 64.3%，值得注意的是初中被试中有 8.3%的儿童的判断推理达到了强有力的内化推理水平，虽然占总人数的比例还较小，但这说明这一年级儿童开始以内化了的价值、规范、信念等为基础而进行亲社会道德判断推理。高中一年级学生的推理基本上处于水平 4，占总人数的 55.7%，而达到水平 5 的人数增至 33%。从以上对各年龄组儿童推理的分析中我们可以看出，幼儿大班—小学—中学儿童的亲社会道德推理的发展经历了一个不断上升的过程。在这个过程中儿童的判断推理逐渐向更概括、更抽象的水平发展。

二、道德情感的发展

人们的道德情感是如何产生和发展的？对此，心理学家们进行了深入的研究和探索。精神分析理论也对此提出了自己的观点。

（一）精神分析理论的观点

按照弗洛伊德（Sigmund Freud，1856—1939）的观点，人格结构包括三个部分：本我，自我和超我。本我由人的先天本能和基本欲望组成，它是人格中最原始、最基本、最难接近的部分，它遵循快乐原则。本我是无意识的、非道德的；超我是人格结构中代表理想的部分，它是个体在成长过程中通过内化道德规范、社会及文化环境的价值观念而形成，超我遵循理想原则。充分发展的超我有“良心”和“自我理想”两部分。良心是儿童受惩罚而内化了的经验，它负责对违反道德的行为进行惩罚（内疚）；自我理想是儿童获得奖赏而内化了的经验，它规定着道德的标准。超我在个体身上的发展是一个逐渐接受文化教育、宗教要求和道德规范的过程。自我则需要调解本我和超我的关系，使得本我的愿望得到满足，同时不破坏超我的要求，它遵循现实原则。弗洛伊德认为，道德是超我的一部分。道德获得就是超我的形成，这起源于恋母（父）情结的解除以及对同性父母认同的结果。他认为在恋母（父）情结中，男孩会产生"阉割恐惧"，女孩会产生"阴茎羡慕"，迫于压力，他们需要学习同性父母的行为特点，这就是认同作用。通过认同作用，儿童内化了社会和成人对他们的道德要求，形成了个体的良心。良心具有双重性：要么向本能需要妥协，要么认同父母，克服本能冲动，这种对父母的认同促进了儿童道德的发展。道德的形成导致儿童内在的双重性，遵从超我还是本能需要，遵从超我力量，个体就要把遵守社会规范当作一种义务，在个体履行这种义务时，会产生深层次的、无意识的心理冲突，但这种义务的执行是稳定的，恰当的超我使儿童形成一种合理内化的道德，这种道德是稳定的、不可改变的。他认为，超我支配人的道德行为。

（二）典型道德情感的发展

在弗洛伊德关于道德情感的理论中，涉及了道德情感的成分：移情、羞愧与内疚、良心。

1. 移情的发展

根据霍夫曼（Hoffman）的理论，约在2岁左右，儿童就能区分自我与他人，产生自我中心的移情。约到3岁左右，儿童开始意识到别人具有与自己不同的情感和需要，逐渐开始理解他人内心的真实情感，出现了移情性情感。霍夫曼特别提到了移情忧伤，莫菲（Murphy，1937）进行了一项经典研究，结果表明，当儿童对他人实施帮助后，这种移情忧伤似乎消失了。赞-维克斯乐（Zahn-Waxler，1982）等人进行的追踪观察也发现了类似的结果，他们发现20个月左右的孩子已能关注到母亲的身体不舒适状态，并通过语言抚慰、身体接触的方式来表达对母亲的关心。马拉可维兹（Marakovitz，2001）的研究显示，幼儿对模拟忧伤的情境进行"原因"探究和移情关心的倾向非常明显，从24～36个月，移情反应的指标很稳定，但没有发展变化的趋势，女孩比男孩表现出更高水平的移情关心。

英格里德等（Ingrid et al.，2002）的研究考察了16～22个月的女婴移情的发展及其与父母的敏感、儿童害怕、安全型依恋之间的关系。结果显示，从16～22个月，对母亲的移情增加了，对陌生人的移情减少了。害怕、不安全依恋预测了对陌生人较少的移情；而养育与移情的关系较弱。

对我国2岁孩子的移情研究表明，46％的孩子在10秒钟以内开始对母亲的痛苦作出移情反应，83％的孩子在30秒钟内开始有反应。37％的孩子移情反应的持续时间在10秒以内，持续时间30秒以内的约占74％。从幼儿移情反应的方式来看，24％的孩子只是单纯地有反应，却没有任何安慰的表示，44％的孩子做出帮妈妈揉腿、擦眼泪等直接的安慰行为，11％的孩子则是通过给妈妈搬桌椅来帮助妈妈，另有17％的孩子既有直接的安慰行为，又有间接的安慰行为（李丹，2005）。

对我国6～10岁儿童的移情研究表明，在面临道德情境时，6～10岁儿童作出的道德移情反应随年龄的增长而提高；他们对集体的道德移情反应强于对个人的道德移情反应；他们对声誉损害的道德移情反应最强，其次是对人身伤害的移情，最后是对财物损坏的移情（常宇秋，2003）。

对4～6年级学生的研究表明，随着年级的升高，小学生对喜怒哀惧四种情感的移情水平都表现出下降趋势，四、五年级是下降得最显著时期。随着年级的升高，对恐惧、愤怒情感的移情水平下降最快；对悲哀情感的移情水平下降较慢。小学生在四种情感的移情水平上都不存在性别差异。对不同类型情感的移情水平之间存在着中低度相关（王景英，盖笑松，1998）。

2. 羞愧、内疚的发展

实验结果表明，三岁左右的幼儿开始害怕别人责备自己。当他们受到责备、又觉得自己有错时，会产生一种萌芽的羞愧和难为情。但是，这种羞愧不是由于真正地、自觉地认识到自己的过错，而是由于成人的责备和生气而产生的。

五六岁的学前儿童，即使成人不说那种责备的话，也大多能自觉地产生羞愧。随着年龄增长，羞愧的表现更隐蔽、复杂，儿童对它的感受也越来越强烈，留下的痕迹也越来越深。

小学生的羞愧感发展又出现了新的阶段。在这一阶段，羞愧从原先那种情境性的、偶然产生的体验，变成儿童品格中的一种稳定成分。也就是说，小学生一旦形成了这种品格特征，那么，无论何时何地，只要认识到自己做错了事，就会产生羞愧。到了中学阶段，羞愧感就更为高级，它能预见不良行为造成的后果，因而禁止自己去做错事。

内疚比羞愧的程度更深刻，有内疚感的个体不仅认识到自己的过失，而且痛恨、怨恨、责备自己，在内心深处否定和批判自己的行为。所以，内疚感在儿童身上的产生，比羞愧感晚得多。小学低年级学生，一般还不能产生深刻的内疚感。到了少年期以后，由于自我意识的发展，内疚感才在大多数初中学生身上产生。

研究表明，5～9 岁的儿童对违规行为都给出了消极的道德评价，他们已经具备了产生内疚情绪的认知能力，但尚不能进行道德情感推理，即不认为违规者会产生内疚情绪。三个年龄段的儿童大部分对于内疚情绪还不能很好地理解，他们更多地是从行为产生有利于违规者的结果来理解违规者的情绪（徐琴美，2003）。

3. *良心的发展*

良心是比羞愧、内疚更高级的一种心理成分。它不单纯是情感，而且是认识和情感的“合金”。良心一般产生在某行为之前，是对行为是否道德的事先评价。

对于 2～2.5 岁的婴儿来讲，如果母子建立了相互反应的关系，母亲可以理智地、平静地解决亲子冲突，在儿童 3 岁的时候，他们就更可能抵制诱惑（Labile & Thompson，2002）。4.5～6 岁时，会继续表现出很多强烈的内化良心迹象。

三、道德行为的发展

人们的道德行为是如何发展的？受到哪些因素的影响？对此，心理学家们进行了广泛而深入的研究，各自从不同的角度提出了相应的理论。

（一）尤尼斯的道德实践理论

尤尼斯等人（Youniss，1998）曾以一所天主教学校的中学生为研究对象，考察了学校发动的社会服务活动，即义务为无家可归者发放救济餐对学生的影响。结果表明，这种活动经验对学生产生积极的影响，活动后，许多学生放弃了对被救助者的消极态度，而把无家可归看作是一种因贫困而造成的现象加以关心。同时，学生也转变了他们的自我认识，他们对未来的看法发生了变化，他们认为自己能够运用智慧和力量纠正社会问题。因此，尤尼斯认为道德实践活动影响个体的道德发展。道德实践活动至少可以起到如下作用：可以帮助青少年在社会历史环境中为自我定位；可以促使青少年联系他人反思自身；可以推动他们对所处社会的政治和道德状况进行反思，并勇敢地承担一定的社会责任。研究表明，参加无偿社会服务是一个非常有说服力的预测指标，它可以预测高中生遵守规则的行为、非常规行为以及违规行为，同时也能预测高中生对这些行为的态度。

尤尼斯认为，青少年经常参与道德实践活动，就会形成道德习惯，从而在恰当的时候表现出道德行为。尤尼斯结合美国社会的政治、经济、政策的一些实际，提出了以社区服务为核心的道德教育干预措施，实验也取得了明显效果，这充分说明了道德实践理论的可取性。这也和中国古代百家争鸣时期的墨家思想有相通之处。

（二）社会学习理论

社会学习理论是班杜拉提出的。班杜拉既反对行为主义完全忽视人的主观因素，包括人的认知因素对道德行为影响的观点，也对科尔伯格过分看重认知、判断、推理在道德发展中的地位提出异议。

班杜拉提出了双向决定论，认为人的发展反映了人、人的行为和环境之间的交互作用，儿童可以通过自己的行为影响环境，同样环境也对儿童的行为产生影响，这是一个双向的关系。人的道德的形成与发展也是个人与环境相互作用的社会化过程。

班杜拉强调替代强化在儿童道德发展中的作用。大量研究表明，儿童的许多行为没有直接受到强化，而是在观察别人行为时，别人行为受到的奖惩影响了儿童学习或抑制这种行为，这个过程就称为替代强化。比如，其他个体的不良行为受到教师的惩罚，儿童可能会避免犯类似的错误，如果其他个体的不良行为受到称赞，儿童就可能尝试这种行为。由此可见，榜样行为受到的奖惩影响了儿童今后可能出现的道德行为。同时，班杜拉也强调自我强化在儿童道德发展中的作用。所谓自我强化，是指儿童已经建立了自己内部的行为准则，他们依靠这种行为准则指导自己的行为：当儿童的行为符合这个准则时，则奖励自己，当行为违反这个准则时，则惩罚自己。班杜拉认为我们一生中形成的大多数习惯都可以通过观察别人和模仿别人的活动而获得，儿童的大部分道德行为也是通过观察学习获得和改变的。

研究者对上述观点提出了质疑，他们用现代方法重新分析上述数据（Burton，1963），以及最新的研究（Kochanska & Murray，2000）都表明，某一特定类型的道德行为具有相当强的跨时间和跨情境一致性，比如是否想在考试中作弊等，并且随年龄增长，儿童的道德情感、道德推理和道德行为之间的相关越来越高。因此，道德行为之间应该存在一定的一致性或连贯性。

道德行为表现于外，在个体身上表现出来的道德行为可能符合社会的期望，如亲社会行为，也可能不为社会所接受，如攻击行为。下面，我们分别就这两种行为展开论述，探索这两种行为背后的心理机制和发展特点。

第二节 攻击及其发展

在很多情况下，攻击被看做一种非道德行为。那么，人们的攻击是如何产生的？又是如何发展的？它受哪些因素的影响？对此，学者们分别从不同的角度进行了解释和研究，提出了各种理论，并试图发现攻击发展的趋势和有效的干预方式。

一、攻击的界定

攻击存在于现代社会中，特别是网络视频的发展，导致一些极端的行为得以展示，因此，攻击也越来越多地得到研究者的关注。

在研究攻击之前，必须明确攻击的内涵。由于研究者不同的侧重点，关于攻击的定义至今也没有达成一致。目前比较整合的攻击界定来自布雷恩(Brain，1994)，他认为攻击的界定必须符合四个条件：第一，存在潜在的伤害性。第二，个体行为是有意的。第三，身心的唤醒性。第四，受害者的厌恶性。

根据攻击的目的，可以把攻击行为分成两类：敌意性攻击（hostile aggression）和工具性攻击（instrumental aggression)。如果行动者的主要目的是伤害他人，其行动就是敌意性攻击；如果一个人以伤害他人的方式来达成其他目的，这种攻击就是工具性攻击（邹泓，2009)。

根据攻击行为的性质，即是否违反了社会规范和准则，可以把攻击行为分为三类：反社会攻击行为、亲社会攻击行为、被认可的攻击行为。一般我们所说的攻击行为，往往是指反社会攻击行为。亲社会攻击行为是指社会治安、逮捕罪犯等行为。被认可的攻击行为是指自卫行为。

按照表现形式，也有研究者把攻击分为三类：身体攻击，言语攻击和关系攻击（Lagerspetz & Bjorkqvist，1988；Crick & Grotpeter，1995)。身体攻击是直接以身体动作实施的攻击行为，如打、抓、撞、踢他人以及抢夺或破坏物品等；言语攻击是以言语方式实施的攻击行为，如辱骂他人或给他人取难听的外号等；关系攻击是利用人际关系网络，并以破坏他人人际关系为目的而实施的攻击行为，例如不让他人与攻击对象做朋友等。

二、攻击理论

攻击为什么会产生？不同的学者有不同的见解，归纳一下，大体从以下两个方面进行阐释：遗传还是环境。

（一）从遗传角度阐释攻击的理论

最初研究者主要从遗传角度进行阐释，集中在三种理论上——本能论、习性学观点和生理学理论。

（1）本能论：持这种观点的代表人物是弗洛伊德，他认为，人有两种本能：生的本能和死的本能。这两种本能交互斗争，促使个体朝向不同的发展方向。生的本能让个体继续生存下去，死的本能是促使个体的死亡。死的本能的释放方式有两种：一种是指向自身，导致的行为就是自残或自杀；另一种是指向他人，导致的结果就是攻击行为。

（2）习性学观点：持习性学观点的代表人物是洛仑兹（Lorenz，1966），他最有代表性的观点就是印刻概念的提出。他认为，攻击是人类和动物一种好斗的本能，攻击的驱力来自有机体内部能量的不断积累，达到一定水平就要释放出来，释放的形式包括了攻击行为。在动物界，攻击主要发生在三种情况下：一是维护社会等级秩序，二是保护领土，三是争夺资源。但该观点受到诸多质疑，最大的争论在于洛仑兹的研究对象都是动物，没有人类被试。

（3）生理学观点：生理学观点则主要从脑机制和攻击行为的关系出发，得出一些结论：比如暴力行为可能与下丘脑和杏仁核有关（Smith，King，& Hoebel，1970）。

（二）从环境角度阐释攻击的理论

从遗传角度解释攻击行为有其合理性，但也会产生这样的问题：攻击还可以预防和改善吗？因为先天本能的东西改变的可能性较小。因此，研究者开始从后天环境入手，从环境的角度阐释攻击行为。持这样观点的理论有挫折—侵犯论，社会学习论，社会信息加工观点，一般情感性攻击理论和人格、社会取向的综合理论。

1. *挫折—侵犯理论*

该理论最初由多拉德（Dollard，1939）提出。他认为，攻击行为总是和挫折有关。当个体遭遇挫折后，总会表现出攻击行为，最常见的就是言语攻击和身体攻击。多拉德的理论存在一个缺陷：攻击和挫折是否一定是因果关系。个体遭遇挫折，是否一定表现出攻击行为，按照弗洛伊德的观点，个体遭遇挫折也会出现自残行为，因此，研究者对该理论又进行了修订。

贝克威茨（Berkowitz，1967）认为，挫折会导致个体产生不愉快的情绪体验，这是攻击行为产生的前提，但是否一定会出现攻击行为，还取决于攻击线索等因素。比如当个体遭遇挫折后，在他们面前放一把枪，则个体更多表现出攻击行为，这就是“武器效应”。因此，导致攻击产生的原因是多种多样的，挫折只是为攻击行为的产生提供了前期的准备状态，最终是否表现出攻击行为还取决于攻击线索、个体的攻击习惯等因素。

2. 社会学习论

社会学习论强调攻击行为也是一种观察学习的过程。攻击行为的形成也是基于两个强化过程：直接强化和替代强化。

例如：学生张某在班上处于被排斥的地位，家庭的经济状况也不好，结果有一天某个同学的钢笔丢了，其他同学一致怀疑是张某偷的，实际上张某并没有做这个事情，但不管他怎么样解释，其他同学还是认定就是他干的。一怒之下，张某就把诬陷他的同学打了一顿，结果其他同学就不敢说话了，并且以后见了张某都对他毕恭毕敬，这一结果让张某相信拳头可以获得一切，因此他会表现出更多的攻击行为。张某攻击行为的产生就是直接强化的过程，即攻击行为的良性结果进一步强化了张某的攻击行为。又如，如果另外一个学生李某看到张某的行为过程，很是羡慕，觉得打人真好，可以得到很多好处，在以后的时间里李某也会表现出攻击行为，李某获得攻击行为的过程就是替代强化的结果。

3. 社会信息加工论

该理论由道奇（Dodge，1986；Dodge & Crick，1994）提出，他认为，个体之所以表现出攻击行为，是因为存在一个相应的信息加工流程，该流程包括六个步骤：编码、解释、建构社会目标、产生问题解决策略、评价各种策略的有效性和选择反应、反应执行，见图 10-1。

例如，李某把张某撞倒了，张某会思考李某为什么会这样做。如果张某的解释是李某故意的，那么张某会想他不能吃亏，他的目标就是实施报复行为，如何报复——是口头上的攻击还是身体攻击，哪种攻击更有可行性，张某要考虑评估所有报复方法的有效性，可能最后选择了口头攻击，因为这种方式更适合自己。那么最后的结果就是张某对李某实施口头攻击。

研究表明，编码与解释，问题解决策略的评估是导致个体出现攻击行为的重要影响因素。需要注意的是，儿童个人的心理状态会影响任何一个信息加工流程，这些心理状态主要是指个体过去的经验、对社会规则知识的了解和接纳、情绪调节技能等。

4. GAAM 模型

GAAM 是指一般情感性攻击模型（General Affective Aggression Model），该模型由安德森（Anderson，2002）提出，该模型包括两个部分：短时效模

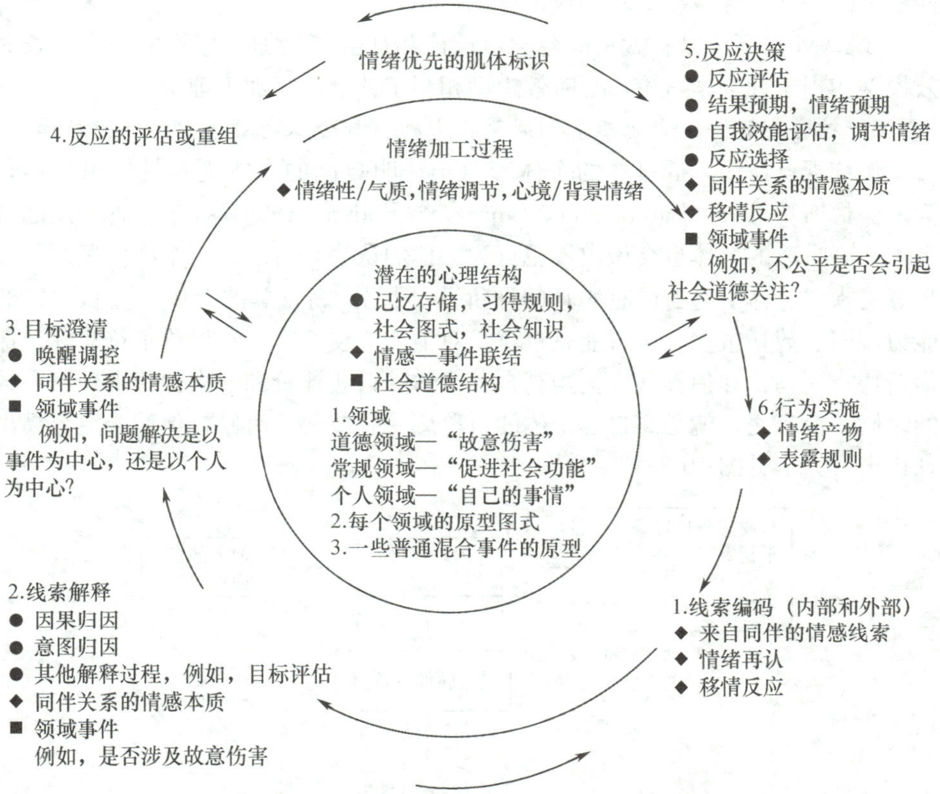

图 10-1 社会信息加工模型与情绪加工和道德领域模型整合后的模型内容

（引自高雯，陈会昌，2008）

型和长时效模型（俞国良，2006）。

短时效模型包括四个阶段：变量的输入、当前内部状态、评估过程和结果输出。输入变量包括两种：人格变量和情景变量，这两种变量为下面的三个阶段奠定基础。内部状态包括三种：情绪状态、认知状态和唤起状态，这三种状态相互影响，认知状态（如敌对思维）导致情绪状态（敌意）的形成，促使唤起状态（如心率）等的变化。评估过程包括两个：自动评估和控制的再评估。自动评估是指在事件发生后马上进行的评估，控制的再评估则进程较慢且更为理性。结果输出就是最终的行为表现。

长时效模型强调，个体重复暴露在视频暴力游戏中，将学习并强化与攻击性相关的知识结构，包括攻击性的信念和态度、攻击性的知觉模式、攻击性的期望模式、攻击性的行为脚本、攻击性的脱敏。这些知识结构会导致攻击性个性成分的增加，导致新一轮的攻击循环。

GAAM 模型可以看做是社会学习理论和社会信息加工理论的综合，长时效模型相当于社会学习论，短时效模型相当于社会信息加工理论。

5. 综合理论——自负感受到威胁：人格、社会取向对暴力的联合解释

传统观点认为，低自尊的个体和急于证明自己的个体更容易作出攻击行为。保梅斯特等人（Baumeister，Smart，& Boden，1996）提出一种相反的观点——高自尊的个体也会做出侵犯行为。他们认为，自尊是一个中性概念，高自尊是指“总体上对自己有满意的评价”，因此，高自尊的个体可能自信，有能力，朋友数量很多，也可能是自负，对他人不友好，自我评价不符实际。保梅斯特、斯马特和伯顿认为，当高自尊个体的自我评价和他人评价出现不一致的时候，换言之，就是高自尊个体的自尊感受到威胁的时候，他们会更容易出现攻击行为，见图 10-2。

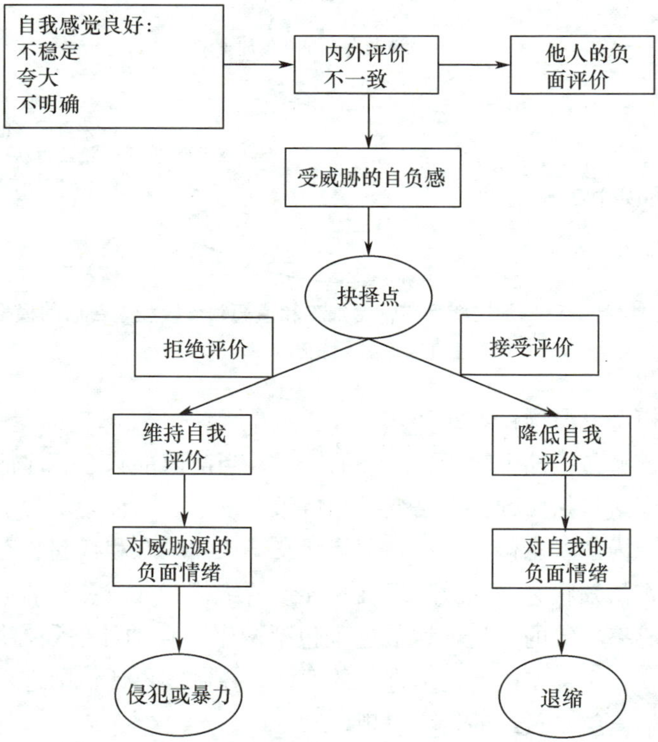

图 10-2　自尊与攻击（引自金盛华，2008）

比如，某人认为自己很优秀，结果有人直接告诉他其实没有什么了不起，这个时候自我评价和他人评价出现分歧，而个体坚持自己很优秀的自我认识，

他就会拒绝接受他人评价，产生消极的情绪体验，进而出现侵犯行为。反之，个体可能接受他人的评价，也会对自己的期待降低，产生负面情绪，进而出现退缩行为。

三、攻击的发展趋势

近几十年来，研究者探讨了婴幼儿时期以后各个时期攻击发展的特点，描绘了攻击随年龄变化的趋势。

（一）婴幼儿期的攻击

综合小样本的观察研究、父母报告，以及大样本的父母报告，可以发现，身体攻击在婴儿期就得以出现，在言语表达能力发展后出现言语攻击。查姆雷（Tremblay，2004）的研究表明，超过70%的儿童在17个月时就表现出了身体攻击，其中14%的儿童在17个月到30个月之间表现出较高的攻击行为水平，且存在增长的趋势。同时，12个月的婴儿会对同伴的激惹做出反应，表现为反抗和攻击性报复。

2～4岁之间个体身体攻击减少，言语攻击增多。古德纳夫（Goodenough，1931）对父母日记的分析发现，踩、打等攻击行为在两岁前一直增多，然后骤然下降，为言语攻击所代替。这一时期攻击的原因主要是同伴冲突和物品抢夺，而占有物品是最经常的攻击诱因。张文新等（1996）采用自然观察法对幼儿园小、中、大班242名幼儿攻击行为的起因、类型及其年龄差异进行了考察。根据对幼儿攻击行为的观察记录，该研究把幼儿攻击的起因分为8种类型：(1) 获取他人的物品（玩具、食物、图片等）；(2) 保护自己的物品；(3) 争夺空间（座位、活动场所等）；(4) 帮助好朋友或受人指使；(5) 游戏或其他活动的纠纷；(6) 他人违反纪律和行为规则（游戏规则、幼儿园的行为规则）；(7) 无故挑衅、欺负他人；(8) 报复还击（在受到他人的伤害、干扰后对他人进行攻击）。统计结果显示，幼儿攻击行为的起因次数间存在显著差异，各类起因次数由高到低排列依次为：还击报复、保护自己的物品、无故挑衅欺负他人、游戏活动产生纷争、违反纪律和行为规则、获取他人物品、空间争夺、帮助朋友和受人指使。另外，攻击的发展出现了明显的性别差异，表现为男孩参与更多的冲突，并且攻击的强度也在增加。

（二）小学生的攻击发展

进入到小学阶段，大多数儿童很少表现出攻击行为，攻击的总体发生频率下降，但是，另外一个趋势需要引起关注，即出现欺负者，这些个体经常攻击他人，如打人、骂人或抢别人的东西等。这一时期的攻击越来越多地发生于特定的成对关系之中，即欺负者和被欺负者相对固定。这一时期攻击的诱发因素包含感受到的威胁、自我和自尊受到损害等，如何对他人行为进行解释对攻击行为的发生越来越有预测力。道奇（Dodge，1980）对二、四、六年级的一些攻击与非攻击性儿童的归因倾向进行了研究。实验任务是儿童面临一个情景：由于一个不知道姓名的同伴的行为造成了挫折，他们需要对这一同伴的行为动机进行解释。实验提供给儿童三种情景：敌意的、善意的和意图不明的行动动机。结果发现，各年级的男孩对敌意动机都表现出攻击性。当同伴的行为动机不明确时，攻击性男孩更倾向于把同伴的行为动机作敌意解释，从而表现出更多的攻击倾向，而非攻击性男孩更倾向于对同伴的行为动机作善意解释。

在各种类型的攻击行为中，言语攻击频率最高，身体攻击其次，关系攻击的发生频率最低（赵建华，2005）。也有研究表明，儿童很小的时候就可以作出老练的关系攻击（Ostrov & Keating，2004）。而关系攻击对个体发展影响很大，追踪研究表明，关系攻击可以预测同一学期中从开学到结束的 6 个月时间内的同伴拒绝，能够预测一年后的社会心理调适问题，关系攻击和身体攻击相结合是儿童后来社会心理调适困难的潜在危机因素（Crick，1996；2006）。关系攻击可能是童年中期社会心理调适的一个重要指标。

（三）青少年的攻击发展

大多数纵向研究都表明，进入青春期以后攻击发生的频率有所下降。但是，尽管攻击的频率在青春期确实下降，青少年期却是严重的攻击与暴力行为上升的时期。资料显示，自我报告的严重暴力侵犯在 12～20 岁之间骤然上升。同时，这一时期攻击行为发展还表现为性别差异进一步增大。Snyder 等人（1987）的研究表明，到了青春期，少年法庭中罪犯的性别差异至少增加到 4 倍。

王振宏（2005）发现，攻击性强的青少年，其愤怒情绪较强，恐惧和悲伤情绪体验较少，情绪调节能力较差，在受到挑衅、威胁情境下，交感神经激活水平更高。同时研究表明，中学生各个维度的攻击水平均随年级升高而增强，男生的攻击性水平显著高于女生（何一粟，李洪玉，冯蕾，2006）。

四、攻击的控制方法

近几十年来，人们广泛地探讨了干预或控制攻击的方法，其中主要包括对有可能影响个体攻击的环境的干预与对个体社会认知的干预。

1. 创造非攻击环境

在婴幼儿期，攻击的一个主要原因是物品争夺，资源有限很容易造成人与人之间的冲突，进而引发攻击行为。因此，对婴幼儿提供充足的物品，可以有效减少攻击行为，同时，在环境中应该尽量减少枪支、坦克、玩具刀等带有攻击性意图的玩具。对青少年而言，应该塑造合作而非竞争的社会环境，这也可以有效减少攻击。

2. 对父母冲突的干预

家庭对个体的影响不可忽视。研究表明，父母冲突会使儿童与兄弟姐妹及同伴关系变得敌对并富有攻击性（Cummings & Davies，2010）。追踪研究表明，父母争吵的时间和婚姻的不和谐程度可以预测儿童青少年攻击行为和其他问题行为（Sturge-Apple，Davies，& Cummings，2006）。因此，减少儿童青少年的攻击行为，必须关注父母冲突问题。需要教给父母一些冲突解决的技巧，减少父母争吵的时间和频率，进而减少其子女的攻击行为。

3. 消除对个体攻击行为的关注

强化会导致某种行为的持续，进而成为个体的习惯。某些个体的攻击行为较多，可能是因为表现出攻击行为后，可以得到成人的关注。因此，减少儿童青少年的攻击行为，需要父母和老师在个体表现出攻击行为时不予关注，而表现出合作等亲社会行为时给予积极关注，久而久之，可以有效减少攻击行为，提高亲社会行为。

4. 社会认知的干预

攻击性强的个体在认知加工过程中倾向于对他人行为作敌意归因。因此，我们可以对他们的社会认知过程加以干预，减少他们的敌意归因，进而减少攻击行为。研究者曾经对有暴力倾向的青少年罪犯进行了以下干预：寻找与伤害有关的非敌意线索；学会控制愤怒情绪；找到应对冲突的非攻击性解决方式。这种干预有效减少了个体对攻击行为的认可程度，在实际生活中也有效减少了攻击行为的发生频率（Guerra & Slaby，1990）。因此，对儿童青少年进行社会认知干预，可以有效减少攻击行为。

第三节　利他与亲社会行为及其发展

有没有绝对的利他行为存在？这一直是一个争议的焦点。在危机情境中，人们会不会伸出援助之手？为什么出现这种现象？这需要从利他和亲社会行为的界定来分析。

一、利他行为和亲社会行为的界定

什么叫利他行为？现代社会心理学认为，利他行为是一种自发形成的、把帮助他人当作唯一目的且不期望任何外在酬赏的社会行为（崔丽娟，2008）。由此可见，利他行为存在以下特性：第一，利他是一种自发行为；第二，利他以帮助别人为唯一目的；第三，利他不期望回报；第四，利他行为发出者会有损失。

以助人为唯一目的、不求回报应该是利他行为更为本质的特征，因此，衡量利他行为关键是动机。但动机却是一个非常复杂的心理现象，这也直接导致利他行为是否存在的争议。助人行为是外在的，但个体真实的动机是什么？是否真的不要回报，还是需要在长久之后的回报？或者获得社会的赞许？这些都只能是推测。我们认为，利他行为毕竟对社会有利，因此，与其关注动机，不如就关注外在行为，树立正确的舆论导向，提倡利他行为。

相对于利他行为，亲社会行为则更为具体。所谓亲社会行为，就是人们在社会交往中所表现出的谦让、帮助、合作、分享，甚至为了他人利益而做出自我牺牲的一切有助于社会和谐的行为及趋向，所以，帮助、合作、分享、安慰、捐赠、谦让等常被作为典型的亲社会行为进行研究（寇彧，王磊，2003）。因此，亲社会行为包含了利他行为。

二、亲社会行为和利他行为的理论

我们为什么帮助别人？特别是在损害个人利益的时候，为什么我们会作此选择？不同的研究者从不同的角度进行了分析。

（一）进化理论

进化心理学是目前心理学发展的一个取向（张雷，2007），它受达尔文进化论思想的影响，认为人的心理就是适应社会，心理的发展就是适应社会发展的结果。

1. 亲缘关系理论

一个是老乡，一个是亲戚，在同样的困境下，你会选择帮助谁？答案应该是亲戚。为什么？因为你们之间的关系更近。

帮助行为更容易在亲戚之间展开，相对于远亲，近亲在需要帮助时更容易得到帮助。为什么？汉密尔顿（Hamilton，1964）提出了亲缘关系理论，认为利他造成的损失小于利他的接受者得到的益处时，利他机制才会演化形成。即公式 $c < rb$。c 为利他者付出的代价，r 为利他者和利他接受者之间遗传的

相关程度，b 为接受者得到的益处。按照这一理论，合作出现在近亲或者亲戚之间就很容易得到解释，因为遗传相关的原因，很容易出现合作者付出的代价小于接受者获得的益处。那么，在非亲戚之间出现帮助行为如何解释?

2. 互惠利他理论

该理论认为，只要帮助者能够在将来某个时刻从受惠者那里取得回馈式的收益，那么促使人类在非亲属之间产生利他行为的心理机制就能够得到进化。因此，朋友之间的利他行为是一种互惠利他，是两个或多个个体为了相互的利益而进行的合作行为。进一步讲，上述公式中 r 如果改为关系远近，公式也可以成立，即关系质量好的个体更容易发生合作，有共同成分的个体更容易合作，比如，老乡和陌生人，更容易和老乡合作。其中起决定作用的可能是人际信任。

互惠利他理论面临的一个困境是，回报不是即时的，而是需要过一段时间才能显现，如果某些个体在需要进行利益回馈的时候，选择不回馈，欺骗行为就会出现，这对帮助行为会产生不良影响，由此产生了另外一种理论解释——社会契约理论。

3. 社会契约理论

欺骗对于帮助行为而言是一个很大的威胁，因为欺骗者会获得双倍好处：既得到他人的好处，又不用付出代价，这样导致的结果是社会到处是骗子，但事实上并没有出现这种情况，是因为人类形成了辨别欺骗的机制。人们只与合作者相互作用，欺骗者最终会受到惩罚，没有人选择和他们合作。

由此，研究者（Cosmides & Tooby，1992）提出社会契约理论，认为人类具有以下五种认知能力，以保证合作的进行：第一，认识许多不同人的能力。这样便可以在下次遇到欺骗者的时候，选择拒绝再次合作。第二，记住与不同人相互作用历史的一些方面。要记得和他相互作用的个体哪些是合作者，哪些是欺骗者，要记得谁欠他什么。第三，自己的价值观以及与其他人进行交流的能力。我们需要让别人明白我们需要什么，这样才能获得帮助，也需要让欺骗者体会到自己的痛苦，防止欺骗的再次发生。第四，模仿他人价值观的能力。我们也需要理解他人的价值观，才能提供有效帮助。第五，独立于某个交换项目，表征代价和益处的能力。我们必须能够估计合作付出的代价和获得的益处，合作才可能进行。

4. 多重选择理论

在个体层次上，社会契约理论揭示了为什么帮助行为会增多，如何解释群体层次上也存在帮助行为占主流的情形？例如，无论是原始社会的狩猎群体还是现在单一的国家，合作成为最重要的形式，进化生物学家提出了多重选择理论对此作出解释。该理论认为，利他合作者在群体中相互帮助，而自私的人不存在任何帮助行为，这直接导致的结果就是两种类型群体的发展趋势：利他合作群体越来越多，自私群体越来越少。欺骗者虽然最初有更高的适应性，能从他人的利他行为中获得益处，随着时间的流逝，合作者逐渐认识到要避免和欺骗者发生作用，而只与能够互惠的个体进行交往。一旦合作者习惯于从互助行为中获得更大的好处，他们就能占有更多资源，即不但把欺骗者排除在自己的群体以外，还能占有更多资源，欺骗者要想获得生存，只能采取利他行为。

（二）决策理论

由拉坦内和达利（Latane & Darley，1968）提出，他们构建了一个助人的行为模型，认为个体是否提供帮助行为，存在一个从认知到行动的过程：对紧急事态的注意——对事态的判断——个人责任程度的决定——介入的方式——介入的实施 。

助人的第一个前提是注意到需要帮助的个体；然后对发生的事件做一个评估，是否必须提供帮助；其后会考虑现场的人数，如果人数很多，则会发生责任扩散，助人行为的可能性降低，如果只有一个人，助人行为的频率会相当高，之所以说是相当高，是因为还存在另一个过程：对个体能力的评估，个体需要评估自己有没有能力进行助人行为；最后一个过程是，个体需要对助人行为的代价和回报做一个评估，如果代价过高，则助人行为也不会发生。

拉坦内和达利的理论存在一些不足，表现在评估过程中，在需要帮助的情境中，如果事情很紧急，个体有没有那么多时间进行自我评估？以下例子可能就是对他们理论的一个反驳。

专栏

紧急情况下的救人：认知评价还是情感起决定作用

2009年10月24日下午两点左右，长江宝塔河段又酿惨剧，三名长江大学的大学生为了救两名落水少年，被无情江水吞噬。

事情源于两名少年在宝塔湾的小沙堆上玩耍时突然滑入江中，紧急之下两名孩子大声呼喊救命。当时有十多名大学生在一旁的沙滩上游玩。听到呼声后，这十多名大学生以手拉手的方式，一个拉着一个对落水的两名少年进行施救。没有想到的情况是，宝塔湾水情复杂，两名少年获救后，几名大学生出现体力不支，水中顿时乱成一团，呼喊声一片。这时，远在宝塔湾100米以外的冬泳队队员应声赶来施救。

经过几番努力，冬泳队队员杨师傅、韩师傅、鲁师傅陆续从水中捞起六人。三名大学生为救人献出了年轻的生命。

据悉，这些大学生因为不会游泳，所以选择手拉手的方式，如果决策正确的话，那么这些大学生自我评估的结果是自己不能救人，也就不会发生大学生死亡事故，而事实呢？这些大学生马上进行了救人援助，因此，在危机情境中，个体助人的主要动机是情感因素，而非认知因素。在救助队伍中，还有一些冬泳队员，某电视台曾邀请这些队员进行了一期节目录制，节目中这些老人的感受竟然不是开心，而是自责，认为自己如果早点抢救，三名大学生不会死亡，因此，在助人行为中必须关注情感的影响。

艾森伯格（Eisenberg et al.，1991；1995）认为，亲社会行为的产生过程有三个阶段：第一阶段：对他人需要的注意阶段。个体必须关注到他人需要，才有可能采取助人行为。第二阶段：亲社会行为意图的确定阶段。艾森伯格认为，这个阶段至少通过两种方式进行：紧急情况下，情感因素起更重要的作用，因为事态紧急，认知评价因素的作用很小，而移情、内疚感的作用更大。在非紧急的情况下，个体则会评估代价和收益，评估他人需要的原因，这时候认知因素会起更大作用。第三阶段：意图和行为建立联系阶段。确立助人意图后，个体是否一定会出现助人行为？这其中会有各种因素的影响。比如，我很想助人，但现在因为时间关系，我必须做另外一件很重要的事情，助人行为就不会出现。而如果时间充裕，则助人行为就会发生。

（三）社会学习论

社会学习论的代表人物是班杜拉。他认为，个体之所以会助人，来自两个方面：一个是自己的助人行为受到表扬，受到称赞，带来比较愉快的结果，这种结果进一步强化了他的助人行为。班杜拉把这种强化称为直接强化。他认为，除了直接强化之外，还有另外一种强化——替代强化。我们之所以会助人，是因为我们看到他人的助人行为受到大众的称赞，为了获得这种认可，我们也会模仿他人的行为，即学习榜样的助人行为，我们称之为观察学习。

（四）社会交换论

该理论由霍曼斯（Homans，1961）提出。他认为，助人行为对实施者和受助者都有好处。对实施者而言，帮助别人就是能力的体现，它能够提高个体的自我价值感，获得外部的称赞和荣誉，同时，也可以减少内疚感，因为如果没有实施助人行为，我们会被一种消极心境所笼罩。研究也证实这一点，当一个人处于内疚心态时，助人行为发生的可能性比较高。对于受助者而言，他获得了帮助，渡过了难关，获得了一种被关怀的感受，会对社会有一种温暖的感受。但需要注意一点：过度的提供帮助会让受助者产生无助感，引起受助者的反感。过多的接受帮助也会产生对他人的依赖。

（五）社会规范论

该理论由坎贝尔（Campbell，1975）提出，他认为，亲社会行为对社会的发展起着不容置疑的重要作用，因此，它会形成一种社会规范，在这种规范的引导下，人们会提供帮助行为，否则就会产生违背规范的内疚感。他认为，社会责任规范，互惠规范和社会公平规范与助人行为有更大关联。

社会责任规范是指我们有责任帮助那些依赖我们的人，比如父母照顾孩子。互惠规范是指我们应当帮助那些帮助过我们的人，这和进化理论的互惠是对应的。社会公平规范是指同等的贡献获得同等的报酬。这就保证了我们的助人行为可以得到回报，而且这对所有人而言都是一样的。

三、亲社会行为和利他行为的发展趋势

传统观点认为，亲社会行为主要是指合作、助人、分享以及安慰行为。这四种典型的亲社会行为各自呈现出特定的发展趋势（赵章留，寇彧，2006）。

1. 助人行为的发展

研究者认为，助人行为有两种情形，紧急情境下的助人行为和非紧急情境下的助人行为，研究者的关注点主要集中在非紧急情境下的助人行为，而紧急情况下的助人行为出现的时间比较晚。研究发现，儿童很早就表现出非紧急情境下的助人行为。对三组婴儿（年龄为18、24、30个月）的观察发现，这三个年龄组儿童中，65%的18个月的婴儿和所有的30个月的婴儿既乐意也能够在家里帮助父母做家务（如整理散乱的杂志、叠衣服、扫地和整理床铺）。研究者认为，助人行为起源于婴儿时期，是儿童期望参加社会互动的结果。助人行为的发展表现为“波浪”形，从婴幼儿到小学中期，儿童的助人行为呈增长趋势，并且逐渐达到最高峰，6～12岁是助人行为发展最快的时期。到了青少年早期呈下降趋势，到成年早期开始又有所增加，这和他们的社会经验以及身心成熟有比较密切的关系。

2. 合作行为的发展

研究发现，出生后的第二年，绝大多数18～24个月的儿童可进行合作游戏，并且与成人合作的意向也越发明显。随着年龄和交往经验的增多，儿童间合作的目的性、稳定性逐渐增强，合作范围逐渐由两人间的合作发展到三四人之间乃至更多的人之间的合作，合作行为及合作解决问题的策略随年龄不断提高，能够为实现共同目标而努力。儿童进入学龄期后，竞争意识逐渐发展起来，导致合作行为出现随年龄的增长而下降的趋势。学龄期以后的儿童的合作倾向随年龄增长逐渐减弱，小学五年级是合作策略发生转折的关键期。从初二开始一直到高一，儿童的合作倾向出现了转折，又出现了合作的高峰。出现这个变化的原因是个体强烈的竞争意识，如果能够合作性地解决问题，合作行为的这种变化性的增长趋势应该可以得到改善，研究发现，通过冲突解决策略的

教授可以有效改善小学生的合作行为（王磊，寇彧，2005）。实践也证明，高年级个体之所以表现出合作倾向，是为了得到同伴接纳，而竞争只能导致同伴排斥。

3. 分享行为的发展

婴儿 12 个月时就已表现出指向动作的分享行为，例如他们会把物体放在人们的手上或大腿上，然后继续操纵这个物体，这是分享行为的萌芽。研究者认为，这个时间段的分享行为是儿童与成人交往的一种手段，当出现其他交往方式的时候，分享行为就不突出了。因此，12～24 个月婴儿的分享行为随年龄增加很快，24～36 个月婴儿的分享行为则随年龄增长而下降。学龄儿童对于教师和他人的评价很关注，分享行为又开始增多。7～10 岁儿童中有 77%愿意和人分享，11～16 岁的儿童 100%愿意和人分享。小学低年级儿童的物品分享和游戏分享最重要，学习分享次之，心理分享最少，到了高年级，物品分享和游戏分享逐渐让位于学习分享和心理分享。对于 4～16 岁儿童分享观念的研究表明，“吝啬”倾向在 4～6 岁达到高峰，之后随着年龄增长逐渐减弱，“慷慨”倾向在 5～6 岁时出现飞跃并逐年增加至 7～8 岁，“公平分享”倾向缓缓渐进，至 11～12 岁达到高峰。

4. 安慰行为的发展

研究发现，12～18 个月的婴儿可以对同伴表现出同情心和同情行为（Zahn-Waxler et al.，1992）。在儿童出生的第二年初，当别人表现出明显的难过时，儿童不仅能够作出相似反应，还能提供拥抱或抚摸行为。在第二年中期，儿童的这种行为频率增加，并且表达方式更多样。随着年龄的增长，安慰行为变得越来越复杂，如果是个体自己造成了他人的痛苦和悲伤，个体提供安慰行为的可能性就比较小，反之，安慰行为就多。

儿童虽然很早就表现出亲社会行为的倾向，但最初的亲社会行为伴随着具体、确定的奖赏，以后逐渐发展为自发自愿、不求外加报酬的利他行为。我国学者李丹、李伯黍对 4～11 岁儿童的利他行为的研究发现，各年龄儿童作出利他选择的人数比例随着年龄的增长而增多。随着年龄的增长，儿童的利他观念和实际的利他行为之间的一致性增加。

男生和女生在助人行为上有没有差异？研究表明，差异并不大，而且男生在遇到悲伤的个体时，会体验到和女生一样的生理唤起。但在合作行为上，男生和女生还是存在差异，在童年中期，男生比女生更容易在游戏中阻止另一个儿童获胜（Roy & Benenson，2002）。

四、亲社会行为与利他行为的培养方法

培养亲社会行为和利他行为的方法有多种，其中包括专门的课程教学以及

行为和环境塑造技术。

1. 培养延迟满足能力

亲社会行为不管动机是利己还是利他，都有一个共同性的规律：当事人提供了帮助、合作等行为后，受助人的回馈是延时的，是需要一段时间间隔的。如果要增加个体的亲社会行为，必须让个体接受这种延迟性的甚至没有回报的结果。如果个体习惯于延迟满足，他就更能接受付出和回报之间的间隔，在面临求助情景时，会更为自发地提供他人需要的行为。

2. 教授冲突解决的课程

传统的亲社会行为中，助人和安慰是单向的，是施助者指向受助者的行为。相对而言，合作和分享则是双向的。合作和分享过程中可能会导致冲突事件的发生，合理、有效的冲突解决策略可以有效促使合作和分享行为的发展，研究者对小学生进行冲突解决训练，有效改善了小学生的合作水平（王磊，寇彧，2005）。在冲突解决中，尝试进行以下步骤的训练：全班同学参与，分成5～7人的小组，对某个冲突情景进行如下步骤的讨论。首先要求学生去了解他人的想法和感受，这可以提高个体的移情水平；了解他人想法和感受的原因，这可以提高个体的归因能力；从他人角度出发重新思考问题——换位思考，这可以提高学生的移情水平；想出尽可能多的冲突解决策略，这可以提高学生的问题解决策略；找出最佳的冲突解决策略，这可以提高学生的决策能力。以往研究表明，移情、归因能力、问题解决策略等因素都与亲社会行为的发展密切相关，冲突解决训练有助于学生移情水平、归因能力和问题解决策略的改善，而学生小组讨论的过程本身就是冲突解决和同伴互动的过程，因而可以有效促进个体亲社会行为的发展。

3. 教授道德推理

个体的亲社会道德推理水平可以有效预测其亲社会行为。在亲社会推理方面超过第一阶段享乐主义的学前儿童，他们更愿意帮助他人并自愿与他人进行物品分享。道德推理成熟的个体对于自己不喜欢的个体，在必要的时候也会提供帮助，而道德推理不成熟的个体则倾向于忽略不喜欢的人的需要。一项17年的追踪研究表明，在4～5岁表现出较成熟道德推理水平的儿童，乐于助人、乐于为他人着想的趋势会持续到成年早期（Eisenberg，1999）。道德推理过程可以促进对规则的学习和接纳。因此，我们可以进行两难故事讨论，让学生之间互相交流沟通，促使学生考虑并接纳他人不同的观点，找到最适当的解决方式。

4. 角色扮演和榜样示范

角色采择能力发展良好的青少年，可以更好地推断同伴对帮助或安慰的需求。接受角色采择技能训练的个体日后会变得更加慷慨、乐于合作，对他人需要也更为敏感。观察到他人友善行为后，儿童会更加仁慈，更乐于助人；这种表现在2～4个月后仍然存在。因此，对个体进行角色扮演训练，提供亲社会行为的榜样个体，都可以有效改善儿童青少年的亲社会行为。另外一个有效措施就是让青少年个体担当志愿者，因为志愿者服务既可以提高个体的敏感性，

专栏

大学生的道德习惯培养

道德是一个很宏观的概念，但道德水平表现在一些具体的小事上。比如，不要乱扔垃圾，不要随地吐痰，看似不起眼的小事，背后折射的却是个人的道德习惯，更高一个层次讲就是一个民族的道德习惯。

2010年上海举行了世博会，这一吸引世界眼光的重大事件就像一个放大镜，让我们看清自己身上的一些不良习惯。在《今晚报》2010年6月13日登出一篇文章，题目就叫《国人当自重》。“世博园开园一个多月以来，中国人的道德、教养、礼仪乃至人性，都被放大在世界目光下任人品评。”“免费地图有妙用”，有人总结说，“一张垫着光脚，一张垫屁股，一张垫吃的，最后吃完用地图包了垃圾扔掉，再去要一批新的”。这甚至成为在网上流行的攻略和技巧。于是，中科院院士杨福家强调，在经历了30年经济大发展之后，下一个30年将“几近跌至谷底的国民素养提升到世界水平，至关重要”。“今后30年，站起来了的中国人要站得直、站得稳、站得有尊严。”

一沙一世界，一花一天堂。国民素养的提高离不开具体的道德教育，作为文化素养较高的天之骄子，如何培养大学生的道德习惯至关重要。

从小到大，我们接受的道德教育都属于道德认知方面的，它告诉我们什么是对的，什么是错的。这种道德认知层面的教育对我们有没有效果，看看我们课后的教室可能说明了很多东西：教室走廊上有许多垃圾桶，只要我们举手之劳，而教室书桌里随处可见牛奶盒、塑料袋；更具讽刺意味的是教室中贴出的告示：不要乱丢垃圾。这充分说明，道德教育存在一些偏差，忽视了道德认知以外因素的作用，尤其是道德情感和道德行为。移情水平低，缺乏对他人需要的理解，缺乏道德实践行为，直接导致的就是现在的“眼高手低”现象，这里的眼高指的是道德认知水平高，手低是指缺乏基本的良性道德行为习惯，而这又是源于缺乏具体的道德实践训练，缺乏一个平台。

因此，培养大学生的道德习惯，还需要重视以下方面：一是移情能力训练，可以在大学生思想道德课程中设置一些生活案例，让大学生进行讨论，倾听每个人的观点，在这种互动过程中我们会逐渐认识到他人的需要，自己能够提供的帮助。二是具体的道德实践训练。认知比较抽象，要想抽象的内容具体化离不开具体的实践操作，因此，多参加一些志愿活动，担当志愿者，也能够提高我们的道德水平。三是群体氛围的创造，从众的现象告诉我们，其他人的行为对我们有很大影响，因此，大学生道德习惯的养成需要关注大学生群体氛围的创造。需要加大德育的“隐性课程”教育，具体而言，就是从学校课程（思想政治课程）、学校制度（明文规定）和校园文化（网络、广播、报纸上的宣传）三个方面进行，从而营造适合大学生发展的校园文化氛围。

又可以改善个体的移情水平和助人技巧，发展对社会的责任感和个体的胜任感。志愿者服务过程可以看作是一个角色扮演过程，同时也为其他个体提供了榜样示范。

5. 社会环境的塑造

可以从两个方面进行操作：一个是家庭，另一个是家庭以外的环境，包括学校和社会。研究表明，受欢迎和受尊敬的成人通过对儿童友善行为进行言语强化，能促进儿童的亲社会行为，因为儿童会力求实现自己尊重的成人制定的目标。这些得到儿童欢迎和尊重的成人包括父母、老师以及社会公众人物。在民主的家庭教养方式下，父母会采用理性的、非惩罚性的处理方式，对他人表现出同情和关心，其子女也富有同情心和自我牺牲精神，从而表现出更多的亲社会行为。过于强调竞争，会恶化人与人之间的关系，导致冲突的增多，从而不利于亲社会行为的发展，但目前的学校教育和社会环境对于竞争有点过于看重，这可能也是目前个体亲社会行为较少的一个原因。因此，为了促使个体亲社会行为的增多，家庭环境应该更民主，学校和社会应该重视合作环境的塑造，减少对竞争环境的重视程度。

链 接

下列文献是国内出版的道德发展方面的著作，可以作为拓展读物：

[1] 陈会昌：《道德发展心理学》，合肥：安徽教育出版社 2004 年版。

[2] 顾海根、梅仲荪：《爱国情感教育心理学研究》，北京：人民教育出版社 1999 年版。

[3] W. Damon （1988）. The moral child: Nurturing children's natural moral growth. New York: Free Press.

[4] W. J. Bennet（1993）. The book of virtues. New York: Simon, Schuster.

本章小结

道德的发展涉及道德认知、道德情感和道德行为等方面。在道德认知的发展方面，皮亚杰、科尔伯格等人均提出了自己的道德认知发展阶段理论。

皮亚杰把道德认知的发展分为三个阶段：前道德阶段、他律道德阶段、自律道德阶段。科尔伯格则把道德发展划分为三个水平、六个阶段，三个水平分别是前习俗水平、习俗水平和后习俗水平，六个阶段分别是前习俗水平上的惩罚和服从定向阶段、朴素的利己主义和工具定向阶段，习俗水平上的好孩子定向阶段、维持社会秩序定向阶段，后习俗水平上的契约和法律定向阶段、普遍的伦理原则。

在批判上述道德认知理论的基础上，艾森伯格提出了亲社会道德推理理论，认为儿童亲社会道德推理的发展要依次经历五个阶段，即享乐主义的、自我关注的推理阶段、需要取向的推理阶段、赞许和人际取向、定型取向的推理阶段、自我投射性的移情推理和过渡阶段、强有力的内化推理阶段。

精神分析理论讨论了道德情感的发展。研究者广泛而深入地研究了移情的发展、羞愧和内疚的发展、良心的发展等问题，得到一系列有意义的研究结论。

在道德行为的发展方面，心理学家们在深入研究的基础上，从不同的角度提出了相应的理论，其中包括尤尼斯的道德实践理论、社会学习理论等。

人们从不同的角度出发，提出了各种攻击理论，其中包括本能论、习性学观点、挫折—侵犯理论、社会学习论、社会信息加工论、GAAM 模型、综合理论等。

近几十年来，研究者探讨了婴幼儿时期以后各个时期的攻击发展的特点，描绘了攻击随年龄变化的趋势。研究表明，婴幼儿、小学儿童与青少年在攻击的水平、频率和形式以及对攻击的认知上呈现出不同的特点。

人们广泛地探讨了干预或控制攻击的方法，主要包括创造非攻击环境、干预父母冲突、消除对个体攻击行为的关注、干预社会认知等方法。

研究者从不同的角度分析了亲社会行为，提出了进化理论（包括亲缘关系论、互惠利他论、社会契约论、多重选择论）和决策理论、社会学习理论、社会交换理论、社会规范理论。合作、助人、分享以及安慰等亲社会行为各自呈现出特定的发展趋势。

培养亲社会行为和利他行为的方法有多种，其中包括专门的课程教学以及行为和环境塑造技术，例如，培养延迟满足能力、教授冲突解决的课程、教授道德推理、角色扮演和榜样示范、社会环境的塑造。

本章注释

[1]程学超、王美芳:《儿童亲社会道德推理的发展研究》,载《心理科学》1992年第 3 期，第 13～17 页。

[2]崔丽娟、才源源:《社会心理学：解读社会，诠释生活》,上海:华东师范大学出版社 2008 年版,第 141～142 页。

[3]寇彧、王磊:《儿童亲社会行为及其干预研究述评》,载《心理发展与教育》2003 年第 4 期,第 87～91 页。

[4][美]D. Shaffer, K. Kipp 著,邹泓等译:《发展心理学》,北京:中国轻工

业出版社 2009 年版,第 500～501 页。

[5]斯蒂芬·沃切尔著,金盛华译:《社会心理学》,南京:江苏教育出版社 2008 年版,第 364～366 页。

[6]王磊、谭晨、寇彧:《同伴冲突解决的干预训练对小学儿童合作的影响》,载《心理发展与教育》2005 年第 4 期,第 83～88 页。

[7]徐琴美、张晓贤:《5～ 9 岁儿童内疚情绪理解的特点》,载《心理发展与教育》2003 年第 19 卷第 3 期,第 29～34 页。

[8]俞国良:《社会心理学》,北京:北京师范大学出版社 2006 年版,第 504～505 页。

[9]张雷:《进化心理学》,广州:广东高等教育出版社 2007 年版,第 5～6 页。

[10]张文新、张福建:《学前儿童在园攻击性行为的观察研究》,载《心理发展与教育》1996 年第 4 期,第 18～22 页。

[11]赵章留、寇彧:《儿童四种典型亲社会行为发展的特点》,载《心理发展与教育》2006 年第 1 期,第 117～121 页。

[12]周宗奎:《现代儿童发展心理学》,合肥:安徽人民出版社 1999 年版,第 342～344 页。

[13]周宗奎:《 青少年心理发展与学习》,北京:高等教育出版社 2007 年版,第101～102 页。

[14][美]D. Shaffer, K. Kipp 著,邹泓等译:《发展心理学》,北京:中国轻工业出版社 2009 年版,第 500～501 页。

[15][美]斯蒂芬·沃切尔著,金盛华译:《社会心理学》,南京:江苏教育出版社 2008 年版,第 364～366 页。

[16]Anderson, C. A. & Bushman, B. J. (2002). Human Aggression. Annual Review of Psychology, 53, 27-51.

[17]Brain, P. F. (1994). Hormonal aspects of aggression and violence. In A. J. Reis & J. A. Roth (Eds.), Understanding and control of biobehavioral influences on violence. Washington, DC: National Academy Press.

[18]Cosmides, L. & Tooby, J. (1992). Cognitive adaptations for social exchange. In J. Barkow, L. Cosmides, & J. Tooby (Eds.), The adapted mind: Evolutionary psychology and the generation of culture. New York: Oxford University Press.

[19]Crick, N. R. & Dodge, K. A. (1994). A review and reformulation of social information-processing mechanisms in children's social adjustment. Psychological Bulletin, 115, 74-101.

[20]Crick, N. R. Murray-Close, D., & Woods, K. (2006). Borderline personality features in childhood: A short-term longitudinal study. Development and Psychopathology, 17, 1051～1070.

[21]Cummings, E. M. & Davies, P. T. (2010). Marital conflict and children: An emotional security perspective. New York and London: The Guilford Press.

[22]Eisenberg, N. (1989). The Roots of prosocial Behavior in Children. Cambridge: Cambridge University Press.

[23]Eisenberg, N., Carlo, G., Murphy, B., & Van Court, P. (1995). Prosocial development in late adolescence. Child Development, 66, 1179-1197.

[24]Eisenberg, N., et al. (1999). Consistency and development of prosocial dispositions: A longitudinal study. Child Development. 70, 1360-1372.

[25]Gilligan, C. (1982). In a different voice: Psychological theory and women's development. Cambridge, MA: Harvard University Press.

[26]Guerra, N. G. & Slaby, R. G. (1990). Cognitive mediators of aggression in adolescent offenders: II. Intervention. Developmental Psychology, 26(2), 269.

[27]Ingrid, L., et al. (2002). Development of Empathy in Girls During the Second Year of Life: Associations with Parenting, Attachment, and Temperament. Social Development, 11, 451-468.

[28]Kochanska, G., Murray, K. T., & Harlan, E. T. (2000). Effortful control in early childhood: Continuity and change, antecedents, and implications for social development. Developmental Psychology, 36(2), 220.

[29]Kohlberg, L., Charles L., & Alexandra H. (1983). Moral stages: A current formulation and a response to critics. Basel, NY: Karger.

[30]Labile, D. J. & Thompson, R. A. (2002). Mother-child conflict in the early toddler years: Lessons in emotion, morality, and relationships. Child Development, 73, 1187-1203.

[31]Ostrov, J. M. & Keating, C. F. (2004). Gender differences in

preschool aggression during free play and structured interactions: An observational study. Social Development, 13(2), 255-277.

[32]Roy, R. & Benenson, J. F. (2002). Sex and contextual effects on children's use of interference competition. Developmental Psychology, 38(2), 306.

[33] Sturge-Apple, M. L., Davies, P. T., & Cummings, E. M. (2006). Impact of hostility and withdrawal in interparental conflict on parental emotional unavailability and children's adjustment difficulties. Child development, 77(6), 1623-1641.

[34]Tremblay, R. E., Nagin, D. S., Seguin, J. R., Zoccolillo, M., Zelazo, P. D., Boivin, M., et al. (2004). Physical aggression during early childhood: Trajectories and predictors. Pediatrics, 114(1), 43-50.

[35]Youniss J. & Yates M. (1998). Youth service and moral identity: A case for everyday morality. Educational psychology review, 2, 361-376.

[36]Zahn-Waxler, C., Radke-Yarrow, M., Wagner, E., & Chapman, M. (1992). Development of concern for others. Developmental Psychology, 28(1), 126.

习　题　十

一、简答题

1. 根据科尔伯格的理论，道德的发展可以分为哪几个水平和阶段？
2. 艾森伯格的亲社会道德理论将道德发展划分为哪几个阶段？
3. 目前存在的攻击理论主要有哪些？它们的主要观点分别是什么？
4. 对亲社会行为有哪些理论解释？它们分别具有哪些主要观点？
5. 根据皮亚杰的道德认知理论，儿童道德的发展可以分为哪几个阶段？

二、论述题

1. 结合有关的心理学研究，谈谈应如何培养儿童和青少年的亲社会行为。

第十一章　性别差异与性别角色的发展

【教学目标】

通过本章的学习，应达到以下教学目标：

1. 在了解性别差异的研究现状的基础上，理解性别差异的实际情况。

2. 结合现实生活中的现象，理解和掌握人们对男性与女性（包括男孩与女孩）的常见的性别刻板印象，结合社会范畴论和社会角色论，理解性别刻板印象产生的可能原因。

3. 结合有关的研究和现象，识记和掌握证据充分的性别差异的主要表现。

4. 结合有关研究，识记和掌握性别认知（包括性别身份认知和性别角色知识）和性别角色行为的发展特点，运用性别角色发展的规律，分析儿童实际的行为。

5. 理解和掌握关于性别度的基本理论，尤其是性别度的单维模型与双维模型的基本观点，并能进行相应的评价。

6. 理解和掌握精神分析理论、社会学习理论、认知发展理论、性别图式理论和群体社会化理论关于性别角色发展的基本观点，并能进行相应的评价和整合。

7. 结合有关的研究，理解和掌握影响性别差异和性别角色发展的生物学因素与社会因素，分析生活中的性别差异产生的原因和机制。

【本章结构】

本章主要分析和讨论人们常见的性别差异以及性别角色的发展问题，其中涉及性别差异的主要表现、性别角色的发展特点及其影响因素，还重点讨论了用于揭示性别发展机制的基本理论。概括地讲，可以分为性别差异与性别角色的发展两大部分，其中第二个部分又包括性别角色发展的理论和影响因素等内容。本章的基本结构如下图：

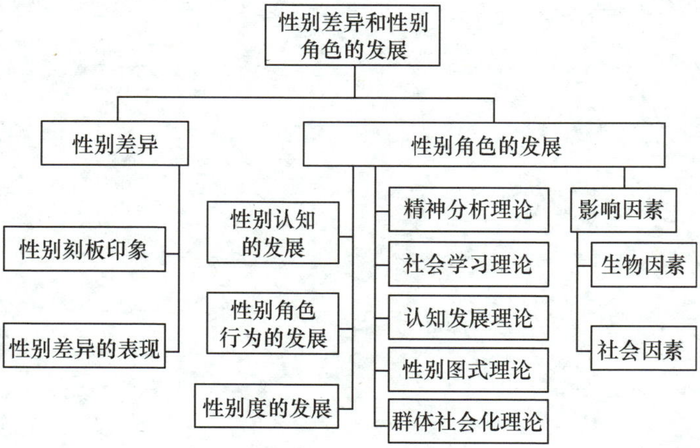

在电影、电视里，我们经常会看到独立、勇敢、事业心强的成年男人，也会看到依赖、胆怯、热爱家庭的女人，即使那些尚未成年的男孩和女孩，也已经表现出成年男人和女人的“雏形”，而给人以截然不同的印象。其实，在我们的内心深处，对男性与女性也可能有着截然不同的看法。为什么男性与女性（包括成年的男人与女人、未成年的男孩与女孩）的行为如此不同？这种不同是生而有之还是后天形成的？它受哪些因素的影响？在不同的文化背景下都是如此吗？

其实，这种现象涉及人们普遍关注的一个问题——性别差异问题。本章将分析两性在多个方面的心理与行为上的差异，探讨性别角色的发展及相关因素，并对用以解释性别差异和性别角色发展的理论进行深入的分析。

第一节　心理发展的性别差异

男性与女性在心理上究竟有没有差异？如果有差异，这些差异又表现在哪些方面？有没有确凿证据可以说明性别差异的存在？近几十年来，对性别差异感兴趣的学者采用多种方法进行了深入的研究，得到了一系列有意义的结果。

一、性别差异证据的充分性

美国心理学家埃托奥和布里奇斯总结指出（苏彦捷，2003），关于心理是否存在性别差异问题，长期以来存在两种截然相反的观点或取向。一种是相似取向，另一种是差异取向。相似取向主要反映了一些女性心理学家和女权主义者的观点，她们试图证明男性与女性在智力和社会行为上是相似的，那些实际存在的差异并不是生物学因素引起的，而是社会化的结果（Bohan，1997；Eagly & Wood，1999）。持差异取向的学者强调男性与女性之间的差异，并且认为这种差异是由生物学因素导致的（Bohan，1997；Eagly & Wood，1999；Geary，1999）。

其实，两性在认知、情绪、社会性等方面存在的差异并没有人们想象的那么大。综合已有的研究，可以将性别差异分为三类：第一类是已被确认存在的差异，如在攻击性、自信心等个性特征上存在着明显的性别差异。第二类是证据尚不充分或模棱两可、还需要进一步研究的差异，如在活动性、焦虑和移情等个性特征上的差异。第三类是人们普遍相信而实际上并不存在的差异，如在受暗示性等个性特征和相应的行为上的性别差异。

麦考贝等（Maccoby & Jacklin，1974）总结了1965年至1974年在美国

学术刊物上发表的近两千项关于两性差异的研究，最后归纳出 50 项差异。其中，证据确凿的差异只有 4 项，而且都是较小的差异；有 6 项是证据不充分或模棱两可的差异；其余 40 项差异没有任何证据。

胡斯敦（Huston，1983）把性别差异分为内容差异和结构差异两个方面。其中，内容差异包括：（1）生物学意义上的差异；（2）活动和兴趣的差异；（3）社会性特征的差异，包括人格特征和社会行为类型的差异；（4）与性别有关的社会关系的差异，包括朋友的性别、所亲近和认同的人的差异；（5）象征性性格的差异，包括姿态和非语言行为、语言类型等方面的差异。每一种内容差异又包括结构差异：（1）概念的差异；（2）自我知觉的差异；（3）偏好和态度的差异；（4）行为的差异。所有这些差异，都有待于研究证据的支持。

二、性别刻板印象

性别刻板印象（gender stereotypes），又称性别定型。它是指人们对男女两性比较固定的看法，是人们在能力、行为、个性特征等方面对男性和女性的程式化认知和态度。它反映了被人们广泛认同的关于男性和女性的观念和态度。尽管每个人头脑中的性别刻板印象不尽相同，但是，在同一文化特别是亚文化群体中，性别刻板印象具有比较高的一致性。人们头脑中的性别刻板印象或性别定型，很容易让人们误把本来不存在的性别差异当作真实存在的差异。很多研究发现，特定文化群体的性别刻板印象具有相对稳定性，人们在 20 世纪 70 年代对男性和女性的看法与 90 年代非常相似（De Lisi & Soundranayagam，1990；Bergen & Williams，1991）。

性别刻板印象还可能具有跨文化的相似性，换言之，在不同的国家，人们对男性和女性的看法和态度很可能具有相似性（Etaugh，& Bridges，2003）。在一项研究中，研究者考察了包括美国在内的 29 个国家的大学生对典型的男性和女性的看法，结果表明，他们所描述的典型的女性特征有：挚爱的、娇媚的、情绪性的、文雅的、好心的、人际取向的、心软的、有同情心的、温暖的；而典型的男性特征有成就取向的、积极的、冒险的、雄心勃勃的、自负的、大胆的、独立的、理性的、支配的（De Lisi & Soundranayagam，1990；Williams & Best，1990）。社会心理学家通常将女性所具有的这组特征称为亲和性（communion），而将男性所具有的这组特征称为行动性（agency）。

人们关于性别差异的刻板印象只有少数与事实相符，绝大多数与事实是不相符的，甚至是完全错误的（见表 11-1）。

表 11-1　人们常见的性别刻板印象（Maccoby & Jacklin，1974）

观　念	事　实
（1）女孩比男孩更喜欢社交	男孩与女孩对社会性刺激具有同样的兴趣，对社会性强化具有相同的反应，也同样善于向社会榜样学习，但在某个阶段，男孩与玩伴相处的时间确实多于女孩。
（2）女孩比男孩更容易“接受他人的意见”	有关儿童从众性的研究证实，男孩与女孩并无显著差异；不过，在自己的价值观与同伴群体的价值观相冲突时，男孩比女孩更容易接受同伴群体的价值观。
（3）女孩的自尊比男孩低	在儿童青少年时期，两性的自我满意度和自信心很相似；在青少年时期，自尊增强的男孩比例多于女孩（Block & Robins，1993）。
（4）女孩擅长简单重复性的工作，男孩则擅长于需要高水平的认知能力才能处理的工作	现有的证据并不支持这种说法，两性在背诵学习、机械学习及概念形成上并没有什么差异。
（5）男孩比女孩的分析能力强	除了认知能力的微小差异外，男孩与女孩在分析或逻辑推理能力上并没有差异。
（6）女孩缺乏成就动机	没有这种性别差异。女性成就动机较低的假象之所以存在，可能是因为男性和女性追求的成就目标不同所致。

美国社会心理学家海德与罗森伯格总结了人们关于个性和行为特征的性别刻板印象，发现这些刻板印象主要集中于以下几个方面：攻击性；活动性；自信、恐惧、焦虑、羞怯；移情、从众、受暗示性；智力；运动技能；抽象推理能力；空间能力、数学能力；语言能力和知觉速度。研究发现，在这些差异中，只有攻击性和活动性的性别差异与人们的性别刻板印象基本一致，男性的身体攻击和言语攻击行为确实多于女性，男性的活动性也高于女性，而其他方面都与性别刻板印象是不一致的。

在某些具体的方面，性别刻板印象也可能受到民族或种族、社会阶层、身体特征等因素的影响。研究表明，与美国白人和美籍拉丁美洲人相比，美国黑人的性别刻板印象相对较少（Pugh & Vazquez-Nuttall，1983；Harris，1994）。美国大学生对黑人往往具有严格的性别刻板印象，赋予黑人女性很多消极的特征，如认为她们粗鲁、敌对、好辩（Weitz & Gorden，1993）。类似地，人们对较低社会阶层的女性也通常持消极的看法，认为她们脏乱、充满敌意、能力差、不快乐、俗气（Landrine，1985）。另外，人们往往认为，残疾女性更依赖他人，健康女性则不然（Hanna & Rogovsky，1991）。

而且，成年人对男孩与女孩也有着不同的期待和性别刻板印象。即使男女婴儿的身体健康状况并无显著差异，父母也往往认为他们的女儿漂亮，而认为他们的儿子强壮。成年人的性别刻板印象从孩子一出生就有了（Karraker，Vogel，& Lake，1995）。其实，成人对儿童的这种性别刻板印象并不限于婴儿。在加拿大进行的一项研究中（Martin，1995），要求大学生评价4～7岁男孩和女孩的典型特征，结果显示，他们认为女孩比男孩更文雅，更富于同情心和擅长家务，而认为男孩比女孩更自恃，更有支配性和竞争性。

对于性别刻板印象，社会范畴化理论（social categorization theory）与社会角色理论（social role theory）从不同的角度进行了解释。社会范畴化理论认为（Hewstone，Hantzi，& Johnstone，1991），人们之所以具有这些性别刻板印象，是因为他们倾向于根据性别、年龄、民族等容易认定的自然特征，把个体划入不同的范畴或类别中去，以简化自己的社会知觉。在生活中要记住遇到的每个人的特征是很困难的，而把人们进行分类，对每一类人形成一种看法，就可以减轻社会知觉的负担。性别刻板印象的形成是从把人分

案例分析

出生贺卡上的性别刻板印象

美国心理学家布里奇斯（Bridges，1993）和她的研究助手分析了人们给男婴与女婴的贺卡的内容，发现男婴的贺卡与女婴的贺卡上的言语信息和视觉形象是不同的：给女孩的贺卡常用粉红色，而给男孩的贺卡常用蓝色；给女孩的贺卡常表现被动的坐或躺等动作，而给男孩的贺卡常表现行走或建造等体力活动；给女孩的贺卡常画有小汽车等不消耗体力的婴儿玩具，以及小鸟、兔子等攻击性较小的小动物，而给男孩的贺卡上常画有熊、狗等较大的动物。人们经常把女孩描述成“娇小的”、“可爱的”，而给男孩的贺卡常常描述了父母与孩子快乐的信息。

显然，人们在无意间透露了他们内心深处的性别刻板印象。即使对刚出生的婴儿，他们的看法和期待也与婴儿的性别紧紧地联系在一起。在现实生活中，人们常常如此。以往的研究表明，在儿童文学、玩具和商品包装上，人们往往刻板地描写男孩和女孩，为男孩赋予一些特征（如勇敢、坚强、独立），而为女孩赋予另外一些特征（如温和、敏感、依赖）。这种普遍存在的性别刻板印象为儿童创设了一种特殊的环境，潜移默化地影响着他们的性别角色的发展，他们通常会接受社会对男孩与女孩的这种期望，并转化为自己相应的行为方式。

成男性与女性开始的，当人们遇到男性和女性这两类人的时候，就可以将不同的属性赋予他们。社会角色理论认为（Eagly，1987；Diekman & Eagly，1997），刻板印象起源于人们对各类人承担其典型的社会角色的行为的观察，性别刻板印象源于将女性与家庭角色联系在一起，而将男性与职业角色联系在一起，因而，人们倾向于认为女性具有亲和性的人格特征，而男性具有行动性的人格特征。

三、性别差异的表现

麦考贝和杰克琳（Maccoby & Jacklin，1974）回顾了1500余篇有关男女比较的研究，认为男孩与女孩在某些方面的确存在一定的性别差异。近年来，有关研究表明，男女儿童在身体特征、情绪和社会性行为等方面有可能存在某种程度的差异。

（一）身体特征、体育成绩和运动

在胎儿期和婴儿期，男孩与女孩在身体特征上的差异就已经表现出来，这不仅表现在生理结构上，而且表现在体能和某些方面的优势上。女孩在出生时身体状况和神经系统相对发达，她们学会行走和达到青春期的时间都较早；男孩出生时肌肉发展更成熟，肺和心脏较大。相对而言，男性胎儿的流产率和男婴的死亡率都相对较高，他们更容易受疾病、营养不良和许多遗传异常的影响。从身体的健康程度来看，女孩肯定不比男孩差。

在学前期和学龄初期，男孩与女孩的运动技能相似，他们各自擅长不同的运动。通常，男孩活动量较大，喜欢打球、跳高这类运动项目，而女孩更擅长那些对灵活性、精细性和手脚协调能力要求较高的运动项目，如跳房子和体操。

进入青春期以后，男孩的运动技能占相对优势。这一方面与激素引起的身体变化（如男孩肌肉发达，女孩脂肪增加）有关，另一方面与社会文化因素有关。这时，成人往往给男孩提供更多的运动机会，鼓励和支持他们参加竞争性的运动（Small & Schultz，1990）。相反，女孩往往承受着较大的社会压力，人们希望她们更温柔、不调皮，因而减弱了她们参加竞技性运动的兴趣和积极性（Ruble & Martin，1998）。社会期望的分化在一定程度上促成了运动技能的性别差异。

（二）玩具和游戏

男孩与女孩在游戏和兴趣方面的差异尤为明显（Mchale，Crouter，& Tucker，1999）。在整个儿童期，他们对玩具和游戏的选择都具有明显的性别特点，12～18个月的男性婴儿与女性婴儿就已经表现出不同的玩具和游戏偏好，女孩更喜欢玩布娃娃、过家家和较软的玩具，而男孩更喜欢玩小汽车和工具。到3岁时，这种差异已经非常典型（Eisenberg et al.，1996）。但女孩更可能表现出“跨性别”的选择，她们也可能去玩工具性玩具和体育器材（Bussey & Bandura，1992；Etaugh & Liss，1992）。

在学前期和学龄初期，男孩与女孩往往偏爱不同的游戏模式。男孩更喜欢从事户外体育活动，如爬山、追逐、角力、探险和混战游戏，更喜欢与一大群同伴在一起，进行竞争性的活动，在同伴之间发生冲突时，也更喜欢采用强有力的控制策略（Fabes et al.，1999；Sims，Hutchins，& Taylor，1998）。女孩则不同，她们喜欢玩布娃娃、过家家和艺术手工艺活动，喜欢玩假装游戏，而且，她们更可能与一小群孩子在一起玩，甚至一个人玩（Bornstein et al.，1999；Hartup & Stevens，1999）。

而且，男孩与女孩游戏的伙伴也有所不同。他们通常更喜欢选择与同性别的儿童在一起玩。这种差异在2～3岁的时候就已经表现出来了，而且，女孩表现出这种偏好的时间更早一些。到了小学阶段，这种“性别隔离”现象更为明显（Fagot，1995；Boyatzis，Mallis，& Leon，1999）。麦考贝等（Maccoby & Jacklin，1987）在一项研究中发现，儿童4岁时与同性同伴玩耍的时间要比与异性同伴玩耍的时间多3倍，6岁时增长到11倍。而且，他们在生活中也更喜欢与同性伙伴在一起（Thorne，1993）。这可能跟男孩与女孩的游戏兴趣和活动方式不同有关。

（三）认知和语言能力

男孩与女孩在认知能力上的差异主要表现在数学能力、空间能力和语言能力等方面。其中男性在数学能力与空间能力上占优势，女性在言语能力上占优势。

在言语能力上，女孩从婴儿期就占优势，而且在入学后仍然保持着这种优势。她们开口说话较早，在出生后的第二年词汇量增长较快。在学龄期，她们在阅读和写作方面成绩通常优于男孩。但也有研究发现，自20世纪70年代以来，这种性别差异大大减小了，甚至已经没有什么实质性的意义了（Hyde & Linn，1988）。有人认为，女孩的这种相对优势可能与她们的生理发育尤其是左半球皮层的发育相对较早有关（Diamond et al.，1983）；另一些人认为（朱永新等，2002），这种差异可能与亲子交往、师生交往的方式有关，母亲与女婴的交流较多，而且父母和老师都更注重培养孩子的阅读能力（Berk，2002）。

虽然很多研究表明，女孩在词汇、阅读理解和言语创造性等方面占据相对优势，但男孩与女孩在言语发展的不同侧面也可能各具优势。有的研究者指出，女孩可能在言语表达的清晰性、流畅性、情感性等方面优于男孩，而男孩在言语表达的逻辑性和缜密性上强于女孩。

在视觉—空间能力上，男孩从小学阶段开始领先于女孩，这突出地表现在心理旋转任务和空间关系任务上，在对两维或三维物体操作、读图和确定目标物等活动中，男孩的成绩优于女孩。

在数学能力上，男孩大约从高中阶段开始就占据相对优势，这在超常儿童和青少年中表现尤为明显，他们在数学推理测验上的成绩相对较高。从总体上看，数学成绩好的男孩人数显著多于女孩。

在学业成绩方面，小学女生在所有科目上成绩都要好于男生，此后这种差异逐渐减少，到小学高年级，男孩的数学优势逐渐突出。但是，在不同的学科或任务中，男孩与女孩的成就动机有所差异，男孩往往在数学、体育、机械技能等方面的成就动机较强，而女孩在语文和艺术等方面的成就动机较强（Berk，2002）。这可能与他们对不同学科或任务的兴趣和自信心有关。

国内有关研究并未发现数学能力的性别差异。国内研究表明，在中国儿童中，数学能力没有显著的性别差异（张厚粲，王晓平，1996）。他们还发现，男孩与女孩在认知的不同方面各有优势，男孩在解决生疏问题的能力上超过女孩，而女孩在进行系列信息加工方面优于男孩；儿童认知能力的性别差异开始于8岁半左右，男孩通常占优势的空间能力的性别差异直到11岁半左右才开始出现。

（四）社会性和情绪

大量研究表明，男孩与女孩在攻击性、活动性、情绪和行为问题等方面都存在某种程度的差异。

1. 攻击性

在婴儿期，男孩与女孩的攻击行为并没有明显的差异。但是，在进入幼儿期以后，随着同伴交往的增多，男孩比女孩表现出更多的身体攻击行为，而且这种差异在以后几年中不断增大。这种差异在各种文化背景和社会阶层普遍存在（Coie & Dodge，1998）。男孩的言语攻击行为也相对较多。在小学阶段或童年期，攻击性的性别差异减小；但是，男孩的直接攻击行为仍然偏多（张文新，谷传华等，2000）。到了青少年期，男孩外显的攻击行为增多，男孩卷入反社会行为和暴力犯罪的概率约是女孩的10倍（U. S. Department of Justice，1995）。

但是，这并不意味着女孩就没有攻击性，或者具有较少的攻击行为。实际上，她们更可能进行关系攻击，通过同伴关系排挤他人、散布谣言，以伤害别人（Crick & Bigbee，1998）。相对而言，男孩更多地成为攻击者和被攻击者，特别是在身体和言语攻击方面。女孩更容易成为关系攻击的受害者（Crick，Casas，& Ku，1999）。

儿童攻击性的性别差异可能与生物学因素有关，激素水平的变化会引起攻击行为的变化。例如，在青春期，雄性激素水平较高的青少年支配性更强，攻击行为较多。另一方面，这种差异也可能是由环境的差异所导致的。通常，专制型的教养方式、充满竞争或争吵较多的家庭环境更容易促成儿童的攻击行为。而且，父母更可能鼓励男孩从事消耗体力的游戏，玩那些具有典型性别特征的玩具（如枪、坦克），而反对女孩的攻击行为，这也会导致攻击性的性别差异（Coie & Dodge，1998；Eisenberg et al.，1996）。

2. 亲社会行为

亲社会行为是为了使他人受益的行为，包括助人、分享、合作和安慰他人等。大多数研究并未发现亲社会行为的性别差异。但是，也有一些研究发现，女孩的亲社会行为较多，他们往往给亲属和朋友更多心理上的支持和帮助（Eisenberg et al.，1996）。这种差异甚至在幼儿期就表现出来了，女孩对婴儿更感兴趣，与婴儿的交流更多（Blakemere，1998）；而且，她们比男孩更多地帮助别人（Eisenberg & Fabes，1998）。但在成年以后，这种性别差异不再那么明显了。女孩的亲社会行为较多，更可能是因为在许多社会中人们往往希望女孩更有教养、更善良，她们往往能够从这些亲社会行为中获得奖赏或强化。

3. 情绪

女孩往往具有更高的情绪敏感性。她们能有效地传递信息和接收信息。她们的移情和同情心较强，对人更亲切，懂得体贴别人。相对而言，女孩在某些方面显然比男性更会表达情感。这种差异甚至在幼儿期就表现出来了（Kuebli，Butler，& Fivush，1995）。在幼儿期，女孩往往表达的恐惧更多，更担心失败，而男孩表达的愤怒较多，他们更爱冒险。到小学阶段，男孩与女孩都学会隐瞒自己的消极情绪（如悲伤、失望），而到青少年时期，女孩往往有更多的悲伤、内疚和羞怯等情绪体验，而男孩则倾向于否认这些体验。而且，女青少年比男青少年更可能表现出抑郁症状，女孩抑郁的发生率是男孩的2倍（Kovacs et al.，1994）。

也有一些研究发现，很多性别差异实际上是不存在的。例如，在隐蔽地观察他们的行为或测量他们的生理反应时，研究者并未发现，男性与女性的移情或同理心有显著差异（Eisenberg et al.，1996）。

如果在情绪的某些方面的确存在性别差异的话，那么，这种差异很可能是由父母的养育方式和社会期望导致的，父母通常要求男孩控制自己的情绪，而鼓励女孩表达自己的情绪，而且，他们往往与女孩保持亲密的情感联系。

4. 受暗示性和依赖性

通常女孩更容易顺从父母、老师的命令和同伴的要求，她们更喜欢向成人求助。年龄较大的女孩和成年妇女更倾向于认为自己有较强的依赖性。有研究发现，这种性别差异在幼儿初期就表现出来了（Feingold，1994）。相反，男孩则表现出较强的支配性和独断性。而且，在说服别人服从他们时也表现出某种性别差异，女孩通常会提出机智、有礼貌的建议，男孩则倾向于采用强制或命令的策略（Maccoby，1990）。这可能与成人经常鼓励女孩自幼参与家庭活动，因而使之与成人的交往较多有关。

5. 活动性

男孩通常比女孩更好动，这种性别差异甚至在儿童出生之前就表现出来了（Dipietro et al.，1996）。儿童出生后一直到青少年时期，男孩身体的活动性都超过女孩，在同伴交往中表现尤其明显（Eaton & Yu，1989）。

6. 其他差异

在其他方面，也可能存在性别差异。贝克（L. E. Berk）在总结有关研究的基础上指出，男孩的心理与行为问题或障碍相对较多，与女孩相比，他们往往有较多的言语能力障碍、多动、敌对、情绪不成熟等问题；男孩在孕期和出生后更容易受到基因异常、身体残疾和智力低下等问题的困扰。男孩更容易出现学习问题、阅读困难、言语缺陷和情绪问题，在患多动症的儿童中，男孩约占80%～85%。

在自信方面，女孩相对缺乏自信，而男孩则过于自信。有一项研究让刚参加完考试的学生根据正确答案估算自己的分数。结果发现：男性的估分普遍高于他们的实际成绩，女性的估分则低于她们的实际得分。但是，有关研究的结果并不一致。

在探索活动方面，许多研究发现，男孩在早期更有冒险性和好奇心，他们往往更多地击打目标与自己之间的障碍物。在对压力的易感性方面，有研究表明，男性更容易受到家庭不和睦和人际压力的影响。同样，这种性别差异还有待于进一步研究的证实。

男性与女性之间真的具有明显的差异吗？事实上，很多方面的性别差异都是不明显的，甚至可以说并无实质性的意义。男孩与女孩只是在一定程度上有所不同，但并不像一些人所想象的那样突出。男性与女性更可能各有自己的优势领域，而对此有关的研究并未涉及或涉及不多。很多研究证据是不一致的，甚至是截然相反的。例如，不少研究表明，男孩的社会性并不比女孩差，男孩和女孩与他人在一起的时间和对他人的反应性是相等的；女孩并不比男孩更容易受暗示，女孩也不会更多地屈从于同伴团体的标准或模仿他人的行为；女孩在机械学习和简单重复的工作上并没有更好的表现；男孩对视觉刺激与女孩对听觉刺激的反应都不比对方强；男孩的成就动机并不比女孩高，成就动机的性别差异依任务的类型和条件而定，在自然条件下，女孩常常比男孩有更多的成就定向，而竞争更容易增强男孩的成就动机；女孩的自尊并不比男孩低，在自我满意度方面也不存在什么性别差异；女孩经常认为她们的社会技能更高，而男孩经常认为他们更强壮有力。

第二节　性别角色的发展

一个儿童在什么时候能区分男女？他们心目中的男人和女人是什么样子的？他们眼中的性别标准是如何随年龄的增长而变化的？下面，结合有关研究对这些问题进行分析。

性别角色是特定社会对男性和女性成员所期待的适当行为的总和，对个体来说，也可以说是对男性和女性的社会期待在个体身上的体现。儿童的性别化就是在特定社会文化生活中，获得适合于某一性别（男性或女性）的价值观、动机和行为方式的过程。儿童性别角色的获得是婴儿期就已开始的一个长期的发展过程。

关于性别分化的研究主要集中于对性别的认知与性别化的行为方式的发展方面。对性别的认知又包括对性别身份的认知以及前面提到的性别刻板印象。下面，我们重点从性别身份认知、性别角色知识以及性别分化的行为方式等方面，分析性别角色的发展。

一、性别认知的发展

近年来，关于性别认知的研究主要集中于性别认定或对性别身份的认知以及前面提到的性别刻板印象。儿童并不是一出生就能认识到自己是男孩还是女孩的，对自己性别身份的认知经历了一个发展的过程。

（一）性别身份认知

柯尔伯格认为（Kohlberg，1996），儿童最初不能认识到他们性别的恒常性。在性别认知的发展过程中，儿童要依次经历三个阶段：性别标定阶段、性别稳定性阶段、性别一致性阶段。

性别标定（gender labeling）是儿童对自己和他人性别的正确标定。儿童最初区分“男性”和“女性”，主要是依据对象的服装和发型，体型和其他的身体特征并不是主要因素。幼儿园的小班儿童（1.5～2.5岁）还不知道自己的性别；在2.5～3岁时，绝大多数儿童都能准确地说出自己是男孩还是女孩。通常，3～4岁的儿童能明确地认识到自己的性别。

性别稳定性（gender stability）是指儿童认识到人的性别不随其年龄、情境等因素的变化而改变。Slabey和Lisi运用访谈法，考察了儿童性别认知的稳定性。研究者向儿童提出这样的问题：“当你是个婴儿时，你是个男孩或是女孩?”“当你长大后你是当爸爸或是当妈妈?”结果发现，直到4岁，儿童才能对以上问题作出正确的回答，这说明，儿童直到4岁才能认识到一个人的性别在一生中是稳定不变的。国内也有研究表明，幼儿的性别意识是不稳定的(张积家，1990)。

性别一致性（gender consistency）是指儿童认识到人的性别不因其外表(如发型、衣着）和活动的改变而改变。柯尔伯格认为，性别一致性是儿童性别认知发展的一个重要里程碑，儿童一般要到6～7岁才能获得性别一致性的认识。5～7岁儿童往往先认识到自己的性别一致性，这个年龄正是儿童能够完成液体（体积）守恒和面积守恒等守恒任务的年龄（Marcus et al.，1978)；随后，儿童才能把性别一致性的认识推及别人。儿童的性别一致性认知的发展顺序大致分为以下几个阶段：(1）认识到自身的性别一致性；(2）认识到与自己同性别的其他人的性别一致性；(3）认识到与自己性别不同的其他人的性别一致性。

（二）性别角色知识的发展

性别角色知识是指个体对适合男性或女性行为和活动方式的认识。研究者在考察儿童性别角色知识时，通常向儿童列举一些典型的男性行为或女性行为，如打架、玩洋娃娃、骑马、做饭等，然后要求儿童说出哪些活动是适合男孩做的，哪些活动是适合女孩做的。

研究发现，儿童很早就形成了一些对男性行为特点和女性行为特点的认识。库恩等人为考察儿童性别角色的发展，曾做过一项有趣的实验。他们向儿童宣读一段话，如“我很强壮”，“我长大后要开飞机”等，同时，向儿童提供两个洋娃娃，一个是男的，另一个是女的，要求儿童挑出上面适合自己的那个洋娃娃。结果发现，2岁儿童就已具备一些性别刻板印象。这表明，婴儿已初步具有了一些性别角色知识。

儿童的性别角色知识随年龄的增长而不断增加，到童年中期，儿童的性别角色已相当稳定。但是，这并不意味着随着年龄的增长，个体的性别角色认知变得日益刻板。从婴儿期到青少年时期，儿童的性别刻板印象的发展呈“U”形发展趋势，即年龄较小的儿童，由于其认知能力发展的局限性，通常把规则看成是必须服从的要求，因而不能容忍与性别角色不适宜的行为出现。随着年龄的增长，儿童逐渐认识到规则只是一种社会习俗，在某些情境中，出现不适合性别角色的行为是可以理解的，因而对性别的认知和态度变得相对灵活，性别刻板印象反而少于年龄较小的儿童。需要指出的是，到了青春期，由于性意识的觉醒，青少年会产生相当强烈的与性别相联系的期望，他们的性别角色态度有可能再次出现刻板状态。

对我国学生的研究发现（陈枚，1989），在对性别角色的看法方面，从小学二年级至大学三年级，被调查学生所偏好的男性形象的最重要特征是“有事业心”、“学历高”、“有知识”、“独立自主”、“有领导能力”、“大胆敢为”，他们偏好的女性形象的最重要特征是“漂亮善良”、“温柔体贴”、“有事业心”、“独立自主”、“学历高、有知识”。对于男生，他们心目中理想的个人、理想的男性和理想的自我形象基本是同一的，也与女学生心目中理想的男性形象是同一的，因而，他们在社会化过程中所产生的内心危机较少。但是，女生所追求的自身形象带有传统女性的“温柔、漂亮、善良、可爱”与男性的事业知识型个性特征，这与男性偏好的女性形象差别较大，容易产生性别认同危机。这是一种典型的自我认同危机。

二、性别角色行为的发展

儿童的性别认知会反映在儿童的性别角色行为上。评价儿童行为的“性别适合性”最常见的方法就是观察儿童游戏中的玩伴与游戏的内容。

如前所述，儿童对玩具的偏爱在很小的年龄就有了性别差异，这种差异甚至在明确的性别认同形成之前就已经出现了。据研究，在14～22个月的儿童中，通常男孩在所有玩具中更喜欢卡车和小汽车，而女孩则更喜欢洋娃娃或柔软的玩具。18～24个月的学步儿通常会拒绝玩异性儿童喜欢玩的玩具，即使没有适合他们玩的玩具时也是如此。到上幼儿园的时候，儿童的游戏活动一般是性别化的或中性的，他们很少参加那些明显是由异性儿童开展的活动，幼儿也常常按性别分为不同的游戏群体（Hartup，1983）。

儿童对同性玩伴的偏好也很早就出现了。在托幼机构中，2岁的女孩就表现出更喜欢与其他的女孩在一起玩，而不喜欢吵吵闹闹的同班男孩。到了3岁，男孩就明显地选择男孩而不是女孩作为伙伴（Freniere et al.，1984）。4～5岁的幼儿已经会主动拒绝与异性的孩子一起玩（Ramsey，1995）。到6岁半时，儿童与同性伙伴一起玩的概率相当于与异性伙伴一起玩的概率的 10 倍 (Maccoby，1988)。斯茹佛（A. Sroufe）等人发现，在 10～11 岁时，那些在游戏时严格遵守性别界限、坚持与同性伙伴一起玩而不与异性伙伴一起玩的儿童，往往更受人欢迎，而且他们被认为是有社交能力的。偏爱异性间友谊的儿童经常遭到同伴的拒绝（Parker & Hoffman，1996）。不过，对性别界限和异性同伴的偏见在青少年期会减弱，这时，青春期的社会性事件和生理变化会引发他们对异性的兴趣（Serbin et al.，1993）。

我国学者对幼儿社会性的性别差异研究表明，幼儿已经在个性方面有了比较明显的性别差异，并且，这种差异处在不断发展的过程之中。研究显示（裴秀芳，1992），4 岁女孩在独立能力、自控能力、关心人与物三个方面优于同龄的男孩；6 岁男孩的好奇心和情绪稳定性优于同龄的女孩，而 6 岁女孩对人与物的关心仍优于男孩；6 岁男孩的观察力也优于女孩。研究者认为，4～6 岁是男女儿童认知和个性发展的一个转折期。这种人格特征的性别差异会明显地反映在他们的性别角色行为上。

随着儿童的成长，到小学和中学阶段，儿童已经在人格特征上表现出一般的性别特征。有研究发现（陈仲庚等，1985），男孩的外倾性和倔强性高于女孩，而女孩的情绪性和掩饰性高于男孩。进一步分析表明，在外倾性方面，男孩更喜欢到从未去过的“神秘”地方去玩，参加新奇的活动；女孩则更喜欢主动结识新朋友，喜欢热闹，做些引人注目或吓人的事；男女相似的倾向包括讲笑话、活泼、交朋友。在情绪性方面，男孩表现得不稳定的情绪特征包括不能安静地久坐，易生气，常走神；女孩则情绪起伏大，情绪易受伤害，感到单调。在倔强性方面，男孩比女孩更愿意开过火的玩笑，更愿单独冒险。研究还发现，与前人的研究结果相比，现代男孩的冒险性和女孩的社会活跃性均有较为明显的提高。

一般来说，大多数文化对男性角色的限制更严格，评价也更高。男孩在参加不符合他们性别的游戏时，比女孩更容易遭到指责或惩罚。因而，男性角色的维持与更多的应激和焦虑相联系，可能正因为如此，人们在干预研究中改变男性的性别化态度和行为，比改变女性的性别化态度和行为要难得多。

三、性别度的发展

性别度是个体在性别角色的发展过程中具备的性别心理和行为与社会期望的一致性程度。个体性别度的测量与性别度理论的发展密切相关。典型的性别度理论包括单维模型与双维模型两种观点。

（一）性别度单维模型

性别度单维模型有两个基本的假设，第一个假设是，性别角色特征的个体差异可以从男性化—女性化这一个维度来描述，男性化与女性化是相互对立的两极。个体的男性化程度与女性化程度是相互排斥的关系，这表现为，男性化程度愈高，女性化程度则愈低；反之，男性化程度愈低，女性化程度则愈高。例如，托曼和米勒认为，男性气质与女性气质是对立的两个方面，其人格特征和其生理特征一样是不可调和的。因此，所有人的性别度都可以用男性化—女性化的单一维度来衡量，并可根据个体的性别行为特征在男性化—女性化连续体上的相对位置，来确定其性别角色类型。具体的性别角色类型可以分为男性气质（典型男性化）、女性气质（典型女性化）、跨性别定型（偏男性气质的女性，偏女性气质的男性）。

第二个假设是，与生理性别相一致的性别定型是恰当的性别定型，大多数人的性别定型是恰当的，具有恰当的性别定型的个体具有良好的社会适应和心理适应状态。只有少数个体属于人格发展不成熟或不健康的跨性别定型。

《明尼苏达多相人格问卷》（Minnesota Multiphasic Personality Inventory，简称 MMPI）中的男性化—女性化量表（M-F scale）和从 MMPI 衍生而来的《加州心理问卷》（California Psychological Inventory，简称 CPI）中的女性化量表（F-E scale），都是典型地反映了上述单维模型的观点的心理测验。事实上，所有关于性别类型的传统心理测验都是以男女性单维模型为基础的。

许多心理学家对男女性单维模型提出了质疑和批评。康斯坦丁波尔（Constantinople，1973）认为，男性化与女性化既不是截然对立的关系，也不存在相关关系，两者不会相互影响，因而，这种模式不足以充分地反映个体性别度的差异；该模型中的男性气质与女性气质的含义是模糊不清的，这使得关于性别度的心理测验的测量内容各不相同，许多研究结果相互矛盾，难以进行有效的对比分析。康斯坦丁波尔建议，应该形成新的理论，以更好地反映和研究性别度的差异和性别角色类型。男女性单维模型不仅在理论构想上遭到了心理学家们的批评，而且，基于这种理论进行的实际研究也存在多种缺陷。泰勒等人（Taylor & Hall，1982；Whitley，1983）回顾了有关的研究，结果发现，几乎没有研究支持单维模型的观点，即使是在这种模型基础上进行的几项传统研究，其研究假设也是相互矛盾的。

（二）性别度双维模型

针对性别度单维模型存在的缺陷，桑德拉·贝姆（S. Bem，1974）提出了双维模型，即男女双性化模型（Androgyny Model），见图11-1。贝姆认为，个体的心理行为特征可以是双性化的，也就是说，一个人可以兼有男性特征与女性特征。双性化模型假定，男性化和女性化是两个独立的维度，而不是同一维度的对立的两极，两者之间不存在相倚关系。个体的性别角色特征均可用男性度（男性气质的多寡）和女性度（女性气质的多寡）来衡量。根据男性度和女性度的水平，可以将个体归于不同的性别类型：男女双性化气质，男性气质，女性气质，非男非女的未分化气质。在双性化模型中，男性气质和女性气质具有明确的规定性。贝姆认为，男性气质与女性气质分别是指特定的社会文化所期待的男性心理行为特征与女性心理行为特征。双性化模型还假定，具有双性化特征的个体往往拥有良好的心理和社会适应状态。

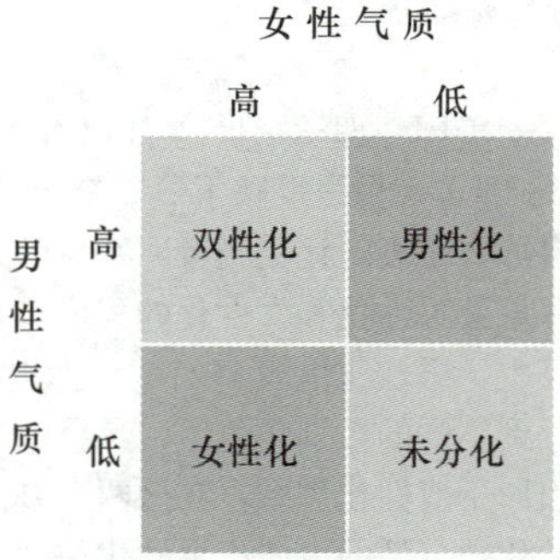

图 11-1　贝姆的性别度双维模型

在这种理论的基础上，贝姆（1974）编制了《贝姆性别角色问卷》（Bem Sex Role Inventory，简称 BSRI，参见下面的专栏）。以贝姆双性化模型为基础编制的量表还有《人格特征问卷》（Personal Attributes Questionnaire，简称 PAQ。Spence，Helmreich，& Stapp，1974）等。

双性化模型得到很多研究的支持。有关研究的结果可以归纳为以下方面：首先，这些研究证实了双性化个体确实是存在的。斯宾斯等人（Spence & Helmreich，1978）调查了数百名大学生后发现，约有 33％的大学生是男性化的男人或女性化的女人，约有 30％的被试具有双性化性格，其他的大学生则属于未分化类型。保迪萨（Boldizar，1991）发现，在三年级至七年级的儿童中，25％～30％具有双性化性格。其次，这些研究证明双性化是理想的性别类型。双性化的个体比其他类型的个体有更为良好的适应状态。具有双性化性格的个体更容易按照环境的要求调整他们的行为（Shaffer，Pegalis，& Cornell，1992）。与具有传统的性别化特征的同班同学相比，那些具有双性化性格的儿童和青少年自尊较高，更受同伴欢迎，他们的适应状况也较好（Allgood-Merten & Stockard，1991；Boldizar，1991；O'Heron & O'Hlofsky，1990）。保迪萨（Boldizar，1991）指出，双性化气质是儿童整体自我价值感的唯一的也是最佳的预测变量；女性气质与男性气质一样可以预测自尊的某些方面（包括外貌的吸引力、品行），甚至比男性气质的预测作用更明显。

专栏

贝姆性别角色问卷

美国心理学家贝姆1974年编制了《贝姆性别角色量表》(Bem Sex Role Inventory，BSRI)，该量表反映了Bem将女性度与男性度作为相互独立的两个维度的观点。BSRI是自陈式量表，让受测者回答自己是否具有社会赞许的男性化或女性化性格特征，以此来评价其男性化和女性化的程度。它是一个7点量表，包括60个描述性格特征的形容词，其中，男性化量表20个，女性化量表20个，中性词20个。用中位数分类法，将个体划分到不同的性别角色组，是目前最常用的分类方法，男性化得分和女性化得分都很高的人属于双性化类型，在这两个方面得分都很低的个体属于未分化型，男性化得分高而女性化得分低的人属于男性化类型，男性化得分低而女性化得分高的人属于女性化类型。

经过我国学者修订之后，参与计算的项目与原量表有所不同，测量男性化的形容词项目分别是1、4、7、13、16、19、22、25、28、31、43、46、55、58，用这些项目的总分除以14，得到男性化的平均分；测量女性化的形容词项目分别是11、14、17、23、26、29、32、35、41、44、56、59，用这些项目的总分除以12，得到女性化的平均分。如果男性化量表得分和女性化量表得分都大于4，就属于双性化类型。另外，男性化量表得分高于4分的个体才属于男性化类型，女性化量表得分高于4分的个体属于女性化类型，在两个分量表上的得分都低于4分的个体属于未分化类型。

指导语：请你根据自身的情况，逐条在从1（从不或几乎不正确）到7（总是或几乎总是正确）的尺度上给自己打分。

1. 自我信赖	21. 可信赖的	41. 温和的
2. 柔顺	22. 善于分析的	42. 庄严的
3. 乐于助人	23. 表示同情的	43. 愿意表明立场的
4. 维护自己的信念	24. 嫉妒的	44. 温柔
5. 快活的	25. 具有领导能力的	45. 友好的
6. 忧郁的	26. 对他人的需求敏感	46. 具有侵犯性
7. 独立的	27. 诚实的	47. 轻信的
8. 害羞的	28. 乐于冒险	48. 无能的
9. 诚心诚意	29. 有理解力的	49. 像个领导
10. 活跃的	30. 守口如瓶	50. 幼稚的
11. 情意绵绵	31. 易于做出决策的	51. 适应性强的
12. 夸耀的	32. 有同情心的	52. 个人主义的
13. 武断的	33. 忠厚老实	53. 不讲粗俗话的
14. 值得赞赏的	34. 自足的	54. 冷漠无情
15. 幸福的	35. 乐于安抚受伤的感情	55. 具有竞争心的
16. 个性坚强的	36. 自高自大	56. 热爱孩子的
17. 忠诚的	37. 有支配力的	57. 老练得体的
18. 不可捉摸的	38. 谈吐柔和的	58. 雄心勃勃的
19. 遒劲有力的	39. 值得喜欢的	59. 温文尔雅的
20. 女性的	40. 男性的	60. 保守的

第三节　性别角色发展的理论

男性化或女性化是一种很早就出现的、相对稳定的人格特征。美国费尔斯研究所曾对一群中产阶级儿童从出生到成年进行了一次追踪研究，发现小学阶段的性别化兴趣可以预测他们成年后的性别化行为。那么，在儿童成长过程中，哪些因素影响着儿童性别角色的发展呢？对这个问题，许多心理学家分别从不同的角度出发，提出了多种理论，其中，精神分析理论、社会学习理论、认知发展理论、性别图式理论、群体社会化理论比较典型。

一、精神分析理论

弗洛伊德于1924年提出了性别角色的竞争—认同理论。他认为，人对某一性别角色的偏好是通过对同性别父母的竞争和认同建立起来的。儿童在性心理发展的性器期（3～6岁）产生了恋母情结或恋父情结。具有恋母情结的男孩为了获得母亲的爱，必须与父亲竞争，但父亲是个不可战胜的对手，因而担心因此受到父亲的伤害，尤其害怕生殖器被阉割，产生“阉割焦虑”，因此，他会压抑自己对母亲的非分之想，而认同自己的父亲，模仿或内化父亲的男性化特质和行为。这种认同降低了恋母情结带来的焦虑，同时促成了儿童的性别定型。类似地，女孩由于阳具羡慕而产生恋父情结，但又害怕母亲的报复。为了取悦父亲而避免母亲的报复，女孩开始认同自己的母亲，并逐渐内化母亲的女性化的特质和行为，最终形成性别定型。

弗洛伊德的理论受到了很多质疑，男孩的阉割焦虑和女孩的阴茎羡慕无法让人信服（Bem，1989；Katcher，1995），也很难得到研究的证实。而且，研究发现，男孩对父亲的认同也并非像弗洛伊德所说的那样，是因为害怕，而更多的是因为温暖的父子关系（Hetherington & Frankie，1967；Mussen & Jackin，1974）。

二、社会学习理论

社会学习理论主张，个体的性别角色是通过学习获得的。个体的行为受情境的制约，一个儿童在不同的情境中往往有不同的行为表现，如他可能在家很有攻击性，而在幼儿园的攻击行为却很少，这是学习的结果。总之，社会学习理论把性别角色当作一套反应，男性和女性的行为都是由强化和惩罚所促成的，性别角色的基础是社会环境而非有机体本身，如果学习条件变化了，行为也会很快变化。

不同的学习理论家关于性别角色行为的学习方式和过程的观点不尽相同。斯金纳（B. F. Skinner）等人认为，行为的学习是通过直接强化而形成的，性别角色行为的学习机制同其他的社会行为一样，都是由直接的强化或惩罚而习得的。班杜拉（A. Bandura）的社会学习理论承认强化和惩罚在行为学习中的重要性，但认为强化和惩罚的效果取决于注意、保持、动作复现和动机等心理过程。他强调间接学习，特别是观察学习。观察学习是通过观察别人（榜样人物）的行为及其后果而进行的学习。班杜拉认为，儿童更注意同性别的人们的行为模式，原因是他们模仿同性别的行为会受到强化，一旦这种行为模式被储存到记忆中，模仿就依赖于儿童的行为复制能力以及复制行为的动机。

社会学习理论从个人、环境与行为的交互作用，考察性别角色发展的影响源和机制。该理论强调儿童的标准匹配机能和自我激励机能在性别角色发展中的作用。班杜拉区分了三种环境：强加的环境、选择的环境和建构的环境。在强加的环境中，不管人们喜欢还是不喜欢，人为地将外在的要求强加于他们。虽然在此条件下人们无法控制环境，但如何解释环境、对环境作出反应则是自由的。选择的环境是指，人们通过选择，把潜在的环境转化为实际经历的环境。建构的环境是指，潜在的环境并不存在，人们通过产生式努力创造、建构一种社会环境。

与这三种环境相对应的是性别概念和能力获得的三种主要途径：第一种是直接的教育。它是儿童获取关于不同行为方式以及与之相关的性别信息的便捷途径。第二种是模仿。模仿是儿童获得性别信息的重要途径，与性别有关的信息通过儿童对日常生活中的榜样（如父母、同伴和长辈）的模仿而获得。模仿或观察学习主要通过信息加工过程起作用，它包括注意、保持、动作复现和动机这四个连续的过程。第三种是扮演体验。它依赖于对性别行为与行动所导致的结果的区分，通过评价性的社会认可形成特定的性别概念。

随着年龄的增长，儿童关于性别角色的知识不断增加，强化未必能促成更多的符合社会期望的性别行为。对此，班杜拉指出，性别行为主要受自我调节机制和自我效能感的影响，而且，它随着年龄的增长而有所改变（Bussey & Bandura，1999）。自我调节的第一步是对行为进行监控，即按性别要求监控自己的行为举止，第二步是判断行为的适当性，即行为与性别标准及环境是否匹配。第三步是自我评价。自我效能感对男女性别角色发展的影响力最明显地体现在职业的选择和发展上。班杜拉后来把效能感指向的对象由个人扩展到集体成员。

三、认知发展理论

儿童自我意识的发展和社会认知水平的提高都与其性别角色的分化密切相关。儿童在认知上对性别形成一定的概念和规则，把自己归于某一概念之中，并按照特定的规则去行动。随着认知水平的提高，他们对概念、规则的理解愈加深刻，行为也趋向多样化。

要弄清认知因素的作用，必须考虑两个主要问题。首先，儿童是在什么时候获得关于性别的各种信息的？其次，关于性别的认知是否能改变或矫正儿童的性别角色行为？

在认知发展的研究中，劳伦斯·柯尔伯格（L. Kohlberg）提倡用认知的方法研究性别角色的发展，提出了一套很有影响的关于性别化发展的认知理论。不同于社会学习理论认为性别化来自强化的观点，他认为，儿童对不同性别信息的知觉先于性别认同。当儿童在发型、服装或游戏等方面的差异的基础上把自己划为男性或女性时，只要表现出与性别角色相符的行为、模仿同性别的榜样，就能让他们感到愉快。因此，一个女孩会这么说："我是个女孩，因为我更像我的妈妈和其他的女孩，而不像男孩，所以，我想穿得像个女孩，玩女孩的游戏，思想感情也像个女孩。"柯尔伯格认为，儿童在自己的性别、自我归类与适当的行为和价值之间保持一致，对于维护儿童的自尊是非常关键的。

如前所述，柯尔伯格把儿童获得性别理解的过程划分为三个阶段：性别标定阶段、性别稳定性阶段、性别一致性阶段。其中，在性别标定阶段，儿童认识到他或她是个男孩或女孩；在性别稳定性阶段，儿童懂得在各年龄段男人将总是男人，女人将总是女人；在性别一致性阶段，儿童认识到一个人的外表和活动的变化并不能改变他或她的性别。

柯尔伯格提出的这一发展过程得到了一些研究的支持。关于儿童言语理解的研究表明，儿童很早就能理解性别分化的称呼，如男孩和女孩，并能将他们应用到活动、游戏过程中，用来称呼玩具。性别称呼在儿童 24～36 个月时迅速发展，在 24 个月时儿童能正确地说出自己的性别，但对性别恒常性或稳定性的理解还很有限。到 5 岁左右，儿童才开始懂得性别的稳定性或恒常性，不到 7 岁，他们就已能完全理解性别稳定性或恒常性的意义。

早在 2 岁时，男性儿童与女性儿童就对性别化的玩具和活动表现出各自的偏好（Huston，1983）。但是，与选择玩具不同的是，对玩伴的选择依赖于对性别的理解水平（Smetana et al.，1984）。研究发现，虽然与那些只能进行性别标定的女孩相比，已获得性别稳定性的女孩更多地选择同性别儿童作为游戏伙伴，但是，如果不能明确地理解性别恒常性，女孩就可能只选择同性伙伴，以证实她自己也是女性；而一旦女孩理解了性别恒常性，形成了牢固的性别概念，她们选择玩伴就不那么严格了，能既跟女孩玩，也跟男孩玩。因为，这时女孩确信与男孩在一起做游戏，并不会改变她们的性别。在这种情况下，性别认知的发展增强了她们选择的灵活性。

案例分析

儿童的性别认知

一个有趣的例子可以让我们看到儿童对性别的理解确实要经历一个过程。这是两个4岁男孩的一次交往。一个名叫杰里米的男孩带着一个发卡到了幼儿园，另一个男孩指责他是个女孩，因为“只有女孩才带发卡”。杰里米脱下裤子来证明他真是个男孩，可是，他的小伙伴却说：“那是人人都有的，只有女孩才带发卡。”（Bem，1983）显然，儿童这时还不懂得性别的恒常性。性别角色行为在儿童形成稳定的性别恒常性观念以前就已经开始了。儿童关于性别稳定性或恒常性的认知经历一个发展的过程。幼儿的性别认知正在发展中。

四、性别图式理论

性别图式（gender schemas）是指人们关于男性特点和女性特点的朴素理论，是人们持有的有关男性和女性的观念和期望。马丁和哈弗森（Martin & Halverson，1981；1987）提出了性别角色的信息加工理论，即性别图式理论。根据性别图式理论，儿童基本的性别认同推动着儿童把那些与性别相关的信息纳入性别图式中去。随着年龄的增长，儿童逐渐学会把一些物体、行为和角色分为属于“男孩”的与属于“女孩”的，如枪是男孩玩的，布娃娃是女孩玩的；女孩可以哭，但是男孩不可以哭。这种性别图式可以推动儿童发出各种与自己的性别一致的行为，扮演与自己性别一致的角色。例如，儿童可能认为，过家家是女孩的游戏，造飞机则是男孩的游戏。

同柯尔伯格一样，他们认为，儿童的性别角色是在掌握与他们心目中的“男孩”或“女孩”形象一致的兴趣、价值观和行为的基础上发展起来的。但是，他们认为，儿童的自我社会化在儿童2.5～3岁形成基本的性别认同时就开始发展，到6～7岁时已经有了很好的发展，而并非像柯尔伯格所说的那样，必须形成性别一致性才开始发展。儿童的性别图式是伴随着他们对两性的区分和对自己性别的认同而出现的，因而在生命的早期就已经存在，随着图式的不断分化和复杂化，儿童的与性别相联系的行为和态度日益分化。因此，儿童的性别图式与性别行为是平行发展的。

图式加工理论的基本单元是图式。这种理论的基本假设是，儿童和成人都有关于性别的图式，这些图式直接影响着人们的思维和行为。性别刻板观念可以作为组织社会信息的图式。这种理论界定了两种不同的性别图式：第一种图式包括两个性别的普遍信息，第二种图式包括适合特定性别的行为的详细信息。这两种图式发挥着两个水平的功能：(1) 儿童的评价信息是否适合于自己的性别，在这个水平上需要建立男性和女性双方的图式，而不是只建立自己性别的图式；(2) 当一个环境刺激被判断为适合自己的性别时，儿童会进行进一步探索。

具体地说，性别图式具有以下功能。(1) 性别图式引导行为。按照图式加工理论，性别图式提供的信息使儿童的行为符合传统的与性别相宜的角色。

专栏

认知训练与性别刻板观念的改变

贝格勒和里本（Bigler & Liben，1990；1992）考察了认知训练对削弱儿童关于职业的性别图式的作用。参与该研究的5～11岁儿童被分配到三组中，让第1组接受规则训练，通过一系列的解决问题的讨论教导儿童：个体在职业上的成功取决于学习兴趣和意愿，而不是性别。第2组接受分类训练，让儿童进行同时依据两项特征（例如从事男性和女性活动的男人和女人）将事物进行多种分类的活动。这项训练用来说明物体可以有许多分类方式，这种知识有助于儿童认识到，职业的分类可能与通常是什么人在从事什么职业无关。第3组只讨论各种职业对社区的贡献方面的课程。第1、2组为实验组，第3组为控制组。

结果表明，与控制组儿童相比，实验组儿童不论是接受规则训练还是分类训练，其职业刻板观念都明显减少或弱化，他们更容易记住故事中反刻板观念的信息（如故事中的垃圾工确实是个女的）。这项研究表明，性别刻板观念可以通过训练加以改变，借助规则训练或认知技能的提高，儿童能够认识到自己的性别图式中的谬误，并加以修正。

遗憾的是，在学校生活的头几年，教师将儿童依性别分组并强调性别差异的做法可能在不经意中促成了学生不恰当的性别图式。在一项研究中，贝格勒（Bigler，1995）将6～11岁的夏令营儿童随机分配到性别（实验）班和控制班。在性别（实验）班里，教师将男孩与女孩的布告栏分开，让男孩与女孩分开坐，并经常说男女应该有别的话（例如，“所有男孩都应该坐着”，“所有女孩都将吹泡泡的工具举高”）。在控制班里，教师只以学生的姓名来称呼学生，而且将整个班看作一个单位。四个周以后，性别班的儿童比控制班的儿童更认可性别刻板观念，他们难以认识到人可以同时进行多种社会分类。这项研究启示我们，在学生容易建构严格的性别图式的最初几年中，教师应尽量避免按性别将他们分组，否则可能促成他们不恰当的性别观念。

(2) 性别图式组织信息。它可以提供信息组织的结构，由于这种结构的存在，与性别图式一致的信息比那些与性别图式不一致的信息显得更为突出。性别图式使个体接受与图式一致的信息，而忽视或转化与图式不一致的知觉信息。(3) 性别图式推论功能。它可以提供推论的信息基础，不仅可以被用于熟悉的情境，还可以被用于信息缺失或模糊的情境。一些研究的确发现，儿童会利用自己关于性别的知识对他人的行为和偏好进行推论。

贝姆也指出，性别图式是信息的重要组织者，不过它也有个别差异。对一些性别高度分化的人，性别图式在日常生活中经常被用于处理很多事情，他们按性别组织信息的阈限就很低。对那些"双性化"的人，他们性别图式的主导作用较弱。贝姆认为，"双性化"不是指男女特征的结合，而是指个体对有关性别的判断较为自由。也就是说，对性别分化的人来说，他们比"双性化"的人更容易运用自身的性别图式，会把与性别有关的特征联系在一起，而"双性化"者对同样的特征往往有另外的分类和组织标准。

五、群体社会化理论

哈里斯（J. R. Harris）代表的群体社会化理论是目前关于儿童性别角色发展的新理论。哈里斯认为，家庭对儿童的性别角色影响并不大，真正对性别角色发展起重要作用的是同伴群体。元分析发现，父母对待儿子和女儿的态度并无显著差异，以"双性化"方式教养孩子，并不能减少孩子的性别分化的行为和态度。

群体社会化理论预测，当另一性别不在场时，性别分化的行为会减少。研究证明，男孩在场对女孩的行为具有重要的影响；女孩单独玩球时表现得很有竞争性，在男孩加入后，女孩的行为发生了很大变化，她们显得比较害羞，而且没有竞争性。显然，群体社会化理论强调了同伴的相互影响，而这一点经常为其他的理论所忽略。

此外，还有的研究者从生物学因素解释性别角色的发展，其中比较典型的当属玛尼（J. Money）和俄哈德特（A. Ehrhardt）于1972年提出的生物社会论（biosocial theory）。这种理论更强调生物学因素的作用，认为它可以引导或限制男孩和女孩的性别角色的发展。按照这种理论，一些重要的事件会影响一个人最终对男性或女性角色的偏好。其中，第一个重要的事件是怀孕时孩子从父亲继承的染色体（X或Y）。它将决定一个孩子的性别和相应的生理结构。第二个重要的事件是新形成的性腺会使男孩与女孩分泌不同的激素，促进男性和女性生殖系统的发育。在怀孕后的三至四个月，睾丸所分泌的睾丸酮会促使阴茎及阴囊发育。这些生物学事件决定了男孩与女孩最终的生理性别。到青春期时，生物因素会再度发挥重要的作用，性荷尔蒙的分泌促成生殖系统的成熟、第二性征的出现和性欲的增强，进而影响他们的性别角色。另一方面，这种理论也强调社会因素与生物学因素的相互作用，认为婴儿出生后，社会因素会立刻发挥影响，成人会根据婴儿外显的生殖器官，而对婴儿做出不同的反应，这种社会因素在儿童形成特定的性别角色时发挥着主要的作用。

显然，上述理论从不同的角度出发，解释了儿童性别角色的发展过程。精神分析理论揭示了亲子关系的作用，社会学习理论揭示了儿童自身的观察学习和强化的作用，认知发展理论和性别图式理论揭示了认知发展水平和有关的知识结构或图式对于性别角色的影响，而群体社会化理论揭示了同伴群体对性别角色发展的影响。

但是，这些理论也有某些共同之处（张文新，1999）。它们大都认为，儿童主要通过榜样和直接指导（通常是通过强化和惩罚）这两种途径，来学习性别行为模式和社会文化的期望。每一个与儿童接触的人都是潜在的榜样。早期的精神分析理论把父母作为主要的榜样，认为儿童对父亲或母亲的认同会泛化到与自己同性别的其他人，进而以他们作为榜样。近期的社会学习理论和认知发展理论也认为，儿童可以通过广泛地观察生活环境和大众传媒中的成人和儿童来学习性别角色。在认知发展理论和性别图式理论中，同性别榜样的作用是为儿童提供关于他自己的性别的社会期待，儿童从他们所观察的许多榜样的行为中抽取出一些共同的特征，以此来建构男性和女性的概念，与儿童性别图式不一致的行为会被忽视或忘掉，也可能被同化到已有的认知结构中。从总体上看，整合不同的理论观点，可以更全面地解释人们性别角色的发展。

目前，性别角色发展理论呈现出以下趋势：第一，模仿和观察学习仍被看作性别角色学习的重要途径，但多数理论家已不再只强调对父母的认同，而是把父母看作众多社会化影响之一。第二，获得性别角色分化的关键年龄的区间放宽了，精神分析理论强调 5 岁以前是发展的关键年龄，现在人们倾向于认为，这一关键年龄至少要延长到成年期，甚至贯穿人的一生。第三，人们认识到男性化和女性化不是单维的，也不是截然相反的两极，人们更关注“双性化”、跨性别的行为或摆脱传统的社会要求的性别行为和态度。第四，近来的理论开始更多地关注女性的性别角色的发展。第五，当代对性别差异的研究集中在认知和社会行为方面，然而，认知与行为的关系尚有待于进一步研究。有人认为，改变儿童的性别角色概念，就能改变他们的偏好、态度和行为。不过，对儿童的性别刻板观念进行干预，似乎并不影响儿童的兴趣和活动选择。认知的发展与行为的发展也许遵循着两条不同的路线。第六，目前，有关的理论不再试图解释人类普遍的性别化行为，不再试图整合和解释一切，而是更倾向于解释特定的问题（朱莉琪，方富熹，1998）。不难看出，关于性别角色发展的理论正呈现出日益深入和综合的趋势。

第四节　性别差异和性别角色发展的影响因素

一个孩子从不知道自己的性别到知道自己的性别，从不知道性别是不变的到知道性别是不变的，并形成一系列与自己的性别相应的观念和行为。在此过程中，有哪些因素在起作用？换言之，哪些因素会影响个体的性别差异和性别角色的发展？综合有关的研究，可以看到，生物学因素与社会因素及其相互作用都发挥着重要的影响，其中儿童出生后社会因素的影响似乎更为明显。

一、生物因素

男女两性在生物学方面的差异是性别心理和行为差异的基础。通常，性染色体的差异是性别分化的最原始的生物基础。性染色体的差异会导致男女在大脑机能、内分泌机能方面的差异以及以第一性征、第二性征为代表的生理结构的差异，这是其他因素发挥作用的“起点”。这些差异影响着周围人的反应，也影响着个体自我概念的形成，他人的反应和自我概念又反过来影响性别角色的发展。一个孩子出生后，父母通常会根据这个孩子的生理特征判断他（或她）是男还是女，然后，以相应的行为方式抚养和对待他们。父母的这种行为会逐渐促成孩子与其性别一致的行为和态度，使之形成特定的性别角色观念和行为。因而，无论是直接作用还是间接制约，生物因素都构成了儿童性别角色社会化的基础。

如果把性别差异归于生物性因素的话，需要符合四个标准：（1）儿童早期就出现了某些性别差异，因为早期受社会经验的影响较小，儿童表现出来的特征更多是由生物学因素决定的。（2）这些性别差异必须是普遍的，如果在每种文化背景下，都能看到这些性别差异，而且不同文化中的性别刻板观念是相似的，就可以说明这些差异中有生物学因素的作用。(3) 这些差异也是“跨物种”的，如果在那些与人类相近的物种中也有类似的性别差异存在，就更能说明生物性因素的影响。(4) 这些差异与激素具有明确的关系，如果这些差异与激素水平的变化呈“正比”，就可能是出于生物学因素的作用。

(一) 激素水平

激素是高度特异化的化学物质，它能与接受激素信息并对其作出反应的细胞发生相互作用。雄性激素是男性的主要激素。许多研究涉及的睾丸激素是一种特殊的雄性激素。雌性激素和孕激素是女性的激素。但是，男性和女性激素在男女婴儿、少年和成人身上都是存在的，只是各自的水平不同罢了。这种差异在学前期和小学儿童身上不是那么明显。一般认为，胎儿期和青春期是有机体对激素进行反应的关键期，在胎儿期，激素构建了男性化和女性化的心理倾向性和生物学的倾向性；到了青春期，激素分泌的增多激活了这种预先决定的倾向。因此，胎儿期和青春期是受生物学因素影响较大的两个时期。这也是玛尼和俄哈德特 (Money & Ehrhardt，1972) 的生物社会论的基本观点。

(二) 大脑两半球功能的分化程度

脑的研究表明，行为在一定程度上决定于大脑两半球的组织方式。通常，大脑右半球以空间信息加工为主，左半球则以言语信息加工为主。大脑的功能随着年龄的增长而日益分化，日益特异化。

有证据表明，男性大脑两半球功能的单侧化程度高于女性 (Bryden，1982)。左半球受伤的女人比男人更少出现言语缺陷，右半球受伤的女人也比男人更少出现空间能力缺陷 (McGlone，1980)。从关于形状知觉的研究中，也可以看到女孩大脑功能的“双侧化”程度较高。由于右半球能更好地知觉形状和空间，可以预测，来自左手和左眼的形状信息会比来自右手和右眼的形状信息引起更准确的知觉，对 6～13 岁儿童的研究发现，男孩识别形状时用左手更准确，而女孩的形状知觉用左手和右手同样准确。这一结果表明，女孩比男孩的大脑“双侧化”程度要高，换言之，女孩大脑的单侧化程度较低 (Witelson，1978)。但是，在这个问题上还存在很多争论，要对大脑功能分化的性别差异做出肯定结论，还需要进一步研究。

总体上来说，生物学因素虽然构成某些性别差异的基础，但是，它的作用往往以社会因素为中介。生物因素与社会因素以复杂的相互作用影响着儿童性别差异和性别角色的发展。

专栏

人的大脑是否存在性别差异

男人与女人大脑的结构和内容物是否存在明显的差异？长期以来，这一直是人们十分感兴趣的问题。下面是一些有关的研究结果。

1982 年 6 月，美国得克萨斯大学卫生科学中心的德·拉可斯·尤塔敏森和哥伦比亚大学神经生物学家拉夫·赫路威对男女脑部胼胝体的形态结构进行了比较。结果表明，女性胼胝体尾部呈球状，与主体部分相比显著增宽。相反，男性胼胝体尾部大致呈圆柱形，其宽度和主体部分相差无几。也就是说，女性的胼胝体比男性要大。针对这一发现，有学者认为，男女在脑部胼胝体形态上的差异，可能意味着男女某些方面的智力特点及其差异的根源在于脑的差异。女性胼胝体尾部较大，可能意味着连接大脑两半球的神经纤维比男子多。因而，可以假设：由于女子大脑两半球连接较紧密，因而其功能较少专门化。很可能是男女大脑结构的差异造成了他们在某些方面的智力差异。

有研究显示，男女两性脑的内容物也存在着差异，而且这种差异十分突出。一个令人吃惊的发现是，女性的大脑中的灰质竟然要比男性多出 15%，而灰质主管着人类的思维。尽管如此，但男女在智商测试时的分数整体上却不相上下。对此，有这样一种解释：也许男人的脑通常大于女人，因而从总面积上弥补了灰质较少的缺陷。此外，还有一种解释：虽然男性脑的灰质部分较少，但他们的脑含有更多的白质，白质主要负责脑细胞之间的联络以及神经冲动在大脑与四肢、躯干之间的传递。这可能是男性的空间认知能力往往更胜一筹的原因，也可能是男性弥补其脑的“相对缺陷”的手段。此外，随着年龄的增长，男性脑组织，特别是主管自制力的那部分脑组织，流失较女性要快，到 45 岁以后尤为明显。这也会导致相应的性别差异。

20 世纪末，一些研究提出了“大脑性别”的概念，其基础就是大脑功能的单侧化，由此产生了对男女大脑差异的新解释。神经心理学家发现，女性的语言中枢平均分布在左右两半球的趋势较明显，女性大脑皮质功能的单侧化程度似乎不如男性高。在临床上，女性中风病人出现失语症的比例较低，而男性由于其大脑单侧化比较明显，因而一旦中风发生在左脑，男性患失语症的概率也较高。因此，两性之间的这种差异可以用“女性的左右两半球可能都有语言中枢”来解释。这些发现还可以用来说明为什么女性在从事抽象思维、空间思维以及立体视觉活动时成绩不如男性。

很可能是由于胼胝体的差异和大脑单侧化程度的差异，男女两性的大脑功能（或使用大脑的方式）明显不同。神经生理学家指出，女性哪怕只是做转动拇指这样的小动作，其神经活动在大脑中分布的区域也比男性要大。当男性运用大脑时，他所启用的主要是大脑中某个特定区域的神经细胞，而女性的脑细胞会全方位地兴奋起来，形成无数个兴奋点。这也许是因为女性大脑中连接两个脑半球的神经纤维组织“胼胝体”比男性的要厚，因而可以在负责直觉、情感的右半球与负责理性、感觉的左半球之间进行更为密切的“对话”。也就是说，在女性的两个大脑半球之间存在着某种特殊的联系，而这种联系在男性大脑中可能是不存在的。有人把女性的这一特点称为“情感智力形式”，也有人直接称之为“女人的直觉”。

但是，相当多的人认为，男女大脑并没有显著差异，男女两性的大脑功能也是一样的，只是他们运用大脑的方式不同。美国威斯康星大学的研究人员进行的磁共振扫描（MRI）实验检测了男女大脑的差异，结果显示，在语言测试中，两性启动语言的模式没有差异，都是偏向大脑左半球。研究者认为，仅就大脑的语言功能来看，在两性大脑的神经组织上没有性别差异。他们还指出，在大脑的性别差异问题上，人们对已有的研究结果还不足以达成共识。显然，无论从大脑的结构、内容物，还是功能或使用大脑的方式上，有关的研究结果以及对研究结果的解释都有所不同。因此，对脑的性别差异问题，尚有待于更深入的研究。

二、社会因素

儿童出生后，社会因素就开始发挥重要的作用。首先，社会人群（特别是父母与教师）对婴儿性别的认定及其相应的性别刻板观念，直接或间接地影响着儿童的性别角色。其次，随着年龄的增长，儿童对同性别榜样的模仿、对性别观念的内化，也塑造着儿童与性别一致的观念、态度和行为。

（一）社会环境的强化

男女性别角色的分化深受社会环境的影响。对成人来说，儿童出生后，他们的生物学性别已经十分明确了，这时，成人通常会根据社会的期望，采取与儿童性别相一致的对待或抚养方式，例如，给女孩穿上颜色鲜艳的粉红衣服，而给男孩穿上蓝色的衣服；给女孩起一个亲和性十足的名字，而给男孩起一个象征着刚强有力的名字。

有研究表明，父母影响性别发展的一种最明显的方式是为他们的女儿和儿子提供不同的衣服、玩具和房间装饰（Pomerleau，Bolduc，Malcuit，& Cossette，1990）。成人的这些行为反映着社会对男性和女性的不同期待，为男孩和女孩的成长创造了一种“明确分化”的环境。

在儿童尝试的各种行为中，适合其性别角色的行为会受到赞赏，至少不会遭到批评或惩罚，而不适合其性别角色的行为会受到指责，至少不会受到称赞或表扬。这种正强化或负强化作用有力地塑造着儿童的性别化行为，使绝大多数儿童沿着社会所指引的性别分化的方向发展。性别角色标准和适应性别化的行为模式的压力来源于社会环境的各个方面，如家庭、教师、朋友、电影、电视、儿童书籍等，其中有的属于普遍的社会文化因素，有的则属于人际互动中的情境性因素。

1. 父母的影响

父母很早就对儿童开始了性别角色的指导。他们积极地鼓励和强化儿童以适合性别的方式行动（Fagot & Leinbach，1995）。为了考察父亲和母亲是否鼓励儿子和女儿的不同类型的行为，有人研究了父母对3岁和5岁的男孩和女孩的性别分化的游戏的反应（Langlois & Downs，1980）。在研究中，保证男孩和女孩都能拿到男性化的玩具（如士兵玩具或加油站玩具）和女性化的玩具（如小房子、水罐、盘子、锅），实验者告诉儿童，他们可以玩任何一种玩具，研究者记录了母亲和父亲对孩子选择玩具的反应。结果显示，父母亲对孩子的性别分化的游戏行为的反应有所不同，父亲往往持更严格的性别角色标准，他们对女儿玩布娃娃、儿子玩小士兵玩具的行为进行奖励，而对女孩玩卡车、男孩玩坛坛罐罐的行为进行惩罚；母亲也会对女孩玩那些与其性别相符的玩具进行奖励，对女孩玩那些与性别不相符的玩具进行惩罚，但是，她们对男孩的反应则不同，在玩不符合他们性别的玩具或游戏时，他们可能受到母亲的惩罚，也可能受到母亲的奖励。这些结果似乎表明，父亲是性别角色社会化的重要动因。

通常，父母更为关注女儿的身体状况。他们更多地鼓励女儿的依赖性、与家庭的紧密联系，而更多地鼓励男孩的早期探索、成就、独立性、竞争性。这种不同的对待方式可能削弱了女孩的自我效能感、冒险精神和自由探索的动机，而促使她们更多地服从文化规范和价值观。在很多文化背景下，父母，特别是父亲，对男孩的成就和职业地位的期望都高于女孩。有证据表明，女孩在解决问题时表现出来的依赖性主要是父亲的强化造成的。

父母对待子女方式的差异还可能是造成儿童能力及自我知觉的性别差异的原因。杰可布斯等人（Jacobs & Eccles，1992）的研究发现，母亲的性别刻板观念与儿童的数学能力之间有密切的关系，儿童会内化父母的观念；女孩通常认为自己缺乏能力，她们对数学缺乏兴趣，选修数学课的意愿也较低，高中毕业后也不会像男孩那样去选择与数学有关的职业（Benbow & Arjimand，1990；U.S. Bureau of the Census，1997）。鲁梅斯等人（Lummis & Stevenson，1990）对美国、日本及中国台湾地区的儿童进行了调查，结果显示，尽管儿童数学能力的性别差异到五年级才出现，但母亲们通常认为，儿童的数学能力在一年级时就存在性别差异。父母倾向于将男孩良好的数学成绩归因于他们的能力，而将女孩的数学成绩归因于努力（Parsons，Adler，& Kacozala，1982）。这种归因方式的差异进一步增强了“女孩缺乏数学天赋”的观念。

2. 学校的影响

学校也是影响儿童性别角色发展的重要环境。其中，教师对待男孩与女孩的行为方式发挥着重要影响。男孩和女孩往往受到教师的不同对待（Myra & Sadker，1994）。这种差异在幼儿期就表现出来了。尽管人们也鼓励男孩安静地活动，而不鼓励他们做攻击性的、吵闹的游戏，但是，男孩的一些“跨性别”的行为还是经常受到老师和同伴的批评（如打扮、玩布娃娃）。女孩的“跨性别”的行为则较少受到老师和同伴的批评。但是，在与学习任务有关的活动中，幼儿园教师对男孩的指导和反应比对女孩多。有人认为，增加男教师的数量能解决女教师对男女儿童的对待方式不同的问题，但研究表明，无论男教师还是女教师，对于从事某些具有女性化色彩的活动（如艺术活动和援助行动）的男女儿童都会作出更积极的反应（Fagot，1978；1981）。儿童自己也认为，学校和学校活动是女性化的。事实表明，进入学龄期之后，在课堂上，女孩常常被教师不平等地对待（Myra & Sadker，1994）。教师通常更多地提问男孩，而对女孩提问较少。他们能够容忍男孩的大喊大叫，而较少能容忍女孩的这种行为。

有人认为，学校在许多方面是“女性化”的，它强调安静、顺从和被动性，这些特征恰好符合女性角色。吵闹、果断、竞争性、独立性等适于男孩的品质在学校常常不受赞许。因而，女孩通常比男孩更喜欢学校，并且学习成绩更好，至少低年级学生是这样。另一方面，对男孩来说，学校可能是个让人感到不快乐的地方。他们适应学校规定时遇到的困难较多，给老师惹的麻烦较多，受到的批评也较多。他们的学习成绩和能力通常比女孩差。

学校环境对女孩产生什么影响呢？研究发现，女孩在低年级可能占有某种优势，但这种优势并不长久，随着年龄的增长，女孩的学习成绩可能会下降，到大学时，学习成绩不良的女性比例已高于男性（Licht & Dweck，1983）。从长远来看，教师认可和鼓励的女孩的被动、依赖行为对日后的学业成就可能是有害的，因为智力成就与依赖性呈负相关，而独立、自信和非从众性与创造性的问题解决能力和高成就呈正相关，无论男孩还是女孩，都是如此。

学校对男性和女性所持的不同标准、对男性与女性行为的不同反馈，与独立性和成就的性别差异密切相关。很多研究发现，到中学阶段结束时，男孩数学和科学课程的成绩通常会超过女孩。这与教师对男孩和女孩所持的性别观念和态度有关。在小学阶段，教师对男女儿童的行为往往给予不同的反馈信息，这可能造成了学习成绩的性别差异。有研究表明，教师对女孩的批评大多是因为她们在作业上的缺点；相反，对男孩的批评大多是因为他们的行动或衣着不整洁之类的小事。对男孩来说，他可能会认为，书写不整洁所掩盖的智力上的优点也许没有被教师发现。这使得男孩在评价自己的成绩时不再看重教师的看法，而更看重自己的判断和同伴的判断。可能是出于这个原因，当男孩在学校生活中遇到失败和批评时，他们通常以不信任的态度对待教师的批评，不太容易因此而沮丧和停滞不前。他们不会指责自己“在学习上是个笨蛋”，而是归罪于学习环境不好或动机不足，因而以后会更加努力。女孩则相反，她们往往指责自己无能，变得更为焦虑，在失败面前更容易放弃。另外，随着年龄的增长，她们可能认为，成就与她们的女性化角色是不相称的，因而，试图隐瞒成就或寻求其他方面的补偿。这也可能是女孩学业成绩逐渐下降的重要原因。它反映了社会期望或性别刻板印象的消极影响。

教师对儿童的学科能力也可能有一些性别刻板观念。有研究发现（Jussim & Eccles，1992），小学高年级（如六年级）的数学教师会认为，男孩在数学上比较有能力，而女孩比较用功。虽然这些教师经常肯定女孩的努力并给她们与男孩相同的成绩，甚至给她们比男孩更高的成绩，但是，他们倾向于认为，女孩必须比男孩更用功才能在数学上有所成就，认为女孩更擅长音乐或英文等科目。

同伴也可以加强社会的性别角色标准（Rubin，Bukowski，& Parker，1998）。有研究（Fagot，1977）考察了200名游戏中的学前儿童，发现同伴对儿童违背性别化模式的行为会作出强烈的反应：玩布娃娃而不玩卡车的男孩处境最差，他们所受到的同学的指责比其他从众的儿童要多4～5倍；喜欢扮演消防队员、不喜欢扮演护士的女孩则没有受到如此严厉的对待，她们被忽视而没有受到指责。来自同伴的这类反馈会促使儿童调整自己的行为。有人发现（Lamb et al.，1980），同伴惩罚可以阻止儿童进行“跨性别”的活动，而自身性别化的行为受到同伴赞赏的儿童更可能长时间坚持相应的活动。在幼儿阶段，同伴的这种指导作用往往会促成儿童的性别分化游戏。

（二）对性别榜样的模仿和内化

模仿或观察学习是性别角色社会化的重要机制。儿童的许多性别角色行为并没有得到直接强化就形成了，其原因在于，儿童往往会追随或模仿同性别的成人榜样的行为，在观察学习的基础上获得了这些性别角色行为。

实际上，幼儿园、家庭、学校、媒体等方面，都为儿童提供了大量的性别角色榜样。儿童通过观察学习获得了男性和女性的行为方式，他们从内心认同这些行为方式，并将它们纳入自己已有的价值体系中，这是一个内化的过程。值得注意的是，儿童已经观察的行为方式并不一定马上表现出来，他们还要对自己观察到的这些行为方式进行选择。在此过程中，除了受环境条件的影响，还会受儿童自身的认知能力的制约。

在孩子性别角色的发展过程中，父母的影响是多方面的。一方面，父母是孩子性别化环境的选择者和组织者，父母为孩子选择的玩具和家具摆设在不知不觉中塑造着儿童“恰当的”性别角色。另一方面，父母的特点和儿童对同性别父母的模仿是儿童性别角色发展的重要动因。尽管父母亲的温暖和关爱可以让孩子更多地学习同性别父母的性别角色行为，但父母亲的权威对孩子的性别分化起着更为重要的影响，对男孩尤其如此。研究表明，支配型的母亲和被动型的父亲不利于男孩的性别认同的发展，而对女孩的女性化影响不大。换言之，如果一个男孩的父亲软弱而母亲具有支配性，他就有可能表现出女性化特征。高度男性化的男孩，其父亲在实施奖惩时往往是果断而有支配性的，他们对儿子的管教起着重要的作用。只有当父亲同时具有关怀慈爱和支配权威时，父亲的惩罚才能促进男孩的性别化。父母的权威与男孩的男性化发展具有密切的关系，但对女孩的女性化发展则没有什么影响（Hertherington，1967）。

父母自身的男性化或女性化程度对儿童的性别化有什么影响呢？研究发现，男孩的男性化与父母的性别化无显著相关，而女孩的女性化与父亲的男性化程度、父亲对女儿模仿母亲行为或参加女性化活动的表扬有关；另一方面，女孩的女性化与母亲的女性化程度无显著相关，换言之，女性化程度较高的母亲并不一定有女性化程度较高的女儿。

单亲家庭对儿童尤其是对女孩的性别角色发展会产生微妙而长期的影响。孩子的父亲似乎更关心他们自身的性别角色，更注意维持孩子的性别角色行为。许多研究发现，在男女儿童的性别化过程中，父亲都比母亲起着更重要的作用。这突出地表现在，5 岁前没有父亲的单亲家庭的男孩通常有较多的女性化行为。父亲缺失对女孩的影响则表现为她们长大后与异性关系的障碍，这种障碍在青少年期以前并不明显。

媒体对儿童性别化的发展也具有普遍而深刻的影响。媒体很容易增强儿童的性别刻板印象（Huston & Wright，1998）。大量研究表明，在电视和儿童故事中出现的男性角色和女性角色，往往是按照性别分化的方式来描述的。电视上的男性往往表现出更强的攻击性、决断性、职业竞争性，更理智、稳重、有力量，更能忍耐。相反，女性则更多被描写为从事家务或没有专门的工作、抚养孩子、充满热情、善于社交、容易动感情、更快乐。当电视上的女性攻击别人时，通常是笨拙的、失败的。女性更多地是作为暴力的牺牲者而不是发动者出现的，她们较少是领导人物，而更多的是服从性角色；她们在婚姻上是被动的，在年龄上比男性小（Pearl，1982）。甚至在商业广告节目中，男性也更经常地以权威人物的形象出现，在画外音中推荐产品的优点，女性则通常相信和证实了他们所宣传的产品的优点。当女性以专家形象出现时，她们更多的是扮演食品、洗衣皂或美容方面的专家角色。

众多研究证实了电视荧屏上所呈现的传统性别角色对儿童的影响。看电视多的孩子更倾向于接受或认同传统的性别观和种族观，并且，他们更认同与文化相适应的性别刻板印象（Leary et al.，1982）。有性别刻板印象的孩子也可能倾向于看更多的电视，因为其中有很多与他们的性别观念一致的形象（Ruble & Martin，1998）。另一方面，通过电视的影响，也可以削弱或消除儿童的性别刻板印象。研究表明，让儿童观看那些非传统的性别角色的电视节目，可以减少儿童在活动、职业、家庭角色方面的性别刻板印象（Comstock，1991；Huston & Wright，1998）。

案例分析

女性在不同行业中所占的百分比

表 11-2，给出了 20 世纪 70、80 和 90 年代美国女性在各个行业中所占的百分比（美国人口普查局，1999）。

表 11-2 美国女性在各行业中所占的百分比（%）

行业	1972 年	1983 年	1998 年
工程学	0.8	5.8	11.1
法律	3.8	15.8	28.5
医学	9.3	15.8	26.6
商业行政管理	17.6	32.4	44.4
文学、艺术和娱乐	31.7	42.7	51.4
社会工作	55.1	64.3	68.4
小学和中学教育	70.0	70.9	75.3
高等教育	28.0	36.3	42.3
图书馆或博物馆管理员	81.6	84.4	80.8
护理	92.6	95.8	92.5

由上述数据不难看出，无论在哪个年代，护理、图书馆或博物馆服务、中小学教育、社会工作等行业的女性所占的比例都是偏高的，而工程学、法律、医学和商业行政管理等行业的女性所占的比例都是较低的；另一方面，从 70 年代到 90 年代，工程学、法律、医学、商业行政管理、高等教育、社会工作等行业的女性所占的比例呈现出递升的趋势。

上述数据的差异和变化既反映了女性的职业兴趣和职业选择特点，又反映了时代背景对女性职业的影响。生物学因素或生理特征、社会环境、主导价值观、性别偏见或性别定型等因素都可能影响女性的职业选择。从某种意义上说，社会环境和价值观的影响、性别定型的影响可能更大一些。换言之，职业方面的相当多的性别差异是由社会因素导致的。随着时代的进步和女性社会地位的提高，人们对男性与女性的性别刻板印象逐渐削弱，男性与女性在职业选择方面的“鸿沟”也在不断缩小，这就是一个有力的证据。

本章小结

心理的性别差异并没有人们想象的那么大。性别差异总体上可以分为三类：已被确认存在的差异；证据尚不充分的差异；人们普遍相信而实际上并不存在的差异，即性别刻板印象。

人们头脑中有很多性别刻板印象，它们反映了人们对男性和女性的偏见或主观看法。性别刻板印象具有相对稳定性。人们倾向于为女性赋予亲和性的人格特征，而为男性赋予行动性的人格特征。人们对男孩和女孩也具有一系列缺乏证据支持的性别刻板印象。社会范畴化理论与社会角色理论分别从不同的角度对此进行了解释。

性别差异典型地表现在以下方面：身体特征、体育成绩和运动；玩具和游戏；认知和语言能力；社会性和情绪等，其中社会性和情绪的差异又突出地表现在攻击性、亲社会行为、情绪、受暗示性和依赖性、活动性等。

性别角色的发展主要包括性别认知和性别角色行为的发展。其中，近年来关于性别认知的研究主要集中于对性别身份的认知和性别刻板印象等方面。柯尔伯格将性别认知的发展过程划分为三个阶段：性别标定阶段、性别稳定性阶段、性别一致性阶段。

儿童的性别角色知识随年龄的增长而不断增加，到童年中期，儿童的性别角色已相当稳定。儿童性别角色行为的发展特点突出地反映在儿童的游戏和个性特征上。

性别度的单维模型与双维模型是关于性别度发展的两种典型理论。前者强调性别角色特征的个体差异可以从男性化——女性化这一个维度来描述，男性化与女性化是相互对立的两极；后者则假定个体的性别角色特征可以从男性化和女性化两个独立的维度来衡量。

关于性别角色发展的理论主要有精神分析理论、社会学习理论、认知发展理论、性别图式理论、群体社会化理论。它们分别从不同的角度解释了性别角色发展的机制。其中，精神分析理论揭示了亲子关系的作用，社会学习理论揭示了儿童自身的观察学习和强化的作用，认知发展理论和性别图式理论揭示了认知和性别观念对于性别角色的影响，而群体社会化理论揭示了同伴群体对性别角色发展的影响。

影响性别差异和性别角色发展的因素主要包括生物因素与社会因素，其中生物因素又涉及激素水平和大脑功能的差异，社会因素又包括家庭、学校等社会环境的强化以及个体对性别榜样的模仿和内化等。媒体也发挥着重要的影响。生物因素与社会因素是相互作用的。

本章注释

[1]张厚粲、王晓平:《中国儿童认知能力的性别差异发展倾向:韦氏儿童智力量表结果分析》,载《心理科学》1996 年 19 卷第 2 期,第 65～70 页。

[2]张文新、谷传华等:《中小学生欺负问题中的性别差异的研究》,载《心理科学》2000 年 23 卷第 4 期,第 435～439 页。

[3]张文新:《儿童社会性发展》,北京:北京师范大学出版社 1999 年版。

[4]朱莉琪、方富熹:《儿童性别角色发展的理论研究》,载《心理学动态》1998 年 6 卷第 4 期,第 31～35 页。

[5][美]D. Shaffer 著,邹泓译:《发展心理学:儿童与青少年》,北京:中国轻工业出版社 2005 年版,第 481 页。

[6][美]C. A. Etaugh 和 J. S. Bridges 著,苏彦捷等译:《女性心理学》,北京:北京大学出版社 2003 年版,第 2～3 页。

[7][美]L. E. Berk 著,朱永新等译:《儿童发展》,苏州:江苏教育出版社 2002 年版。

[8]Bussey, K. & Bandura, A. (1984). Influence of gender constancy and social power on sex-linked modeling. Journal of Personality and Social Psychology, 47, 1292-1302.

[9]Coie J. D. , Dodge K. A. Aggression and antisocial behavior. In: Eisenberg N, Damon W, editors. Handbook of child psychology, Vol. 3: Social, emotional, and personality development. 5. New York: Wiley; 1998. 779-862.

[10]Crick, N. R. , Casas, J. F. , & Ku, H. (1999). Physical and relational peer victimization in preschool. Developmental Psychology, 35, 376-385.

[11]Eaton, W. & Yu, A. (1989). Are sex differences in child motor activity level a function of sex differences in maturational status? Child Development, 60, 1005-1011.

[12]Kuebli, J. , Butler, S. , & Fivush, R. (1995). Mother-child talk about past events: Relations of maternal language and child gender over time. Cognition and Emotion, 9, 265-293.

[13]Maccoby, E. E. (1990). Gender and relationships: A developmental

account. American Psychologist, 45, 513-520.

[14]Pomerleau, A., Bolduc, D., Malcuit, G., & Cossette, L. (1990). Pink or blue : Environmental gender stereotypes in the first two years of life. Sex Roles, 22, 359-367.

[15]Rubin, K. H., Bukowski, W. M., & Parker, J. G. (1998). Peer interactions, relationships, and groups. In W. Damon (Series Ed.) & N. Eisenberg (Vol. Ed.), Handbook of child psychology: Vol. 3. Social, emotional, and personality development (5th ed.). New York: Wiley. 619-700.

[16]Shaffer, D. R., Pegalis, L. J. & Cornell, D. P. (1992). Gender and self-disclosure revisited: Personal and contextual variations in self-disclosure to same-sex acquaintances. Journal of Social Psychology, 132, 307-315.

习题十一

一、名词（概念）解释

1. 性别度
2. 性别角色
3. 性别标定
4. 性别稳定性
5. 性别一致性
6. 性别图式
7. 性别刻板印象

二、简答题

1. 按照社会范畴化理论与社会角色理论，一个人的刻板印象是怎样形成的？
2. 性别图式理论是如何解释性别角色的形成和发展的？
3. 群体社会化理论是如何解释性别角色的形成和发展的？
4. 社会学习理论是怎样解释性别角色的形成和发展的？
5. 儿童的性别身份认知是怎样发展的？

三、论述题

1. 现实生活中可能存在的性别差异主要表现在哪些方面？请结合有关研究进行分析。
2. 儿童的性别角色知识是如何发展的？请结合有关的研究进行分析。
3. 性别度的单维模型的基本观点是什么？这些观点有道理吗？为什么？
4. 性别度的双维模型的基本观点是什么？这些观点有道理吗？为什么？
5. 精神分析理论是怎样解释性别角色的形成和发展的？这种观点合理吗？为什么？
6. 认知发展理论是怎样解释性别角色的形成和发展的？这种观点有道理吗？为什么？
7. 人们通常对男性和女性具有哪些性别刻板印象？这些刻板印象具有什么特点？是否与真实情况相符？请结合有关的研究加以分析。

四、观点辨析题

1. 有人说，人的性别差异和性别角色是由生物学因素决定的；有人说，性别差异和性别角色是由社会因素决定的。请你结合有关研究的结果，对上述观点进行分析。
2. 许多人认为，男性与女性在心理上是截然不同的。这种说法确切吗？有没有充分的证据？请结合有关的研究对此进行分析。

第十二章　发展的生态系统

【教学目标】

通过本章的学习，应达到以下教学目标：

1. 结合儿童心理发展的实际，理解和掌握家庭与个体心理发展的关系，包括家庭中亲子关系的影响及其作用机制、父母抚养方式的特点和分类及其教育意义，婚姻关系、出生顺序和独生子女以及家庭物理环境对心理发展的影响。

2. 结合实际，理解和掌握学校与个体心理发展的关系，包括幼儿园和学校的作用，课本和课外读物、教师以及学校组织结构对心理发展的影响。

3. 结合实际，分析同伴关系与个体发展的关系，特别是同伴、朋友和友谊对儿童心理发展的影响。

4. 结合实际，理解和掌握电视、计算机与个体发展的关系，分析现实生活中的实际问题（如计算机网络使用）及其产生原因、预防和干预方式。

【本章结构】

本章重点讨论个体发展的生态系统，总体上包括四个部分：第一部分分析家庭与个体心理发展的关系；第二部分分析学校与个体心理发展的关系；第三部分分析同伴关系与个体心理发展的关系；第四部分分析电视、计算机与个体心理发展的关系。本章的基本结构如下图：

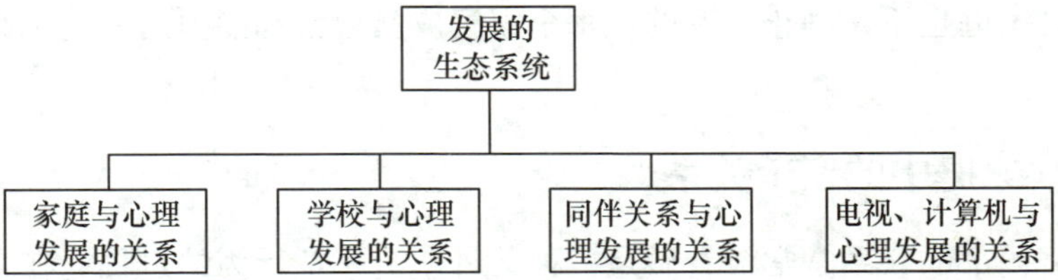

个体的即时行为在很大程度上取决于他的生活空间，如果我们希望了解更多的行为序列，对生态环境的了解就尤为重要。例如，母子间爱的付出与获取，从发展的角度来看，是通过母子生活的整个背景来表现的。了解这种接触所发生的更广阔的生态条件是十分重要的（Barker，1968）。

根据布朗芬布伦纳（Urie Bronfenbrenner）的生态系统理论，发展的个体嵌套于相互影响的一系列环境系统之中，系统与个体相互作用并影响着个体发展（见第二章）。个体发展是在现实社会生活中发生的长期的过程，必然受到社会生活环境各个方面的影响。父母、兄弟姐妹、教师、同伴都用大量的时间与儿童交流、指导和矫正儿童的行为。一些组织，如学校、社区团体对于传授知识、社会伦理标准和维持文化所推崇的行为起着特殊的作用。另外，大众传播媒介，特别是电视和计算机，也塑造着发展中儿童的态度、愿望和行为。本章主要讨论影响儿童发展的生态系统因素，包括家庭、学校、同伴关系、电视与计算机。

第一节　家庭与个体发展

家庭通常是儿童社会化过程中最有影响力的动因。家庭是家庭成员之间相互作用的复杂系统。家庭系统的结构和每个家庭成员的行为都影响着整个系统的功能，而亲子关系、离婚、独生子女等问题，都可能引起家庭系统的功能和家庭成员行为的变化。同时，家庭并不是孤立地发挥作用的，它受所处的外在的物理、文化、社会、历史环境和事件的影响。社会环境的整体氛围制约着家庭关系。家庭也不是静止不变的，每个家庭成员年龄和能力的变化都影响着家庭功能。

一、家庭中的亲子关系

家庭内部的联系常常被看做是一种父母塑造儿童行为的过程。在大多数研究中，研究者们都试图弄清父母的特征、态度、育儿活动与儿童的人格、认知和社会性发展之间的关系。

人们很容易认为，父母的行为决定或铸就了儿童的行为。但是，在另一方面，孩子自己的特点和看法也对亲子关系起着重要作用，从而对其自身的发展起着积极的作用。例如，儿童的气质特点影响着父母的抚养方式，也影响着家庭气氛。儿童发展实际上是家庭成员之间相互作用的一种复杂过程。家庭系统的作用可用图 12-1 来简单表示。

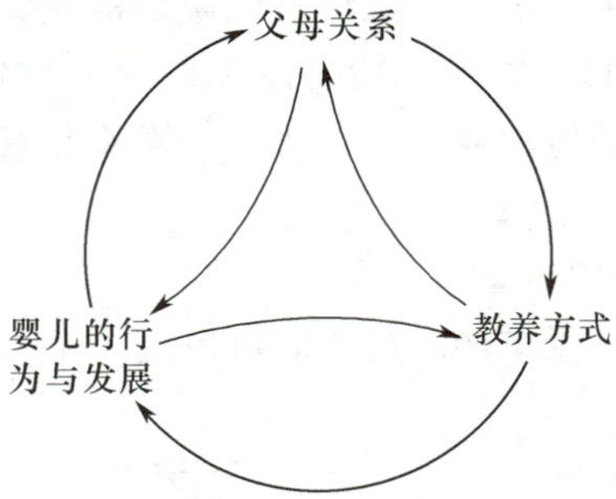

图 12-1　家庭作为社会系统的模型

（资料来源：Belsky，1981）

（一）父母的影响方式

1. 作为教师的父母

父母教给孩子日后生活所必需的生活技能和社会规范，并且根据孩子的遵从或违背行为来给予奖赏或训斥。父母在此扮演着第一任教师的角色。在父母的这种塑造过程中，儿童个体的自尊心是非常重要的。如果父母的纪律要求过分依赖强权而贬低儿童，儿童会倾向于认为自己是毫无价值的。如果父母只在必要时使用最小的压力促使儿童服从，并且鼓励儿童将这种服从看做是自己选择的，儿童就会对父母的标准有更好的适应和内化。下面两句母亲的话显然对孩子有着截然不同的含义："跟你弟弟分着吃，要不我就不给你了。""你是一个大方的孩子。"

另外，儿童的年龄在其对奖惩的反应中也起着重要作用。随着年龄的增长，他们抵制外来的控制和操纵，对恰当社会行为的自我强化起着越来越重要的作用。这种由成人控制到儿童自我控制的逐渐转变在儿童脱离家庭进入小学时期最为关键，父母对儿童活动的直接监督和控制越来越少。这一时期的儿童与年幼儿童相比更能为了长远奖赏而延迟即时满足，并且更为关心他人的利益而不是自我满足。相比之下，特定行为发生时紧随的奖惩对于年幼儿童比对年长儿童更为重要。无论在任何年龄，父母的影响取决于他们与儿童的情感关系、他们所实施的控制类型，以及他们的控制是否适合于儿童的年龄特征和情境需求。

2. 作为榜样的父母

在生命的第一年就可以看到儿童的模仿和父母对模仿行为的鼓励。孩子和父母反复玩"躲猫猫"和"挥手再见"之类的模仿游戏，父母重复婴儿的发音并鼓励孩子学说单词，母亲花大量的时间指出物体、说出名称，并鼓励儿童跟着她重复这些名称。在生活早期，父母可以说是最重要的榜样。儿童能向父母模仿的特征是多种多样的，包括一般态度和观念，也包括很特殊的嗜好和行为。这种由模仿所致的类似性在不同情境都会影响儿童行为的基本认知和社会性类型。

（二）亲子关系的作用机制

亲子关系对儿童发生作用的心理机制可以从三个方面分析：态度改变、模仿、认同作用。

1. 态度改变

态度改变是指父母直接向孩子传授行为规范，并采用种种方法改变儿童的态度，使其接受这些行为规范的过程。父母要改变儿童的态度，使他接受社会行为规范，可以采取很多方式，如使用权力、撤回爱护、信息内化等。

（1）使用权力：使用权力即以惩罚威胁儿童做出某一行为。这种办法在短期内很有效，特别是当成人在场能实施制裁时。但实验表明，使用权力并不能导致长期的、可靠的态度改变。事实上，过分使用权力可能导致出乎意料的反效果。

（2）撤回爱护：撤回爱护是一种更隐蔽、更间接地强迫儿童服从的方法。它常常表现为直接的不赞成的言语，如“你那样我不喜欢”，或间接的冷淡、失望、不感兴趣，如不理睬孩子。在某些方面，撤回爱护比使用权力有着更好的效果，是使儿童马上服从的有效办法。但撤回爱护也只能导致儿童外在行为的有限变化，仍不能使儿童将新的社会规范转化为自己内在的要求。例如，它可以使儿童抑制对他人的愤怒和敌意，但不能使儿童获得不需要父母监督的新的道德标准和信念。另一种方法，即“信息内化”，能达到这种长期的效果。

（3）信息内化：信息内化即引导，其具体形式多种多样，但共同的一点是：引导儿童集中注意父母所要传递的行为标准，而不是父母传递这些标准所使用的方法。成功地使用这种方法，应该是让儿童记住行为准则而忘记父母所使用的方法，甚至忘记父母曾教过他，使儿童将新的态度归因于自己，并逐渐内化为自己的准则。

态度改变中的服从和内化有着不同的效果：服从只是暂时的，而内化是长远的。有形的奖惩容易导致服从，而劝告、讨论和说理则产生内化。莱帕（M. Lepper）在实验中发现，儿童对于本来非常有兴趣的活动，如果受到明显的外来奖励，就会降低兴趣。为了解释这些结果，莱帕提出了“最小充分性原则”：使儿童改变行为并能长期保持的最有效办法是运用足够的压力或奖赏推动儿童做出新行为，同时又不使儿童对这些压力或奖赏形成过于深刻的印象。

换句话说，成人提供的外在诱惑必须最小而又足够改变儿童的行为，它本身不应该比成人想传授的行为标准更突出。在这种条件下，儿童的态度和行为将会得到改变，同时也使成人传递的标准内化了。莱帕用“最小充分性原则”解释了许多研究结果，如权威型父母和独断型父母对孩子的不同影响。同时莱帕认为，这个原则适于解释父母如何影响儿童获得特定的态度和标准，但不适于解释更为复杂的信念系统的长期建构过程。

霍夫曼提出“信息加工模型”来说明内化过程。他认为“纪律训练”是亲子关系中影响道德发展的主要事件。儿童对越轨行为的抑制能否持久依赖于父母对儿童采用的纪律训练方法。纪律训练要形成内化，必须引导儿童预见其行为对他人造成的后果。父母自发地根据儿童的社会认知能力改变着他们与儿童的沟通方式。例如，对年幼儿童，父母常直接指出行为的外部后果；对年龄较大的孩子，父母则会说明别人行动的内在动机或某个行动对他人心理上的伤害。父母的引导使儿童更为关心他人、使儿童懂得自己的行动对他人的影响。这些信息帮助儿童更好地理解人际因果关系。霍夫曼认为，儿童已有的编码和储存新信息的能力为父母的沟通提供了一个限制范围，在这个范围内，父母通过每一次纪律训练努力扩展儿童对他人的理解。但是，父母引导的信息要有效地影响儿童，就必须使儿童处于“最佳激活状态”，把引导与轻微的使用权力和撤回爱护相结合，就能达到这种状态。没有压力，儿童不能认真地对待父母传递的信息，若压力过大，又会干扰儿童对这些信息的内化。

霍夫曼与莱帕都认为，要长期有效地影响儿童的行为，必须有父母对儿童的控制和父母与儿童的沟通。父母控制应该是有效的，但必须只是轻度激活儿童的情绪状态；父母与儿童的沟通必须适合儿童社会认知能力的发展水平，这样父母传递的信息才能为儿童所理解。

2. 模仿

对父母行为的模仿是儿童社会化的首要途径。社会学习理论家班杜拉提出了“观察学习”的概念来解释模仿过程，认为在社会情境中，儿童直接观察别人的行为就能获得并仿造出一连串新的行为。并且，观察到他人行为产生的后果，也就受到了一种“替代强化”。儿童模仿父母的行为、态度有很多原因。儿童以类似于父母的方式去行动，可以维持来自父母的情感和避免惩罚。儿童还通过模仿父母的行动来获得对周围环境的控制。

3. 认同作用

个体认为自己与另一个人相似，并且感到以那个人的方式行动能给自己带来满足。这种认同作用从弗洛伊德开始就一直受到注意。弗洛伊德以所谓“奥底甫斯”之类的情结来解释孩子对父母的认同。卡根（Kagan，1958）把认同作用看作是一种“获得性认知反应”，而不仅仅是儿童与榜样之间外部行为的相似。认为认同作用是对相似性的一种信念和增加这种相似性的意向，而不只是单独的模仿。柯尔伯格则更强调儿童的认知能力在认同中的作用。他认为，儿童先在认知上探索环境、建立自己的同一性，然后区别与自己相似和不相似的人，进而模仿与自己相似的人，并从中得到满足。

模仿和认同作用与态度改变有着重要区别。态度改变策略中父母说出标准并用奖赏实施，父母知道自己在影响儿童的行为。相反，模仿和认同作用则常常是在父母没意识到的情况下发生的。“照我说的做、别照我做的做”的管教方法是无效的。

二、抚养方式

长期以来，父母的抚养方式对儿童心理的影响，一直是心理学家研究的热点问题。大量研究表明，抚养方式直接或间接地影响着儿童心理的发展。

（一）父母行为的维度

父母抚养孩子的行为是多方面的，一般可从两个维度分析：第一个维度是父母与儿童的情感关系，从接受、反应、以儿童为中心的一端到排斥、不反应、以成人的需要和愿望为中心的另一端；第二个维度是父母的控制，从限制、要求的一端到宽容、放纵、对儿童不加任何限制的另一端。

1. 父母对孩子的情感

父母与孩子的情感联系对儿童的发展是非常重要的。首先，父母与孩子的感情联系制约着孩子对父母的反应。儿童希望能得到热情的父母的赞扬，因而对孩子热情的父母制订的严厉纪律是有效的。相反，对孩子一向冷漠的父母对孩子的实际影响力较小。其次，热情的父母经常使用的说理和解释使儿童能将社会规范内化。第三，父母的热情和关心常常与他们对儿童需要的积极反应相联系。爱孩子的父母使孩子自我感受良好，从而使孩子产生安全感、自尊心和较低的焦虑。这些态度和情感比父母的冷漠和惩罚带来的高焦虑和紧张感更有利于学习。

2. 父母对孩子的控制

仅有父母的爱还不足以保证儿童积极的社会性发展。要想儿童成长为具有较强社会能力和认知能力的个体，父母必须有一定程度的控制。但是，应该牢记的是，儿童发展的最终目标是自我控制而不是由外部管制。父母极端的限制和宽容都会导致发展不良。

（二）父母对孩子的抚养方式

父母行为中两个维度交叉形成了抚养方式的四种类型：权威型、独断型、放任型和忽视型（见表 12-1）。父母抚养方式与他们的孩子的社会性和认知发展有系统的相关。在包姆林德（Baumrind，1967）的经典研究中，经过 14 个星期的行为观察，确定了抚养方式与儿童的行为方式之间的相关。包姆林德确定了行为模式极不相同的三类儿童：积极—友好型、冲突—急躁型和冲动—攻击型，发现不同的父母行为类型与儿童的行为类型是相关的。

表 12-1　父母抚养方式类型

		接纳/反应	
		高	低
命令/控制	高	权威型 合理的要求 一致的强化 敏感对待、接纳孩子	独断型 许多的规则和要求 对孩子需要和要求的极少解释和不敏感
	低	放任型 较少的规则和要求 其父母给予孩子很多的自由	忽视型 很少的规则和要求 父母不管孩子且对孩子的要求不敏感

（资料来源：Maccoby & Martin，1983）

对孩子高度接受又严格要求的父母属“权威型”：他们有权威，但不独断也不过分放纵孩子，其行为有利于儿童积极的情绪、社会性和认知发展。他们允许儿童在正当的限度内拥有相当的自由，但在父母认为超出了儿童知识见解的领域则会坚持对孩子加以限制。这种纪律要求使儿童有机会探索周围的世界并获得人际交往技能，而不会产生由于敌意、苛刻和强迫的纪律要求所产生的焦虑和压抑，也不会产生由于极端放纵造成的对他人需要和要求的无所适从。一般来说，高度的热情和中度的限制，加上父母对儿童适当的成熟行为的期望、合理的制约以及对儿童需要的注意和反应，是与儿童自尊、适应性、能力、内控和与同伴良好关系的发展相联系的。与权威型父母对应的是积极—友好型的孩子。

对孩子要求严厉又在情感上排斥的父母属“独断型”：他们是严厉、武断、粗暴的，并且对儿童的需要缺乏反应性。他们的孩子多属冲突—急躁型儿童。在这样的家庭中儿童对他们的环境毫无控制、也从来得不到什么满足。他们感到拘束和愤怒，但慑于敌对的环境而不敢表露。这些儿童常常表现出不愉快、冲突、易于激动、对压力很敏感、缺乏目标。

对孩子高度接受且要求很少的父母属“宽容—放任型”：他们尽管与孩子有着挚爱的关系，但他们极端的放纵和不连贯的纪律要求，以及对儿童自由地表达冲动的鼓励，都与孩子缺乏控制和冲动行为的发展相关联。独断型和宽容型父母都认为孩子是由他们无法控制的自我中心的原始冲动支配着，这些冲动的自由表达是健康的、合理的。与“宽容—放任型”父母相对应的是冲动—攻击型儿童：对成人反抗、不顺从、自信心低、缺乏自控、专横、冲动、较少成就定向的目标。

包姆林德对她确定的三类父母和孩子从幼儿期到少年期进行了纵向追踪研究。她发现，权威型父母的教育继续与儿童的积极性发展相联系，富于反应的、牢固的亲子关系对于男孩能力的发展尤其重要。另外，独断型的抚养方式对于男孩比对女孩有更为消极的长期效应。独断型父母的儿子在社会性和认知能力上发展都偏低，他们的学业和智力成绩不良。并且，他们在与同伴的关系中不友好，缺乏进取心、领导力和自信心。

另一些心理学家的研究表明，对孩子低控制和低情感联系的“放任型”父母力求减少与孩子交往的时间和付出的精力。这些父母力求保持与孩子的距离，他们注重于自己的需要而不是孩子的需要。他们是“父母中心”而不是“孩子中心”的。孩子长大以后，这些父母将不能指导孩子的活动，他们不知道孩子在哪儿，也不知道孩子与谁为伴、在干什么。这种父母类型是与不同的父母人格特征、社会变迁、非常的生活事件相联系的。父母对孩子的疏远常常在抑郁的父母中发现（Egeland&Sroufe，1981）。抑郁的母亲很难振作起来对孩子的需要作出反应。

在婴儿期，缺乏与父母的接触容易表现出依恋障碍；对于年龄较大的儿童，则与冲动性、攻击性、不顺从、易怒和低自尊相联系。来自父母中心家庭的青少年更容易出现酗酒、逃学、与不三不四的朋友在街上闲逛、性早熟、或被拘捕。缺乏父母指导与少年犯罪危险有着紧密的联系。这些来自父母中心家庭的儿童不仅在社交上缺乏能力、不负责任、不成熟并与家庭疏远，而且在认知发展、成就和学校成绩方面也出现障碍。被父母忽视的孩子正是由于这种既不能从社交也不能从学业中得到满足的“双重失意”而常常导致犯罪行为（Patterson，1982）。这些孩子属于“高危型”儿童。

（三）对家庭教育的启示

尽管还不能确定父母抚养与儿童发展之间的因果联系，同样的抚养方式对不同儿童也可能产生不同效果。但根据上述研究结果，父母们如果能在以下方面做出努力，将能更好地促进儿童的发展：（1）关心孩子并对孩子的需要做出良好反应；（2）对孩子的社会性行为提出适合年龄的要求，一贯地、坚决地坚持这些要求，不对儿童的吵闹让步；（3）使孩子的生活井然有序，让日常事件和周围环境都可以预测；（4）让儿童在家庭决策中起一定作用；（5）倾听孩子的观点、将父母的要求以孩子能理解的方式加以解释，尽量避免强迫和模糊不清的要求，避免只靠权力作决定。让儿童注意他的行动对他人造成的后果，以及对他与别人关系的影响；（6）尽量让孩子解决他们自己的问题，设计一些能促使孩子成功的情境；（7）对孩子的好行为表示热情、注意和赞扬；（8）促进儿童价值系统的发展。

三、家庭环境与儿童发展

（一）婚姻关系

和谐的婚姻关系和配偶支持与父母亲对孩子的抚养方式相关（Cowan et al.，1983）。一个经常争吵、挑剔、不和的家庭环境对父母和儿童都产生不良影响。父母之间的高度冲突与他们对孩子的消极情感相关联。父母的冲突还关系到孩子的攻击性、犯罪行为，以及他们在同伴中不受欢迎（Emery，1982）。父母冲突比极端放纵或压制孩子对儿童造成的危害更大。

在夫妻关系影响着父母对孩子反应的同时，孩子也反过来影响着父母的婚姻关系。尤其是第一个孩子的孕育和出生，常常伴随着夫妻双方转向传统类型的家庭角色分化。

离婚对儿童的影响是一个受到广泛关注的问题。国内研究（高月梅，张泓，施燕，1990）发现，离异家庭中，4～6 岁儿童与同龄的正常家庭儿童在心理发展上存在着差异，在学习情况和认知发展的某些方面，离异家庭儿童明显较差。在社会性发展方面，离异家庭儿童的同伴关系（结伴的难易、与好友的关系、与伙伴的交往）显著差于正常家庭儿童。离异家庭儿童与父母的交往、对父母的信任感、对家庭和父母的满意程度等亲子关系方面的表现，也显著差于正常家庭儿童，离异家庭儿童缺少主见和决断，他们对行为的调节、对发展的预见等控制能力的表现也较差，他们在同龄伙伴中更多处于从属地位，而不是活动的组织者与领导者。在问题行为方面，发现离异家庭儿童在“放荡不羁，到处乱跑”，“学习有困难”等 8 项行为上表现明显较差。

陈会昌等人（1990）以 902 名小学一、三、五年级儿童为对象研究了离异家庭子女的社会性发展特点。结果发现，无论由儿童自我评定还是由教师评定，离异家庭子女的同伴关系都明显不如完整家庭子女，离异家庭的子女自我评价过高（与教师对其评价相比）。在离异家庭子女与同伴关系不良的原因中，孤僻、冷漠、有怪毛病或不良行为（如偷东西、骂人、打架）的表现显著多于完整家庭子女。在对主观和客观的自我控制能力方面，离异家庭子女也明显较差。根据教师的评定结果，离异家庭子女在情绪、性格、品德、学习四个方面有问题行为的人数比例，也大大高于完整家庭子女。

根据儿童自己的评定，离异家庭子女与父母的关系也明显不如完整家庭子女与父母的关系，他们对家庭、父母的满意程度也明显更低。

对离异家庭中学生的调查（罗清旭，邓芝兰，1989）表明，父母离异的中学生有明显的心理健康问题，这些问题主要表现为不良情绪、性格品行障碍、学习障碍和社会适应不良。他们的学习成绩也更差。总的来看，在不同年龄阶段父母离异的儿童都处于不良的发展境地。

链 接

以下读物分析或讨论了家庭环境与个体心理发展的关系，可以作为拓展阅读材料：

［1］胡赤怡、李维榕、吴敏伦：《儿童青少年抑郁与父母婚姻冲突及破裂》，载《国外医学精神病学分册》2004 年 31 卷第 3 期，第 132～134 页。

［2］池丽萍、王耘：《婚姻冲突与儿童问题行为关系研究的理论进展》，载《心理科学进展》2002 年 10 卷第 4 期，第 411～417 页。

［3］张晓、陈会昌、张桂芳等：《亲子关系与问题行为的动态相互作用模型：对儿童早期的追踪研究》，载《心理学报》2008 年 40 卷第 5 期，第 571～582 页。

［4］Barker R.G. （1968）.Ecological Psychology：Concept and Methods for Studying the Environment of Human Behavior. California：Stanford University Press.

（二）出生顺序与独生子女

1. 出生顺序

阿德勒（Alfred Adler，1870—1937）认为出生顺序的差别会形成一个人对生活的不同看法和不同人格，出生顺序会给儿童成长和性格形成造成影响，而这种影响被认为是由于父母与不同出生顺序儿童之间交互作用的差异造成的，这种差异与儿童在家庭中所处地位带来的独特生活经验密切相关。

头胎儿童所担当的角色尤其特别。只有头胎儿童在弟妹出生前能独享父母的爱和注意。弟妹出生对头胎儿童造成的失宠在很大程度上取决于父母的反应。新的小孩出生常常会减少夫妇之间和母亲与年长儿童之间的相互作用。尽管新出生的孩子比头胎孩子要求父母更多的注意和关照，但父母与头胎孩子之间特有的关注会持续整个一生。父母对头胎孩子比对更小的孩子抱有更高的期望，对其成就和责任心有更多的考虑，更多地干涉他们的活动。在任何年龄，对头胎儿童的体罚都比以后出生的孩子多。相反，父母对于较小的孩子纪律要求更为放松，这可能是由于他们在育儿实践中取得了自信（Dunn，1983）。

出生顺序也与同胞兄弟姐妹之间的变化有关。一般父母都期望最大的孩子对年幼的弟妹担负一定的责任和自我控制。年长儿童对年幼的弟妹既表现了更多的敌对行为，如打、踢、推等，也表现了更多的关心和亲社会行为。头胎儿童比弟妹有较少的攻击性、更多成人定向、更多援助性、自我控制、顺从和焦虑。父母的更高要求导致头胎儿童更为勤奋、认真、严肃。他们在学业和职业成就上表现出优势。他们在名人录和杰出的文学家、科学家中所占人数较多。但是，有人发现，在与进化有关的一些主要科学争论中，次子支持变革维新的理论而长子则支持维持现状（Sulloway，1972）。头胎儿童在承受高成就压力的同时，也更多地体验到内疚、焦虑、恐惧，不能独自处理应激情境，更多地寻求临床指导以及较低的自信心和社会安定感。

2. 独生子女

关于独生子女的心理发展特点和教育的研究引起了广泛的重视，但国内外对独生子女特点的研究在结果上还存在很多的不一致。国外研究者中，一派认为独生子女就是有问题的儿童，比如S·霍尔就说："独生子女本身就是弊病。"另一派认为独生子女与非独生子女没有什么差异，甚至独生子女还比非独生子女优秀。国内研究也大致上存在这两类观点，但更多研究者倾向于认为独生子女有某些发展问题。一般研究都着重于独生子女与非独生子女行为特点的比较，认为独生子女在智力发展方面比非独生子女更有优势，但在社会性发展方面更容易产生任性、依赖性强、自我中心、情绪不稳定等问题。

我国学者研究了独生子女的人格特点（张履祥，钱含芳，1991），发现独生子女有明显的外向—不稳定的人格倾向。多血—胆汁质、胆汁质和胆汁—抑郁质的独生子女显著多于非独生子女，独生子女更显得性格开朗、活泼好动、兴趣广泛，但感情容易冲动、注意力不稳定、缺乏忍耐力。

国外研究发现，3岁以前，独生子女与长子女在行为上差异很小。以后，在同龄伙伴交往中，独生子女表现出较高的主动性，更多主动开始或中止交往。青少年期的社会交往中，独生子女比非独生子女表现出更高的人际响应能力，但其个人交往范围似乎比非独生子女略小，朋友数量少一些，社会生活也较不活跃。对成人进行的调查发现，在排除了家庭社会经济地位的影响之后，"独生子女在社会交往、家庭关系、生育情况以及职业、收入等方面均与非独生子女无显著差别。唯一发现的差异是在教育或成就方面：独生子女取得高等学历的比例比非独生子女略高"。

研究者还对大量独生子女研究进行了元分析和理论探讨（Falbo & Polit, 1986)。对1924年～1984年60年间西方发表的115篇独生子女研究文献的元分析结果表明，在成就和智力方面，独生子女明显优于多子女家庭的孩子和末生子女，而与小家庭（有两个孩子）子女和长子女之间差异不显著。在社会性和适应性方面，独生子女与非独生子女并无显著差异。研究者认为，家长与子女相互作用的性质，是儿童发展差异的主要原因。独生子女、长子女和小家庭子女与其家长之间有一种特殊的关系，即高度的焦虑和注意。父母的焦虑激励其本人与子女进行高质量的相互作用，同时，父母又花更多的时间注意孩子的状况。这意味着他们的子女将获得长时间的、高质量的与父母交往的经验，从而促进儿童更好的发展。越来越多的学者认为，“独生”并不是关键，子女与父母相互作用的质量才是更重要的因素。

（三）家庭的物理环境

社会环境和物理环境是相互作用的。儿童如果成长在一个拥挤、嘈杂、混乱不堪、缺少玩具的家庭，将在认知和社会性发展中处于不利的境地。同时，父母和其他看护者对儿童物理环境的组织方式与物理环境本身是否优越同样重要。

儿童较好的认知发展和社会性发展与家庭环境的可预测性和规律性相关联，这样的家庭中每一件事都有其时间和地点：进餐、睡觉等都是有规律的，孩子有自己的存物处，有一块安全的地方玩耍，有一个安静的学习场所。相反，儿童不能回避的强烈噪音和刺激对认知发展产生消极影响。如果家庭吵闹、狭窄、过分拥挤、大部分时间都开着电视、家人和客人造成过多的刺激，那么孩子的认知水平将受到压抑。这种环境中的婴儿和幼儿在标准智力发展测验上成绩较差，而且上学的儿童被教师评定为创造性差、在拼写和语言成绩测验上得分也较低。

专栏

我国留守儿童的心理发展

当前我国农村地区儿童留守现象相当普遍，全国妇联2008年发布的《全国农村留守儿童状况研究报告》显示，留守儿童已达5800万人，其中14周岁以下的农村留守儿童约4000多万。和2000年相比，2005年的农村留守儿童规模增长十分迅速。在全部农村儿童中，留守儿童的比例达28.29%，平均每4个农村儿童中就有一个留守儿童。在全部农村留守儿童中，学龄前（0～5周岁）、小学学龄（6～11周岁）、初中学龄

(12～14 周岁）和大龄（15～17 周岁）四个年龄组占总体的比例分别为 27.05%、34.85%、20.84%和 17.27%。其中义务教育阶段的农村留守儿童约 3000 多万。0～5 周岁农村留守幼儿占全国农村同龄儿童的比例为 30.46%，集中分布在中西部人口大省。三分之一的 15～17 周岁农村留守儿童初中毕业以后开始外出打工。

目前，心理学关注留守儿童以下方面的发展：心理健康、自我意识、情绪与社会支持、社会行为、人格、学业与校园关系、家庭与生活等。如对初中生依恋关系的研究表明：农村留守儿童的依恋质量与农村非留守儿童的依恋质量差异不显著，双亲外出打工的留守儿童对母亲的依恋质量最高，双亲外出打工的女生对父亲和母亲的依恋质量显著高于男生（鲍丽恒，赵文德，牛晶晶，2009)。但就目前的研究来看，尚缺乏对年幼儿童依恋关系的研究，特别是对农村留守幼儿的研究。另外，关于心理健康的调查表明，留守儿童较非留守儿童更容易出现心理问题，他们在躯体化、恐惧、敌对、偏执、强迫和人际关系敏感问题上的得分较高（王东宇，王丽芬，2005)，且存在年级差异和性别差异。由于目前对农村留守儿童心理健康状况的研究存在差异性，需要进一步探讨影响“留守”儿童心理健康的一些深层次因素，如家庭互动的变化、社会资源的可利用性等因素。就研究趋势来看，研究者试图找出保护留守儿童的资源，如积极的人格特点、心理韧性、社会支持利用等方面，以促进留守儿童的身心发展（周宗奎等，2005)。

农村留守儿童的发展面临以下问题：

(1) 0～5 岁的幼童的科学抚养问题。0～5 周岁留守幼儿有 55%和祖辈或其他人一起生活，缺少父母亲情呵护与亲子交流，认知、情感、社会性发展都会受到深刻而持久的影响。

(2) 义务教育阶段农村留守儿童面临的突出问题。安全和青春期教育缺乏。父母外出导致对孩子的监管弱化，留守儿童特别是留守女童受到侵害的风险更大。寄宿制教育需加强和规范。目前寄宿制学校在一些地方还不能满足农村儿童包括留守儿童的需求。部分已建立的寄宿学校由于管理薄弱，资源有限，监护范围、监护现状也达不到要求。

(3) 农村大龄留守儿童面临的突出问题是父母流动对其学业完成具有一定影响。大龄农村留守儿童在校比例大幅下降，辍学比例上升。初中阶段后留守儿童跟随父母进城就读和继续升学受到一定限制。

第二节　学校与个体发展

进入幼儿园和学校以后，儿童生活中越来越多的部分将由公共教育机构所支配。它们在许多重要方面不同于家庭：它们具有更多的集体性质；成人与儿童之间的联系和关系是短期的；儿童与一定范围内的许多成人发生联系，这些成人常常提供彼此不同的观点，并且在很多方面常常与儿童的父母也不同；对行为的评价是比较性、公开性和重复发生的。幼儿园和学校对儿童发展的影响是全方位的。

一、幼儿园和学校的作用

幼儿园承担着教养和教育的双重任务；学校更是有目的、有组织、有计划地教育学生的机构，可以认为它们是新一代儿童与社会相互联系的中间环节。进入幼儿园和上学读书不仅影响儿童的知识水平，而且对于儿童组织其思想和认知的方式有着重要影响。学校传授一种对世界的抽象符号定向，这种定向使儿童得以发展他们运用普遍性的概念、规则和假设事件进行思维的能力。学校不仅仅简单地教给儿童更多的知识，还教给儿童以不同的方式来思考这个世界。学校的种种影响，渗透于它在引导儿童社会性和认知发展时所扮演的重要的、不可取代的角色之中。

（一）作为整体系统的幼儿园和学校

由于对人的发展和教育的一般主张的不同，不同园校的办学思想和教学模式也不同。这无疑会对儿童发展产生潜在的影响。如对小学的研究表明：处于开放环境的儿童有更丰富的社会联系，对学校生活有更积极的态度，同时在学习情境中显示了良好的自信心和合作行为。

在学校内部，班级是基本的组织形式。班级中教师对学生的影响主要有：(1) 教育并鼓励学生学习本领；(2) 传递信息，引导学生服从教育制度的各项规则；(3) 传播占统治地位的文化和价值标准；(4) 提供并指导学生掌握解决问题的模式； (5) 协调学生群体、家长与社会团体之间的关系（黄育馥，1986）。班级内儿童同伴团体内的相互作用也是影响儿童社会化的重要因素。

（二）作为社会单元的幼儿园和学校

幼儿园和学校虽然自成体系，但它并非世外桃源。更广阔的社会环境可能巩固或削弱学校的教育作用。有中学教师感叹道："一场电影，能毁了我们数年辛勤劳动成果!"园校应协调利用各方面社会关系，形成对学生的整体教育气氛。但是，有许多问题并非园校内部所能解决，需要全社会的共同努力，有很多社会问题虽然不是由幼儿园和学校产生的，但人们倾向于通过幼儿园和学校寻求积极的解决办法。较突出的这类问题有街头团伙、少年犯罪、失学等。

学校教育并不是目的，学生最终要步入社会，他们社会化应达到什么目标？他们到底带着什么去迎接广阔复杂的人生呢？现代社会里的健全个体应具备对他人基本的仁爱、同情，工作和交往合作的能力，良好的自我意识，较完备的防御机制，人道主义的价值系统以及对于工作和社会秩序的热情关心和努力。我们不能要求学校能赋予学生应付长期社会生活的万能本领。学生从学校带到社会上的既不是完全稳固的定型的社会人格，也不是随境而迁的开放的反应，而是以某种方式去适应新情境的一种倾向。学校的使命在于尽可能地发展学生多种多样独立的社会人格，以求达到丰富多彩的和谐和社会进步。

二、学校组织结构对儿童发展的影响

尽管有关学校的绝大多数研究都集中于教师、教法、教材，但学校环境的结构特征还是值得重视的。如学校规模的大小、座位安排、教室大小、墙壁颜色和通风条件是否影响儿童的学业成就、对学校的态度和对课内外活动的积极性呢？

（一）学校规模

大学校似乎更具权威性：它宽大的地盘、长长的围墙、众多的教室和潮水一般的学生，都暗示着它的力量和正确性。小学校则缺乏这样的权威。但这显然只是一种表面现象。一项研究从内部考察了不同规模的学校（Barker & Gump，1964），比较了学生对课外活动的参与程度，结果发现尽管两校学生人数相差 20 倍，但大学校的课外活动只是比小学校略多。相比之下，小学校参加艺术、新闻和学生自治活动的学生比例是大学校的 3～20 倍。小学校里活动的变化也更多。小学校里的学生更容易取得重要的地位和培养责任心，从学校环境中所获得的奖赏和满足也更多。研究者认为，这些差别大部分是由于小学校中有更多的学生处于担负责任的地位。也有研究报告，在学校规模与学生的学业成就之间没有发现相关。

（二）学制

城乡地区的不同，中小学学制也不等，学生在校时间和上过的学校各不相同。这些构成了儿童成长的不同经验。研究表明学制也对学生行为产生影响。研究者将普通八年一贯制小学里从六年级升入七年级的学生与读完六年小学要到新的学校去读初中的学生进行对比，对于同时还经受着其他转折的少年（如青春期），增加一个转入新学校的负担对他们产生了不良影响。与留在原小学的七年级的学生相比，那些进入新学校的初中生自我概念较差，较少参加学校活动和俱乐部，并且觉得自己较少融于学校和同伴团体之中。

（三）教室的空间与课堂组织

前排的学生是否比后排的学生更为积极？位于中心的学生是否比旁边的更积极？研究证实，学生在教室里坐的位置确实有影响，坐在前排及教室中间的学生参与程度最高。班级大小也有影响。小的班有更多的个体化活动，更多的群体活动，学生也有更积极的态度和较少的错误行为。教师对较小的班集体也更为满意。但是，班集体规模在通常的20～40名学生的范围内对学业成绩几乎不产生影响，尽管较小的班集体在低年级有利于学习阅读和算术，并且对残疾儿童和落后儿童的学习进步有帮助。另外，班集体规模大小的影响常常取决于教师是否以不同于大班集体的方式来组织班集体，也就是说，教师管理和组织班集体的方式在此也起着重要的交互作用（Minuchin & Shapiro，1983）。

（四）课堂的组织与结构

不同类型的课堂组织形式有着什么样的效果呢？一般可将课堂组织方式分为开放式和传统式两种。要评价开放式课堂与传统式课堂的对比效果也是有困难的。但是，一般研究仍然有一些倾向性的结论。在社会性发展方面有明显的好处：开放式课堂中的儿童有更多的亲社会行为和更多的发挥想象的游戏，尽管他们也比高度组织化的传统式课堂中的儿童有更多的攻击性。这一结论得到了多数研究者的赞同。“处于开放式环境中的儿童具有更多样化的社会联系，对学校有积极的态度，并且在学习情境中表现出自信和合作行为。在较少权威专制化组织化的中学里，学生更多地参加学校活动，他们比传统学校的学生有更多样化的社会关系，纪律问题。”（Minuchin & Shapiro，1983）。但学业上的好处却没有这么明显。有些研究者发现在开放式和传统式课堂的学生成就测验分数之间没有什么差别。开放式课堂也有不利的一面：对许多学生来说，这种安排并不是促进他们学习的最有效途径。不同教学环境适用于不同的儿童，合理的办法是掌握教学的灵活性。

专栏

什么是开放式教学

开放式教学，有两个理论起源：一是科恩（R. C. Cohn）1969年创建的人本主义的教学理论模型——以问题为中心的“课堂讨论模型”和“开放课堂模型”；二是斯皮罗（Spiro）1992年创建的建构主义的教学模式——“随机通达教学”和“情景性教学”。这些教学理论模型都强调：学习是学习者主动建构的内部心理表征过程，教师的角色是思想的“催化剂”与“助产士”。教师不应把主要精力局限于所教的内容上，而应注意学习者的心态（即情感与动机）变化。

开放式教学包括教与学两个方面，其核心是完成教师和学生在教学活动中角色的转变：教师从知识的传输者变为指导者，学生从知识的被动接受者变为知识的主动建构者。

开放式教学从广义上理解，可以看成是大课堂学习，即学习不仅是在课堂上，也可以通过包括网上学习来进行。开放式教学在狭义上可以说是学校课堂教学，就课堂教学题材而言，它不仅可以来自教材，也可以来自生活，来自学生；就课堂教学方法而言，即在教学过程中通过对教材的个性化处理，使教学方法体现出灵活多样的特点，并且在教学方法中运用“探索式”、“研究式”的方法，引导学生主动探索、研究，获取知识；就课堂例题或练习题而言，开放式教学要体现在答案的开放性、条件的开放性等开放性的题目上；就课堂师生关系而言，它要求教师既作为指导者，更作为参与者；它既重视教师对学生的指导，也重视教师从学生的学习中汲取营养。总之，开放式教学能给每个学生提供更多的参与机会和成功机会，让每个学生在参与中得到发展。

三、教师的影响

学校里最重要的角色就是教师。教师与不同学生之间的相互作用有很大差异，这一方面是因材施教所要求的，另一方面却可能会给部分学生带来不利影响。有实验证明，教师对学生的期望和行为反应受学生家庭背景、人格特点、性别、外貌的影响。在一般情况下，教师更倾向于接触那些成功、令人满意、较少提要求的学生，对于为班级活动提供适当建议的学生也较关心，但常常忽视安静、内向的儿童，与他们交往较少。对那些经常不守纪律而被认为是有“行为问题”的学生则较反感。当然，这种情况会依教师个人特点而有所不同。

(一) 教师期望与学业成功

罗森塔尔等人（1968）完成了一个被称作“课堂里的皮格马利翁”实验。在许多小学班集体，教师被心理学家告知他们的学生中20%“具有智力上的优势，在学习期间将有超常的智力表现”。而实际上这20%学生的名字是随机地挑选出来的。为了测定教师期望的影响，在实验进行以前对儿童施行一次IQ测验，然后在他们与“怀有期望”的教师一起有了8个月的课堂学习经验后再测一次。在同一班级中，那些教师对其智力表现怀有更大期望的学生IQ分数的增长明显高于其他学生。学生的阅读也受到了影响：所谓“智力优势者”在阅读上优于其他的同班同学。另外，实验组学生比控制组学生有更高的“智力好奇心”。在早期更容易矫正老师的期望，因为在低年级效果最明显。年级越低，影响就越大。

为了确定与怀有期望的教师中断联系之后这种优势是否仍然保持，罗森塔尔等在两个完整的学年结束以后对学生进行了重测。在这次重测前，学生已经跟着一位没有任何特定期待的教师学习了一年。尽管年幼儿童在开始时容易受影响，但他们在最终的跟踪评价中已经失掉了优势。而在早期阶段中表现的进步较小的年长儿童（三至六年级）都仍然显示了原先期望作用的影响。正如研究者所指出的，对于年幼儿童，要保持期望所产生的效果就必须与怀有期望的教师保持继续接触，而年龄较大的儿童则能较好地自动保持他们所获得的优势。

所谓“罗森塔尔效应”（又称为“皮格马利翁效应”），是指这种由于教师对学生抱有的主观期望而导致的学生在学业和行为方面发生改变的现象。一般而言，这种效应主要是因为教师对高成就者和低成就者分别期望着不同的行为，并以不同的方式对待他们，从而维持了他们原有的行为模式。高成就者不仅得到更多的指导，而且有更多的机会参加班级活动和回答问题。他们的正确回答会受到更多的赞扬而错误的回答则会挨较少的批评。相反，教师并不期待低成就者知道答案和参与活动。因而对他们提供了较少的机会和鼓励。

专栏

皮格马利翁效应

皮格马利翁效应（Pygmalion Effect）的名称来源于一个神话故事：塞浦路斯的国王皮格马利翁是一位有名的雕塑家。他精心地用象牙雕塑了一位美丽可爱的少女，并深深地爱上了这个少女，每天都深情地望着她，并向女神祈祷可以让自己娶到一位这样的妻子。女神被皮格马利翁的真诚和坚持所打动。一天，雕像变成了一位真正的活的少女，并最终成为皮格马利翁的妻子。

皮格马利翁效应被总结为：期望和赞美能产生奇迹。美国心理学家罗森塔尔和他的助手们以科学的实验证明了这一效应在实际生活中的存在并使它得到广泛的运用，因此皮格马利翁效应又称“罗森塔尔效应”。

美国钢铁大王卡内基选拔的第一任总裁查尔斯·史考伯说：“我认为，我那能够使员工鼓舞起来的能力，是我所拥有的最大资产。而使一个人发挥最大能力的方法，是赞赏和鼓励。再也没有比上司的批评更能抹杀一个人的雄心……我赞成鼓励别人工作。因此我急于称赞，而讨厌挑错。如果我喜欢什么的话，就是我诚于嘉许，宽于称道。我在世界各地见到许多大人物，还没有发现任何人——不论他多么伟大，地位多么崇高——不是在被赞许的情况下，比在被批评的情况下工作成绩更佳、更卖力气的。”

皮格马利翁效应被广泛地运用于教育、管理等各个领域，在实践中取得了显著的成果。

（二）作为评价者的教师

教师做出评价的方式对学生的态度、动机和行为表现有着重要影响。有些儿童在考试情境中极为焦虑，尤其容易受害的是高焦虑儿童，他们在学业技巧测验、课堂学习、言语问题解决能力方面常常表现欠佳，而这些方面对儿童在学校的进步又是至关重要的。事实上，这些儿童并不比那些低焦虑的同伴低能。研究表明，高焦虑学生的成绩不良很大程度上是由于动机和考试情境因素造成的，而不是由于学习能力不够，因为这种成绩不良在简单地调整一下考试条件后就消失了。但是，由于在通常环境中不太可能调整考试条件，因而指导学生如何对待考试的要求就显得很重要了。

(三) 作为纪律实施者的教师

教师不仅是一位评价者，而且花了相当一部分时间扮演一位纪律实施者。其重要手段之一是利用课堂中的操作性强化。

将操作性强化原则应用于课堂控制的研究取得了很大的成功。在某些情况下，教师们使用语言赞扬形式的社会性强化，即以系统一贯的方式赞赏适当的行为而忽视破坏性行为。另一种建立课堂控制的有效技术是将物质奖励或代券奖励与社会性强化联合使用。大量研究证明了在课堂中使用这种方法控制儿童取得了良好的效果。另外，每个孩子都可以积攒对他们的奖赏以便得到特殊的待遇，如参加晚会、去博物馆或动物园。对于调皮捣蛋者，班集体可能将他排除，使他在集体活动中找不到一个玩伴。

但是，代券奖赏并不是一贯必须的，事实上，在某些情况下，它们可能降低儿童对学校活动的兴趣。儿童原本具有内部兴趣的活动可能由于受到奖赏而失去其魅力。研究表明，代券奖赏应该在很有必要时才用到课堂上来，而不应作为一种日常惯例使用。也有许多课堂活动可能是没有什么吸引力的，在这些情况下，代券或外部奖赏常常能增加儿童对课堂活动的兴趣。但在选择以什么活动作为奖赏目标时应该特别小心。

四、课本和课外读物的影响

儿童读物起着重要的社会化作用。学龄早期逐渐出现的许多态度和文化价值观都是由这些儿童读物的内容和主题直接形成的。并且，这些读物对于形成儿童对待阅读活动本身的态度也起着重要作用。尤其是对于书籍的价值和阅读的快乐还没有什么体验的儿童，生动有趣、与他们密切相关的儿童读物对培养他们的读书兴趣是至关重要的。课本的问题主要在于课文内容如何贴近儿童的生活以引起他们的兴趣；而课外读物在图文创构、编排方式、印刷质量方面都需要大力改进。

第三节　同伴关系与个体发展

尽管儿童与父母的关系比同伴关系更密切、持久，同龄伙伴之间的交往却更自由、更平等。韦伯斯特新大学词典把同伴定义为“相互之间具有同等地位的人”，如果他们希望友好相处或实现共同目标，就必须学会理解彼此的观点，互相协商、妥协、合作。相比之下，儿童与父母之间的交往是不平衡的，父母比孩子拥有更多的权力，儿童必须遵从成人权威，处于从属地位。同伴之间的这种平等关系使儿童有可能从事一种新的人际探索，形成社交能力。同伴相互作用是儿童社会和认知能力发展中的重要因素。

一、同伴相互作用的发展趋势

早在生命的第一年，婴儿就能对同伴作出反应，第 6 个月的婴儿能相互触摸和观望，甚至以哭泣来对其他婴儿的哭泣作出反应。但是，这些反应并不是真正社会性的。直到第一年的下半年，真正的社会行为才开始出现。此时的婴儿经常对他们的小伙伴微笑、喋喋不休、说话、递玩具、打手势（Vandell & Mueller，1995）。然而，他们的许多表示友好的手势都没有受到注意和应答。在 6～12 个月之间，他们的行为变得更有意向性，对其他儿童的信号反应更多。12～18 个月的婴儿有了更加复杂的互动行为，对他人的行为能够做出更为适当的行为反应。下面是一个例子（Mueller & Lucas，1975）：

> 拉里坐在地板上，伯尼转身看着他。伯尼挥着手说“打”，仍然看着拉里。他对拉里说“打”至少重复了三次，直到拉里笑了。伯尼又说了一遍，拉里又笑了一次。这种相同的序列动作至少重复了 12 次，直到伯尼走开。

随着年龄的增长，儿童明显地更喜欢与同伴玩而不是与自己的母亲玩。在 2～12 岁之间，儿童与同伴在一起的时间越来越长，与成人的交往越来越少。图 12-2 描绘了这种发展趋势，并概括了埃利斯等对 436 个儿童在家和邻里社区玩耍的观察结果。

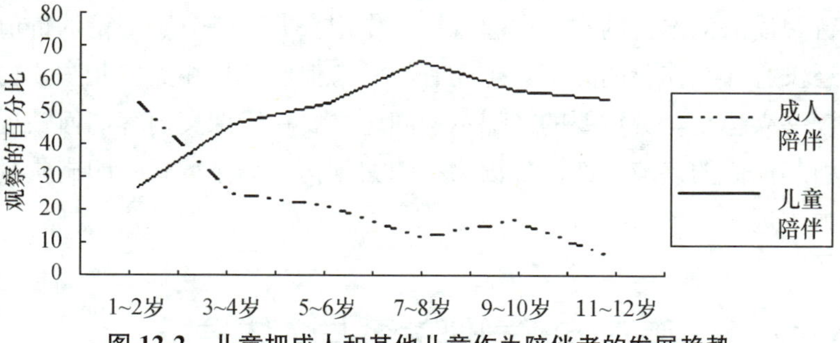

图 12-2　儿童把成人和其他儿童作为陪伴者的发展趋势

（资料来源：Ellis，Rogoff，& Cromer，1981）

游戏对儿童的发展有重要意义，特别是在学前时期。游戏对儿童的发展起着什么作用呢？首先，游戏有利于儿童的认知发展，使他们能探索环境，从接触物体中学得知识并解决问题。其次，游戏能促进儿童的社会性发展，特别是在想象型游戏中，通过扮演各种角色，儿童能够学会理解他人，并尝试体验长大后可能成为的角色。最后，游戏还有利于儿童的情绪发展，使儿童能解决一些情绪问题，在试验性的、没有恐惧的情境中学习对付焦虑和各种冲突。豪威斯和马西森（Howes & Matheson，1992）对一组1～2岁儿童的游戏活动以6个月的时间间隔做了为期3年的追踪研究。他们发现随着年龄增长，游戏的认知复杂性越来越高（表12-2按顺序描述了6类游戏）。而且，儿童游戏的认知复杂性和他们的同伴交往能力有显著关系：在间隔6个月的追踪中发现，不管在哪个年龄阶段，儿童的游戏越复杂，他们就越随和，且表现出更多的亲社会行为和较少的攻击、退缩行为。因此，儿童游戏（特别是假装游戏）的认知复杂性可以可靠地预测儿童以后与同伴的社交能力。

表12-2　婴儿期至学前期儿童游戏活动认知复杂性的变化

游戏类型	出现的年龄	描述
平行游戏	6～12个月	两个儿童玩相似的游戏，彼此都不关心
平行意识游戏	大约1岁	儿童在平行游戏中玩，偶尔互相看看或监控彼此的游戏
简单假装游戏	1～1.5岁	儿童在玩相似游戏的同时，也谈论、微笑、分享玩具、互动
互补和互惠游戏	1.5～2岁	儿童在玩追寻或躲猫猫这样的社会游戏中有行为角色的互补
合作假装社会游戏	2.5～3岁	儿童玩互补的假装角色游戏（例如，妈妈和婴儿），但是对角色的意义和游戏的形式没有任何计划和讨论
复杂假装社会游戏	3.5～4岁	儿童积极计划他们的假装游戏。他们对每一位扮演者的角色能够命名和明确解释，并提出游戏蓝本，当游戏中断时停下来修改蓝本

（资料来源：Howes & Matheson，1992）

在整个学前和小学时期，同伴之间的相互作用一直保持增长趋势。与成人在一起的时间逐渐减少而与同伴在一起的时间则逐渐增加。并且，儿童所选择的同伴对象也随着年龄而变化。随着年龄增长，儿童越来越多地以年龄相同的儿童为伴。在7岁以前，儿童对同性和异性伙伴的选择是同等的，但过了7岁以后，男孩和女孩各自对同性游戏伙伴的选择多于对异性伙伴的选择。当然，到青少年时期，异性之间的友谊又重新开始萌芽了。

我国学者对8000多名小学、中学和大学学生人际交往的研究（陈仙梅，1989）表明，在总体上，学生的课余时间、游乐、倾诉和乐趣分享的对象均将同伴放在首选的位置。从年龄特点来看，儿童在生活的各领域选择同伴作为交往对象的比例都随着年龄增大而呈递增趋势，而对父母、老师的选择则均呈递减趋势。一般来看，学生在生活各领域的人际交往选择上都存在性别差异，女生比男生更多选择母亲作为交往对象，而男生更多选择父亲。在老师与父母的比较上，城市与农村中学生的选择存在差异，大体上，农村中学生比城市中学生更多选择老师，城市中学生则更多选择父母。

二、同伴的作用

在现实生活中，同伴往往以不同于家庭的方式影响着儿童的发展。

（一）作为强化者的同伴

随着儿童的成长，同伴作为强化者和榜样的重要性越来越突出。在整个学前时期，儿童之间相互强化的频率越来越高。4岁儿童对同伴的赞扬、注意和分享比3岁儿童多。即使在托儿所，相互报偿作用也很常见，儿童倾向于强化那些曾给予他强化的同伴。同伴以注意和赞扬的形式提供的强化影响着同伴相互作用的行为模式。许多研究发现，训练儿童只注意同学的某些行为（如援助、合作）而忽视其他行为（如粗野、攻击），能够引起显著的行为变化。这是因为社会互动中儿童对他人的反应常常发挥着强化物的作用，矫正着他人的行为。同伴强化是影响儿童行为的有效途径。下面就是一个例子：

又到了吃点心前洗手的时间了。经过一段时间的强化教育，大多数孩子排队洗手的好习惯已经加强了。可今天多多特别兴奋，从进教室开始，就时不时地和小朋友说着话。这不，排队时，他心急火燎地推推谷威，还想插在昊宇和小宇的前面。正当我想对此现象进行教育时，只见这两位孩子拉开了多多，气呼呼地对他说："你不遵守规则！""你不对，插队不好！"只见多多霎时涨红了脸，低下了头，还偷偷地瞅了瞅站在门口的老师，最终乖乖地退到了最后，不再推推挤挤了。老师对昊宇和小宇两位小朋友微微笑了笑。两位孩子对自己的行为得到了肯定而感到开心。后来，老师在午餐前的洗手时观察了多多，只见他这次乖乖地学会了排队。

从多多前后两次洗手时不同的表现可以看出，其实同伴间帮助的影响是很大的，作用比老师的说教更大。

（二）作为榜样的同伴

儿童通过观察同伴榜样的行为，获得了大量关于环境的知识和在交往中不同的反应方式。这类榜样是大量的："瞧，伟伟的小手洗得多干净"、"看，明明把玩具放得多整齐"，如此等等，老师只要表扬了某个小朋友，立即就会有许多小朋友纷纷模仿这个小朋友的良好行为。

模仿的作用还不仅仅在于规则学习，由于大多数模仿都带有维持和增进社会交往的积极后果，模仿也是维持这类交往的重要途径。儿童还能通过模仿学到新的社会技能，因为他们倾向于模仿群体中的支配性人物，而这些人往往具有很好的社会技能。

有些榜样比其他榜样更易于受到儿童的模仿。儿童倾向于模仿同伴榜样中那些热情而又能给人以报偿的、有能力的、受到他人称赞的以及他们认为与自己相似的人。对儿童来说，成为榜样能够增强自我控制。并且，大多数学生喜欢受到别人的模仿（Hartup，1983）。

专栏

发挥同伴的榜样作用：一位幼儿教师的手记

今天的美术活动是画"跳绳"，我没有像平时一样把我的范画先拿出来，而是从隔壁班借来几幅幼儿的作品，让幼儿欣赏，请幼儿说说喜欢哪幅作品。"我喜欢第二幅画，因为那个小朋友跳绳的姿势美。""我喜欢第三幅画，因为画了好几个小朋友在跳绳。"

在总结幼儿回答的基础上，我说："何老师认为，第一幅画色彩美，但只画了一个小朋友，第二幅画小朋友跳绳的姿势很美，而且画了几个小朋友，你们比较一下，第二幅和第三幅有什么不同？"

观察力强的瑞瑞说："第二幅画上的几个小朋友在一条线上，只有平面感，没有立体感，第三幅画上的几个小朋友在不同的点上，有立体感。"我马上表扬了瑞瑞，强调画画时要画出前后关系。

接着我让幼儿欣赏了范画，并进行了示范，强调了要点等。

在幼儿作画的过程中，我没有急于让幼儿都动手，而是让几个画画能力弱的幼儿不要马上动手，让他们先看看旁边的幼儿是怎样构图的。观察了一会儿，他们知道了怎样着手去画，结果他们都能画出跳绳的幼儿，而且效果很好。

今天幼儿的作品整体效果很好，我想，在教学中，教师只要肯动脑筋，多想出一些方法，往往会取得意想不到的效果。

（三）同伴与社会比较

随着年龄的增长，儿童在同伴群体中度过的时间越来越多，因为那里充满乐趣，在那里儿童能找到内心更为接近的人，他们有着类似的问题、兴趣和能力，并能在一种比家里更为民主的气氛中进行交往。"你的朋友不会教你总要洗手，要打扫房间，要向小弟弟道歉"等，这是孩子的真心话。

青春早期的儿童与同伴交往的时间更多，这个时期的同伴小团体通常是由具有相似价值观和活动兴趣的4～8个同性别儿童组成；到青春中期时，男孩小团体和女孩小团体交往较多，最终形成异性小团体。一旦形成，他们就有了区别于其他小团体的服饰、语言和行为，这些有助于他们树立很强的群体认同感。具有相似规范和价值观的几个小团体常常结合成更大、更松散的组织，这就是群伙。小团体和群伙不仅允许青少年表达他们的价值观，使他们在离开家庭后开始塑造同一性时尝试各种新角色，而且为后来建立恋爱关系铺平了道路(Connolly，Furman，& Konarshi，2000)。随着男孩和女孩小团体的互动，性别分离也被打破。同性别团体提供了探索与异性交往的安全基础；当其朋友在旁边时，他们与女孩子交谈远比一个人单独与异性交谈感到轻松。当异性小团体和群伙形成时，青少年有更多机会在一般的社会情境中了解异性，而不必形成亲密的关系。最终，亲密的异性友谊关系和恋爱关系形成了，经常出现两对以上情侣在一起约会的情境。从这一点来看，群伙常常在实现了帮助青少年建立社会认同，使男孩和女孩在一起的目的之后便开始分离。

儿童进行比较时是以同伴群体作为对象的。儿童以与同伴群体的比较作为自我评价的途径在小学早期有显著的增长。儿童的自我形象和自我接受与他被同伴接受的程度密切相关。可见，同伴群体作为儿童进行社会比较的参照系，对儿童自我意识的发展起着重要作用。

三、朋友与友谊

随着年龄的增长，朋友和友谊对儿童个性、社会性的发展发挥着日益重要的影响作用。

（一）对朋友的期望

儿童对友谊有自己特殊的看法。研究发现，儿童对朋友的期望大致经过三个发展阶段：(1)报偿阶段：这一阶段大约出现在二年级或三年级，其特点是类似的期望、共同的活动以及邻近性；(2)规范阶段：约为四、五年级，出现了对于活动规则类似的价值观和态度；(3)亲密阶段：这一阶段开始于六、七年级，出现了自我开放、相互理解和分享的兴趣。这种关系就是所谓“知心朋友”，它代表儿童发展中一种特殊的亲密关系。

（二）同伴交往的发展

虽然儿童对同伴的意识和趋向出现很早，但与同伴实质性的交往可以说是从幼儿园开始的。幼儿园大班幼儿同伴交往的内容丰富，他们乐于交往，从交往中得到极大满足，与他人交往被拒绝或失败会表现出极大的不安和不快。同伴之间以友好交往为主，交往时间每次仅1～2分钟，以两个人之间的交往为主，经常变换对象（郑健成，1990）。

整个小学期间，儿童同伴交往的合群性呈渐进性稳定发展（佟月华，1990），在发展速度上可能存在性别差异，小学三年级为转折点：从幼儿初期到三年级女孩合群性发展快于男孩，从三年级到五年级男生合群性发展快于女生。李伯黍研究了幼儿到小学高年级儿童双向友谊发展的特点，发现8岁以前儿童的友谊关系带有暂时性，8岁以后的友谊关系就进入稳定的阶段。

（三）朋友关系的形成

与陌生人相比，朋友之间的沟通更为明确，自我开放更多，有更为积极的互动作用，并且能更有效地解决冲突。另外，相处很好、容易成为朋友的不相识儿童在这些方面表现也更好。由此可见，这些过程对友谊的形成是极为重要的。

儿童交往的中心目标随年龄而发生变化。第一阶段为3～7岁，这时年幼儿童同伴相互作用的目标是游戏，儿童是为了游戏而互动。第二阶段为8～12岁，目标转化为儿童关心自己是否受到同性伙伴的接受。儿童关心群体的规范，他们注意观察哪些行为导致接受和容忍，哪些行为导致排斥和反对。童年中期最突出的交往过程是“消极闲谈”，即与某人分享关于另一个儿童的消极的谈话。第三阶段为13～17岁，重点转化为对自我的理解。突出的交往过程是自我开放，同时也很强调问题解决和坦诚正直。

（四）影响同伴接纳的因素

影响儿童同伴接纳程度的因素是多种多样的，既有个人因素，也有环境因素。就儿童个人因素而言，主要包括以下几个方面：

（1）姓名。儿童对不常见的或陌生的名字倾向于做出消极反应。小刚、铁柱这样一些动听的名字总比阿猫、阿狗这些小名更能给人留下好印象。

（2）外表。身体外表的吸引力在儿童和成人的交往反应和评价中起着重要作用。3～5岁的儿童就能区分漂亮的和不漂亮的孩子，并且他们对身体特点的判断基础与成人相同。不同身体类型的儿童受到同伴不同的对待。儿童评价灵活、强健的同学比评价过胖或过瘦的同学更积极，且更多地选他们做朋友。成人和儿童对外表漂亮的儿童赋予的理想特征多于不漂亮儿童，攻击性、反社会行为和吝啬等特征更多地被看作是不漂亮儿童的特征，而独立性、勇敢、友好、慷慨、自主等行为则更多地被归于漂亮儿童。一般儿童更喜欢漂亮伙伴，认为不漂亮者不容易接近。另外，漂亮对于女孩比对于男孩的受接纳性更为重要。漂亮与受欢迎程度的相关在女孩中大大高于男孩。同伴和成人对体型和面孔不漂亮的儿童所抱的消极期望可能促使这些特点在这些儿童身上出现。

（3）年龄。儿童倾向于选择与自己同一年龄的儿童做朋友。年幼儿童群体大多是由同龄儿童组成的，但在许多文化中，尤其是那些年长儿童对年幼儿童负有责任的文化中，由不同年龄组成的游戏群体则更为常见。社交上处于孤立地位或适应不良的儿童，在比他年幼的儿童那里可能获得帮助和学习社会技能的机会。有情绪和社会性问题的儿童可能被同龄同伴群体所排斥，但在年幼儿童中却更容易被接受。因此，与年幼同伴的相互交往实际上可能有一种治疗作用。

（4）性别。在学前时期，同性别伙伴就更喜欢在一起玩，这种倾向在整个小学阶段都在增长。直到青春期开始出现男女单独约会时，这一模式才发生变化。

（5）教养方式。温暖、敏感、权威型的父母，主要是讲道理而不是运用权力来指导或控制儿童的行为，其孩子往往受成人和同伴喜欢。相比之下，高度专制或放任的父母，主要依靠武断的权力作为控制策略，其孩子往往不合作，攻击性较强，不受同伴喜欢。

（6）气质特点。儿童气质的某些方面也与其社会地位相关。例如，经常烦躁、冲动的困难型儿童有不和谐的同伴交往，会引起同伴拒绝。除此之外，行为抑制或冷淡、比较消极的儿童也易于被同伴忽视或拒绝（至少在西方社会是这样）。

（7）认知技能。受欢迎儿童往往有很好的角色采择技能。受欢迎、一般和被忽视儿童也往往在学业和智力测验中成绩优于被拒绝儿童（Wentzel & Asher，1995）。

（8）社会技能。社会技能是个人适当而有效地进行社会交往的行为方式。许多研究发现不同社会地位的儿童有着不同的社交行为，即有着不同的社交技能水平和结构（Coie，Dodge，& Copptelli，1982）。一般将儿童在同伴团体中的地位分为五种：受欢迎型、普通型、被拒绝型、被忽视型和矛盾型。每一种社会地位都与特定的社会行为相联系。社会技能对于儿童的同伴接纳起着重要作用。儿童发动交往、维持交往和解决交往冲突的技能直接影响他在同伴中的地位。通过社交技能训练能帮助儿童改善其同伴关系。

专栏

儿童社交地位的评定

儿童在同伴团体中的地位是采用自我报告的社会测量得到的。

在社会测量技术中，研究者要求儿童提名他们最喜欢或最不喜欢的几个同伴；或者要求他们对班级中的每位同学根据将其愿意作为社交同伴的程度进行评定（Terry & Coie，1991）。

儿童社交地位大致可区分为以下几种类型：受欢迎儿童，同伴群体中大多数成员喜欢而极少数成员不喜欢的儿童；普通型儿童，被同伴群体成员提名为喜欢或不喜欢的数量都一般的儿童；被拒绝儿童，大多数儿童不喜欢而极少数儿童喜欢的儿童；被忽视儿童，被同伴群体成员提名为喜欢或不喜欢的数量都很少的儿童；矛盾型儿童，被同伴群体成员提名为喜欢或不喜欢的数量都很多的儿童（Coie，Dodge，& Coppotelli，1982）。

对学前儿童、小学和中学生（青少年早期）的几项研究都报告了相当一致的结果：认为受欢迎儿童相对来说是安静、随和、友好的，是能成功发起和维持交往，友好解决冲突的支持性同伴（Denham，Mckinley，Couchoud，et al.，1990）。相比之下，被忽视儿童往往害羞或退缩，他们不善言谈，比普通型儿童较少尝试进入同伴群体，也很少让别人注意到自己（Coie，Dodge，& Kuperschmidt，1990）。然而，这些被忽视儿童不比普通型儿童社会技能差；他们对自己的这种社会关系不会感到孤独或不满（Cassidy & Asher，1992）。由此看来，儿童的退缩行为更多来自自己的社会焦虑和他们认为自己的社会技能很差的信念，而不是来自同伴群体的实际拒绝和排斥（Cassidy & Asher，1992）。

被拒绝儿童至少可分为两类：被拒绝—攻击儿童和被拒绝—退缩儿童。被拒绝—攻击儿童经常利用武力挑衅方式或者其资源优势来支配别人。这类儿童显然高估了他们的社会地位，常常认为自己和大多数儿童一样，甚至比他们更受欢迎（Zakrisiki & Cooie，1996）。相反，被拒绝—退缩儿童一般很害羞，他们有许多不寻常、不成熟的行为，对同伴群体的期望不敏感，对任何批评都表现出敌意和攻击。与被拒绝一攻击儿童不同的是，他们能够很好地意识到自己不受别人喜欢，当遭到同伴拒绝时，他们最终退缩（Hymel Bowker，& Woody，1993）。被拒绝—退缩儿童感到很孤独，自尊感可能很低，并有抑郁及其他一些心理障碍（Hymel，Bowker，& Woody，1993）。由于他们行为异常，对批评高度敏感和缺乏亲密的朋友关系，他们常常是被欺负的对象（Ladd & Burgess，1999）。

总之，同伴受欢迎性受许多因素的影响。虽然宜人的气质、有吸引力的脸庞、好的学业成绩是重要的影响因素，但是较高的认知技能和社会能力才是更为重要的。

第四节　电视、计算机与个体发展

随着现代科学技术的发展及其在日常生活、教育教学中的广泛运用，电视、计算机等媒体的影响日益增强，成为影响人类特别是儿童青少年心理发展的非常重要的因素。

一、电视与个体发展

电视对发展中的儿童产生的影响是多方面的。电视被看做是环境的组织者，它通过改变家庭成员之间社会交往的模式而影响儿童的发展。

3～11 岁期间的美国儿童每天花费 3～4 小时收看电视节目。看电视的时间在 12 岁以前逐渐上升，然后开始下降。澳大利亚、加拿大和一些欧洲国家的儿童看电视的习惯也与此相似。儿童成长到 18 岁为止，除睡眠之外，看电视的时间比花在其他任何活动上的时间都多（Merienne，Liebert，& Strzelecki，1982）。人们普遍以为，儿童绝大多数收看的是儿童节目。但美国的研究表明，实际上七八岁儿童至少有一半的时间是在看成人节目。电视节目最能吸引儿童注意的是一些迅速连贯的动作、特殊效果、喧闹声，以及场景和出场人数迅速变化的片断。许多暴力节目恰好具备了这些吸引注意的特征。尽管 2～11 岁儿童喜欢喜剧情节超过暴力节目，实际上他们仍然观看了大量暴力节目。

电视在家庭中的出现对父母、孩子和家庭生活的结构都产生了显著的影响。调查发现，大多数家庭在购置了电视机以后改变了睡眠习惯和就餐时间。电视机的出现还减少了父母和孩子一起游戏和外出的时间，绝大部分父母或多或少用电视作为“婴儿看护人”（开着电视吸引孩子坐着不动）。尽管看电视时父母和孩子长时间坐在一起，但这对孩子并没有什么意义，因为父母常常要求孩子不要乱动乱说。布朗芬布伦纳（Bronfenbrenner，1970）曾指出：“电视的主要危险……不在于它所产生的行为——尽管那也有危险——而在于它所阻止的行为：交谈、游戏、家庭聚会和争论，正是在这些活动中，儿童学到大量知识而形成自己的性格。打开电视机的同时也阻断了儿童转变为成人的过程。”

至于电视节目的内容对儿童发展的影响，则是另一个引起激烈争论的问题。儿童看到的是暴力、广告还是精心设计的教育节目显然影响儿童的认识和行为。电视节目对儿童的攻击性、性别角色、学习成绩、同伴关系和认知发展都发生显著的影响。其正面和负面影响均有典型事例。其中，最有名的当推美国儿童电视教育片《芝麻街》。全美 3～5 岁儿童有 85%看过这个节目，并在全世界近 70 个国家播出，对于改善幼儿认知能力起到了很好的作用。

不管成人是否愿意，电视实际上已经成为儿童社会化过程的一个重要影响源。我们所面临的问题可以说不再是让不让儿童看电视，而是改变和组织儿童所看的电视节目内容的问题，使电视发挥更好的社会化作用；指导和安排儿童看电视的活动，使其有利于儿童身心的全面发展。

二、计算机、互联网与个体发展

对儿童来说，游戏是计算机的主要功能。儿童对计算机感兴趣，是因为当他（她）触摸一个键时，屏幕上会有相应的变化。他（她）喜欢自己操纵的这种变化。当然这种变化是他们可以理解和欣赏的。

案例分析

计算机为孩子带来了什么

一位父亲问，他是否应该为孩子买一台计算机。这位父亲 30 岁，他有一个 4 岁的男孩，非常喜欢看电视动画片、“环球 45 分钟”、“军事天地”、“人与自然”和“动物世界”。孩子看电视非常入迷，常常饭都不吃，还特别爱提问题，许多问题大人也无法解答。孩子喜欢读《少年科学画报》和《奥秘》画刊，因为里面有关于飞碟、彗星撞击木星的内容。家长认为孩子很聪明，希望他能学计算机，想要了解怎样利用计算机对孩子进行入门教育？怎样使孩子对计算机感兴趣，并逐步学习计算机知识？显然，我们应该首先了解计算机能为你的孩子做什么。

实际上，计算机可以为儿童做很多事情。除了平时的娱乐功能之外，还有学习功能。儿童可以借计算机提高学习效率，增强学习能力。多样化和个性化的学习形式还可以激发儿童的学习兴趣。

（一）计算机与儿童有关的功能

计算机的功能主要包括以下几个方面：（1）玩电脑游戏。与电视、电影等娱乐形式不同，电脑游戏具有直接参与性，即儿童可以参与游戏之中，并操纵故事的变化、发展和结局，或者说，一个故事的结局取决于儿童的兴趣或某些方面的能力，因此，它特别吸引儿童。（2）绘图。利用绘图软件，儿童可创造出各种图画。（3）阅读电子出版物。例如，翻阅各种儿童故事书或漫画书。（4）看电影或动画片。（5）听音乐、歌谣等。（6）打字写作。目前，有些小学低年级同学开始用计算机练习打字，并参加一些打字的竞赛。中、高年级学生开始学习文件处理。（7）学习学科知识，儿童可以依靠计算机学习学科知识。

当然，这需要有大量的教育软件来支撑。目前，教育系统已经研制了一些软件，比如小学数学学习软件，中学英语学习软件等。只要把软件装入自己的计算机，就可以按照计算机的提示来学习。(8) 学习计算机知识，即学习编制计算机软件。(9) 上网：接入互联网实现浏览、查询、发布、交流等功能。博客、社交网站、个人网络空间、移动网络交流都是很受欢迎的形式。

(二) 计算机对儿童的积极影响

除电视以外，电脑几乎是儿童接触最多的一种媒体。儿童通常使用电脑来玩游戏、看电影、听音乐和上网。

在电脑普及以前，儿童主要通过游戏机来接触视频游戏。随着电脑的普及，越来越多的儿童用电脑玩视频游戏。很多家长把视频游戏视为洪水猛兽，视频游戏的确会对儿童有消极的影响，但也会对儿童有积极的影响。

很多研究发现，玩电脑游戏可以增强儿童的空间操作能力。Pohl 等人（Quaiser-Pohl，Geiser，& Lehmann，2006）的研究发现，玩电脑游戏的儿童在心理旋转测试（mental-rotation test，简称 MRT）中的得分高于不玩视频游戏的儿童，但这种差异只体现在男孩中。是否玩视频游戏对女孩的心理旋转测试得分没有影响。研究也发现，那些心理旋转能力很差的儿童在玩电脑游戏以后心理旋转的能力会加强。因此，在未来的教育中，老师可以尝试通过电脑游戏的方式来加强儿童的心理操作能力。

使用电脑游戏教学还可以提高学生的学习动机和兴趣。研究者（Tüzün，Yilmaz-Soylu，KaraKus，et al.，2009）设计了三维教育游戏来进行地理教学，发现那些在游戏情景中的儿童地理学习的内部动机很高，而外部动机很低。游戏情景中的儿童也对地理学习有更多的兴趣。而且在游戏情景中，他们并不在乎是否获得好的成绩。研究者还发现，与纸笔测验相比，电脑游戏能提高儿童数学学习的动机，但是不能马上提高学生的数学成绩（Ke，2008）。一直以来，应试教育受到了很多抨击，而学生的学习动机不足也是中国教育的一大问题。国外的研究提示我们，也许可以通过电脑游戏的方式提高学生的学习动机和兴趣。

除了可以加强儿童的心理操作能力和提高学习兴趣，电脑游戏还可以提高他们在句子逻辑结构测验中的成绩（Ouston，Wideman，Ronda，et al.，2009）。对于受噩梦困扰的儿童来说，电脑游戏也许可以帮助他们。Gackenbach 等人（2008）的研究发现，那些经常玩暴力游戏的儿童的梦中有更少的威胁性的刺激。按照梦的进化理论，个体需要在梦中演练真实世界的各种威胁。但是，如果个体在暴力游戏中经常经历那些场景，那些威胁性的场景就不会频繁地出现于梦中。

（三）计算机和互联网对儿童的消极影响

儿童单独长时间与电脑相处，对他们的思维和感情生活将会产生不良的影响。由于人的脑细胞适应能力特别强，人对自己所在的环境很快就会形成一种心理状态，心理学家从这一原理出发，研究电脑对心理健康的影响，发现以下几个问题：（1）儿童长时间与电脑打交道，他们所形成的基本思维与电脑的“符号式思维”相同，即零碎的符号式机器思维将代替人的逻辑思维，影响个人的经验、词汇和语言能力。（2）儿童过早长时间与电脑相处，会在感情上对电脑的信息世界产生一种眷恋之情。其实电脑并不能解决一切问题，过分依赖电脑和过分依赖家长一样，都不利于孩子独立生活能力的形成。（3）人的道德观念和处世准则，是通过人与人的相处和交流形成的，电脑不能告诉儿童什么可以做，什么不可以做。不善于与人交流而只会与机器相处的青少年，不仅在人际关系上有缺陷，而且不利于良好道德观念的形成。（4）电脑正在成为人的记忆替代物，儿童习惯使用机器来代替活的记忆，会导致人成为智能机器。（5）互联网上的色情内容对儿童的毒害尤为严重，许多青少年犯罪而不知罪的现象，也说明他们的正常人际交流存在缺陷。

关于电脑对儿童发展的影响亦存在两方面的声音，电脑对儿童的是非利弊，其关键在于儿童是否能正确利用。

1. 使用电脑对儿童发展的影响

有关专家提醒，孩子长时间与电脑打交道，计算机的符号式思维将主导其基本思维方式，零碎的符号式机器思维会代替人的逻辑思维能力，孩子的创造力、想象力和注意力将很难得到锻炼。孩子迷恋电脑，对其认知和感情发展也会产生不良的心理影响。

（1）减弱孩子的想象力、创造力。教育专家认为，目前为孩子所制作的教育软件大多属于死记硬背式的学习模式。一些软件“拒绝”学生们考虑它们提供的答案范围以外的抉择，致使学生们的想象变得狭隘、刻板，失去了创造力。1992 年，美国东南密苏里大学以 4 岁和 5 岁的儿童为对象，进行了为期 9 个月的研究，结果发现只接受死记硬背式电脑软件学习的儿童（例如在阅读方面），创造力降低了 50%。

（2）破坏书写、拼字和阅读能力。孩子亲笔写字母有助于其记忆字母拼法，使他们对字母与字母之间所建立起来的联系有更深的体会，也从中明白了字义。而在键盘上打字的孩子不必精通字母拼法，因为电脑会代替他们纠正错误，这样，电脑就蚕食了孩子学习的机会。如果让机器代替孩子思考，就等于在扼杀下一代的智慧。

（3）削弱语言和识字技能。终日跟电脑为伍的孩子大多无法跟别人面对面沟通，或从丰富的肢体语言和表情中看懂人情世故。缺少沟通的机会，不能更好地以文字语言表达自己，亦不能完全明白所读的东西，甚至连了解自己都有问题。

（4）分散孩子的注意力。孩子必须学会专注才能在学业方面有所成就，专注能提高孩子的记忆力和听读能力，电脑软件里的各类设计，再加上跟互联网之间无止境的纠缠，孩子们已经很难静下心来专注于一件事了。

2. 电脑游戏对儿童的影响

关于电脑游戏的利弊得失，在国外已经激烈争论了 20 余年，至今仍莫衷一是。在国内，围绕电脑游戏的争论也渐渐热闹起来。有人指出电脑游戏成瘾影响青少年的健康和学业，甚至可能诱发违法犯罪行为，于是将电脑游戏形容为“电子海洛因”；也有人认为，电脑游戏并没有那么狰狞可怕，学校和家庭没有必要彻底禁止电脑游戏，关键是对电脑游戏加以正确的引导。

有的学者指出，儿童被网络游戏吸引，沉湎于电脑屏幕打斗画面中，认为这才够刺激好玩，因而不愿和小伙伴们玩耍，不愿和父母在一起交谈，不愿与外界接触，讨厌上学。整天和电脑混在一起，迷恋于屏幕画面，在网上想入非非，思绪像脱缰的野马，独来独往，百无禁忌，纵横驰骋，俨然是个不可一世的英雄。一旦离开电脑，回到现实生活中来，会有失落的感觉。

在日本，近年来有很多关于儿童大脑发育和玩电脑（电子）游戏关系的讨论。日本大学医学院森昭雄教授发现，常玩电脑游戏的人，缺乏表情且自我克制能力差，大脑额叶的 β 波类似痴呆症患者。

森昭雄教授还提出了“电游（玩）大脑”这样一个名词。依据森昭雄教授的说法，人类大脑的额叶部位主司创造性、感情、意志力和思考能力，可以说是人类有别于其他动物的核心部位。如果额叶的功能减退，孩子会变得注意力涣散、无精打采、判断能力降低，对人对事冲动甚至产生暴力倾向。依照森昭雄教授做的脑电图测验结果，人类在热衷电子游戏的时候，额叶的 β 波活动量会突然降低。森昭雄教授的统计数据还显示，由幼儿园或小学低年级开始，每天玩电子游戏 1～2 小时直到上大学，β 波大量减少甚至消失，与老年痴呆症患者的脑波状态相似。这种人的特征是缺乏表情，对周围人、事漠不关心，常自行其是或欠缺羞耻感，譬如在公共场所当众喧嚷或做不恰当动作等。这类

“电游（玩）大脑”型的人因为自我克制能力减退，所以容易诉诸暴力；又因长期陷入虚幻世界，认识现实的能力降低，无法判断自己行为的后果。

专栏

对父母的提示

父母们千万不要误认为不能让孩子学电脑，阻止孩子去上网。问题的关键是要给孩子正确的引导，首先要注意培养和塑造孩子的自我健康人格，让孩子认识到电脑再先进也是为人类服务的，只能做电脑的主宰，而不能成为电脑的俘虏、被电脑所禁闭。和电脑再亲热，也不能代替人与人之间的亲密感情、人际交往和交流。在孩子学电脑用电脑之时，不可让孩子整天厮守电脑，钻进去成为“网虫”。特别要警惕孩子以电脑为媒介玩电子游戏机、看黄色录像、暴力色情片等，以免误入歧途。

要将孩子学用电脑与学习有机地结合起来，平时多让孩子和小朋友玩耍，单独去购买东西，或去完成某一项任务，从接触社会中引导和帮助他们学会社交，从人际交往中学习各种技巧，培养和训练孩子与他人合作的亲社会心理。通过与自然和社会的接触，可使孩子去品味人生的酸甜苦辣，完善自我，养成敢于面对现实、承受挫折失败、谦虚谨慎、勇于进取的性格。父母应时常和孩子交流思想，互相学习鼓励，使孩子从学用电脑中获得有益的科学文化知识，避免成为孤独的“电脑人”。

除了尽量让孩子不要长时间沉迷于电脑游戏外，父母要给予孩子充满亲情的家庭环境，并经常带孩子亲近大自然，充分培育孩子的视、听、味、嗅觉和动作能力；多安排亲子共读的时间，为孩子朗诵童话、神话故事，以培养孩子的灵性，让孩子的大脑得到充分的滋养。

（1）如果父母打算为孩子购置电脑，把电脑放在你注意力可及之处或显眼处，不要把电脑放进孩子房间，除非他已有足够的自制力和责任感。

（2）如果你发现孩子已经为电脑牺牲掉日常社交活动，出现睡眠不足、精神颓废症状，或过分沉迷其中，以至荒废学业，则必须果断采取行动。

（3）如果你要购买软件，请选择那些能让孩子成为主导者而不是被动者的类型，避免购买那些刻板、重复或只有单一模式答案的软件，也避免购买那些美其名曰“教育娱乐并重”（edutainment），但内容却充满电子游戏色彩的软件。

（4）确保你的孩子每间隔 20 分钟离开电脑休息一会。面对电脑的时间以不超过 45 分钟为宜。不管在家或在学校，儿童面对电脑的总时间以每天不超过 4 小时为宜。

综上所述，家庭、学校、同伴与电视、计算机等共同构成个体发展的生态系统。其中每种环境都是这个生态系统的子系统，个体实际上也是这个大的生态系统的一部分。各个子系统之间不是相互孤立，而是相互联系、相互影响的，它们发挥着综合的影响作用。

本章小结

家庭是儿童社会化过程中最有影响力的动因，父母行为与儿童行为相互影响。父母不应过分依赖强权而贬低儿童，而应在必要时使用最小的压力促使儿童服从，并且鼓励儿童将这种服从看作是自己选择的。在生活早期，父母是最重要的榜样。儿童向父母模仿的特征包括一般态度和观念，也包括很特殊的嗜好和行为。这种由模仿所致的类似性在不同情境都会影响儿童行为的基本认知和社会性类型。

亲子关系对儿童发生作用的心理机制可以从三个方面分析：态度改变、模仿、认同作用。态度改变是指父母直接向孩子传授行为规范，并采用种种方法改变儿童的态度，使其接受这些行为规范的过程；对父母行为的模仿是儿童社会化的首要途径。儿童直接观察别人的行为，获得并仿造出新的行为；认同作用是指个体认为自己与另一个人相似，并且感到以那个人的方式行动能给自己带来满足，是对相似性的一种信念和增加这种相似性的意向，而不只是单独的模仿。

父母与孩子的情感联系对儿童的发展是非常重要的。首先，父母与孩子的感情联系制约着孩子对父母的反应。其次，热情的父母经常使用的说理和解释使儿童能将社会规范内化。第三，父母的热情和关心常常与他们对儿童需要的积极反应相联系。

父母婚姻关系的质量对儿童的发展有着重要影响。离异家庭儿童在学业情况、认知发展、同伴关系、情绪控制及心理行为上的问题都要远远多于非离异家庭的儿童。

幼儿园和学校自成体系但同时也是一个社会单元。所以幼儿园和学校对儿童发展的影响，除了受自身因素的影响外，也受到更广泛的社会因素的制约。

学校的组织结构对儿童发展有重要影响，这些因素包括：学校规模、学制、教室的空间和课堂组织与结构等。

教师的特定行为反应会对儿童发展造成影响，“罗森塔尔效应”是一个很值得教师关注的现象，教师应注意给予学生恰当的评价，并将操作性强化原则运用于学生行为的培养与形成中。

游戏对儿童发展起着重要的作用：首先，游戏有利于儿童的认知发展，使他们能探索环境，从接触物体中学得知识并解决问题。其次，游戏能促进儿童的社会性发展，特别是在想象型游戏中，通过扮演各种角色，儿童能够学会理解他人，并尝试体验长大后可能成为的角色。最后，游戏还有利于儿童的情绪发展，使儿童能解决一些情绪问题，在试验性的、没有恐惧的情境中学习对付焦虑和各种冲突。

同伴以其不同于家庭的方式影响儿童的发展：同伴是强化者，同伴是榜样，同伴提供了社会比较的参照物。

儿童对友谊的认识依次经历亲密阶段、规范阶段和报偿阶段这样三个不同阶段。同伴实质性的交往从幼儿园开始，整个小学期间，儿童同伴交往的合群性呈渐进式稳定发展。儿童交往的中心目标呈现以下变化趋势：第一阶段为3～7岁，这时年幼儿童同伴相互作用的目标是游戏；第二阶段为8～12岁，目标转化为儿童关心自己是否受到同性伙伴的接受；第三阶段为13～17岁，重点转化为对自我的理解。

姓名、外表、年龄、性别、教养方式、气质特点、认知技能、社会技能等因素会影响儿童的同伴接纳水平。

电视通过改变家庭成员之间社会交往的模式而影响儿童的发展。电视已经成为儿童社会化过程的一个重要影响源。我们要做的不是不再让儿童看电视，而是改变和组织儿童所看的电视节目内容，使电视发挥更好的社会化作用，使其有利于儿童身心的全面发展。

计算机对儿童发展的影响利弊兼具，如何恰当地利用计算机，使家长与儿童成为计算机的主宰，而不是被计算机所奴役，是我们面临的重要问题。上述各种因素发挥着综合的影响作用，共同构成个体发展的生态系统。

本章注释

[1]陈会昌、张东、张慕蕴等:《离异家庭子女的社会性发展特点》,载《心理发展与教育》1990年第3期,第173～177页。

[2]陈仙梅:《学生人际交往选择心理的发展特点与教育》,载《心理科学》1989年第4期,第31～36页。

[3]范丽恒、赵文德、牛晶晶:《农村留守儿童心理依恋特点》,载《河南大学学报》(社会科学版)2009年49卷第6期,第131～136页。

[4]高月梅、张泓、施燕等:《4～6岁离异家庭儿童心理特点研究》,载《心理科学》1990年第3期,第54～56页。

[5]黄育馥、E·齐格勒等:《社会化与个性发展》,载《读书》1986年第4期,第144～145页。

[6]罗清旭、邓芝兰:《父母离异的中学生心理健康问题调查》,载《心理科学》1989年第2期,第45～47页。

[7]佟月华:《小学儿童合群性初步研究》,载《心理科学》1990年第6期,第48～50页。

[8]王东宇、王丽芬:《影响中学留守孩心理健康的家庭因素研究》,载《心理科学》2005年28卷第2期,第477～479页。

[9]张履祥、钱含芳:《独生子女非智力人格因素特点的研究》,载《心理发展与教育》1991年第4期,第50～52页。

[10]郑健成:《大班幼儿在园内生活中的社会交往研究》,载《心理科学》1990年第2期,第50～57页。

[11]周宗奎、孙晓军、刘亚、周东明:《农村留守儿童心理发展与教育问题》,载《北京师范大学学报》(社会科学版)2005年第1期,第71～79页。

[12]Asher, Coie J. D. (1990). Peer rejection in childhood. New York: Cambridge. 17-59.

[13]Barker, R. G. (1968). Ecological Psychology: Concept and Methods for Studying the Environment of Human Behavior. California: Stanford University Press.

[14]Barker, R. & Gump, P. (1964). Big school, small school. Palo Alto, CA: Stanford University Press.

[15]Baumrind, D. (1967). Child care practices anteceding three patterns of preschool behavior. Genetic Psychology Monographs, 75, 43-88.

[16]Bronfenbrenner, U. (1970). Reaction to social pressure from adults versus peers among Soviet day school and boarding school pupils in the perspective of an American sample. Journal of Personality and Social Psychology, 15(3), 179-189.

[17]Cassidy, J. & Asher, S. (1992). Loneliness and peer relations in young children. Child Development, 63, 350-365.

[18]Coie, J. D., Dodge, K. A., & Coppotelli, H. (1982). Dimensions and types of social status: A cross-age perspective. Developmental Psychology, 18, 557-570.

[19]Denham, S. A., McKinley, M., Couchoud, E. A., & Holt, R. (1990). Emotional and behavioral redictors of peer status in young preschoolers. Child Development, 61, 1145-1152.

[20]Dunn, J. (1983). Sibling relationships in early childhood. Child Development, 54(4), 787-811.

[21]Egeland, B. & Sroufe, L. A. (1981). Attachment and early

maltreatment. Child Development, 52(1), 44-52.

[22]Emery, R. E. (1982). Interparental conflict and the children of discord and divorce. Psychological Bulletin, 92, 310-330.

[23]Falbo, T. & Polit, D. F. (1986). A quantitative review of the only child literature: Research evidence and theory development. Psychological Bulletin, 100, 176-89.

[24]Gackenbach, J. & Kuruvilla, B. (2008). The Relationship Between Video Game Play and Threat Simulation Dreams. Dreaming, 18(4), 236-256.

[25]Hartup, W. W. (1983). Peer relations. In P. H. Mussen (Series Ed.), E. M. Hetherington (Vol. Ed.), Handbook of Child Psychology, Vol. 4. Socialization, Personality, and Social Development. New York: Wiley, 103-196.

[26] Howes & Matheson (1992). Contextual constraints on the concordance of mother-child and teacher-child relationships. In: R. C. Pianta, Editor, Relationships between children and non-parental adults: New directions in child development, Jossey-Bass, San Francisco, 100-200.

[27]Hymel,S., Bowker, A., & Woody, E. (1993). Aggressive versus withdrawal unpopular children: Variations in peer and self-perceptions in multiple domains. Child Development, 64, 879-896.

[28]Kagan, J. (1958). The concept of identification. Psychological Review, 65(5), 296-305.

[29]Ke, F. (2008). A case study of computer gaming for math: Engaged learning from gameplay? Computers & Education, 51(4), 1609-1620.

[30]Ladd, G. W. & Burgess, K. B. (1999). Charting the relationship trajectories of aggressive, withdrawn, and aggressive/withdrawn children during early grade school. Child Development, 70 (4), 910-929.

[31]Lewis, M. & Rosenblum, L. A. (1975). Friendship and peer relations. New York: Wiley.

[32]Merienne, C., Liebert, L., & Strzelecki, L. (1982). Etude structurale et essai de determination des poids moleculaires de polyesters mesomorphes par RMN de haute resolution a haut champ. European Polymer Journal, 18(2), 137-140.

[33]Minuchin, P. P. & Shapiro, E. K. (1983). The school as a context

for social development. In P. H. Mussen (Ed.), Handbook of Child Psychology. Vol. IV: Socialization, Personality, and Social Development. New York: John Wiley & Sons. 197-274.

[34]Mueller, E. & Lucas, T. (1975). A developmental analysis of peer interaction among toddlers. In M. Lewis & L. Rosenblum (Eds.), Friendship and peer relations. New York: wiley,241.

[35]Owston, R., Wideman, H., Ronda, N. S., & Brown, C. (2009). Computer game development as a literacy activity. Computers & Education, 53(3), 977-989.

[36]Patterson, G. R. (1982). Coercive family process. Eugene, Oregon: Castalia.

[37] Quaiser-Pohl, C., Geiser, M., & Lehmann, W. (2006). The relationship between computer-game preference, gender, and mental-rotation ability. Personality and Individual Differences, 40(3), 609-619.

[38]Rosenthal, R. & Jacobson, L. (1968). Pygmalion in the classroom: Teacher expectations and pupils' intellectual development. New York: Holt, Rinehart and Winston.

[39]Sulloway, F. J. (1972). Family constellations, sibling rivalry, and scientific revolutions: Study of the relationship between birth order and scientific temperament (unpublished manuscript).

[40]Terry, R. & Coie, JD (1991). A comparison of methods for defining sociometric status among children. Developmental Psychology, 27, 867-880.

[41] Tüzün, H., Yılmaz-Soylu, M., Karakuş, T., İnal, Y., & Kızılkaya, G. (2009). The effects of computer games on primary school students' achievement and motivation in geography learning. Computers & Education, 52(1), 68-77.

[42]Vandell, D. & Mueller, E. (1995). Peer play and friendships during the first two years. In H. C. Smith, A. Chapman, & J. R. Smith (Eds.).

[43]Wentzel, K. R. & Asher, S. R. (1995). The academic lives of neglected, rejected, popular, and controversial children. Child Development, 66(3), 756-763. University Press.

[44]Zakriski, A. L. & Cooie, J. D. (1996). A comparison of aggressive-rejected and non aggressive-rejected children's interpretation of self-directed and other-directed rejection. Child Development, 67, 1048-1070.

习题十二

一、填空题

1. 学校的________、________、________、________等组织结构对儿童的发展有重要影响。
2. 同伴对儿童发展的影响包括：________、________、________。
3. 儿童对朋友的期望经过三个发展阶段：________、________、________。

二、名词（概念）解释

1. 开放式教学　2. 皮格马利翁效应　3. 最小充分性原则

三、简答题

1. 班级中教师对学生的影响有哪些？
2. 游戏对儿童发展有什么意义？
3. 儿童交往的中心目标是怎样发展变化的？
4. 父母教养方式有哪四种类型，各有什么特点？对应了哪类儿童？

四、论述题

1. 在儿童的态度改变中，父母通常采用哪几种方法？比较这几种方法的优劣。
2. 亲子关系对儿童发生作用的心理机制有哪几个方面？试比较这几种机制的异同。

第十三章　整合的发展

【教学目标】

通过本章的学习，应达到以下教学目标：

1. 结合实际，理解和掌握心理发展的整合观，能够运用这种观点分析心理学研究，形成科学的研究态度。

2. 结合认知和个性、社会性发展的实际情况，理解和掌握发展心理学的纵向分析与横向分析方式及其整合，理解和掌握心理发展的基本趋势。

3. 理解和掌握毕生发展观的基本观点，能够运用这种理论分析心理发展现象，特别是老年心理发展和成功老化问题。

4. 结合老年人的实际情况，理解作为毕生发展的一个特殊时期的老年期（或成年晚期）的心理发展特点、老年期适应及其影响因素，在此基础上，对老年心理形成科学的认识和态度。

【本章结构】

本章总体上包括三个部分：第一部分分析心理发展的整合性；第二部分概括分析心理发展的年龄特征与毕生发展特点，特别是心理发展的横向分析和纵向分析、心理发展的基本趋势、毕生发展观；第三部分分析老年期的发展与适应问题，讨论老年心理发展的基本特点、老年期基本的适应任务以及老年适应的影响因素。本章的基本结构如下图：

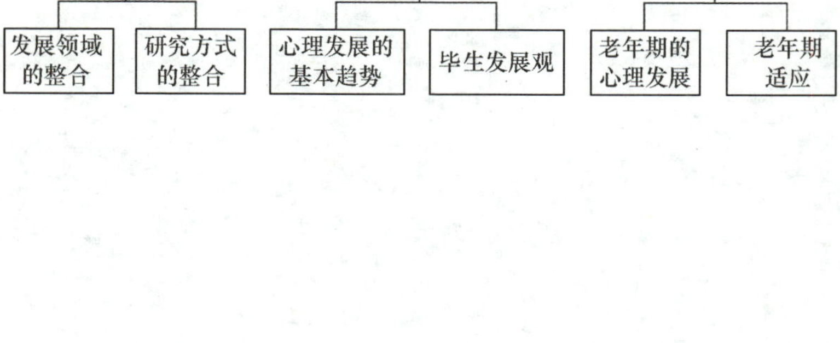

当我们了解一个人（包括一个老年人）的人格特点的时候，是否能够想到他（或她）的人格发展是以前各个时期发展的结果？当我们探索每个年龄阶段的人格或认知能力发展特点的时候，是否意识到这个阶段是人的生命历程中的一个环节？如果把老年期看作毕生发展历程中的一个特殊阶段，那么，当一个老年人日渐衰老时，他（或她）需要面对哪些挑战？该如何去迎接这些挑战，完成人生最后的适应？所有这些，都涉及对心理发展的科学态度。

第一节　心理发展的整合观

事实充分说明，认知的发展、个性和社会性的发展以及其中的多个方面的发展之间并不是相互独立的，而是构成了一个不可分割的整体。相应地，发展心理学的研究方式也不可避免地呈现出整合性的特点。我们对心理的发展应持一种整合观，发展心理学的整合性既表现在发展领域的整合上，又反映在研究方式的整合上。

一、发展领域的整合

第一章提到，发展可分为生理的发展与心理的发展，而心理的发展又分为认知的发展、个性和社会性的发展两大领域。在发展心理学研究中，出于分析的方便，心理学家们喜欢针对发展的某个方面进行具体的描述和分析，但事实上，它们是密不可分的。每个人都是一个整体的人，某个方面的发展必然影响着别的方面的发展。它们相互影响，成为一个不可分割的整体。

就身心发展的关系来看，生理发展与心理发展是不可分割的。首先，生理的发展是心理发展的物质基础，没有身体各大系统的充分发育，就不可能有动作和认知的发展，在此过程中，神经系统尤其是脑的发育尤为重要，只有在脑的发展达到一定程度之后，感知、记忆、思维等认知能力和动作能力才能获得相应的发展，儿童才有可能发展起基本的生活自理能力和社会交往能力。早期大脑皮质各部分的发展具有一定的顺序，一般是控制头部及躯干运动的部分先发展，而与肢体控制有关的部分后发展。与此相应，婴儿的动作发展也呈现出自上而下的顺序：先是头部动作，能够移动头部、抬头，然后才能坐起、爬行，最后才能直立行走，而到3岁以后，儿童才能发展起相应的精细动作。其次，心理发展也会反作用于生理，制约和影响生理的发展。一个兴趣广泛的孩子更可能积极地参加各种运动和社会活动，更愿意探索自然环境，他（或她）身体各个系统因得到较多的锻炼，可能变得更健康。

动作发展与认知、社会性发展的关系可能更有代表性。例如，一个孩子学会爬行，他的动作的发展扩大了他的探索范围，提高了他的认知能力，通过尾随着父母爬行，也锻炼着他的社会技能；认知能力的提高又促进了他与父母之间的社会交往或相互作用，形成良好的亲子关系，而良好的亲子关系、父母良好的教养态度和行为又会进一步促进儿童各方面心理的发展。

就心理发展的各个侧面而言也是如此。心理本身是一个不可分割的整体，心理每个侧面的发展都会影响到其他侧面的发展。一方面，认知的发展与个性、社会性的发展协同一致、难以分割。通常，感知、记忆、思维、想象、注意等认知能力只有发展到一定的程度，某些个性、社会性品质的形成才有可能。很难想象，一个缺乏基本的思维能力的孩子会发展起高级的道德推理能力，形成高尚的品德和积极的价值观，形成良好的人际关系。另一方面，个性、社会性的发展又可以促进或影响认知能力的发展。具有勤奋、坚韧等性格特征的孩子可能更愿意努力学习，喜欢思考和探索，他（她）的思维能力和其他认知能力的发展水平可能更高，取得优秀的学习成绩，而作为一种结果，这种认知能力的发展和优越的学习成绩又可以进一步强化他（她）的这种性格特征。显然，心理各个侧面之间是以循环往复的方式相互影响的。

当然，个性、社会性的发展与认知的发展也有不协调的时候，例如，时下一些家长过于注重发展孩子的智力和学习成绩，而忽视了孩子健康个性的培养，结果，这些孩子尽管学习成绩很好，但缺乏健康的个性品质，表现得极端任性、自私、缺乏同情心，甚至缺乏基本的生活自理能力。

理清生理发展与心理发展、认知发展与个性社会性发展的关系，对于形成身心发展与心理发展的整体观，辩证地看待个体心理发展的各个侧面，具有重要意义。另一方面，它们之间的关系也是发展心理学的重要研究内容。

二、研究方式的整合

个体与环境之间的关系也具有整体性。麦格纳森等人（Magnusson & Stattin，2009）主张，应用整体—交互作用的观点看待情境中的人（林崇德，李其维，董奇，2009）。一个人目前所具有的心理及其毕生的发展不是孤立于其生活环境的，个体作为一个整合的、不可分割的整体，构成了整合的、复杂的和动态的人—环境（Person-Environment，简称 PE）系统中的积极而有目的性的组成部分，在人—环境系统内发挥作用；个体心理的、行为的和生物学的因素，与环境中的社会因素、文化因素和物理因素之间，不断进行着交互作用，或者相互依存。而且，环境在社会、文化与物理因素之间持续的交互作用和相互依存的过程中发挥着作用，并不断变化着。换言之，发展中的人是一个整体，包括发展中的人所在的环境也是一个不可分割的整体，它们发生着持续的相互作用。因此，在心理学研究中，应以整体论作为理论原则。奥夫顿（Overton，2009）指出，整体论原则意味着，心理发展的整体不能分解为各个组成部分，每个部分的性质是由它与其他部分的关系以及它与整体的关系所决定的，它们之间通常存在着极为复杂的因果关系而不是简单的线性关系（林崇德，李其维，董奇，2009）。

与这种整合的发展观相对应，发展心理学的研究方式也应具有整合性。首先，应尽量采用多变量方法，从整体的人出发，在个体水平（乃至在分子水平上）、在群体水平或在人—环境系统水平上，对心理与多种因素之间的关系进行分析。而且，要注重分析在每个水平上的影响因素之间的多重因果关系而不是单纯的线性因果关系，分析其中存在的多重的相互依存关系。其次，要针对整体的人进行纵向研究，由此可以深入地探讨心理发展的过程和机制（Lerner & Tubman，1989）。这需要根据研究的进程及其具体要求，灵活地采用实验室实验法、自然实验法、长期系统的描述分析、叙事等方法。20 世纪 80 年代中期，欧洲科学基金会建立了“欧洲个体发展纵向研究网络”。统计显示，截至 2006 年，欧洲已开展了约 500 项关于心理发展的纵向研究项目。同时，探讨整体环境的影响，还要进行系统的文化内的研究和跨文化的研究，而不是仅仅将研究对象限定在特定的文化背景中，特别是西方文化背景中。这样，才能更好地探索处于特定的社会和文化系统中的人的心理发展的特殊机制。

另外，为了充分地探索环境因素的作用以及个体心理的生物学基础，多学科的合作也是不可缺少的。目前，人们正在倡导建立“发展科学”（Cairns，2000；Magnusson & Stattin，2009），以全面理解个体的发展过程。这门“发展科学”包括发展生物学、认知科学、发展心理学、生理学、内分泌学、神经心理学、社会心理学、社会学、人类学和其他的邻近学科。1994 年，在瑞典皇家科学院举办的诺贝尔专题讨论会上，科学家们讨论了从胎儿期到老年期、从细胞水平到生物因素与文化因素相依存的水平所取得的研究成果。这些成果充分地说明建立“发展科学”的必要性。正如勒纳（Lerner，2009）所指出的那样，十年以前，多数研究人类发展的学者将研究心理发展的领域称为发展心理学，如果他们自己不是心理学家，就会将这个领域视为一个由心理科学主导的关于人之生命全程的研究领域，但是，如今这个领域从深度和广度上都日益具有多学科性，越来越多的人类发展研究者将它称为发展科学（林崇德，李其维，董奇，2009）。

链 接

下列文献论述了与“发展科学”有关的问题，可以作为拓展性读物：

［1］ M. H. Bornstein & M. E. Lamb（2009）. Developmental science：An advanced textbook（sixth edition）. England：Psychology Press.

［2］ R. B. Cairns（2000）. Developmental science：Three audacious implications. In L. R. Bergman，R. B. Cairns，L. G. Nilsson，& L. Nystedt（Eds.），Developmental science and the holistic approach. Mahwah，NJ：Erlbaum，49-62.

［3］ 张文新、陈光辉、林崇德：《应用发展科学——一门关注人与社会发展的新兴学科》，载《心理科学进展》2009 年 17 卷第 2 期，第 251～260 页。

第二节　心理发展的年龄特征与毕生发展

通过前面各章的分析，不难看出，无论是认知的发展还是个性、社会性的发展，都表现出明显的年龄特征，在一生中不同的时期，显示了不同的特点。同时，这种年龄特征也表明，尽管各个心理侧面发展的形式、方向、速度和水平各不相同，但心理的发展的确是持续人的一生的。

一、心理发展的横断分析和纵向分析

在第一章提到，心理发展的年龄特征是指心理发展的各个阶段具有的一般特征、典型特征或本质特征。每个方面的心理发展的年龄特征均具有普遍性、代表性和特殊性。有关的心理学家们曾分别以生理、智力、个性、生活事件和主导活动等为标准，划分出多个心理发展阶段，侧重分析各个时期或年龄阶段的心理发展特点，这实际上是一种横断的分析，也就是将人的一生“切成”不同的阶段分别进行分析。与此相对，通过纵向的分析，则可以看到心理的各个侧面在一生中的发展轨迹。

在认知方面，可以思维的发展为例。在婴儿时期，儿童的思维主要处于感知运动阶段，思维活动依赖于对实物的直接感知和行动。到了幼儿阶段，思维主要处于前运算阶段，思维活动具有高度的具体性和形象性，依赖于事物的具体形象。在学龄初期，儿童的思维逐渐从以具体形象思维为主，转变为以抽象逻辑思维为主。青少年期则进入了皮亚杰所谓的“形式运算阶段”，抽象逻辑思维充分发展起来，而且，到了青少年后期，以辩证性和现实性为基本特征的“后形式思维”也逐渐发展起来。进入成年期以后，“后形式”思维或辩证逻辑

思维能力得到充分的发展。类似地，通过认知能力随年龄而变化的曲线图，也不难看到流体智力与晶体智力发展的轨迹。

在人格和社会性方面，通过纵向的分析，同样可以看到这种发展轨迹。埃里克森所描绘的人格发展阶段论实际上就是一个典型的例子。他以个性或人格的发展为标准，将人的一生划分为八个阶段。随着年龄的增长以及相应的内在和外在的要求的变化，人格的发展会依次出现不同的危机，在这些危机得到顺利解决的情况下，就会依次形成各种积极的人格品质；如果不能得到顺利解决，则会依次形成各种消极的人格品质。

因此，在心理发展研究中，既要注重对心理发展的年龄特征的横断分析，又要注意纵向的分析。横断分析可以展现局部的心理发展面貌，而无法让我们看到心理的发展过程和机制，纵向分析可以让我们看到发展的轨迹，而难以展现每个时期心理发展的全景。将这两种分析结合起来，有利于全面地揭示人的一生中心理发展的规律。换言之，我们可以将每个时期分开来看，但又必须将每个时期置于人的毕生历程中加以考察，这样，才能看到不同时期之间的联系，而不是每个时期孤立的发展片段。

二、心理发展的基本趋势

概括地说，个体心理活动的发展趋势主要表现在以下几个方面：

1. 心理活动从简单、具体不断向复杂、概括发展

最初的心理活动只是非常简单的反射活动，以后随着儿童的成长，心理活动越来越复杂，越来越概括。从认识过程的发展看，最初是出现感觉过程，以后出现比感觉更为概括化的知觉和表象，进而出现思维活动。思维过程本身的发展趋势也是如此，从非常具体发展到略有抽象，最后形成人类特有的抽象逻辑思维。从情绪发展的过程看，最初引起情绪活动的也是非常具体的事物，以后才是越来越抽象的事物。

2. 心理活动从无意向有意发展

儿童身上最初出现的是无意的（或称为不随意的）心理活动，即直接受外来刺激的影响或受成人支配，然后逐渐发展到越来越能按照自己的目的来行动。换句话说，儿童的注意、记忆、情感等心理活动最初都是不自觉的、无意的，以后逐渐向有意的（或称随意的）心理活动的方向发展，出现有意注意、有意记忆等；最初各种心理活动以无意性为主，后来发展到以有意性为主，即由自己的意识控制的心理活动为主；最初没有意志活动，后来逐渐形成意志，心理活动的自觉性也不断提高。

3．心理活动从笼统向分化发展

儿童最初的心理活动是笼统而不分化的。无论是认知活动还是情绪态度，发展的趋势都是从混沌或暧昧到分化和明确。也可以说，最初是简单和单一的，后来逐渐复杂和多样化。例如，新生儿不但对碰到他嘴唇的东西发出吸吮反应，对一切碰到他嘴附近脸颊的东西也作出吸吮反应；后来，婴儿逐渐不做出这种笼统的反应，只在东西碰到嘴唇时才动嘴吸吮了。又如，最初孩子的情感只有愉快和不愉快之分，后来逐渐分化为喜爱、高兴、快乐和痛苦、嫉妒、畏惧等复杂而多样的情感。

4．心理活动从零散到形成系统

人的各种心理现象并不是在刚出生时就已经全都具备，而是在发展过程中逐渐出现和形成的。例如，在一岁以前，儿童还没有表现出想象活动，也没有人类特有的抽象思维。同时，儿童心理活动最初是零散混乱的，心理活动之间缺乏有机联系，而且非常容易变化。例如，儿童的动作控制、注意活动、兴趣等刚开始都是零乱、易变的，以后才逐渐发展为有较好的控制体系。儿童心理发展的方向是心理活动逐渐组织起来，形成整体，有了系统性，有了稳定的倾向，才出现了各人特有的个性。

上述诸方面的发展是相互联系的，心理活动体系的形成，是多方面共同发展的结果；在发展的进程上，各方面的发展都不是一次完成的，而是不断完善、螺旋式上升的。

三、心理的毕生发展

通过纵向的分析，不难看出，心理的发展是持续终生的。20世纪六七十年代，以德国柏林马普人类发展研究所（Max-Plank-Institute for Human Development）的巴尔特斯（P. B. Baltes）为代表，提出了毕生发展的思想。毕生发展观强调对生命全程或毕生发展的研究，试图揭示心理发展的基本趋势或轨迹。目前，这种观点已经渗透到发展心理学的各个领域，逐渐成为发展心理研究的主导思想。

巴尔特斯等人认为，毕生发展心理学是关于人类个体从胚胎到死亡的整个生命过程中心理和行为的成长、稳定和变化规律的科学。它的核心假设是个体心理和行为的发展并没有到成年期就结束，而是扩展到了整个生命过程，它是动态、多维度、多功能和非线性的，心理结构与功能在一生中都有获得、保持、转换和衰退的过程。毕生发展观的主要观点包括以下几个方面（缪小春，1990）：

第一，发展贯穿人的一生，在人生的任何一个时期，都可能发生心理和行为的变化。发展变化的起点有所不同，有的在出生时，有的较晚，有的在生命中途。毕生发展心理学就是要确定在一生中任何时间的行为发展的形式和过程，并建立它们的发展次序和相互关系。人一生的经验都对发展具有重要的意义，早期经验的影响可以被后来的经验所改变，生命后期的发展部分取决于这个时期的特殊因素。因此，儿童时期的经验对后来发展的影响以及成人的社会生活及其发展过程，都应作为毕生发展心理学的研究内容。毕生发展观认为，人的心理既有量变和连续性的变化，又有质的发展和非连续性的变化，但它更重视后者，认为毕生发展是一个新结构和新形式不断出现的非连续性过程。

第二，发展的形式具有多样性，发展的方向因心理和行为的种类不同而不同。毕生发展观认为，发展具有多维性和多向性，不同的心理和行为，同一种心理的各个成分或特征，其发展的进程可能各不相同。巴尔特斯以认知机能的发展为例进行了说明。在他看来，认知机能具有两个领域：智力的液态技能（mechanics）和晶体实用能力（pragmatics）。智力技能指信息加工和解决问题的基本能力，它包括发现关系、分类任务中所需要的认知运算能力和认知结构等。它在性质上类似于流体智力。晶体实用能力是智力技能在特定的情境中的应用，它类似晶体智力，或者说是一种实用智力。一方面，在人的一生中，两类认知机能的发展方向不同，专长（expertise）、智慧（wisdom）这类实用智力在人的后半生能够保持或增长，甚至会重新发展或超过成年早期。

第三，任何一种心理和行为的发展过程都是复杂的，发展不是简单地表现为增长，而总是由获得（成长）与丧失（衰退）两部分组成。在人的生命历程中，任何时候的发展都是成长与衰退的联合表现，任何发展都包含着新的适应能力的出现与既有能力的丧失，但是得与失并不总是以相同的强度存在。第二语言的学习就是一个明显的例子，当儿童母语能力日益增强时，第二语言的学习能力却逐渐下降。另一方面，人们在解决问题时日益专业化，他们会逐渐发展出替代性的技能以补偿下降的能力。例如，年龄较大的打字员打单个字母的反应时长于年轻的打字员，但他们对词的知觉广度往往比年轻人大，因此年长者的打字效率也可能很高。

第四，心理发展具有很大的个体内可塑性和个体间差异，由于个人生活条件和经验的变化，发展的形式可能是多样的。发展是基因与环境结合的或然的结果，它是由遗传支配的，但又是可变的。近年来，人们不再试图证实可塑性的存在，而是强调研究发展的机制和达到发展的最高限度的策略。就以智力发展来说，智力活动的可塑性主要反映在三个方面：基线成绩，即一个人对某一任务的最初成绩水平；基线储备能量，即一个人尽一切可能利用所有可资利用的资源，使行为最优化时所能达到的最高限度；发展储备能量（最大储备能量），即生物上和社会文化上对发展可塑性设置的界限，它可以通过干预而逐渐接近。

第五，心理发展是由多重影响系统共同决定的，任何一个发展过程都是由年龄阶段、历史阶段、非规范事件三种影响系统相互作用的结果。其中，年龄阶段的影响是与实际年龄联系密切的生物学因素和环境因素，生物学意义上的成熟以及与年龄有关的社会文化事件（家庭生活周期、受教育经历、职业活动等）；历史阶段的影响是与历史时期有关的生物和环境因素（社会文化条件、经济繁荣或衰退、社会进步、人口统计和职业结构的变化、战争、流行病等）；非规范事件的影响缺少个体间的同质性，即这些事件没有普遍性也没有可预见性，如职业的变化、疾病、事故、离婚、亲近的人死亡等，在一生中的各个时期，三类影响系统的作用和重要性也会发生变化。上述三种影响系统综合决定了一个人的发展。一般说来，历史阶段的影响与非规范事件的影响是导致个体发展的可塑性和差异性的主要因素，而年龄阶段的影响比较相似而稳定，个体发展方向的一致性主要是这类影响导致的。另外，在一生中的各个时期，三类影响系统的作用也会发生变化。年龄的影响在儿童期最重要，随后逐渐减弱，到老年期年龄的影响又逐渐增强，达到第二个高峰；历史阶段的影响可能在青少年和成年早期特别明显；非规范事件的影响可能一生中都在逐渐增强。

20 世纪 90 年代以来，毕生发展观又有了一系列新的进展（任真，桑标，2003）。巴尔特斯等人提出了生物和文化共同进化的毕生发展思想，据此阐述了通过补偿达到选择性最优化的理论模型（selective optimization with compensation，简称 SOC），并以智力发展和智慧方面的研究作为证据。

巴尔特斯等人强调，人的行为是由生物—基因、社会—文化过程与环境条件共同促成的。它典型地反映在以下三个基本原理上：第一，进化选择的优势随年龄增长而衰退，进化选择的压力主要体现在前半生，以保证有效的生育和养育。第二，对文化的需要随年龄增长而增长，个体身心的发展必须拥有更丰富的文化资源，同时，生理功能的下降也需要文化资源来补偿。第三，由于生物潜能随着年龄增长而衰退等原因，文化的效能或补偿作用、个体的可塑性随年龄增长而下降。他们认为，一个人的毕生发展具有三种基本的目标：成长、保持和因丧失而调整。其中，成长是指达到更高的功能水平或适应能力，保持是指面对新的挑战或潜在的损失维持或恢复正常的功能水平，因丧失而调整是指在维持或恢复现有的功能而不可能时，在较低的水平上发挥充分的功能。在不同的时期，资源的配置是不同的，儿童期主要的资源配置给成长，在成年期配置给保持和恢复，在老年期则主要给因丧失而调整。

通过补偿达到选择性最优化模型是上述理论的应用，它有助于我们更好地理解成功发展。其中，成功发展被定义为同时达到期望的目标（或使结果最大化）与避免不期望达到的目标（或使结果最小化）的状态，它是选择、最优化和补偿三个过程的交互作用的结果。

其中，选择是指根据可供选择的范围来考虑如何使用有限资源，它主要涉及发展的方向、目标和结果问题。在有大量的可能的发展道路的情况下，个体可以进行优选性选择（elective selection）；在丧失了达到特定目标所需的手段或资源之后，可以进行第二种选择，即在丧失基础上的选择。最优化是指获取、改进和维持那些能有效地达到期望的结果，并避免不期望的结果的手段或资源。要实现最优化，一般需要文化知识、身体状况、心理状态、目标设定、实践、努力等多种因素的相互结合。补偿是由资源的丧失引起的，当个体资源有限，已经适应的环境发生变化，目标结构调整，或者因年龄增长而可塑性下降的时候，都可能引起补偿。补偿主要包括两种情况：创造新手段以达到原有的目标，当缺少达到目标的手段时调整目标。例如，一个生病的老年人在丧失了原有的身体健康的情况下，会在此基础上确定自己的生活目标，通过自身丰富的生活经验和适当的锻炼等方式弥补身体机能的衰退，让身体机能保持最佳状态。

巴尔特斯等人所代表的毕生发展理论将发展看作一种选择性适应，而不是线性的、单方向或单维度的增长，这更好地反映了人类发展的实际情况。巴尔特斯等人围绕智力、智慧、人格的毕生发展等问题进行了一系列实证研究（Baltes，2009）。但是，从总体上看，这种理论仍然是一种比较宏观的理论，尚有待于更多的微观研究的支持。

第三节　老年期的发展与适应

进入老年期或成年晚期以后，个体在生理、认知和个性、社会性等方面都会出现明显的变化，这些变化包括生理的变化及其导致的一系列认知的退行性变化，也包括社会环境的变化及其引起的心理变化。所有这些变化，都要求老年人进行及时、有效的自我调整，完成老年期的适应任务。

一、老年期的心理发展

进入老年期后，个体首先在生理上会发生一系列退行性的变化。从外部来看，头发会逐渐变灰、变白，皮肤会失去弹性，出现皱纹。由于脊椎骨的软骨变薄，身体姿势改变，身体也会明显变矮。与外部特征的变化相应，内部各器官的功能也会发生退行性的变化。老年人神经系统的机能下降，大脑会变小、变轻，脑内血流量减少。他们的反应时间明显延长，反应速度减慢。

专栏

人类能长生不老吗

人类为什么会衰老？对此，目前有两种主要的理论，即衰老的遗传预成理论和磨损理论。前一种理论主张，人类基因中已经预置了让身体走向衰老和死亡的密码，也可能是身体细胞可以复制的次数是固定的，因此，衰老是不可避免的。后一种理论主张，身体的机械机能不断受到磨损，并生成一些副产品（如自由基），对身体产生一系列消极的影响。尽管两种理论都有一定的依据，但是，迄今人们对衰老的原因并未达成一致的意见。

有研究指出，人类衰老的机制具有种内普遍性（在物种内部普遍存在）、先天性（先天具有）和渐进性（逐渐走向衰老）（Gershona & Gershon，2000）。既然如此，那么，我们能否延缓衰老，最终实现长生不老呢？科学家通过对动物的研究发现，有机体可以通过多种方法延长寿命。这里是几种比较典型的方法。(1) 通过抗氧化药物减少自由基。自由基是正常细胞活动的副产品，它会破坏其他细胞并引起衰老。通过内置抗氧化的基因或进食富含抗氧化维生素的食品等方法，可能减少自由基。(2) 限制热量。在食物热量较低时，体内产生的自由基较少，因而，如果生产出一种能够限制热量而又能消除饥饿的食物，就能够减少自由基，延长寿命。(3) 采用仿生学方法，进行器官移植，用机能正常的器官或人造器官替换掉坏掉的器官。

科学家认为，如果能综合采用多种方法，延长寿命的效果可能会更好。尽管如此，迄今还没有充分的证据可以说明上述方法可以在很大程度上延长人类的寿命。要延长人类的寿命，实现长生不老的梦想，人类还有很长的路要走。

（一）认知的变化

与生理的退行性变化相对应，感觉能力的衰退最为明显。眼睛的各个组织，包括角膜、晶状体、视网膜和视神经的退行性变化引起视力的下降。白内障、青光眼、黄斑退化是老年人常见的眼病。听觉器官的衰老则直接导致了听力的下降，特别是对高频音的听力会下降。这可能影响他们的社交，让他们感到孤独。同时，嗅觉、味觉的敏感性也会下降。这也可能影响他们的饮食和营养状况。

从智力发展来看，老年期的智力在总体上有所衰退，但并非全面衰退，或者说，一方面表现出衰退的趋势，另一方面则呈现相对稳定的特点。而且，智力的不同成分随年龄变化的趋势也是不同的。

大量研究显示，以神经生理为基础的流体智力（如知觉速度、机械记忆、识别图形关系）在青少年期以前一直呈上升趋势，其后则呈现出相对复杂的发展模式，但从总体上看，智力呈衰退趋势；以社会文化经验为基础的晶体智力（如词汇、言语理解、常识）一直随年龄增长而提高，到了老年期仍然保持相对稳定。研究者（Schaie，1994；Craik & Salthouse，1999）关于智力变化的研究一致表明，在25岁以后，某些能力（如知觉速度、空间定位能力）逐渐下降，而另一些能力（如言语能力）相对稳定，它们表现出不同的变化模式；智力变化的模式存在明显的个别差异，一些人从30多岁就开始出现智力下降，而另一些人到70多岁才会出现这种下降；智力的下降程度受环境和文化因素的影响，无慢性疾病、社会经济地位较高、智力活动较多、性格乐观、自我满意度较高的老年人智力下降的幅度相对较小。

记忆能力随着年龄的增长而衰退，但下降的速度并不太大，70岁以后衰退比较明显。但老年人的记忆衰退并不是指所有的记忆都在衰退，而是指某些记忆能力更容易衰退。老年人机械识记能力和情景记忆能力的减退最明显，对无意义材料的机械识记能力明显下降，而意义记忆能力下降减退幅度相对较小。与回忆或再现相比，老年期再认能力下降较小（Craik & Jennings，1992）。老年人的记忆力下降主要限于那些需要有意加工的任务，而无须意识参与的内隐记忆变化较小。

与记忆的变化相对应，尽管老年人的语言理解能力无显著变化，但他们的语言生成能力有所下降（Brebion，Smith，& Ehrlich，1997；Hultsch et al.，1998；Stine-Morrow & Miller，1999）。这主要表现为老年人从长时记忆中搜索词变得困难。在与人交流时，老年人有时难以说出恰好能表达他们想法的话。他们说话也变得较慢，经常出现停顿（MacKay & Abrams，1996）。其次，老年人在计划该说什么和怎样说时变得更困难。这可能与他们的工作记忆能力的下降有关。

（二）个性、社会性的变化

在个性、社会性的发展方面，艾里克森认为，老年期个性或人格发展的危机是自我整合的失望，人格发展的任务是获得完善感，避免失望和厌倦感。这时，人生进入了最后阶段，人们倾向于回顾自己的一生。如果对自己的一生感到满意，则产生一种完善感，它包括长期锻炼出来的智慧感和人生哲学，并伸延到自己的生命周期之外；如果一个人不能产生这种感受，就会恐惧死亡，觉得人生短促，对人生感到厌倦和失望。如果能成功地克服这一时期的发展危机，就能形成“智慧”这一积极的品质。

从总体上看，老年期的个性保持持续的稳定，但也有所变化。他们个性的基本方面是持续稳定的。但是，他们的个性也发生了一系列的变化，其中有些是积极的变化。例如，老年人心理发展呈现明显的“内向化”特点，他们变得老练持重，遇到挫折时喜欢反省自问，重视内心生活和反思。但是，老年人的个性也会发生很多消极的变化。例如，不少老年人变得自我中心，内向，保守，好猜疑，嫉妒心强，办事刻板，灵活性差，适应能力下降，爱发牢骚，孤独感强，因健康、经济和生活上的不适应而产生焦虑感，因兴趣范围缩小而感到寂寞。许多老年人还可能变得固执、小心谨慎。需要指出的是，老年人个性的变化具有很大的个别差异。

老年期情绪、情感的变化更为明显。一方面，他们很容易产生消极的情绪、情感，包括被冷落感、孤独感、对生活和他人的疑虑感、忧郁感和衰老感，而且，容易产生不满情绪。另一方面，老年人的情绪体验往往更深刻而持久。老年人通常具有很强的道德感，看重符合社会公德、对社会有益的东西。引起老年人情绪体验变化的最重要的原因是生活中的各种“丧失”，包括社会地位、专业、健康、容貌、配偶等方面的丧失（林崇德，2009）。生活结构的变化也会引起老年人情绪的变化，他们从工作岗位上退休，不需要承担较大的社会责任；在家庭中，子女独立成家，也不需要他们承担原来的抚养责任，而且有可能出现“空巢”现象。这很容易引起老年人适应性的情绪变化。

显然，老年期心理的发展是毕生发展的典型例证。事实上，老年期的许多变化都是退行性的变化，与生理衰老直接相关的一些认知能力的变化尤其如此。但是，老年期并非纯粹的衰退。从毕生发展观出发看待老年期的发展，更可能形成关于老年的客观认识，即老年人虽然在总体上呈现衰退或下降趋势，但并非全面衰老，就心理发展的某些方面来说，不但没有衰退，还会有某种提高或增长（如社会认知能力、晶体智力）。

二、老年期的适应

个体生理的衰老和环境的变化，要求老年人调整自身，完成这一时期特殊的适应任务。

（一）老年人应对衰老的方式和人格类型

面对衰老和一系列环境的变化，老年人表现出不同的应对方式和人格类型。纽伽顿（Neugarten，1977）研究了70多岁的老人，发现老年人具有以下四种不同的人格类型：（1）不完整和无组织型人格（disintegrated and disorganized personalities）。这类老人不能接受衰老的事实，他们感到绝望，或者对外界充满敌意。他们通常生活在疗养院或正接受住院治疗。（2）被动—依赖型人格（passive-dependent personalities）。这类老人往往过于惧怕衰老和患病，害怕未来，以至于在并不需要帮助时求助于家属和其他人。（3）防御型人格（defended personalities）。这类老人往往用一种特殊的方式表达对衰老的恐惧，他们努力表现自己很年轻，参加年轻人的运动，因而最终可能会感到失望。（4）整合型人格（integrated personalities）。这类老人往往是最成功的，他们内心和谐地面对衰老，接受衰老的现实，保持自尊。大多数老人属于这一类（苏彦捷，2007）。

（二）老年期基本的适应任务

进入老年期后，老年人要面对一系列基本的适应任务，其中包括对离退休生活的适应、对疾病的适应、对死亡的适应、对生活应激事件的适应。

1. 对离退休生活的适应

许多老年人表现出明显的"离退休综合症"，由于不能适应或接受退休后的生活，在刚离退休的一段时间内，往往感到怅然若失，或茫然失措，感到烦躁不安，产生厌倦、抑郁、焦虑等消极情绪，有的甚至还会发生一时性的情绪问题和生理的失调。老年人在离开原来的工作岗位之后，一般要经过一年左右的时间才能够适应。

2. 对疾病的适应

老年人对疾病的反应不尽相同。有的老人比较抑郁、消沉，甚至悲观厌世。有的老人惊慌失措，忧虑过度，寝食不安。有的老人不把疾病放在心上，听之任之。有的则感到痛苦、焦虑、内疚，沉默寡言，甚至轻生。

3. 对生活应激事件的适应

进入老年期后，会发生配偶死亡、离婚、夫妻分居、婚姻问题、生活环境变化等一系列意外事故。所有这些，都可能给老年人带来沉重的打击。

4. 对死亡的适应

不同的年龄段对死亡的反应是不同的。到了老年以后，大多数人对死亡的态度更为实际，开始对死亡进行思考，形成了自己的死亡观，并为死亡做准备，而不是像青少年、成年初期的人那样，难以接受死亡，感到愤怒和不公，或者对死亡抱有强烈的恐惧。在埃里克森看来，如果老年人对自己的人生历程感到满意或完美，他们就会认为自己的生活是有意义的。这时，他们接受死亡，并把它看作生命历程中的一个自然的环节。

处于高寿期（75岁以上）的老人会面对一种新的危机，即接受死亡与渴望不朽的矛盾，一方面，他们知道死亡是不可避免的，另一方面，他们又希望自己可以永垂不朽。这种期望有助于老年人更好地面对死亡。积极地解决了这一危机的老年人通常会相信生命是连续的、不朽的，从而对死亡产生超越感。

纽曼等人（Newman & Newman，2005）探讨了老年人获得和表达生命不朽感的方式，认为比较典型的方式有以下几种：（1）感到自己的生命通过自己的子女得以延续，自己与未来产生某种联系，从而产生不朽感，这种不朽感可以扩展为对国家、社团乃至整个人类的爱；(2) 相信有来世或灵魂的存在，生命可以由此得以延续；(3) 相信自己是自然循环链条的一部分，死后个人的能量会以一种新的形式表现出来；(4) 通过着眼于"当下"的活动而获得一种不朽感（白学军，2005）。

在真正临近死亡的时候，老年人（特别是患有慢性病的老年人）的心理通常要经历一系列的变化，才能完全接受死亡。精神病专家克布勒-罗斯(Kübler-Ross，1982) 及其同事根据临床观察提出了老年人临终时通常会经历以下五个基本的步骤或阶段：拒绝—愤怒—讨价还价—抑郁—接受(Feldman，2006)。获知自己面临死亡的消息时，他们通常会抗议或拒绝承认现实，通常会想："不！我不可能会死！一定是哪里搞错了！"随后，他们会感到愤怒，并有可能对任何人动怒。他们紧接着可能会努力摆脱死亡的威胁，求助于上帝或其他力量，或者承诺"如果能活下去，我就会怎样"，进行"讨价还价"。在清醒地意识到死亡无论如何都无法避免时，他们会或者为正在进行的治疗或死后的损失（无法见到后代，一切社会关系终结等）而感到抑郁，产生巨大的悲痛和失落感。在完全认识到死亡的逼近之后，他们会与自己"讲和"，接受死亡的到来，表现为情感淡漠、寡言少语，对现在和未来失去感觉，不再为死亡感到痛苦。

但是，老年人的临终心理具有很大的个别差异，并不是任何人都会经历相同的过程，而且人们可能多次经历某个阶段。死亡过程的长短、死亡的年龄、性别、人格特点、所得到的社会支持等都会影响人们对死亡的反应。

专栏

老年人自杀

自杀是近年来引起人们高度关注的话题。其实，老年人也是一个自杀高危人群。老年人自杀也有性别差异、年龄差异和城乡及地区差异。世界卫生组织年度统计数据表明，2000 年，在 65 岁以上的老年人群中，男性的自杀率高于女性，而且，随着年龄的增长，这种差异进一步拉大。75 岁以上老人的自杀率要高于年龄较小的人群。而且，在不同的国家和地区之间也有所不同。德国老年人自杀率大约占自杀人群的一半，日本老年人自杀率也较高，而农村老年人自杀率要高于城市。

老年人自杀的原因是多种多样的，较常见的原因包括身体严重的疾病、自责或沉重的精神负担、子女不孝顺导致的强烈的孤独感和被遗弃感，缺乏足够的社会支持，以及感到生活无意义等。创造良好的生活环境，确保老年人的心理健康，是心理健康工作和社区工作的重要内容。

5. 成功老化（successful aging）

老年人通过特定的自我调整和自身资源的调配，可以成功地适应衰老。巴尔特斯等人提出的通过补偿达到选择性最优化模型指出了一条成功老化的途径。这个模型认为，进入老年之后，人们行动的动机减弱，认知能力与体能都会有所下降，在这些资源普遍减少的情况下，老年人可以通过关注最擅长的领域，来补偿其他领域能力的丧失，从而实现选择性最优化，最终达到成功老化。老年人补偿由于衰老而丧失的能力的形式是多样的。例如，听力下降的老年人会带上助听器，老钢琴家为了继续在音乐会上进行精彩的表演，可能会减少表演曲目的数量（选择性），而频繁地练习那些要表演的曲目（最优化）。研究表明（Ko，Berg，Butner，et al.，2007），成功老化直接影响着一个人的幸福感，实际上，幸福感也是成功老化的基本标准之一。

案例分析

老钢琴家阿瑟·鲁宾斯坦（Arthur Rubinstein）

阿瑟·鲁宾斯坦（1887—1982）是20世纪伟大的钢琴家，他出生在波兰，后来加入美国籍。晚年的鲁宾斯坦仍然经常上台表演，而且颇受欢迎。他是怎么做到这一点的呢？

首先，他减少了在音乐会上表演的乐曲，把精力放在提高表演的质量上。其次，他频繁地练习那些要表演的乐曲，使之达到最佳的表演水平。而且，在表演过程中，他还减慢了快节奏乐章中前奏的表演速度，使这些乐曲听起来与他从前的演奏没有什么两样。正是通过这一系列的做法，他晚年的表演似乎与年轻时一样卓越。

鲁宾斯坦是通过补偿达到选择性最优化的理论的典型例证。他减少所表演乐曲的数量而提高表演的质量，这体现了选择性；他频繁地练习少数乐曲，使之达到最佳的表演水平，这实际上是最优化的过程；他减慢了快节奏乐章中前奏的表演速度，使乐曲听起来自然流畅，这实际上是一种补偿方式。

（三）影响老年期适应的因素

影响老年人适应的因素是多种多样的，个体的各种特征和环境因素都可能影响老年人的社会适应水平。而且，这多种因素并不是孤立地起作用的，而是相互作用，共同发挥影响的。

1. 个人因素

研究表明，影响老年心理健康的个人因素包括年龄、性别、疾病增加、自理能力下降、视听功能障碍、认知老化、生活方式等（黄三宝，冯江平，2007）。老年人的身体健康状况显著影响着他们的适应水平。如前所述，对疾病和生活应激事件的适应是老年适应的基本任务。但是，在疾病和意外事故发生时，并不是每个老年人都能很好地应对和自我调节。大量研究表明，随着疾病的增加和身体健康水平的下降，老年人的生活满意度严重下降。

老年人的性格和生活方式也直接或间接地影响着他们的适应状况。李德明等（2006）总结有关的研究指出，身体活动（如散步）、智力活动（如阅读书报）和性格等因素与年龄存在显著的交互作用，老年人多进行各种身体和智力活动，保持乐观开朗的心态，对于延缓认知功能的减退有着积极的影响（李德明，陈天勇，2006）。对长寿老人的研究也一致表明（林崇德，2009），热爱生活、心情愉快、开朗大度有利于减少疾病的发生率，健康长寿。长寿老人通常具有健康的生活方式，他们热爱劳动，知足常乐，宽容乐观，心胸开阔，待人宽厚，人际关系融洽，没有不良习惯，生活起居有规律。

还有人研究了受教育程度对老年人心理的影响，结果表明，受教育程度较高的老年人认知功能的下降较小（苗茂华，曲成毅，任艳峰，2005）。这可能是因为，受教育程度较高的老年人通常有更多的智力活动，拥有更多的健康知识和相应的技能，更善于自我调节，因而更容易适应衰老。此外，人们所持的宗教信仰也影响着老年期的适应（Jianbin & Mehta，2003）。

2. 环境因素

自然环境、经济收入水平、社会支持、文体活动环境、社区卫生服务、家庭关系和友谊等环境因素会直接或间接地影响老年期的适应，影响老年人的生活满意度和幸福感。

良好的自然环境和社会环境有利于提高老年人的适应水平。适应良好的长寿老人通常拥有良好的居住环境，无污染，空气新鲜，饮水清洁。家庭中拥有良好的代际关系和配偶关系，家庭成员之间和睦相处，对老年人保持心理的健康也很有帮助（杨晶晶，郑勇，2010）。相反，当处于老年期的父母与孩子之间的矛盾较多时，老年人的健康状况就较差。换言之，在实际生活中，促进老年人的家庭和睦和代际交流，有助于改善老年人的心理健康状况。

专栏

长寿老人的“养生秘诀”：百岁老人话长寿

下面是一些老寿星的话。他们总结了自己的“养生秘诀”：

104 岁寿星吴图南说：“我从 9 岁开始练太极拳。”

103 岁寿星谢肇说：“每天早晨起床做手脚按摩可健身。”

103 岁寿星冯阿凤说：“我长寿的秘诀是早早起、勤梳洗。每天梳头半小时。”

107 岁寿星黄双凤说：“我这一百多岁是大山给的。青山绿水育人寿。”

104 岁寿星章金女说：“顺乎自然即养生。”

117 岁寿星阿吾拉说：“我喜欢吃瓜果。”

日本 112 岁寿星白滨若说：“我喜欢吃豆腐。”

百岁寿星郭惟一说：“我喜欢音乐，音乐是生命的火花。”

百岁棋王谢侠逊说：“嗜棋者长寿。”

111 岁寿星苏局仙说：“练书画能强身延寿。”

105 岁寿星张门氏说：“我的长寿秘诀是喝茶。”

109 岁寿星李本善说：“我爱好读书，寓养生保健于读书之中。”

不难看出，这些“秘诀”既包括了个人的饮食、爱好，又包括了个人的生活方式和心理状态，对老年人的生活适应和自我调节具有重要的启发。

经济收入水平或社会经济状况也直接或间接影响着老年人的适应，影响着他们的心理健康。通常，经济收入较高的老年人群心理更健康，就中国的老年人而言，沿海发达地区的老年人心理健康状况明显优于内陆欠发达地区的老年人，入不敷出的经济困境是导致老年人的心理健康问题的危险因素（梁水晖，郝元涛，王耀富，2010）。农村老年人对老年生活保障的担忧要多于城市老年人（刑华燕，常青，沈键，2005）。很多研究都发现，农村老年人的心理健康状况较差。贫困地区的老年人表现最为明显。

除了上述因素外，老年人知觉或感受到的社会支持和一般自我效能感也发挥着十分重要的影响。所谓社会支持，是指人们的社会关系网中有关人士提供的物质帮助以及精神上的安慰和帮助，如为别人做饭、陪伴别人、一起谈心。它对于成功老化具有非常重要的意义。研究表明，老年人得到的社会支持会影响他们应对衰老的信心和控制感，提高他们的自我效能感，进而提高他们的主观幸福感（唐丹，邹君，申继亮等，2006；于华林，高峰强，2009；王大华，申继亮，2005）。显然，社会支持可以降低社会疏离感，而提高人们的生活满意度，进而对身心健康起到保护作用。一些研究还显示，不仅接受社会支持的老年人会从中受益，而且社会支持的提供者和施予者也会从他们的行动中获益，他们的幸福感和生活满意度较高，身心往往更健康。

建立和保持良好的友谊关系，对于促进老年人的生活适应，也具有重要意义。一方面，老年人可以从朋友那里获得各种社会支持，特别是情感上的支持；另一方面，在配偶去世以后，朋友可以在一定程度上弥补这种亲密关系的缺失。研究表明，条件好、服务功能完善的社会化养老机构中老年人有较高的主观幸福感，住老年公寓的老年人跟在家庭中与其他成员一起生活的老年人一样，幸福感较高，而抑郁情绪较少。与此相反，那些鳏寡独居的老年人社会适应水平较低，心理健康状况较差，他们充满了对子女照顾不周的忧虑感、对体弱多病的无奈和对子女依赖的自责。这些老年人往往需要更多的社会支持（赵健华，王倩，冯孟森，2005；张河川，张晓芬，郭思智，2010）。

因此，进入老年期后，老年人建立广泛的、稳定的社会关系网络，与家庭成员（包括子女、孙子孙女等）、朋友形成亲密的关系。这有利于老年人更好地面对衰老，形成健康的老年生活方式。同时，社会也应力所能及地为老年人建立稳定的社会支持网络，特别是为那些处境不利的老年人提供相应的物质帮助和精神支持，这可以帮助他们更好地适应衰老和环境的变化，提高他们的幸福感和生活满意度。

综上所述，老年期或成年晚期是人生的最后一个时期。这时，人们的心理仍然在发展过程之中，在此过程中，既有相对的稳定性，也有不断的变化。这有力地说明了人的心理的毕生发展性，换言之，人的心理的发展过程持续终生。这是心理发展的基本事实，也是形成关于老年期的科学态度的基本依据。

本章小结

心理的发展是一个整体，发展心理学的整合性既表现在发展领域的整合上，又反映在研究方式的整合上。

发展心理学研究既要注重对心理发展的年龄特征的横断分析，又要注意纵向的分析。既可以将每个时期分开来看，又必须将每个时期置于人的毕生历程中加以考察。

心理的发展具有以下趋势：从简单、具体不断向复杂、概括发展；从无意向有意发展；从笼统向分化发展；从零散到形成体系。心理的发展是不断完善、螺旋式上升的过程。

心理的发展是持续终生的。以巴尔特斯为代表的毕生发展观强调对生命全程或毕生发展的研究，试图揭示心理发展的基本趋势或轨迹。毕生发展观认为，发展贯穿人的一生；发展的形式具有多样性；任何一种心理和行为的发展过程都是复杂的，发展不是简单地表现为增长，而总是由获得（成长）与丧失（衰退）两部分组成；心理发展具有很大的个体内可塑性和个体间差异；心理发展是由多重影响系统共同决定的，任何一个发展过程都是由年龄阶段、历史阶段、非规范事件三种影响系统相互作用的结果。20 世纪 90 年代以后，巴尔特斯等人又提出了通过补偿达到选择性最优化的理论模型（SOC）。

进入老年期以后，个体在生理、认知和个性、社会性等方面都会出现明显的变化，这些变化包括生理的变化及其导致的一系列认知的退行性变化，也包括社会环境的变化及其引起的心理变化。感觉能力的衰退最为明显。智力在总体上有所衰退，但并非全面衰退。从总体上看，老年期的个性保持持续的稳定，但也有所变化。老年人情绪、情感的变化更为明显。

老年期基本的适应任务包括对离退休生活的适应、对疾病的适应、对死亡的适应、对生活应激事件的适应。通过特定的自我调整和自身资源的调配，可以成功地适应衰老，实现成功老化。影响老年人适应的因素是多种多样的，个体的各种特征和环境因素都可能影响老年人的社会适应水平，多种因素相互作用，共同发挥着影响。其中，个人因素包括年龄、性别、疾病增加、自理能力下降、视听功能障碍、认知老化、生活方式、性格。环境因素涉及自然环境、经济收入水平、社会支持、文体活动环境、社区卫生服务、家庭关系和友谊等方面。

本章主要参考文献

［1］［德］P. B. Baltes，U. Lindenberger 和 U. M. Staudinger 著，林崇德、李其维、董奇主译：《人类发展的生物生态学模型》，见 W. Damon ，R. M. Lerner 主编《儿童心理学手册》（第 1 卷），上海：华东师范大学出版社 2009 年版，第659～751 页。

［2］黄三宝、冯江平：《老年心理健康研究现状》，载《中国老年学杂志》2007 年第 27 期，第 2358～2359 页。

［3］李德明、陈天勇：《认知年老化和老年心理健康》，载《心理科学进展》2006 年 14 卷第 4 期，第 560～564 页。

［4］梁兆晖、郝元涛、王耀富等：《老年人群心理健康与个人收入关系的研究》，载《中国老年学杂志》2010 年 30 卷第 10 期，第 1414～1416 页。

［5］林崇德：《发展心理学》，北京：人民教育出版社 2009 年版，第 470～493 页。

［6］［美］B. M. Newman 和 P. R. Newman 著，白学军等译：《发展心理

学》，西安：陕西师范大学出版社 2005 年版，第 535～572 页。

［7］［美］D. Magnusson 和 H. Stattin 著，林崇德、李其维、董奇主译：《情境中的人：整体——交互作用方法》，见 Damon ，R. M. Lerner 主编《儿童心理学手册》（第 1 卷），上海：华东师范大学出版社 2009 年版，第 469～540 页。

［8］［美］罗伯特·费尔德曼著，苏彦捷等译：《发展心理学——人的毕生发展》，北京：世界图书出版公司 2007 年版，第 670～684 页。

［9］［美］ R. M. Lerner 著，林崇德、李其维、董奇主译：《发展科学、发展系统和当代的人类发展理论》，见 Damon ，R. M. Lerner 主编《儿童心理学手册》（第 1 卷），上海：华东师范大学出版社 2009 年版，第 1～19 页。

［10］［美］W. F. Overton 著，林崇德、李其维、董奇主译：《发展心理学：哲学、概念和方法论》，见 Damon，R. M. Lerner 主编《儿童心理学手册》（第 1 卷），上海：华东师范大学出版社 2009 年版，第 20～101 页。

［11］苗茂华、曲成毅、任艳峰：《老年人人格特征与认知功能》，载《中国心理卫生杂志》2005 年 19 卷第 6 期，第 387～388 页。

［12］缪小春：《心理学中的一个新兴的研究领域——毕生发展心理学》，载《心理科学通讯》（现为《心理科学进展》）1990 年第 4 期。

［13］任真、桑标：《毕生发展心理学的新进展》，载《心理科学》2003 年 26 卷第 4 期，第 634～637 页。

［14］唐丹、邹君、申继亮等：《老年人主观幸福感的影响因素》，载《中国心理卫生杂志》2006 年 20 卷第 3 期，第 160～162 页。

［15］王大华、申继亮：《老年人的日常环境控制感特点及其与主观幸福感的关系》，见中国心理学会编《第十届全国心理学学术大会论文摘要集》，2005 年。

［16］邢华燕、常青、沈键等：《河南农村老年人心理健康状况》，载《中国老年学杂志》2005 年第 25 期，第 506～507 页。

［17］杨晶晶、郑涌：《代际关系：老年心理健康研究的新视角》，载《中国老年学杂志》2010 年 30 卷第 19 期，第 2875～2877 页。

［18］于华林、高峰强：《社区老年人抑郁状况的个体与团体相关因素研究》，载《山东师范大学学报》（人文社会科学版）2009 年 54 卷第 4 期，第 65～68 页。

［19］张河川、张晓芬、郭思智：《独居老年人心理健康状况与社会支持关系》，载《中国公共卫生》2010 年 26 卷第 4 期，第 466～467 页。

［20］赵建华、王倩、冯孟森等：《社会化养老机构中的老年人主观幸福感和抑郁情绪研究》，载《中国老年学杂志》2005 年 25 卷第 1 期，第 50～52 页。

［21］Feldman，R. S. （2006）. Development across the life span （third edition). Pearson Education Asia Limited and Peking University Press, 646-670.

[22]Gershona, H. & Gershon, D. (2000). Paradigms in aging research: A critical review and assessment. Mechanisms of Ageing and Development, 17, 21-28.

[23]Jianbin, X. , Mehta, K. (2003). The effects of religion on subjective aging in Singapore: An interreligious comparison. Journal of Aging Studies, 17, 485-502.

[24]Ko, K. J. , Berg, C. A. , Butner, J. , Uchino, B. N. , Smith, T. W. (2007). Profiles of Successful Aging in Middle-Aged and Older Adult Married Couples. Psychology and Aging, 22, 705-718.

[25]Lerner, R. M. & Tubman, J. G. (1989). Conceptual issues in studying continuity and discontinuity in personality development across life, Journal of personality, 57, 2, 343-373.

习题十三

一、简答题

1. 心理的发展表现出哪些基本的趋势?
2. 简述毕生发展观的基本观点。
3. 老年人应完成哪些基本的适应任务?

二、辨析题

1. 有人简单地认为，进入老年后就一老百老、“不中用”了。这种观点科学吗?为什么?
2. 经常可以看到这样一种做法：将心理的某个侧面（如记忆、感知）与其他侧面割裂开来，看不到它们之间的联系。这种做法妥当吗?为什么?

三、论述题

1. 影响老年期适应的因素有哪些?应如何确保老年人顺利适应晚年生活?
2. 根据毕生发展观，如何实现成功老化?

后 记

随着中国高等教育的发展和教学改革的推进，编写教材的难度和要求越来越高。课程教学能否用到一本高质量的教材，直接关系到教与学的效果，关系到学习者的知识、能力和态度的发展。

近几年来，我们在发展心理学的教学中，倡导开展“研究型教学”，希望充分发挥学习者的主体性，让他们在自主研究和探索中发现和获得知识，增强创造性和科学探索能力，习得科学的世界观和态度。作为心理学专业的核心或主干课程的发展心理学，成为我们开展心理学系列教材建设和精品课程建设项目的主要领域。本教材作为“十一五”规划的教材建设项目，试图反映我们在发展心理学教学实践中的一些思考和探索。

首先，本教材虽然是在《现代儿童发展心理学》（周宗奎，1998）的基础上开始修订工作的，但是从形式到内容变化幅度之大，使得本书实际上成为一本全新的教材。本教材涉及的年龄阶段不仅包括儿童期，而且拓展到成年后的各个时期。从具体内容上看，共包括十三章，涉及发展心理学的学科介绍、心理发展理论、发展的生物学基础、早期发展、语言与沟通技能、认知发展、情绪和依恋发展、自我的发展、道德的发展、性别差异和性别角色的发展、发展的生态系统以及整合的发展观等各个方面，涵盖了心理发展的基本规律和年龄特征，兼顾了纵向的编写体例（以心理发展的各个侧面为线索）与横向的编写体例（以年龄阶段为线索）的结合，首先纵向地分析了心理各个侧面的发展规律，然后，从总体上概括了心理随年龄而发生的整体变化趋势。

其次，本教材力图体现前沿性、可读性、民族性和实践性的特色。在编写过程中，各章内容力图反映出学科的新走向、热点研究领域；编排形式力求多样化，包括丰富的案例分析、成长建议、心理测试、与心理发展相关的艺术作品分析以及练习题、反思与体验、活动设计等互动性内容；力求对中国具有代表性的研究有所反映，体现多元的文化观；增加实践性和应用性的内容，体现“应用发展心理学”进展，如专栏内容涉及儿童教育与发展的社会问题、家庭教育中的发展问题、儿童青少年的病理性发展与辅导干预等。全书力求形式活泼多样，材料生动丰富。

最后，本教材的编写尝试突出学生的主动研究型学习。在全书的基本结构设计上，每一章都包括导入部分（包括教学目标、知识结构图、引言）、正文部分（包括正文讲解、实例分析、专栏）、总结延伸部分（包括小结、知识链接、例题和习题），以便于学生自学和讨论，激发学生独立思考和探索的兴趣，切实培养他们创造性学习的能力、科学的世界观和积极的生活态度。

本教材融汇了多位参与编写者的辛勤劳动。教材编写的策划、编写框架、编写体例、编写计划和组织由周宗奎完成。需要说明的是，以《现代儿童发展心理学》为基础，本教材每一章都进行了大量的更新、扩充和改编，很多章节的内容甚至全部新写。具体分工为：谷传华和范翠英（第一章、第二章、第七章和第十三章）、蔡春凤（第三章）、李晓军（第四章）、田媛（第五章）、莫书亮（第六章）、王福兴（第八章）、陈雪莲（第九章）、王磊（第十章）、熊明生（第十一章）、孙晓军（第十二章）。周宗奎、谷传华、范翠英对全书进行了修订和整理。最后，全书由周宗奎统稿。

值此教材出版之际，谨向关心和参与修订和编写工作的各位老师、出版社领导、文献资料的作者以及为本教材的编写和出版提供了各种支持和帮助的人们致谢！特别要感谢华中师范大学出版社张红梅老师对本教材的关注与投入，没有她持之以恒的热情帮助，本教材的出版是难以想象的。由于水平所限，教材定有诸多不足之处，恳请读者批评指正。我们也会在与本书相关的精品课程网站上以适当的形式来弥补本教材的不足。

周宗奎

2011 年 3 月 18 日